交操纵术

不知的社交法则　屡试不爽的交际策略

潘鸿生◎著

U0684231

CTPH 中译出版社
China Translation & Publishing House

图书在版编目（CIP）数据

改变千万人命运的智慧丛书 . 社交操纵术 / 潘鸿生著 .
-- 北京：中译出版社 , 2019.12
　　ISBN 978-7-5001-6081-6

　　Ⅰ . ①改… Ⅱ . ①潘… Ⅲ . ①成功心理—通俗读物
Ⅳ . ① B848.4-49

　　中国版本图书馆 CIP 数据核字 (2019) 第 273029 号

出版发行：中译出版社
地　　址：北京市西城区车公庄大街甲 4 号物华大厦六层
电　　话：（010）68359376，68359827（发行部）（010）68003527(编辑部）
传　　真：（010）68357870
邮　　编：100044
电子邮箱：book@ctph.com.cn
网　　址：http://www.ctph.com.cn

策　　划：北京瀚文锦绣国际文化有限公司
责任编辑：温晓芳
封面设计：孙希前

排　　版：张元元
印　　刷：香河县宏润印刷有限公司
经　　销：全国新华书店

规　　格：880mm×1230mm　1/32
印　　张：25
字　　数：650 千字
版　　次：2019 年 12 月第一版
印　　次：2020 年 4 月第二次

ISBN 978-7-5001-6081-6　　　　　定价：179 元 / 套（全 5 册）

版权所有　侵权必究

中 译 出 版 社

前　言
Preface

　　人生在世，必然要与他人交往，能否成功与他人交往在一定程度上与人们的社交技巧有着很大的关系。而操纵就是玩心理战术。懂社交操纵术的人，不仅能够调适自己在社交上的难题，还能用技巧去探知别人的心理，从而让对方感觉到被理解和支持，这种惺惺相惜的心灵沟通一定能帮助你构建一个良好的人际关系网。

　　兵法有云："凡用兵之道，以计为首。未战之时，先料将之贤愚，敌之强弱，兵之众寡，地之险易，粮之虚实。计料已审，然后出兵，无有不胜。"现代的人际交往如同古代的行军打仗，都需要懂点操纵术。操纵术是现代社会中应用最广泛的知识，可以说它就像一座灯塔，能够指引人们去探索人心的奥秘。

　　一位名人曾说过："欲成天下之大事，须夺天下人之心。"交际高手之所以能够在社会交往中做到游刃有余，操纵才是王道。这是因为了解到对方的需求和弱点，你才能在交往中"对症下药"，打动对方，化敌为友，这便是操纵的最后目标，反之，人际关系中的矛盾、冲突一般都来自于不了解对方。

　　人际交往中，说话办事都与日常生活有着千丝万缕的关系，掌握社交知识往往能够化解社会交际中的诸多矛盾，让你顺利成为职场、商场、亲友圈中最有分量、最受欢迎的人。

　　本书从人们在社交中常常遇到的难题入手，运用多种社交知识，结合生活案例，对社会交际和为人处世中可能遇到的各种现象进行了详细的分析，并提供了简便的解决思路与方法。

　　本书立足于认识自我、了解他人，目的是让你掌握能够派上用场的社交战术和策略，迅速成为能说会道且有眼力和心力的交际高手，实现自己辉煌的人生计划，获得事业和生活中的成功。

　　本书引用了大量鲜活、真实的案例，集可读性、实用性与科学性为一体，全面介绍了适用于职场、商场和家庭中的社交知识。巧妙灵活地运用这些知识和方法，就能够轻而易举地影响他人，从而达到你的目的，这便是本书主导的操纵战术。

目 录
Contents

第一章　低调做人，高调做事

得理更要饶人

社会交往应该学会得理饶人，要有主动"让道"精神。在与他人交往中，常常会因为个性、脾气、爱好、要求的不统一，价值观念的差异产生矛盾或冲突，此时我们应记住一位哲人的话："航行中有一条公认的规则，操纵灵敏的船应该给不太灵敏的船让道。"这在人与人的关系中是应遵循的一条规律。

生活中，很多人一旦陷入争斗的旋涡，便不由自主地焦躁起来，一方面为了面子，另一方面为了利益，因此一旦得"理"，便不饶人，非逼得对方"鸣金收兵"或"竖白旗投降不可"。然而"得理不饶人"虽然让你吹着胜利的号角，却也是下次争斗的前奏，"战败"的对方失去了面子和利益，他当然要"讨"回来。

"得理不饶人"是你的权利，但不妨"得理且饶人"，这样也给自己留条退路。对方无理，自知吃亏，你于"理"明显胜过对方，放他一条生路，他会心存感激，也许还会报答你。就算不会图报于你，也不太可能再度与你为敌——这就是人性。

一位女子在行路中吐口痰，风把痰刮到了一位小伙子的裤子上，该女子看到后慌忙道歉，并从包里掏出面巾纸要擦去。但小伙子不肯，并声言："你给我舔去！"女子再三赔礼，但他执意不让她擦，就是让她舔。这样争执下去，街上围观看热闹的人越来越多，更有甚者跟着起哄。最后女子大怒，从包里掏出一沓钱来，当场喊道："大家听着，谁能把这个家伙摆平了，这些钱就归谁！"话音刚落，人群中闪出两个健壮的男人，小伙子一看大事不妙，只好灰溜溜地走人，引来众人的一片嘲笑。

俗话说，人非圣贤，孰能无过。每个人都难免会存在过失，因此每个人都有需要别人原谅的时候。不给别人留台阶，最后自己也会没有台阶可下。在这个事例中，女子的做法固然不妥，但小伙子的行为更让人耻笑，所以，得饶人处且饶人，给人留个台阶，也是给自己留条退路。

在社交活动中，你不妨学一点儿给人"台阶下"的技巧，以使你能适时地为陷入尴尬境地的对方提供一个恰当的"台阶"，使他不丢面子。这不仅能使你获得对方的好感，而且也有助于树立良好的社交形象。"得理且饶人"就是给对方一条生路，让他有个台阶下，为他留面子和立足之地；同理，当对方得理时，也会给你留面子和立足之地。

《菜根谭》中指出，"径路窄处，留一步与人行；滋味浓的，减三分让人尝。此是涉世一极安乐法。"这句话旨在说明谦让的美德。凡事让步，表面上看好像是吃亏，但事实上由此获得的必然比失去的多。

人们往往把宽广的胸怀比作大海，因为大海能广纳百川，也不拒暴雨和巨浪；也有人把忍耐性比作弹簧，因为弹簧具有能屈能伸的韧性。在一个单位或集体中工作、学习，难免会产生一些意见或矛盾。经常为一些鸡毛蒜皮的小事争得面红耳赤，谁都不肯甘拜下风，以致大打出手，就会既伤了和气，又造成恶劣影响。事后静下心来想想，当时若能忍让三分，自会风平浪静，大事化小、小事化了了。事实上，越是谦让，越能显示出胸襟坦荡，富有修养，越能得到他人的钦佩。

　　在日常生活中，一个斤斤计较的人，会给人留下不好的印象，也不会有人愿意与他交往；相反，一个得理饶人的人，不仅会给人留下一个好印象，还会受到他人的尊重和认可。得理也让三分，是一种做人做事的大智慧，谁能做到这一点，谁就能少些麻烦，多些顺畅。

吃小亏得大便宜

　　"吃小亏得大便宜"这一社交法则在于"以小本赚大利"。在人际关系中，很多东西都是相互联系、相互依存的，人与人之间难免有些明争暗斗，各种摩擦。因此，在适当时候恰当地舍小求大，往往会收到奇效。

　　唐代有个叫窦公的商人，很善于经营家业，但财力上很困难。他在京城里有一块儿宝地，与大宦官的地段相邻，宦官看中这块地想得到它。这块地仅值五六百贯（古代一千文为一贯），窦公很高兴地把这块地献给了那位大宦官却根本没有提价钱。在讨得宦官欢喜之后，他就借故说自己打算去江淮，希望得到两三封信给神策军中的护军，那宦官便替他写了信。窦公借这些信总共获利三千贯，从此，他的事业便发达起来了。

　　长安城东郊有一片空地，地势低洼有积水，窦公就用低廉的价钱买到手，然后让人带着蒸饼在那块空地上引诱儿童：哪个孩子如果扔砖瓦击中空地上的一个目标，就奖给他一个蒸饼。小孩们都跑来争相扔砖瓦石块，这样那片洼地填平了十分之八九。接着又用好土垫在上面，在这块地上盖起了一个客店，专门留波斯的客商居住，每月能获利数百贯。

　　日常生活中有很多人、很多时候不爱吃看得见的小亏，反而吃了看不见的大亏，正所谓"捡了芝麻，丢了西瓜"。其实，如果想要顺利解决这些小事情，办法只有一个，把"吃亏时就糊涂一下"当作自己做人的原则。凡事多谦让别人一些，自己吃点小亏，就万事大吉了。

小张与小李是对门的邻居，有一天，不知哪家的鸡在两家的路正中间生了一个蛋，小张有事出门正巧看见了这枚蛋，当他伸手要拾起来的时候，小李正巧也出来了，小李上前一句："我家的鸡下的蛋，凭什么你拾起来？"小张不服气："凭什么说是你家的鸡下的，这是我家的鸡下的。"两个人你一句我一句地吵起来。小李见自己的嘴快不过小张，便抬手给了小张一巴掌；小张见自己吃了亏，跑回家拿来剪刀，一气之下捅向了小李的腹部。小李当场死亡，小张被抓进了劳改所。

还有一顾客到菜市场买菜，向摊主讨价还价，摊主不同意。一番争执之后，摊主终于同意优惠一点，可当顾客选好了菜付钱时，摊主还是按原价收钱，顾客见摊主少找给了自己1元2角，就一肚子的不满。摊主说："愿买就买，不买拉倒！"顾客一听火冒三丈："我还不买了呢，你怎么着？"说完把菜往地上一扔，扭头就走，摊主见状忙追上去让顾客捡起来。顾客硬着头皮就是不捡，摊主一急踢了顾客一脚，这个顾客一下子怒了，拿起秤砣就打向摊主的脑部，摊主当场被砸晕，随即送入医院。顾客本来想占点便宜，不愿吃1元2角钱的小亏，没想到自己却吃了管人家医疗费、医药费，还得照顾病人的大亏。

这里举的两个例子都表明了有些人看问题时目光短浅，把眼前利益看得太重，不会装装糊涂。像小张与小李，任何一方肯让一步，吃点小亏，也不至于断送两条人命；而顾客不愿吃1元2角钱的小亏，最后却吃了百倍的大亏。

人生在世，即使什么也学不会，也得学会吃亏。学会吃亏，遇事游刃有余，心底坦坦荡荡，吃饭有滋有味。这种神仙般的滋味，是爱占小便宜的人根本体会不到的。

例如，在单位里多干些工作，哪怕工资还不如那些整天闲着的人拿得多也没关系。虽然眼前你付出的要比别人多，而得到的却比别人少，从表面上看可能是吃亏了，但是谁工作干得多，谁的能力强，领导心中自然有数。若是将来有一天单位优化组合，想必哪个领导也不会让勤勤恳恳工作的人下岗，而把那些吃饱了混天黑的人留下来。在竞争激烈的今天，能够保住自己的饭碗，对于养家糊口的你来说，难道不是福吗？

因此，遇事该糊涂时就糊涂一下，吃点亏让一步，不是弱者的表现。因为你用糊涂的智慧躲避了身后不可想象的事情发生。

一首《吃亏歌》中唱道："做人就应该能吃亏，能吃亏自然就少是非。"其中道理耐人寻味。从人的本性来说，几乎每个人都是"便宜虫"，几乎每个人都希望许多时候能占点小便宜。这并不意味着人们没有这些小便宜就没法生活了。恰恰相反，这些小便宜对绝大多数人甚至是可有可无的。因此，我们提倡要在生活中装装糊涂，吃点小亏。

出头的椽子先烂

杜甫有句名诗："射人先射马，擒贼先擒王。"后来也不知是哪个聪明人演绎出一个推论："出头的椽子先烂。"应当说，这句话反映了客观事实。君不见，一年四季，风吹雨淋，年复一年，日久天长，出头的椽子先烂是自然而然的事吗？在客观世界中，类似的事情很多，只是人们已经司空见惯罢了。在社会生活中，这类事情也是屡见不鲜。我们在工作、学习中或多或少地都会尝到"出头的椽子先烂"的滋味，恐怕也都是受害者。君不见，有的人工作成绩突出受到上级的表扬、奖励。这本来是一件好事，上级表扬和肯定一个人的工作是要引导大家向他学习。但事与愿违，这种表扬奖励往往搞得这个人很尴尬。风言风语、冷嘲热讽会随之而来，甚至有人还会颠倒黑白向受表扬的人施放冷箭、泼脏水。搞得谁也不愿意再出头，只能是随大溜得过且过了。

"木秀于林，风必摧之。"嫉贤妒才几乎是人的本性，愿意别人比自己强的人并不多，所以有才能的人会遭受更多的不幸和磨难。

曾国藩文韬武略，也深知功名贻害无穷的道理。所以他"以出世的精神，干人世的事业"，不把功名放在心上，成为中国近代少有的"内圣外王"的典范。他反复嘱咐儿子曾纪泽要谨慎行事，甚至不让大门外挂相府、侯府这样的匾额。所以古人说："露才是士君子大病痛，尤莫甚於饰才。露才者，不藏其所有也，饰者虚剽其所无也。"

人的名气一大，流言便会满天飞，稍有不慎，必将惹下大祸。在名利场中，要防止盛极而衰的奇灾大祸，必须牢记"持盈履满，君子竞竞"的教诫。"欹器以满覆，扑满以空全"，这是世人常用的一句自警语。欹器是古人装水的一种巧器，呈漏斗状，水装了一半它很稳当，但装满了，它就会倾倒。扑满是盛钱的陶罐，它只有空空如也，才能避免为取其钱而被打破的命运。中国人的传统观念是：居官要时时自惕，时时处处谨慎，切勿不留余地。越是处权势之中，享富贵之极，越是要不显赫赫奕奕的气派，收敛锋芒，以保退路。在官场热闹处要能留一双冷眼，避免无形中的杀机。

"人不知而不愠，不亦君子乎！"可见人不知我，心里老大不高兴，这是人之常情。尤其是年轻人，总是希望在最短时间内使人家知道自己是个不平凡的人。想让全世界都知道，当然不可能，使全国人都知道，还是不可能，使一个地方的人都知道，也仍然不可能，那么至少要使一个团体的人都知道吧！要使他人知道自己，当然先要引起大家的注意，要引起大家的注意，只有从言语行动方面着手，于是便容易露出言语、行动的锋芒。

锋芒是刺激大家的最有效方法，但若细细看看周围的同事，若是处世已有历史、已有经验的同事，他们却与你完全相反。"和光同尘"、毫无棱角，言语发此，行动亦然。个个深藏不露，好像他们都是庸才，谁知他们的才能颇有位于你上者；好像个个都很讷言，谁知其中颇有善辩者；好像个个都无大志，谁知颇有雄才大略而愿久居人下者。但是他们却不肯在言语上露锋芒，不肯在行动上露锋芒，这是什么道理？

因为他们有所顾忌。言语锋芒，便要得罪人，被得罪的人会成为你的阻力，成为你的破坏者；行动锋芒，便要惹人妒忌，妒忌你的人也会成为你的阻力，成为你的破坏者。你的四周，都是你的阻力和你的破坏者，在这种情形下，你的立足点都没有了，哪里还能实现你扬名立身的目的？

年轻人往往树敌太多，与同事不能水乳交融地相处，就是因为言语锋芒的缘故。言语所以锋芒，行动所以锋芒，是急于求知于人的缘故。处世已有历史和有经验的同事，之所以"藏锋不露"，也是因为曾受过这种教训。

陈先生在年轻时代以兼有三种特长而自负：笔头写得过人、舌头说得过人、拳头打得过人。在学校读书时，已是一员狠将，不怕同学，不怕师长，以为他们都不及自己。初入社会，还是这样的骄傲自负，结果得罪了许多人。不过他觉悟很快，一经好友提醒，便连忙负荆请罪，倒是消除了不少的嫌怨，但是无心之过仍然难免，结果终究还是遭受了挫折。俗语说，久病成良医，他在受足了痛苦的教训后，才知道言行锋芒太露，就是自己为自己前途所安排的荆棘。

《易经》上说："君子藏器于身，待时而动。"无此器最难，有此器不患无此时。锋芒对于你，只有害处，不会有益处，额上生角，必触伤别人，你自己不把角磨平，别人必将把你的角折断，角一旦

7

被折，其伤害更多，而锋芒就是人额头上的角啊！

不可卖弄你的"小聪明"

聪明是一件好事，聪明的人明白如何解决问题，少犯错误；但是"聪明"，也不尽是好事，尤其是自认聪明、聪明过头，将会招致不必要的麻烦，所谓"聪明反被聪明误"说的就是这个道理。

三国时期，杨修在曹操手下任主簿。起初曹操很重用他，杨修却处处耍小聪明。有一次，曹操令人建一座花园。快竣工了，监造花园的官员请曹操来验收查看。曹操参观花园之后，是好是坏是褒是贬一句话也没有说，只是拿起笔来，在花园大门上写了一个"活"字，便扬长而去。一见这情形大家犹如丈二和尚，摸不着头脑，怎么也猜不透曹操的意思。杨修却笑着说道："门内添'活'字，是个"阔"字，丞相是嫌园门太阔了。官员见杨修说得有道理，立即返工重建围墙，改造停当后，又请曹操来观看。曹操一见重建后的园门，不禁大喜，问道："谁知道了我的意思？"左右答道："是杨修主簿。"又是你杨修，他表面上称赞了杨修的聪明，其实内心已开始忌讳杨修了。

又有一回，塞北送来一盒酥孝敬曹操，曹操没有吃，只是在礼盒上亲笔写了三个字："一合酥"放在案头上，自己径直出去了。屋里其他人有的没有理会这件事，有的不明白曹丞相的意思，不敢妄拿妄动。这时正好杨修进来看见了，便堂而皇之地走向案头，打开礼盒。把酥饼一人一口地分着吃了。曹操进来见大家正在吃他案头的酥饼，脸色很难看，问："为何吃掉了酥饼？"杨修上前答道："我们是按丞相的吩咐吃的。"此话怎讲？"曹操反问道。杨修从容地应道："丞相在酥盒上写着'一人一口酥'，分明是赏给大家吃的，难道我们敢违背丞相的命令吗？"曹操见又是这个杨修识破了他的心意，表面上乐呵呵地说："讲得好，吃得对，吃得对！"其实内心已对杨修陡生厌恶之情了。可杨修还以为曹操真的欣赏他，所以不但丝毫没有收敛，反而把心智用在琢磨曹操的言行上，并不分场合地卖弄自己的小聪明，由此也不断地给自己埋下祸根。

曹操为人狡诈，且疑心很重，总害怕别人暗中谋害自己，他曾经吩咐左右："我在梦中好杀人。只要我睡着了，你们千万不要走近我。"一次，曹操白天在军帐中小憩，不慎将被子蹬到地上，一个值勤的侍卫赶紧过来捡起被子给曹操盖上。不想此时曹操从床上一跃而起，拔出宝剑一挥，剑落处，近侍的人头已搬了家，而曹操又上床睡觉了，在场的人谁也不敢言语。过了半晌，曹操醒来，见一近侍躺在血泊中，装着大惊失色的样子，问："什么人杀了我的近侍？"大家以实情相告，曹操悔恨梦中杀人，痛哭流涕，并下令厚葬这位侍卫。大家也都以为曹操果真是梦中误杀，今见侍卫得以厚葬，不但不责怪曹操，还称赞曹操体恤下属的精神。杨修却知道曹操绝非梦中误杀，而是有意而为，即证实他"梦中好杀人"的诳言。杨修倘若只是悟出了曹操的用心，不表露出来，这倒是真的聪明，可他忍不住，生怕别人看不出自己聪明，便在为那位近侍举行葬礼时，指着近侍的棺材说："不是丞相在梦中，而是你在梦中啊！"曹操听到这句话，不再是简单地厌恶杨修，而是想寻机除掉他了。

杨修最后一次聪明的表露是在曹操自封为魏王之后，即引兵与蜀军作战、战事失利、进退不能之时。数次进攻蜀军总不能奏效，长期拖下去，不仅耗费钱粮且会重挫士气，真的撤兵无功而归会遭人笑话。是进是退，当时曹操心中犹豫不决。此时厨子呈进鸡汤，曹操看见碗中有鸡肋，因而有感于怀。觉得眼下的战事，犹如碗中之鸡肋："食之无肉，弃之可惜。"他正沉吟间，夏侯惇入帐禀请夜间号令。曹操随口说："鸡肋！鸡肋！"夏侯惇传令众官，都称"鸡肋"。杨修见传"鸡肋"二字便叫随军各自收拾行装，准备归程。有人报知夏侯惇，夏侯惇大惊失色，立即把杨修请到帐中问道："您为什么叫人收拾行装？"杨修说："从今夜的号令，便知道魏王很快就要退兵回去了。"你怎么知道？"夏侯惇又问。杨修笑道："鸡肋者，食之无味，弃之可惜。魏王的意思是现在进不能胜，退又害怕人笑话，在此没有好处，不如早归，明天魏王一定会下令班师回朝的。所以先收拾行装免得临行慌乱。"夏侯惇说："您可算是魏王肚里的蛔虫，知道魏王的心思啊！"他不但没有责怪杨修，反而也命令军士收拾行装。于是寨中各位将领，无不准备归计。当夜曹操心乱，不能入睡，就手按宝剑，绕着军寨独自行走。只见夏侯惇寨内军士，各自准备行装。曹操大惊，我没有下达撤军命令，谁竟敢如此大胆，做撤军的准备？他急忙回帐问夏侯惇，夏侯惇说："主簿杨修已经知道大王想归朝的意思。"曹操叫来杨修问他怎么知道，杨修就以鸡肋的含意对答。曹操一听大怒，说："您怎敢造言乱我军心！"不由分说，叫来刀斧手推出去斩了，把首级悬在辕门外。曹操终于寻得机会，除掉了杨修，杨修也终于结束了他聪明的一生。

对于曹操斩杨修，一般人们会认为是曹操心眼小，借机杀人。其实关键是杨修聪明过头。

不知道杨修在临死时，知不知道自己被处死的真正原因，也许他认为自己很聪明，殊不知，他就输在这个聪明上了。

世上有真聪明与假聪明之分。可惜的是有些人属于假聪明，却并不自知，其结果可想而知。杨修就是这样，经常不看场合，无视别人的好恶，只管卖弄自己的小聪明。结果自然越来越遭人讨厌和憎恨，为自己招来了杀身之祸。

虽然曹操事后不久果真退了兵，但平心而论，杨修之死也确实罪有应得。试想两军对垒，是何等重大之事，怎么能根据一个口令，就卖弄自己的小聪明，随便行动呢？即使真的撤军，也要用正面的语言和行为来表达，不然会军心大乱。而军心是军队的命根子。这是最起码的军事常识，但杨修违背了，这难道不是自寻死路？

这就是说，聪明是一笔财富，关键在于使用。财富可以使人过得很好，也可以把人毁掉。凡事总有两面，好的和坏的，有利的和不利的。真正聪明的人往往深藏不露，或者不到时机、不到火候时不会轻易展露自己的聪明才智。一定要貌似浑厚，让人家不眼红你。一味耍小聪明，其实是笨蛋。无论是从政，是经商，是做学问，还是治家务农，都不能耍小聪明。

西方有这样一种说法，法兰西人的聪明藏在内，西班牙人的聪明露在外。前者是真聪明，后者则是假聪明。培根认为，不论这两国人是否真的如此，但这两种情况是值得深思的。他指出："生活中有许多人徒然具有一副聪明的外貌，却并没有聪明的实质——小聪明，大糊涂。例如，有的人似乎是那样善于保密，而保密的原因，其实只是因为他们的货色不在阴暗处就拿不出手……这种假聪明的人为了骗取有才干的虚名，简直比破落子弟设法维持一个阔面子的诡计还多。这种人，在任何事业上都是言过其实，不可大用的。因为没有比这种假聪明更误大事的了。"

道理就是这么简单。一个不知道"急流勇退"的人实在是一个傻瓜，一个机关算尽的人最终会被算到自己身上。俗语云，"搬起石头砸自己的脚"，正好是对"聪明反被聪明误"的绝好写照。

每个人都想表现得很聪明，但如果一个人老耍小聪明就成了一种愚蠢。所以，一个人在面对人生际遇时，切勿自作聪明，而要适当糊涂。

适当"装傻"是一种智慧

古语云：大智若愚，大巧若拙。这句话的大概意思是拥有大智慧的人往往都表现得很愚钝，身手很灵敏的人往往都表现得很笨拙。其实，这是一种境界。人生中适当的"傻"是一种美德，也是一种智慧。

楚庄王继位时很年轻，继位之始，他并未像其他新君上任那样雷厉风行地干一些事情，而是不问国政，只顾纵情享乐。他有时带着卫士姬妾去云梦等大泽游猎，有时在宫中饮酒观舞，浑浑噩噩，无日无夜地沉浸在声色犬马之中。每逢大臣们进宫汇报国事，他总是不耐烦地回绝，任凭大夫们自己办理。他根本不像个国君，朝野上下也都拿他当昏君看待。看到这种情况，朝中一些正直的大臣都感到十分着急，许多人都进宫去劝谏，可楚庄王不仅不听劝告，反而觉得妨碍了他的兴趣，对这些不着边际的劝告十分反感。后来干脆发了一道命令：谁再来进谏，杀无赦。

三年过去了，朝中的政事乱成一团，但楚庄王仍无悔改之意。在这期间，他的两位老师斗克、斗椒和公子燮攫取了很大的权力，斗克因为在秦、楚结盟中有功，楚庄王没给他足够的报偿，就心怀怨愤；公子燮要当令尹未能实现，同样心怀不忿，二人因此串通作乱。他俩派子孔、潘崇二人去征讨舒人，又把二人的家财分掉，并派人刺杀二人。刺杀未成功，潘崇和子孔就回师讨伐，斗克和公子燮竟挟持庄王逃跑。在到庐地时，当地守将戢黎杀掉了他们，庄王才得以回郢都亲政。就是经历了这样的混乱，楚庄王仍不见有甚起色。

大夫伍参忧心如焚，再也忍不下去，冒死去觐见庄王。来到宫殿一看，只见纸醉金迷，钟鼓齐鸣，庄王左手抱着郑国的姬妾，右手搂着越国的美女，案前陈列着美酒珍馐，面前是轻歌曼舞。庄王看到伍参进来，当头问道："你难道不知道我的命令吗？是不是来找死呢？"

伍参抑制住慌张，连忙赔笑说："我哪敢来进谏，只是有一个谜语，猜了许久也猜不出，知道大王天生聪慧，想请大王猜一猜，也好给大王助兴。"楚庄王这才放下脸，说道："那你就说说看。"伍参说："高高山上有只奇怪的鸟，身披鲜艳的五彩，美丽而又荣耀，只是一停两三年不飞也不叫，人人猜不透，实在不知是只什么鸟！"

当时的人喜欢说各种各样的谜语，称作"隐语"。这些"隐语"往往有一定的寓意，不像今天的谜语这样单纯。人们多用这些"隐语"

来讽谏或劝谏。楚庄王听完了这段话，思考了一会儿说："三年不飞，一飞冲天；三年不鸣，一鸣惊人。此非凡鸟，凡人莫知。"

伍参听后，知道庄王心中有数，非常高兴，就又趁机进言道："还是大王的见识高，一猜就中，只是此鸟不飞不鸣，恐怕猎人会射暗箭呀！"楚庄王听后身子一震，随即就命他下去了。

伍参回去后就跟大夫苏从商量，认为庄王不久即可觉悟，没想到几个月过去后，楚庄王仍一如既往，不仅没有改过，还越发不成体统了。苏从见状不能忍耐，就闯进宫去对庄王说："大王身为楚国国君，继位三年，不问朝政，如此下去，恐怕会像桀、纣一样招致亡国灭身之祸啊！"庄王一听，立刻竖起浓眉，露出一副暴君的形象，抽出长剑指着苏从的心窝说："你难道没听到我的命令，竟敢辱骂我，是不是想死？"苏从沉着从容地说："我死了还能落个忠臣的美名，大王却落个暴君之名。如果我死能使大王振作起来，能使楚国强盛，我甘愿就死！"说完，面不改色，请求庄王处死他。

楚庄王等待多年，竟无一个冒死净谏之臣，他的心都快凉了。这时，他凝视了几分钟，突然扔下长剑，抱住苏从激动地说："好哇，苏大夫，你正是我多年寻找的社稷栋梁之臣！"庄王说完，立刻斥退那些惊恐莫名的舞姬妃子，拉着苏从的手谈起来。两人竟是越谈越投机，竟至废寝忘食。

苏从惊异地发现，庄王虽三年不理朝政，但对国内外事无巨细都非常关心，对朝中大事及诸侯国的情势都了如指掌，对于各种情况也都想好了对策。这一发现使苏从不禁激动万分。

原来，这是庄王的韬光养晦之策。他继位时十分年轻，不明世事，朝中诸事尚不明白，也不知如何处置，况且人心复杂，尤其是若敖氏专权，不明所以，他更不敢轻举妄动。无奈之中，想出了这么一个掩人耳目的方法，静观其变。在这三年中，他默默地考察了群臣的忠奸贤愚，也测试了人心。他颁布劝谏者死的命令，也是为了鉴别哪些是甘冒杀身之险而正直敢言的耿直之士，哪些是只会阿谀奉承只图升官发财的小人。如今，三年过去，他年龄已长，经历已丰，才干已成，人心已明，他也就露出了庐山真面目。

第二天，他召集百官开会，任命了苏从、伍参等一大批德才兼备的大臣，公布了一系列法令，还采取了削弱若敖氏的措施，并杀了一批罪大恶极的犯人以安定人心。从此，这只"三年不鸣"的"大鸟"开始励精图治，争霸中原。

适当"装傻"不仅能麻痹对手，还可以增加自己的人气和实力。特别是在自己处于劣势时，"装傻"可以隐蔽和保护自己，讨好蒙骗敌手，发展壮大力量，伺机待发，也能取得同样的效果。因此，装傻不仅是一种艺术，更是一种真正的人生大智慧，是真正的聪明。

装傻是一种人生境界，并不是人人都能达到的。当你具备了相当的品性，有了一定的修养，才能达到那种境界。装傻不等于真傻，有很多外表看上去聪明得很、做事也很精明的人实际上是真傻，因为他已把自己的优劣长短暴露得一览无余。装傻的人实际上很多是极聪明的，尽管他们也许比那些公认的聪明者不知要高明多少，但他们深知不必要的锋芒毕露有害无益，因此才装起糊涂来。

深藏不露是一种大智慧

在生活中，我们不难发现，那些口若悬河好出风头、心中藏不住半点秘密的人一定是非常浅薄的。时间长了，会令人反感乃至厌恶。相反，那些看来木讷笨拙或者总是隐藏自己才干的人，却往往成竹在胸，计谋过人，更容易成功。

有一位留学美国的计算机博士毕业后在美国找工作，结果好多家公司都不录用他。他有这样高的学历，这样最"吃香"的专业，竟然找不到一个职位，连他自己都感到奇怪。无可奈何之中，他想出了一个在旁人看来简直是最愚蠢的办法：他决定收起所有的学位证明，以一种"最低的身份"再去求职。不久他就被一家公司录用为程序输入员。这当然是"高射炮打蚊子——大材小用"，但他干得一丝不苟。不久，老板发现他能看出程序中的错误，不是一般的程序输入员所能比的。这时他才亮出了学士证，老板给他换了个与大学毕业生对口的专业。过了一段时间，老板发现他时常能提出许多独到的有价值的建议，远比一般大学生要高明，这时他又亮出了硕士证，老板见后又提升了他。再过了一段时间，老板觉得他还是与别人不一样，就向他询问，这时他才拿出了博士证，此时老板对他的水平已有了比较全面的认识，毫不犹豫地重用了他。

　　这个博士的办法是聪明的。他先降下身份和架子，甚至让别人看低自己，然后寻找机会全面地展现自己的才华，让别人一次又一次地对他刮目相看，他的形象慢慢变得高大。如果刚一开始就让人觉得你多么的了不起，对你寄予了种种厚望，可你随后的表现让人一次又一次的失望，结果是被人越来越看不起。这种反差效应值得任何人注意。人家对你的期望值越高，越容易看出你的平庸，发现你的失误；相反，如果人家本来并不对你抱有厚望，你的成绩总会容易被发现，甚至让人吃惊。

　　很多刚走上工作岗位的人，不懂得这种心理，往往希望从一开始就引人注目，夸耀自己的学历、本事、才能，即使别人相信，形成心理定式之后，如果你工作稍有差错或失误，往往就被人瞧不起。试想，如果一个本科生和博士生做出了同样的成绩，人家会更看重谁？人家会说本科生了不起。你博士的学历高，理应本领高些，可你跟人家一样，有什么了不起的？心理定式是难以消除的。所以，刚走上岗位或转到新单位的人，不应当过早地暴露自己。当你默默无闻的时候，你会因一点成绩一鸣惊人，这就是深藏不露的好处。如果交给你一项工作，你说"我保证能够做好"几乎和说"我不会"一样糟糕，甚至更糟糕。你应当说："让我试试看。"结果你同样做得很好，可得到的评价会大不相同。

　　某高校的一个系里有两位成果颇丰的青年教师，一个爱吹嘘自己的成就，逢人便说又发表了几篇文章，学术成就多高多高；另一个人几乎总是回避关于这个问题的提问，或者对发表的文章和学术成就轻描淡写。其实两个人在各自的学术领域里都已崭露头角，而后边的那个人的文章更经常成为学术界评议的对象，但他始终不吹嘘炫耀自己。结果，两个人都抱着一摞杂志到系里申报职称，别人却说："你整天吹嘘炫耀自己发表了多少文章，按数目早就远远超过你提交的这些了。看看人家，平日一声不响，谁能想到他会发表这么多文章呢？"尽管两人数量差不多，但后来还是第二个人先晋升了。

　　在大多数情况下，"才不可露尽，力不可使尽"。即若有知识，也应适当保留，这样，你会加倍地完善，永远保存一些应变的能力。

　　待人坦诚，心直口快并非不好，但事实证明那些心直口快的人往往容易暴露自己，得罪别人，既不能很好地把握自我，也不易取得事业的成功。这样的人实在不太聪明。你无意中说了别人什么，但别人常常会记一辈子，到适当的时候，就会不知不觉或有意识地进行报复。因此我们说"口无遮拦"，坦荡如砥，是一个人的长处，也是一个人的致命弱点。

　　深藏不露也是自我保护的重要手段，它会减少遭到别人暗算或报复的机会。如果别人根本不知道你在想什么或准备干什么，别人怎么攻击你呢？如果你不说让人讨厌的话，别人怎么会报复你呢？古人说"三缄其口"，就是告诫人们不要妄言乱语。"祸从口出"，也从反面说明了这个道理。一个干大事业的人怎么会没有秘密，怎么能不守秘密，随便相信人，授人以口实，受制于别人呢？很多情况下，不装糊涂就办不成事，更办不成大事。实际上，越是大事，糊涂越要装得彻底，须知你的对手绝非等闲之辈。

　　我们知道有些动物在不断进化中，为了有效地保护自己，会发展成种种保护色。它们能在不同环境中使自己变换不同颜色，同周围的色彩一致，从而达到避免危险、保护自己并攻击弱者的目的。动物尚如此，人怎么能在他人面前完全暴露自己，成为"不设防城市"呢？

把喜怒哀乐放在"口袋"里

通常情况下，在任何情况下都不改变脸色的人，特别是遇到不顺心的事仍能镇静自若的人，往往是社交场中最受欢迎的人。不顺心对你来说是天大的事，而对别人很可能无所谓，根本就不值得一提。既然没有人会关心你的心情如何，那么有谁愿意看你拉得长长的脸呢？

人毕竟是感情动物，真正能做到始终保持自然的神态，喜怒不形于色的人，往往是极少数的人。当然，要真正做到深藏不露，喜怒不形于色，绝非易事，特别是对年轻人来说，更是极难做到。但只要你想做，并不是不可能做到。你每天起床后，或睡觉之前，对自己说一句"我绝不表现出不耐烦的脸色"，以此警惕自己。或者是在日记上，仔细地写出来，要每天持续不断地做。

当然，令我们不悦的事很多，有时难免会发怒而形之于色。倘若你高兴时就露出笑脸，心情不佳时就摆上臭脸，谁又愿意与你相处呢？但是若有不愉快的事，即使自己受了委屈，仍不形之于色，别人做不到，而你做得到，人们就不得不佩服你了。

喜怒不形于色，变成一个无缝的"蛋"，是为了免受苍蝇的叮咬。此种人并非卑躬屈膝，装出笑脸，更不是为了奉承上级，强露笑齿，而始终保持自然的神态，喜怒不形于色。没有一定的知识和阅历的人，尤其是刚刚进入社会还不成熟的人是很难做到的。

把喜怒哀乐由情绪中抽离，你便可以理性、冷静地看待它，思索它对你的意义，进而训练自己对喜怒哀乐的控制，做到该喜则喜，不该喜则绝不喜的地步。

西汉时的窦婴，是孝文帝皇后哥哥的儿子。汉武帝建元二年（公元前 139 年），他被封为魏其侯，他喜欢蓄养宾客，天下的游士都投奔他。

当时，桃侯刘舍被免去宰相的职务，皇上准备任用窦婴，太后多次向皇上提出："魏其侯喜欢沾沾自喜，行为不定，很难担当得起宰相的责任。"于是最终没任他为相。

唐太宗贞观二年（公元 628 年），河南有个叫李好德的人患有精神病，常乱讲一些妖言，皇帝下令大理寺丞张蕴古去察访此事。他察访后上奏说李好德确实有病，而且有检验结果，不应当抓起来。后来有人上书弹劾张蕴古，说他是相州人，而李好德的哥哥李厚德是相州刺史，所以说是张蕴古讨好顺从他，考察之情也不会是实事求是。皇帝很生气，下令把张蕴古杀了。后来才知道张蕴古是冤枉的，皇帝暗地里很后悔。

由于自己一时的怒气，不详细核实，不做认真细致的调查，就草菅人命，唐太宗也太过于轻率了。这是不忍怒气的后果。人一发怒，出于一时的激愤，做事就有可能过火，等到认识问题的严重性，为时已晚。就在同一年里，又有一次，唐太宗因为瀛洲刺史卢祖尚文武双全，廉直公正，征召他进朝廷，告诉他："交趾久久没有得到适当的人去管理，现在需你去镇抚。"

卢祖尚行礼感谢后出来，不久就感到后悔，他托病推辞。皇上派杜如晦等人宣读诏书，卢祖尚坚决推辞，皇上非常生气地说："我派人都派不出去还怎么处理政务？"便下令把他杀了，但很快又感到后悔。魏征对他说："文宣帝要任青州长史姚恺为光州刺史，姚恺不肯去。文宣帝气愤地责备他，他回答说：'我先任大州的官职，只有功绩并没有犯罪，现在却让我担任小州的官职，所以我不愿意去。'文宣帝就饶了他的死罪。"唐太宗说："卢祖尚虽然有失臣子的礼义，我杀了他也太过分，由此看来，我还不如文宣帝呢。"

马上命令追复卢祖尚荫庇子孙任官的权力。

唐太宗认识到了自己因怒不忍，过于急躁，连杀两位臣子的过错，悔恨之意溢于言表。尽管他知错能改，但毕竟有些事情是无法补救的。怒能造成严重的危害，古今中外许多人都下功夫去研究制怒的办法。很多人发现制怒的唯一良方是忍。在一般情况下，人们应该抑制愤怒情绪的发作，以利自身健康，以利团结他人，以利相安和谐，以利国家社会安定，以利事业发展。纵观天下成大事者均是喜怒不形于色之人，若一时气怒，不仅伤身，日后成大事设下重重"关卡"。喜不仅不利于人，更不利于己。

不管你心里有多大波涛在起伏，你都不要表现出来，都要藏在心里。这样做的原因有二：其一，你心里的事是你自己的，让别人来一同承受是不公平的。其二，你都表现出来人家会觉得你这个人太浅薄，什么事都藏不住。

一个不能控制自己的人，往往情绪激动，而情绪激动则常常坏事，把本来可以办成的事办不成。因此，要尽量做到喜怒哀乐不外露。

自古以来，凡是成功者很少有因外界的事物而亦喜亦忧。当然，人有时候会高兴，有时候不免忧愁，但千万不要被情绪左右。有高兴的事，显现在脸上无妨，但悲哀的事就不要表现出来。因为将一切都表现在表面上，更会促使情绪强烈化，而不能忍受悲哀。如把愤恨表现在脸上，恨也会加倍。因此，成功立业之人，对这方面都尽量不形于色。

第二章　巧妙地与人拉近关系

好人缘是谈出来的

俗话说：好人出在嘴上。这里的"嘴"指的不是吃饭的"嘴"，而是说话的"嘴"。即要想有个好人缘，就得会说话、有口才。

在与人闲谈中，即使再好的朋友，也不要只谈自己得意的事。因为你的得意会衬托出别人的倒霉，甚至认为你讲述自己的得意便是嘲笑他的无能。这样，对方肯定不会喜欢你，也不会认同你。如果你在闲谈中只顾谈自己的得意之事，还会让别人产生自己被比下去的感觉。

一次，小赵约了几个朋友来家里吃饭，这些朋友彼此都是熟悉的。小赵把他们聚拢来，主要是想借着热闹的气氛，让一位目前正陷入低潮的朋友心情好一些。这位朋友不久前因经营不善，关闭了一家公司，妻子也因为不堪生活的压力，正与他谈离婚的事，内外交迫，他实在痛苦极了。来吃饭的朋友都知道这位朋友目前的遭遇，大家都避免去谈与事业有关的事，可是其中一位朋友因为日前赚了很多钱，酒一下肚，忍不住就开始谈他的赚钱本领和花钱功夫，那种得意的神情，连主人看了都有些不舒服。那位失意的朋友低头不语，脸色非常难看，一会儿上厕所，一会儿去洗脸，后来他提前离开了。主人送他出去，在巷口，他愤愤地说："老吴会赚钱也不必在我面前说得那么神气。"主人非常了解他当时的心情，因为在多年前他也遇到过低潮，正风光的亲戚在他面前炫耀他的薪水、年终奖金，那种感受，就如同把针一根根插在心上，说有多难过就有多难过。

因此要提醒你，与人相处，切记不要在失意者面前谈论你的得意。如果你只顾谈自己最得意的事，对方就会疏远你，避免和你碰面，以免再见到你，于是你不知不觉中就失去了一个朋友。和朋友闲谈的话题是很多的，可以多谈对方关心和得意之事，这样可以赢得对方的好感和认同。

很多人在交谈中，往往忘记了这条根本原则，只知一味谈论自己或与自己有关的事情，而对于对方的感受根本不去理会，这样会导致交际的失败。

大林在某地区人事局调配科工作，他刚到人事局的时候，几乎在同事中一个朋友也没有。因为他正春风得意，对自己满意得不得了，因此每天闲谈中都使劲吹嘘他在工作中的成绩。比如，每天有多少人找他帮忙，昨天又有人硬是给他送了礼，等等。同事们听了以后不仅没有分享他的成就，而且还极不高兴。

后来还是当了多年领导的父亲一语点破，他才意识到自己的症结在哪里。从此很少谈自己，而是多听同事说话。因为同事也有很多事情要吹嘘，把他们的成就说出来，远比听别人吹嘘更令他们兴奋。后来，每当他有时间与同事闲聊的时候，他总是请对方滔滔不绝地把他们的欢乐炫耀出来，与其共同分享，而只有在对方问他的时候，才谦虚地说一下自己的成绩。

成功的谈话应当是：少谈自己，多谈对方所关心的事，这样言语才会投机，办事才会顺利。

交谈好比一把钥匙，可以轻易地打开办事之门。人们的兴趣爱好往往牵连着头脑中的兴奋点。如果在交谈中根据不同人的兴趣爱好，从不同的话题入手，常常可以比较容易地开启对方的心扉，步入对方的心灵深处，有效地激发对方的情感共鸣，顺利办成所求之事。

一次，一个年轻人去找一位著名的书法家办事，在沙发上落座后，年轻人随手从茶几上拿过一份刊有整版这位老人书法作品的《晚霞报》，再看看墙上老人的几幅书法作品，年轻人说："就是拿不准先学行书好，还是楷书好？"这位书法家回答道："嗯，年轻人是应该学点书法，现在呀……"于是老先生滔滔不绝地说起了书法的现状、祖国书法的灿烂历史以及学习书法的正确途径、合理步骤等。老先生与年轻人"一见如故"。年轻人不仅把事办成了，还从老先生那里了解了许多书法知识。他的成功正是巧妙交谈的结果。

交友办事，利用交谈的机会，在交谈中找到共同点，这样可以增加建立人际关系的机会，同时通过交谈可以更进一步地了解对方，让对方通过交谈认识你。另外，在交谈中不要显得胆小害羞，要勇于表现自己，展现自己的长处和优势，使对方承认你、认可你，在某种程度上对你给予一定的信任。这样，即使一件再难办的事，通过交谈的方式，也会取得意想不到的效果。

与下属交往要攻心为上

兵法有云："攻心为上"，领导要与下属交朋友，要做到以心换心。最受下属欢迎的上司是能理解他们、关心他们、帮助他们的人，只有这样的上司才会受下属的爱戴，也只有这样的上司才能使公司上下形成一股强大的凝聚力，共同为公司的发展做出努力。

吴起是战国时期著名的军事家，在他担任魏军统帅时，与士兵同甘共苦，以诚心换得士兵的忠心。有一次，一个士兵身上长了个脓疮，作为一军统帅的吴起，竟然亲自用嘴为士兵吸吮脓血，全军上下无不感动，而这个士兵的母亲得知这个消息时却哭了。有人奇怪地问："你儿子不过是小小的兵卒，将军亲自为他吸脓疮，你为什么哭呢？你儿子能得到将军的厚爱，这是你家的福分哪！"这位母亲哭诉道："这哪里是在爱我的儿子啊，分明是让我儿子为他卖命。想当初吴将军也曾为孩子的父亲吸脓血，结果打仗时，他父亲格外卖力，冲锋在前，终于战死沙场。现在他又这样对待我的儿子，看来这孩子也活不长了！"

人非草木，孰能无情。有了这样"爱兵如子"的统帅，部下能不尽全力，效命疆场吗？人是有感情的动物，上司如果从心底里尊重下属、看重下属，下属自然会卖力效忠。

有一家日资企业，一天，各部门接到电话，下班之后在贵宾厅召开职工大会。有些人感到很纳闷，为什么放着会议室不去，而是去贵宾厅开会。因为在员工们眼里，日本人很机灵，甚至有人议论说："老板又在搞什么小把戏？"当全厂人陆陆续续地走进贵宾厅时，眼前的一切简直把他们惊呆了，只见每张桌子上摆满了水果、饮料等各类食品。尤其是一名60岁的老门卫，看到眼前的一切，以为走错了地方，正要离开时正好碰上了老板，老板一看他要走，便毕恭毕敬地把他请了回来。

老板走上讲台，恭恭敬敬地向大家行礼，说："今天，把大伙召集起来，同大伙开一个聊天会。大家可以畅所欲言，提问题、讲困难，提意见或建议，说工厂的、家里的事都可以。"

人们看到老板不时地往工人手里塞苹果、倒饮料，并微笑着同大伙打招呼，便积极地为工厂出谋划策。老门卫激动地说："我这一辈子还是第一次开这样的会。一个看门的，本来就是在厂门口的，再踢一脚就出门了。老板看得起我们，我们看门的一定要好好干，看好这个家。"

此后，全厂上下一条心，工人们干活也更卖劲了，恨不得一天干上25个小时。

人心都是肉长的，将心比心，以心换心，只要你付出真心和真情，就会获得下属的拥戴和回报，从而促进你在事业上的发展。

与客户交朋友

与客户交往，不要只谈交易，要讲人情。每个人的生活圈子里都有一些比较亲近、关系比较密切的熟人与朋友。美国的汽车销售大王乔·吉拉德发现每个人所拥有的熟人与朋友大约都是250人，这就是著名的250定律。

这就是说，人与人之间的联络是以一种几何级数来扩张的。无论是善于交际的公关高手，还是内向木讷之人，其周围都会有一群人，这群人大约250个。而对于生意人来说，这250人正是客户网的基础，是财富。

建立良好的客户网络，与客户成为知心朋友。与客户交往过程中要以诚相待，同客户交朋友，分担他的忧愁，分享他的喜悦。他可能会向你介绍他的朋友、他的客户，这样，你的客户队伍会不断扩大。

同时，当你在和他谈你工作上的困难时，他很可能会主动地帮助你，介绍新的客户给你认识，或者帮你直接把生意做成，使之成为你永久性的客户。与客户交朋友，不要只谈买卖，不谈交情，对客户要关心、爱护和体贴，使买卖双方不单纯是一种商业关系，而是富有"人情味"的，使顾客产生一种亲切感，即在得到物质需求满足的同时，还得到精神情感上的满足。

美国有位叫玛丽·凯的女士，曾叙述她买轿车的经历和感受。她想买一辆黑白相间的轿车，就去汽车店挑选。在第一家汽车店里，由于推销员没有把她当回事，她觉得受到了冷遇，转身就走了。进了第二家汽车店，推销员对她十分热情，向她仔细介绍各种型号汽车的性能与价格，使她感到这位推销员是真正为她着想。当她偶然谈到那天是她的生日时,这位推销员马上请她稍候一会儿,15分钟后,一位秘书拿来一束鲜花,这位推销员把鲜花送给她,并祝她生日快乐。当时,她感动万分,觉得那束鲜花的价值超过百万美元!于是,她毫不犹豫地购买了那位推销员向她推荐的一辆黄色轿车,而放弃了购买黑白相间轿车的打算。

一束鲜花成了沟通买卖双方心灵的桥梁,使汽车店里充满了友善和温馨的气息,使顾客不由得产生了深深的信任感,此时的买卖当然好做了。碰到顾客过生日当然很偶然,但这种"人情"意识每时每刻都可以在日常工作中表现出来。我们应该与每一名客户交朋友。因为每一名客户都有许多亲朋好友,而这些亲朋好友又有同样数目的亲友。失去一名客户就会相应失去几十乃至上百名客户。得到一名客户情况则相反,因为这些人会用自己的亲身感受去影响他的亲友。所以在交往中与客户交朋友,就会取得令人满意的效果。

以柔克刚拉近关系

孟获是三国时期南中地区少数民族的首领,是当地很有影响力的人物。他和朱褒、雍闿、高定等人勾结,推举雍闿为主帅。趁蜀国对吴国作战失败、元气大伤、刘备刚死的机会,煽动少数民族,杀死蜀国派往这一地区的官吏,公开发动武装叛乱。

南中历来就是多民族聚居的地区。三国时期,那里住着许多少数民族,是今天彝族、壮族、傣族、独龙族的祖先。汉朝时,他们被称为"西南夷"。他们和汉族人民在一起,用劳动和智慧开发了中国的边疆,对中国的经济和文化发展,做出了巨大的贡献。孟获等人在南中地区的叛乱,既破坏了各族人民和睦相处的愿望,也严重地威胁到蜀汉的政权,妨碍了诸葛亮北伐中原、统一全国的计划。为了维护蜀国的统一,诸葛亮经过积极准备,在公元225年,分兵三路,向南中进军。

出兵时，诸葛亮采纳参军马谡的建议：这次出征的目的，并不是把那些叛乱分子斩尽杀绝，占领他们的城池，而是要征服当地领袖人物的心，使他们心悦诚服地服从蜀汉的统治，以后不再发动叛乱。这叫作攻心为上，攻城为下。

诸葛亮出兵不久，南中地区的叛军内部起了变化。雍闿被部下杀死，孟获做了主帅。接着诸葛亮杀高定，破朱褒。这年五月，诸葛亮带领军队渡泸水，追击孟获。

由于孟获在当地百姓中有一定的威望，当地少数民族和汉族都服从他的指挥，所以诸葛亮命令不准杀害他，一定要捉活的。孟获见蜀军打了进来，就起兵迎战。蜀将王平跟他对阵，开战不久，王平掉转马头往后撤走，孟获驱兵前进，沿山路追赶。忽然喊声大起，蜀兵从两旁杀出，孟获中了埋伏，只得引兵败退。蜀兵紧紧追赶，活捉孟获。

军士们把孟获押解到大营来见诸葛亮，诸葛亮问孟获："我们待你不错，你怎么反叛朝廷？现在已被生擒，还有什么好说的呢？"接着他亲自带领孟获参观蜀军军营，问孟获："你看我们的军队怎么样？"孟获一看，蜀军阵营整肃，军纪严明，士气旺盛，心里暗暗佩服，可嘴上并不服气。他说："我不是被打败的，只是不知虚实，中了你们的埋伏。才被捉的。现在看了你们的军队，也不过如此，真要硬打硬拼，我们是能够取胜的。"诸葛亮笑着说："既然这样，我放你回去。你整顿好队伍，再来打一仗吧。"说完吩咐士兵们摆上酒席，招待孟获吃了一顿，然后把他放回去。

孟获回去以后，又连续和诸葛亮一战再战，一连打了七次，被擒七次。最后一次，诸葛亮把孟获的军队引到一个山谷中，截断他们的归路，然后放火烧山。只见满山满谷烈火熊熊。把孟获的将士烧得焦头烂额，叫苦连天，孟获第七次被蜀兵活捉。孟获又被押解到蜀军营帐。士兵传下诸葛亮的将令说：丞相不愿意再见孟获，下令放孟获回去,让他整顿好人马,再来决一胜负。孟获想了很久说:"七擒七纵,这是自古以来没有过的事情,丞相已经给了我很大的面子,我虽然没有多少知识,也懂得做人的道理,怎么能不给丞相面子呢!"说完跪在地上,流着眼泪说:"丞相天威,我们再也不反叛了!"

诸葛亮很高兴,赶紧把孟获搀扶起来,请他入营帐,设宴招待,最后客客气气地把孟获送出营门,让他回去。

由此可见,对于顽固的对手,不能一味地使用强硬的手段以硬碰硬。那样的话即使能制服其人,也未必能收服其心。俗话说,"软绳子捆得住硬柴火",采取阴柔的手段是对付强硬分子的上上之策。孟获七次成为诸葛亮的手下败将,作为阶下囚丢尽了脸面。本来,要杀要剐,全凭他发落,但是诸葛亮非但没有杀他,甚至没有羞辱的言辞,反而以贵宾的礼遇对待他。这给了他多大的面子!如果不识抬举,只能自讨苦吃,也对不起人家的一片诚意。何不借坡下驴?那也不失武将的体面。诸葛亮的这个面子赏得恰到好处。

微笑让交际无人能挡

许多成功的人都说他们是靠自己的努力,事实上,每一个取得成功的人,都或多或少受过别人的帮助。一旦你订出成功的明确目标,付诸行动之后,你会发现自己获得许多意料之外的帮助。你必须感谢这些帮助你的贵人,同时感谢上天的眷顾。也许我们没有必要给这些帮助过我们的人金钱的回报,但是,一张温暖的笑脸也会使人感到如沐春风。

微笑是生活中的一剂良药。人们不会忘记,已故英国黛安娜王妃的笑容曾经令全世界为之倾倒;在洛杉矶奥运会上,我国的体操冠军刘璇的笑容给全世界留下了深刻的印象。笑容就像温暖的春风,会使人际关系变得水乳交融。没有人喜欢整天绷着脸的人,除非他是一名正在执行公务的监狱长。

如何能够做到经常面带笑容呢？真正的笑容应该是从心里发出的，应该常常怀着一颗感恩的心。感恩是基督徒的字眼，它是一种深刻的感受，能够增强个人的魅力，开启神奇的力量之门，发掘出无穷的智慧。

珍妮是一个获得一大笔遗产的妇人，她参加了一个宴会，可能是急于留给人一个良好的印象，她浪费了好多金钱在貂皮大衣、钻石和珍珠上面。但是，她对自己的面孔却没有下过什么工夫，她的表情尖酸、自私，然而她却没有意识到这样的表情所带来的后果。最后，她的这次宴会之行并没有得到更多人的注意。她不知道自己错在了哪里，于是询问她的朋友。她的朋友告诉她，关键在于她的面部表情，而不在于自己的衣着。于是她改变自己原来的做法，把重点更多地放在自己的容貌表情上。于是，她在以后的宴会上，表现得极为从容、镇定。变原来的尖酸、冷漠为热情、温暖。这样，她一出场，便得到了男士们的普遍关注。与很多人保持着良好的友谊，她也恢复了自信。不久便得到了一位男士的青睐，她也因此步入了婚姻的殿堂。

可见，一个人的面部表情，比穿着更重要，笑容好像是能够穿透乌云的阳光，如果你用笑容面对这个世界，就会让人感到这个世界充满了温暖和希望。

微笑也像其他受人欢迎的特质一样，是一种习惯和态度。你必须真诚地感激别人，而不只是虚情假意。时常怀有感恩的心情，你会变得更谦和、可敬且高尚。每天都用几分钟的时间，为你的幸运而感恩。所有的事情都是相对的，不论你遭遇多么恶劣的情况，都还可能更糟，所以你要感到庆幸。

以微笑的方式表达你的感谢之意，付出你的时间和心力，比物质的礼物更可贵。微笑是会传染的，如果你用微笑的方式对待你的上司，表达对他的敬意，上司也会用同样的方式对你，感谢你为他所提供的服务。同时，也不要忘了用微笑对待你周围的人：你的丈夫或妻子、亲人及工作中的同事。在我们的生活中，微笑的力量不可忽视，它可以使紧张变得轻松，尴尬变得主动。

　　王娜是一名刚刚毕业的中专生，分配到一家星级酒店的客房部做服务员，这份工作最让她感到为难的是，每天都要跟许多陌生的面孔打交道。有一位客人用浴室里的毛巾擦皮鞋，王娜看见了，她委婉地对客人说：这条毛巾是供客人洗脸用的，如果要擦鞋的话，这里有专用的鞋擦。可是那位客人喝醉了酒，他对王娜大声喊道：我是花钱来住宿的，你没有权利来管我！王娜仍然微笑着说：对不起，先生，这是一条经过消毒的毛巾，是给客人洗脸用的，如果用来擦鞋，就太可惜了！那位客人把一张 50 元的钞票摔在王娜的脸上说，我花钱买下了这条毛巾，我想怎么用你管不着。王娜眼里含着眼泪，但她仍然努力地微笑着，从地上捡起了那条已经弄脏的毛巾，半小时后，王娜又一次敲响了客房的门，她捧着一条雪白的毛巾微笑着站在客人的面前说，我已经替您把毛巾洗干净并且消过毒了，您可以放心地用了。那位客人顿时脸红了，他向王娜诚恳地道歉，并拿出 200 元钱请王娜一定收下，王娜拒绝了，她说这是她分内的工作。客人退房的时候专门找到了王娜。他说，他是一家公司的总经理，公司正在招兵买马，如果王娜愿意，他可以聘请王娜到他的公司里做接待部经理。这一次，又被王娜微笑着拒绝了。

　　微笑是无价之宝，笑口常开，平凡的你将会拥有非凡的魅力、以柔克刚的能量。如果你不吝惜笑容，你将能感受到左右逢源，处世逍遥自在的无比喜悦。

　　笑是心情愉快的外在表现，也是善意的表情，具有穿透人心的力量。著名作家波拿多·奥巴斯多利多女士曾经为微笑下过一个定义，她说："两个人相互微笑，从表面上看来，只是笑的行为和表情，但深层意义上一个人对你微笑，代表的是他用微笑告诉你：'你让我感受到幸福、愉快的感觉和气氛'……"在人际关系交往过程中，微笑、快乐地笑、开心地笑都是散发着善意、表达好感的方式，可以增加一个人的魅力。常常面带笑容，能让周围的人感到你是一个可以亲近的人，同时也可以从和你的互动过程中获得肯定与慰藉。世界上的言语有千百种，而笑容却是全世界共同的语言，也是最受欢迎的语言，一个发自内心的笑容可以拉近人和人之间的距离。它是一种良性的循环，因为我们的笑容，我们和朋友亲近了，人缘变好了，心情自然愉快，更可以在朋友的笑容里充实我们的自信心，使自己无形中散发出吸引人的魅力。

赞美，社交中的阳光甘露

俗话说"人无完人"，所以从各人的条件看，人与人不可能会处在同一高低层次当中，但是，你如果想获得别人的尊重，赞赏别人这是一个非常重要的途径。爱听赞赏的话是人类的天性，人人都喜欢"正性刺激"，而不喜欢"负性刺激"。如果在处世交友中人人都乐于赞赏他人，善于夸奖他人的长处，那么，相互间的好感或友谊则会大大增加。

曾经有一位心理医生，当他在银行排队取款的时候，看到前面有一位老先生满面愁苦的样子，而且只要有人稍微碰撞他一下，他就会骂人。而这位心理医生当时就在那儿想，这位老人心情不好，要让他开朗起来，他就不会以这种不满的态度对待别人了。于是心理医生一边排队一边寻找老先生的优点，他终于看到老先生的优点了，老先生虽驼背哈腰，却长着一头漂亮的头发，于是当这位老先生办完事情走到心理医生面前时，心理医生衷心地称赞道："先生，您的头发真漂亮！"老先生一向以一头漂亮的头发而自豪，听到心理医生的赞美非常高兴，顿时面容开朗、精神焕发起来。

由此可见，送给别人一句简单的赞美，会给别人带来多大的心理满足。

所以与他人交往的时候，不妨说一些赞美的话，这样在谈话中也可以促进交往。在交谈中正确运用语言技巧，是建立良好人际关系的必要条件。一个笑容可掬、善于发掘别人优点给予赞美的人，肯定会受到别人的尊敬和喜爱。

生活中，每一个人都希望得到他人的赞美。赞美会激发受赞美者的自豪和骄傲，从中了解自己的优点和长处，认识自身的生存价值；赞美能和谐人际关系，带来美好的心境；并且，当人们在鼓励、尊重对方的同时，也丰富了自己的生存智慧。

人人都喜欢被别人赞美。因为赞美他人能满足他人的自我。如果你能以诚挚的敬意和真心实意的赞扬满足一个人的自我，那么任何一个人都可能会变得更令人愉快、更通情达理、更乐于协力合作。美国的一位学者这样提醒人们：努力去发现你能对别人加以夸奖的极小事情，寻找你与之交往的那些人的优点，那些你能够赞美的地方，要形成一种每天至少五次真诚地赞美别人的习惯，这样，你与别人的关系将会变得更加的和睦。充分地、善意地看到他人的长处，因人、因时、因场合地适当地赞美，不管是直率、朴实，还是含蓄、高雅，都可收到非常好的效果。

赞美虽好，但不能滥用。好心的赞美必须恰如其分，千万不能言过其实，因为过犹不及。古话说"过分恭维别人，便是贱卖自己的人格"。赞美应当注意做到实事求是，措辞适当。当你的赞语还没说出口的时候，则需要先掂量一下，这种赞美有没有事实根据，对方听了是否相信，第三者听了是否不以为然，一旦出现异议，你有无足够的证据来证明自己的赞美是站得住脚的。所以，赞美只能在事实的基础上进行。同时，赞美的措辞也要适当。一位母亲赞美孩子："你是一个好孩子，有了你，我感到很欣慰。"这个做母亲的并未把握好度，她这样说并不会使孩子感到骄傲。如果这位母亲说："你真是一个天才，在我看到的小孩当中，没有一个赶得上你的。"

那会把孩子引入歧途。所以赞美有时候也需要有一定的技巧。

对他人的赞美不一定要自己说出口，同时也可以借用第三者的口吻说出来，有时能出人意料地使对方感到愉快和高兴。有时，为了博得他人好感，往往会赞美对方一番。但赞美若由自己说出，不免有恭维、奉承之嫌。如果换个方法，借用第三者的口吻进行赞美，对方多半会认为你不是在奉承他。因为在一般人的观念中，总认为"第三者"所说的话是比较公正、实在的。因此，以"第三者"的口吻来赞美，更能得到对方的好感和信任。

因为有时候如果你当面去赞扬一个人，可能会有适得其反的效果出现，使他感到虚假，或者会疑心你不是诚心的。一般来说，间接赞扬无论在大众场合，或在个别场合，如能传达到本人，除了能起到赞扬的鼓舞作用外，还可以使对方感到你对他的赞扬是发自内心的赞扬。

总而言之，在我们的生活中，没有人不喜欢别人赞美自己，也没有人不喜欢听一些好话，赞美别人可以拉近人与人之间的距离，使自己和别人之间的关系相处得更好，有助于别人更加信任自己。既然赞美对你与人交往有这么多的好处，你又何乐而不为呢？

第三章　化解交际中的难题

被人误解，你该怎么办？

误会是人际关系的绊脚石，但却是人际交往中时刻出现的重要问题。它常常是人们在不了解、无理智、无耐心、缺少思考，未能多体谅对方、反省自己，感情极为冲动的情况下发生的。

误会给我们带来痛苦、烦恼、难堪，甚至会引发悲剧。所以，陷入误会的圈子后，你必须调整自己，采取有效的方式予以排除，使自己与他人都尽快地轻松、舒畅起来。出现误会后，不必急于为自己辩解。总以为自己正确、有道理、不被理解、心中怀有委屈情绪的人，必定不愿开口向对方做友善的解释。这种心理障碍妨碍彼此间的交流。

有了误会要及时解决。有人被误会搅得焦头烂额，总觉得心中有难处，不好启齿，结果碍于情面，时间越拖越长，误会越陷越深，到最后无限制地蔓延，造成了令人极为苦恼的后果，反倒更加痛苦。所以，有了误会，要迅速解释清楚，拖的时间越长，就越被动。

如果不愿意直接消除误会的，或者对于那些难以直接消除的误会，我们可以采取迂回的策略，这样往往可以消除误会，保持良好的人际关系。

1. 佯装不知，以行动消除误会

小李和小王是一对好朋友，他们经常在一起交流思想。但是有一段时期小王因要参加职称考试，将自己封闭起来，全力复习功课。对小王有意见的小张乘机挑拨小李说："你知道小王最近一段时间没有与你来往的原因吗？不是因为考试啊！而是他嫌你档次太低，没水平啊。你想想，你是大专生，他是本科生，能瞧得起你吗？"小李信以为真，因而非常气愤，觉得小王只不过多读了两年书，就如此骄傲，太不够朋友了，因此下定决心再也不理睬小王。

小王考试完毕后，几次打电话给小李，小李硬是不接。小王很快就了解了情况，知道是因为小张的挑拨，小李对他产生了误会。第二天，小王突然来到小李住处，非常亲切地对小李说："我忙于考试，咱们好久没聊聊了，走，到望江楼去，咱们聊个痛快。"小李听后非常高兴，心想小张的话完全是胡说。于是愉快地答应了。他们之间的误会也就这样无声无息地消除了。

采用佯装不知，用行动消除误会的方法时，心情要平静，态度要诚恳，语言要亲切，行动要与以往保持一致性，不可有特别之处。这样才会使对方确实感觉到他完全误会了你，因此而产生一种愧疚的心理，这样，误会就自然而然地不留痕迹地消除了。

2. 运用比较方法消除误会

古代有个人叫惠子，他跟别人说话或者写文章往往喜欢使用比喻，于是有人在梁王面前诽谤惠子。梁惠王听后认为那人说得对，因此对惠子产生了误解。一天梁王碰见了惠子，他对惠子说："你今后讲话应该直截了当，不要再转弯抹角使用什么比喻了。惠子回答说："现在有一个人，不知道'弹'是什么东西。如果他问你，'弹'的形状怎样？而你只告诉说'弹'的形状就是'弹'，那个人会听明白吗？"梁王说："那怎么能明白呢？"惠子接着说："那么如果这样告诉他，'弹'的形状像把弓，它的弦是用竹做的，是一种射具。这样说难道不明白吗？"梁王说："可以明白了。""用别人已经知道了的东西来比喻他还不知道的，目的是要他知道啊，这难道有什么不好吗？"梁王连忙点头说："你说得对。"

惠子通过对"弹"的两种不同说明的比较，使梁王明白了比喻的作用，从而消除了对惠子的误会。可以想象，如果惠子直接说比喻的使用能起到使不明白的东西变为明白的重要作用，那么梁王肯定是难以接受的，因此不但不会消除误会，反而会加深误解。这种方法往往用来消除那些因别人不懂得或暂时不理解某项知识而产生的误会。因为这种比较方法形象、直观，易于别人接受。

3. 运用书信消除误会

通过文字传达信息，它更有利于说明情况，表达感情。因而有些当面不便说的话可以在书信中表达出来，其效果更佳。

刘某听信别人的传言，与同事匡某发生了误会。匡某多次同他打招呼，他不予理睬，匡某问他是什么原因，他也一声不吭。匡某好生奇怪，一个偶然的机会，匡某了解了刘某对他误会的原因。于是给他写了一封长长的信，详细说明了传言的实际情况。刘某看完信后，深受感动，觉得自己轻信了谣言，故而感到非常内疚。于是主动地找匡某道歉，两人和好如初。

运用书信消除误会，一定要注意言语的客观性，即言语一定要客观真实地反映实际情况，同时要合乎情理；其次，言辞要充分地表达出情感性，体现出真诚友好的态度，以情感人。做到了这两点，就会在对方的心灵上激起感情的浪花，从而达到消除误会的目的。

运用书信消除误会，切忌出现指责对方的言辞。否则就会使对方觉得你缺乏诚意，把误会的责任归结于他，这样不但不会达到消除误会的目的，相反可能会火上浇油，使误会发展成为矛盾。

4. 请第三人疏通，消除误会

如果别人与你发生误会，而第三人完全知道其中的情况，那么可以请第三人帮忙疏通，从而达到消除误会的目的。这是因为第三人了解熟悉情况，最有发言权。同时第三人是站在中立的立场上的，能从客观的角度说明情况，分析利弊，因而最有说服力。故实践中，亲朋好友、同事之间发生误会，一旦有知情的第三人出面调停，误会很快就消除了。

颜某与邱某因别人的挑拨而发生了误会，颜某错怪邱某在领导面前打了他"小报告"。从此一见到邱某就耿耿于怀。邱某了解情况后，回忆了他那天在领导处汇报工作时，还有赵某和刘某在场，他根本就没有谈及颜某的任何情况，因而请赵某前去说明了情况，颜某恍然大悟，非常后悔自己轻信谣言而伤害了同志之间的感情。

总之，一旦别人对你产生误会，情绪一定要冷静，心胸一定要宽阔，态度一定要诚恳，能直接沟通的就直接沟通，不能直接沟通或有诚意但不愿意直接沟通的就根据实际情况采取迂回策略予以消除。

如何面对他人的批评？

在现实生活中，有的人一听到批评意见，就觉得如芒在背，也不管批评得对与不对，便想当然地认为批评者是存心跟自己"过不去"。这种经不起批评，一经责骂便立即发作的人，一定成不了大器。成大事者，往往能虚心地接受别人的批评，并从中找到自己的不足，不断进步。

唐太宗李世民说："以铜为鉴，可正衣冠；以古为鉴，可知兴替；以人为鉴，可明得失。"一个人要想获得进步，获得成功，就要接受批评、善待批评。坦然接受他人的批评不仅是心理强大的表现，还能帮助我们不断进步。通过别人的批评，我们可以认识到自己的缺点和不足，从而积极改正。如果闭目塞听，我们会狂妄自大、盲目自卑。所谓"旁观者清，当局者迷"，自己对自己的看法总是带有主观色彩，而他人对我们的看法则是公正客观的。

现实生活中，人们往往可以通过他人的批评来正视、修正自己的错误行为，从而提高自身能力。必须承认，他人的批评，除了少数是别有用心之人的恶意诽谤之外，绝大部分都是善意的、正确的，都是针对我们的缺点和不足提出来的。与其等待敌人来攻击我们，倒不如认真对待身边人的批评，先对自己的堡垒进行一次检修和加固。

1. 坦然面对批评

面对他人批评，不要过于防卫自己。别人批评你并不表示一定是在攻击你，他可能只是在表达不同的意见而已。丢下你的武器，控制你的脾气，深呼吸放松自己，可以让你心平气和地听听对方在说些什么。如果批评一再重复出现，你需要静下心来检讨一下自己，说不定真的错在自己。

屠格涅夫写了一个短篇小说《犹太人》，在小说中有一个情节，写一个犹太人从士兵手里夺回一头猪。小说发表后，有一天，一个犹太人找到屠格涅夫，劈头就说："屠格涅夫先生，你错了。你那《犹太人》中，描写了一个犹太人从一个士兵的手中夺回一头猪，这是不真实的。我们犹太人不吃猪肉，我们认为挨一下这肮脏的动物也是犯罪的，至于养猪，那根本是不可能的！"屠格涅夫听了以后，笑着说："我这篇小说是根据我叔叔所讲的一个真实的故事写的。"他想了一想，又补充说："不过，在下一版里，我得用另一种动物来代替它。"

2. 看清批评的动机

了解什么样的人在批评你，他对所批评的事有深刻的认识吗？或者只是借题发挥、小题大做？他批评的动机与理由是什么？他当时的情绪状况如何？确定批评者真正的意思，并请他说出事实真相，以便了解他到底希望你做什么样的改善，甚至请他直接提出具体建议。

3. 努力去改善

衡量利弊得失，是否值得为了别人的批评花费时间与精力去做改变？你愿意改变到什么地步？改变之后会产生什么效益？目前最需要改善的是什么？对一些善意的批评我们应该遵循"有则改之，无则加勉"的原则积极予以回应，让批评者知道你很重视他的意见。如果你对批评的内容不以为然，不妨坦白地让对方知道，彼此讨论，切忌置之不理，我行我素，一意孤行。

如何防止与人发生冲突？

在生活中与别人发生分歧在所难免。处理矛盾和冲突必须有理、有力、有节。面对冲突，成熟的人强调"忍"，多说好话，避免争吵，但是，也要用一定的手段，维护自身的合法权益。无论一个人为协调人际关系做出多少努力，事实上仍然不能完全避免同别人的冲突。只要人们之间发生交往，就会或多或少产生矛盾，这是由人的天性所决定的。

先看一下下面这则小故事。

甲："新搬来的邻居好可恶，昨天晚上三更半夜、夜深人静之时跑来猛按我家的门铃。"

乙："的确可恶！你有没有马上报警？"

甲："没有。我当他们是疯子，继续吹我的小喇叭。"

原来是事出必有因，如果能先看到自己的不是，答案就会不一样。在你面对冲突和争执时，先想一想是否理亏，或许很快就能释怀了。

那么，如何才能防止同别人发生冲突呢？

1. 敞开胸怀

化解矛盾要首先从自己做起，记住你如何对待别人，别人也会如何对待你，要走进别人的心灵，自己就要首先敞开胸怀。以理解的眼光看别人，懂得大千世界是五彩缤纷的，人也是各种各样的。别人不可能完全同我们有一样的观点与志趣，每个人都有自己的个性和特点，有不同的长处和短处，我们不能像要求自己那样要求别人。

2.学会宽容

宽容别人的过错，明白世上没有十全十美的人，包括自己在内，谁都有缺点，谁都有可能犯错误。要给别人改正错误的机会，就像希望别人也原谅自己的过失一样。

一个不肯原谅别人的人，就是不给自己留余地的人，因为每个人都有需要别人原谅的时候。

当耶稣到橄榄山时，有住法利赛的学者将自己奸淫过的女人带到耶稣面前，询问耶稣要如何处罚这个女人？因为依当时的法令来说，被奸淫的女人要被判投石之罪。此时耶稣微倾上半身，用手指在地上写了些字，然后对那些渐渐逼向他的群众说："在你们当中，若有人认为自己没有罪，就先向她丢石头吧！"耶稣说完此话就从容地站起来了。

然而，围观的群众却一个个离开。耶稣的这句话使他们扪心自问后，无人敢说他们自己是无罪的！

试想，若是今日我们遇到同样情况会如何呢？那个女人固然罪孽深重，但能够勇于承认自己无罪而向她投石的人又在哪里呢？

很奇怪，我们看自己的过错，往往不如看别人那样严重。

大概是因为我们对自己犯过错的背景了解得很清楚，对于别人的过错当然不能原谅，对于自己的就比较容易原谅，我们常把注意力集中在人家的过错上。即使有时不得不正视自己的过错，但总觉得是可以宽恕的，这是因为无论我们自己是好是坏，我们必须容忍自己。

可是轮到我们评判他人，就不同了。我们用另外一副眼光，往往使旁人体无完肤，一点不留情面。且举一个小小的例子：假使人们发现了旁人说谎，我们的谴责会是何等严酷，可是哪一个人能说他自己从没说过一次谎？也许还不止一百次呢！

3.给人留下台阶

有些时候给人留下台阶，这也是为自己留下一条后路。每个人的智慧、经验、价值观、生活背景都不相同，因此与人相处，相互间的冲突和争斗难免——不管是利益上的争斗还是非利益上的争斗。

大部分人一旦陷身于争斗的旋涡，便不由自主地焦躁起来，一方面为了面子，一方面为了利益，因此一旦自己得了"理"，便不饶人，非逼得对方鸣金收兵或竖白旗投降不可。然而"得理不饶人"虽然让你吹着胜利的号角，但这也是下次争斗的前奏。因为这对"战败"的对方也是一种面子和利益之争，他当然要伺机"讨"回来。

给别人台阶下，为他留点面子和立足之地！对一般的人来讲，这可能不太容易做到，但如果能做到，对自己则好处多多。

对社交产生恐惧时

我们所有人，包括最有信心的人，都有过胆怯的时刻，谁也无法逃脱这种经历。额头和手脚出冷汗、脸红、心跳加快、牙关紧咬、嗓子发涩、不寒而栗甚至出现痉挛，这些都是一个人心怀胆怯的征兆，这些征兆表明，这个人的内心正受着痛苦和焦虑的煎熬。

这些表现是由于一个人对社会交往抱有恐惧感所造成的——如这个人担心自己做不好事情、担心自己的看法或行动无关紧要、担心自己的言行会使别人不高兴……因此，在对事务做出反应之前，胆怯首先占据了他的心灵。于是他回避与人交往，因为他感到自己进行社会交往的行为会引起别人的嘲笑和戏弄。如果听任这种情况发展下去，这个人就会成为社会交往恐惧症患症。

从心理学角度来讲，恐惧是对生活情感的一种痛苦体验，更是一种心理折磨。性格特征是造成社交恐惧的一个很重要的因素。因此，帮助社交恐惧的人进行认知重建和社交技能训练是消除社交恐惧症的重中之重。具体来说有以下几点：

1. 用相同对比法和不同对比法来减轻心理压力。拿自己的处境与别人相比，找出相同之处。比如可以这样设想：我做得虽然不理想，可别人一开始也不见得比我做得好，我的情况别人也会有，也许有的人比我还严重，我并不比别人差，多锻炼几次就会好的。换个角度，在与别人相比较时，既要看到别人的长处，也要看到自己的长处，应该明白"尺有所短，寸有所长"的道理。每个人都有自己的优缺点，这样便于找出自己的优点和长处，增强自信。

2.学会正确地评价自己，保持适当的期望水平。有的人对自己的期望值过高，而一旦达不到预期目标便会感到痛苦。应该客观地评价自己，按照自己的能力、水平确定发展目标，应该允许自己和接受自己存在的局限和不足，适当降低要求，从小的成功开始，循序渐进，积累经验，逐渐树立自信心。

3.寻找自身的优势，增强自信。你不妨从自己感兴趣、了解得比较多的方面入手，使自己获得成功的情绪体验。也许你不善言辞，但你的体育、音乐或别的方面比较突出，你就可以大胆地运用自己的长处，在运动或其他表演中一展风采。当你的出色表现赢得别人的称赞时，你就会想：原来我也能做得很好，我也行！这样，必然增强了自信心，使你能够有充分的自信面对从前"恐惧"的公众场合。

4.勇敢地抓住机会表现自己，克服"只想不做"的思想倾向。存在社交障碍的人，大多不敢在公众面前讲话，怕被人嘲笑，常常放弃表现自己的机会，陷入"我不行——所以我不做——因此我更不行"的怪圈中。这些人即使有独特的长处，如果只想不做，那么，他们的能力和水平就很难得到别人承认。如果放下包袱，珍惜机会，勇敢地面对现实，哪怕是一次小小的成功，也会让人获得莫大的成就感。在公众面前讲话的初期，可以不必正视大家的目光，把精力集中于自己的讲话、表演上，然后逐渐训练自己用眼神、表情与大家交流。一次次地锻炼，直到清除与人交往的紧张感、恐惧感。

5.用刺激法来有意识地治疗自己的心理障碍。自己怕什么就有意识地让自己接触什么，以此来刺激自己脆弱的神经。如多为自己创造一些在大庭广众之下回答问题的机会，多增加自己与异性交往的机会。因为患有社交恐惧症的人都是很内向、很胆小的，只有多与自己所害怕的事物接触，才能使自己消除恐惧心理，战胜自我，冲破自己所营造的心理樊笼。

给别人一个台阶

1953 年，周恩来总理率中国政府代表团慰问驻旅大的苏联官员。在我方举行的招待宴会上，一名苏军中尉翻译总理讲话时，译错了一个地方。我方一位同志当场做了纠正。这使总理感到很意外，也使在场的苏联驻军司令大为恼火。因为部下在这种场合的失误使司令有些丢面子，他马上走过去，要撕下中尉的肩章和领章。

宴会厅里的气氛顿时显得非常紧张。这时，周总理及时地为对方提供了一个"台阶"，温和地说："两国语言要做到翻译准确无误是很不容易的，也可能是我讲得不够完善。"并慢慢重述被译错了的那段话，以便翻译仔细聆听，之后这名苏军中尉准确地翻译了出来，缓解了紧张气氛。总理讲完话在同苏军将领、英雄模范相互敬酒时，还特地同翻译举杯相碰。苏联官员和其他将领为此都流出了热泪，翻译被感动得久久举着酒杯。

心理学的研究表明，谁都不愿把自己的错处或隐私在公众面前"曝光"。一旦被人曝光，就会感到难堪或恼怒。因此，在交际中，如果不是为了某种特殊需要，一般应尽量避免触及对方所避讳的敏感区，避免使对方当众出丑。必要时可委婉地暗示对方自己已知道他的错处或隐私，便可造成一种对他的压力，但不可过分，只需"点到为止"。

金无足赤，人无完人。在社交中谁都可能不小心弄出点小失误，比如念了错别字，讲了外行话，记错了对方的姓名职务，礼节失当，等等。当我们发现对方出现这类情况时，只要是无关大局，就不必对此大加张扬，故意搞得人人皆知，使本来已被忽视了的小过失，一下变得显眼起来；更不应抱着讥讽的态度，小题大做，拿人家的失误在众人面前取乐。因为这样做不仅会使对方难堪，伤害他的自尊心，让他对你心生反感，而且也容易使别人觉得你为人刻薄，在今后的交往中对你敬而远之，产生戒心。

在社交中，有时常会进行一些带有比赛性、竞争性的文娱活动，比如棋类比赛、乒乓球赛、羽毛球赛等。有经验的社交者，在自己"实力雄厚"、绝对能取胜的情况下，往往并不会使对方败得很惨，反倒是有意让对方胜一两局，既不妨碍自己总体上的获胜，又不使对方太失面子。比如有些象棋高手，在连赢几盘后，往往会有意地走错几步，让对方最后赢一两盘。为人处世正像下象棋，只有那些阅历不深的小青年，才会一口气赢对方七八盘，对方已涨红了脸、抬不起头，他还在那儿一个劲儿地喊"将"。其实，作为社交活动，并非正式比赛，对输赢不必那么认真，主要目的还是交流感情，增进友谊，满足文化生活的需要；否则，计较起来，会给对方造成不佳的心情。

因此，在社会交往中，我们不但要尽量避免因自己的不慎造成别人下不了台，而且要学会在对方可能不好下台时。巧妙及时地为其提供一个"台阶"，这就为我们以后更深的交往铺设了一架云梯。

巧妙圆场计谋多

所谓打圆场，是指交际人双方争吵或处于尴尬处境时，由第三者出面进行调解的一场方法。打圆场运用得好，可以融洽气氛、联络感情、消除误会、缓和矛盾、平息争端，还有利于打破僵局，解决问题。

在社交活动中，能适时地提供一个恰当的台阶，使人免丢面子，是圆场的一大原则。然而，台阶怎么个给法，圆场应该怎么打，并不是所有的人都很清楚。这里有以下几点需要注意：

1. 要注意不露声色

既要使当事者体面地"下台阶"，又尽量不使在场的旁人觉察，这才是最巧妙的"台阶"。

有一次，一位外国客人在天津水晶宫饭店请客，请 10 个人要 3 瓶酒。饭店女服务员小丁知道 10 个人 5 道菜起码得有 5 瓶酒，看来客人手头不那么宽裕。于是，她不露声色地亲自给客人斟酒。5 道菜后，客人们的酒杯里酒还满着。这位外宾脸上很光彩，感激小丁给他圆了场，临走时表示下次还来这里。

善于交往的人往往都会这样不动声色地让对方摆脱窘境。

2. 要注意用幽默语言作为"台阶"

幽默是人际交往的润滑剂，一句幽默语言能使双方在笑声中相互谅解和愉悦。

作家冯骥才在美国访问时，一位美国朋友带着儿子到公寓去看他。他们谈话时那个壮如牛犊的孩子，爬上冯骥才的床，站在上面拼命蹦跳。如果直截了当地请他下来，势必会使其父产生歉意，也显得自己不够热情。于是，冯骥才便说了一句话："请你的儿子回到地球上来吧！"那位朋友说："好，我和他商量商量。"结果既达到了目的，又显得风趣幽默。

3. 要注意尽可能地为对方挽回面子

有时某种意外情况使对方陷入了尴尬境地，这时，你在给对方提供"台阶"的时候，如能采取某些妥善措施，及时为对方面子上再增添一些光彩，那是最好不过了。必定会使对方更加感激你，就像前面周总理帮助苏联翻译的做法。帮助对方挽回面子，会使他感激不尽。

4. 指鹿为马，巧妙化解

有时某种行为在特定场合中虽有着特定意义，但圆场者为了化解，却巧妙解释为另一种意义。

戈尔巴乔夫偕夫人赖莎访问美国时，在赴白宫出席里根送别宴会途中，突然下车和行人握手问好。苏联保安人员急忙冲下车，围上前去，喝令站在戈尔巴乔夫身边的美国人把手从口袋里抽出来。他们担心行人口袋里有武器，行人对此却一时不知所措。这时，身后的赖莎十分机智，立即出来打圆场，她向周围的美国人解释说，保安人员的意思是要人们把手伸出来，跟她丈夫握手。顿时，气氛变得热烈了，人们亲切地同戈尔巴乔夫握手致意。

这里，赖莎机巧应变，妙打圆场缓解了当时尴尬的场面。

5. 主动背黑锅，化干戈为玉帛

领导对下属之间发生的纠纷，有时只要敢于背黑锅，主动地承担责任，就可以化解双方的矛盾。

小王和老周同在办公室工作。一次，小王去听报告，老周不知道，因此对小王很有意见，当面质问小王为什么不告诉他听报告的信息，两人因此而大吵起来。彭主任了解吵架的原因后，对老周说："听报告没有通知你。这不是小王的错，是我没有要他通知你，因为你们两人有一个人去听报告就行了。你如果有意见就对我提吧，不要责怪小王啊。"老周听后，觉得自己错了，于是主动向小王致歉，结果他们又和好如初了。

以上介绍了几种常用的圆场术，还望大家能够举一反三，活学活用。

给他人留面子

有句话说得好：人活一张脸，树活一张皮。在人的一生中，最放不下的要算面子问题。事实上，无论你采取什么样的方式指出别人的错误，即使是一个蔑视的眼神，一种不满的腔调，一个不耐烦的手势，都可能让别人觉得没面子，从而带来难堪的后果。不要想着对方会同意你所指出的错误，因为你否定了他的智慧和判断力，打击了他的荣耀和自尊心，同时还伤害了你们的感情，他非但不会改变自己的看法还会进行反击。所以，在给别人指出错误的时候要委婉，讲究方式，给别人留个面子，这样会更容易让别人接纳。

以下几个方法值得我们学习：

1. 用情感化解

在美国经济大萧条时期，有一位 17 岁的姑娘花了很长时间才找到一份在高级珠宝店当售货员的工作。在圣诞节的前一天，店里来了一位 30 岁左右的贫民顾客，他衣衫褴褛，一脸的悲哀、愤怒，并用一种不可企及的目光，盯着那些高级首饰。这个姑娘要去接电话，一不小心，把一个碟子碰翻，6 枚精美的金戒指落到地上，她慌忙捡起其中的 5 枚，但第 6 枚怎么也找不着。这时，她看到那个 30 岁左右的男子正向门口走去，顿时，她醒悟到了戒指在哪儿。当男子的手将要触及门柄时，姑娘柔声叫道："对不起，先生！"

那男子转过身来，两人相视无言，足足有 1 分钟。"有事吗？"他问，脸上的肌肉在抽搐。

这个姑娘一时竟不知说些什么，怔在那里。"什么事？"他再次问道。

"先生，这是我头回工作，现在找个事儿做很难，是不是？"姑娘神色黯然地说道。

男子长久地审视着她，终于，一丝柔和的微笑浮现在他脸上。

"是的，的确如此。"他回答，"但是我能肯定，你在这里会干得不错。"

他停了一下，然后向前一步，把手伸给她说："我可以为您祝福吗？"

然后他转过身，慢慢走向门口。

姑娘目送着他的身影消失在门外，转身走向柜台，把手中握着的第 6 枚金戒指放回了原处。

这位姑娘成功地要回了青年男子偷拾的第 6 枚金戒指的关键是，在尊重谅解对方的前提下，以"同是天涯沦落人"的凄苦言语触动对方的同情心。对方虽是流浪汉，但此时却握有打破她饭碗的金戒指，极有可能使她沦为"流浪女"。因此。"这是我头回工作，现在找个事儿做很难"，这句真诚朴实的表白，却饱含着惧怕失去工作的痛苦之情，也饱含着恳请对方怜悯的求助之意，终于感动了对方。对方也巧妙地交还了戒指。试想，如果叱责怒骂，甚至叫来警察，也能找回戒指，但姑娘的"饭碗"很可能就此砸了。

2. 顺水推舟

在招待宴会上，三位外宾吃完最后一道菜，其中一位顺手把制作精美的景泰蓝食筷"插入"自己的口袋。这时，服务小姐看到了，不过她没有当场给外宾难堪，而是不露声色地迎上前去，双手捧着一只装有景泰蓝食筷的绸面小匣说："先生。我发现您在用餐时，对我国景泰蓝食筷颇有点爱不释手之意，非常感谢您对这种精细工艺品的赏识。为了表达我们感激之情，经经理同意，我们把这双图案最精美的景泰蓝食筷赠送给您，并按最优惠价格记在您的账上，您看好吗？"

这位外宾自然明白这些话的弦外音。在表示谢意之后，他借口多喝了两杯，误将食筷插入衣袋，下了台阶。

中国的景泰蓝工艺，堪称世界一绝。这位外宾爱不释手，并想浑水摸鱼，据为己有，也情有可原。但如果听之任之，则不仅国家要受损，而且会引起连锁反应，后果严重。因此，制止是必需的，但不能直言不讳地指责，那样会置对方于难堪的境地，严重的话可能造成国际上的不良影响。服务小姐顺水推舟的做法，既保住了客人的面子，又挽回了国家的损失。

3. 把对方带到正途

一次，老张到外地去办事。临返回时恰好遇见邻厂的一辆卡车，他就想搭这辆卡车回去，尽管张师傅不认识司机，但是经过交谈还是搭上了车。老张回到家后才发觉有只提包放在车上忘记带回来了。他立即返回去找，但提包已经没有踪影了。第二天，老张找到司机家中，先感谢他帮忙捎脚儿，然后说自己忙乱中把一只提包落在车上了。他说："一发现提包不在，家里人就催我快找。我说不用着急，那位师傅的为人很好。又没别人，他见到后一定会帮助收起来的。"听了老张这番话，司机略一思忖，说："收车后发现有只提包，我断定是你忘记拿走，放在车上怕出差错，就拿回来了。"说着，从里屋拿出了那只提包。

老张的提包失而复得，绝非偶然。他找到那位司机后，除了十分客气地感谢司机帮忙外，几句话说得非常自然、得体，毫不矫揉造作。在介绍自己忙乱中把一只提包遗忘在车上的情况后，转述与家人的对话巧妙地赞颂了司机。他说"师傅的为人很好"，是称赞他品行端正、情操高尚、乐于助人，不会贪小便宜；说"他见到后一定会帮助收起来的"，则是称赞其责任心强，处理问题非常小心在意，妥善周到。这就明确地表达了对司机为人处世、人格道德的肯定与尊重。这种肯定与尊重，则满足了对方希望得到他人尊重和做一个高尚的人的心理需要。司机在得到激励的同时把提包还给了老张。

如何拒绝他人

对于许多人来说，拒绝别人是一件很难的事情。当别人提出要求时，他们不好意思张口说"不"，因为这样很可能会伤害对方的感情，使两个人关系疏远。如果答应了别人的要求，自己确实有难处，或者自己的利益会损失很大，这时，我们就应该拒绝别人。但是拒绝别人也要考虑对方的情感，尽量做到不伤害双方的感情。怎样说"不"，的确是一门学问。

我们在拒绝别人时应该注意不使他们的面子受损。如果既拒绝了别人的要求，又让他们丢了面子，那么他们心中产生不满之情是在所难免的。如果能在拒绝别人的要求时不让对方丢面子，让人非常体面地接受拒绝，就是非常得体的拒绝。

三国时期的华歆在孙权手下时，名声很大。曹操知道后，便请皇帝下诏招华歆进京。华歆启程的时候，亲朋好友千余人前来相送，赠送了他几百两黄金和一些礼物。华歆不想接受这些礼物，但是如果当面谢绝肯定会使朋友们扫兴，伤害朋友之间的感情。于是他便暂时来者不拒，将礼物统统收下来，并在所收的礼物上偷偷记下送礼人的名字，以备原物奉还。华歆设宴款待众多朋友，酒宴即将结束的时候，华歆站起来对朋友们说："我本来不想拒绝各位的好意，却没想到收到这么多的礼物。但是，匹夫无罪，怀璧其罪。想我单车远行，有这么多贵重之物在身，诸位想想我是否有点太危险了呢？"朋友们听出了华歆的意思，知道他不想收受礼物，又不好明说，使大家都没面子。他们内心里对华歆油然而生出一种敬意，便各自取回了自己的礼物。

假使华歆当面谢绝朋友们的馈赠，试想千余人，不知道要推谢到什么时候，也不知道要费多少口舌，还会使大家都很扫兴，甚至感到非常尴尬。而华歆却只说了几句话便退还了众人的礼物，又没有伤害大家的感情，还赢得了众人的叹服，真可谓"一箭三雕"。

"不"字谁都会说，但怎样说才能既不伤害对方，又不使自己为难，却不是每个人都能做得到的事。拒绝他人，最困难的就是在不便说出真实的原因时又找不到可信而合理的借口。那么，我们不妨在别人身上动脑筋，比如以家人为借口。

当一个推销员上门推销时，一个女士的态度礼貌而坚定："我的婆婆不让我在家门前买任何东西。"你瞧，我不买你的商品，不是因为我不愿意掏腰包，而是为了保持和婆婆良好的关系。这样一来，推销员既不会因为你没买他的商品而怨恨你，同时也感到再说下去也是白费口舌，只好作罢。

当有人请求你帮助时，在力所能及的范围内，应该尽量给予帮助。但碰到实在无能为力的事，你无法给予对方帮助，也不要急于把"不"字说出口。不要使对方感到你丝毫没有帮助他解决困难的诚意，否则，在别人眼中你会是一个自私而缺乏同情心的人。

当别人向你提出不合理的要求时，不要简单地拒绝，而应该让他明白他的要求是多么荒唐，如果答应他的要求，你会遭受什么样的后果，从而使他自愿放弃无理的要求。

下面，介绍拒绝他人的几点原则和方法，供大家参考。

1. 态度坚决

无论对方的要求多么强烈，只要你认为不能接受，便要态度明确、坚决地予以拒绝，不能留有余地。"实在抱歉，我无能为力"，"对不起，我没有办法答应。"你也不要给他出主意，否则，你仍难脱干系，说不定他还会来找你，让你为难。

2. 电话拒绝

有时候碍于面子，当面不好意思拒绝朋友。这种情况下，你可以让朋友先回去，告诉朋友等你考虑之后再给他答复，然后，打个电话把你的意见告诉他。这样，双方不见面就可以避免不好启齿或造成尴尬。

3. 消除愧疚

拒绝朋友的要求，朋友可能会愁眉苦脸、唉声叹气。这时，你不必自责，也不必感觉愧疚。既然拒绝，你自然有拒绝的理由。最好的做法是，用你的理由来消除内心的愧疚，达到心理的平衡。

4. 接受指责

遭到了你的拒绝，对方的要求不能达到，他必然会对你加以指责。对此，你可以表示接受。这里，需要注意的是，千万不能中了对方的激将法。比如他说："我就知道你可能做不到，看来真是这样。"

这时，你不妨付之一笑，承认自己能力有限，"做不到"他要求的事。

如果不会拒绝，碍于情面随便夸下，那是于事无补的，反而会给自己带来麻烦。

当然，拒绝别人的要求并不是一件容易的事。不仅要明确拒绝，而且要委婉，使自己的"拒绝"藏而不露。因为我们每一个人都有自尊心，希望能得到别人的重视，同时也不希望别人不愉快。这就要求我们拒绝人要讲究技巧，既要拒绝对方的不适宜要求，又不伤害对方的自尊，也不损害彼此的关系。

善于化解同事之间的矛盾

同事之间的矛盾，经常比朋友间的矛盾还复杂。同事与你在一个单位里工作：整天抬头不见低头见，彼此之间免不了会有各种各样鸡毛蒜皮的事情发生，引出不必要的瓜葛和冲突。这种瓜葛和冲突有些是表面的，有些是背地里各种的不愉快交织在一起，便会引发各种矛盾。那么，我们该如何处理这些矛盾呢?

1. 一定不要发生正面争吵

在日常生活中，人们往往会与三种人发生争吵，一是与不一起共事的人发生争吵；二是与家人争吵；三是与同事争吵。这三种争吵会产生三种不同的结果。与不一起共事的人发生争吵，因为平日不在一起工作和生活，吵过之后双方走人，一般不会再使争吵和矛盾有继续的可能；家人之间的争吵，因为有血缘或亲情关系，一般吵过之后重归于好；而同事间若是发生争吵，麻烦就比较大了。因为同事之间争吵之后仍然要在一起共事，甚至要相互竞争，这种特别的交际关系，使得同事间的交际情感裂缝比较难以弥合，情感创伤也较难以复平，情感隔阂相对难以消除，这将使同事间的人际环境蒙上阴影。所以，与同事交际，最忌讳争吵。那样会把整个办公室的气氛都给弄僵了，大家自然把责任都推到了你的身上。更何况，上司最不喜欢下属因私事交恶而影响工作了！

所以，你要冷静面对，千万别说过火的话。例如，"你凭什么在背后说我的坏话""你这小人！"这样对谁都不利。对这样的同事，你只要暗中与他疏远就行了。"路遥知马力，日久见人心。"时间长了，谁是什么样的人，大家自然是再清楚不过了。他给你造的谣言自然也就不攻自破了，到时候，被孤立的是他，而不是你。

2. 要勇于承认自己的错误

"智者千虑，必有一失。"每个人都会犯错误，但并非每个人都能勇敢地承认自己的错误。有些人总认为别人会因此而看不起自己。其实，真正有能力的人是勇于承认自己的错误的。

即使你的同事纠正你错误的方式让你很丢面子，你也应虚心地接受。但这并不意味着每当有过分好斗的同事向你发起攻击时，你都要举手投降。你应该力求客观地对待他的意见，即使这种意见不是用一种特别客观的方式表达出来的。

假如你的同事在公开场合责备你，而情况又不属实，是他故意使你难堪。这个时候你该怎么做？你可以心平气和地直言："我们是否私下谈谈这个问题？我要求你把情况搞清楚了再说话。如果你不注意尊重事实，那我以后很难再信赖你。"这样既澄清了自己，又给对方一个下马威。

此外，有个小秘密要记在心里：你承认错了，常常能够让对方闭嘴。这是一种制造惊人沉默的经典方法。

3. 对挑衅性的话语不要理会

有时，我们会听到别人威胁性的问题，"你以为你是谁？""你们那所高级学校难道没教你点儿有用的东西吗？"这些问题以及由此衍生出来的多种责难形式，其实就是为了使你难堪。对于这种伤人自尊的刁难，你根本就不需要回答，更不要因为这些话而暴怒，以致引发严重的后果。索性当它们压根儿就没从你同事的嘴里说出来过，你只管回到你的工作中去。这样，你不给你的同事向你破口大骂的机会，还有可能让别人觉得他是在无理取闹。

4. 积极主动化解怨恨

你与同事间的矛盾绝大多数是因一些琐事引起的，其实想得开些，也没什么。若是总在小事上斤斤计较，不但你与他合作起来显得尴尬，还会落下一个气量小的坏名声。所以，你不妨尝试着抛开过去的成见，大事化小、小事化了，友善地对待他们。

如果你们的矛盾已经很深了，你不妨主动找他们进行沟通，并确认是否你在不经意间做了一些事得罪了他们。他们可能会回答说，你并没有得罪他们，而且会反问你为什么这样问。你可以心平气和地解释一下你的想法，比如你很看重和他们建立起来的良好的工作关系，也许双方存在误会，等等。如果你的确做了令他们生气的事，而他们又坚持说你们之间没有任何问题，那么责任就完全在他们那一方了。

第四章　与人交往从"心"开始

相信自己，赢得信任

随着越来越多的高校毕业生进入社会，大量的研究生，博士生，本科生毕业后，蜂拥而至地扑向了人才市场。在人才招聘会上，我们发现一个很重要的现象，本科生懵懵懂懂一往直前，跑到前面跟招聘单位说，我想应聘你们公司的什么职位，我怎么怎么行。而硕士生有点欲说还羞，把简历投给人家，让人家看一看，说要是有消息请你们通知我，然后扭身就走了。博士生更注重面子，到了那儿以后，把简历往招聘单位一丢，转身就跑，很难跟人打交道。为什么呢？我们曾经碰到一个博士生跟我讲，在招聘会上我们经常挤不进去，根本挤不过本科生，就把简历叠成纸飞机投进去。这叫投简历，等着人家来招呼你，而不是主动地和人交往，充满自信地让别人来认识你，接纳你，聘用你。

我们发现本科生，因为年轻，自身压力小，在人际交往的过程中他顾虑要少，他的自信心要足一些。而相对于硕士生和博士生来说，他们年纪越来越大，社会阅历也不断地丰富了，可是他们在人际交往的过程中，顾虑却越来越多，自信心却在不断下降。

从心理学上讲，小孩子的自信心比成年人高，因为小孩子往往有一种初生牛犊不怕虎的劲儿。在他的心里没有恐惧、没有胆怯，他跟人交往的过程中是勇敢的,他是充满了自信的。我们成年人在交往的过程中,有时候经常对我们的某些方面不够自信,比如觉得自己长得不够帅、身材不够好,或者个头不够高,等等。我想告诉大家上天是公平的,当我们每个人在某一方面有缺失的时候,另一方面一定有所长,一定会有所补充,心理学上这叫补偿性满足。

一个中国男人长到一米五几,我们会开玩笑叫他"二等残废"。但如果是一个德国男人只有一米五三的个子,我们立刻想到的一个词就是"侏儒",除了这个词,没有办法形容他了。可是这个只有一米五三的人,是著名的哲学家康德。康德是一个又小又矮又丑的男人,但是上天没有辜负他。虽然他身高不够高,长相不够帅,但是学问足够大。到现在为止,只要提到德国,提到哲学,没有人可以绕开康德。

所以我们就发现了,我们的自信来源于哪里,外表是其一,但是更多的是我们的内涵。

菲律宾的外交家罗慕洛的个子只有一米六三。菲律宾国家的人个子普遍都不高,一米六三的个子算中等偏上。罗慕洛作为一个外交官在联合国大会的时候,曾经和苏联代表团团长维辛斯基发生了激辩。罗慕洛在发言中讥刺维辛斯基的建议是"开玩笑",于是惹恼了维辛斯基,他非常轻蔑地对罗慕洛说:"你不过是个小国家的小人罢了。"罗慕洛的确是个矮个,但是他做出了许多高个都无可企及,因而更具有轰动效应的事情。维辛斯基话音刚落,他就跳起来告诉联大代表说:"维辛斯基对我的形容是正确的。"他接着话锋一转:"此时此地,把真理之石向狂妄的巨人眉心掷去——使他的行为有些检点,是矮子的责任!"结果赢得了大家热烈的掌声。

外表只能带给我们一个初步的印象,但是我们的自信,来源于我们的内心,来源于我们的修养,来源于我们的理智,来源于我们的内涵。

自信是人际交往的一个基础!心理学研究表明,当一个人内心充满自信的时候，往往会散发出激情的光芒，吸引他人的目光，从而给人以良好的印象。在人际交往中，自信是个人魅力的一种主要形式，它至关重要，能使人被大多数人所接受。

做任何事情都需要有自信。爱默生说："自信是成功的第一秘诀。"自信的人，总是自带光环和吸引力，言谈举止中所流露和表达的是一种激情，是一种催人奋进的豪迈，是一种无形的力量，这种力量的迸发能使人坚定沉着、冷静果敢。同时，你的自信也会感染他人，吸引他人的注意力，还会对你的事业发展有着巨大的推动作用。

坚定地相信自己，这就是自信，也是所有取得了伟大成就的人士的基本品质。相信自己，就是要相信自己的优势，相信自己的能力，相信自己有权占据一个空间。人一旦有了自信，其精神面貌就会焕然一新，气场就会变强，言谈举止、待人接物，都会产生很大不同。赢得别人喜欢和信任的最好方式就是，首先要自信。

开放心态，求同存异

人际交往必须是开放的心态，你想让别人了解你，必须坦诚接纳别人对你的误解。你要坦然接受别人对你的误会、误解，用一个开放的心态来进行人际交往。

曾经碰到一个来自新疆的学生，是一个哈萨克牧民的儿子，他从小的生活就是放羊骑马，后来通过不断的努力考上了大学。

20世纪80年代，在高校中有一个外乡人，尤其是外民族的人，大家都很惊喜，非常喜欢他，但是，那时候资讯不发达，大家都会提一些看似非常愚蠢但又很贴切问题。新疆到底是什么样，顶多是从电视中看到，辽阔的草原、雪山、牧场，骑着马的少年，欢歌笑语的维吾尔族姑娘。大家第一印象都说，你是新疆人吧，可是这个哈萨克的学生很苦恼，他说我们新疆有12个主要的少数民族，我是哈萨克族人。另外，还有很多人会把维吾尔族等同于新疆人，其实维吾尔族也只是新疆少数民族中人数比较多的一个民族而已。经过这样一番解释之后，大家才能够理解，他是哈萨克族。

那你们在新疆，是不是住在圆圆的包包里呀。这个学生有些无奈地说，我们乌鲁木齐也是一个国际化的大都市，是中亚国际交往的一个重要的窗口。

可能一开始当他这样说的时候，很多人不太相信，觉得他说话好像不可靠。如果按照惯常，我们就会辩解，可是，这位哈萨克的同学，心胸非常开阔，他以开放的心态接纳了大家的不解和猜疑，并告诉大家，在以后的日子里，大家会从他这里，越来越了解他的家乡。

他一改起初那种不断纠正别人错误的交往方式，而改为和大家一起分享的交往方式，让大家跟他一起来想象我们的新疆是什么样的。他以开放的心态告诉大家，我们新疆那种哈萨克的毡房，有漂亮的蒙古包，我们出门就是骑马，骑马上学。这时候，他给大家一个更美好的想象，我们在广阔无垠的草原上上学，今天上数学课，老师就骑着一匹马，马背上挂一块黑板，明天讲语文课，老师又会骑一匹马过来，马背上挂着语文课的黑板，有浪漫的鲜花、蓝天、白云和草地。所有人的脑海里，都冒出了一部电影《音乐之声》，感受到了维也纳的风格。

大家很羡慕他，这时候有一个同学忍不住问，那你们下雨天怎么上课，我们这位哈萨克朋友嘿嘿一乐，下雨放假，我们就回家了。那你们高三的时候，上不上晚自习呀，这位哈萨克朋友跟他们接着就说了，我们的毡房都在草原上，美丽的草原没有电，我们晚上从来不上晚自习，天黑了就睡觉，天亮了就起床。来自于湖北、山东高考大省份的人那个羡慕啊，你们不用上晚自习，又不用熬夜，下雨了还不用上课，你们太幸福了。结果大家特别愿意和这位开朗开放能够和人坦诚相处的哈萨克孩子交往。

假如说当初这位朋友，以封闭的心态，以不断纠正别人错误的理念，来跟人交往，可能在人际交往的过程中，就有了重重障碍，大家心里会觉得不舒服，你怎么老挑我们的错。但是他改用开放式的交往的时候，他不断地激发大家的想象，跟大家一起来分享，所以大家会感到非常愉快。

所以开放是人际交往的一个重要环节，它可以使我们的交往变得更加轻松和畅快。

要学会换位思考

人际交往什么最重要？心最重要，用心交往是最重要的。你要用心来看对方的心，对方最需要什么。

一个男孩在生日那天收到了爷爷的礼物，那是一只可爱的小乌龟。男孩很喜欢它，总是试着与它玩耍，然而小乌龟却害羞似的一下子把头和脚都缩进了壳里。男孩便用棍子捅它，想把它从壳里赶出来，但小乌龟却丝毫未动。爷爷看到了男孩的举动，语重心长地对他说："孩子，不要这样对待小龟，你要学着将心比心啊，假如你的伙伴也这样对你，你还愿意跟他玩吗？"还没等男孩说话，爷爷已经把小乌龟带进了屋里，放在了暖和的壁炉旁。不一会儿，小乌龟觉得热了，伸出了头和脚，并缓慢地向男孩爬去……

小乌龟和人一样，也需要温暖。在人际交往中，只有拿出将心比心的善意、真诚和热情，使别人获得温暖后，自己也才能在相互的交流中温暖起来。

有这么一则寓言：

一把沉重的铁锁挂在门上，有一个人拿着一根铁棒去敲它，不管用怎样的力气都打不开。这时另一个人来，他拿出一片小小的钥匙，往锁孔里一放，"咔嚓"一声，锁就开了。等别人都走了，迷惑不解的铁棒问小钥匙："为什么我用那么大的力气都打不开的锁，你轻轻一下就可以打开呢?"小钥匙的回答是:"因为我懂得它的心。"

是啊,人与人之间的交往永远如此。"懂得它的心",多么简单的字眼,却蕴含了无比深刻的含义。

给人一盏灯,照亮的是两个人,将我心比你心,让宽容多于固执,让热忱多于漠然,幸福的或许是一群人。如果说"雪中送炭"尚需你物质上煞费苦心,那将心比心往往仅需一个眼神、一个词语或一个动作足矣,却比雪中送炭更显得温馨和自然。

将心比心,只希望你在捡到钱包时能够体会到失主的焦急与渴望之情,从而完璧归赵;将心比心,只希望你在公共汽车上能为别人的父母、老人让一下座,在马路上遇到别人的孩子摔倒时帮着扶一把……

"老吾老以及人之老,幼吾幼以及人之幼"。将心比心其实很简单,它像苹果落地那样自然。它虽是一种看不到、摸不着的精神上的东西,但却真真切切地暖在了每个人的心坎儿里。

我们说每个人想与他人建立一个良好的人际关系,要想形成一个良好的人际交往的模式,知己知彼最重要。我们不仅要了解对方的文化心理,社会成长背景,自己还要充满信心,敢于主动跟人交往。同时还要在充满自信的前提下,以开放的心态跟人交往,这是我们成功的人际交往过程中最重要的因素。只有这样才能叩开人际交往的这扇大门。

倾听是心灵沟通的桥梁

俗话说得好:"会说的不如会听的。"也就是说,只有会听,才能真正会说;只有会听,才能更好地了解对方,促成有效的沟通和交流。

倾听是一种礼貌,是对说话者表示尊敬的一种表现,也是对说话者的一种高度的赞美，更是对说话者最好的恭维。心理学研究表明，越是善于倾听的人，与他人关系就越融洽。因为倾听本身就是褒奖对方谈话的一种方式，你能耐心倾听对方的谈话，等于告诉对方"你是一个值得我倾听你讲话的人"。所以，如果要别人喜欢你，原则是：首先做个好听众，并随时鼓励对方谈谈他自己的事。

但遗憾的是现实中，大多数人都是不太爱听别人谈话，而是喜欢别人听他说话的。而事实表明，在与人交谈中，光说不听的人是不受欢迎的，把这种习惯带到生活和工作中，就会造成很多不必要的麻烦和损失。现代生活中 80% 的沟通不畅实际上是由于不善于倾听导致的。我们常常滔滔不绝地表达自己的观点看法，却不能倾听别人的意见，失去了和对方沟通的良好机会。

有一位法官曾审理过一起出版合同纠纷。一位老作家因为稿酬问题将出版社告上法庭。根据案情，这位法官认为调解对双方，特别是对老作家有利。因为打官司费钱又费力，个人不能与单位比。但他多次建议双方调解，都没有效果。

老作家对出版社怨气很大，但他显然对法律了解不多，开庭时只是反复就一两个问题进行阐述。尽管他遣词造句颇具诗歌或散文的味道，可车轱辘话来回说，谁听着都烦。旁听席上渐渐有人打起瞌睡，有人起身离去。可法官一直静静地听着，不打断老作家的话。

庭审进行了三个多小时，直到双方再无话可说，法官才又向双方解释了出版合同的法律规定，指出双方在合同履行中的不当之处，并再次提出调解的建议和基本方案。

老作家听完法官的话，半晌没说话。最后，他突然表示愿意接受调解。

"法官大人，矛盾发生以后，你是第一个完完整整听完我讲话的人。"老作家诚恳地说，"你对我的尊重使我信任你，你说怎么办就怎么办。"

一个时时带着耳朵的人远比一个只长着嘴巴的人讨人喜欢。一个讲话者总希望他的听众听完他发表的意见，如果你对此漫不经心，或者毫不在乎，这就在一定程度上伤害了他的自尊心，他原来对你的好感也会顷刻化为乌有。如果你要在沟通中赢得他人的好感，那么你首先要做到的便是用心倾听。正如一位心理学家所说："以同情和理解的心情倾听别人的谈话，我认为这是维系人际关系，保持友谊的最有效的方法。"

小李的父亲是位知识分子，为人古板，不喜与人交往，每次小李来了熟人，父亲就独自躲到书房，很少与人打招呼。一次，小李的三个高中同学来到家里。大家一见分外亲热，其中有两位喜欢下棋，闲谈中都是些术语、行话，而另外一位对"黑白世界"一无所知，无聊中去了父亲的书房。这外边三位在棋局上杀得天昏地暗，没去管他。等玩够后，才从书房中把那个同学叫出来，令小李吃惊的是：老父居然送出房门口，还问儿子为什么不留他们吃饭，临行还一再叮嘱：以后有空来玩。在小李的记忆中这是父亲第一次留他的同学吃饭，而且以后还经常问及那位同学为什么不来玩。

小李在惊叹之余，问及同学怎样赢得父亲的欣赏。结果那同学说："没什么呀，你们下棋我不懂，就去你父亲书房，见你父亲在看一本水利方面的书，就问你父亲是否是搞水利的，然后就好奇地问长江大桥的桥墩怎么做的，你父亲就开始给我讲解，如何先将一个大铁筒插进去，将里面的水抽干，挖出稀泥，打地基，直到做好干透，再将铁筒抽掉，你父亲在说，而我只是认真听，也没说什么。"

在人与人的交往中，听是一项非常重要的技能。如果你是一位善于倾听的人，会发现别人自然而然地被你吸引。世界著名的记者迈克逊说："不肯留神去听人家说话，是不受人欢迎的原因之一。通常，他们只关心自己该怎么说下去，根本不管别人要说什么。要知道，世界上多数人都喜欢乐于倾听的人，很少有人喜欢那些不停地说自己的人。"每个人都认为自己的声音是最重要的、最动听的，并且每个人都有迫不及待地表达自己的愿望。在这种情况下，友善的倾听者自然成为最受欢迎的人。

外国有句谚语："用十秒钟的时间讲，用十分钟的时间听。"倾听是人际交往中一项很重要的制胜法宝。一个在人群中滔滔不绝的人或许很容易得到大家的尊敬和钦佩，可是一个懂得倾听并善于鼓励别人的人，能更容易得到他人的好感和信任。在谈话过程中，你若耐心倾听对方谈话，等于告诉对方："你说的东西很有价值"或"你值得我结交"，等于表示你对对方有兴趣。同时，这也使对方感到他的自尊心得到了满足。由此，说者对听者的感情也更进一步了，"他能理解我""他真的成了我的知己"。于是，二人心灵的距离缩短了，只要时机成熟，两个人就会很谈得来。所以，在交往中我们一定要学会倾听，因为倾听是心灵沟通的桥梁。

幽默，沟通的润滑剂

幽默、诙谐的语言不仅悦耳动听，引人发笑，而且可以丰富生活、缩短洽谈者之间的距离，善讲幽默话的人容易讨人喜欢，无怪乎人们称相声演员为"语言大师"，就是因为幽默往往与乐观、愉快、希望等连在一起。

幽默在人际交往中的作用是不可低估的。美国一位心理学家说："幽默是一种最有趣、最有感染力、最具有普遍意义的传递艺术。"幽默的语言，能使社交气氛融洽、轻松，利于交流。人们常有这样的体会，疲劳的旅途上，焦急的等待中，一个风趣故事，一句幽默话，能使人笑逐颜开，消除疲劳。

在公共汽车上，因拥挤而争吵之事屡有发生。任凭售票员"不要挤"的喊声扯破嗓子，仍无济于事。忽然，人群中一个小伙子嚷道："别挤了，再挤我就变成相片啦。"听到这句话，车厢里立刻爆发出一阵欢乐的笑声，人们马上把烦恼抛到了九霄云外。此时，是幽默缓解了紧张的气氛。

幽默还有自我解嘲的功用。在对话、演讲等场合，有时会遇到一些尴尬的处境，这时如果用几句幽默的语言来自我解嘲，就能在轻松愉快的笑声中缓解紧张尴尬的气氛，从而也使自己走出困境。

一位著名的钢琴家，去一个大城市演奏。钢琴家走上舞台才发现全场观众坐了不到五成。见此情景他很失望。但他很快调整了情绪，恢复了自信，走向舞台的脚灯对听众说："这个城市一定很有钱。我看到你们每个人都买了二三个座位票。"音乐厅里响起一片笑声，为数不多的观众立刻对这位钢琴家产生了好感，聚精会神地开始欣赏他美妙的钢琴演奏。幽默言语改变了他的处境。

在人际交往中，还可以寓教育、批评于幽默之中，具有易为人所接受的感化作用。

在饭馆里，一位顾客把米饭里的沙子吐出来。一粒一粒地堆在桌上，服务员看到了很难为情，便抱歉地问："净是沙子吧？"顾客摆摆头说："不，也有米饭。"

在这个事例中，"也有米饭"形象地表达了顾客的意见，以及对米饭质量的描述。运用幽默的语言进行善意批评，既达到了批评的目的，又避免了让对方难堪的场面。

幽默是一种优美的健康的品质，也是现代人应该具备的素质。那么，应当怎样培养自己幽默谈吐的能力呢？首先，要有宽阔的胸怀和渊博的知识，对生活充满热情与信心。其次，要有丰富的想象、高尚的情趣、开朗乐观的性格，才能成为幽默风趣、自然洒脱的人。

幽默虽然能够促进人际关系的和谐，但如果运用不当，也会适得其反，破坏人际关系的平衡，激化潜在矛盾，造成冲突。

在一家饭店，一位顾客生气地对服务员嚷道："这是怎么回事？这只鸡的腿怎么一条比一条短一截？"服务员故作幽默地说："那有什么！你到底是要吃它，还是要和它跳舞？"顾客听了十分生气，一场本来可以化为乌有的争吵便发生了。

所以，幽默应高雅得体，态度应谨慎和善，不伤害对方。幽默且不失分寸，才能促使人际关系融洽和谐。

令人无法抗拒的心理说服

说服，简单地讲，就是通过自己的语言，转变他人的思想和态度，它是以求得对方的理解和行动为目的的。当然，我们也可以说，所谓"说服人"，就是要使自己的想法变成他人的行动。

说服别人信服、同意、采纳你的主张或动摇、改变、放弃己见，实质上是一场从精神上征服人心的斗争，但又不能使对方有丝毫被迫接受的感觉。一个人几十年形成的思想观点，一个民族千百年形成的风俗习惯、思维定式，你休想通过三五次苦口婆心的说服，就能轻易改变。一种崭新的理论、观点、学说、方法，即使通过了一定的实践证明其科学性、正确性、合理性，必须要深入人心，仍需经过长期、反复的宣传和说服。说服需要韧性、耐心，打持久战。如果遇有特殊情况，也需要集中力量打歼灭战，速战速决。有的说服，越说对方越不服，结果不欢而散；而有的说服，三言两语，就说到了对方的心坎上，疙瘩迎刃而解。这说明说服有一定的规律，是一门交谈、对话的艺术。医师、律师、教师、宣传员、推销员、外交官等，天天在做说服工作，一生以不断说服人为己任，更有必要探讨、研究说服的规律，掌握说服的艺术。晓之以理，动之以情，衡之以利，是最常采用的说服方法。

所谓晓之以理，就是讲道理。简单的事情，一两个典型事例，小道理，再加上简明、扼要的分析，道理就可以讲清楚。复杂的事情，大道理，涉及多方面的因素，触动一点就牵动全局，必须全方位、多层次、多角度地进行一系列的说服工作，从多方面展开心理攻势，并以严密的逻辑推理，如水到渠成地得出结论。这个结论不宜由自己单方面推断出来交给对方，最好以征询意见的口气引导对方同你一起来推理，共同探讨得出结论。让他把你的意见、主张，当作自己寻求的答案，自动就范，自愿接受，这样的说服力更高明。因为对于经过自己头脑思考发现的真理，人们更坚信不疑。晓之以理，要满怀信心，争取主动，先取攻势。当对方已明确、坚决地表示"不干""不行""不同意"等之后，再说服他，就要付出加倍的努力。当然，争取主动仍要运用商榷、委婉的语气，切忌盛气凌人、以势压人。如对方因此而产生逆反心理，再说服他，同样也要付出加倍的努力。

所说的动之以情，还要结合动之以情，通情才能达理。牧师布道宣传的是唯心主义的宗教，但因以情动人，往往能在催人泪下的同时，不露痕迹地对听众施加思想影响，使人们不知不觉地接受其教义，这就是情感的力量。对于形象思维强于逻辑思维的青少年儿童，对于多数平日没有深刻理论思维习惯的人，将心比心，以事比事，运用其自身或熟人的经验教训，再加上感情色彩浓厚的语言，去进行绘声绘色地诉说，易令人感到亲切可信，引发情感上的共鸣，从而为接受道理扫清了障碍，铺平了道路。

"衡之以利"就是权衡利弊得失，讲清利害关系。那些实惠观念很强的人，理难服他，情难动他，唯有"衡之以利"是切实有效的一招。且不论对社会、对国家的利害如何，就是只从个人实实在在的得失考虑，他也应趋利避害、以接受你的说服为上策。那些重情义、明事理的人，并不过分讲究实惠。但你仍应设身处地充分考虑对方的实际困难、切身利害。在此基础上进行说服，才称得上是真正的通情达理，也更令人心悦诚服。人生在世，要求得生存与发展，必然有各种各样的正常需要，如果丝毫不考虑对方的合理需要，双方交谈就不会有共同的语言，说服也就无从谈起了。如果看准了对方的需求，说服就会很有成效。

一位阿拉伯哲人说过：一个没有社交能力的人，犹如陆地上的船，是永远不会漂泊到人生大海中去的。说服力在人生中的作用越来越重要，在某种程度上它决定了一个人的命运。那些成功者总是能说会道、口若悬河。说服决定成败，无论我们做什么事都离不开沟通，而一个人的说服力将会决定事情的成败。

说服人的能力并没有什么大窍门，只要多总结，多练习，就一定会取得进步。提起这一点，苹果公司的创始人史蒂夫·乔布斯就是一个比较好的楷模，他在创办苹果公司的时候是一个一穷二白的毛头小伙子。他虽然认识到个人电脑将是一个极具潜力的事业，而且下定决心要做个人电脑出售给需求巨大的用户，但他没有钱，怎么办？

史蒂夫·乔布斯不愧是一个演说天才，他的口才非常好，令人惊奇。他凭借他的如簧之舌说服了一部分顾客先付钱定购电脑，然后利用这些资金购买设备，然后又说服了多位供应商先免费提供生产个人电脑的原材料，等到电脑售出之后再付款。此后，他就开始生产第一台苹果牌个人计算机了。经过他的巧妙经营，很快，苹果公司的规模迅速扩大。一个白手起家的创业者自此走上了成功的道路。

一般来说，在与要说服的对象较量时，彼此都会产生一种防范心理，特别是在危急关头。这时候，要想使说服成功，你就要注意消除对方的防范心理。如何消除防范心理呢？从潜意识上来说，防范心理的产生是一种自卫，也就是当人们把对方当作假想敌时产生的一种自卫心理，那么消除防范心理的最有效方法就是反复给予暗示，表示自己是朋友而不是敌人。这种暗示可以采用种种方法来进行：给予关心，嘘寒问暖，表示愿给帮助，等等。

有个出租车女司机把一男青年送到指定地点时，对方掏出尖刀逼她把钱都交出来，她装作害怕的样子交给歹徒300元钱说："今天就挣这么点儿，要嫌少就把零钱也给你吧。"说完又拿出20元找零用的钱。见"的姐"如此爽快，歹徒有些发愣。女司机趁机说："你家在哪儿住？我送你回家吧。这么晚了，家人该等着急了。"见司机是个女子又不反抗，歹徒便把刀收了起来，让女司机把他送到火车站去。见气氛缓和，这位女司机不失时机地启发歹徒："我家里原来也非常困难，咱又没啥技术，后来就跟人家学开车，干起这一行来。虽然挣钱不算多，可日子过得还算不错。何况自食其力，穷点儿谁还能笑话我呢！"见歹徒沉默不语，女司机又继续说："唉，男子汉四肢健全，干点儿啥都差不了，走上这条路一辈子就毁了。"火车站到了，见歹徒要下车，女司机又说："我的钱就算帮助你的，用它干点正事，以后别再干这种见不得人的事了。"一直不说话的歹徒听罢突然哭了，把300多元钱往女司机手里一塞说："大姐，我以后饿死也不干这事了。"说完，低着头走了。

在这个事例中，女司机典型地运用了消除防范心理的技巧，最终达到了说服的目的。

在社会上，人们的能力有高有低，想要快速地了解他们，不妨看看他们的说服力。说服能力的高低，其主要表现在说话的艺术上。语言的力量能征服世界上最复杂的东西——人的心灵，通过成功的语言这一媒介，不熟识的人可以变得熟识起来，长期形成的隔阂可以消除。倘若是语言运用不当，很可能导致社交的失败，甚至损害自身形象。人的社会性决定了社交的重要，假如这个世界上只有一个人存在，大概人的语言功能就会退化了。

渴望同情是人的天性，如果你想说服比较强大的对手时，不妨采用这种争取同情的技巧，从而以弱克强，达到目的。

有一个15岁的山区小姑娘，不幸被拐到上海。当天晚上，天下着小雨，小姑娘的房门打开了，一个中年上海"阿拉"走了进来。小姑娘的心跳到了嗓子眼儿。不过，她还是很快地镇静下来，机智地叫了声："伯伯！"中年"阿拉"一愣，人像是被魔法定住了似的。小姑娘小心翼翼地说："我一看伯伯就是好人，看你的年龄，与我爸差不多，可我爸就比你苦多了，他在乡下种田，去年栽秧时，他热得中暑……"说着说着，眼泪就哗哗地流下来。"阿拉"的脸涨得通红，短暂的沉默后，低低地说了一句："谢谢你，小姑娘。"

然后开门走了。

面对强壮的"阿拉",何不让自己显得更弱小,来激发他的同情心呢?聪明的小姑娘正是这样做的。一句"伯伯",一下子拉开了两人年龄距离,让"阿拉"不由得想起自己那同样处于花季的儿女。同情的种子开始在他心头萌发了。接着小姑娘又不失时机地给他戴上一顶"好人"的帽子,诱导他的心理向"好人"标准看齐。用"我爸"和"阿拉"对比,进一步强化了"阿拉"的同情心理。

总而言之,在生活中,对于我们每个人来说,如果没有卓越的说服力是绝对不行的。那么,就只有通过后天不懈的努力,来锻炼自己的口才,使自己变得能说会道,而且更重要的是要对人生充满信心。每个人都可以拥有出众的说服力,口才是可以培养的。只要你不停地训练自己的说服力,在不久的以后,相信你一定可以说出惊人的话语来。

真诚的态度让你成功社交

要有真诚的态度。这在社交活动中占有一个很重要的地位,是你们沟通交流的首要条件,同时也是为下一步更好地交谈做好基础,沟通是从心与心的交流开始的。在人际交往中,只有用真心、用真诚去传情达意,才能使彼此的交流更为顺畅、更为精彩。

曾经打败过拿破仑的库图佐夫说过这样一句话:"您问我靠什么魅力凝聚这社交界如云的朋友,我的回答是'真实、真情和真诚'。"人与人之间说话不是敲锣打鼓,而是为了能够通达人心,而通达人心最好的方法就是首先具有真诚的态度。只有首先以一颗真诚的心与人沟通,才能换来彼此的心灵相通。

某学院有位教员写了一本"思想政治工作方法"的书,出版社让他推销一千册。对他来说,这远比讲课要难得多。为了把书推销出去，他在学员队搞了一次演讲，他说："……当老师的在这里推销自己写的书，总不免有些尴尬。不过，如今作者也很难，写了书，还得卖书。出版社一下压给我一千册，稿费一文没有，所以我不推销不行。这本书写得怎样，我自己不好评说。不过有两点可以保证：第一，这本书是我用三年时间完成的，是我心血的结晶；第二，书的内容绝不是东拼西凑抄下来的，是我自己长期思考的见解。前不久，这本书被思想政治工作研究会评为社科类图书的二等奖，这是获奖证书。说实话，对于我们这些教书匠来说，搞推销比写书还觉得难，只是硬着头皮来找大家帮忙。不过，买不买完全自愿，绝不强迫。如果觉得这本书对你有用，你又有财力就买一本，算是帮我一个忙。谢谢！"他的这次演讲立即产生了效果，一次就卖掉了 300 多册。

这位教员不是专职推销员，但是他却获得了成功。从某种意义上说，他的成功就在于他恰到好处地表达了自己的真诚，赢得了听众的信赖。

说话真诚的人，能得到别人的信任。把你的真诚注入日常沟通之中，把自己的心意传递给对方，当听者感受到你的诚意时，他才会打开心门，接收你讲的内容，彼此之间才能实现沟通和共鸣。

人际沟通，贵在真诚。有诗云："功成理定何神速，速在推心置人腹。"只要你与人交流时能碰触一颗恳切至诚的心，一颗火热滚烫的心，怎能不赢得别人的信任。

心理学家认为，人与人的交往中存在"互酬互动效应"，即你如果真诚对别人，别人也以同样的方式给予回报。如果一个人能用得体的语言表达她的真诚，他就能很容易赢得对方的信任，与对方建立起信赖关系，对方也可能因此喜欢他说的话，并因此答应他提出的要求。

台湾中钢公司创办初期，总裁赵耀东四处寻访人才，把台湾赫赫有名的建厂、建港、采购、贷款、管理等方面的各路人才都揽到自己的麾下，从而使该公司发展迅速，事业蒸蒸日上。在赵耀东诚聘名单里，排名第一的就是台湾财经界"四怪"之一、脾气又臭又坏的建厂高手刘曾适。刘曾适虽然脾气暴劣，但头脑冷静，思维缜密，素有"刘电脑"之称。当时，"刘电脑"在基隆和平岛台船公司任协理，为了将他争取到手，赵耀东八顾基隆没有结果，仍不死心，到第九次，"刘电脑"终于心软，应承这位锲而不舍、真诚的赵老板。再如，赵耀东网罗财经奇才陈世昌的办法为世人称道。陈世昌有"财来自有方"的能力，他借钱的本事被赵耀东称为世界第一。可是，当邀请陈世昌出任中钢财务顾问时却被拒绝，一请二请不奏效，赵耀东干脆就跪在这个奇才的面前。陈世昌大惊，慌忙下跪还礼。赵说："你不肯应承，我就不起来。"陈说："何必强我所难。"如此对跪了整整15分钟，这两位年已近花甲的老人，终于握手大笑而起，陈世昌被赵耀东的真诚所打动，应允出山相助。

真诚是打开别人心灵的金钥匙。你对人真诚，别人也会真诚待你；你敬人一尺，别人自会敬你一丈。交往中，唯有真诚之心才能打动人心，以真诚之心对待他人，才能在感情上引起共鸣，才能相互理解、接纳，并使关系进一步巩固和发展，从而获得他人的更多帮助。

美国第十六任总统林肯曾经有过一句名言："你可以在所有的时间欺骗某些人，也可以在某些时间欺骗所有人，但你不可能在所有的时间欺骗所有的人。"这就是说，我们在与人交往的时候一定要真诚，如果说话只注重语言上的华丽而缺乏真情实感。那么，即使我们能暂时欺骗别人的耳朵，也永远无法欺骗别人的内心。所以说，我们要想打动对方，就必须先问问自己：我的心是真诚的吗？

第五章　与各种各样的人交往

与性情耿直的人交往

性格耿直的人常常重义而不重剥，待人以诚而不以诈。与耿直的人交往，自己应该处处刚正不阿，唯其如此，才能赢得他的信赖和帮助。

性格耿直的人性情多坦率、直爽，在言谈上往往直言不讳。对不合理的事情，总是毫不顾忌地进行批评。即使对于自己的亲属。也毫不客气，人们常常说"大义灭亲"。就是指这种性情耿直的人。因此，性情耿直的人很有个人原则、不轻易接受失败：这种人个性很强，有自己独立的见解，他们性格直爽坦诚，说话从不拐弯抹角。

同时，性情耿直的人头脑清晰、思维敏捷、遇事果断。他们从不会被困难吓倒，往往具有"明知山有虎，偏向虎山行"的精神，相信人能征服一切艰难险阻。当然，正因为这种人性格耿直，对同事有意见就当面提出，并且毫不含蓄，别人都对他们有些惧怕：批评领导也不避讳，常使领导感到难堪，所以他们一般也不受领导喜欢。

我们既然已经知道了性情耿直人的本质，根据他们性格的特点与其交往，那就容易多了。

那么，怎样与性情耿直的人友好相处呢？

常言道："金无赤金，人无完人。"要充分理解性格耿直的人。

对他们的耿直为人与工作中表现出来的高度热情要表示深深的敬意；对他们的缺点不要过多计较，更不要疏远他们、妒忌他们、憎恨他们。否则，你就变成了一个心胸狭窄的人，终究会被社会所抛弃。

性情耿直的人身上存在许多优点，我们应该在和他们的交往中学习他们正派的为人原则。以他们的人格品质为榜样，要保持高亢的工作热情，努力工作，克服情绪低落、松松垮垮的工作习惯，对自己高标准、严要求。这样，性情耿直的人也渐渐乐意与他人交流。这样一来，既有利于你自己事业的进步，也给了你帮助他们进行自我完善的机会，从此，他们再也没有当面批评你的机会了。

性格耿直的人说话不含蓄，也不知道避讳，使人感到难堪而觉得有失自尊。在日常的工作交往中，要帮助他们进行自我完善，帮他们掌握一些说话待人的技巧。例如，要把握对方的心理，讲话要注意区分场合，批评要讲究方式、方法，要给别人一定面子等，使他们的性格更加趋于完美。

另外，与性情耿直的人交往绝不能用虚伪的言行，因为这种人对虚伪是水火不相容的。同时，与性情耿直的人来往，只遵循不欺诈的原则还不够，从积极意义上看，自己必须处处"守正不阿"，只有这样，性情耿直的人才觉得你可敬可佩。

和脾气暴躁的人交往

脾气暴躁的人，性情暴戾又凶狠，当自己遇到什么不顺心或者不愉快的事时。便冲着与自己毫不相干的人无端发火，以至于无缘无故伤害他人。对待脾气暴躁的人，往往需要敬而远之。

古语曰："士不可不怒。"越王勾践曾经为一只发怒的青蛙而深表感叹，对它深表敬意。如果你不对任何丑恶的事发怒，或许有人会说你缺乏个性。如今，在单位里、在家中，人们比以前更容易发脾气。发怒可不是邀人共舞，恰好相反，发怒意味着愤慨到了极点，再也抑制不住自己的感情。发怒使其他感情都降到次要地位，很容易将事情闹僵。

那么，应对脾气暴躁的人该采取什么策略呢？

首先，要做到沉着冷静：做一次深呼吸，保持镇定的情绪。要知道，你可能并不是别人大发雷霆的真正根源。当然，你有自己的情感，不想让人当"出气筒"，不想成为别人的迁怒对象，但是你一定要有自制力和自信心——这是暴风雨中心的平静点。

与此同时，你还得想想，朋友发无名火，必然是遇到不顺心的事心里懊恼，一时冲动而失去理智，我们应当同情，并设法为他们排忧解难。

人们常说，快乐二人分为两份快乐，苦恼二人分为一半苦恼，为朋友分担一点烦恼，受一点窝囊气，那算不了什么。日常生活中的许多事实证明，脾气暴躁的人朝你发火。如果你还之以火，那会火上浇油，它不但会烧毁友谊的大厦，而且对双方的心灵会造成严重的伤害；如果面对脾气暴躁、发无名火的人，你能够保持冷静，回之以笑，就等于下了一场甘霖，能熄灭对方心中燃起的熊熊怒火。

沉着冷静的另一层意思就是宽宏大量，即引导他人去认识：人生在世，谁不想自己一帆风顺，谁会愿意倒霉呢？然而，芸芸众生，不如意者往往十有八九。遇到不称心、不如意的事，我们不应该怨天尤人、火气冲天，因为那样不但不利于问题的解决，而且会增加新的矛盾，使本来不太顺遂的事情难上加难，从而把自己逼到更加苦恼的深渊。只有心胸豁达、沉着镇静，才能不为暂时的不利所困扰，清醒地审时度势，然后顺利地解决问题。

气头上的人需要有一个同盟军，脾气暴躁的人需要你，你就可以扮演这样的角色。事实上，危急紧要的时刻，可能有助于你的职业生涯更加成功，因为你有能力化解紧张的气氛，恢复平静的生活，从而有利于推动发怒者冷静后，对不冷静态度的反思，使你们之间的关系得以前进和发展。

同猜疑心重的人交往

在与他人交往中，你体会过被别人怀疑的感受吗？那感觉就像有人在背后戳你的脊梁骨。那滋味、那憋闷真让人酸楚难言。

确实，现实生活里，就有这样一种人，他们生性多疑，为人处世小心翼翼；对他人从不放心，总持怀疑的态度。他们脑子里往往会出现这样一种情景：那些同事我靠得住吗？我不知道别人在忙些什么，是不是背着我干了一些见不得人的事？会不会是专门针对我来的？合作一旦出了问题，我是否要承担后果？

同时，有些多疑的人始终认为：别人随时都会攻击、侮辱甚至伤害他。为了保护自己，他惶惶不可终日，心里老嘀咕着，到底有哪些事情别人知道而他不知。他老是担心自己失去了什么就会一败涂地。在他的眼中，别人都有问题，都是可疑之人，都是两面派和告密者。

同猜疑心重的人来往不要急于求成，要以诚相待。你别奢望在较短时间内，获得性格多疑之人的信任，走进他的内心深处。你需要较长的时间去慢慢说服对方，让他们相信你的真诚，而且是没有任何个人目的，只是为了帮助他们解决困难而已。

首先光明磊落地做人，当别人心里冒出严重猜疑的病症，开始影响到你和朋友的关系时，那就赶快寻求别人的帮助——不一定求专家，也可以找其他朋友。公开的对话有助于你们清醒头脑和驱除阴影。这时，你千万不要轻信多疑的人所说的与你有关的话，不管这类话是当着你的面还是在你背后说出来的。最高的境界是宽宏大量，不必在意别人的多疑。

相反，你可能因为一时的冲动，使误会变成了公开的顶撞。这样，不管谁取胜都会使另一方感到不快或委屈。你得善于调节和控制自己的情绪，别让失去理智的情感冒出来并占了上风，而是用一种可行态度来应付这一切。

同时，要耐心温和地对待猜疑心重的人，避免粗暴说教，给他们一段改进的时间。同时还要多给他们讲解人与人之间相处的技巧，解决其待人处世的疑问，鼓励与大家多接触、多沟通，减少对别人的防范，做决定要果断等。如果他们做得好时要发自内心地给予真诚的表扬和称赞。

总之，只要少一些猜忌和隔阂，以诚相待、宽宏大量，设身处地地去帮助他们，会使性格多疑的人有所改变，社会的大家庭中就会多一些信任和团结。千万记住，和多疑的人相处的原则就是不必斤斤计较那些毫无价值的是是非非，要以自己光明磊落的胸怀去与他们相处，因为，这个社会不是只有你们两个人。

与愤世嫉俗的人交往

在我们的生活当中，常常有愤世嫉俗的人，他们对社会上一些现象看着不顺眼：认为社会变了，世风日下，人心越来越恶，快活不下去了；愤世嫉俗的人在单位里既看不惯某些制度，又看不惯周围的许多同事。这样，人们普遍认为：和这样的人是不好相处的。

愤世嫉俗的人往往将自己看得很伟大，而不屑一顾地贬低社会上的人与事，在他们眼里：社会中的一切都不符合逻辑，每一个人都披着"讨厌"的外衣，他们恨不得将一张无形面具戴在自己脸上。不观察外界的事物。

愤世嫉俗的人，大多是因为遭受过一系列挫折，而自己又缺乏科学的人生观。对自己在社会中的地位和作用往往认识不清，不能合理地对待社会中某些与自己意愿不一致的现象，一遇到困难、挫折，就陷入与社会格格不入的旋涡，尊者颓废，或者丧失信念，或者悲观厌世，不能从种种困惑中解脱出来。这样的人在对待任何事物时，几乎都看不到其有利的一面，总是从事物不利的一面进行分析，在他们的眼里天空永远都是灰蒙蒙的，四周一片黑暗，光明永远都不会属于他们。

愤世嫉俗者会磨去竞争进取的锋芒，同时，愤世嫉俗者的态度会对社会产生消极的影响。如果放任自流，使其悄悄地蔓延，就会逐渐毁掉人们的热情和信心。

那么我们如何成功应对愤世嫉俗的人并与之和谐交往呢？除了控制自己，绝不能受愤世嫉俗者的感染，让他们解除自己的思想武装，还要掌握相应的技巧，否则会招来他们的不满，影响自己的形象及工作效率。

愤世嫉俗的人，大都没有科学的人生观。所以和这样的人交往时，我们首先应该做到的是，尽早地帮助他们树立科学的人生观。摆正个人价值和社会的关系，要使他们认识到：只要是人，就都有价值；个人的价值是通过社会才能表现出来的。所以，一个人要想使自己的价值得到发挥、得到他人的承认，就应当在准确地估计个人价值的前提下，对社会有所创造、有所贡献。如果把自己估价过高，就会把社会公平的待遇看作是对人才的压制，就会产生很多困难。

愤世嫉俗的人往往因为看不到生活的主流，不能正确认识工作的阻力，他们常在困难和挫折面前不堪一击；愤世嫉俗的人认为生活没有光明、寸步难行。因此，和这种人交往，我们应该心态平和，帮助他们全面、客观地看问题，认清社会的主流，正确对待前进道路上的挫折和失败。

当然，在我们的生活或工作不尽如人意时，我们自己也很容易变得愤世嫉俗。有时，电视里的声音变得尖刻刺耳；或者，报纸上的文字也让人望而生疑。但是，你一定要学会控制自己：如有可能，向同事或朋友发泄一通愤世嫉俗的议论，然后，再告诉他们那位愤世嫉俗者的事，并鼓励亲友谈谈他们的看法，讨论工作上碰到的一些不愉快的事，这样，可以削弱这种情绪给愤世嫉俗者带来的不良影响。

与沉默寡言的人交往

在芸芸众生中，人的"面孔"形形色色。有人富于激情，有人冷静理智，有人幽默诙谐，有人老练稳重……但交往中最让你头疼的莫过于那些性格倔强而沉默寡言的人。

对于沉默寡言、不愿表露喜怒哀乐的"闷葫芦"，别人自然会有一种防备心理：这种人到底心怀什么鬼胎？或许，这种人只是害羞、寡言、胆小而已。然而给他们的朋友传达出来错误的信息："离我远一点"。大家对这类寡言少语的人无可奈何，只得避而远之。然而，沉默寡言的人却从不注意自己的表现，依然是我行我素＋通常都意识不到自己给他人和整个交际氛围带来的影响。

与沉默寡言的人交往需要自我调节，要以平常心对待，承认其特点。有些人为了打破这种局面，活跃气氛，故意找话题说。其实，这是没有必要的。你应该明白他的这种特性，去理解、尊重对方，不要去破坏对方的心境，让其保持一种内心选择的存在方式。相反，你如果故意地没话找话，并拼命地想方设法与对方交谈，只能引起对方的反感和厌恶，以至于他们不愿意和你在一起。

孤僻的人大多不愿意说话，可能他们是不知道该怎么说，那么你首先要多介绍自己，展示自己，让对方对你产生信任。然后让他慢慢敞开心扉，向你吐露一些烦恼、担心什么的。等到他愿意把开心和不开心都告诉你的时候，你们就是好朋友了，他也不再孤僻了。

和孤芳自赏的人交往

孤芳自赏的人，常常恃才傲物，目空一切。这样的人常常与社会群体格格不入，别人很难与他建立感情。

孤芳自赏的人，总是眼高手低、固执己见，他不太容易接受别人的观点和看法。由于他本身知识面的浅薄、社会阅历的局限，就像井底之蛙，只知道"天之大概"。孤芳自赏的人，善于夸大自己的优点，却难以发现别人的优点。

孤芳自赏的人总是追求片刻的荣耀，有着可怜的虚荣心。即使他得到的是失败，他也会认为自己是成功的，他不能理解别人对他的怠慢。

孤芳自赏的人很难以谦卑的心去待人处世，他总是另有一种思维。

孤芳自赏的人最大的人格缺陷是看不清自己，不能客观正确评价自己。

很多人都认为最了解自己的莫过于自己。其实，"当局者迷，旁观者清。"很多人并不能了解自己和把握自己，他们对自己的评价，不是过高，就是过低。与这种不能正确地看待自己和评价自己的人相处，通常不是很容易的。

有些孤芳自赏者自我陶醉于自己所做的一切，以致会引起周边同事和朋友的反感，然而一旦你更深入地看一看，他们的确还是有些宝贵的东西可为你提供人生借鉴：你越是软弱和容忍，他们就越会得寸进尺，更加过分。他们需要别人的喝彩和吹捧，而且胃口也会越来越大，用不了多久你就会觉得是在白白浪费感情。

同时，你还需明白，孤芳自赏者毕竟也是一个集体的成员，你要和他友好相处就应当让他懂得他并不是挂着通灵宝玉出生的"幸运儿"。但千万不可和他对着干，你还应该使自己明白：适度赏识和赞美会拉近你们的距离。因为你并不是在与孤芳自赏者做斗争，而是要引导自我欣赏者们去领略这样的经历，即为了维护他们的自尊和身价，不大需要公开或隐蔽地炫耀自我、欣赏自我。

你应该向孤芳自赏的人建议：若是那么专注地欣赏自己的"才

能"，不妨把它贡献给集体，让才能得到真正的升华。

与独断专行的人交往

独断专行的人往往以"独断"的方式和他人接触；同时，独断专行的人的"独断"不是经过深思熟虑才得出的结论，而是依照特定的思维定式，予以论断。在他们的眼里，权力是至高无上的，一切都要服从权威。

其实，现实生活中不可能处处都有喝彩，也不可能处处占尽风光。可是独断专行的人偏偏要依仗自己的权势，风光尽享。

如此看来，这是一种狭隘的占有欲心理：支配别人，唯我独尊，在工作单位里，它能使人际关系受到损害，使人们的创造能力遭到扼杀。

独断专行的人，为了自己的表现欲，甚至不惜牺牲自己的人格和尊严。结果是害人害己，使人际关系极难相处。

与这种独断专行的人打交道，用一般的方法很难奏效。针对他们的特点，你可以采用"心知肚明"的态度，即"事实胜于雄辩"，也就是让事实说话，来打破他们所信守的原则。

如果想方设法说服他时，最好也运用权威的力量，举出实际具体的例子来击倒他的原则。这样，他就会折服于你。

例如，公司中有的人为了个人的私利，有时候会乘人之危造谣生事，态度恶劣可耻。可是往往有一些独断专行的同事却偏听偏信，他们不经过深思熟虑就武断地做出判断。

日本某玩具公司总裁一日突然卧病不起，一连几天没来上班。正赶上这个时期公司的经营状况相当糟糕，有些心怀叵测的人乘机造谣说：公司由于经营不善已经面临倒闭破产的危险，总裁都不想干了，他要辞职。这个风声一经传出，独断专行的同事便深信不疑，纷纷外出另谋出路，闹得人心浮动，销售与生产因此急剧下降。公司一位副总裁召开了全公司大会，向职工们介绍了总裁的病情以及公司的收支情况，但他们这种人仍是将信将疑。

这时，另一位颇有公关经验的副总裁出面了，他立即把有独断专行同事心目中的"领袖"人物找来，首先听取了他们的想法，然后组织他们去医院了解总裁病情，再请他们审阅公司各种经营生产报表。"耳听为虚，眼见为实"，如此坦诚的行为，折服了独断专行同事中的"领袖"，事实也表明，总裁不会辞职，公司仍能平稳运作。很快，谣言便平息下去了，这些独断专行的人也回心转意地安心工作了。

假如，你的社交圈里有这种独断专行的人，不妨用我们这里所说的态度与方法试一下，让事实说话、让事实来打破他所信守的原则。相信，你会在一定程度上改变他，你们之间的交往一定会渐渐和谐起来。

与吹毛求疵的人交往

在你的周围，可能有些人总是为一点儿小事就唠唠叨叨、说个没完。什么衣服不应该这样穿、打字的指法不对、说话太随便、打招呼的声音太小，如此，等等。没完没了地发牢骚，简直让人难以接受。

对于这种"鸡蛋里挑骨头"的人，有时你也许会忍不住反驳道："就知道批评别人，自己的事还没处理好呢，真烦人！""你自己也有出错的时候，还是别这么严厉地说我好些。"这种心情，可以理解，因为每个人都想得到别人的赞扬，而不想受到别人的批评。然而，即使是很好的朋友，这样反驳也会引发不愉快，与朋友之间容易闹僵。

其实在现实生活中，每一个人都不想因为自己的唠叨而使对方讨厌憎恨自己。不少人虽然想郑重地提醒你一下，但是又怕招来不满和怨恨，所以就睁一只眼闭一只眼保持沉默了。由此可见，啰啰唆唆地警告或批评你，从深层次看正是对你寄予期望的证明。如果是一个对什么都做得很好的人，或者谁都不寄予期望的人，或者是个令人讨厌的人，谁也不会给予警告和批评的。正是因为他们对你寄予殷切期望才会严厉地警告和批评你，否则就会对你放任自流。

如前所述，啰啰唆唆地提醒你注意的人，可能就是为你的成长而着想的人，正是你成长中不可缺少的人。所以，你一定要理解他们的好意，珍惜他们的用心。正因为有人给予你忠告，你才能得以发现自己工作和生活上的缺点与不足。那么，如何对待吹毛求疵的人呢？

首先，要充分理解。爱吹毛求疵、爱唠叨的人，特别是女人，她们的心理较为脆弱，承受能力有限。逢事便犹豫不决、心态动荡无法稳定，便以唠叨这种特殊的方式表现出来，进而来缓解心理压力。了解了这一特点之后，你就要理解她们，不要对她们妄加指责，而应冷静对待。

其次，不要发怒，在她唠叨时，千万不要发怒，要尽可能以冷静的微笑应对她，既表示尊重，又使其不知你的底细，做到少讲话或不讲话。

常言道：爱之深，责之切。因为树木花草，经过修剪，才会美丽。遇到吹毛求疵的人，说不定会使你有很大的进步。因此，与吹毛求疵的人相处，要心怀崇敬。不能因为受到批评，而对他们心存芥蒂，这样的话，就把"玉"当成"石头"了。

与喜怒无常的人交往

在你接触的人当中，有些人忽冷忽热、忽喜忽忧，情绪变化反复无常，往往令人难以捉摸。这种人对朋友"热"起来，是热情有加，大有一日不见如隔三秋之感；但"冷"起来，对他人是不顾不问、视而不见，给人一种冷酷之感。

比如说一个昨天对你还是冷冰冰的，今天却出奇和蔼可亲，并且走时对你说："别见外，有什么问题尽管找我。可到第二天，当你满怀希望地去问他时，他却爱答不理。

还有一种人，对工作"热"起来埋头苦干、废寝忘食，成绩也非常突出；但"冷"起来，又散漫松懈、毫无斗志。

情绪不稳定的人由于情绪失控，导致这种双重性格，易受外界影响，在待人的态度上经常是大起大落，容易使别人和他保持一定的距离并且对其产生防范心理。总的来说，爱闹情绪的人不会适时地调控自己的喜怒情感。

其实，与喜怒无常的人来往，需事先弄清他闹情绪的原因。看他属于下列情况的哪一种：

（1）私人问题困扰；

（2）自卑；

（3）遇到挫折；

（4）过度疲劳。

然后，就可以区分不同的情况来应对他。

如果他只是因某件事而间歇性闹情绪，你不必大惊小怪。因为他的毛病很快会自然痊愈，只要让他松弛一下，情况便会好转了。

如果他的情绪化问题，是由于个人背景或经历等因素影响造成的，那么你就要帮助他渐渐学会控制情绪。当其情绪波动时，首先在工作中不可与之过多地接触，让他单独进行自己的工作，可以避免与其他人发生冲突。其次，为了使他融入团队中，必须鼓励他参加平日的业余活动，在与别人的磨合中，改善自己的性格。在工作中逐渐树立起了信心，会对自己的工作和岗位变得热爱起来，他的性格也会日趋稳定，便能担当起挑战性较高的工作了。

　　由此可见，喜怒无常的人，并非任何时候都让人讨厌：在他心情好的时候，你有什么困难或问题，他也会给予关照。所以，如果自己能度量大一些、胸襟宽广一些，像这样想：这个人虽然喜怒无常，但在他心情好的时候也经常给予自己关照的话，相互之间的关系就会和谐融洽的。如果只看到别人的缺点，人际关系就不可能和谐。

第六章　社交礼仪很重要

得体的自我介绍体现修养

在日常交往中，自我介绍是人们充分展示交际魅力的"开场白"。如何在自然的氛围中进行自我介绍呢？首先，要面带微笑，笑容会令对方感到温暖有诚意。否则将无法制造融洽、和谐的气氛。

从交际心理上看，人们初次见面，彼此都有一种了解对方，并渴望得到对方尊重的心理。这时，如果你能及时、简明地进行自我介绍，不仅满足了对方的渴望，而且对方也会以礼相待，自我介绍。这样，双方以诚相见，就为进一步交往奠定了良好的基础。

而且，在参加社交集会时，主人不可能把每一个人的情况都介绍得很详细。为了增进了解，你不妨抓住时机，多做几句自我介绍。时机有两种：一是主人介绍话音刚落时，你可接过话头再补充几句；二是如果有人表示想进一步了解你的意向时，你可做详细的自我介绍。

自我介绍时应注意以下几点：

1. 要有自信心

在日常交往中，有些人怕见陌生人，见到陌生人，似乎思维也凝固了，手脚也僵硬了。本来伶牙俐齿的，变得说话结巴；本来笨嘴笨舌的，嘴巴更像贴了封条。这种状况怎能介绍好自己呢？要克服这种胆怯心理，关键是要自信。有了自信心，才能介绍好自己，给别人留下好的印象。

2. 态度自然

有人把自我介绍称为自我推销。既然推销产品时需要在"货真价实"的基础上做宣传，那么推销自我时也不能不顾事实而自我炫耀。因此，作自我介绍时，最好不要用"很""最""极"等极端的词汇，给人留下"狂"的印象；相反，真诚自然的自我介绍，往往能使自己的特色更闪闪发光，引起人们的注意。要自然清晰地说出自己的姓名、职务，态度要不卑不亢，并用友善热忱的目光看着对方。不管对方是谁，即使是对晚辈也不能摆出一副高傲的神态。切忌犹豫、猥琐自卑，这样会给对方留下不好印象，有碍关系进一步发展。

3. 注重实际

一般不宜用"很""最"等词进行自我评价，既不能夸耀自己，也不必有意贬低自己。

4. 繁简适宜

自我介绍包括姓名、籍贯、职务、工作单位或地址、文化程度、主要经历、爱好等。自我介绍时，要根据不同场合的要求，繁简适当。一般来说，联系工作、宴会、发言前的自我介绍要简单明了，而在应聘、交友等场合则不妨详细一点。

5. 内容明确

在进行自我介绍时语言一定要清晰明确，这不仅是为了使对方听清你自我介绍的内容，而且能使对方感到你充满自信，对你产生一种亲近心理。如果你声音模糊，羞羞答答，会使人感到你找不到自我，给对方留下不好的印象。

6. 语言得体

自我介绍时，一定注意语言要文雅、得体。如果有人这样做自我介绍："我姓王，是王八的王。"或者有人这样介绍："我姓杨，是杨树的杨，不是猪马牛羊的'羊'。"别人会认为粗俗不堪，不值得与你交往。

7. 说好"我"字

自我介绍不能过多地出现"我"字，否则会给人突出自我、标榜自己的印象。所以要尽量少用"我"字；同时要以平和的语气、平缓的语调说"我"，目光要亲切、自然；尽可能地用"我们"来代替"我"。这样可以缩短双方的心理距离，排除陌生感。

8. 巧用名片

交换名片是广泛应用的一种庄重、文雅的交际方式。给对方递名片时态度要恭敬，顺便带说一句"请多关照"。

9. 自报姓名

自我介绍说出自己的姓名，并加以注释。所以名字报得巧妙，会使对方很快记住并留下深刻的印象。

10. 要考虑对象

自我介绍的目的是要给对方留下一个印象，因此要站在对方理解的角度来说话。比如第一次参加某方面的研讨会，你站起来说："我叫某某，我来发个言。"此时在场的人一定会这么想：这是什么人？怎么从来没见过？他代表哪方面？他的意见值得听吗？所以，面对有这么多想法的听众，你只介绍"我叫某某"是不行的，别人不会专心听你的发言。如果你理解了听众的心理，就可这样介绍："我叫××，是某某大学的教师，第一次参加这样的研讨会，望大家多多指教。现在我就这个问题谈谈自己的看法……"这样的介绍，才不会使听众心中结下疑团，也才能使听众专心听你的发言。

所以，在介绍自己时，一定要重视那个或那些与你打交道的人，要随机应变。如你面对的是年长、严肃的人，你最好认真规矩些；如与你打交道的人随和且具有幽默感，你不妨也比较放松地展示自己的特点，做出有特色的自我介绍来。

恰当地称呼他人

称呼，是沟通人际关系的信号和桥梁，也是表情达意的重要手段。结识新朋友，不忘老朋友，一见面就是称呼对方。这既是对对方的尊重，又是自己知书达理的体现。据有关心理专家说，人们对别人怎样称呼自己特别地看重；同时，由于各国各民族民俗不同，语言各异，社会制度也不一，因而称呼上的差别也较大。朋友相见，尤其是与陌生人相见，就不得不讲究应该如何称呼了。错误的称呼，将会闹出笑话，造成误会，使对方不高兴甚至反感。而恰当的称呼则会让对方觉出你对他的尊重，它有如妙音入耳，使对方倍感温馨，从而使双方产生相容心理，使感情更加融洽，使交流更加顺畅。

推销员莉莉为了拓展业务，一天要跑好几家公司，接洽的对象多半是科长级的人，偶尔也会见到经理。这一天，莉莉在接连拜访了好几位科长之后，来到某公司，接待她的是一位经理。尽管彼此都交换了名片，可是一整天的忙碌使得莉莉有点糊涂，在谈话当中，她还是不断地称呼对方为"科长"。

等她回到自己的公司整理名片时，这才发现了自己的错误，于是十分紧张地打电话道歉。但那位经理却说："喔！原来是这么回事，没关系，你不要放在心上！"语气里所表现的豁达，使这位推销员又感激又敬佩。

的确，明明是个经理，却让人叫作科长，平常人总会有点不悦。但是对方不但没有当场提出纠正，甚至事后还安慰莉莉，可见得是个气度恢宏、胸襟开阔的人，也就难怪莉莉要佩服不已了！

在日常人际交往中，称呼每天都会用到，这里面的学问也挺多的，掌握它是你在人际关系中应付自如的前提。

1. 称呼的原则

称呼是当面招呼用的表示彼此关系的名称。称呼语是交际语言中的先锋官。一声亲切而得体的称呼，不仅能体现一个人待人谦恭有礼的内涵，而且能使对方如沐春风，易于交融双方的情感，为深层交际打下基础。

社会是一个大舞台，每个社会成员都在社会大舞台上充当特定的社会角色，而称呼最能准确地反映人际关系的亲疏远近和尊卑上下，具有鲜明的褒贬性。亲属之间，按彼此的关系，都有固定称呼，自不待说。在社会交际中，称呼的格调有雅俗高下之分，它不仅反映人的身份、地位、职业和婚姻状况，而且反映对对方的态度及其亲疏关系。不同的称呼内容可以使人产生不同的情态。比如是对老年人，就可称老人家、老同志、老师傅、老大爷、老先生、老伯、老叔、老丈。对德高望重者还可称"×老"，如"张老"，切不可称"老头子""老婆子""老东西""老家伙""老不死"等。很显然，前者是褒称，带有尊敬对方的感情色彩；而后者则是贬称，带有蔑视对方的厌恶情绪。在交际开始时，只有使用高格调的称呼，才会使交际对象产生同你交往的欲望。因此，使用称呼语时要遵循如下三个原则：

（1）礼貌原则

这是人际称呼的基本原则之一。每个人都希望被他人尊重，而合乎礼节的称呼，正是表达对他人尊重和表现自己有礼貌修养的一种方式。在社交接触中，称呼对方要用尊称。常用的尊称有："您"——您好，请您……"贵"——贵姓、贵公司、贵方、贵校、贵体；"大"——尊姓大名、大作；"贤"——贤弟、贤媳、贤侄等；"高"——高寿、高见、高明；"尊"——尊客、尊言、尊意、尊口、尊夫人。

（2）尊崇原则

一般来说，汉族人有从大、从老、从高的心态。如对同龄人，可称呼对方为哥、姐；对既可称"爷爷"又可称"伯伯"的长者，以称"爷爷"为宜；对副科长、副处长、副厂长等，也直接以正职相称。

（3）适度原则

许多青年人往往喜欢称呼别人为师傅，虽然亲热有余，但文雅不足，且普适性较差。对理发师、厨师、企业工人称师傅恰如其分，但对医生教师、军人、干部、商务工作者称师傅就不合适了，要视交际对象、场合、双方关系等选择恰当的称呼。在与众多人打招呼时，还要注意亲疏远近和主次关系。一般以先长后幼、先高后低、先亲后疏为宜。

2. 称呼的方式

称呼的方式有多种：其一，称姓名，如"张三""李四"，等。称姓名一般适用于年龄、职务相仿，或是同学、好友之间，否则，就应将姓名、职务、职业等并称才合适，如"张三老师""李四处长"等。其二，称职务，如"王经理""汪局长"等，其三，称职业，如"老师""空姐""乘务员""医生""律师""营业员"等。其四，称职衔，如工程师、教授、上尉、大校等。其五，拟亲称，如"唐爷爷""汪叔叔""胡阿姨"等。其六，称"先生""夫人""太太""小姐""同志"等，这是最普遍、最常用的称呼。

一般在正式场合的称呼应注重身份、职务、职称、职衔，非正式场合可以辈分、姓名等称呼。在涉外活动中，按照国际通行的称呼惯例，对成年男子称先生，对已婚女子称夫人、太太，对未婚女子称小姐，对年长但不明婚姻状况的女子或职业女性称女士。这些称呼均可冠以姓名、职称、职衔等，如"布莱克先生""上校先生""护士小姐""怀特夫人"等。对部长以上的官方人士，一般可称"阁下"、职衔或先生，如"部长阁下""总统阁下""总理先生阁下"等。但在美国、墨西哥、德国等没有称"阁下"的习惯，因此对这些国家人士可以"先生"相称。对日本妇女一般不称"小姐""女士"而称"先生"。君主制国家，按习惯称国王、皇后为"陛下"，称王子、公主、亲王为"殿下"。其他有爵位的人，可以其爵位相称，也可称"阁下"或"先生"。对有学位、军衔、技术职称的人士，可以称他们的头衔，如某某教授、某某博士、某某将军、某某工程师等。外国人一般不用行政职务称呼别人，不称"某某局长""某某校长""某某经理"等。社会主义国家之间，可以称职务或同志。在美国，人们常把直呼其名，视为亲切的表示，只是对长者和有身份地位的人例外。

3. 称呼的忌讳

在人际交往中，为了使自己对他人的称呼不失敬意，应避免在对人对事称呼上的一些忌讳。

（1）不要使用绰号和庸俗的称呼

不要随意给人起绰号，称呼"哥们儿""姐们儿""大腕儿"等，这些称呼不仅难登大雅之堂，而且还会给人留下没有教养的形象。

（2）不滥用行业性或地域性的称呼

师傅、老板、出家人等带有行业性；使用很广的"爱人"这一称呼带有地域性，在境外或国外往往被理解为充当第三者的情人。

（3）对不吉利的词语和恶言谩骂的词语要避讳

如"死"字，中国人历来就十分忌讳，并另造了一些词来表达死的含义，如百年之后、老了、去世、下世、过世、辞世、病故、病逝、长逝、长眠、仙逝、作古、不在了、远行等。再如北京地区为了避免骂人嫌疑，将沾了"蛋"字边的东西都改了名：鸡蛋叫作鸡子儿，皮蛋被叫作松花，炒鸡蛋称为摊黄菜，鸡蛋汤叫木樨汤。这些言语忌讳不仅反映了人们趋利避害的思想倾向，也表示了对他人的尊重。

参加舞会要有规矩

舞会原是西方上流社会的一种重要的社交方式。"旧时王谢堂前燕，飞入寻常百姓家"。舞会，已成为时下我国老百姓普遍采用的娱乐和社交方式。不管是为了休闲还是为了应酬，舞厅都是一个让人彻底放松的地方。但是，舞会毕竟不是绝对的纯娱乐性活动，而是融娱乐与社交为一体，它既可愉悦身心、活动筋骨，又可结识朋友、交流感情。所以，在舞会上，完美的舞姿并不是最重要的，动人的谈吐，悦人的举止，优雅的风度，那才能展现出你的良好形象，使你成为舞会的白雪公主，他人才会众星捧月似的围着你转。

参加舞会，给人留下难忘的第一印象的是仪容，而非舞姿。那么，舞会之前，首先就得把自己从上到下彻底地整理一番，清洗清洗周身的异味，梳梳杂草般的头发，拍拍肩上的头屑，擦擦鞋上的污垢，然后换上光彩照人的衣服，力求进入舞场亮相的一刹那，便能吸引众人的目光。

在舞场柔柔的灯光下，着装要尽可能地与舞会轻松的气氛融为一体。如果一位女性在舞会上打扮得像圣洁的修女，一幅可敬不可亲的样子，谁还有胆来邀你跳舞呢？你这是自个儿在找冷板凳坐啊。打扮过于夸张也不成，浓妆艳抹得像只花蝴蝶，谁知道你是从事哪一行当的呢？正经男士多半会对你敬而远之的。在这种场合，比较得体的着装应该是既醒目美观，又自然和谐，明快典雅的服装将会把你装点得如淑女般高洁，风度翩翩的男士自然就会像蜜蜂发现鲜花似的向你拥来。

在舞会上，按照老规矩，习惯于由男士主动邀请女士共舞。

男士邀请女士跳舞，应当向她欠身致礼，说："冒昧请您跳舞。"但是，首先要看看自己的衣着是否很整齐，扣子是否全都扣好。女士可以友好地点一下头，表示接受邀请。如果女士表现出一种讥讽或者傲慢的神情，会大伤对方的自尊心。女士这时如果不愿意，切不可勉强地步入舞池，不如直截了当地谢绝。如果女士有家人陪同（兄弟、父母等），男士在邀请这位女士跳舞时，应首先向她的家人施礼，说："请允许我邀您家小姐跳舞。"对这样的邀请，不必由家人出面拒绝，决定权在小姐自己。如果她先前已经拒绝跳舞，家里的男士可以说："她该休息一会儿了。"

男士在跟自己女伴以及同座的女士跳舞之后，才可邀请别的座席上的女士跳舞。如果男士请一位女士去舞厅，女士接受了邀请。那么，只有在这位女士应邀同别的男士跳舞时，他才可以邀请别的女士一起跳舞。受男伴邀请参加舞会的女士可以跟别的不相识的男士跳舞，但一定要事先征得男伴的同意。至于在自己单位的娱乐厅或社团俱乐部里，这方面的规矩就简单多了。

邀请之后，男士应请女士走在前面，自己跟在后面步入舞池，如果人不很拥挤，也可以挽着女士的手，一起步入舞池。到了舞池，起舞之前，男士应向女方再次鞠躬致谢。

有时会产生误会，对此也要留心。您在邀请一位女士跳舞，而旁边的一位女士误认为是在请她，于是从座位上起身。这时，您不要声明："我不是请你，而是请你身旁的那位。"而应当将错就错，同这位女士跳上一轮。

拒绝别人邀请时应当说："谢谢您，我已经约好了舞伴。"那么，一心想跳舞的人，最好再到大厅里找别的女士试试看。

女方邀请男方跳舞，应当邀请那些在一起跳过舞，彼此相知的男舞伴跳舞。这种邀请，男舞伴无论如何都要接受。如果他由于某种特殊的原因不能应邀，那应当请求女士在他的桌旁坐下或者陪她去酒吧间，但无论如何也不能拒绝。

通常，跳舞不能男和男为伴，女和女为伴。除非在小范围内舞伴不足时，才可以这样。

一个正常人不应该把舞蹈跟技巧运动混为一谈。做运动量适宜的体操，无人反对，但不应在饭店或跳舞的场合去做。老年人当然不应该跳些特别的舞姿，但对于年轻人，我们则应该宽容地微笑着给予谅解。

　　跳舞时一声不吭，完全沉醉在音乐之中，不能算是严重失礼。但舞伴之间若能交谈几句，则是有礼貌的优良风度的表现。谈话一般应由男方开头，而不是女方。女方可以针对对方舞技说几句称赞的话，不能冷若冰霜，让人一眼看出你是想和别的舞伴跳舞，仅仅为了礼貌在应付。这种行为太不近人情。

　　在饭店或舞场里邀请女士跳舞，不必做自我介绍。如果跳了好几轮，可以在跳过第三轮或第四轮后做一下自我介绍。这时，女士不必通报自己的名字。如果男舞伴被女士请到她的座位前，那么他应当跟她所有的同伴相互认识一下。跳完了舞，男舞伴一定要挽着女士的手走到她的座位前，或者让女的走在前面，自己跟在后面。男舞伴应当为能一起跳舞向她表示谢意。

　　邀请他人共舞理当彬彬有礼，被邀者也该落落大方，这是舞蹈者良好的礼仪修养与文化素质的体现。然而，在舞会上也常常出现一种情形，即被邀请者推拒他人的共舞邀请。但无论何种理由，推拒都更应当注重礼仪。

　　一般而言，被邀请的女士最好不要随便推拒他人的邀请。如果确要推拒，则应十分有礼貌地微笑着向对方陈述推拒的理由：

　　"对不起，我有点累，想休息一会儿。""对不起，我不大会跳快步舞，请原谅。"如果已经答应了他人的邀请，则应对再邀者说明："对不起，已经有位先生邀请了我，等下一曲，好吗？"

　　当下支舞曲开始后，那位邀请者再次相邀时，在确无特殊情况下，应欣然随之起舞，不可再次推拒，否则有出尔反尔、故意戏弄他人之嫌。

　　已经推拒了他人之邀，如一支舞曲未了，就不应再接受其他男士的邀请了，否则，便会被看作是对前一位邀请者的轻视和无礼。

　　当两位男士同时发出邀请时，最为得体的办法是以婉转的理由将两位均予谢绝。

　　如果男女人数相等，结伴参加舞会，相互调换舞伴会自然而和谐，并会因彼此熟识而感到融洽欢悦。此间若有其他男士邀请其中的某位女士，不可一概推拒，更不能以"我不认识你""我不跟你跳，我有伴了"之类的非礼之语拒绝。这种生硬无礼的语言既伤害他人的自尊心，使人陷入极为尴尬的境地，又会因缺乏礼貌和修养而损害自己的形象。

做客礼节很重要

每逢节日到来，拜访朋友、长者的时候，要注意礼节，不要使人感到粗鲁，产生厌恶感。现在有些人缺乏教养，拜访时不但行动鲁莽，而且说话也毫无礼貌，这显然是很不好的。

小田在北京打工，一天她正在上班，突然接到一个电话。朋友小倩说，她现在在北京西站，让小田去接。小田立刻请假去接她，问小倩来这儿有什么打算。小倩打着呵欠说："暂时还没想好，先玩几天吧。"于是，她就挤在小田居住的地方，住了几天，什么事情也不做，弄得小田很不高兴。

拜访如此唐突且没有礼貌是令人讨厌的。也许，有人觉得大家是朋友，无所谓。事实上，拜访做客是要讲礼节的。

拜访是指本人或派人到朋友府上或工作单位去拜见访问某人的活动。人与人之间、社会组织之间、个人与组织之间总少不了相互拜访。拜访有事务性拜访、礼节性拜访和私人拜访三种，而事务性拜访又有商务洽谈性拜访和专题交涉性拜访之分。但不管哪种拜访，都应遵循做客的礼节。

1. 做客要预约

拜访友人，务必选好时机，事先约定，哪怕你们的关系亲如姐妹，这都是进行拜访活动的首要原则。一般而言，当你决定要去拜访某位友人，应先写信或打电话与被访者取得联系，约定宾主双方都认为比较合适的会面地点和时间，并把参访人数和访问的意图告诉对方。一般应避开吃饭和午休的时间，晚上拜访时间也不宜太长。在对外交往中，未曾约定的拜会，属失礼之举，是不受欢迎的。因事急或事先并无约定，但又必须前往时，则应尽量避免在深夜打扰对方；如万不得已非得在休息时间约见对方时，则应见到主人立即致歉，说"对不起，打扰了"并说明打扰的原因。

2. 做客要守时

宾主双方约定了会面的具体时间，作为访问者应履约守时如期而至。既不能随意变动时间，打乱主人的安排，也不能迟到早到，准时到达才最为得体。如因故迟到，应向主人道歉。如因故失约，应事先诚恳而婉转地说明。在对外交往中，更应严格遵守时间。日本人安排拜访时间常以分为计算单位；在瑞典，如拜访迟到十分钟，对方就会谢绝拜会。准时赴约是国际交往的基本要求。

3. 确信拜访对象

入门前首先要轻轻地叩门，有电铃的则按电铃。待有回音或有人开门后方可入内，即便是大门半开着或者全敞开着，也应以平和的声音询问后才可进去，不可随便闯进。如果出来开门的是生面人，则应问："请问，这是不是 ×× 同志的家？他在家吗？""我有事想拜访他。"待对方一一点头后才能进去。如果敲错了门，则应说"对不起……打扰了"，表示了歉意才走开。如果向对方询问你要相访的人的住地所在，若对方答复了你的问题，便应以"谢谢"来表示谢意。

4. 做客要带"礼"

到办公室还是到寓所拜访，一般要坚持客由主定的原则。如是到主人寓所拜访，作为客人进入主人寓所之前，应用食指轻轻叩门或按动电铃，若是熟人、亲属，可在敲门后立于门口；若是初访，应侧身站在门首的左侧，待有回音或有人开门相让，方可进入。若是主人亲自开门相迎，见面后应热情施礼问好；若是主人夫妇同时相迎，则应先问候女主人。若你不认识出来开门的人，则应问："请问，这是×××先生（女士）的家吗？"得到准确回答后方可进门。当主人把来访者介绍给他的妻子或丈夫相识，或向来访者介绍家人时，都要面带微笑，热情地向对方点头致意或握手问好。见到主人的长辈则应恭敬地请安，并问候家中其他成员或保姆。当主人请坐时，应道声"谢谢"，并按主人指点的座位入座。若带有鲜花、果品、书籍等礼物，可在进门之初奉献主人。主人上茶时，要起身双手接迎，并热情道谢。喝茶时要慢慢品饮，果品要小口细嚼，烟要少抽或不抽。对后来的客人应起身相迎，必要时，应主动告辞。如带小孩做客，要教以礼貌做人，尊敬地称呼主人家所有的人。如主人家中养有狗和猫，作为客人，千万不应表示害怕、讨厌，不应去踢它、赶它。若作为女主人，也应遵循"尊客之前不叱狗"的传统礼节。

5. 做客要衣着整洁

为了对主人表示敬重之意，拜访做客时要仪表端庄，衣着整洁。入室之前要在门垫上擦净鞋底，不要把脏物带进主人家里。冬天进屋再冷也应脱下外套，摘下帽子、手套、墨镜，有时还应脱下大衣和围巾。在主人家中要讲究卫生，不要把主人的房间弄得烟雾腾腾，糖纸、果皮、果核应放在茶几上或专用果皮盒内。身患有病，尤其是传染病者，不应走亲访友。邂逅之客、带病之客是不受欢迎的。

6. 做客要举止文雅

人们常说，主雅客来勤；反之，也可以说"客雅方受主欢迎"。如果你要访问的是很熟的人，可以随便一些；如果是拜访长者，或者虽不是长者但第一次到人家的家里去做客，则应彬彬有礼。见到主人切西瓜、端茶、拿糖果接待，要致以谢意；如主人递烟，自己不抽烟，应婉言说清。如入门后，见到有许多人在场，对熟悉的人要打招呼，对不熟悉的人，经主人介绍后，也要一一问好。如见到主人同另外的人正在谈要事，应另找别室休息；如无别室，又没有别的很重要的事，则应在寒暄以后，稍坐片刻，即告辞出门，以免妨碍主人。如主人说明这并不是商量要事，而是闲坐，则可一起坐下去。闲谈时，如果是有长者在座，自己是晚辈，应该用心听长者的谈话，不要随便插话，更不要自以为是，切忌故意挑剔对方来显示自己有见识。如果自己确有真知灼见，也要虚心地发表自己的见解，请求对方指正。不要语带讥刺，藐视长者，目空一切。有修养、有学问的人，是绝对不会这样做的。

7. 做客要适时告辞

有些女性唠起家常来，能把"凳子"坐穿，惹人讨厌却不自知。要知道"串门无久坐，闲话宜少说"。初次造访以半小时为宜，一般性拜访以不超过一小时为限。造访目的达到，见主人已显疲乏，或意欲他为，或还有其他客人，应适时告辞。假如主人留客心诚，执意强留用餐，饭后应停留一会再走，不要抹嘴便走。辞行要果断，不要"走了"说过几次，却口动身不移。辞行时要向其他客人道别，并感谢主人的热诚款待。出门后应请主人就此留步。

注意握手的细节

在日常生活中，握手是一种经常使用的礼节方式，不仅常用在人们见面和告辞时，更可作为一种祝贺、感谢或相互鼓励的表示。尽管对绝大多数人而言，握手只是两个人之间双手相握的一个简单动作，但却是沟通、交流、增进人际交往的重要手段。

小姚第一次去面试的时候紧张得手心冒汗。当她敲开面试房间的门时，主考官很热情地伸出手来，而小姚却傻了，忘了伸出自己的手，弄得气氛很尴尬。当然，她没有被录取，但她永远记住了这一次"握手"。

王小姐是一家外贸公司的业务代表。不仅长了一副精明能干的外表，而且还天生拥有一张口吐莲花的三寸不烂之舌。一般情况下，只要她接触的客户总是会轻轻松松地被她搞定。美中不足的是，她有一个最大的弱点，就是在与客户见面的时候总是不知道应该怎样进行第一次握手。其中有好几次在与国外客人见面时，都弄得双方非常尴尬。大家都知道，外国人多数都是外向性格，他们喜欢轻松、自然地接触交流。可每次王小姐与人见面的时候都不肯先伸出她的玉手，让人家握一握，而老外们又多数都期待着享受这种欢迎礼节。一边在热盼，另一边却毫无反应，可见当时大家的表情是多么尴尬！后来经过一次系统的礼仪学习后，她才恍然大悟，原来握手也是一件很有讲究的事情！

握手是沟通思想、交流感情、增进友谊的重要方式。通过握手的动作，往往显露一个人的个性，给人留下不同印象。美国著名盲聋作家海伦·凯勒写道："我接触的手，虽然无言，却极有表现力。有的人握手能拒人千里之外，我握着他们冷冰冰的指尖，就像和凛冽的北风握手一样。也有些人的手充满阳光，他们握住你的手，使你感到温暖。"这从侧面证明恰到好处的握手可以向对方表现自己的真诚与自信，也是吸引人脉和赢得信任的契机。一个积极的、有力度的正确的握手，表达了你友好的态度和可信度，也表现了你对别人的重视和尊重。一个无力的、漫不经心的、错误的握手，立刻传送出不利于你的信息，让你无法用语言来弥补，会给对方留下对你非常不利的第一印象。

与陌生人初次见面，人们大都会重视着装和微笑，但据调查指出，握手同样能够对人的第一印象起决定作用，因为人类能够对来自内在或者外在的刺激做出更强烈、更敏锐的反应。所以，想在初次见面留给他人良好的印象，就要学会与人握手的技巧。

在性别的差异里，先伸手的应该是女性，而男性应立即伸手回握；同性而有年龄长幼之分时，则年长的先伸手，年轻的立即伸手回握；阶层有高低差别时，以阶层高的先伸手，阶层低的立即回握。

年龄与性别有冲突时，如男性年长，是女性的父亲辈年纪，在一般社交场合中仍然以女性先伸手为主。除非男性已是祖父辈年龄，或女性未成年在二十岁以下，则男性先伸手，女性才回握。阶层与年龄或性别有冲突时，永远以阶层为主。

不过有一个原则必须把握，即好的礼节原是促进人与人之间良好关系的基础，因此任何人忽略了握手礼的先后次序而已经伸出手，对方都应该不加迟疑地立刻回握。

另外，好的握手礼是温暖的掌心相通。眼睛看着对方，脸上有表情，在握手中流露诚恳、温暖、亲切。许多女性仅以指尖相握，或者只是伸出一只冷冷的手而毫无相握之诚，均非适宜的握手礼。殊不知虽只是盈盈一握，却包含了是否令人愉悦、信任、接受的契机，真不可谓之不重要了。

握手通常是你与他人的第一次身体接触，而握手这个动作会给人一种什么样的观感，跟以下三件事有相当大的关系：

（1）如何握手

（2）何时握手

（3）别人的感觉如何

一次令人愉快的握手，感觉上是坚定、有力，代表这个人能够做决定、承担风险，更重要的是能够负责任，以诚挚、热情的握手，来显示他多么高兴能够认识你。至于令人反感的握手，感觉是犹豫、不爽快，好像在告诉别人我不是做决定的人，让人觉得你软弱、狡猾、没有生气。

至于用力到好像要把对方骨头捏碎，给人的感觉是一样的糟糕。正确的握手，给人干爽、触感很舒服的感受；湿黏、冰冷的感觉，就像长时间握着一杯冰水，将给对方留下不悦的印象。

如果你的手经常都是冰冷的，当你要与人握手时，不妨把手放进口袋里让手温热点。

如果你的手常年都是湿冷的，在握手之前，先在裤子或裙子上擦一擦，使你伸出去的手是干的。当然你的动作必须快速而优雅，以免引起别人的侧目。

杜绝不受欢迎的坏习惯

在现代处世中我们常会遇到一些人，由于一些微不足道的缺点，使他们成为一个不受欢迎的人。他们这些微不足道的缺点像那遮住明月的乌云一样，有时掩盖了他们原有的美丽与皎洁的光辉。

这天天气很热，大家都在认真聆听领导讲话。突然会议室的某一块有了一点儿骚动，很多人捂住了鼻子。原来是有位平时就大大咧咧的男同事脱掉了脚上的皮鞋。此不雅举动招来了众人非议。旁边的一女同事碰了碰他，示意他把鞋穿上。这位同事当时正听得入迷，这个小小的提示，弄得他满脸通红、狼狈不堪。

我们常常遗憾地看到，一些外表光鲜的人，会在众目睽睽下做出一些诸如擤鼻涕、搓泥垢、脚从鞋子里钻出来"乘凉"的举动，令其形象大打折扣，这就是没有修养的体现。请你看完这段话后，注意杜绝以下不受欢迎的坏习惯。

1. 当众搔痒

每一个人，都必须要知道搔痒动作不雅，而且由于你的搔痒动作当众进行，会令人产生联想，诸如皮肤病等各种症状，使别人感觉不舒服。

2. 掏耳和挖鼻

有些手痒的人，只要他看见什么可以用，就会随手取一支来掏耳朵。尤其是在餐厅，大家正在喝茶、吃东西的当儿，掏耳朵的小动作，往往令旁观者感到恶心。这个小动作实在不雅，而且失礼。即使你想"洗耳恭听"，此时此地也不是时候。同样，用手指挖鼻孔也是非常失礼的动作。

3. 剔牙

宴会席上，谁也免不了会有剔牙的小动作。既然这小动作不能避免，就得注意剔牙时不要露出牙齿，而且不要把碎屑乱吐一番，最好用左手掩住嘴，头略向侧偏，吐出碎屑时用纸巾接住。

4. 体内发出各种声响

生活经验告诉我们，任何人对发自别人体内的声音都不太接受，甚至感到讨厌。所以在社交中，要杜绝自己在公众场合有诸如咳嗽、打喷嚏、打哈欠、打嗝儿、响腹、放屁等行为或习惯，因为这些响声都会令人觉得你不太舒服或是正在生病，别人会立马感到受威胁或产生联想，继而产生厌恶感。

5. 双腿抖动

这种小动作多发生在坐着的时候，站立时较为少见。这种小动作，虽然无伤大雅，但由于双腿颤动不停，令对方视线觉得不舒服，而且也给人情绪不安定的感觉，这也是失礼的。同样，让跷起的腿钟摆似的打秋千也是相当难看的姿态。

6. 乱丢烟蒂

现在有越来越多的人都在抽烟。抽烟的人在许多场合不受欢迎，究其原因就是人们认为吸烟者缺乏卫生习惯。如果你是一位抽烟的人士，看看自己有没有这些不良的抽烟习惯，如走着路抽着烟，令擦身而过的人害怕烧坏了自己衣服；随处乱飞的烟灰，使环境受到污染；没有燃尽的烟蒂又令人害怕引发一场不该有的灾难。随处乱扔烟蒂，往往会损坏地毯、地板。有些人还会在其就座的位置旁，随手掐灭烟头，致使烟头留在窗台、墙边、桌边，令人十分反感。

7. 随地吐痰

随地吐痰是一种恶习，在一些不发达、不文明、环境恶劣的地区到处可见。遗憾的是身处文明之地，身着时髦靓衣的女性有时也会犯此毛病，乘人不备随地吐痰。这种令人作呕的行为应该坚决杜绝。每一个现代文明人，都应清醒地认识到，是否有人看见你随地吐痰不是问题的关键，关键是因为这种举动证明你还处于愚昧、落后、肮脏的阶层。

8. 长指甲和污垢

留长指甲可能是女人的一种癖好，但也有一些女人却疏于修剪，而且也疏于清理指甲内的污垢，这就近于失礼了。当和对方握手时，半月形的指甲污垢赫然在目，实在不雅至极！

9. 以"喂"来喊人

打电话时，人们为了接通线路，故"喂"一声，待互通声气以后，照例是"早安"或者是"你好"，然后再说下去。但是有些人，平时见到朋友也像接电话一样先来"喂"一声，这就有失礼貌了，应该以姓和称呼来招呼对方才对。我们也常见有些人问路，也是"喂"一声，虽然对方是路人，但为了礼貌起见，也得来一声"你好""请问先生"……

10. 频频看手表

假如你不是忙人，而且又无其他重要约会，那当你和朋友攀谈时，最好少看自己的手表。这样的小动作会使你的朋友认为你还有什么重要的事情，不会使谈话继续下去；同时，你的小动作可能引起对方的误会，以为你没有耐心再谈下去。

如果你确实有要事在身，你不妨婉转地告诉对方改日再谈，并表示歉意。

电话礼节不可忽视

电话交际是现代人常用的交际方式，双方的声音、态度、举止虽远在千里之外，但都是可以感受到的。只要听听电话中的交谈内容，就可以判断一个人的修养和文化程度。因此，了解一下打电话的一般礼貌要求是很有用的。

小刘是某洗衣机公司在北京的代理商。中午轮到她值班，她手里捧着一本小说正看得入迷，电话铃响了五六声，她终于不紧不慢地接了电话。

"喂！"她拿起电话，没有报自己公司姓名，懒洋洋地回答对方。

"您好，请问这里是洗衣机代理吗？"对方问。

"是。"小刘回答。

"你好。我想买一个××牌的洗衣机，请您介绍一些型号。"对方又说。

"我们的洗衣机分好几种，你想要哪种？"小刘冷漠地反问。"小姐，我不明白，洗衣机就是洗衣机，还要分什么种类？不就是按大小来分种类吗？"对方困惑地问。

"当然要分，有的能甩干，有的不能甩干。"小刘随手摸了一块饼干填进嘴里……

"等我想一想再决定吧。"对方挂了电话。

不要以为电话中谁也见不到谁，所以想说什么说什么。其实，正因为电话中谁也见不到谁，更应该注重礼节。下面是一些不容忽视的电话礼仪，请大家务必注意。

1. 打电话的礼节

（1）选择通话时间

应根据受话人的工作时间、生活习惯选好打电话的时间。比如，白天宜在早晨八点以后，节假日应在九点以后，晚间则应在十点以前，以免受话人不在或打扰受话人及家人的休息。如无特殊情况，不宜在中午休息时和一日三餐的常规时间打电话，以免影响别人休息和用餐。给单位打电话时，应避开刚上班或快下班两段时间，还要特别注意其所在地与国内的时差和生活习惯。要注意通话长度，遵循电话礼仪的"三分钟原则"，即每次通话的时间应限制在三分钟左右为宜。不要给在家的人打电话谈公事。使用公用电话时，如打电话的人较多，应自觉排队。自己的电话一时拨不通，应让别人先打。

（2）打电话前的准备

在电话中应该说些什么，一次电话该打多久，打电话前应有"腹稿"。如怕遗漏，可拟出通话要点，理顺说话的顺序，备齐与通话内容有关的文件和资料。打电话之前，要核对所打电话号码，以免打错，同时要调整好自己的情绪。电话拨通后，应先向对方问候"您好！"接着问："您是××单位吗？"得到明确答复后，再报自己单位和姓名，然后报出受话人姓名。如受话人不在，可请人转告，或过一会儿再打。如拨错号码，应向对方表示歉意。说话要直言主题，简明扼要，长话短说，不要丢三落四。有的人爱煲电话粥，要知道这是不礼貌的，尤其是晚上。因此，打电话之前一定要先拟好要点，以免惹人讨厌。

2.接电话的礼节

（1）及时接听

电话铃响后应马上接听。电话铃响后应遵循"铃响不过三声"的原则，不能耽搁。接电话时态度应当谦和，最好是双手捧起话筒以站立的姿势面带微笑地与对方通话。并备好电话记录本和笔，准备做通话记录。拿起听筒后，应先说一句礼貌语："您好！"或"早上好"，再报自己的单位或姓名，然后问对方找谁，切忌只问不答或与旁人说笑。如遇紧急情况要暂停通话时，应致歉并说明原因。如果自己不是受话人，应热情传呼，不能把听筒一丢，就大叫"某某电话"，这对发话人和受话人都是失礼的。应热情告诉对方："请稍候，他马上就来。"如果找的人不在，则要重新拿起话筒，询问对方是否需要转告，并记下对方的电话号码和姓名，不可表现出冷淡或厌烦，不能让对方久等，或一挂了之。如接到别人打错的电话时，应以礼相待，并耐心听清对方要找什么单位、什么人，尽可能为对方提供所要的电话号码，不可指责、辱骂对方。

（2）最好不用免提

如果必须使用免提电话，则须遵循如下礼规：一是不要在对话的一开始就使用免提电话。二是使用免提电话时，要先征询对方意见，并解释原因，如说"张三，李四将和我们一起完成这个项目。所以我希望他们也听听我们的对话"。三是介绍在场的每个人。四是一次只能一个人讲话，而且应靠近电话机。每个人讲话时先自我介绍，如中途离开换人讲话，要打招呼。总之，免提电话只在需要时使用，平时则要慎用。

（3）接电话的声音

留心自己在电话中的态度和声音，然后尽量使自己的声音更悦耳一些。也就是说，铃响时请微笑接电话，然后说："喂！"好像你很高兴有人来电一样。这样做与闷声闷气、不耐烦，或者含混敷衍的应答相比，哪一种更为人所接受呢？回想一下自己打电话的经历，结论是不言而喻的。

3. 用好"电话语言"

（1）注意"电话形象"

电话语言，不仅要坚持用"您好"开头，"请"字在中，"谢谢"结尾，更重要的是控制语气语调。如果你是一位有着美丽的嗓音的女性，再加上你与人通话时态度谦恭，语气热诚，语调温和且富有表现力，音量适中，快慢适当，措辞准确，语言简洁，口齿清晰，并且用的是"带微笑的声音"，声音甜美柔和，彬彬有礼。那么，你将大受欢迎。另外，你还要对发话者说的事感兴趣，给对方以愉快、亲切，可以信任的感觉。特别是有关时间、地点要交代准确，使人感到亲切自然，切不可高声大喊，装腔作势或拿腔捏调、嗲声嗲气，更不能粗暴无理。

通话时还要注意举止文明，以端正的体态接打电话。发话者最好起身站立，双手握持话筒，使口部与话筒之间保持 3 厘米左右的距离。不能把话筒夹在脖子下，或是趴着、仰着，坐在桌角上与人通话。拨号时，不能以笔代手，或边打电话边吃东西、抽烟。

（2）认真倾听，礼貌应答

平时在电话机附近应备有电话号码簿、电话记录本和笔。当你接电话时应放弃一切闲谈和停下其他工作，认真聆听发话人的谈话和要求，重要内容还要边听边记，并向对方复述一遍，以便校正。在通话中，应礼貌地呼应对方，适时地应声附和，不时地"嗯""哦"一两声，或说"是""好""对"之类的话语，让对方感到你是在认真倾听，不要默不作声。不要轻易打断对方的谈话。如发觉电话内容不宜为外人所知或有急事需要处理时，可委婉告诉对方"我身边有客人"或"我有急事要处理，等一会儿我再给您回电话。"如获知有人来电话找过自己，不管对方是否要求回话，都应尽早回话；如时隔较久，给对方回话时应表示歉意并解释原因。

4."电话结束语"不能马虎

电话通讯，一般由发话人结束谈话，你作为受话方应等对方挂机后再放下听筒，不要仓促挂断电话，甚至对方话未说完就挂断电话。临近通话结束，应礼貌道别，向发话人说一声"麻烦您了"，或高兴地说"再见"。如果你直接把电话放下，什么话也没说，对方会以为你是被切断的。

以上是有关电话的种种礼节，若大家能认真学习它，然后加以运用，必能成为受欢迎的人。

第七章　家人交往也要用心机

夫妻之间也要适当保留

生活中所有的一切都不是透明的。天不是透明的，水不是透明的，作为自然界最高级的生物，人也不例外。夫妻之间原本可以无话不说，但如果事事都很透明则大可不必。生活中谁没有一些属于自己的小秘密呢？它的存在不会影响到夫妻之间的感情，反而如果把它坦诚地说出来才会让对方有一种"对方对自己不忠，对婚姻不忠"的错觉。

因此，夫妻之间要适当保留自己的隐私。在夫妻之间永远都隔着一张透明的纸，这样夫妻之间会彼此有一种新鲜的感觉，更能增加夫妻之间的感情，彼此感觉对方对自己是那么的信任和尊重，如果夫妻之间捅破了那张薄纸，个人的性格和脾气完全地暴露在对方的视线之下，这样就很容易因为无聊的小事而发生冲突，没有了对方的隐私，也就没有了相互的信任，往往因为误会而发生摩擦，甚至破坏了家庭的安定团结，最后走向解体的边缘。

黎明在某大学读书时与同学晓梅产生了爱情。毕业后，终因两地分居晓梅割断了他们的爱情线。黎明为此曾大病了一场，两年多后，已经而立之年的黎明经亲友介绍认识了兰兰，匆匆地举行了婚礼，于是，那段大学的恋情成了黎明的"情感隐私"，被埋在了心底。

但就在他们新婚的第二天，当黎明准备陪同兰兰回娘家之时，邮递员送来了一封信。信是黎明的一个同学写来的。她告诉黎明："最近，我见到了晓梅，她现在醒悟到距离对于爱情来说是多么微不足道。两年多来，她一直思念着你，她发现，你在她心中的地位，是谁也不能取代的。这几天她要出差到你所在的城市，可能会直接去找你，希望你们能和好如初……"

顿时，黎明的眼睛模糊了，眼前的兰兰恍惚变成了晓梅。他找了个借口，让兰兰独自回娘家，全然不顾此举会给他们的新婚带来什么后遗症。这天，兰兰提前从娘家回来，发现丈夫酩酊大醉地倒在床上，枕边搁着一封信。看了信，她无声地哭了。去谴责黎明，和他大闹一场？如果替黎明设身处地地想一想，她能理解他的懊悔和痛苦，如果当初他锲而不舍地追求，何至于造成今天的痛楚？而现在，黎明既负有对这个新家庭不可推卸的义务和责任，又对远方的晓梅怀有至死不渝的爱。那么，该诅咒晓梅吗？她可是不知道黎明的近况呀，作为女人，兰兰更能体谅晓梅的苦衷。于是，兰兰把信放回原处，替丈夫盖好被子，默默地在他身边坐了好久，好久……

知道了丈夫的"情感隐私"后，兰兰更加温柔体贴，关心黎明，从不当面揭穿黎明的"秘密"。几天后，当兰兰上完夜班回家不久，晓梅上门来了、兰兰热情地接待她，备好一桌丰盛的午餐招待晓梅。饭后，她又借口要去上班离开家，好让这对旧日恋人有机会好好谈谈。

望着妻子疲倦的面容，黎明的心深深地感动了，他明白妻子的一片心意。想起兰兰的离家出走而故意给他们腾出时间，晓梅的内心感动了，她真诚而又感慨地对黎明说："你有一个多好的妻子呀，你应该知足了！"

　　人们大都有隐私心理，有自己不为人知的秘密与情感。面对他人的隐私，知情人理智的做法就是保密与尊重。兰兰尊重丈夫的"情感隐私"，不但没使他们的夫妻感情破裂，反而使黎明进一步了解了她，萌发了对她真正的爱。这件事，沟通了他们的相互理解的心灵，使他们的感情得到进一步升华。

　　有一位中年男子曾说，他的婚姻中有一段永远的痛。他说："十多年前，我从郑州坐火车到深圳，一位妙龄女子正好坐在我身边。因为旅途较闷，我们不知不觉地交谈起来。后来我回到东莞后，她也不时打电话给我，我们一直以兄妹相称，我也真把她当成了我的小妹妹。于是我们就这样交往着，既不是一般朋友，也没有过多地超越朋友的界线。我们从来不敢越雷池半步。

　　但在一天晚上，妻子对我说，她读大学时有许多人追求她，而她还是觉得我最好。我被妻子的真诚所感动，又因为心中对妻子有歉意，便忍不住将我和那女孩交往的事情告诉了妻子。不料，妻子听后脸色大变，当晚就要求我一定要约那女孩出来见面。而我也自认我与她没什么见不得人的事情，于是便把她叫了出来。当晚的情形甭提有多尴尬，那女孩泪水纷飞，委屈至极，她不知我已结婚，也不知出了什么事。而我的妻子更是咆雷闪电，非要和我离婚。我才知道有时坦诚换来的并不是好结果，但为时已晚。后来，好不容易劝住了妻子，我亦信守诺言，不再与那个女孩联系……可这件事却成为我一生的把柄，任妻子随时拿出来鞭打我的灵魂，让婚姻留下了永远的痛……"

　　曾听过一句话：隔着距离看，朦胧便是美，距离太近了，连瑕疵都看清了就不美了。生活中又何尝不适用于夫妻之间呢？适当保持点距离，让大家不要靠得太近，对彼此都是一种利大于弊的事，何乐而不为呢？

　　但这个距离可要把握好火候，火大了就烫到了，火小了就没有任何的效果，那又何必拉开距离？把握好彼此之间的距离，对于双方的感情都是一个促进，告诉他更生气的事，谁又愿意去多此一举呢？

夫妻相处要互让

常言说："勺子没有不碰锅边的。"恩爱夫妻也一样，两人相处的时间长了，难免会遇到不愉快的事，夫妻间总有相互顶撞的时候。因此，夫妻之间相处，不说伤感情的话，多说些默契语很重要。

1. 不要说伤害双方感情的话

（1）阴阳话

有的人喜欢对自己的爱人阴一句、阳一句，含沙射影、冷嘲热讽。你要是做做家务，对方会说："哎，今天太阳从西边出来了。这可是高射炮打蚊子——大材小用了！"你要是读读书，对方会说："噢，我们家可出人才了，有道是'知识就是财富'，我们家可要发财了。"你要是帮人打个报告，写个申请什么的，对方故意对读小学三年级的孩子嚷道："哈哈，你真行啊，这字写得不错嘛，这文章写得也好啊，怪不得人家欣赏你呢！"你要是参加了一个舞会，对方会说："今天你这般意气风发，肯定会是舞会上最风光的人，有收获吗？啥时候带过来让我一饱眼福！"

说阴阳话，一般是对对方有不满、怨愤的情绪。但一句使人愤怒的话会令对方感到极其不舒服，影响夫妻感情。

（2）揭短话

在夫妻吵架时，有些人什么话解气就说什么，甚至揭对方的短处。这是最犯忌讳的。俗语说，"骂人别揭短，打人别打脸"。抓住别人的短处大骂一顿，一时觉得痛快，但容易伤感情。特别是夫妻间揭短，最令人寒心。

（3）分手话

轻率地和对方说离婚，其实心中根本没有离婚的意思，无非是想要挟，降服对方。殊不知这是最令人心灰意冷的。对方在这样的话语面前常会以同样的"分手"话语来回应。一旦你一言我一语，"离婚"成了口头禅，最后只能弄假成真，让双方甩开好不容易牵起的手，分道扬镳了。这虽然逞了一时之强，泄了一时之气，但由此造成的后果，不久就会让你感受到它的苦涩，那时后悔已经来不及了。

2. 多说默契的话语

（1）甜蜜的废话

人与人的交谈中总带有一些废话：陌生人见面有礼节性的客套；客人见面要寒暄一番；批判性的话常常用委婉的说法表达出来……这些看来无关紧要的"废话"却是人际关系中不可缺少的工具。

妻子回到家，推开门，丈夫劈头就问："怎么这么晚才回来？"而妻子也许遇到了不顺心的事，已经是急匆匆地赶回家来的，一听这话就火了："我晚点回来关你什么事？"丈夫也火了："我问你怎么会这么晚才回来，有什么不对？"

的确，丈夫的话是没有什么不对，他要了解一下妻子晚回来的原因，其中包含着关心的意思。那么，问题出在哪里了呢？让我们来看看，要是给这些话加上点儿无关紧要的"废话"，效果会怎么样。

丈夫说："老婆，你回来了！今天好像晚了点儿……"他这样一问，妻子就会说明晚归的原因了。同样，如果妻子在回答时注意加上一两句无关紧要的"废话"，比如说："你瞧，我这不是回来了？"或者"真对不起，让你等急了吧？"

这样，即使妻子不解释原因，丈夫焦急和不耐烦的心情也能缓解了，两个人也不至于吵起来。

在谈恋爱时，人们很注意自己的语言表达，说话总是"想着讲"，生怕自己的话讲得不得体使对方不愉快。可结婚后却觉得既然已成夫妻，再说那些火热的话似乎有点儿不好意思。于是，夫妻间事务性的"正经话"越来越多，含情脉脉的"废话"则越来越少。这样一来，原先爱情的甜蜜，便让位给了不愉快的争吵，家庭的矛盾、婚姻的裂缝自然也就产生了。如果不及时调整、修正，婚姻就会向更坏的方向发展，直至离婚。

（2）善意的谎言

夫妻既然是一家人，就不应该有所隐瞒。但在某种情况下，必须"说谎"，否则会给爱人带来不悦，弄不好也会使爱情之花凋零。不过这种"谎言"应该是善意的，并且对加深两人感情有利。

一次，小张到广州出差时，与几位同事去逛商场，本想为妻子阿春买一份珍贵的礼物，但苦于囊中羞涩，只好买了一条丝巾。回来后，小张对阿春说："亲爱的，我想春天到了，女孩子正该用丝巾，这条乳白色丝巾配任何颜色的羊毛衫都好看，而且衬着你的白里透红的脸，一定美极了。"阿春接过丝巾围在脖子上往镜子前一站："哇，真好看，我就喜欢乳白色。你真好，出差还记着我！怎么奖励你呢，给你做顿好吃的吧！"

小张的谎言掩饰了自己在万不得已的情况下才买一条丝巾的事实，描绘得情真意切，达到了礼轻情义重的好效果。善意的谎言要用在恰当的事情上，才能起到良好作用。

不要吝啬对家人的赞赏

一位农村妇女，辛苦了一天以后，在她的男人面前放了一大堆牧草。当他男人愤怒地问她是否发疯的时候，她回答说："我怎么晓得你们会注意到吃的是什么东西？我已经为你们煮了 20 年的饭，一直就没有听到你们说过什么感谢的话，好让我知道你们不是在吃牧草！"

对家人表示由衷的赞美，是维系家庭幸福的不二法门。一个不懂得对家人表示赞赏的人，必然会引起家人的反感，因为他没有对家人付出应有的爱与尊重。

大沙皇时代的俄国，上流社会中有一个习惯，当他们享受了一顿美好的晚餐以后，他们一定会把大师傅请出来，当面加以夸奖。你也可以对你的太太这样做。当你的太太把饭菜做得非常可口时，就对她如此说，让她知道你非常欣赏她的手艺而不是在吃牧草；或者如德克萨斯·吉南所常说的，"尽力地为自己的太太喝彩一番"。假如你那样做了，她就知道，她对于你的幸福快乐占有重要的地位。

在明朝时有一位王爷手下有个著名的厨师，他的拿手好菜是烤鸭，深受王府里的人喜爱，尤其是王爷，更是倍加赏识。不过这个王爷从来没有给予过厨师任何鼓励，使得厨师整天闷闷不乐。有一天，王爷有客从远方来，在家设宴招待贵宾，点了数道菜，其中一道是王爷最喜爱吃的烤鸭。厨师奉命行事，然而，当王爷挟了一鸭腿给客人时，却找不到另一条鸭腿，他便问身后的厨师说："另一条腿到哪里去了？"

厨师说："禀告王爷，我们府里养的鸭子都只有一条腿！"王爷感到诧异，但碍于客人在场，不便问个究竟。饭后，王爷便跟着厨师到鸭笼去查个究竟。时值夜晚，鸭子正在睡觉。每只鸭子都只露出一条腿。厨师指着鸭子说："王爷你看，我们府里的鸭子不是全都是只有一条腿吗？"王爷听后，便大声拍掌，吵醒鸭子，鸭子当场被惊醒，都站了起来。王爷说："鸭子不全是两条腿吗？"厨师说："对！对！不过，只有鼓掌拍手，才会有两条腿呀！"

这则故事告诉我们：要使人们始终处于施展才干的最佳状态，唯一有效的方法，就是表扬和奖励，不给任何意见往往更能扼杀人们积极性。在家庭里，表扬和赞美同样是非常重要的，适当的赞美能够使家人心情愉快、关系和谐。

1. 不要羞于当面称赞

如果你太太的新帽子很漂亮，你要勇敢地当面称赞她；如果你父亲的新领带很漂亮，你也应该勇敢地当面称赞他。即使你在报上看到你的家人或者亲戚被选为好人好事代表，你也应该立即拨电话向他（她）道贺。像这样直接当面称赞他人的话，也许对方听了以后，会对它打些折扣，但是这总比你不把它说出来要好。你不可能不费吹灰之力就能使对方感到愉快。所以，即使你称赞不可能收到100%的效果，也应该毫不迟疑地当面告诉他。

2. 满足对方在知识、能力和判断力上的虚荣

即便是你的家人实在不是很了解事情真相，你也应该对他说："你一定很了解吧！"也就是说，你能够把他当作知道此事的人，也足以撩起他的虚荣心，让他感到高兴。每一个人都希望被认为是有知识、有教养的人，如果你不忘时常用"你真有知识""你真有能力""你真有判断力"去满足他这方面的需求，那你就能很容易地使他对你产生信赖和好感。

曾经有一位催眠专家表示，如果你想催眠一位有教养的人，最重要的秘诀是在事前不露痕迹地给他这样的暗示——知识水准越高的人越容易被催眠。那么不管这个人是否有教养，他都很容易被催眠。因为他为了证明自己是有教养的，会先迫使自己这么做。所以，如果你对那些爱谈论政治事务的人说："像你这样通晓国际情势的人，一定对石油问题的发展了然于胸。"那么，你就能很容易地博得他的好感。

3. 说出对方的优点

男人希望被认为强壮，女人希望被认为漂亮。你只要好好掌握这个原理，并且制造机会称赞他的强壮她的漂亮，那么你也可以很容易满足他的虚荣心，让他感到无比地高兴。

如果对方根本都不强壮、不漂亮，我们该怎么办？你可以对不漂亮的女人称赞她"很有智慧""很善良""很善解人意"……同样地，你也可以对不强壮的男人称赞他："很有能力""很有见解""很

有个性"……总之，一定有办法可以找到满足对方的赞美词。

4.称赞对方的成就

这是满足对方虚荣心最好的方法。有些男人对于自己事业的成功感到得意；有些女人对自己孩子优良的学业成绩感到得意。聪明的你就应该在他们这些得意处，好好利用机会加以称赞。懂得这些称赞原则并且善加利用的人，一定会为他的生活带来许多意想不到的好处。不过你应当注意，绝不可以把它和"谄媚、奉承"相混淆。像那些显而易见矫情的谄媚和称赞是完全不同的。

夫妻之间不要干涉对方工作

夫妻之间，应该互相支持、互相帮助、互相理解，而不应该干涉对方的自由，特别是对方的工作。然而在生活中，有些夫妻却没有掌握这一条法则，他们动不动就粗暴地干涉对方的工作，甚至有些夫妻因此而葬送了自己的感情。

有一个女人，强迫她丈夫放弃了钟爱的工作，因为她没有办法忍受丈夫在晚上做事。这位丈夫是一个著名管弦乐团的演奏家。一般工作都是在晚上进行。而她的丈夫很喜爱自己的工作。他们组织举办的音乐会，场面很大而且也有很高的薪水。但是他的太太却一直不能适应他的工作时间。最后，她说服自己的丈夫，放弃乐团的职位，换了个推销家庭用品的工作——他做的是完全不适合自己的工作，赚的钱也少，他不满足，不但他成功的机会减少了，而且这对夫妻婚姻幸福的机会也变得非常微弱。

在不寻常的时间工作的男人，或是工作上有特别需要的男人，都更加需要一个能够适应他的妻子；反之，也是如此。当有一方过分干涉对方时，夫妻关系肯定会产生裂痕。

许多人都做过美梦，想要更好地帮助自己的另一半爬上经理的宝座。她们计划出一些策略；她们提出了许多暗示和建议；她们试探、尝试，并且和丈夫的同事培养友谊。通常，她们的计策使得自己的丈夫丢掉工作，而不是升上一级！

一家小公司里请了一位经理。他很聪敏，看来很适合这个职位，令人迷惑的是，他接任新工作以后，他的妻子竟然一直干预他。每天早上，她都和她先生一起到办公室，记下她先生的话，交到外头给打字小姐，而且又要变更她先生的整个工作系统。办公室的工作情绪被破坏了。有一位女孩子辞职，其余的人也都在观望着时机的变化。在这位新经理到任的整整三个礼拜以后，他就被叫到总经理那里，上司礼貌而肯定地告诉他，不能再留他了。

妻子的干预，即使有着最好的动机，也都是一件危险的事——这比大多数人所知道的事实都更加严重。

有位婚姻专家曾经说过，"有些妻子喜欢劝告、干预和影响自己的丈夫，反对和他一起工作的人，或是抱怨丈夫的薪水、工作时间和责任。把自己当作丈夫经营事业的非正式顾问，这种妻子常常扼杀了丈夫的成功，很少有其他的事情会具有如此的严重性。"

"有两件最重要的事情，可以使妻子帮助丈夫事业的成功，第一件是爱他，第二件是让他独自闯。一个可爱的妻子，将会带给她的丈夫愉快和舒服的家庭生活。而如果她聪明得能够让自己的丈夫不受干扰地处理业务，她的丈夫就一定能发挥出全部的能力而获得成功了，至少训练也会使他有成就。"

这个不干扰的政策，可以直接应用于妻子和丈夫的工作关系，以及妻子和丈夫业务伙伴的关系。

赡养父母是子女的义务

赡养父母是子女应尽的义务，这是法律明确规定的。然而报刊上不时披露，有些老人子女几个，却无人赡养，过着风餐露宿、悲惨凄凉的生活；有些老人则被子女像皮球一样推来推去，没有固定的住所，过着漂泊不定的生活。兄弟姐妹怎样共同赡养父母，是一个值得人们重视的问题。

1.兄弟姐妹共同赡养父母的原则

（1）共同赡养原则

兄弟姐妹都是父母抚养成人的，父母对他们都尽了抚养的义务。毫无疑义，子女也有赡养父母的义务。然而在社会现实中，有个别子女以这样或那样的原因拒绝赡养父母，有的身为大哥或大姐，认为出来工作早，对弟妹早已尽了抚养义务，因而可以抵消赡养父母的义务，父母只能由弟妹赡养；有的则认为自己是女儿，父母应由其兄或弟赡养；有的则认为自家经济条件不如其他兄弟姐妹，因而父母应由经济条件好的兄弟姐妹赡养；还有的说父母在他小时候没有抚养好他，甚至经常打骂他，因而不愿尽赡养父母的义务。显然以上认识都是错误的，都违反了法律的规定。因为法律明确规定，子女都有赡养父母的义务，这种义务是必须履行的，无论什么原因都是无法抵消的，因此兄弟姐妹必须承担共同赡养父母的责任，任何人都不得推诿。

（2）有利于父母生活的原则

老年人一般都有怕孤独的特点，另外年老体弱、生活起居都不太方便，因此兄弟姐妹在安排老人生活时都必须遵循有利于老人愉快生活的原则。有些兄弟姐妹虽然给老人提供生活费，但长期让老人独处，使老人受着寂寞的折磨，生活并不愉快；有的老人则长期与工作任务繁忙的子女住在一起，子女抽不出时间照顾父母，因而父母也少有欢乐。因此兄弟姐妹在安排生活时一定要考虑到老人年老体弱和害怕孤独的特点，尽量安排父母与家庭人口多或者已退休在家的兄弟姐妹中生活。这样可以使老人多得到照顾，同时减少寂寞感。如果让老人独居，则应请保姆照顾老人的生活，并且应该给老人购置一些文化娱乐设备。总之，子女一定要创造条件，让老人愉快地享受晚年生活。

（3）有钱出钱、有力出力的原则

兄弟姐妹经济状况不同，有些富裕，有些既不富也不穷，有些较穷。鉴于这种经济状况，应该遵循有钱出钱、无钱出力的原则，经济状况好的多给父母提供一些生活费，经济状况差的则在父母的生活起居上多给予照顾。这样既可以消除兄弟姐妹在心理上的不平衡感，又可以使父母在精神上愉悦。

2. 兄弟姐妹赡养父母应该注意的一些问题

（1）兄弟姐妹要经常探望父母

有些子女以为付给赡养费就万事大吉，因此不去或者很少去探望父母。殊不知，生活费固然重要，但看望也不可缺少。这是因为老人需要精神的慰藉，子女经常去探望父母，父母就可在精神上得到一种满足，因此兄弟姐妹切不可忽视这个问题，尤其是对于独处的父母，应经常去探望，并且尽可能带着自己的子女，这样会令老人更加愉快。

（2）兄弟姐妹要宽容父母的缺点

老人由于经历不同，再加上随着年龄的增加，心理因素的变化，因而难免存在这样或那样的缺点。有些老人有很多的忌讳，往往从自己的主观愿望出发，对子女行为这也看不惯，那也看不惯；有些老人住在东家说西家，住在西家说东家；有些老人对食物要求较高甚至挑剔；有些老人则对某个子女有特别的偏爱，在经济上或其他方面特别强调对某个子女的照顾；等等。对于老人的上述缺点，我们要尊重，让其保留自己的忌讳；对于老人关于物质方面的要求则尽可能满足；对于老人关于对姐妹兄弟之间的议论则采取听之任之的态度；对于老人对某个兄弟姐妹的偏爱则予以宽容。

总之，对父母的任何缺点，只要不是原则问题，都应采取宽容的态度，绝不能计较。如果计较，不但影响父母的情绪，同时还会影响兄弟姐妹间的关系。对于父母的宽容采取假设类比的方法，即我们将来也要老，也许会像父母现在一样。这么一想，宽容的态度也就自然产生了。

（3）兄弟姐妹在对待父母赡养的问题上不要攀比

由于兄弟姐妹在思想上的差异和经济状况的不同，因而对父母所尽义务的程度也不尽相同。有的兄弟姐妹很有孝心，无微不至地关怀父母；有的则比较粗心大意，甚至对父母态度粗暴；有的对父母在财物上的供给多一些，有的则少一些。对于这些赡养父母所尽义务的差异性，兄弟姐妹应该承认，但千万不可攀比，绝不能因为某一位兄弟或姐妹对父母不好大家也跟着不好，甚至大家都甩手不管。这样不但苦了父母，而且有失兄弟姐妹的面子，引起他人的指责：诚然，对于不尽赡养义务的姐妹，大家可以批评、帮助、教育，如果有能力而不尽赡养义务的，兄弟姐妹在教育帮助无效的情况下，则可征得父母同意，将其起诉至法院，请求法院判令其履行义务，以正家风。

（4）兄弟姐妹之间要经常沟通交流

在赡养父母的问题上，有一些兄弟姐妹反目成仇，其主要原因是兄弟姐妹之间缺乏必要的沟通。因此对待赡养父母的问题，兄弟姐妹要多商量，根据父母生活需要的实际情况要经常交换意见，并研究解决的办法。这样就可以消除分歧，求得一致意见，不但增进兄弟姐妹之间的感情，而且可以避免误会和矛盾。

总之，只要遵循赡养父母的原则，同时，兄弟姐妹之间又充分注意解决在赡养父母上可能出现的问题，就会共同赡养好父母，履行应尽的义务，使老人幸福地安度晚年。

从容越过婆媳关系这道坎

在中国人的人际冲突中，上千年来一个经久不衰的话题："老妈和老婆一起掉进水里时先救谁？"至今还没有一个中国男人做这道题时得过一百分。

在人际交织的网络空间中，婆媳关系应当是一种最为奇特的构成了。因为婆媳之间，既没有挣脱不掉的血缘维系，又没有浓醇似酒的感情联结，所以它更像是一种被强行捆绑在一起的亲情，多少会带着一种被动与必须。

据说有一位立志要解决婆媳难题的中国心理学专家，他找到了一对积怨很深，已无法坐到一起的婆媳，对她们分别进行了访谈。他先让婆婆谈媳妇。婆婆声泪俱下，痛陈媳妇的种种不是，每件事都有头有尾。心理学专家听了不由地对老婆婆说，嗯，看来你的媳妇真是恶到极点，换成任何一个婆婆也不会忍受的。于是，心理学专家又去找媳妇，哪知媳妇义愤填膺说起婆婆的种种刁难，每一种都说得有声有色。心理学专家听了又不由地对媳妇说，哦，原来你的婆婆真是太凶了，换成我也早就会跟她造反了。

婆媳不合，是使不少人提起就摇头叹息的问题。怎样念好这本"难念的经"，使得婆媳和睦呢？这是一个考验。

1. 婆媳和谐为何这样难

从生理角度看，婆媳同属女性，缺乏产生"异性相吸"的原动力，相反，又多了一条"同性相斥"。加之彼此间没有直接血缘瓜葛，建立亲密的婆媳关系显然先天条件不足。婆媳所以同入一室，仅仅因为中间有一个男人做维系。这个男人，对婆婆来说，他是其子，母子连心，自然是骨肉难分；对儿媳来说，他是其夫，鸳鸯相和，当然难解难分。正是这个男人，使原本素昧平生，连一般朋友都谈不上的婆媳联系在一起。婆婆要与儿媳相处，仅仅因为她是儿子的媳妇；儿媳要与婆婆相处，不过因为她是丈夫的母亲。如此，婆婆自觉不自觉地视儿媳为"外人"，儿媳意识中，婆婆与亲生母亲也是不可同日而语，因而，婆媳矛盾自是在所难免。

从心理角度看，婆媳竞争也是导致彼此关系紧张的重要因素。

婆媳双方以各自不同的身份——母亲和妻子同时爱着同一个男人。如此一来，必然产生竞争——母子之爱同夫妻之爱的竞争。作为母亲，儿子娶妻之后，既有满足感又有失落感。若失落感日渐膨胀并占据主导，儿子最终还是要娶了媳妇忘了娘。即便是儿子一如既往，竞争的压力仍会使母亲心理失衡，为芝麻大的事和儿子斤斤计较。儿媳的心理也不轻松，满足感与失落感交加，尤其是失落感会时时作梗。她会觉得丈夫不像婚前那样对自己呵护备至。婆媳双方这种失落感，最后清算的结果，彼此当然把责任归咎于对方。于是，有点风吹草动，就会干戈顿起。

2. 婆媳相处，要注意这些禁区

婆媳相处是有禁区的，走错了步儿，迈错了门儿，就有可能栽跟头，不是摔着婆婆就是磕着媳妇。

不要站错位：婆婆不要站到老娘的位置上，视媳妇如女儿讲起话来口若悬河，做事不顾后果；媳妇也别站在女儿的位置上，视婆婆如亲娘。婆婆就是婆婆，自己的妈妈就是妈妈，两者是不一样的。

不要过分挑剔：婆媳间理应多一分宽容，过于强调自己，就难免忽略对方，时间久了婆媳间关系就紧张，如绷紧的绳、晒干的草一碰就断、一点就着。

不要太自私：媳妇对婆婆要赡养，婆婆对媳妇要爱护。如果媳妇老想瘦了婆婆肥自己，那婆婆有再好的境界也难满足媳妇的私欲。婆婆也不能净想着自己，吃了拿了毫不客气，时间一长也会惹怒媳妇。

不要制造夹板气：儿子是婆媳间的润滑剂，婆媳少将矛头对准儿子，才能既劝了婆婆又哄了媳妇。如果儿子受了夹板气，到了婆婆那里不敢讲，媳妇那里又不敢提，来来去去一鼻子灰，婆媳之间的嫌隙只会越来越深。

3. 快乐婆媳相处五招

社会学家根据长期调查研究发现，50%的夫妻因婆媳关系无法调和而长期冷战甚至分居。可以说，在影响婚姻家庭及家庭和睦的诸多因素里，婆媳关系仅次于婚外恋，被人们称为严重影响婚姻关系和质量的"恶性肿瘤"。那么，婆媳相处有没有什么诀窍呢？

第一招，亲近融洽。

如果爱人是一个比较情绪化的人，话说不好听了很容易发火，对父母也是如此时，此时媳妇应该永远站在婆婆一边。因为，当儿子把媳妇娶进门后不少婆婆怕儿子"娶了媳妇忘了娘"，怕儿子在媳妇面前"受气"，怕家里大权被媳妇独揽等很容易把媳妇当成"编外人员"。当爱人与他父母生气时，媳妇应表现出比她们儿子还向着老人，做到任何无伤大雅的问题都是婆婆有理，尽量营造亲近、融洽的气氛，使她感觉到你是他们中的一员。

第二招，替老公"示爱"。

一般男人，要么很粗心，要么笨嘴笨舌。因此在生活中，经常巧妙地转达爱人对他妈妈的爱意尤其重要。例如，婆婆经常忆苦，讲养育儿子的不容易，儿媳陪婆婆思甜，她的儿子是多么争气、孝顺。将心比心，婆婆对儿媳自然是很好的。

第三招，学会倾听。

一般上了年纪的人都喜欢唠叨、怀旧，这容易造成婆媳不和产生矛盾。遇到这种情况，儿媳要很安静地坐到婆婆身边，让她倾诉，并且时不时地附和几声。其实老人家并不想听到你有什么意见，她只是需要一个听众。所以安静地听她说话就可以了。

第四招，不要过于敏感。

两代人同住，几个人之间免不了拌几句嘴说些气话。这个时候无论哪个角色都不要多疑，认为争执必定因你而起，最好的办法是离开现场。作为老人对儿女的婚姻或对孙辈的教养问题过度干涉，不但没有助益，反而会使问题更加恶化。

第五招，长存感恩与爱心。

作为婆婆，不要认为媳妇把儿子夺走了。相反，要谢谢媳妇让儿子结束了漂泊不定的单身生涯，照顾儿子的生活，而且不辞辛苦生儿育女。常在儿子面前赞扬媳妇的话传到她耳朵里，媳妇一定会对你多一份敬重。

和自家孩子交朋友

如果你问我："现在的孩子最缺少的是什么？"我会回答：知心朋友。如果你问我："现在的孩子最需要的是什么？"我还是回答：知心朋友。这一代孩子都是独生子女，他们需要朋友的愿望比我们要强烈、要迫切，就让爸爸妈妈先做孩子的朋友吧。

对一些做父母的来说，最担心的就是孩子不听自己的话，而当孩子真是这样做了时，他们不是先自我反省，找出自身有什么不对的地方，而是一味责备孩子，甚至恐吓。其实这一切都无济于事，只会越来越拉开自己与孩子之间的距离。

近段时间，刘先生和女儿小玉的关系是越闹越僵。小玉之前一直是一个很乖巧、很快乐的女孩，但是现在却变得越来越不合作，有的时候，甚至喜欢与刘先生争辩不已。刘先生曾经教训过她，恐吓过她，还处罚过她，但是这一切都收不到效果。

一天，刘先生对一个朋友说："小玉不听我的话，家里事情还没有做完就跑出去了。在她回来的时候我当然要对她大吼一番，但是我现在已经没有发脾气的力气了。我只是看着她并且伤心地说：'小玉，为什么会这样？'小玉看出我的心情，就开始告诉我，开始还有点吞吞吐吐，后来就毫无保留地说出了一切情形。我之前从来没有听过她要说的话，我总是告诉她该做这该做那。当她要把她的想法、感觉、看法告诉我的时候，我总是打断她的话，反而给她更多的命令。"

"我开始认识到她需要的不是一个忙碌的父亲，而是一个密友，让她把成长所带给她的苦闷和混乱发泄出来。过去我应该听的时候，却只是讲，我从来就没有认真地听过她所说的话。"

"从那次以后，我让她尽量地说，让她把她心里的事都告诉我。从此，我们之间的关系大为改善，她再次成为一个很懂事的孩子。"

把自己的孩子当成朋友，当成一个完整的独立的人，是教育孩子的需要，更是全面提高他们素质的需要，会让孩子从小得到一种被尊重的内心感受，让他们从小在一种和谐的、平等的生活氛围中自我成长。

和孩子做朋友，想说没问题不容易，下面，给出几点建议。

1. 多和孩子商量

家长不能以势压人，遇事要和孩子商量，特别是孩子的正当要求，应给予特别的重视和支持，尤其是当孩子为家庭生活提出合理化建议时，应给予精神上的鼓励，当孩子做错了一些什么事，不能严厉批评，而应从爱护的角度出发，帮助孩子分析做事的动机是什么，效果怎样，如果是想做好事，没有做好，对孩子的好想法一定要给予表扬，以保护孩子的积极性，然后分析为什么没有做好，是准备工作不充分，还是没有估计到可能发生的问题？这样的谈话孩子不会反感，不会对家长有抵触心理，今后他有什么事也会主动和您这位大朋友商量。

2. 多和孩子接触

家长们都很忙，但是再忙也应抽出时间来多和孩子接触。小学高年级的孩子也需要家长的爱抚：家长每天最好抽出十几分钟至少半个小时作为和孩子谈话和接触的时间，这不但是教育的需要，也是孩子这个年龄的心理需要。只要坚持一段时间，家长与孩子的朋友关系就会很密切。

3. 有错敢于承认

如对孩子造成精神的伤害,家长应主动道歉,向孩子说"对不起",这是最考验家长是否真的把孩子当作好朋友的试金石，在孩子面前不要摆架子，何况现在的孩子生活在信息、社会，所获得的信息比我们家长多得多，我们也应向他们学习。

家长的谦虚会给孩子树立一个良好的榜样，他们会在和您亲切的接触过程中，感受到您的高贵品质。朋友之间是自然和谐的，是互相学习、互相促进的，要想让孩子对您无话不说，请努力做孩子的好朋友吧！

4. 认真对待孩子的问题

在和孩子一起时，不要以为孩子什么都不懂而跟他们乱说，如果你没有什么依据时就不要说。因为孩子有他们的理解力，他们会反驳你，而使你难以招架。还有在和几个孩子一起时，不要偏袒谁，因为孩子也有嫉妒心理。同时不要取笑孩子，对孩子太粗鲁会伤害他们稚嫩的心灵，这样会使你和孩子间的距离越来越远。

第八章　助力社交成功的因素

不要带着自卑社交

　　自卑，是个人对自己不恰当的认识。自卑是一种自己瞧不起自己的消极心理。在自卑心理的作用下，遇到困难、挫折时往往会出现焦虑、泄气、失望、颓丧的情感反应。如果一个人做了自卑的俘虏，不仅会影响身心健康，还会使聪明才智和创造能力得不到发挥，使人觉得自己难有作为，生活没有意义。所以，克服自卑心理，是一个重要的心理健康问题。

　　来自美国华盛顿州的学生莉莉，她是所在镇里唯一来哈佛读书的人。在她准备启程到哈佛大学前，当地的人都为她能到哈佛上学而感到自豪，她自己也庆幸能有这样好的机遇。

　　但莉莉的兴奋劲还没过，忽然就对自己的感觉越来越糟糕了。她在哈佛过得很辛苦，上课听不懂，说话带口音。许多大家都知道的事自己却一无所知，而许多她知道的事，大家却又觉得好笑。她已经开始后悔了，自己到哈佛来。她不明白自己为什么要到哈佛来受这份羞辱，同时更加怀念在家乡的日子，在家乡那里，可是没有人瞧不起她。

　　莉莉感到孤独无比，她觉得自己是全哈佛最自卑的人。她无奈之下，求助于心理咨询。

　　心理医生对她的诊断是这样的：

她已跨入了个人成长的"新世纪"，可她对已经过去的"旧世纪"仍恋恋不舍。

她对于生活的种种挑战，不是想方设法加以适应，而是缩在一角，惊恐地望着它们，哀叹自己的无能与不幸。

她对于能来哈佛上学这一辉煌成就已感到麻木不仁。她的眼睛只盯着当前的困难与挫折，没有信心去再次造就一次人生的辉煌。

她习惯了做羊群中的骆驼，不甘心做骆驼群中的小羊。

她以高中生的学习方法去应付大学生的学习要求，自然是格格不入，可她抱残守缺，不知如何改变。

她认为自己来自小地方，说话土里土气，做事傻里傻气，就认定周围的人在鄙视她，嫌弃她。正是因为她的自卑，才使周围人无法接近她，帮助她，她没有意识到这一点。

生长在中南部地区的她，来东海岸的波士顿求学，面临的是一种乡镇文化与都市文化的冲突。她没有想到，哈佛对她来说，不仅是知识探索的殿堂，也是文化融合的熔炉。

她身材瘦小，长相平常，多年来唯一的精神补偿就是学习出色。可眼下，她面临的是来自世界各地的"学林高手"，已再无优势可言。

她的长相平庸，学习成绩又平庸，这就彻底打破了她多年的心理平衡点，使她陷入了空前的困惑中。她悲叹自己来哈佛是个错误。可她忘了，多年来，正是这个哈佛梦在支撑着她的精神。虽然她战胜了许多竞争对手进入哈佛大学求学，但她却在困难面前输给了自己的妄自菲薄。

她怨别人，叹自己。难怪会在哈佛有自卑的感觉。她只有跳出往日光辉的"怪圈"，全身心投入"新世纪"，才能重新振作起来。

心理学家指出，出现自卑心理可能有以下几种原因。

相貌、体形、智力、体力、身体功能、家庭背景等方面的缺陷往往使得一些人觉得自己比别人差，自甘于低人一等。

生活中的困难和挫折常常会击溃一些人的意志，使他们感到自卑。

自卑还与一个人的个性有很大关系。有时候面对同样的困难，不同的人会有不同的表现。那些小心、内向、孤独、有偏见以及有完美主义倾向的人，更容易有自卑情结。

另外，自我要求过高的人，也很容易自卑。因为他们要求自己时时处处都要比别人好，而在现实中很难有人能达到这个标准，于是，达不到标准的他们自己都瞧不起自己了，自卑和焦虑也就因此而生了。

其实，有自卑心理的人，并不一定就是本人具有某种短处和缺陷，更多的是不能悦纳自己，反而自惭形秽，常把自己放在一个低人一等、不被自己喜欢的位置，脑子里盘旋的总是"我不行""这件事我肯定要办砸了""我肯定不如别人"等消极想法。

从心理学角度来讲，任何人一旦对自己有这种消极评价，它就会无意识地成为他生活的一部分，他会对它随时随刻的到来感到习以为常。其实，消极的自我评价总是错误的。心理学家将常见的认知错误列举如下：过分夸大与缩小的超概括化错误、夸大其词的"双目镜"错误、遂下短语式的"贴标签"、任意化推论、全或无的极端化思维。比如，你会因为一次小小的失败而整个否定自己："上次的问题还未完全解决好，这次出问题肯定完了！"你犯的是以偏概全、以一当十的"超概括化"的错误。你感到自己一无是处，实际上是犯了过分地夸大缺点、过分地缩小优点的"双目镜"错误。你会给自己贴上莫名其妙的标签："我是个笨人"。你会进行任意化的推论："我一直是个失败者，因为我在单位从未评为先进或受到过奖励。"你会犯非此即彼、非白即黑的"极端化"错误："这次我一定会被公司裁掉！"

实际上，自卑其实就是自己和自己过不去。为什么老要和自己过不去呢？你不觉得自己身上也有许多可爱的地方、令人骄傲的地方吗？也许你不漂亮，但是你很聪明；也许你不够聪明，但是你很善良。人有一万个理由自卑，也有一万个理由自信！丑小鸭变成白天鹅的秘密，就在于它勇敢地挺起了胸膛，骄傲地扇动了翅膀。

那么，怎样才能从自卑的束缚下解脱出来呢？

1. 正确评价自我

要有实事求是的态度，充分认识自己的能力、素质和心理特点，不夸大自己的缺点，也不抹杀自己的长处，这样才能确立恰当的追求目标。特别要注意对缺陷的弥补和优点的发扬，将自卑的压力变为发挥优势的动力，从自卑中超越。

2. 提高自信勇气

自己要相信自己的能力，在各种活动中学会自我提示：我并非弱者，我并不比别人差，别人能做到的我经过努力也能做到。认准了的事就要坚持干下去，争取成功；要变自卑为自信，不断的成功又能使你看到自己的力量。

3. 积极与人交往

不要总认为别人看不起你而离群索居。你只有自己瞧得起自己，别人才不会轻易小看你。关键在自己，能不能从良好的人际关系中得到激励。要有意识地在与周围人的交往中学习别人的长处，发挥自己的优点，多从群体活动中培养自己的能力，这样可预防因孤陋寡闻而产生的畏缩躲闪的自卑感。

4. 正确对待失败

每一个人由于知识、经验的局限，遭遇一时的挫折乃至失败是非常正常的现象。在人一生中，要一帆风顺是不可能的，对此，既要认真总结经验教训，以利"再战"，又要持平常之心，不被失败击倒。

展现真我，世上没有完美的人

世上没有一个没有缺点的人。正如世上没有一片完全纯净的云彩，没有一棵毫无蛀洞的树一样。

毋庸置疑，人是一个优点与缺点相融、在某一方面缺点和优点集中体现而成的矛盾体。例如，凡·高的《向日葵》中不仅向世人展现了他高超的绘画技艺，也暴露了他疯狂、暴躁、近于歇斯底里的性格。又如美国著名歌唱家卡丝·黛利的演唱，表现了她天籁般的嗓音，却又掩饰不了难看的龅牙。

不难想象，当我们在展现自己优点的同时，缺点也是掩饰不了的。晚年耳聋的贝多芬如果在创作时为了掩饰自己是个聋子而不使用金属棒，那么美妙绝伦的音乐是得不来的。伟大的拿破仑如果为了掩饰自己近于残疾的身高而在检阅军队时穿着高跟鞋，那么他的威严何在，军队的士气又何在？这样的例子举不胜举。由此不难看出，一个人如果想成功，想要展现优点，展现真我风采，那么同样自己的缺点也是隐瞒不了的。

但毫不顾忌地向世人袒露自己的缺点，无疑是一件不容易的事（当然，我所指的缺点是那些先天的，人为努力所不能改变的客观缺点）。我们应该怎么做呢？首先，应该消除自身对客观缺点的不正视和羞耻心。其次，通过自身努力来创造优点，或使自己的优点更加显著。然后，树立自信心。最后，就请带上你的自信心，向世人展现你的优点，并坦然你的缺点。相信如果做到了这几条，那么肯定世人的尊重和成功就会离你越来越近。

白天鹅由于一身洁白的羽毛而越显美丽，它并不因幼年时期是丑小鸭而以之为耻，阿炳尽管双目失明却创作出《良宵》《二泉映月》等名曲，为世人所尊重。同样，你只要勇于面对自身的缺点和不足也会赢得幸运女神的垂青和别人对你的尊重。

当然，让别人认同和接纳自己并不是一件非常容易的事。阿德勒说："我们每个人都会有缺陷与不足，因为我们都会发现我们所处的地位是我们希望加以改进的。"农村人在城里人面前，小城市的人在大城市人面前，中国人在外国人面前，穷人在富人面前，无名者在名人面前，低学历的人在高学历的人面前，不会说英语的人在会说英语的人面前，长得丑的人在长得漂亮的人面前，不太聪明的人在聪明人面前……要能够做到从容自信坦然，表现出真自我。

时时要有这样的认识：我虽不完美，但我是独特的，我就是我，我不是别人。敢于展现自我。这就是对自己的一份信心。

我相信，拥有一份自信坦然的人，是不会把心理能量放在掩饰、防御、维护脆弱的自尊心上的，他们会更有亲和力和创造力，也更容易接纳和宽容别人。

罗斯福是美国第 32 任总统，在中年时患上了小儿麻痹，这时的他是一名参议员，在政坛上可以说是炙手可热，遭此打击，他几乎心灰意冷，退隐乡园。起初，他一点也不能动，必须坐在轮椅上，但由于自尊心的驱使，他讨厌整天依赖别人把他从楼上抬上抬下，晚上就一个人偷偷练习。

有一天他"发明"了一种上楼梯的方法并告诉家人还表演给大家看。原来，他先用手臂的力量，把身体撑起来，挪到台阶上，然后再把腿拖上去，就这样一级一级艰难缓慢地爬上楼梯。他的母亲看见他这个样子，就阻止他说："你这样在地上拖来拖去的，给别人看见了多难看。"

罗斯福断然说："我必须面对自己的缺陷。"

当我们面对我们自己拥有的缺点和错误时，所需要的不只是勇气，而且还需要一种诚实，一种对自己存在着的错误与缺陷的诚实。没有这种诚实，就谈不上坦然的生活。

一个人，如果他敢于将自己的缺陷与错误说出，并且敢于面对和改正，那他就可以最大限度地如实地让自我充分地表现出来，而不必加以防御。他不必装着处处迎合别人的好恶，不必总是想装扮自己，他变成了一个活生生的、自然大方、内心轻松、潇洒自如的人。

自信，创造奇迹的根基

拿破仑·希尔是成功学的创始人，他曾说："自信，是人类运用和驾驭宇宙无穷大智的唯一管道，是所有'奇迹'的根基，是所有科学法则无法分析的玄妙神迹的发源地。"保罗·盖蒂被称为石油巨子，他就是凭着极强的自信，一次次把自己推到事业巅峰的。

一切行动的原动力就是自信，没有了自信就没有了行动。

下面来看这样一个例子，宋代的李卫是位大将军，在一次战役中因寡不敌众，被困在一个小山顶，注定要全军覆灭。就在士气大减要缴枪投降之际，李卫对大家说："士兵们，看样子我们的实力是不如人家了，可我一直都相信天意，老天让我们赢，我们就一定能赢。我这里有九枚铜钱，向苍天乞求保佑我们冲出重围。我把九枚铜钱撒在地上，如果都是正面，一定是老天保佑我们，如果不都是正面的话，那肯定是老天告诉我们不会冲出去的，我们就投降。"此时，士兵们跪在地上，闭上了眼睛，祈求苍天保佑。这时，李卫摇晃着铜钱，一把撒向天空，落在了地上。士兵们开始时不敢看，谁会相信九枚铜钱都是正面呢！可突然一声尖叫"快看，都是正面！"大家都睁开了眼睛往地上一看，果真全是正面。士兵们跳了起来，把李卫高高举起喊道："我们一定会赢，老天保佑我们了！"李卫拾起铜钱说："那好，既然有苍天的保佑，我们还等什么？我们一定会冲出去的。士兵们，鼓起勇气，我们冲啊！"就这样，一小股人马竟然奇迹般地突出了重围，保住了军队。后来，将士们都说："那天如果没有上天保佑我们，我们就都回不来了！"这时，李卫从口袋里掏出那九枚铜钱，大家才发现铜钱的两面都是正面。这奇迹就是自信心所创造出来的。

要想在社交活动中取得成功，一个首要前提就是，你必须要树立自信心，在你交流对象面前建立信任度。

在这个世界上，有一小部分人，他们拥有良好的家庭背景、有机会接受高质量的教育，又比较聪明能干，他们的自信可能是与生俱来的。但是对大多数人来说，在成长的过程中或多或少都会产生一定程度的自卑感，只是有人在这方面，有人在那方面；有人表露无遗，有人深埋在心底。这是每一个努力要求上进的年轻人都必须面对的问题，那就是如何克服自卑心理，建立起自信心。

通过社会中的实践，可能每个人都能体会到自信心不是看过几本励志书籍，每天对自己说"我是最棒的"就会产生的。自信心是，在不断地完成一件件小事，不断地经历成功体验的基础上，逐步建立起来的，是需要不断积累的。如果一开始就雄心勃勃地选择难度比较大，完成周期比较长的事来做，不是从一件件成功的小事做起，那可能会不断地体验失败的挫折感，最后无法完成而失去信心。

有这么一句话：自信源自实力。只有不断提升自己的实力才能建立起自信来，通过工作经验的积累，工作能力有了提高，自信心自然就慢慢提升了。在这方面建立起自信后，把这种成功的体验，运用到对自己没有信心的方面，把自己在这方面无能的信念加以修正，使自己在这方面敢于尝试，从一件件小事入手，不断积累成功的体验，从而进入良性循环的轨道。要逐步建立起各方面的自信心，就一定要通过不断的努力实践。

一个人学习进步、事业成功的必要条件就是要有自信心。美国诗人爱默生曾这样说过："自信是成功的第一条秘诀，无论谁都比自己想象的要出色。"自信的前提就是认识和发现自己。事实上，人类认识到的自我能力，还未达到自身全部能力的十分之一，大多数的人对自身十分之九的能力浑然不知，还没有挖掘利用，这是何等惊人的浪费啊！

在生活中常有一些人，因为某次挫折，便失去了自信，产生强烈的自卑心理，觉得自己能力不够。对于这些人来说，当务之急是尽快重新恢复自信，重整旗鼓，扬起前进的风帆，以便朝着既定的目标继续前进。

有一个女孩子，做梦都想当歌手，可是她非常厌恶自己的容貌。她每次照镜子，都对镜中那宽大的嘴巴和龅牙感到伤心，有一次她在学校的联欢会上，展现自己的容貌和歌喉之前，感到十分紧张，唯恐同学们发现她不雅观的牙齿。她在台上将上嘴唇紧紧地抿着，极大地摇晃着身体，希望借此吸引观众。结果弄巧成拙，掌声稀稀拉拉，她失败了。

有一位音乐家，是联欢会上的来宾，他听了她的歌声，认为她很具有歌唱才能，于是来到后台对她说："刚才台上你做的一切动作我都看得清清楚楚。你尽量抿着上唇不使龅牙露出来。你真的以为自己的牙齿不好看吗？"这位女学生听了他的话，眼睛忽地一亮，似有所悟。音乐家不客气地继续说："人的美丑并没有统一的衡量标准，龅牙是不是一定丑呢？更何况这又不是你的罪过，何必要隐瞒呢？你为了掩饰自己的牙齿，故意矫揉造作，肯定是不会成功的。你还是尽管张大嘴巴，放声唱吧！大家看到你毫不怯场，应付自如的表演，一定会喜欢上你的。"这位音乐家的劝告，这个女生接受了，从此以后，每逢在众人面前表演时，都尽情地张开嘴巴，开怀地放声歌唱。她不久成了影视界的大歌星，成为许多人效仿的对象。这就是自信的力量。

人在遇到挫折时，如果认为自己被打倒了，那么你就是真正地被打倒了。如果你认为自己仍屹立不倒，那你就真正地屹立不倒。你如果想考名牌大学，但又认为自己没有实力，那你不一定会考取。如果你想方设法要考名牌大学，那你就有可能考取。你如果总是认为自己不是上名牌大学的料，并且不再努力，那么你肯定不会考取。

胜利永远属于有自信的人，最后的胜利只有有自信的人才能取得。要想成为一个社交的高手，就一定要消除自卑心理，相信你只要努力进取，对自己有信心，就一定能成功。

自信心应从以下几方面来培养。

1. 从容面对人生

从容，是人的一种仪表、举止、言谈和处世的外在表现，也就是镇静、沉着、不慌不忙。如果一个人有了从容的修养，生活就潇洒、轻松，不会因为一时烦恼而懊丧；不会因为流言蜚语而止步不前。

从容的人不管在什么样的环境中，总是能够自信地过好一生。

2. 以积极的心态面对现实

使人产生积极的思维，就要有积极的心态，而积极的思维可以增强自身的力量。在人心中有"积极的力量"，可以使梦想成真。

曾有人做过这样一个小实验，在桌面上放一只水杯，水杯中装有半杯水，请两个人面对水杯发表见解。甲说杯子有一半是空的，乙则说杯子里还有一半水。从两人的回答中可以得出这样的结论：甲的心态是消极的，而乙的心态则是积极的。

我们因此应以积极态度面对一些不尽如人意的事情，看到其积极的一面。

3. 要看到自己的长处，相信自己是强者

自己的长处，这是每个人都应看到的。抽出一点时间坐下来，想想自己的优点，然后以赞赏的心态进行审视。通过集中注意认可自己的优点，在内心树立起一种信心：我是一个有价值、有能力、与众不同的人。相信自己能给生活增添一些美好的东西。每当考试成绩进步或做对了一件事，就要提醒自己记住这一点：说一句"我真了不起，有志气"，及时鼓励自己。渐渐地，你就能培养起着眼于自己长处的习惯。

4. 常为自己庆贺、鼓掌

每当自己取得了工作学习或其他方面的点滴进步时，不妨庆贺一番，为自己鼓掌。这样做，肯定能建立起更多的自信。

鼓励和赞扬，这是人生来就需要得到的。许多人做出了成绩，往往期待着别人的赞许。光靠别人的赞许其实是不够的，何况别人的赞许会受到某些因素的制约，难以符合自己的真正期盼。不妨花些时间，培养自信心，恰当地给自己一些奖励。

为什么有些歌手，他们名噪一时，而最后以悲剧结束一生呢？虽然原因是多方面的，但不会奖励和赞美自己，不能不说是一个重要的原因。他们从不为自己鼓掌，需要观众永远的掌声来肯定自己。

因此他们一旦走下舞台，便觉得观众把自己抛弃了，倍感凄凉。

所以，当你哪怕是取得了一点点的成绩，也应赞扬自己一番，并为自己鼓掌。

相信你经过这几方面的训练，一定能重新找回失去的自信。有了自信，你做起任何事情都会得心应手。

帮人树名誉，为己赢声誉

如果您想使一个人变好，成为您所期望的人，那就为他树立好名声，这样他才将努力不使您失望。

若尔热塔·列普兰在献给梅特林克的书里描绘了一个贫穷的"比利时灰姑娘"的惊人转变过程。

她写道："隔壁旅馆的女服务员给我送来了饭，人们称她'洗碗工玛丽'，因为她的活动是从洗碗开始的。她长得像个怪物——斜眼，罗圈腿。

"一次，她端一盘通心粉送到我面前，我直率地对她讲：'玛丽，您不知道，您有许多没被人发现的优点。'

"一向遇事冷静习惯于控制自己情绪的玛丽，踌躇了好几分钟，一动没动。然后她把盘子放到桌子上，叹了口气，诚恳地说：'太太，我从来不相信我有许多优点。'她一点也不怀疑我的话，也没向我提任何问题。她只是悄悄回到厨房，又自言自语地说了几遍我对她说过的话。她是多么坚定地相信了我的话呀。从此再没有人嘲笑她了。相反，从这天起，人们开始尊重她。但是让人感到变化最大的是玛丽本身。由于相信自己身上存在罕见的优点，所以她开始注意自己，于是奇迹真的发生了，她变样了。

"两个月过后，当我离开这个地方时，她高兴地对我说，她要同上司的侄子结婚了。'我将做太太了'，她说，同时她对我表示了感谢。就是我说的很平常的一句话改变了她的生活。"

若尔热塔·列普兰为"洗碗工玛丽"树立了荣誉，这使她获得了新生。

有这样一句老谚语："诬陷如同死神。"与此相反，您试着讲别人的好话，看会产生什么结果。

几乎所有的人包括富人、穷人、乞丐、罪犯，人人都重视自己的荣誉，并努力证实他拥有的好品质。

"当您不得不同骗子打交道时，"星星监狱的监狱长刘易斯说，"如果您想从他那里得到点什么，那只有一种方法。这就是像对待尊敬的先生那样对待他。这样他就会感到很荣幸，为您给予他的信任而自豪，会努力不辜负您的信任。"

这样，如果您想影响某人，又不引起别人的屈辱和嫉恨，应记住这一方法："为人树立他能证实的荣誉。"

做了好事而惠泽于人，制止邪恶而帮助于人。真正的好名誉就来自这两个方面。所以名誉总是伴随着善行。有些人为了名誉才去做能够获得名誉的事，这种人往往怀有隐秘的个人目的。"钓名之人，无贤士焉。"即使一时侥幸得到好的声名，但终不能长久。而自觉地去做善行的人，只不过是认为在尽自己的一份责任，并没有什么值得炫耀的理由，从来不加以宣扬，所以他们的善行要积累足够多了以后才会被偶然发现。因此有些人的善行是在他们死后，甚至是死了很久以后才得到的，这样的人获得的名誉，是人们对他们出自内心的褒扬，他们的人格是崇高的，他们所获得的名誉尽管很迟，但这却是永恒的。

有些人，一生追逐名誉，有时甚至还因得不到名誉而耿耿于怀，直至对善行产生抵触。而当他们一旦获得名誉，又会到处去张扬。并以此为资本，谋取个人的私利。正如荀子所说："贵名不可以比周争也，不可以夸诞有也，不可以势重胁也。"这种大凡都是小人的作为，为人所不齿。但是最不重视名誉的人，也会因好的声名而欣喜。这种欣喜则是因为人们对他长期所做的善行给予的肯定，"乐道人之善，则天下皆去恶为善"，一般不会把它作为进取的阶梯。

名誉的价值它既不能用金钱去购买，也不能用金钱做尺度。名誉虽然只在人们的口头流传，但是却要由人们的良知来判断。正如《墨子·修身》篇上所讲的："名不徒生，而誉不自长。"要想一个人的好声名，免归于沉寂，就必须有不断的善行予以支持（这一点荣誉和它也不一样。荣誉有它的阶段性，即使一个人一生中只拥有过一次，这个荣誉也将终生保留。例如，各个层次的劳动模范，直至"五一劳动奖章"获得者）。有地位的人固然很注重名誉，但只有当社会上普遍都对名誉十分看重的时候，美德才可能成为普通人的道德而广泛流行。所以名誉比起荣誉来，更加难能可贵。

名誉并不是神秘得高不可攀。任何一个面向社会、服务于社会的人，都有获得好声名的机会。名誉的底色就是清清白白地做人。在这个底板上，你所做的每一件善行都将被记录下来。开始也许并不被人看重，但当善行不断地被积累，你的声名必将鹊起于广大的群众之中。所以，名誉是从点点滴滴中做出来的。

中华人民共和国成立后的名誉排行榜上，当首推雷锋、焦裕禄和孔繁森。他们的精神，将作为中华民族的宝贵财富而代代相传。

下面是一则关于名誉的故事。

相传在祖逖死后，东晋王朝接连发生几次内乱。晋元帝想抵制王氏势力，王敦起兵攻进建康，杀了一批反对他的大臣。元阳（今安徽和县）镇将苏峻也起兵叛变，攻进了建康。东晋的一些大臣束手无策，后来依靠荆州刺史陶侃出兵，花了两年时间，才平定了苏峻的叛乱。

陶侃在王敦得势的时候，本来是王敦的部下。那时候，陶侃立了战功，做了荆州刺史。有人妒忌他，在王敦面前说他坏话。王敦把他调到广州。那时候，广州还是偏僻的地区，调到广州实际上是降了他的职。

　　来到广州的陶侃，并没有灰心丧气。他每天早晨把一百块砖头从书房里搬到房外；到了晚上，又把砖头一块块运到屋里。人们看到他每天这样做，出于一种好奇，忍不住问他为什么这样做。

　　陶侃严肃地说："我虽然身在南方，但心里想的是收复中原。如果闲散惯了，将来国家需要我的时候，还怎么能担当重任呢？所以，我每天借这个练练筋骨。"

　　果然在王敦失败以后，东晋王朝把陶侃提升为征西大将军兼荆州刺史。荆州的百姓听到陶侃回来，都高兴地互相庆贺。

　　虽然陶侃官做得大了，可他还是十分小心谨慎。荆州衙门里大大小小的事情，从来不放松，任何事他都要亲自认真检查。他常常对他的部下说："大禹是个圣人，要爱惜一光阴。像我们这种普通人，论智慧和能力，跟大禹是比不上的，更应该爱惜每一分光阴，怎能贪图安逸。如果活着对国家没有贡献，死了没有留下什么好名誉，那就等于自暴自弃。"

　　他部下有些喜欢吃酒赌博的官吏，往往因此耽误了公事。陶侃知道后非常生气。他吩咐人把酒器和赌具都收起来，一股脑儿扔到江里去；还把那些官吏鞭打了一顿。打这以后，大家都吓得不敢再赌博喝酒了。

　　陶侃一次到郊外去视察时，看见一个过路人一面走，一面随手摘了一把没有成熟的稻穗，拿在手里玩弄。

　　陶侃叫住他问："你摘稻子干什么用？"那个过路人只好实说："没有什么，顺手摘一点儿玩玩罢了。"

　　陶侃听了，勃然大怒说："你自己不耕种，还无缘无故毁坏人家的庄稼，真是岂有此理！"

　　说罢，就命令他的兵士把那人捆绑起来，狠狠地鞭打了一顿，才把他放了。

　　人们听到刺史这样保护庄稼，种田就更勤快了。因此荆州这个地方就渐渐富裕起来。

由于荆州这个地方在长江边上。官府造船，常常留下许多木屑和竹头。要是在别人手里，不是打扫掉，就是烧了。但是陶侃却吩咐人把它收拾起来，收藏在仓库里。人们见了，不懂他为什么要这样做，也没人敢问。

后来的一年春节，荆州的官员都到官府来拜见陶侃。恰好前几天下了几场大雪。天气放晴，由于积雪融化大厅前面又湿又滑，不好走路。陶侃就吩咐管事的官吏，把仓库里的木屑拿出来铺地，这样，走路的时候就不怕摔跤了。

又有一次，东晋水军造一批战船需要竹钉。陶侃又叫人把收藏起来的竹头拿出来给兵士去做造船用的竹钉。

直到现在，大家才知道陶侃收集木屑和竹头的用处，佩服他考虑得周到。

陶侃前前后后带兵四十一年，由于他执法严明，办事认真，谁都佩服他。据说，在他管辖的地方，社会秩序安定，真正做到了"路不拾遗"。

真正高尚的名誉，不是刻意追求它的人所拥有的。有人企图靠吹嘘获得名誉，也有人不惜用假象骗取名誉，这些人可能得逞于一时，但其恶名将长久地留存。在那个史无前例的年代，他们的表演曾达到登峰造极的境界。相反，只有那些诚实地为他人、为社会默默奉献，脚踏实地，而从不宣扬，甚至淡薄名誉、从不向往名誉的人，名誉才常常会自动走近他们，使他们成为万众瞩目的楷模。

说服别人要委婉

在社交活动中，常常需要说服别人同意自己的观点，这是难免的。动听的言辞，温和委婉的语气，真诚且平易近人的态度，曲折隐晦的暗示，这就是委婉的说服术，使对方理解自己，信任自己，在交流中占领主动，从而达到说服别人的目的。

1959 年 8 月，毛泽东在武昌东湖会见美国朋友杜波依斯夫妇。毛泽东说："我也觉得上年岁了，但我还有精力，我每年还能畅游长江，也在中国其他河流畅游过。如果你们不反对，我想在密西西比河里游泳，但我估计杜勒斯、尼克松、艾森豪威尔诸先生可能要反对。"

杜波依斯回答说："正相反，这三位很可能想见到你在密西西比河里游泳，尤其在河口附近游。"

毛泽东轻松地说："真的吗？如果是这样，我便近日内动身出发。就算是位旅游者好了，不谈任何政治问题，只在密西西比河里游泳。如果艾森豪威尔允许，我倒想看看他打高尔夫球呢，或许我再去探望一下在医院里的杜勒斯先生。"

毛泽东这段话成为 1972 年中美关系正常化的最早征兆。

20 世纪 50 年代，正是中美关系敌对时期，毫无疑问，恢复两国正常关系的打算是非常敏感的话题，这涉及中美双方的态度，毛泽东以游泳做借口委婉地向美方放出了试探请求，而杜波依斯已心领神会地把对方的态度也以同样的方法表达出来，从而为双方以后的关系正常化奠定了基础。

有些话正面一时讲不通或不方便讲，不妨搞些"旁敲侧击"，有时只有迂回出击，方能主动创造契机，达到目的。英国军事家哈利曾说过："在战略上，漫长的迂回道路，常常是达到目的的最短途径。"

在语言表达中，有的时候直来直去地说话并不能取得很好的效果，而是需要采取"迂回"的手段来达到说话的最终目的。对于不宜直言的问题，绕个弯儿说话，有时会让自己化险为夷，起到意想不到的效果。善于运用此法的人，既不得罪人，又达到了自己的目的，可谓是沟通的大智慧。

　　罗西尼是 19 世纪著名的意大利作曲家。一天，一个作曲家拿着一份拼凑的手稿来请教他。演奏过程中，罗西尼不停地脱帽。那位作曲家很奇怪，就问他是不是房间很热。罗西尼回答说："不，我有见到熟人就脱帽的习惯，在阁下的曲子里，我碰到了那么多的熟人，不得不连连脱帽。"

　　在这个事例中，罗西尼巧妙地用"那么多熟人"来暗示曲子缺乏新意，抄袭太多，含蓄地向对方表明了自己的看法和意见，既不伤情面又达到了目的。由此可见，把话说得委婉一些，要学会打语言的"太极拳"，在无形之中把你的意见和想法委婉地传送到别人的思想中。有时，迂回可能要多走一些弯路，多废一些唇舌，多耗一些时间，但总比无功折返好。

　　俗话说得好：怎么说要比说什么更重要。当面对某件事情不便直接陈述自己的观点时，我们要学会以一种相对委婉的方式表达出自己的意思，这样，既不伤害对方的自尊心，又能清楚地表达自己的意思，使自己的说话形象显得更高明。

　　有一次，秦王和中期发生了争论，结果中期赢了，而秦王却输了。中期若无其事、大摇大摆地走出了皇宫。秦王大怒，暴跳如雷，决心要把中期杀掉，以解心头大恨。这时，在秦王身边有个和中期要好的人对秦王说："中期这个人实在是个暴徒，一点也不懂规矩。他幸好遇到大王这样贤明的君主才能活命。如果遇到桀纣那样的暴君，早就没命了！"秦王一听，也就不好再加罪于中期了。

　　说话兜圈子，有时候确实是必不可少的。它能起到直言快语所不能起到的作用。在上例中，秦王盛怒的情况下，要为中期辩护，如果直言劝说秦王不要杀中期，这样只能是火上浇油，适得其反。这时，中期的朋友采用了委婉的方式，简单的几句话却有着丰富的含义。既有对中期的指责，又有对若杀中期则是暴君的暗示，还有不杀中期则是贤君的称赞，秦王的火气一下子就平息了下来，也就不好再对中期下手了。所以，在我们说服别人的时候，一定要委婉，避免伤害对方。

委婉的表达方式是劝说他人的法宝，可避免直接的冲撞，减少摩擦，使对方更愿意考虑你的观点，而不被情绪所左右。所以，要想取得理想的说服效果，不仅要真诚相待，还要善于动脑，讲究一点说服的艺术，尤其是当对方固执己见，谁去劝说他都不理不睬，泼水不进的时候，巧妙的办法就是避其锋芒，以迂为直。

委婉是一种说话的艺术。任何一句话都可以曲说，任何一种意思都可以委婉地表达。但曲要看曲到什么程度，太曲了，拐弯抹角，云山雾罩，让别人感到不知所云，反而会讨人反感，惹人不快。这就是说，委婉地表达某种想法或某个意思，也是一种艺术。在实际运用中，我们也要特别注意这一点。

机智灵活，变中取胜

随着情况、形势的变化，掌握时机，灵活应付，这是随机应变字面上的意思。作为一种能力，一种应付各种场合、情况和变化的能力，人们必须具备。具备这种能力的目的是保护自己免遭羞辱或灾难。正因为情况、形势、场合不断变化，所以这种能力随时可能用得着。不过，作为社交学的一大法则，我们更偏重于从装糊涂这个角度来阐释。其实，随机应变的关键就是巧装糊涂，装得恰到好处，不露痕迹，才能应付各种突如其来的事变。

随机应变要求有反应灵敏的头脑，要求对外界发生的一切及时地做出适当的反应，事后诸葛亮是无济于事的。当你面对突发事件、意想不到的提问、别人布置的陷阱等出乎意料的情况时，你能够快速灵敏、不露声色地做出正确的反应，逃避、掩饰或蒙混过去吗？这就需要大智大勇，略施小计了。对于谋求成功的人来说，面前有多少意料不到的灾难啊！如不能够随机应变，如不能够沉着、冷静、迅速地处理各种突发的变故，怎么能够登上成功之巅呢？

在封建社会里，做官和做人往往是分离的。做官者多会应变之术，虽满口仁义道德，其实只要能保官位，能成好事，也就不管其手段和方式，不问其性质和目的；而做人呢，或奉儒，或信道，总而言之，是要为理想的观念活着，这就难免在现实面前碰壁。所以，在古代，往往出现这种怪异而又正常的现象：官格与人格相背离。因此，好人难做好官。

唐玄宗时，李林甫、张九龄同为朝廷重臣。张九龄以直言敢谏著名，渐得朝廷大臣尊重。李林甫因此怀恨在心，寻机置张九龄于死地。

这时，宠妃惠妃与太子有隙，诬陷太子私结党羽，图谋不轨，求玄宗将太子废掉。枕边风吹多了玄宗内心动摇了，于是提到朝廷上讨论。张九龄坚决不同意，并说因一个女人之言就废立太子，实非圣君之所为。玄宗听了，不悦而退。李林甫趁机来到后花园，拜见玄宗，说张九龄亦为太子一党，故有此谏。自此，玄宗对张九龄产生了坏印象。

开元二十四年（公元 736 年），玄宗听从郡州之举，想加封牛仙客为幽国公。张九龄认为此人不过善使谨慎保身之术，并无大功，不宜封此重爵，便相约了李林甫一同去诤谏。李林甫当面表示同意，但到了玄宗面前，张九龄固陈诤辞之后，玄宗和张九龄都看他的反应时，他却装作沉思之态，默然无语。玄宗仍坚持封牛仙客，张九龄坚持己意，说牛仙客目不识丁，非科举出身，不过省俭而已，不宜重封。玄宗不悦，退身回后宫。李林甫又寻机会潜来，告诉玄宗："张九龄固谏逼上，有不敬之罪，在用人问题上处处与皇上做对，只不过图谋树立太子党群，为自己留条后路而已。"

一句话说得玄宗大怒起来："我还没到该死的年纪，张九龄就怀此心，怎可重用？"当即令李林甫代拟诏书，将张九龄贬官外放。

李林甫眼珠一转，怕这事情疑到自己头上，在朝廷大臣中站不住脚，忙说："张九龄固谏之后，皇上即把他贬斥外放，显得皇上没有气量，不如冷冷再说。"玄宗听了有理，便没让李林甫写诏。不过，玄宗对此事却耿耿于怀，终于瞅个机会罢去了张九龄的宰相之职。

张九龄的固执耿直在李林甫的看风使舵面前败下阵来，是因为他不懂得顺着玄宗的意思而改变自己的意思甚至说话的方式。虽然是为国为民，这种不讲策略、不懂得随机应变也是应该适时舍弃的。因为越是大事就越需要这种智慧，否则，耽误的就不是一己之事了。

汉朝飞将军李广，曾用装死术逃脱危险。一次，李广率部出雁门关抗击匈奴，不幸身负重伤，被匈奴兵俘虏。匈奴兵见李广伤重，便找来一张网，让李广躺在网里，由两匹马抬着，扬扬得意地准备送到单于那里领赏。李广伤势虽重，头脑十分清醒。他想，不能就此做了敌人的俘虏，便闭上眼睛装死，仍不时偷偷地察看周围的情况。匈奴兵见李广双眼紧闭，一声也不吭以为他因伤势过重昏了过去，也就放松了对李广的监视。过了好一会儿，李广见一位匈奴少年骑着一匹好马走在他的旁边，便趁那少年不备，突然起身，纵身跳上那少年的马背，随即夺下少年的弓箭，将其推下马，然后勒车马头，飞奔而去。当随行的匈奴兵回过神来时，李广已冲出几十米。匈奴兵急忙围追，李广用夺得的弓箭射杀追兵，一口气跑出几十里，终于甩掉了追兵，脱离了危险。

老实耿直不但做不成事，反而会自身难保，而学会了"变"，倒能风光立贵。由此可见，学会随机应变、机灵做人是多么重要！

徐文远是名门之后，他幼年跟随父亲被抓到了长安，那时候生活十分困难，难以自给。他勤奋好学，通读经书，后来官居隋朝的国子博士，越王杨侗还请他担任祭酒一职。隋朝末年，洛阳一带发生了饥荒，徐文远只好外出打柴维持生计，凑巧碰上李密，于是被李密请进了自己的军队。李密曾是徐文远的学生，他请徐文远坐在朝南的上座，自己则率领手下兵士向他参拜行礼，请求他为自己效力。徐文远对李密说："如果将军你决心效仿伊尹、霍光，在危险之际辅佐皇室，那我虽然年迈，仍然希望能为你尽心尽力。但如果你要学王莽、董卓，在皇室遭遇危难的时刻，趁机篡位夺权，那我这个年迈体衰之人就不能帮你什么了。"李密答谢说："我敬听您的教诲。"

后来李密战败，徐文远归属了王世充。王世充也曾是徐文远的学生，他见到徐文远十分高兴，赐给他锦衣玉食。徐文远每次见到王世充，总要十分谦恭地对他行礼。有人问他："听说您对李密十分倨傲，但却对王世充恭敬万分，这是为什么呢？"徐文远回答说："李密是个谦谦君子，所以像郦生对待刘邦那样用狂傲的方式对待他，他也能够接受；王世充却是个阴险小人，即使是老朋友也可能会被他杀死，所以我必须小心谨慎地与他相处。我察看时机而采取相应的对策，难道不应该如此吗？"等到王世充也归顺唐朝后，徐文远又被任命为国子博士，很受唐太宗李世民的重用。

徐文远之所以能在五代隋唐的乱世保全自己，屡被重用，就是因为他针对不同的人有不同的应对之法，懂得灵活处世。

人活一世，生存环境不断变迁，各种事情接踵而至，墨守成规、只认死理是无论如何都行不通的。而随机应变、机灵通达才是我们立足于世且能越来越好的做人法宝。

诚信，社交的金钥匙

诚信是人们在公共交往中最起码的道德规范，它既是一种道德品质，也是一种公共义务，还是一个人能在社会生活中安身立命之根本，是人之所以为人的最重要的品德。

在现代社会不同的领域中，尽管讲诚信有不同的内涵表现，但它的精神实质其实是一样的。例如，在政治生活中，就是要忠于祖国，忠于人民，忠于社会主义事业；在经济生活中，就是要公平交易，恪守合同，反对假冒欺诈；在日常工作中，就是要实事求是，言行一致，反对欺上瞒下；在人与人的交往中，就是要坦诚相见，以诚相待，言必信，行必果，反对坑蒙拐骗。这些道德准则，正是建立和谐的人际关系、健康发展的市场秩序和繁荣有序的社会秩序的基石。

有一家私营企业的老板，在创业之前一贫如洗、家徒四壁，可是当他决定办厂时，邻里亲朋都毫不犹豫地纷纷向他伸出援助之手，凑齐了几万元的启动资金。为此，有人不明白为什么会有那么多人敢把钱借给他这个没有偿还能力的人，这不是傻子吗？其实这个人虽然穷，但人穷志不短，他很讲信用。

很多年之前，他和一位朋友打赌，谁输了谁就把一大堆石头挑到一公里之外的地方去。结果他赌输了，愿赌服输，他将那堆积得像小山一样的石头挑到了一公里之外的地方。当时，所有的人都以为打赌是开玩笑，两个人谁输了都不会当真。但这个人说，既然打了赌，就得算数。他断断续续地挑了三个月，才将石头挑完。人们因此对他十分敬佩，无不赞美他是一个诚实守信的人。把钱借给这样的人，还有什么不放心的呢？

看来，只有你对别人讲诚信，别人才会信任你。信任是一种高尚的情感，被信任是一种幸福，这种有生命的感觉，是建立在诚信的基础之上的。只要你诚实有信，自然会得到大家的认可，获得众人的尊重。反过来，如果你口是心非，说一套做一套，表面上是占得了一些便宜。但为了这点便宜毁了自己的声誉，是最不划算的买卖。所以，信任是一种默契，是一种力量，是进行有效沟通的一个基本前提。

人是一种具有社会性的动物，总要与他人交往。人与人之间的交流主要是通过言行来进行的。诚于中必显于外。心有诚意，口则必有信语；口有信语，身则必有慎行。一个人能够长期地坚持以诚信待人，就会形成诚信的人格。在交往中，具有诚信人格的人，就会赢得人们的普遍信赖。

陈诗钗是恩施联盟投资公司董事长，他有一个因诚信而得名的外号——"陈准时"。一次，他和某部门的领导约定 15:00 见面，但无奈的是，陈诗钗在赴约时发生堵车，眼看时间一分一秒地过去，离约定的时间就只差十几分钟了，怎么办？走！离目的地还有 1000 多米，陈诗钗一路小跑，最终在约定时间的最后一分钟内赶到。这事让这领导感慨了好久，"陈准时"这个外号也就叫开了。

在生意上，陈诗钗不仅守时，而且还说到做到，开口了的事，就肯定能兑现，他说的话比合同都重要。有一次，经朋友介绍，他和一个比他大十几岁的商人合伙做生意，当时陈诗钗给对方承诺了 50 万元的分红，不过这事并没有签合同，对方因和他仅认识而已，对陈诗钗的承诺没有抱太大的希望。两个月之后，陈世钗兑现了他的诺言，将分红送到了对方手中。现在，陈诗钗和对方成了好友，提起这事，对方称，当陈诗钗给他分红时，他都是将信将疑的，不过最终觉得："陈诗钗这人能做朋友。"

诚信是人与人沟通的必要条件，更是一种连接人与人之间的纽带。以诚待人，推心置腹，沟通才能获得更高的质量，让人放心和轻松。

人离不开沟通，沟通离不开信任，"小信成则大信也"，无论是做人还是做事，诚信在其中必不可少。俗话说：听其言观其行。所言成真就是"诚"。"真实不欺"就是"信"。一个讲诚信的人，能够前后一致，言行一致，表里如一，人们可以根据他的言论去判断他的行为，进行正常的交往。你无法对一个不讲信誉，前后矛盾，言行不一的人判断他的行为动向。

信守承诺是一种美德，也是与人交往的基本准则。它会吸引周围的人跟随你，并对你信任有加。所以，我们要想讨人喜欢，就要说到做到，只有一个守信用的人，才会交到真正的朋友。

拥有良好的口才

　　许多人的成功，在很大程度上都归功于他善于辞令。第一印象最重要，而口才好的人最能给别人留下深刻的印象，优雅的谈吐可以使自己广受欢迎，更有助于事业的成功。许多人能成为议员或其他高级官员，就是因为他们善于辞令。凭自己在其他方面的实力，他可能拿不到高薪，升不到高位，但是出色的口才却使他们得到了这一切，可见口才的作用是非常重要的。

　　与熟练掌握说话艺术的人交谈，就是一种享受。娓娓道来的声音就像音乐一样，进入我们的耳朵，打动我们每个人的心灵，或给人安慰，或让人精神振奋。

　　无论在什么样的场合，如果你能够用词简洁、表达清晰，再加上抑扬顿挫的语调，就能够吸引听众、打动他人。如果你善于辞令，再加上优雅的举止、周到的礼节，在任何场合，你都会畅通无阻、受到欢迎，人们也都乐于与这样的人交往。从而，这也可能成为你的秘密武器，能在不经意中助你成功。

　　卡尔·舒尔茨回忆他与林肯的初次见面（林肯尚未做总统）："火车离开一个小站后，乘客中间突然骚动起来，人们从座位上跳起来，迫不及待地围住刚上车的高个子，用老熟人的口气向他打招呼：'嗨，亚伯，你好吗？'他热情地回答：'晚上好，本！你好啊，约翰！看见你真高兴，迪克！'他不知说了点什么，又引起一阵欢笑，车厢里声音太杂，我听不清他说的话。我的同伴认出了他，叫了起来：'哎哟！这就是林肯，是他，没错！'他挤过人群，把我介绍给亚伯拉罕·林肯。这是我第一次和他见面……他对我说话的口气随和又亲切，好像我们是老相识似的……然后我们一起就座。他话音很高，又很悦耳，他的模样、朴实无华的言辞，没有一点矫揉造作，也没有任何的优越感，让我感到我们好像从小就认识、早就是好朋友一样。我们交谈时，他经常在谈话里插进新奇的故事，并且每个故事都切合当时的话题……"

林肯能够与各种人愉快地交谈——不论是老谋深算的政客、作风严谨的科学家、傲慢的外国元首还是谦卑的农民。他的口语就像农民一样朴实，而非是一个高高在上的大人物，让人感到他的可亲可近。

林肯是有史以来最乐于与人交谈的美国总统。他在任期间，白宫的大门总是敞开着，任何人都可以晋见总统，但是控制谈话气氛的人总是这个思维敏捷、头脑清醒的总统。有些人带着非分之想来求见他，还没明白过来是怎么一回事就被他打发走了。有位女士闯进白宫，理直气壮地要求总统给她儿子一个上校的职位，因为她的祖父参加过雷克星顿战役、她的叔父是布拉敦斯堡战役中唯一没有逃跑的人、她的父亲参加过纳奥林斯战役……林肯说："夫人，你们一家三代为国服务，对于国家的贡献实在够多了，我深表敬意。现在你能不能给别人一个报效国家的机会？"某人出于对格兰特将军的妒忌，向林肯进谗言，说格兰特有可能将总统架空。林肯的答复使对方哑口无言："如果格兰特当总统更有利于镇压叛乱，那就让他当总统好了。"

林肯在正式场合的演讲，抑扬顿挫、激情洋溢、富有感染力。葛底斯堡大捷之后，他的一番讲演趁热打铁地鼓舞了士气：

"87年前，先辈们在这片大陆上创建了一个新的国家，它孕育于自由之中，奉行人人生而平等的原则。现在我们正从事一场伟大的内战，以考验这个国家，或者说以考验任何一个孕育于自由、奉行上述原则的国家是否能够长久存在下去。我们在这场战争中的一个伟大战场上集会。烈士们为使这个国家能够生存下去而献出了自己的生命，我们在此集会，就是为了把这个战场的一部分奉献给他们，作为最后安息之地。

我们这样做，是完全应该，而且非常恰当的。但是，从更广泛的意义上说，这块土地，我们不能够奉献，我们不能够将它神圣化。曾在这里浴血奋战的勇士们，活着的和去世的，已经把这块土地神圣化了，这远远不是我们微薄的力量所能做到的。

全世界将很少注意到、也不会永远记得我们今天在这里所说的话，但全世界永远不会忘记勇士们在这里做过的事！倒不如说，我们这些活着的人，在这里，应该把自己奉献给勇士们已向前推进、但尚未完成的事业；我们应该把自己奉献给仍然留在面前的伟大任务，从这些光荣的死者身上汲取更多的献身精神，来完成他们已经完全彻底地为之献身的事业；下最大的决心，不让他们白白牺牲；让国家在上帝的保佑下得到自由的新生，让这个民有、民治、民享的政府永世长存！"

渴望建功立业的人们，应该掌握谈话的技巧、提高驾驭语言的能力。在各种场合，做到谈吐优雅、应付自如、从容不迫。能够让别人对自己感兴趣，这本身就是一种很高的素质，值得每一个人努力。要想做出一番成就，就要提高自我表达能力，这会使自己受益无穷，可以称得上是一生的财富。

不管胸中有什么样的雄心壮志，首先必须掌握驾驭语言的能力，有让人羡慕的好口才。你也许不会成为律师或商界精英，但你每天都要说话，也就必然要运用语言的独特力量。在培养这方面的能力时，一个重要的途径就是：花费一些时间和精力研究修辞，留心相同意思的不同表达，让自己的谈吐更优雅、用词更丰富。还要尽力增加自己的词汇量，随时查阅工具书，注重平时的积累。这本身就是一个自我教育的过程，对自己的成长很有帮助。如果你思想贫乏、词汇量少得可怜、阅历有限，是无法做到谈吐优雅、口才出众的。

语言表达能力是一个人综合能力的反映，从中可以看出他的才能、知识、阅历和修养。不管他思维敏捷、条理清楚，还是思想懒散、不求上进，不管他治学严谨还是做事马虎，都能从他们的语言中看出来。从他说话的内容和方式中，可以看出他读了哪些书、掌握了哪些思想，也可以看出他的择友之道，还可以看清他的思想轨道、生活习惯。可以说，谈话中囊括了一个人的一切，不管你掌握了多少知识、过着什么样的生活、取得了多少业绩，都可以从你的谈话中得到反映。

情绪调控术

中国式应酬实用智慧

潘鸿生◎著

中译出版社
China Translation & Publishing House

图书在版编目（CIP）数据

　　改变千万人命运的智慧丛书 . 情绪调控术 / 潘鸿生著 .
–– 北京 : 中译出版社 , 2019.12
　　ISBN 978–7–5001–6081–6

　　Ⅰ . ①改… Ⅱ . ①潘… Ⅲ . ①成功心理—通俗读物
Ⅳ . ① B848.4–49

　　中国版本图书馆 CIP 数据核字 (2019) 第 273030 号

出版发行：中译出版社
地　　址：北京市西城区车公庄大街甲 4 号物华大厦六层
电　　话：（010）68359376，68359827（发行部）（010）68003527(编辑部）
传　　真：（010）68357870
邮　　编：100044
电子邮箱：book@ctph.com.cn
网　　址：http://www.ctph.com.cn

策　　划：北京瀚文锦绣国际文化有限公司
责任编辑：温晓芳
封面设计：孙希前

排　　版：张元元
印　　刷：香河县宏润印刷有限公司
经　　销：全国新华书店

规　　格：880mm × 1230mm　　1/32
印　　张：25
字　　数：650 千字
版　　次：2019 年 12 月第一版
印　　次：2020 年 4 月第二次

ISBN 978–7–5001–6081–6　　　　定价：179 元 / 套（全 5 册）

版权所有　侵权必究
中 译 出 版 社

前　言
Preface

　　情绪是身体对行为成功的可能性乃至必然性，在生理反应上的评价和体验，包括喜、怒、忧、思、悲、恐、惊七种。行为在身体动作上表现得越强就说明其情绪越强，如喜会手舞足蹈、怒会咬牙切齿、忧会茶饭不思、悲会痛心疾首等就是情绪在身体动作上的反应。情绪是信心这一整体中的一部分，它与信心中的外向认知、外在意识具有协调一致性，是信心在生理上一种暂时的较剧烈的生理评价和体验。

　　在我们的日常生活中，我们常常会发现，一件事情顺心了，接下来的事仿佛也都顺得不得了；若是今天出门就"踩狗屎"，这一天肯定都会事事不顺心。这是为什么呢？难道真的是因为有的时候好运相助，有的时候却走背运？

　　其实，只要善于留心就会发现，那些能够有效调控好自己情绪的人更容易获得成功。他们总是善于调节自己的情绪，使自己时刻保持健康、良好的心情。我们每个人都生活在情绪之中，情绪是人们的主观感受和体验，是对外界刺激所产生的心理反应，同时也会产生相应的生理反应。不良情绪影响着我们的心情、身体健康和做事成败，情绪不通则万事不通。一个人若能掌控并调节自己的情绪，毫无疑问，他也就掌控了自己的人生。

　　也许有人会说，现在生活压力这么大，拥有一份好心情，简直是比登天还难。人们总是会被诸如妒忌、愤怒、恐惧、抑郁、紧张、焦躁、烦闷、猜疑等不良的情绪所困扰。尽管这些喜怒哀乐对于人们来说再正常不过，但是，隐患偏偏就藏在这些不起眼的情绪中。就像一窝小小的蚂蚁能够让大堤决口一样，这些看似平常得不能再平常的情绪，却能左右人们的成败。

一位哲人曾经说过："心态是人们真正的主人，要么你去驾驭生命，要么是生命驾驭你，而你的心态将决定谁是坐骑，谁是骑师。"当坏情绪凌驾于你的理智之上，那么你就只能任由坏情绪肆意妄为了；而如果好心情伴你同行，那么，好情绪将会为你的事业锦上添花。

也许你说："我会调控自己的情绪。"那你是怎么做的呢？是不是像大多数人那样，把坏情绪埋藏在心底？这其实只能叫作压抑情绪，而不是这本书中所说的调节自己的情绪。现代人，一方面是因为人们善于隐藏自己的真实情感，另一方面是人们确实很忙，忙得无暇顾及自己的真实感受，所以都很善于压制自己的情绪，等到积累已久的不满情绪一触即发的时候，才明白自己有多压抑，但是那时候造成的影响却已经无法挽回了。

目　录
Contents

第一章　认识情绪，了解情绪

进入情绪的神秘大门

在现实生活中，人们有时会感到高兴和喜悦，有时会感到悲伤和忧虑，有时会感到气愤和憎恶，有时会感到爱慕和钦佩，有时会感到孤独和恐惧，等等。这些都是人的情绪过程。情绪是极其复杂的心理现象，它有着独特的心理过程。

情绪是人对客观事物是否符合自身需要而产生的态度体验。情绪同认识活动一样，也是人脑对客观现实的反映。情绪反映的是一种主客体的关系，是作为主体的人的需要和客观事物之间的关系。例如，长期遭受旱灾的地区降了一场大雨，这场雨显然符合人们的主观需要，人们会对之采取肯定的态度，产生满意、愉快等内心体验；相反，已经遭受洪涝灾害的地区仍然降雨不止，造成更大的损失，降雨显然违背了人们的主观需要，人们对之持否定的态度，产生不满、愤怒甚至憎恶等内心体验。情绪以主观态度体验的方式来反映客观对象，并伴随有身体的行为表现和生理变化。

美国心理学家伊扎德认为，情绪包括生理层面上的生理唤醒、认知层面上的主观体验、表达层面上的外部行为。当情绪产生时，这三种层面共同活动，构成一个完整的情绪体验过程。情绪与有机体的需要联系紧密，它是以需要为中介的一种反映形式。客观世界的某些刺激并不全都能引发人的情绪，只有与人的需要有直接或间接联系的事物，才能使人产生情绪。通常，那种能满足人的某种需要的对象，会引起肯定的情绪体验（例如满意、愉快、喜悦等）；反之，那种妨碍与干扰需要得到满足的东西，就会引起否定的情绪体验（例如不满意、痛苦、忧愁、恐惧、愤怒等）。

1. 生理唤醒

人在产生情绪反应时，常常会伴随着一定的生理唤醒。例如，激动时血压升高，愤怒时浑身发抖，紧张时心跳加快，害羞时满脸通红……脉搏加快、肌肉紧张、血压升高及血流加快等生理指数，是一种内部的生理反应过程，常常是伴随着不同情绪产生的。

2. 主观体验

情绪的主观体验是人的一种自我觉察，即大脑的一种感受状态。人有许多主观感受，如喜、怒、哀、乐、爱、恶、惧等。人们对不同事物的态度会产生不同的感受。人对自己、对他人、对事物都会产生一定的态度，如对朋友遭遇的同情、对敌人凶暴的仇恨、事业成功的欢乐、考试失败的悲伤等。这些主观体验只有个人内心才能真正感受到或意识到，例如，我知道"我很高兴"，我意识到"我很痛苦"，我感受到"我很内疚"，等等。

3. 外部行为

在情绪产生时，人们还会出现一些外部反应过程，这一过程也是情绪的表达过程。例如，人悲伤时会痛哭流涕，激动时会手舞足蹈，高兴时会开怀大笑等。情绪所伴随出现的这些相应的身体姿态和面部表情，就是情绪的外部行为。它经常成为人们判断和推测情绪的外部指标。由于人类心理的复杂性，有时人们的外部行为会出现与主观体验不一致的现象。例如，在一大群人面前演讲时，明明心里非常紧张，还要做出镇定自若的样子。

生理唤醒、主观体验和外部行为作为情绪的三个组成部分，只有三者同时活动，同时存在，才能构成一个完整的情绪体验过程。

例如，当一个人佯装愤怒时，他只有愤怒的外在行为，却没有真正的内在主观体验和生理唤醒，因而也就称不上有真正的情绪过程。因此，情绪必须是上述三方面同时存在，并且有一一对应的关系；一旦出现不对应，便无法确定真正的情绪是什么。这也正是情绪研究的复杂性，以及对情绪下定义的困难所在。

如何控制好自己的情绪

"人有悲欢离合，月有阴晴圆缺"，这其中的"悲欢离合"简单来说就是我们的情绪。情绪是人类面对世界的心理反应，正如日出日落、月圆月缺一样，情绪也会时好时坏，这种变化和波动是十分正常和自然的现象。可以说我们的生活离不开情绪，它与我们每天的生活形影不离。

情绪有两种：消极的和积极的。大凡恐惧、仇恨、愤怒、贪婪、嫉妒、报复、忧伤之类的情绪都属于消极的情绪，而积极的情绪阵营中则经常提及爱、希望、信心、同情、乐观、忠诚、快乐等。根据美国密歇根大学心理学家南迪·内森的一项研究发现，常人在一生中平均有近三分之一的时间处于情绪不佳（消极的情绪）的状态。消极情绪对我们的健康危害很大，科学家们已经发现，经常发怒和充满敌意的人更可能罹患心脏病。哈佛大学曾调查了 1600 名心脏病患者，发现他们之中经常焦虑、抑郁和脾气暴躁者比普通人多三倍。因此，人们非常有必要与那些消极的情绪做斗争。

我们必须做的就是不能让自己成为情绪的奴隶，不能让那些消极的心境左右我们的生活。可以毫不夸张地说，学会控制自己的情绪是生活中一件生死攸关的大事。因为消极情绪不仅仅危害我们的身体健康，也会对我们的工作、学习、人际交往、事业产生不良影响，甚至我们的命运也会因为消极的情绪而毁于一旦。

在英国伦敦有一个小女孩，她的父亲买了一辆小汽车。她父亲非常喜欢那辆汽车，总是为那辆车做精心的保养，以保持汽车的美观。

一天，小女孩拿着硬物在父亲的汽车上留下了很多的刮痕。她父亲盛怒之下用铁丝把小女孩的手绑起来，然后吊着小女孩的手，让她在车库前罚站。四个小时后，当父亲平静下来回到车库时，他看到女儿的手已经被铁丝绑得血液不通了！父亲把她送到急诊室时，手已经坏死，医生说不截去手的话是非常危险的，甚至可能会危害到小女孩的生命。所以小女孩就这样失去了她的一双手！但是她不懂……她不懂到底发生了什么……

父亲的愧疚可想而知。

大约半年后，小女孩父亲的汽车进厂重新烤漆，又像全新的一样了，当他把卡车开回家，小女孩看着完好如新的汽车，天真地对他说："爸爸，你的汽车好漂亮哟，看起来就像是新汽车。但是，你什么时候才把我的手还给我？"

不堪愧疚折磨的父亲终于崩溃，最后举枪自杀。

一场悲剧，只是因为父亲没能控制住自己的一次情绪。

情绪控制至关重要，同时情绪控制也很难。情绪控制是一种很高的内在修养，是一门艺术。我们应该对各种情绪持有警觉意识，并且视其对心态的影响是好是坏而接受或拒绝。积极的我们就接受，消极的我们就拒绝并提醒自己这些情绪正是你人生计划成功或失败的关键所在。弱者任情绪控制行为，强者用行为控制情绪。

那么，在现实生活中，我们怎样才能控制好情绪，让生活充满幸福和欢乐呢？

1. 寻找原因

当你闷闷不乐或者忧心忡忡时，所要做的第一步是找出原因。找出问题的症结后，便集中精力对付它。

2. 遵守身体内在的"情绪节奏"

要分析自己在什么时间、什么环境下容易产生消极情绪，因为人的情绪变化是有周期的，而每个人的特点又各不相同。

3.注意合理饮食，保证睡眠

大脑活动的所有能量都来自我们所吃的食物，因此情绪波动也常常与我们吃的东西有关。而睡眠不足对我们的情绪影响极大，对睡眠不足者而言，那些令人烦心的事更能左右其情绪。

4.经常亲近自然，经常运动

许多专家认为与自然亲近有助于你的心情愉快开朗。假如没有条件总到户外去活动，那么，即使走到窗前眺望一下青草绿树也会对你的心情有所裨益。另一个极有效的驱除不良情绪的自助手段是健身运动。哪怕只是散步十分钟，对克服我们的坏心情都能收到立竿见影之效。

情绪的力量是无穷的

生活中，我们会遭遇各种各样的事情，自然我们的情绪就会跟随着起伏。但如果我们任由自己陷在消极情绪中，那么这些不良的情绪就会变成阻碍我们人生航程的桎梏。

在第 28 届希腊雅典奥运会的男子双人 3 米跳板决赛上，我国的跳水选手彭勃和王克楠的分数遥遥领先，在当时的情况下，即使他们的最后一跳不出现重大失误，冠军肯定收入囊中。然而，大概是因为第一次参加奥运会，王克楠情绪起伏很大，又是兴奋，又是紧张。结果他最后一跳竟然直接从板上摔进了水里，金牌就这样与他们失之交臂。而熊倪称这种失误是一个跳水运动员根本不可能出现的。

由于被激动的情绪所累，王克楠与奥运金牌失之交臂，留下了一辈子的遗憾。试问，如果他懂得觉察自己的不良情绪状态，懂得及时调整自己的情绪，这样的遗憾还会发生吗？这个事例告诉我们，控制情绪对于成功来说，是多么的重要。控制不了自己的情绪，就无法把自己的能力充分发挥出来，就会给自己的人生留下遗憾。

因此，对于梦想取得非凡成就的人来说，调整自己的情绪是人生的必修课。任何一个有所成就的人，都能够控制自己的情绪，而不是被情绪所控制。当我们感觉到自身的行为受到情绪影响，正在偏离轨道时，可以尝试以下这些方法来调整自己：

1. 深呼吸法

找一个比较安静的地方，闭起眼睛，全身放松地站着深呼吸，同时默数"1 — 2 — 3"，吸气要深、满，吐气要慢、匀。

2. 扮鬼脸法

对着镜子扮各种各样的鬼脸：歪嘴扭唇、抬鼻斜眼都可以。一方面可以放松面部肌肉，另一方面可以转移自己的注意力。

3. 阿 Q 胜利法

自己告诉自己："我就是最优秀的，如果我都不行，那么别人肯定也不行。"

4. 临场减压法

科学研究表明，紧张情绪会使体内产生大量的热能，而原地走动、小跑、摇摆和踢腿等活动可以释放消极情绪产生的热量，缓解消极情绪。

5. 闭目养神法

闭目，舌抵上腭，经鼻吸气，安定神情。

6. 凝视法

一直观察某个物体，细心分析、琢磨它的颜色、形状等，这样可以将注意力从让我们情绪消极的事情上转移开。

7. 消遣法

夸张、逗趣的漫画，悠扬的音乐，让人爆笑的影视作品都可以使人心情开朗、情绪高涨，重新充满优越感，恢复自信心。

8. 自我暗示法

自己告诉自己："我准备得很充分，一定可以成功""紧张和担心都是无谓的，毫无意义"等。

9. 类比法

用心观察周围人的状态，平衡自己的心态，从情绪好的人身上感受好情绪。

10. 联想法

回想那些自己曾经取得过的成功，想象那些令人惬意的景象，比如：蓝天、白云、微风和流水等。

11. 系统脱敏法

将自己想要达到的效果、害怕承受的后果罗列在白纸上，然后将它们按照程度由浅入深地进行排序。接着从程度最浅的开始，对害怕的后果，告诉自己"即使那样，天也不会塌"；对自己期望达到的，告诉自己"即使不能，像现在这样也不差"。

情绪的表现状态

现代心理学认为，人有九类基本情绪：兴趣、愉快、惊奇、悲伤、厌恶、愤怒、恐惧、轻蔑和羞愧。前两类的兴趣和愉快是正面的，第三类惊奇是中性的，其余六类情绪都是负面的。在这九类基本情绪中，两类是好的，六类是不好的。

由于人的负面情绪占绝大多数，因此人不知不觉就会进入不良情绪状态。当人们面对负面情绪时，如果不能及时缓解，这类情绪就会困扰着你，让你无法完全表现出自我，而且所有这些负面情绪都和癌症以及其他危险疾病相关。如果不能抛开这些负面情绪，那么毫无疑问，你感受到兴趣和愉快这些正面情绪的机会也就相应减少了。

为了健康，我们的目的就是要塑造阳光心态，把兴趣和愉快这两类好情绪调动出来，使自己经常处于积极的情绪当中，从这种正面情绪中受益。因为心境具有两极性，好的心情使你产生向上的力量，使你喜悦、生气勃勃、沉着、冷静、缔造和谐。比如说，当你不高兴的时候，就要想办法让高兴出来，就像从衣服口袋里把它掏出来一样。想让哪类情绪出来，就能自如地把它调动出来。就像亚里士多德说的那样："生命的本质在于追求快乐，使得生命快乐的途径有两条：第一，发现使你快乐的时光，增加它；第二，发现使你不快乐的时光，减少它。"虽然要求自己完全做到自如地控制情绪是一件很难的事，但我们都应该努力去尝试。下面就介绍一些简单的调动自己正面情绪的方法：

1.改变态度

改变不了某件事，就改变对这件事的态度。一个人因为发生了的事情所受到的伤害，不如他对这个事情的悲观看法更严重。事情本身不重要，重要的是人对这个事情的态度。态度变了，事情就变了。内心愁苦，命运也将愁苦，心态决定命运。

2.享受过程

生命是一个过程，不是一个结果。生命是一个引号，左边引号是出生，右边引号是死亡，我们要做的事情就是填引号，要用多彩亮丽的事情和好心情把引号填满，引号填满了生命也就结束了。

有一个年轻人自认看破红尘，每天什么也不干，只是懒洋洋地坐在树底下晒太阳。有一个智者问，年轻人，这么大好的时光，你怎么不去赚钱？年轻人说，没意思，赚了钱还得花光。智者问，你怎么不结婚？年轻人说，没劲，弄不好还得离婚。智者说，你怎么不交朋友？年轻人说，没意思，交了朋友弄不好会反目成仇。智者给年轻人一根绳子说，干脆你上吊吧，反正也得死，还不如现在死了算了。年轻人说，我不想死。智者说，生命是一个过程，不是一个结果。年轻人听后幡然醒悟。

3.把握自己

不要把自己的幸福寄希望于别人，我们能把握的只有自己。如果只是期待别人为自己带来幸福，你必然将会产生恐惧，患得患失。

4.学会感恩

不要总是患得患失，而应总是为得到而感激，感恩可以让你获得好心情。西方有每年一度的感恩节，人们在那天都会感谢别人对自己的帮助和贡献。一位企业老总曾说，他在招聘员工时首先要看他孝不孝敬父母，如果他们连自己的父母都不孝敬，表明他是个根本不懂得感恩的人，这样的人，必然也不会对企业忠诚。

5.学会弯曲

压力太大的时候，要学会弯曲。刚者易折，道家有云："天下莫柔弱于水，而攻坚强者莫之能胜，以其无以易之。弱之胜强，柔之胜刚，天下莫不知，莫能行。"这句话是说，普天之下，再没有什么东西比水更柔弱了，而攻坚克强却没有什么东西可以胜过水。弱胜过强，柔胜过刚，遍天下没有人不知道，但是没有人能实行。

生活也是如此，极端的处事方法只会闹得两败俱伤。与其双方都得不到好处，不如各自退让一步。不要认为退让是一种软弱的表现，要知道对抗不是解决一切问题的唯一选择。退让也是一种智慧，许多时候退让会为自己赢得更大的空间。

进入情绪周期怎么办？

为什么有时候我们会毫无来由地心情变得不好，为什么都提不起劲来？其实就像一年有春夏秋冬的四季变化一样，每个人的情绪也有周期性变化。

所谓"情绪周期"，是指一个人的情绪高潮和低潮的交替过程所经历的时间。它反映出人体内部的周期性张弛规律，亦称"情绪生物节律"。人如果处于情绪周期的高潮，就表现出强烈的生命活力，对人和蔼可亲，感情丰富，做事认真，容易接受别人的规劝，具有心旷神怡之感；若处于情绪周期的低潮，则容易急躁和发脾气，易产生反抗情绪，喜怒无常，常感到孤独与寂寞。

情绪周期就像是人生情感的晴雨表，我们可以据此安排好自己人生的节律。比如，情绪高涨的时候安排一些难度大、烦琐、棘手的任务，因为人在良好的情绪状态下迎接挑战可以淡化畏难情绪；而在情绪低落时就不要勉强自己，先做些简单的工作，也可以放下手头上的事，出去走走，多参加群体活动，放松思想，有了烦恼的事情多向信任的亲人和朋友倾诉，学会化解不良情绪，寻求心理上的支持，安全地渡过情绪危险期。如果情绪低迷时还坚持做复杂而艰难的工作，不仅效率不高，还会增加失败意识，并严重打击自信。

1. 情绪周期的一般规律

科学研究表明，人的情绪周期与生俱来。从出生的那一天开始，一般 28 天为一个周期，周而复始。每个周期的前一半时间为"高潮期"，后一半时间为"低潮期"。在高潮与低潮之间，即由高潮向低潮或由低潮向高潮过渡的时间，称为"临界期"，一般是 2 至 3 天。临界期的特点是情绪不稳定，机体各方面的协调性能差，易发生事故。人的情绪周期一般为五周，也有的人较短或较长。

2. 情绪周期女人的表现

女人行经前的一个星期左右以及行经期间，身体通常会感到不舒适，或出现种种毛病。例如腹胀、便秘、肌肉关节痛、食欲增加、容易疲倦、长粉刺暗疮、胸部胀痛、头痛、体重增加等；有些人还会显得沮丧、神经质及容易发脾气等。

以上种种与经期有关的症状，医学上称之为"经前症候群"。形成的原因有很多，主要是跟体内的荷尔蒙变化有关。一旦体内的激乳素、雌激素、肾上腺素等荷尔蒙出现了变化，马上会影响到心理情绪及生理上的改变。建议你在日历上记下你的情绪周期，一旦出现忧郁、焦躁不安、想发脾气的时候，立即看看是否情绪周期出现了。

3.情绪周期男人的表现

说到女人的情绪周期，可能所有人都会很认同，可是男人也有情绪周期吗？答案是肯定的。男人周期性的情绪低潮其实是一种正常的现象，是一种生物节律变化，也是男性机体激素水平变化的结果，是有规律可循的。专家解释说，人的生长、发育、体力、智能、心跳、呼吸、消化、泌尿、睡眠乃至人的情绪无一不受体内生物节律的控制。只不过有的人节律明显，有的人不明显。

据国外一些研究显示，男人的情绪节律周期影响着男人们的创造力和对事物的敏感性、理解力以及情感、精神、心理方面的一些机能。在"情绪高潮"期，他往往表现得精神焕发、谈笑风生；在"情绪低潮"期，他又变得情绪低落、心情烦闷、脾气暴躁。

另外，工作和生活环境也是影响男人情绪周期的重要因素，长时间的紧张工作和不规律的生活也会带来情绪上的压抑，要是不能及时宣泄出来，到达一定极限时会不自觉地转化为急躁、烦闷。

以上就是情绪周期的一般规律及表现，我们了解后就应该将其应用于日常生活之中。遇上低潮和临界期，我们要提高警惕，运用意志加强自我控制，也可以把自己的情绪周期告诉自己最亲密的人。一方面，让其能提醒你，帮助你克服不良情绪；另一方面，避免不良情绪给你们之间带来误会。

学会自我调节情绪

一个人不能一直处于高强度、快节奏的生活中。要善于调节自己的情绪，缓解压力，使生活劳逸结合，张弛有度。

随着社会的不断变革和生活节奏的加快，人们的情感、思维方式、生活方式、个人成就、人际关系等都在发生变化，现代社会中的人们面临的各种压力空前巨大，处理不当就会引发各种心理问题。

比如，面对纷繁的世界，一些人的盲目行为增多，加之过分追求短期效益，因而失败的概率较高，内心失去平衡，就容易产生心理问题。这一点对于年轻人尤其重要，由于其生活阅历和社会经验的匮乏，对生活中各种问题的应对能力相对较弱，不能应对和化解各种压力就难免会造成心理问题。而一个人的心理状态常常直接影响他的人生观、价值观，甚至直接影响到他的某个具体行为。从某种意义上讲，处理不好情绪和心理问题，对于一个人来讲是很危险的。

人不能一直处于高强度、快节奏的生活中。要善于调节自己的情绪，缓解压力，使生活能够劳逸结合、张弛有度。这才是应对生活中各种压力的正确途径。只要我们学会了情绪调节的"太极"，再怎么来势汹汹的压力，也能"兵来将挡"，将其化解。

曾看过这样一个小故事：

有一位讲师在课堂上拿起一杯水，然后问台下的学生："大家认为这杯水有多重？"

有人说是半斤，有人说是一斤。讲师则说："这杯水的重量并不重要，重要的是你能拿多久？拿一分钟，谁都能够；拿一个小时，可能觉得手酸；拿一天，可能就得进医院了。其实这杯水的重量是一样的，但是你拿得越久，就觉得越沉重。这就像我们承担的压力一样，如果我们一直把压力放在身上，到最后肯定会觉得压力越来越沉重而无法承担。我们必须做的是放下这杯水，休息一下后再拿起这杯水，如此我们才能拿得更久。所以，各位应该将承担的压力于一段时间后适时地放下并好好休息，然后再重新拿起来，如此才可承担得更久。"

再来说个生活中的例子。

小新是某公司的销售经理。市场竞争激烈，工作压力很大。在工作不繁忙的时候，她喜欢观察办公室里的绿色植物来调节心情。比如可爱的仙人掌、优雅的吊兰，以及一些叫不出名字的植物，都能给她带来心情的调节。她还喜欢和同事分享一些有意思的照片和音乐，并且和他们进行讨论。这些小习惯不但丰富了同事之间的生活，也增进了大家的感情。除此之外，她认为读书也是很好地减轻压力的办法。不断地学习专业知识可以充实自己，使自己在业务上更熟练，也使自己更加自信和专业。这样也会减少工作压力，使工作变得轻松。

减轻压力的方式还有运动。平时工作的时候没有机会运动，她经常在上班和下班路上徒步一段路程，同时听着音乐。虽然这样需要早起或者晚一点儿到家，但是这对身体健康和心理的快乐是很有帮助的。

保持好的心情，把工作和休息适当地结合起来，就会发现工作的意义和乐趣所在。这是小新的经验之谈。

其实，对于工作和生活所产生的压力，我们不能彻底消除，但我们可以通过一些方法缓解或分散压力。解压的方式有很多种，可以去旅游放松，可以加强体能锻炼，可以寻求亲朋的情感关怀，可以听音乐，还可以学习一些时间管理的方法，提高工作效率和工作技能，等等。

从理论上讲，一般因压力引起的心理问题都可以自我调节，每个人都可以用多种形式自我放松，缓和自身的心理压力和排解心理障碍。关键是你如何去认识它，并以正确的心态去对待它。不断提高自己的心理素质，学会心理自我调节，学会心理适应，学会自助，每个人都可以成为自己的"心理医生"，来打理自己的生活秩序，使其井然有序。

第二章　影响你心理的情绪

"悲观"消得人憔悴

悲观是一种消极的负面情绪。一个人一旦悲观，面对生活中的任何事情都不会有个好情绪。中医有"过悲则伤肺，肺伤则气消"之说，说明一个人因悲观而产生的坏情绪，会影响到他的身体健康。

人有七情六欲，悲由何起，厌从何来？人生在世，悲、欢、喜、忧……风情万种。只知为情消得人憔悴，殊不知悲观这种坏情绪也能消得人憔悴。

在如铁般的现实里，每个人都不可避免遭受到这样或那样的打击和挫折：因为高考落榜而精神萎靡，或是因为失恋而痛苦忧伤，因为无法适应快节奏的工作而丧失斗志……这些心理多半是人们意志力薄弱，情绪不稳定的表现。而这些异常的心理、不好的情绪，往往导致痛苦的人生，影响人对环境的正确认知。还有悲观情绪的人对未来抱持否定的看法。他对任何事情总是做最坏的预测，在观察人的时候，他总是看到本质恶劣的一面、满肚子自私自利的动机。对他们而言，社会是由一群狡猾、颓废和邪恶的人组成。这群人总是想利用周遭的事物为自己谋利，既无法信赖，也不值得对其伸出援手。

对怀有悲观情绪的人谈起任何计划，他马上就会提出一连串有关这个计划的麻烦与障碍。而且他还会告诉你，即使圆满达成目的，最后只会尝到苦涩、幻灭与屈辱。经这么一说，你大概会立刻沮丧消沉、对自己的致富计划全身乏力了吧。

悲观的心态，往往来自对环境驾驭的一种挫折感。所谓"挫折"，即人们在某种动机下所要达到的目标受到阻碍，因阻碍因素无法克服而滋生出的紧张焦虑状态与情绪反应。造成挫折情境的因素多种多样，导致挫折情境的原因轻重、程度各不相同，不同的个体或群体对挫折情境的反应也有很大差异，这三者构成了挫折情境圈的基本运行机制。

引起悲观情绪的原因有三类：

一是在自然环境影响下，人们预期目标无法达到，遂产生挫折情绪。

二是由于社会因素所导致的挫折情绪。无疑，其影响较之前者更为普遍和深刻得多。诸如人际关系的紧张，政治活动的波折，经济行为的困难，世情、人情、风俗、习惯的影响，集团利益的冲突等，均可造成挫折情境，使人的情绪变坏。

三是由于个人自身内在因素如才智、体能、生理状况、心理状况等与所期望的目标之间的差异，引起的悲观情绪。

在遭受挫折时，能摆脱挫折对情绪的困扰并避免行为失常的能力，是挫折的耐受力。从社会历史角度看，对挫折压力承受能力较差的有三种类型人。他们往往会在应对环境时产生悲观情绪，这三种类型分别是：一是个体在由童年到成熟过程中没有或很少经受挫折，长期受到过分保护与溺爱，造成情感方面比较脆弱，从而难以应付挫折局面；二是个体在由童年到成熟过程中缺乏应有的保护和支持，并受到不断产生的挫折压力与打击，难以或无法承受挫折焦虑，因而经常情绪变坏；三是个体在成长过程中（特别是在童年和少年时代）生活优裕，而后境遇骤然下降，由于前后反差过大，致使个体沉溺于往昔境遇，以对往昔幸福的回忆来取代对现实挫折的抗争。

从客体角度看，人对于挫折所引起的不良情绪的耐受力又与下述四种因素有关：（1）挫折驱力的强弱；（2）挫折驱力范围的大小；

（3）挫折出现的频率；（4）伴随主体反应可能出现的挫折加重（如惩罚）、减低或消失程度对其的反馈影响。上述的各方面内容往往纠缠在一起，对受挫主体产生复杂而广泛的作用。

对挫折压力承受能力较差的人，看待事物时往往容易产生悲观情绪。而拥有悲观情绪的人往往命运不佳，因为他们怀疑自己，总是在重大抉择中选择消极的做法。悲观这种情绪会使一个本来充满生气的人，变得消极服从、唯唯诺诺、习故安常、不喜变化和墨守成规，使人的精神变得萎靡不振、毫无生气、毫无远见、毫无斗志、毫无社会责任心。

悲观情绪是一种病毒，具有很强的感染力。如果某天早晨，你偶然在路上碰到他，他会立即将消极情绪与无力感传染给你。我们每个人的内心都有一种期待被唤醒、引诱的"倾向"。有悲观情绪的人能够巧妙地掳获这种"倾向"，借此实现其目的。

我们内心的"倾向"包括：第一，对未来的不确定与恐惧；第二，我们与生俱来的怠惰，希望躲在自己的壳里不要动。事实上悲观者的本质就是怠惰。他不愿努力适应新的事物，也不愿改变习惯。无论起床、用餐，还是度周末的方式，都要依照固定的模式进行。

一般而言，怀有悲观情绪的人是吝啬的。推己及人，他认为既然每个人都那么贪婪、堕落，而且千方百计地想占别人便宜，自己又为什么必须宽以待人呢？他常常深怀嫉妒，这从他的说话中可以流露出来。

如果与乐观者相处那就快乐多了。他容易信赖别人，也愿意涉入险境。但他也能察觉别人的恶意或缺点，只是他不愿将之视为障碍而犹豫不前。他相信每个人都有优点，并努力唤醒别人的优点。

愤怒让你迷失了心智

愤怒是每一个人都无法避免的一种情绪，每个人都会愤怒，只不过表现方式不同。有的人很容易激怒，一触即发；有的人永远一副受气包的模样，实际上是把愤怒压在心底；有的人在这里受了气，却到别处发；有的人明明是自己错了，却先冲人发火，转嫁责任……对于愤怒，不同的人有不同的处理办法。

在愤怒情绪的调动下，人体进入一种战争状态。肾上腺分泌出皮质醇、肾上腺素和其他紧张型荷尔蒙。同时心速加快，血压上升，呼吸短促而浅。肌肉紧张，大脑处于高度警觉状态。心脏输入四肢的血量增多，消化和免疫系统几乎完全关闭。在与他人合著的《夺命怒火》一书中，杜克大学医学中心的威廉姆斯教授指出："愤怒造成的典型紧张反应使我们处于战斗或逃避的精神状态中。"

这种生理上的战备状态可能对身体造成无法估量的损害。由于大脑内负责传输的化学物质神经传递素在数秒之内消失，压力荷尔蒙残留在血流内。如果其含量长期居高不下，就可能导致冠状动脉中动脉硬化物质的形成，增加血栓的可能，抑制免疫功能，并使中风和心脏病突发的可能性成倍增加。

实际上，这些办法都不是处理愤怒的最好办法。在国外，有很多心理方面的培训，其中很重要的一个就是"情绪管理"，而情绪管理中最受欢迎的培训是愤怒的管理。因为愤怒是我们平常最难处理的一种情绪。那么怎样才能更好地应对我们的愤怒情绪呢？

1. 认识自己发怒的原因

你是不是因为妯娌总是对你的体重或发型冷嘲热讽而气恼不已？是不是每次上司理所当然地要求你加班时你都怒不可遏？如果是，那么你就要预先想好发生这种情况时消除怒气的方法。

2. 正视症结

弗吉尼亚·威廉姆斯曾说过："关键在于，不要总是说'我气坏了'却无所作为。你需要确定自己生气的原因，然后向前去。"一个简单的要求或行动都可以产生效果。如果你发怒是因为丈夫没有同你商量就买了一套新音响，就让他承诺下次大笔消费时一定要征求你的意见。

3. 承认使自己发怒的根源是自己

心理学专家指出："许多怒火中烧的人不分青红皂白责备任何人和事：什么车子发动不了啦；孩子还嘴啦；别的司机抢了道啦之类。使怒气徘徊不去的是你自己的消极思维方式。"只要你总是想着那辆破车、不听话的孩子或那个傻瓜司机，你的怒火就不会平息。"然而，一旦你意识到愤怒的情绪是源于自己考虑事情的方式，你就能负起控制情绪的责任。"

4. 使用日常生活中的制怒剂

有些暴躁是吃出来的，吃多了，几种与能量代谢有关的 B 族维生素（B1、B3、B6 等）就会消耗得多，而维生素 B1 缺乏会使人脾气暴躁、健忘、表情淡漠，维生素 B3 缺乏与焦虑、失眠有关，维生素 B6 的不足则导致思维能力下降。比如，肉吃得多，体内的肾上腺素水平高会使人冲动；糖吃多了，会染上"嗜糖性精神烦躁征"，也会容易发怒。

日常生活中的一些食品有顺气的作用，不仅能使人摆脱不良情绪的影响，而且还能缓解因为生气带来的胸闷、气逆、腹胀和失眠等症状。如中医认为山楂擅长于顺气止痛、化食消积，可以缓解生气后造成的胸腹胀满和疼痛，对于生气导致的心动过速、心律不齐也有一定疗效；适量饮用啤酒能顺气开胃，可以使人及时走出愤怒的情绪；藕能通气，并能健脾胃、养心安神，亦属顺气佳品；萝卜也能顺气，但萝卜最好生吃，如有胃病者可饮用萝卜汤。

焦虑让你的心情越来越坏

焦虑情绪普遍存在于每个人的生活中。它表现为由于担忧、牵挂等而产生不安。一般而言，人们所担忧的事往往并不是客观存在的威胁，常常也没有明确对象。焦虑中的人，总处于惴惴不安中，无理由地预感将来会发生什么不祥或不幸的事情，因此往往会坐卧不宁、魂不守舍、烦躁慌乱、情绪低落，甚至容易被激怒。

正常人遇到各种焦虑情况时，都能很快地恢复正常状态，会很快地排除困难，闯过难关，并能总结经验教训，避免下次重蹈覆辙。然而，对于处境一直困难或遭受不幸事件冲击的人，其往往在心理上招架不住，使自己陷入过度疲惫的状态。于是一直担心再次发生突发或意外事件，哪怕并没有什么依据，这样很可能会使这些人的心理和行为失常，重则引起精神性疾患。

经过几年的奋斗，赵先生成功创办了自己的公司，由于市场切入点较好，时机把握到位，赵先生将公司经营得有声有色，蒸蒸日上。在同龄人眼中，赵先生的生活简直可以用"如鱼得水"来形容，每月拿着不菲的收入，身边还有一位温柔可人又对他体贴入微的女友。然而，这一切却让他压力越来越大。

最近，赵先生对从事了八年的行业忽然失去了兴趣，总是觉得发展空间越来越小，提升的可能也不大，他努力寻找突破瓶颈的途径。于是他不但自己每天加班加点，还要求员工也和他一起加班，仿佛每个人都只需要工作不需要休息一样。他为了思考公司的发展前景，每天彻夜难眠，员工稍有一点失误他就会大发雷霆，和女友经常多日难见一次，也少了甜言蜜语。女友如果稍有微词，他就会指责女友只知道享受不知道他工作的辛苦。虽然有时平静下来，他也会觉得不应该随便向别人发脾气，但再一次他还是控制不了自己。

赵先生试过各种方式摆脱痛苦：听音乐，剧烈运动，甚至跑到海边大喊。然而，这些最多只能使他得以短暂的舒畅。回到现实中，工作仍然令他难以忍受，心情仍然是非常糟糕，摩擦也继续经常性地发生……

渐渐地，员工们对他的做法颇有怨言，更有几名骨干员工受不了这样的"高压"统治而选择辞职跳槽，甚至女友也和他分手了。

在与焦虑的搏斗中，屡战屡败的他几乎要崩溃了！

赵先生的这种焦虑症，在我们的生活中，很多人都经历过类似的困惑。那么，我们怎样才能改变这种被焦虑阴云笼罩着的生活呢？心理学家告诉我们，摆脱焦虑，可从以下两个步骤着手。

1. 找出病根

当我们不知道自己为什么焦虑的时候，会让我们更加焦虑。好多烦恼交织在一起，剪不断，理还乱。

其实，很多烦恼看上去千头万绪，但仔细分析后不难找出根源所在。比如赵先生的焦虑源于公司目前的发展瓶颈，因为不知道公司的发展方向，因此心情在茫然与彷徨中变得越来越糟，也就越来越焦虑，以至于影响了正常的工作和生活。而正常的工作和生活受到影响之后，心情会因此变得更糟。如此，赵先生就陷入了一个恶性循环的怪圈，难以自拔。所以，赵先生要想摆脱焦虑，就应该先让自己静下心来，可以试着先远离自己的工作，跳出一步，说不定一切就豁然开朗了。

2. 看看自己能做什么

也许自己能做的只有两件事：努力地改变能改变的，平静地适应不能改变的，冷静地发现二者的区别。

先来看看什么是可以改变的。如上例中，赵先生具有一定的眼光，知道在激烈的竞争中，只有变才能适应变化，但什么是需要改变的？需要改变的是企业的发展目标，而不是他对待员工的态度。对于具有雄厚行业经验，又有发展野心的赵先生来说，应该充分调动员工的工作积极性，而不是给员工压力。

而企业发展的大环境和当前的经济形势，这都是赵先生个人所不能改变的。因此，赵先生只有在适应这些外部环境的前提下，对自己的企业进行更好的改进。

另外，赵先生和女友之间的矛盾，其实来自赵先生公司发展的瓶颈状态，正是这一因素导致了赵先生对待女友不能像原来一样，因此只要解决了公司发展的瓶颈状态，赵先生和女友的关系也就可以得到缓和。因此，在当前的情况下，赵先生最好和女友分开冷静一段时间。

物质的进步是有巨大代价的，那就是人们精神上持续的巨大压力和紧张，但焦虑并不应该是它的必然结果。焦虑时，不妨想一想"我为什么会这样""现在，我能做些什么"，然后，满怀信心地付诸行动。柳暗花明之后，也许你会感叹："摆脱焦虑，原来如此简单！"

嫉妒让幸福远离你

英国著名戏剧家莎士比亚曾说："像空气一样轻的小事，对于一个嫉妒的人，也会变成天书一样坚强的确证；也许这就可以引起一场是非。"

从这句话可以看出，嫉妒可以让自己的心理道德天平失衡，从而看不到别人的优点和好处，眼里面满是别人的缺点，甚至黑白颠倒，惹是生非。

当今社会充满竞争，个体之间的差异在交往中日益突出，便造成了嫉妒心理。大多数容易嫉妒的人从小都是争强好胜的，总是希望自己样样都比别人好。如果别人在某方面超过了自己，心里就惶惶不安、不是滋味，继而产生了一种掺杂着憎恶与羡慕、愤怒与怨恨、猜疑与失望、自卑与虚荣、伤心与悲痛等的复杂感情。如果这种心理得不到及时调整，便会从嫉妒、怨恨，发展到打击、报复，最终导致犯罪。

在日常生活中，嫉妒的存在是很普遍的。英国科学家培根就曾经指出："在人类的情欲中，嫉妒之情恐怕是最顽强、最持久的了。"

《科学蒙难集》中记载有这样一件事：

举世闻名的大化学家戴维发现了法拉第的才能，于是将这位铁匠之子、小书店的装订工招到皇家学院做他的助手。法拉第进入皇家学院之后进步很快，接连搞出多项重要发明，就连戴维失败的领域他也取得了成功。

然而，当法拉第的成绩超过戴维之后，戴维心中不可遏制地燃起了嫉妒之火。戴维不仅一直不改变法拉第实验助手的地位，还诬陷他剽窃别人的研究成果，极力阻拦他进入皇家学会，这大大影响了法拉第创造才能的发挥。

直到戴维去世，法拉第才开始其真正伟大的创造。

戴维本应享受伯乐的美誉，却因嫉妒心理阻碍了法拉第的迅速成长，不仅给科学发展带来了损失，也使自己背上了阻碍科学发展、使科学蒙难的恶名，留下了令人遗憾的人生败笔。其实，许多人都有不同程度的嫉妒心，不过大多数人在产生嫉妒时能够理智地做出正确的判断，从而控制自己的情感。也有少数人由于消极情感失控，必须采取不良的行为才能寻求自己的心理平衡。

人的本性容易不满足，不满足就是指每个人都希望自己比别人好，嫉妒正是人的不满足本性的表现之一，是对己不如人的一种不满足心态。嫉妒也是人之常情，每个人或多或少都存在这样的心理。嫉妒不能被完全理解为怨恨。有的人因为嫉妒，对别人忌恨仇视，诋毁中伤；而有的人却因嫉妒而积极进取，鞭策自己迎头赶上。

黑格尔说："有忌妒心的人自己不能完成伟大事业，便尽量去低估他人的伟大，贬低他人的伟大，使之与他本人相齐。"

生活不相信嫉妒，你有什么样的价值，生活自有评判。你的价值不会因你的嫉妒而增加，却会让你因为嫉妒而影响到自己的心情和声誉。最终不但苦了自己，还会殃及无辜。

下列方法能帮你克服嫉妒心理：

1. 正确认识法

嫉妒心的产生往往是由误解所引起的，即人家取得了成就，便误以为是对自己的否定。其实，一个人的成功不仅要靠自己的努力，更要靠别人的帮助，荣誉既是他的也是大家的，人们给予他赞美、荣誉，并没有损害你。

2. 攻击嫉妒法

嫉妒心一经产生，就要立即把它打消掉，以免其作祟。这种方法，需要靠积极进取，使生活充实起来，以期取得成功。

3. 不妨想开些

人生总有不如意之事，所谓"人人有本难念的经"即是此理。如果正处在愤怒、兴奋或消极的状态下，能较平静、客观地面对现实，是能达到克服嫉妒的目标的。

4. 正确比较法

一般而言，嫉妒心理较多地产生于周围熟悉的年龄相仿、生活背景大致相同的人群中。因此，只有采取正确的比较方法，多看到自己的优点和长处，才能免受自卑的打击。

5. 自我驱除法

嫉妒是一种突出自我的表现。无论什么事，首先考虑到的是自身的得失，因而引起一系列的不良后果。若出现嫉妒苗头时，即行自我约束，摆正自身位置，努力驱除嫉妒心态，可能就会变得"心底无私天地宽"了。

孤独束缚交际的绳索

王小波在小说中如此描绘一个人的孤独：半夜，一个无眠的男人，独立窗前，抚慰自己挺立的枪，四周一片黑暗。

大多数人都体验过孤独的痛苦，有关统计资料表明，孤独感已成为现代人的通病。随着社会不断发展，这种孤独感可能会越来越强烈地影响人们的生活。

孤独，并非指单独生活或独来独往。一个人独处，也许并不感到孤独，而置身于大庭广众之间，未必就没有孤独感产生。真正的孤独是那些在情感和思想上得不到交流的人。

当然，每一个人都有孤独的时候，但并非每个人都能消除孤独感。那么，如何才能消除孤独感呢？

（1）克服自卑。由于自卑而觉得自己不如别人，所以不敢与别人接触，从而造成孤独状态。这如同作茧自缚，自卑这层茧不冲破，就难以走出孤独。其实，人与人不可相比，每个人都有长处和短处，人与人都是既一样又不一样的。所以，一个人只要自信一点，就会钻出自织的茧，从而克服孤独。

（2）多与外界交流。独自生活并不意味着与世隔绝，虽然客观上给予外界交流造成困难，但依然可以通过某些方式达到交流的目的。当你感到孤独时，可翻翻旧日的通讯录，看看你的影集，也可给某位久未联系的朋友写信、挂个电话或请几个朋友吃顿饭、聚一聚。当然与朋友的交往和联系，不应该只是在你感到孤独时，要知道，别人也和你一样，需要并能体会到友谊的温暖。

（3）"忘我"地与人交往。与人相处时感到的孤独，有时会超过一个人独处时的十倍。这是因为你和周围的人格格不入。例如，你到一个语言不通的地方，由于你无法与周围的人进行必要的交流，也无法进入那种热烈的情感中，所以，你在他人热烈的气氛中会感到倍加孤独。因此，在与他人相处时，无论是什么样的情境下，都要做到"忘我"，并设法为他人做点什么，你应该懂得温暖别人的同时，也会温暖你自己。

（4）享受大自然。生活中有许多活动是充满了乐趣的。只要你能够充分领略它们的美妙之处，就会消除孤独。如有些人遇到挫折，心情不好，但又不愿与别人倾诉时，常常会跑到江边或空旷的田野，让大自然的清风尽情地吹拂，心情就会逐渐开朗起来。

（5）确立人生目标。现代人越来越害怕自己跟他人不一样，害怕在不幸时孤独、孤立无援，害怕自己不被人尊重或理解，这种由社会激烈竞争导致的内心脆弱恐慌，无疑使一些人越来越孤独，心灵也越来越脆弱。那么要克服这种恐慌与脆弱，必须为自己确立一些人生目标，培养和选择一些兴趣与爱好，一个人活着有所爱、有所追求，就不怕寂寞，也不会感到孤独。

自卑让自己越来越渺小

自卑是一种由于过度地自我否定而产生的自惭形秽心态。产生自卑的原因多种多样，但归根到底都是通过自卑者对自己的消极自我暗示形成的。在自卑者的意识里，自己什么都比别人差，从而悲观失望、失去信心，陷入痛苦之中难以自拔。

杨女士是我国恢复高考后的第一届大学生。

用她自己的话来说，当年在学校学习时乃至后来参加工作后，学习成绩和业务能力可以说都是同龄人中的佼佼者。但是她性格内向，怕与陌生人交往，一开口就脸红。有时，不得已随单位或是丈夫参加一些社交活动时，常让她感到非常不自在。

最让她感到痛心的是年初，单位搞处级干部竞争上岗，其中有一关是"施政演说"。她没有足够的胆量和勇气，无奈只好放弃。但是她的能力和资历绝不比人差，然而就是这个由"胆怯、害羞"组成的自卑影响了她的前程！其实可以说是她的心态拉了她的后腿。

同时，思想的不开放、看法的单一性也是造成她自卑的主要原因。

一个人如果被自卑所控制，那么自卑会将人的雄心壮志消磨殆尽，把人拖入自暴自弃、悲观失望的深渊之中，让人痛苦不堪。

那么我们应该怎样超越自卑呢？心理学家建议要从"五从"做起:

1. 从小事做起

小事容易获得成功，而成功就是自卑的克星。从身边力所能及的事情做起，然后在这小小的成就中肯定自我，一步一步找回自信。

2. 从长处做起

每个人都有属于自己的优点，你也不例外。不要总是看到自己的缺点、别人的优点，拿自己的缺点去比别人的优点，你不受打击才怪！歌后王菲也曾自卑，不过后来她通过找到自己的爱好而克服了自卑。你也不妨做一些自己感兴趣的事情，兴许不仅因此而克服了自卑，还意外确定了自己的事业方向。

3. 从小时候想起

要克服自卑就要知道自卑的根源在哪里，有些严重的自卑心理来自小时候受到过的创伤，也许你自己也已经不记得了，此时你可以寻求心理医生的帮助。

4. 从鼓励自己做起

进行积极的自我暗示，鼓励自己，这样可以帮助我们重树自信。例如：一直坚信"我能做好，没有问题""我有能力做得更好"。这种方法只要成功了一次，就可以形成良性循环，赶走自卑。即使失败了也不怕，你可以接着这样自我暗示："这次失败不能说明我的实力，只是运气不好。下次，我有更多的经验，一定能够成功。"

5. 从交往做起

自卑常常伴有孤僻，使你不愿意结交朋友，自己一个人钻进自卑的"牛角尖"里出不来。多交朋友，可以从朋友身上学习到很多东西，同时在获得友谊的过程中，自信也就慢慢回来了。

郁闷是快乐与健康的大敌

不知道从什么时候开始，"郁闷"这个词开始流行起来，甚至竟成了相当一部分人的口头禅，经常可以听到有的人开口就是："郁闷啊！"

郁闷不是病，但郁闷起来真的要人命。当一个人产生郁闷的心结，便会使思维处于一种游离状态，思绪不能规整，如同单枪匹马行走于无边无际的沙漠，没有方向地乱撞，最终很可能会招致自我毁灭。有医学报告指出，21世纪影响人类生活的疾病中，排名第二的竟然是忧郁症。可见，在社会环境的种种压力下，忧郁症这种由郁闷带来的现代病已经成为影响人类进步和发展的重要疾病，已经是一个必须引起重视的问题。

现代人的生活频度加快，得失之间也变得鲜明无比，情绪的震荡，再加上人际间竞争的复杂性，心理调节不当，就极易陷入情绪忧郁的恶性循环中。所谓的"恶性循环"，指的是一旦你因为事情不顺利而忧郁不振，就会导致心灰意冷，工作效率下降，而这些状态会让更多的挫败和失落接踵而来，因此也就导致了郁闷。

近年来，上班族罹患忧郁症的比例越来越高，影响大者，会造成公司团队整合不良，效率低下，小则是个人状况下降，导致离职失业。所以，不能小看忧郁症的破坏力，要从感到郁闷开始就认真对待、改善，以免其深入发展。那么，我们该如何摆脱郁闷的情绪呢？

1."三A疗法"助你战胜郁闷

每个人都有或多或少的郁闷，这些郁闷多半是由错误的想法引起的。人的情绪不能支配思想，而是思想支配情绪。因此，医治郁闷最好的药方不是用药，而是正确的思考。如果能端正这种思考，郁闷自然就会随之消失了。

为了改变错误的观点，洛杉矶精神医疗中心的加里埃默提出了"三A疗法"，即明白、回答、行动。

明白：首先要承认自己精神上有忧郁，只有不回避，才能更加注意到自身状态的变化，这时要多观察自己的情绪变化，以及言行举止是否异常，感觉思维的特别以及身体反应等。

回答：要学会每当产生一个错误念头时，都及时予以识别，并记录下来。先写上自己的错误想法，再写下一个较为实际的选择答案，其目的是在实践中检查自己的想法。为了加强自己的印象，写完之后再问自己："这会是真的吗？""从另一个方面该怎样看待？"

行动：如果你感到自己不被人注意，那你就换一个新方式；如果你在工作中不能得心应手，可以选择进修一门课程提高自己的技术水平，或者寻找新的工作。多为自己计划一些活动，使自己的生活规律化。

扭转了自己对事物的态度，能从多个方面来考虑问题，自己的心态自然就会理性地开阔起来。当实力还达不到争杯夺冠时，就心安理得地充电，补充实力；当机遇还没有光顾你的身边时，就去努力寻找；如果找不到机遇，就先顺其自然……这样才能将自己的心情放松下来，学会以平和的心态来面对现实，从而自然而然地战胜郁闷。

2. 调整心态

经常感到郁闷的人应该学会调整自己的心态，当感到巨大的心理压力和出现压抑、悲伤、愤怒、怨恨等情绪时，应该向亲朋好友倾诉出来，以消除不良情绪，疏散心理压力。有不少人的烦恼来自自己在职场的地位不清，做什么事情都觉得生不逢时，英雄无用武之地，对职场形势、周围环境认识不足而产生思想与现实之间的落差。只要善于解压，工作量力而行，学会调节自己，就能放弃郁闷，欢乐开怀。

3. 多做运动

"生命在于运动"，经常适当地锻炼身体有益健康，对减少郁闷情绪也有很大帮助。多活动活动身体，可使心情得到意想不到的放松，阳光中的紫外线可或多或少改善一个人的心情，因此多接触阳光和多做运动可以帮你减少忧郁，获得健康的身体。

抱怨阻碍你成功的陷阱

在现实生活中，有这样一种人，他们总是生活在唉声叹气和怨天尤人的抱怨之中。他们的眼睛、耳朵好像总是看这也不顺眼，听那也不对劲。他们对什么都看不惯，对周围的一切总是横挑鼻子竖挑眼，不是大骂时事不公，就是哀叹苍天无眼，好像世界上只有他们是最不幸的。

有这样一个故事：

相传，有一家寺院的住持，给寺院里定了一个特别的规矩：每到年底，寺院里的和尚都要对住持说两个字。第一年年底，住持问新来和尚最想说的话是什么，新和尚说："床硬。"第二年年底，住持又问他最想说什么，他回答说："食劣。"到了第三年年底，还没等住持问，他便说："告辞。"住持望着这个来寺院已经三年的和尚的背影，自言自语地说："心中有魔，难成正果。可惜！可惜！"

这个新来和尚就像很多习惯抱怨的人一样，对待世事总是抱着一种消极的心态，所以才不能安于现状，一味抱怨，而他的抱怨，也让他失去了修成正果的机会。

曾经看过一本畅销书《不抱怨的世界》，书中对于这种消极的情绪做了精辟的分析："抱怨就是将焦点放在我们不想要的东西上头，所谈论的都是负面的、出错的事情，而我们将注意力放在什么上头，那个东西就会扩大。"眼睛看到的都是让你不满意的东西，那眼里还怎么能放下让你满意的东西呢？

抱怨这种情绪真的是一无是处。它只会让你对生活越来越不满，失去信心，而不会产生一点正面的力量。经常抱怨的人，也许本来他的生活和普通人并没有什么不同，但时间久了，真的就会像一句老话说得那样："心比天高，命比纸薄。""心比天高"是因为：这种人把自己看得太重，认为自己什么都行，什么都应该比别人强。认为自己不仅工作很卖力，而且做得都比别人好，因此升职该有我，加薪该有我，被猎头看中的也必然是我。结果却只能是"命比纸薄"：一干很多年还在原来的职位上，薪水上升的幅度很有限，甚至比自己后来的人都被猎头挖走了，因此抱怨丛生，愤恨不断。

不如意与不开心,时时刻刻都会出现在我们的周围,事情发生了,会不开心,会有压力,会令人担忧,我们要积极调整这种情绪,而不是在第一时间就想到抱怨。这里教你两个摆脱抱怨情绪的必杀技:

1. 正确转换思维方式

比如抱怨公司制度,那说明你想要试着改变公司制度,就像你抱怨交通状况,那说明你想尝试改变交通状况,但是很多事情不是你所能够改变的。怎么办呢?这时我们需要调整内因,调整我们的思维方式。陷在一种困境焦虑当中,往往是因为我们对这件事情的理解出现了一个局限性的信念。例如,我经常去参加面试,屡屡受挫,我立刻就有一个想法:在这个行业,我这个专业是不被接纳的,不被喜欢的。这样一来,思维方式的转换就会产生不一样的效果,心态也会平和起来。

2. 调整那些狭缝里的想法

在工作的过程当中,如果一位老板经常批评某位员工,他当然会很生气,然而生气的原因表面看来是因为老板批评他生气,其实不是,而是因为穿插在其中的一个小想法:老板批评我是在伤害我的自尊,或者是老板伤害我,老板是有意要整我,是这种想法让这位职员不快乐。因此,其实我们要调整的正是中间这个想法。

有一句话说得好,如果你想抱怨,生活中一切都会成为你抱怨的对象;如果你不抱怨,生活中的一切都不会让你抱怨。所以,请不要抱怨,抱怨只会令你更疲惫。

第三章　改变你内心的坏情绪

让自己有个阳光的情绪

现实生活中，由于各人的性格差异以及所处的环境的不同，常常使人们在用不同的心态来对待周围的事物，相处周围的关系，而保持一个良好的心态会使你生活着、工作着并快乐着，和周围的人际关系会处理得比较融洽。清华大学教授吴维库在《塑造阳光心态》一文中指出：不管是否身处逆境，都要学会创造生活，保持阳光心态，善待自我。是啊，众观周围同事或朋友，总有不少人说自己太苦、太累、自己的付出和回报不成比例，抱怨之声不绝于耳，有的每天上班时还带着情绪，甚至愁眉苦脸，压抑的情绪无法宣泄，如果都像这样，自己的心态如此不堪一击，又谈何幸福快乐和为社会贡献呢？

生活真的没有活力、工作真的失去乐趣吗？我看未必，《塑造阳光心态》一文中一句话讲得非常好："你内心如果是一团火，才能释放出光和热，你内心如果是一块冰，就是化了也还是零度。"可见，日子的好坏取决于个人的心态，与环境关系不大。就比如，某人得了绝症，医生说最多只能活三个月，那么，是心怀恐惧、抱怨活过这三个月，还是开开心心地生活呢？我想这人最好选择后者，因为不管你开心还是不开心，都只有三个月期限，与其不断抱怨上天如何不公平，不如放开心态，充满激情去做自己想做或者感兴趣的事情。所以，生命的质量取决于你每天的心态，如果你能保证眼下心情好，你就能保证今天一天心情好，如果你能保证每天心情好，你就会获得很好的生命质量，体验别人体验不到的亮丽的生活。

正如我们自己选择了自己所从事的这个职业，就要充满激情地去工作。且不说"三百六十行，行行出状元"，如果你认为自己从事的这个职业不好干，太苦、太累、太复杂，太耗费精力，那么，什么工作能适合你呢？正所谓"天上不会掉馅饼"，所有的事情必须经过努力才能收获。心态影响人的能力，能力影响人的命运，既然这样，抱着努力的心态，不就能轻轻松松做好自己从事的这个职业了吗？

改变了态度就有了激情，有了激情就有了奋发向上的斗志，结果就会变化。明白了这一点，只要我们改变心态，保持良好的心态，在工作中充满活力，我们做起工作来就会得心应手，生活中的每一天都会阳光灿烂，那么，我们到底应该如何改变呢？

1. 抱着感恩的心去热爱自己的岗位。生活很多时候是一成不变的，能改变的只有自己的心态。想一想，父母师长的谆谆教诲、十年寒窗的不断学习，经过重重测试、筛选，才等到今天的职业，有什么理由不去珍惜它、热爱它呢！

2. 带着享受的态度来工作。现代社会，很多时候，我们都过于注重结果而忽视了过程，"速成""闪恋""闪婚"等词最终闪晕了我们的脑袋。日终则昃，月满则亏，世间万物都有其存在生长的规律，揠苗助长的结果是失去生命，欲速则不达。其实，我们在重视结果的同时不要放弃沿途的风景。读书时，我和许多同学喜欢周末去爬山，但是，每次消耗约一个小时才爬上山顶，在山顶也只不过待个十几分钟就匆匆下山了。我和同学们之所以热爱登山运动，是因为可以享受朝向目标——山顶努力攀登时的乐趣，可以享受沿途赏心悦目的风景，可以感受和同学谈天说地的温馨，可以期待成功的喜悦，所以，登山已经不是枯燥的运动，它是一个享受的过程。

工作也是如此，快乐也要完成工作，抱怨还是要完成工作，那么，放宽自己的心胸，你就能享受到工作中无处不在的喜悦……

3. 把爱心融入工作。古人曰：爱人者人恒爱之，敬人者人恒敬之；懂得关怀获得朋友，懂得放心获得轻松，懂得遗忘获得自由。拿对待父母、恋人、兄弟、朋友的态度去善待自己的工作对象，去化解矛盾，淡化纠纷，以德服人，以诚待人，以爱对人，还会有什么沟通不了做不好的事情呢？

4. 保持一颗平常心。保持阳光心态，拥有快乐，我们还要有豁达的心胸，用一颗平常心，对待生活和工作中的不如意，不必事事都在意。也许你很努力，但还是得不到领导的赏识，也许你很出色，但依然无法得到提拔重用，也许你用心良苦，但依然得不到别人的理解，你不必太在意，也许你做得还不够好，也许时机未到，也许别人是无心的。你只要坚持你自己的。不必考虑别人怎样对待自己。如果你过多地纠缠其中，在意别人的态度，不但要遭受烦恼，而且什么事也无法去做。

"世界上最宽阔的是海洋，比海洋宽阔的是天空，比天空宽阔的是人的胸怀。"因为海洋的宽阔，才会有海纳百川；正因为天空宽阔，才会繁星闪烁。如果我们以宽阔的胸怀面对人生，面对他人，也一定会少去许多的烦恼、苦闷、忧虑，多一些平静、快乐、温馨。

感恩对生命恩赐的体会

有一首歌我们大家都不会陌生，它那深情的旋律时常会穿越我们的耳膜，在我们的内心深处徘徊，这便是《感恩的心》：

我来自偶然，像一颗尘土，有谁看出我的脆弱？

我来自何方，我情归何处，谁在下一刻呼唤我？

天地虽宽，这条路却难走，我看遍这人间坎坷辛苦。

我还有多少爱，我还有多少泪，要苍天知道我不认输！

感恩的心，感谢有你，伴我一生，让我有勇气做我自己；

感恩的心，感谢命运，花开花落我一样会珍惜……

也许有的人会认为，只有拥有幸福、享受快乐的人才需要感恩。但生活之中，悲伤和快乐、挫折和平坦永远相伴而行，就像一年四季会有冬天和春天一样，我们不会因为冬天的寒冷，就失去对春天的渴望。幸福的关键就是你用一颗什么样的心来看待自己和自己周围的世界。只有懂得感恩、懂得爱的人，才会持续地拥有幸福、享受快乐。

现实中，常常有些人面对幸福的生活迷失了自己，总觉得自己付出的太多，获得的太少，甚至对生活充满怨恨。这是不对的。人生的道路上，曲折坎坷，不知有多少艰难险阻，甚至要遭遇失败和挫折。在危难时刻，有人向你伸出温暖的双手，解除生活的困顿；有人为你指点迷津，让你明确前进的方向；甚至有人用肩膀、身躯把你擎起来，让你攀上人生的巅峰……最终，你战胜了苦难，达到了幸福的彼岸。对此，你难道不该心存感激吗？

生活之中，值得我们感恩的实在是太多了，我们应当怀着一颗感恩的心来看待这个世界，看待生活中的每一件事。

1.感恩责任，让自己变得更强大

懂得感恩的人，会主动承担起生命的责任，他们注定要付出的比别人多，要比别人累，但他们永远比别人更有价值。

责任，可以让弱者变强，让强者变得更强。放弃承担责任，或者蔑视自身的责任，就等于在可以自由通行的路上自设路障，摔倒的只能是自己。而承担起自己的职责来，则可以战胜自己，对待每件事都能做到尽职尽责，这样才能赢得足够的尊重和荣誉，体现自己的真正价值。

2.感恩失败，让生命得到升华

有人问一个孩子，他是怎样学会溜冰的。孩子说："哦，就是跌倒了爬起来，爬起来再跌倒，然后再爬起来，就学会了。"

没人能够逃脱不幸与失败，许多人之所以获得了最后的胜利，都是受恩于它们的屡败屡战。对于没有遇到过大失败的人来说，有时反而不知道什么叫作大胜利。通常来说，失败都会给勇敢者以果断和决心。

人生只有拼搏进取，勇于挑战才能成功。每个人从生到死，就是由一连串的成功和失败组成的，从每一次失败的经验中积累智慧，你就会拥有足够的力量去获得成功。成功与失败，永远都是并肩携手的，谁也离不开谁。所以，即使失败给你带来痛苦和挫折，也请你感激失败、善待失败，从哪里跌倒，就从哪里站起来，这样你才能最终战胜失败的阴霾，拥有一片蔚蓝的天空！

3.感恩对手，给了我们进取之心

很多时候，敌人和对手往往显得比朋友更真诚，当他们打败你时，绝不会留情；当他们嘲笑你时，那份冷酷也会令你刻骨铭心。然而正是对手的强悍让我们昼夜习武，练成一身好功夫；是对手的狡诈让我们时刻保持警戒之心，是他们的威胁警示我们提高警惕，是他们的围追堵截使我们不断自我否定，并最终打败真正的敌人——我们自己！在一次次这样与对手的磨合中，两颗心在竞争组成的螺旋线里，彼此用自己的爱与感恩，宽容地将对方的棱角环住，从而共同进步，共同成长，共同成功。

对手的存在的确给了我们压力，让我们面临很多挫折与困难。但是，也正是对手给予我们的这种压力，才更能让我们努力拼搏，战胜自我。从一定意义上讲，对手更像催化剂，它能引发彼此之间的相互竞争，挖掘潜能，并且取得更大的成绩。想想你的对手吧，如果没有他，你也许早就安于现状，昏昏欲睡，不再像从前那样努力奋斗了；如果没有他，你也许还在自我陶醉，等待机会从天而降，绝不会像现在这样积极地争取和把握机会了。所以，用一颗感恩的心对待你的对手吧，至少他改变了你既定的生活轨迹，让你的人生登上了一座最高峰。

感恩，就像是一场永远也不会结束的接力赛。活着，便应感恩，这是上天的恩赐。不要再抱怨自己一无所有，不要再抱怨自己不够幸运，不要再抱怨命运不够公平，也不要再抱怨造物太过弄人，看看你周围那些更不幸的人，你最应该做的，就是对自己拥有生命、拥有健康、拥有完整的家庭、拥有父母的爱、拥有儿女绕膝的幸福、拥有稳定的工作、拥有不错的收入……而心存感激！

包容是一种智慧和境界

在生活中，有些人总是抱怨自己不顺，无论是人还是事，他们总能挑剔出细枝末节的种种不如意，他们看到的多是与他接触的人与事的缺陷和不足，思考的多是那些对自己不利的因素。结果他们每天生活得烦躁不安，交际圈狭窄，知心朋友少，人缘不佳。其实这都是他们的思想在作怪。

雨果曾经说："世界上最宽阔的是海洋，比海洋宽阔的是天空，比天空更宽阔的是人的胸怀。"人的心胸就如同一个堆满物品的房间，如果把身边的人和事都挤进这个狭窄的空间，那必然会杂乱无章、拥挤不堪、死气沉沉，很难给人以和谐、轻松的感觉。若想要生活得轻松、快乐、没有负担，就得把房门打开，给身边的人和事多点空间，让它们自由活动，让一切生动起来。自由才能轻松，沟通才能创造和谐。生活要精彩和谐起来，人们就要放宽思路，用宽视野看身边的一切人和事，落实到行动上也就是包容。

迈克是一位有名的飞行员，经常接到表演空中特技的任务。在一次特技表演成功完成之后，他驾驶飞机准备向地面着陆，但是却发现飞机的两个引擎出现了故障，好在他的技术精湛，经过一番努力，他安全地使飞机迫降了下来，自己没有受伤，只是飞机受到了一定程度的损坏。

经过事后调查，人们发现是机械工工作失误，在迈克的螺旋桨飞机里装上了喷射机用油，后来这个机械工一看到迈克，就惭愧得抬不起头来，甚至泪流满面。

关于事实真相迈克早就清楚了，可是迈克却始终没有向机械工大发雷霆，反而找到机械工，告诉他："为了证明你不会再犯错，我要你继续帮我维护飞机。"

包容是一种力量，迈克的包容无疑是对这名机械工最好的支持。机械工的失误险些危及迈克的生命，一般人可能都会想："这个人怎么这么疏忽大意，我就是因为他险些丢了生命！"但是迈克却借助包容的力量，为自己的心境营造了一个宽阔的空间，生命还在，一切安好，为什么还要被那些已经发生过的事情烦扰呢？找到正确的思路，人人都可以做到包容，拥有可以容纳一切的大肚量。

我们总会看到，大肚量的人总是生活得很快乐、很悠闲，甚至能自得其乐，为什么？因为他们的思路比天空还宽，心胸比世界都大，世界在他们眼中都不大，就更不用说他身边的那些人和事了。一种行为制造一种结果，包容制造和谐，创造快乐。懂得包容的人生活得这般轻松、快乐，就是包容的结果。

心理学家研究发现，一个对人对事都苛求的人，他的身心往往处于紧张的状态。由于内心的紧张得不到缓解，就会导致大脑和神经一直处于高度兴奋的状态，从而容易引起肠胃痉挛、血压升高、消化液分泌受抑制等现象，多表现为头痛、胃痛、失眠、食欲不振和心情烦躁等症状。《有益的宽恕》一书的作者弗雷·德拉斯金的调查结果显示："宽恕能够让压力减少 50%，从而令人在精力、睡眠和情绪方面，实现一个飞跃。"包容对人来说就是一剂良药，帮助人们卸除多余的压力，放弃不必要的思虑，身心放松了，自然病就少了。

所以真正能够做到包容别人，其实就是在恩赐自己。包容的结果就是和谐，你的包容可以帮你打开一片天。所谓"得人心者，得天下"，包容就是一个凝聚人心的过程，你越是包容，人们越是人心所向，站在你的立场上，与你保持一致。这样你就会不断拓展人际关系，积累越来越多的人脉，拥有和谐的社会关系和轻松的生活状态。

那么，我们该怎样培养包容的情绪呢?

1. 不为小事烦恼

为生活中的琐碎小事而苦恼，过度思虑，解决不了任何问题，反而让自己的心情变坏，这对你来说无疑是在浪费时间和精力，既然事情已经过去，那么就放下它。

2. 忽略身边人的小冒犯

别人对你的无意冒犯，请不要放在心上，忽略它们，你不仅感到轻松，也会让别人对你刮目相看。

3. 接纳别人的性格

每个人都有自己的性格，你不能改变别人，那么就接纳他们，就像你能接纳你自己一样。

4. 给别人展示自我的空间

也许你对别人的做法不赞同或是反对，但是你却无权干涉，别人怎样做是别人的权利，你只需要倾听或是欣赏。

5. 不要等待别人向你道歉

想要包容别人，就不要总是想着别人向你道歉，否则只能说明你根本没有做到包容。有空时坐下来衡量一下自己的心理宽度，想想自己在生活中是否曾因为一些小事而疏于忍让，从而造成心情不佳或是人际关系的不和谐，在之后的生活中以此为戒，避免类似情况再次发生。

豁达洒脱快乐的源泉

很多人常常会因为失去一些曾经拥有的东西而无比心痛，或者因过去的某个过错而一直在内心深处留下阴影，不肯轻易原谅自己。其实完全没有必要这样做，因为一味地追悔过去，只会令自己困在一个死胡同里，这样只会让事情变得更糟糕，让自己的内心永远得不到安宁，永远感受不到快乐。正如莎士比亚所说："一直悔恨已经逝去的不幸，只会招致更多的不幸。"

想要不为过去的种种烦恼，唯一的方法就是保持豁达的情绪。空间不能逆转，时间无法倒流，无论你为过去怎样后悔和烦恼，都只是徒劳，更会浪费你的精力和时间，阻碍你去完成原本今天该做的一切。如果你是一个害怕孤独的人，你一定要用心结交一些朋友，从而努力改善自己，而不是埋怨这个世界太冷酷；如果你沉浸在回忆之中无法自拔，那就要常常提醒自己，那只是自己的一个小小错误而已，不需要死死地揪住它不放。要知道，当你为失去太阳而难过不已的时候，你也将会失去天空的点点繁星。

一个妇人外出办事，不小心把自己的伞弄丢了，于是在回家的路上，她一直十分懊恼，不停地责怪自己为什么那么粗心，还时不时地想雨伞到底被自己放在哪儿了，看到街上有人提着和自己颜色相同的伞，就在想那是不是自己的伞。就这样，她不知不觉到了家，坐下之后，她忽然发现自己的钱包不见了。原来她一直惦记着丢雨伞的事情，因为仓促、惶恐和不安，连自己的钱包丢了也没有发现。

试想，如果这位妇人在丢伞之后能够豁达一点，洒脱地不放在心上，又怎么会因一时大意而丢了钱包呢？对那些已经发生的事情耿耿于怀、反复思虑，无疑是在白白浪费自己的精力。既然那些已经发生的事情无法重来，为什么不豁达地放下？我们不属于昨天，而是属于当下和未来，过去的一切就像流失的沙，回不来，也抓不住。忘记从前的一切，拥抱现在，迎接未来，才能展现我们生命中向上的力量，我们也才能从中感受到前进的快乐。

1. 上一刻归咎于回不来的过去

时间是一件神奇的东西，它雕刻生命的年轮，推移事态的变迁，它是最有效的疗伤良药，也是最无情的过客，世界上没有谁能够左右时间，过去的一切都随时光定格在过去的某一时间刻度，无法超前，更无法错后，过去了就是过去了，即便是上一秒钟的流失，也是属于过去，同几亿年的过去相同，永远不可能重来。上一刻的悲伤或是快乐，对你来说都只是生命中的一个个小小的符号，无法更改它们，所以与其回望过去，不如专注于现在。

一个对生活常常抱着乐观态度的人，必然是一个豁达的智者。其实我们都可以是生活中的智者，都可以时刻感受到快乐，只要我们能够明白，上一刻永远属于过去，一切的不愉快都不应该再将我们的思想所牵累，那么我们就会感到无比轻松，快乐地去迎接每一个明天。

2. 把过去的痛苦和光辉放进历史

过去的痛苦曾经让我们身心疲惫，甚至令我们深感屈辱，但是我们应该懂得，过去的已经过去，未来的影像是由我们现在的思想所决定，由现在的行动所创造的。将过去的痛苦锁进生命的历史，踏上新的征程打造未来，才能获得成功，感受快乐。

甲骨文公司的总裁埃里森说："我的生母遗弃了我，我的养母死于癌症，我曾认为这些都是影响我的重要因素，但是事实果真如此吗？"事实是，他对生母遗弃自己的行为毫不介意，并且为母亲辩解道："她那时很年轻，而且还没有结婚，即使她想照料我，但这对她而言是件很难做到的事情。其实，我应该因为她当时没有把我从娘胎里打掉而感谢她。"

人有时难以走出过去的阴影，但更难的是走出过去的光环。当花旗集团的董事会主席桑迪·韦尔被评为"2002 年度最佳 CEO"的时候，有人立刻警告他："把你的降落伞准备好，我从来没见过什么人获此殊荣却没有栽过跟头的。"确实，曾经如雷贯耳的品牌，如飞龙、三株、巨人、秦池都是在辉煌时轰然倒下的。他们没有客观而冷静地分析自己周围的光环，各种荣誉麻痹了他们虚荣的灵魂，使得他们的思维慢慢地转向了负面。

懂得把过去的痛苦和光辉放进历史的人，才可能创造更大的辉煌。忘记曾经的痛苦，摆脱掉负面的思维习惯，积极的人生态度就能助你创造出奇迹。走出曾经的光环，就算它再夺目，也是属于过去的，专心于你的现在和未来，你的人生之路会被你描绘得更加绚丽。

3. 并非人人都是爱我的

我们完全没有必要去喜欢自己认识的每一个人，因此，我们也没有必要让所有人都喜欢自己。别太在意别人的眼光，走自己的路，让别人去说吧！人要有一颗豁达之心，当得不到别人的认可时，也照样可以活出自己的风采，对自己的每一天负责，相信自己能够做得很好。

生命如此短暂，要善待自己的生命。每个人都会犯错，逃避问题似乎是人类的天性。其实不要担心事情会出错，也不要把时间浪费在犯错后的惴惴不安上。

平静常存一颗平常心

所谓平常心，指的是平平常常之心、平平静静之心、恬淡虚无之心、淡泊名利之心。人的心境是否平和、情绪是否愉快，和心态有莫大的关系。而平常心可以做到不为世俗所媚，不为流行所扰，不为名利所累，不为浮华所惑，以最平常淡泊的心态来面对人生的风风雨雨。虽然做到这一点并不容易，但这是健康人生应该达到的境界，也是我们每个人都要达到的目标。

有一个信徒问禅师："大师修行可用功吗？"

禅师笑道："用功。"

那人又问："如何用功呢？"

禅师回答："饿了吃饭，困了睡觉。"

这个人就非常奇怪了："我和你一样，都是这么做的，为什么我就不算用功呢？"

禅师笑道："你和我并不一样。你该吃饭时，不好好吃饭；该睡觉时，不好好睡觉。整天百般计较，千般思量，心不能平静，怎么能叫用功呢？"

禅师的观点很明确，真正的平常心就是享受生活中的平凡和简单。

生活中有成功也有失败，有开心也有失落，如果我们把生活的起起落落、权力和欲望看得太重的话，生活对我们将永远是一种压力，心境也永远做不到坦然。人生在世，不要为碰翻的牛奶哭泣，如果对过往的事情仍然耿耿于怀，就必然会在烦躁的心态中错失更多今天的东西。只有学会以平常心对待，改变可以改变的，接受无法改变的，才能享受生活的平凡和简单，"宠辱不惊，看庭前花开花落；去留无意，望天空云卷云舒"。

在某公司，甲是上一届领导最信赖的人，领导换届后，新的领导对甲的态度很冷淡，交给他来处理的都是一些棘手的事情，而且只要发现一点不妥，就会毫不留情地批评他。

其他同事看在眼里，都觉得甲的处境很危险，最好的解决办法是让甲立刻换一个单位。但甲对这件事不以为然，他仍然一如既往地工作，随时把工作的计划告知领导，并根据领导的意见来修正……

一个月后，甲又成为这一届领导最信任的人之一。

故事中甲的成功之处就在于他专注于工作目标。虽然有人际关系的困扰，但他以平常心对待，坦然自若，时时处处以工作为重，最终赢得了认可。如果他当时把重点放在人际关系上，整天思考如何改善新领导对他的态度，反而是舍本逐末，并不会有好的结果。

冰心曾说过："人到无求品自高"，崇高的境界和心态都是"无求"。古人说："人生不如意之事十之八九"。人的一生是一个不断接受自己、不断与命运抗争的过程，也是一个不断拥有不断失去的过程。如果不能保持"平常心",学不会淡泊名利,就会患得患失,在权力和欲望的得失之间痛苦前行。

那么,我们该如何保持平常心呢?

1. 正确对待自己

每个人都应该有自知之明,所以不要强迫自己去做力不从心的事情,过高的目标只会给自己带来更大的压力和失望。因此,保持平常心就是要善待自己,凡事不必力求完美,只要的确尽了全力就问心无愧。

2. 正确对待他人

应以宽容、博爱的心态来对待他人,学会换位思考,站在他人的角度和位置去考虑,感受他人的欢乐、痛苦、烦恼和失望。如果过分苛求他人,必然会使自己和他人陷入冲突和对立中,不利于友好、温馨的友谊氛围的建立。

3. 正确对待社会

在社会上每个人都有自己的角色要扮演,我们所扮演的角色是为了融入社会而不是对抗和改变,因此要不断调整自己适应环境的能力,审时度势地做好自己的目标定位,尽心扮演好自己的角色。

前英国首相梅杰曾经说过:"人生何其大,岂容琐事缠。"的确,人的生命是有限的,在有限的生命中如果花费太多的精力在烦琐的小事上,必然会阻碍我们的发展。

用自信照亮人生

记得美国职业橄榄球联会前主席 D. 杜根提出这样的说法:强者不一定是胜利者,但胜利迟早都属于那些有信心的人。也就是说如果你只接受最好的,你最后得到的往往也是最好的,只要你有信心。

自信心是一种内在的精神力量,它能鼓舞人们去克服困难,不断进步。高尔基指出："只有满怀信心的人，才能在任何地方都把自己沉浸在生活中，并实现自己的理想。"战胜逆境最重要的是树立坚定的信心，自信心可以使人藐视困难，战胜邪恶，集中全部智慧和精力去迎接各种挑战。

通用电气公司前董事长杰克·韦尔奇出生在一个典型的美国中产阶级家庭。父母结婚16年后才有了这个独生子，父亲为波士顿与缅因铁路公司工作，早出晚归，所以培养孩子的任务就落在了母亲的肩上。

母亲教给杰克3门非常重要的功课：坦率的沟通，面对现实，并且主宰自己的命运，这是母亲始终抱持的理念。日后证明在杰克的管理生涯中，这种禀赋被发挥得淋漓尽致。

要掌握自己的命运就必须树立自信。尽管杰克到了成年还略带口吃，可母亲说这算不了什么缺陷，只不过是想的比说的快些罢了。结果，略带口吃的毛病并没有阻碍杰克的发展，而实际上注意到这个弱点的人大都对他产生了某种敬意。美国全国广播公司新闻部总裁迈克尔对他十分敬佩，甚至开玩笑地说："他真有力量，真有效率，我恨不得自己也口吃。"

在韦尔奇看来，一个人所经历的一切都会成为信心建立的基石。当你被选为一支球队的队长时，当你在球场中选队员时，你就掌握了这支队伍。然后事情就这么发生了——渐渐地，你会习惯这些经验，而且人们也会信任你，给予你善意的回应。

韦尔奇的中学成绩应该是可以保证他进入美国最好的大学的，但因种种原因而事与愿违，只进了麻州大学。开始他感到非常沮丧，但进入大学之后，沮丧就变成了庆幸。"如果当时我选择了麻省理工学院，那我就会被昔日的伙伴们打压，永远没有出头的一天，然而这所较小的州立大学，让我获得了许多自信。我非常相信一个人所经历的一切，都会成为建立自信的基石：包括母亲的支持；运动；上学；取得学位。"事实证明杰克是麻州大学最顶尖的学生，看来没有到麻省理工学院是对的。

担任杰克大学班主任的威廉当时也看出了杰克成功的初期征兆："是他的双眼，他总是很自信，他痛恨失败，即使在足球比赛中也一样。"

自信，在日后成为通用电气的核心价值观之一。杰克说："所有的管理都是围绕'自信'展开的。"韦尔奇1981年成为GE历史上最年轻的CEO。17年来，公司的市场价值从原来的120亿美元，到如今的超过4000亿美元，而且一直被公认为是管理最优秀和最受推崇的公司之一。

在事业上对自己充满信心，相信自己，乃是获得成功不可或缺的前提。在具有其他品质的时候，你最基本的条件就是要自信了，自信是激励自己达到所希望的目标的积极态度。

胸怀信念，并坚信自己可以达到目标的人是了不起的，他们遇事不畏缩，也不恐惧，即使看到了和别人的差距也不会长久地不安，差距倒成为自己超越自己的目标。

从现在开始你就要学会自信，做任何事情都要有信心。昂起你的头颅，挺起你的胸脯，大声地对自己说："我是最好的，大家都很喜欢我，那就一定可以做得更好。"只要这样，你的人生就会因你的自信而辉煌。

阿Q精神让你忘记痛苦

阿Q在中国是一个著名的角色，通过鲁迅先生的刻画，人人都嘲笑他的麻木与他的独特精神胜利法。但是从实际的心理学角度来说，人们有时候还真是需要一点阿Q精神，需要从阿Q的那种精神里面学到一些东西，也就是精神治疗法中的健忘，我们不能够老活在过去的痛苦之中。

　　人生在世痛苦是免不了的，有很多的事情都是导致痛苦的根源，朋友分离、亲人亡故、失恋、事业失败，等等。这些事情都是在我们生活上可能遇到，而且有些是必然遇到的。遇到了之后我们肯定会有无比的伤痛，没有心思再做别的事情。

　　可是如果长时间这样下去的话，以后的生活都将不能正常进行，如何做其他的事情呢？所以我们要学会忘记过去的痛苦，开始新的生活。当然我们说忘记过去的痛苦，并不是说我们要完全地忘记了那些事情、那些人，而是要从痛苦中拔出来，化悲痛为力量，学会调节自己的情绪，活得更加容易。

　　有一个女孩儿失恋了，被自己相恋几年的男朋友抛弃了，于是她想不开了，为什么会这样呢？难道自己真的那么没有吸引力吗？男朋友怎么那么没有责任感，没有良心呢？从此她越想越想不开，一想就开始以泪洗面，什么事情都做不下去，不管朋友、家人怎么劝说都没有用，她一个人沉浸在自己的痛苦里面不能自拔。慢慢地，她开始埋怨父母把她生得不好，怪朋友没有给她好的建议，父母因此伤心不已，朋友也渐渐疏远她了；工作上她更是没有心思，不久也被老板请回家休假了。她觉得世界上的人都在和她作对，没有人真正关心她的生活，走在路上大家都躲着她，人间就没有温暖存在。越陷越深，越来越郁闷，越来越痛苦。

　　后来有一天，她突然从镜子里面看见自己的模样，当时她自己都认不出自己了，镜子里面的自己脸色苍白，像个怨妇，像个幽灵，模样恐怖狰狞，吓了自己一跳。曾经活泼可爱的自己到哪里去了呢？如果在外面看见这样一个自己，恐怕会尖叫了吧，谁还敢靠近自己呢？她被镇住了，慢慢回想自己的所作所为，真是特别后悔。

　　她决定改变自己的样子，不再去想以前的事情，都已经过去了就回不来了，将来才是最重要的。因此，她开始从自己的容貌上收拾自己，再改变自己对家人、对朋友、对工作的态度，再也不怨天尤人了，脸上开始有了微笑，慢慢生活上了正轨。在和前男友认真地交谈了之后，她认识到自己以前的长期毛病，下定决心改掉它，改掉痛苦的根源。当然就像任何一个美好的故事一样，她后来找到了自己的幸福。

这个故事告诉我们，不要一味地陷到痛苦中去，沉迷于里面你就将被它吞噬，看不到自己的未来。要勇敢地走出来，忘记它，吸取教训，开始走向辉煌的未来，过去的已经随着时间溜走了，将来是漫长的，不把握好的话也会悄悄溜走的。

痛苦是相同的，将来的幸福却是不一样的。就像我们国家曾经被别人侵略，如果我们每天就是呐喊我们的委屈，哀悼我们失去的土地和文物，那我们将永远失去这些。只有忘掉这些痛苦，和他们合作发展自己，提高自己，才能赢得未来的尊重和富足。大到国家，小到个人都是这样的。

20世纪60年代中期，美国通用电气公司一位年轻工程师独立负责一项新塑料的研究。正当这位工程师踌躇满志地准备大干一场的时候，不幸的事情发生了：实验的研究设备突然爆炸，三千多万美元的实验设备连同厂房瞬间化为灰烬。面对爆炸后一片狼藉的现场，年轻的工程师精神濒临崩溃。他想，自己在通用的梦想和历史就此结束了，巨额的债务费用就不说了，以后没有人会信任自己，自己已经完了。他非常沮丧，忐忑不安地接受了通用总部派来调查事故的高级官员的谈话。没想到的是，这位高级官员问的第一句话是："我们从中得到了什么没有？"年轻工程师先是一惊，然后回答："我们这个试验走不通。"调查官员说："这就好，我们得到了需要的东西，实验室废掉了没有什么可怕的，可怕的是我们什么也没有得到。"

一场惊天动地的"重大事故"就这样解决了。这位年轻工程师很震惊，他不再沮丧，不再去想爆炸的实验室，不再去想以前的失败，他开始研究新的方法，开辟新的领域，后来取得了巨大的成就。这就是日后带领通用电气公司实现了二十年高速增长、被誉为世界第一CEO的杰克·韦尔奇。

让韦尔奇获得继续研究下去的勇气的事情，显而易见就是他已经从痛苦中走出来了，他没有心理上的负担，可以全身心地去做新的事情。你在生活中就可以看到，能快速从各种失意中恢复过来的人都是生活的强者，他们快速适应各种环境，他们能化各种条件为力量来增强自己。他们不怕失败，不怕各种艰难的环境，不管遇到什么他们都能很好地活着，更加向上地奋斗。

把烦恼写在纸上烧掉

曾经看过一个电影，里面的女主角每次心情不好的时候都会把自己的烦恼写在纸上，然后再烧掉，这样心情就会好多了。

人是感性的动物，不管是谁都不可能随时保持理性的，总有遇到烦恼事情的时候。一些烦恼我们可以去解决它，而有些事情可能就是没有办法的。当我们遇到这样的事情的时候该怎么做呢？看见过绝大多数人都是郁闷叹气，闷闷不乐，这样其实根本就不能解决问题。我们需要的是把我们的烦恼发泄出去。

曾经有一位心理学家在一艘船上做了一个改造心理的试验。他看到在船上待久了的人都郁郁寡欢，于是他建议让一些总感觉心浮气躁的人到船尾去，面对船后波涛滚滚的海水，自己把心中一切的烦恼都抛到海水中，直到自己觉得心里舒畅了为止。

经过这个简单的试验，表明这是一种很有用的办法，那些心浮气躁的试验人员最后都告诉这个心理学家，从吐出自己的烦恼事情的一瞬间，好像真的就有一件物体掉进了海水中一样，自己的心情真的得到了一次前所未有的清洗，心中的烦恼似乎就在那一瞬间消失了，顿时心里明朗了，不再觉得那些烦恼有什么了不起的，并且他们打算以后只要碰到心中有烦恼，就会采取这种方式来解决，直到自己全身都感觉到轻松为止，并且把这些方法介绍给自己的亲朋好友。

其实烦恼并不是可见的物体，并不能真正地丢进海里面去。只是聪明的心理学家找了一个合适的方式，一种可以发泄的方法，让这些心浮气躁的人发泄出自己的郁闷，发泄完了，就好像把烦恼丢弃了，心情也就轻松了，烦恼随之消失。

每个人都想要丰富多彩的人生，可是必须承认的是假如你的生活过得很充实，做的事情很多，那么在这个过程中你肯定会有各种大大小小的磕磕绊绊，难免会有不顺心的时候。我们需要做的就是，不管这些情绪怎么产生的，不管它的起点在哪里，我们都必须给它一个合适的终点。要善于把烦恼抛在脑后，随着时间的流逝，你经历的所有事情，不管曾经是平凡还是伟大，也不管是兴奋还是痛苦，反正都是来来去去的，始终都有一个起点，一个终点，这样的世界才能拥有一个平衡，如果只有起点而没有终点，那么世界上的人都会因为压力而崩溃。

烦恼是伤害我们心灵的毒药，有了烦恼你的心情就会变得不好。而心理学上的研究表明，当人心情不好的时候，身体质量明显下降，个人的反应能力降低，做事情的效率和效果都下降很多。要经常洗涤一下我们的心灵，免得被烦恼这等小事伤害。

把烦恼写在纸上只是一种方法的总称，在你的面前有很多可以排遣烦恼的方法，我们可以对着亲人倾诉，让大家明白你的痛苦，大家一起解决问题。也可以找个没人的地方大声呐喊，把自己的苦闷全都一吐为快。最重要的是把烦恼抛于脑后，长期坚持这么做，让它变成一种习惯，之后你就会发现生活中真的很多事情只不过是庸人自扰而已。这样你的心理就会越来越健康，越来越开朗。

第四章 控制情绪的有效方法

坏情绪是可以转移的

我们的老祖宗流传下来一句话："江山易改，禀性难移"。千百年来，更是有相当一部分人遇到无法控制自己的情况时，就会把这句话搬出来作为挡箭牌。控制自己的情绪确实不是一件容易做到的事，面对顺境，我们都会乐呵呵的，这时的情绪问题不大，因为分享快乐终究是好事。所以一个人控制情绪能力的高低不是体现在对快乐的控制上，而是体现在当他面对逆境、心情郁闷时会怎么处理。

1965 年 9 月 7 日，世界台球冠军争夺赛在美国纽约举行。刘易斯·福克斯以绝对优势将其他选手甩到身后。决赛时也非常顺利，已经胜利在望，只要再得几分他便可以稳拿冠军了。

可是，就在这时，突然出现了一个小状况，他发现有一只苍蝇落在主球上，于是他赶忙挥手将苍蝇赶走了。可是，当他再次俯身准备击球的时候，那只苍蝇又落到了主球上，于是他在观众的笑声中又一次起身去驱赶苍蝇。

这个时候，刘易斯·福克斯的情绪发生了一些变化，他开始因这只讨厌的苍蝇不断落到主球上而生气。更生气的是，那只苍蝇仿佛是有意要与他作对，只要他一回到球台准备击球，那只苍蝇就会重新落到主球上来，这也使得现场的观众哈哈大笑。

终于，刘易斯·福克斯的情绪恶劣到了极点，他终于失去理智，难以抑制的愤怒使得他突然用球杆去击打苍蝇，结果球杆触动了主球，裁判判他击球，他也因此失去了一轮机会。与这次机会失之交臂后，刘易斯·福克斯一下子方寸大乱，在后来的比赛中连连失利，而他的对手约翰·迪瑞却愈战愈勇，迅速赶了上来并将其超越，最终赢了这场比赛。

第二天早上，人们在河里发现了刘易斯·福克斯的尸体。他投河自杀了！

一名所向无敌的世界冠军居然被一只小小的苍蝇打败了！这显然有些不可思议。其实，在很多人看来，刘易斯·福克斯当时完全没有必要去管那只苍蝇的事情，随它去就好了。专心打自己的球，当主球飞速奔向既定目标时，还用担心那只苍蝇站在主球上吗？

因为一时的冲动，他输掉了比赛。这显然是得不偿失的。但更失败的是，在一次不理智的行为造成严重后果后，他不是去考虑如何控制自己的情绪，而是让情绪继续统治自己，以一种更情绪化的行为上演了自杀的悲剧。

由此可见，情绪化所带来的危害是巨大的，是人生的一剂毒药。只有控制好了我们的情绪，我们才有可能去控制好我们的人生。能够控制情绪的人，可以吸引很多人自愿来到他的身边，因为这种人胜不骄、败不馁，总拥有超乎团队与常人的心理素质，总能根据环境调节及控制好自己的激情。提倡控制好情绪并不是提倡每个人都去做老好人，从此没了棱角，而是说对于情绪的把握要有一个度，不可太上，也不可太下。

当然，情绪的控制也要有意识地去培养，古来就有修身而养性的说法，很多时候看看别人怎么做的，你会发现可以借鉴很多。

好情绪是可以"装"出来的

现代社会快节奏的生活和较大的工作压力使我们身心疲惫，不堪重负,心情也常随之低落。就业艰难、金融危机、住房问题、医疗问题……许多事情我们无法改变,但好心情也要随之而消失吗?当然不是,即使那些没有头绪的问题使你焦头烂额的时候,你依然要保持好情绪。

"假装快乐"就是一种快速调整情绪的好方法,它可以使人们脱离不良情绪,恢复好心情。美国加州大学心理学家艾克曼曾做过实验,人们在装出惊讶、厌恶、忧伤、愤怒、恐惧和快乐等表情时,他们的身心也会跟着变化。当他们装出害怕时,他们的心跳加速,皮肤降温;而当他们装出快乐时,他们会全身放松,心情愉悦。也就是说,我们怎么"装",心情就会怎么改变。

如果你留意的话,你会注意到在我们身边总是有这样一群人:他们整天板着脸,眉头紧锁,说话唉声叹气,问其原因,他告诉你最近很多事都不如意,心情好不起来。人类很容易受情绪的左右。通常人们在心情沮丧的时候,就算是阳光明媚也显得那么的刺眼;而心境愉快的时候,就算是嘈杂的声音也会变成悦耳的音乐。

对于那些一生都在坎坷中生存的人,你也许会同情他的境遇,惋惜他不曾拥有过好心情。但其实,好心情就掌握在我们自己手里,只要你能乐观积极地对待一切,哪怕是乌云密布的时刻,也能享受对风雨后美丽彩虹的期待。

电影《监狱风云》里由影星吉尼·威尔德饰演的亨利给人留下了深刻的印象。

被误判入狱的亨利即使在监狱中也保持着一份好心情。"在监狱中也会有好心情吗?"这看起来仿佛有些不可思议,但事实就是这样的。

亨利在监狱里时,所有的狱官都看他不顺眼,常常找他麻烦。一次狱官故意刁难他,用手铐将他吊起来进行折磨,几天之后,他同样面带微笑地向狱官道谢:"谢谢你们治好了我的背痛。"接着,亨利又被狱官关进一个锡箱中,那个箱子因为日晒而酷热难耐,他不仅不觉得痛苦,被放出来的时候还央求道:"喔,拜托再让我待一天,我正开始觉得有趣呢。"

最后，狱官将他和一名体重 100 多公斤的杀人犯古斯博士关在一间小密室里，这个古斯博士在狱中十分有名，常以凶残著称，就连最凶狠的狱霸都让他三分，然而亨利却与古斯博士相处得很好。当狱官们回来时，他俩席地而坐，一边笑一边打牌。狱官们不得不佩服亨利的积极心态。

没有人能相信在监狱里也有快乐，如此恶劣的环境，不仅有狱官们的折磨，而且还要面对来自凶残、狠毒的牢头和狱霸们的打压排挤，但亨利做到了，他把快乐带到了监狱里。其实他所做的仅仅是选择一份快乐的心情，避免受到外界环境因素的影响而已。

可见，心情的好坏完全取决于你的心态，而不是其他外界因素。现实中的许多事情，像天气的阴晴变化、股市的上下波动等，是我们所不能控制的，但是，我们可以控制自己的心情，做心情的主宰者。

心理学研究发现：人类的身体和心理是有机的统一体，他们相互影响、相互作用。人们的情绪会反映在各自的面部表情或肢体语言上，比如你心情愉悦的时候，全身处于放松状态，嘴角上扬，神采奕奕；当你愤怒生气的时候，你会发现自己心跳加速，拳头紧握。同样人们面部表情或肢体语言的改变也会影响情绪的变化，比如你心情沮丧的时候对着镜子笑一笑，或是跳支舞，你会惊奇地发现愉快的分子开始就此释放，整个人都开始快乐起来，所以，假装拥有好心情，快乐将会马上拜访你。

世界级潜能开发专家安东尼·罗宾说："你有什么样的感觉，你就有什么样的生活。"笑是最美丽的符号，为何要板着脸不苟言笑呢？笑一笑吧，那样，好心情不仅挂在你脸上，而且喜在你心头。

学会用情感滋润心灵

在生活中，我们每个人都不可避免地要和他人交往，当然也就不可避免地要进行内心的交流。内心情感荒芜的人总是把自我局限在一个狭小的圈子里，与外界断绝交流和接触，他们就像契诃夫笔下的套中人一样，把自己严严实实包裹起来，因此很容易陷入孤独与寂寞之中。

在这些人脸上很少能看到笑容，他们总是一副冷冰冰、心事重重的样子。这无形之中就告诉周围的人：我很烦，请别靠近我！周围的人自然也就退避三舍，敬而远之。他们在情绪上的显著特点是情感淡漠，不能对别人给予的情感表达做出恰当的反应。不难想象，一个自我封闭、情感匮乏的人要获得巨大的成功是非常艰难的，他们没有良好的人际关系，没有充足的信息来源，没有充沛的激情，不敢介入社会生活，不愿找机会多接触和了解他人，当然也不能在与他人的交往中获得益处。

罗曼太太在亚特兰大城外修了一座又大又美的花园，吸引了许多游客，他们喜欢跑到罗曼太太的花园里玩耍。小孩子扎进花丛中捕捉蝴蝶，年轻人喜欢在绿草如茵的草坪上跳舞，而老人则蹲在池塘边垂钓，甚至有人在花园当中支起了帐篷，打算在此度过他们浪漫的盛夏之夜。

罗曼太太看着这群快乐得忘乎所以的人们在属于她的园子里尽情地唱歌、跳舞、欢笑，感到非常生气，就叫仆人在园门外挂了一块牌子，上面写着："私人花园，未经允许，请勿入内。"可是这招一点也不管用，那些人还是不断地走进花园。

于是，罗曼太太想出了一个绝妙的主意，她让仆人把园门外的那块牌子取下来，换上了一块新牌子，上面写着："欢迎你们来此游玩。为了安全起见，本园的主人特别提醒大家：花园的草丛中有一种毒蛇，如果哪位不慎被蛇咬伤，请在半小时内采取紧急救治措施，否则性命难保。最后告诉大家，离此地最近的一家医院在威尔镇，驱车大约 50 分钟即到。"

这个绝妙的主意让那些贪玩的游客对这座美丽的花园望而却步了。可是几年后，有人再到罗曼太太的花园去，却发现那里因为园子太大，走动的人太少而真的杂草丛生，毒蛇横行，几乎荒芜了。孤独、寂寞的罗曼太太守着她的大花园，非常怀念那些曾经来她园子里玩得快乐的游客。

罗曼太太用一块牌子为自己筑了一道特别的"篱笆墙"，随时防范别人的靠近。这道看不见的篱笆墙就是自我封闭，它带来的是孤独与失落。

心理学家指出，内心感情匮乏的人难以建立和谐的人际关系，因而不适应现代社会生活的需要。不和谐的人际关系会使人心理上缺乏安全感和归属感，容易形成退缩感和孤独感，从而有碍于人的身心健康。

绝大多数获得人生成功的人，总是会用各种情感来滋润自己的心灵，乐于与人交往。他们不封闭自己，愿意向别人敞开心扉，同时善解人意，热情友好。他们在与人相处时，正面的态度如尊敬、信任、喜悦等多于反面的态度如仇恨、嫉妒、怀疑等。因此，他们能建立和谐的人际关系，有较多知心的朋友。

那么，怎样才能丰富自己的情感，改变自我封闭的性格呢？

1. 学会关心别人

如果期望被人关心和喜爱，你首先得关心别人和喜爱别人。关心别人，帮助别人克服困难，不仅可以赢得别人的尊重和喜爱，而且，由于你的关心引起了别人的积极反应，会给你带来满足感，并增强你与人交往的自信心。

2. 要有自知之明

做人要有自知之明，要能正确地评价和定位自己。在人际交往中，你对自己的认识越正确，你的行为就越自然，表现也就越得体，结果也就越能获得别人的肯定，这种评价对于克服自我封闭的心理障碍是十分有利的。

3. 学会真诚地感恩逆境

感恩是一次人生的淬火，让我们得到锤炼，并让我们学会了刻苦、忍耐、淡泊和宽容。感恩使我们体味真正的友谊，让我们体味一个冷暖人生。有人说，幸福的感觉不是由处境和外在的条件决定的，关键在于我们有没有一颗感恩的心。

4.学会一些交际技能

多学习一点交往的艺术，自然有助于交往的成功。例如，多掌握几种文体活动技能，如跳舞、打球、远游之类，你会发现自己在许多场合都会成为受人欢迎的人。

拥有积极的自我暗示

自我暗示指通过主观想象某种特殊的人与事物的存在来进行自我刺激，达到改变行为和主观经验的目的。自我暗示相当于一个人内心的"自我谈话"，代表一个人对自己的看法，是行动的基础。

自我暗示可以分为积极和消极的自我暗示。积极的自我暗示就是在内心里认为自己能够成功、正在进步，并且会愈来愈好。学会这种积极的自我暗示对于激发人的潜能和活力具有巨大的力量。而消极的自我暗示可误导个人的判断和自信，使人生活在幻觉当中不能自拔，并做出脱离实际的事情来。消极的自我暗示还可使人对外界事物的认知形成某种心理定式，为人处世偏听误信，容易凭直觉办事。

积极的自我暗示可以诱导和修炼出积极的心理状态，而消极心态和自卑意识则源于经常在心理上进行消极的自我暗示。不同的意识与心态会有不同的心理暗示，而心理暗示的不同也是形成不同意识与心态的根源。所以说心态决定命运，正是以心理暗示决定行为这个事实为依据的。例如，星期天，你本来约好和朋友出去玩，可是早晨起来往窗外一看，下雨了。这时候，你怎么想？你也许想：糟糕！下雨天，哪儿也去不成了，闷在家里真没劲；如果你想：下雨了，也好，今天在家里好好读读书，听听音乐，也很不错。这两种不同的心理暗示，就会给你带来两种不同的思考方式和行为。

积极的自我暗示就是用积极的思想、语言不断提示自己，克服悲观、沮丧和恐惧心情，使人精神振奋。积极的自我暗示是要自我鼓励、自我安慰，使心理状态得到自我调整、自我平衡，而绝不是自暴自弃，给自己施加不良影响。

有一个女孩，左额头上有一块伤疤，这让她觉得自己很丑，对自己的形象非常没有信心，不愿意和别人打招呼，甚至不愿意抬头走路，情绪每天都很低落。

一天，妈妈送了她一个发卡，说把这个发卡别在头发上，就能挡住那块伤疤了。女孩对着镜子把发卡别好，确实遮住了伤疤，她立刻觉得自己变漂亮了，于是就别着发卡出门了。在刚出家门的时候，由于她太高兴了，不小心和迎面走来的一个人撞上了，她面带微笑地说了声"对不起"，就去上学了。

一整天，女孩都觉得心情很好，好像每个人对她都比平时更亲切。她也主动和别人打招呼，上课听讲也更认真了，因为她觉得好像每个老师都在注意她。尤其是在放学的时候，几个平时不怎么说话的同学，居然来找她一起回家。

回到家里，女孩兴奋地和妈妈说："妈妈，你送给我的这个发卡实在太神奇了！今天我感觉特别棒，从来没有感觉这么好过。"接着，她就把当天在学校发生的一切和妈妈讲了。

妈妈听后，纳闷地说："女儿，可是你今天并没有戴这个发卡啊，你看，早上你出门后，我在门口捡到了它！"

故事中这个女孩的变化，就是受到了积极的自我暗示的作用。坚持心理上积极的自我暗示，对改变个人现状、获得新的做事思路是非常重要的。

詹姆士·艾伦在《人的思想》一书中说："一个人会发现，当他改变对事物和其他人的看法时，事物和其他人对他来说就会发生改变——要是一个人把他的思想朝向光明，他就会很吃惊地发现，他的生活受到很大的影响。人不能吸引他们所要的，却可能吸引他们所有的……能改变气质的神性就存在于我们自己心里，也就是我们自己……一个人所能得到的，正是他们自己思想的直接结果……有了奋发向上的思想之后，一个人才能奋起、征服，并能有所成就。如果他不能奋起他的思想，他就永远只能衰弱而愁苦。"

那么，在实际生活中，怎样通过积极的心理暗示来决定处理事情和工作的思路呢？

1. 利用语言的自我暗示。用于自我激励的话，要有积极、肯定的意义。如："我是独一无二的""我对自己充满信心"。

2. 利用环境的自我暗示。环境的意义很广，可以是人、是物、是光、是声等。例如心情烦躁时可以听听曲调舒缓的音乐。

3. 利用动作的自我暗示。紧张不安的时候，可以扩胸做深呼吸；心情烦闷时，可以反背双手散步。

4. 利用自我"包装"的自我暗示。剪短头发使人年轻精干、长发披肩使人潇洒美丽。服装样式很少改变，暗示保持自己个性不随波逐流。

5. 利用心理图像的自我暗示。消极悲观不如意时，回忆过去取得成功的愉快情景；身处逆境，信心动摇时，想象成功人士艰苦奋斗的情景。

其实，人与人之间本来只有很小的差异，但这很小的差异却往往造成了巨大的不同！巨大的差异就是一个人成功、幸福，还是平庸、不幸，而原本很小的差异就是凡事所采取的不同的心理暗示。所以说，转变意识、发展积极心态，就要从心理上的自我暗示做起。

欲望要严加控制

每个人都有欲望，也正是因为有了欲望，才有了前进的动力。

而且，人与动物不同，除了吃的欲望，人还有各种各样其他的欲望，比如穿衣，要穿款式各异的好看的衣服；住宿，要住越来越大的漂亮房子；坐车，要坐越来越高档的名贵汽车，等等。

但是，我们每个人都要控制欲望，而不能让欲望控制自己，要始终把欲望控制在一个合理的范围内。欲望可以不停前行，但绝不能出圈。如果欲望无止境，任由欲望发展，最后的结果只能利令智昏，堕入深渊。

贪婪的人，总被欲望牵引，被欲望控制，结果只能让自己坠入深渊。尽管人性中的欲望是与生俱来的，但若沉湎于欲望而不能自拔便会沦为贪婪。贪婪使人迷惑，使人在不自觉中丧失了理智，直到付出了沉重的代价时，惊醒为之已晚，让本来的一件好事成了遗憾的事情。

看到过这样一个故事：

传说在一座山里有一个神奇的洞，里面的宝藏足以使人终生享用不尽，但是这个山洞一百年才开一次。所以虽然大家都知道这个传说，但是没有谁真的享用过这个宝藏。

一天，有一个人无意中经过这座山时，正巧碰到百年一遇的洞门大开的机会。他兴奋地进入洞内，发现里面有大堆的金银珠宝，他急忙往袋子里装。由于洞门随时都有可能关上，他必须动作迅速，并且要尽快离开。

当他得意扬扬地装了满满一口袋珠宝，愉快地走出洞口后，发现洞门还没关上，这时他看到帽子是空的，于是他想，还可以再装满帽子，就立刻转身又冲入洞中。但这时已到了关闭洞门的时间，他和山洞一起消失得无影无踪。

即便你得到了整个世界，但丧失了自己的生命，那么，你也得不偿失。因贪婪得来的东西，永远是人生的累赘。贪婪的人常怀有私心，贪婪轻则让人丧失生活的乐趣，重则误了身家性命。生活的压力越来越大，脸上的笑容越来越少，这或许便是贪婪的代价。

人离不开欲望，拥有欲望才拥有生活的乐趣和动力。欲望总是无止境的，尤其在钱财方面。但是，欲望一定要有限度，否则任由欲望放纵，一心算计，斤斤计较，你便永远体会不到生命的乐趣。在生活中，我们也常常可以看到一些原本拥有无数钱财的巨富，最后落得个一贫如洗甚至自杀的下场。

贪欲是个无底洞，你永远也填不满。苏联教育家马卡连柯曾经说过："人类欲望本身并没有贪欲，如果一个人从烟雾弥漫的城市来到一个松林里，呼吸清新的空气，谁也不会说他消耗氧气是过于贪婪。贪婪是从一个人的需要和另一个人的需要发生冲突开始的，是由于必须用武力、狡诈、盗窃等手段，从他人手中把快乐和满足夺过来而产生的。"人只有合理地控制自己的欲望，才会生活得幸福。反之，如果贪得无厌，那么陪伴自己的就将只有痛苦了。而且，贪欲与痛苦还是成正比的。

对欲望不加控制而变得贪婪的人往往会利令智昏，缺乏理智，最终什么也得不到。贫穷的人只要一点东西就可以感到满足，奢侈的人需要很多东西也可满足，但是被欲望控制的人却需要一切东西才能满足，所以他们总是不知足，天天生活在不满足的痛苦中。

人一旦被欲望控制住，就会变得越来越贪婪，头脑就像涂了猪油一样，变得骄横而不可一世，做起事情来只会想着自己如何多得，如何占有一切，可结果却适得其反，所以，人需要学会自制，不断反省自己，看清楚哪些东西是应该得到的，哪些东西是不应该得到的，得到的东西多少为宜。这些问题想清楚了，思考问题和做事情才能有止有度，从而让自己从容不迫，游刃有余。每个人都需要自我分析一下，哪些是合理的欲望，哪些是超出能力的过分的欲望，这样就可明确贪婪的对象与范围，然后对造成贪婪心理的原因与危害作较深层次的分析。

拥有自制力就拥有好情绪

有人曾对身处监狱的 16 万名成年犯人做过一项调查，调查结果显示：那些犯罪的人之所以沦落到监狱中，有90%是因为缺乏必要的自制。因为缺少自制，他们未能把精力用在积极有益的方面。

一个人如果缺乏自制，就会对生活造成极为可怕的破坏。相反，如果学会自制，常常可以获得意想不到的收获。古今中外成大器者无不具有很高的自制力，能耐住寂寞，正视压力。古语云，"天将降大任于斯人也，必先苦其心智，劳其筋骨"，在苦心智、劳筋骨阶段，就需要自制力。

美国南北战争时有一位名将叫罗伯特·李。有一次，他去参加一位朋友孩子的洗礼，孩子的母亲请他说几句话，作为孩子今后漫长人生的准则。李将军思考了一下，出人意料地说了一句话："教他懂得如何自制！"从一位伟大军人的口中说出"自制"这样的训言，的确是让人有些意外。李将军身经百战、历经苦难，荣获美国历史上很高的荣誉，而他"自制"的人生准则的确值得人们深思。

对每个人来讲，有自制力才能抓住成功的机会。那么，如何来学会自制，并增强自己的自制能力呢？

1. 要明辨是非

要知道什么是对的，什么是错的，进而控制自己不好的想法和欲望。比如在课上控制自己做小动作的欲望，在排队时抛弃随便讲话的想法，在校车上做到不违规，过马路时不闯红灯，在商场或者小吃店控制自己乱花钱的念头等，对这些行为需要先知道孰是孰非，才能控制自己不做错事。

2. 锻炼顽强的意志力

没有顽强意志力的支撑，自制力只是一纸空文。也许你有了自制的意识，但行为表现出的却与自制所要求的不相称。这时，就需要顽强的意志力做助推剂，勇于挑战自我，将内心的意识变为行动。

3. 在细节上加强自制

要从小事做起，注意从细节上加强自律。自古以来，律己的人都是注重小节的，他们明白"千里之堤，溃于蚁穴"的道理。如果对小的陋习任其发展，不加以控制，那么它就会像滚雪球一样越滚越大，最终造成严重恶果。

4. 经常反思

"君子博学而日参省乎己，则知明而行无过矣。"只有经常反省自己的过失，严格要求自己，才会不断进步。

要拒绝浮躁对你的骚扰

中国文化给人的感觉一直是沉稳、含蓄的，就如太极拳般心平气和、不急不躁。《论语》说："欲速则不达，见小利则大事不成。"但是，当今社会，经济正在高速发展，物质水平不断提高，不少人似乎少了耐心，多了急躁；少了冷静，多了盲目；少了脚踏实地，多了急于求成……在市场经济的大背景下，很少人能按捺住自己驿动的心，守住自己可贵的孤独与寂寞，而是变得越发浮躁和一定程度的急功近利。

"浮躁"指轻浮，做事无恒心，见异思迁，不安分守己，脾气急躁，总想投机取巧。浮躁是一种情绪，一种并不可取的生活态度。浮躁者对现有目标的专注度不够、耐心度不足，对现有的目标拥有不切实际的想法和希望。

古时候有这样俩兄弟，都很有孝心，他们每日上山砍柴换钱为老母亲治病。

一位神仙为他们的孝心所感动，决定帮助他们。于是告诉他们两个人说，用四月的小麦、八月的高粱、九月的稻、十月的豆、腊月的雪放在千年泥做成的大缸内密封七七四十九天，待鸡叫三遍后取出，汁水可卖钱。

兄弟两个人各按神仙教的办法做了一缸。待到四十九天鸡叫二遍时，老大耐不住性子打开缸，一看里面是又臭又酸的水，便生气地洒在地上。老二则坚持到了鸡叫三遍后才揭开缸盖，发现里边是又香又醇的酒。

这就是"酒"和"洒"字的来历。只是差了那么一小横，只是早了那么一小会儿，但却造成了巨大的差距。在有些时候，我们需要在心中添把火，以燃起某些希望；而在有些时候，我们需要在心中洒点水，习惯等待，以浇灭某些急于求成的欲望……只要我们能够真正地静下心来，认真地去学习、工作，我们做的会比现在好得多。

浮躁这种情绪对我们生活的影响越来越大。人浮躁了，就会终日处在又忙又烦的应急状态中，脾气会变得暴躁，神经会越绷越紧，长久下来，会被生活的急流裹挟。这种情绪在人的内心里积存下来，久而久之，逐渐形成了某些人固有的性格，使他们在任何时候任何环境中，都不能平静下来，因而不自觉地，在盲目和冲动的情况下做出错误的决定，给自己造成更大的精神压力，让自己越来越急躁，终究形成恶性循环，一发不可收拾。因此，想成就大事者，要心存高远，更要脚踏实地。

在生活中，人们热情饱满甚至凡事跃跃欲试，自然不是什么坏事，生活本来就需要这样一种劲头。如果每天生活得懒散不羁，对人对事毫无热情，那么生活往往会成为一潭死水，毫无生命气息可言。但是热情也要讲究方式，热情用在积极的心态上，是一种动力。而人们所表现出的浮躁，则是一种对热情的错误运用。

浮躁的人虽然并不缺乏生活热情，但是却缺少合理分配和利用热情的能力。这类人在处事上常常缺乏理智、容易半途而废、浅尝辄止，宜将热情消极化。如梁实秋所说，为迫切完成某事而心浮气躁，就容易导致言行过分，这不仅有碍于人际关系，容易语出伤人，更容易分散心智，影响做事的效率或是错过眼前的良机。改变浮躁性格可以从以下几个方面来做：

1.在实践中锻炼耐心。耐心都是锻炼出来的，缺乏耐心也就等于自动丢掉了成功的机会。在生活中多多锻炼自己的耐心，做每一件事时都要学会安下心来，不要总是想着结果如何，要把精力放在如何做好这件事上。

2. 多看有积极意义的电影或书籍。这既能让你放松心情，调节生活节奏，同时也能为你带来更强大的生命动力，让你拥有更多的生活热情。

3. 遇到急事先冷静。焦急的情绪并不能帮你解决任何问题，只有思考才行，思考一下如何做才能最大限度地降低损失，怎么样处理才能较合理地解燃眉之急，然后马上去行动。

4. 学会循序渐进地做事。凡事不可贪大，成功要一步一步来，做事前首先要安下心来，为自己树立起框架，然后从最微小的部分做起，循序渐进，逐渐完成。

欣赏自己，肯定自己

人生旅途中会荆棘丛生，沼泽满地，磕磕碰碰、跌跌撞撞是在所难免的。忧愁、悲伤、紧张、焦虑、痛苦、恐惧等负面情绪会经常举兵来袭。如果一旦负面情绪取得了统治权，人生就会变得阴晦而绝望，令我们痛苦不堪，而战胜消极情绪的关键就在于要能够欣赏自己，肯定自己。

肯定自己，坦然接受自己的弱点，是对自己的认可，是对自我的肯定。肯定了自己，你才能客观地评定自己，才能强调你个性中"正"的一面，并在自己身上找到喜欢的东西。

美国心理学家威廉·詹姆士研究发现，一个没有受过激励的人，仅能发挥其能力的十分之三，而当他受到激励时，其能力可以发挥至十分之九。这就是说，同样的一个人，在经过激励后，所发挥的能力和作用相当于被激励前的 3 ~ 4 倍。可以说，激励是取得成功的重要条件。所以，在大千世界的芸芸众生中，我们不但要学会欣赏别人，学习别人，还要学会欣赏自己，学会为自己鼓掌。

欣赏自己，其实是人生智慧的一部分。能够欣赏自己的人是自信的人，欣赏自己的人总把自己最大的敌人当成自己。欣赏自己的人是没有偶像的，因为人们对于偶像的感情是崇拜和羡慕，如果一个人太崇拜和羡慕另一个人，这样就会失去自我，很难挣脱。就像萤火虫从来就不崇拜和羡慕太阳一样，它只是欣赏自己和欣赏太阳，所以才能到了晚上做"灯笼"，放出不一样的光来。

一个小男孩头戴球帽，手拿球棒与棒球，全副武装地走到自己家中的后院。

"我是世上最伟大的击球手。"他自信地说完，便把球扔到空中，然后用力挥棒，却打空了。不过他毫不气馁，把球从地上拾起来，又往空中一扔，然后大喊："我是世界上最厉害的击球手！"他再次挥棒；结果仍然落空。小男孩愣住了，大概过了十分钟的时间，他又仔细地对球棒与棒球进行了一番检查，然后再一次把球扔向空中，这次他仍告诉自己："我是最杰出的击球手。"可是第三次的尝试依然以失败告终。

在这种情况下，谁忍心看到一个自信的孩子被一而再、再而三的失败伤害后的面容？但是各位，不必这样，你根本看不到你想象的那一幕。因为这个男孩子在第三次失败后沉思了片刻，突然从地上高高跳起，"原来我是一流的投球手！"他兴奋地说。

小男孩勇于尝试，不断给自己打气、加油，使自己信心十足，尽管他一次都没有成功，但是他却毫无失落感，也没有一蹶不振，他不抱怨、不伤心，反而能从另一种角度来"欣赏自己"。

生活中有太多的人都习惯自怨自艾、自我批判，他们常说的是"我身材矮小""我能力不高""我总做不好事"……而不会像那个打棒球的小男孩一样换个角度来欣赏自己。倘若你总是在斤斤计较自己的平凡，总是在想方设法证明自己的失败，这样你就会每天为自己的想法找证据，结果就是你越来越觉得自己平凡、渺小，处处不如人。我们都是芸芸众生中的一员，都是平凡的小人物，但我们也有比别人优越的地方，大可不必自贬身价。倘若一个人自己都无法欣赏自己，看不起自己，那么，这个人还怎么可能得到别人的欣赏呢？这样的人何来自强、自信、自爱、自省呢？

能够做到欣赏自己其实并不容易。自己身上到底有什么值得欣赏的东西呢？其实，不是没有，而是有很多，只是自己没有发现罢了。也许你想成为太阳，可你却只是一颗星辰；也许你想成为大树，可你却只是一株小草；也许你想成为大河，可你却只是一泓山泉。于是，你很自卑，你感叹命运的不公。其实，你和别人一样，你也有一片风景，也有空气，也有阳光，也有寒来暑往，甚至有别人未曾拥有的一朵小花，一阵虫鸣……做不了太阳，就做星辰，在自己的星座发热发光；做不了大树，就做小草，让绿色装点希望；做不了伟人，就做实在的自我，做最好的自己。欣赏自己便是发现自己、更全面地了解自己，是自知能力的升华。如果能做到欣赏自己，那么，这个人便会乐观、自信地面对生活，浑身上下也便洋溢着活力，和他在一起的人们也会变得有活力。

一个成功人士说："别在乎别人对你的评价，否则，这会成为你的包袱，我从不害怕自己得不到别人的喝彩，因为我会记得随时为自己鼓掌。"生活给予一个人的，当然不会永远是赞扬，更多的可能是责难、讥讽和嘲笑。这时，你一定要学会从自我激励中激发自信心，学会自己给自己鼓掌。美国的一位心理学家说过："不会赞美自己的成功，人就激发不起向上的愿望。"学会给自己鼓掌，通过赞美自己的一次次微小的成功，来不断增强你奋力向前的信心，从而获得成功。能为自己喝彩的人敢于接受任何挑战，正是这种喝彩给他们带来源源不断的动力，无悔地追求自己的理想，最终实现自己的目标。

第五章　用幽默调节你的情绪

幽默生活的调味剂

再痛苦的生活因为幽默而变得妙趣横生。生活需要幽默，再坏的情绪碰到幽默都会好起来。

如果你仔细观察就不难发现，那些走到哪里都会带去欢声笑语的人都是情绪很好的人。是啊，做人就该这样，把欢乐带到人生的每个角落，让处处都开满幸福快乐的鲜花。

生活就像一辆行驶在漫长公路上的汽车，我们除了要把好方向盘和加入燃料外，同时切莫忘记给车子加入润滑油，免得机器摩擦过热，发生故障而抛锚。幽默的作用就像润滑油那样，切不可忽视它的特殊功能。

幽默不是油腔滑调，也非嘲笑或讽刺。正如有位名人所言：装腔作势、浮躁、钻牛角尖、迟钝笨拙、捉襟见肘的人都难以做到幽默，只有那些怀有从容的心态和情绪，能够平等待人，能够超脱，游刃有余，聪明透彻才可以拥有幽默。

人的一生很不容易，生活中的困苦挣扎无时无刻不在困扰着我们。在这样一个苦乐参半的生活里，我们是多么需要一点欢乐，一点笑料。这时候，幽默的人来了，他让这个严肃的世界顿时变得轻松愉悦起来，让人们不好的情绪瞬间转晴。那些懂得如何在生活中运用幽默力量的人，势必是一个有着稳定情绪的人，因为他能在生活中的很多微小的事情里看到快乐的影子。

在一次宴会上，丘吉尔先生和他的夫人面对面坐着。丘吉尔先生的一只手在桌子上来回移动，两个手指头向着他的夫人的方向弯曲。旁人对此十分好奇，就问丘吉尔夫人："你丈夫为什么这样若有所思地看着您？他弯曲着手指，来回移动又是什么意思呢？"

"那很简单，"丘吉尔夫人回答，"离家前我们发生了小小的争吵，现在他正在承认那是他的过错，那两个弯曲的手指表示他正跪着双膝向我道歉呢。"

多么细微而真诚的一点幽默啊，但却没说一句话就解决了潜伏在我们生活里的一个大问题。这就是幽默的力量。

是的，幽默的力量很强大，但是，幽默不是谁都能做得到的，因为幽默是一种心境在生活中的映射，而这种心境是只有稳定情绪的人才能拥有的。这种心境是一种豁达，一种包容，一种对生活对人生的原谅。在他们的心里，世界无论多么阴雨多风都还是有一点可爱之处的，因此，在他们的眼里处处都可以找出乐趣，都可以让人们为之会心一笑。这一笑就扫去了积压在心底多时的坏情绪，让人顿时觉得清爽了很多。

有一对夫妻，结婚后经常吵架。在一次争吵中，妻子说："天哪，这哪像个家！我再也不能在这样的家里待下去了！"说完她就拎起自己放衣服的箱子夺门而出。她刚出门，丈夫也叫起来："等等我，咱们一起走！天哪，这样的家有谁能待下去呢？"丈夫也拎上自己的箱子赶上妻子，并把她手中的箱子接过来。结果，他们不知在哪儿转了一圈儿，又一块儿回家了。这时，他们的神情像刚刚度过蜜月一样。

这就是幽默带给我们的好心情，它就像在平静湖面上扔了一颗小石子，带起了一圈一圈美丽的涟漪，让我们的生活不再如一潭死水，让我们的人生充满了一万种快乐的可能。

那么，如何才能培养出自己的幽默感呢？

首先，我们要开阔自己的视野。幽默是一种聪明与智慧的表现，当然它必须建立在丰富知识的基础上。一个人只有具备审时度势的能力，广博的知识，才能做到谈资丰富，妙言成趣，从而做出恰当的比喻。因此，要培养幽默感必须广泛涉猎，充实自我，不断地从浩如烟海的书籍中收集幽默的浪花，同时也从名人趣事的精华中撷取幽默的宝石。陶冶情操，乐观地面对现实。

其次，幽默是一种做人的宽容精神，因此要善于体谅他人，要使自己学会幽默，就要学会雍容大度，克服斤斤计较，同时还要乐观。乐观与幽默是亲密的朋友，生活中如果多一点趣味和轻松，多一点笑容和游戏，也多一份乐观、幽默，那么也就没有什么克服不了的困难，当然也就不会出现整天愁眉苦脸，忧心忡忡的痛苦悲伤者。

再次，我们还要培养自己深刻的洞察力，进而来提高我们观察事物的能力。培养机智、敏捷的能力，同时也是提高幽默的一个重要方面。只有迅速地捕捉事物的本质，运用恰当的比喻、诙谐的语言，才能使人们产生轻松的感觉。

幽默让你不再尴尬

生活中总会出现很多尴尬的局面，或大或小，但有时候足以让我们难以对付，最后陷入一个难缠的境地。

面对尴尬，有的人可能会选择逃避，有的人可能会勃然大怒，这样问题不但不能得到解决，还会影响到自己的好心情。这时候幽默的原则会帮你从困境中彻底地解放出来，而且是漂亮优雅地进行。

是的，面对尴尬我们无须逃避，逃避只能让我们成为别人眼里的懦夫，更无须勃然发怒或大动干戈，那只会让自己失去优雅的形象，面对这种进退两难的情况，我们只需要把心放宽，幽他一默。这是一种婉转的胜利，因为你用这种特别的方法战胜了坏情绪，获得了一种特别的快乐。

古希腊伟大的哲学家苏格拉底是一个智慧且幽默的人。

大家都知道他的妻子是一个心胸狭隘并且冥顽不化的悍妇，每天对苏格拉底唠叨个不停，而且还会动辄破口大骂。有个人曾经问苏格拉底："您是一位非常有名的哲学家，你怎么找了一个这样的女人呀？"

而苏格拉底却幽默地说："你们有所不知，善于骑马的人往往会挑选一匹烈马，我如果能忍受住我妻子的话，那么天下不就没有我难以相处的人了吗？"

这真是一个聪明人给我们开的玩笑，似乎在他眼里没有什么事情能够让他烦恼。面对这样的老婆，他不仅没有郁闷抱怨，还能看得很开，不是懂得调节自己情绪的人是很难做到这一点的。

还有一次，苏格拉底正和一些学生讨论问题，他的妻子不知因为什么事跑来，还当着众多学生的面，没有任何理由地就把苏格拉底骂了一顿，并且还随手端起一盆水泼了他一身。当时，所有的同学都惊呆了，都瞪眼看着苏格拉底如何回应。这样的局面给苏格拉底造成了一种难堪，一种尴尬。但是，苏格拉底却纹丝不动，只是很平静地说："雷鸣闪电以后，一定是倾盆大雨。"这句话逗得大家哈哈大笑。

用一句幽默的话将那些不愉快的事付之一笑，从而使紧张的气氛即刻云开雾散，让坏情绪一扫而空，这就是幽默的力量。苏格拉底就是利用幽默的语言，使自己在轻松的笑声中摆脱了尴尬的局面。

幽默是一种有价值的思维品质，它表现为机智地处理复杂问题的应变能力。幽默来源于对世间事物的洞察，含笑去面对人生中的矛盾或冲突。它是一种特殊的情绪所表现出来的，是人们适应环境的工具，当然也是人类面临困境时减轻精神和心理压力的方法之一。机智幽默也特别有利于人际关系的融洽，有利于化解尴尬，是人际交往中不可缺少的"润滑剂"。它常常成为懂得调节情绪的人处于困境时实现自我解脱的一种方法。

　　幽默大师林语堂先生，生前有一次乘船旅行，在船上一个外国人看他正在看一本英文版的《生活的艺术》（林语堂所写），那老外见林语堂身着大褂，以为他是个乡巴佬，就鄙视地对他说："老兄，你看得懂吗？"林语堂微笑着用英语说："虽然我看不懂，但是这本书却是我写的。"说罢他掉头就走，留下一脸愕然的老外。

　　幽默，它也可以淡化人的消极情绪，消除沮丧与痛苦。具有幽默感的人，生活永远充满了情趣，许多看来令人痛苦烦恼之事，他们却应付得轻松自如。我们要用幽默来处理一些烦恼与矛盾，当然这也会使人感到和谐而快乐。

自我解嘲傻一点也好

　　自我解嘲，在别人眼里会认为你很傻，可大家不得不佩服你是一个真正聪明的人。自嘲能使自己愤懑的情绪得到缓解，为心灵增加一层保护膜，还能使别人对你有个新的认识。

　　在人生的旅途中，几乎每个人都会遇到一些让人难堪的场面。懂得运用幽默来调节自己情绪的人，就要在别人没有嘲笑自己的时候自嘲，可以说这是一种装傻充愣的战术，但就是你的这种痴劲才让你转被动为主动，让对方放松了警惕，而你这时就有机会快速修复自己的心理平衡，虽然不能成为难堪场面里最大的赢家,但至少打了一个平手。

　　难堪场面里的心理平衡修复能力很重要。心理学家认为，一个人的身体状态是受其心理和情绪因素影响的，大约有一半以上的疾病是由心理和情绪方面引起的。因此，保持心理平衡、情绪稳定对人的健康是非常重要的。

　　自嘲就是一种主动修复心理平衡，求得情绪稳定的好方法。它是一种鲜活的态度，可以使原本很沉重的东西刹那间变得轻松无比，会让别人砸过来的重拳落在棉花上。

但是能做到自嘲并不容易，谁又肯在众人面前揭自己的短呢？这就需要有一个平和的心态。敢于来"破坏"自己的面子，总比让别人破坏我们的面子要强得多。而事实上，当你敢于揭自己短的时候，别人已经开始转嘲笑为佩服了。所以，貌似你表现得很痴，可大家不得不佩服你是一个真正聪明的人。

有一个朋友，自从大学毕业后就一直浑浑噩噩，没有一点建树。一日酒后，终于从心灰意冷中醒悟，昂首挺胸，对天发誓："我从此要站起来了！"但落座后即明白自己这块料的深浅厚薄了，自嘲道："中国人民 1949 年就站起来了，只有我现在才晓得要站起来！"

其实在最后一句话没说之前，大家都准备嘲笑抨击他一番了，但是听了他的最后一句话，所有人都笑了，转而开始安慰他。事情就这样在他的自嘲中得到了很好的解决，没有脸红，没有酒后的生气和大骂，只有友谊的暖流缓缓地流动在朋友之间。

自负的人为了遮掩自己的弱处，于是心虚地吹嘘，但结果却让他人小看；而自嘲的人干脆将自己的弱处袒露无遗，这样自己不仅坦然，还能得到别人的尊重。

当然自嘲不仅可以缓解自己的尴尬情绪，还会缓解自己的压力，通过自嘲而使得自己的身心得到放松。

一个基金会的工作人员讲他们基金会的人员构成很有意思，十个职工中有七个是属鸡的，喘息时大家在自嘲：整日如鸡觅食，似鸡啄米地忙碌，所以才叫"鸡精会"呀！

听了这话，工作人员都会心地笑了，紧张严肃的工作环境顿时变得轻松愉快，人们的工作效率也在放松中有了显著的提高。

自嘲是一剂减压和松弛心态的良药。

其实生活中很多时候，我们就该自我嘲解一下，虽然不能从根本上解决问题，但至少我们拥有了一个好心境，再面对问题、解决问题时就轻松愉快多了。自嘲是一剂自我调整心理平衡的良药，我们的生活离不开自嘲。人们在遇到窘境，对付尴尬和难堪的局面时，多一些风趣生动的自嘲，就能及时调整心态，对自己的身心健康都是有益无害的。

开口便笑，笑世间可笑之事

　　人生在世，我们要有笑世间可笑之事的情绪过日子，因为活着就是一种希望，活着就是一种最大的财富。

　　在好情绪的人的眼里，天下可笑之事甚多，但在有着坏情绪的人的眼里，人间就是一个苦海，没有丝毫快乐可言，一句幽默只能成为他们眼里的冷笑话。

　　曾经看过余华写的一本书《活着》，他把所有的人间遭遇和痛苦都说得仿佛不是发生在他身上的事情一般，活得很是"粗心"。在他的文字里我们看到的永远都是云淡风轻的微笑，没有一点沉重。我们要佩服这种人，在他们眼里，世间的万事万物都有它的可笑之处，用他的话说就是：你最好怀有笑人间可笑之事的情绪过日子，因为活着就是一种最大的福贵。

　　其实生活工作的快乐与否，完全决定于我们对人、事、物的看法。因为生活是由思想造成的，只有拥有快乐的情绪，才会有生活、工作的快乐，才会友善地与同事相处，哪怕他（她）是你的敌人。只要我们挺起胸膛，脸上永远保持微笑，笑对一切人、事，你就会取得意想不到的效果。

　　心理学认为，笑是"胜利的表现形式"。的确，笑可以看作优越感的流露。体育竞赛中的优胜者常常面带微笑，这无疑是胜利者优越感的表露。就连人们看滑稽剧、听相声时所发出的笑，也包蕴着一种与那些被艺术化了的丑角相比较所产生的优越感："换了我，绝不会干那种蠢事了。"如果你积极地利用"微笑"这一功能，就能缓和与"敌人"的关系，这敌人不仅是个别的人，还是我们的生活。

我们不得不承认，愁肠百结永远解决不了任何实际问题。消沉的时候，主动创造出能够开怀大笑的环境才最为重要。看看夸张、谐趣的漫画，读读幽默、调侃的小说，你的愁眉苦脸肯定会在不知不觉间变得笑逐颜开。这就是一种借助外部条件的刺激而使自己由衷地发笑，并重新拥有优越感、恢复自信心的方式方法。

有一个作家，据说他在因缺乏创作灵感而苦恼万分时，来到自己不满三岁的儿子面前，一边在嘴里念叨着"糟啦！糟啦！写不出来啦"，一边在地板上不住地翻跟斗。孩子被父亲滑稽可笑的样子逗得前仰后合。当他看到孩子"咯咯"地笑个不停的时候，自己也不禁感到十分惬意。有时候还会在这种轻松诙谐中找到灵感。

其实他不过是在用一种十分滑稽的形式进行自我解压，在对自己的情绪进行疗伤，以使自己的心情处于十分放松的状态。经过这样的心理调节，灵感就会突然而至。这真不愧是一种能够出色地转变人的情绪的自我暗示方法。

要想有这种好的情绪你还要注意一点，就是要让自己永远都怀有一颗好奇心，对任何事物都充满孩童时代的新奇。不要认为这种方法很幼稚，事实上这是一种很好地让自己永远快乐的方式。

不信去看看那些小孩子，他们看到任何事物都会瞪着水灵灵的大眼睛，然后好奇地问这问那，有时候一个小场景他们也会笑个不停。所以，最好的方法还是怀有一颗童心。有句话说得好：我们就应该有一个成人的思维方式，一颗孩子的心。这样做人肯定是永远都充满新鲜和活力的。

这时候再回到我们的日常生活中，把你的心放宽，情绪放轻松，告诉自己这个世界是很广博的，有很多事情并不是我们现在看到的那个样子。这个世界有很多个面，我们还有若干面没有看到呢。我们要抓紧时间去看看那些我们没看过的事物，去品尝我们以前没有吃过的美食，去玩我们没有玩过的东西，去拜访我们没有去过的城市，想一想，未来还是很美的。这样一来，再遇到挫折和困境时，我们就会心怀感激和希望，而不是被坏情绪所侵扰。

幽默高手非你莫属

懂得幽默的人都是善于调节自己情绪的人，他们总能在不经意间带给我们欢乐和笑颜，之后又让我们品味出一番做人做事的人生道理。

懂得幽默的人都是在生活中受欢迎的人，他们表现出来的风趣、幽默、诙谐、纯真可以创造一种良好的氛围，拉近人与人之间的距离。最重要的一点是，他们的幽默不是简单的幽默，而是带着憨厚和宽容的幽默，让每一个和他们接触的人不仅有欢声笑语，更重要的是存在一种安全感，这才是幽默的高境界。

约翰·洛克菲勒是世界有名的富翁，但是，他在日常开支方面却很节约。一天，他到纽约一家旅店投宿，要求租一间最廉价的房间。

旅店的经理说："你为什么选择这么廉价的小房间呢？你的儿子来住宿时，总是选择最贵的房间。"

"没错，"洛克菲勒说，"我儿子的父亲是百万富翁，我的父亲却不是……"

这一句幽默的话没有因为从石油大亨的嘴里说出来就变得沉重和让人胆战心惊，反而让所有平凡的人都觉得他是一个十分可亲的人。让人们更愿意去接触他，更愿意去支持他、拥护他。

是的，幽默高手总能在不经意间带给我们欢乐和笑颜。那些话或是行动看起来很是无意，很是粗心大意，但往往会让我们笑上半天，还会在过后有更深刻的思考。我们不得不承认，生活中那些左右逢源又有好人缘好机会的人，都是善于运用幽默来调节情绪的高手。

英王乔治三世有一次到乡下打猎，中午感觉肚子有些饿，就到附近的一家小饭店要了两个鸡蛋充饥。吃完鸡蛋，店主拿来账单，乔治三世瞄了一眼仆役接过来的账单讥讽地说："两个鸡蛋要两英镑！鸡蛋在你们这里一定是非常稀有吧？"店主毕恭毕敬地回答：

"不，陛下，鸡蛋在这里并不稀有，国王才稀有。鸡蛋的价格必然要和您的身份相称才行。"乔治三世听完不由得哈哈大笑，爽快地让仆役付账。店主幽默的言辞不仅没有激怒英王，反而获得了不少的收入。这就是幽默高手的幽默。

幽默的言辞往往是最佳的润滑剂，还能平息对方的怒气，让对方迅速转怒为喜。生活中，如果人们都能时常以幽默的情绪来对待各种事情，如在寒冷、炎热、潮湿或令人难熬的日子里，说上几句逗人开怀的笑话，肯定能振作大家的精神。

幽默感可能是与生俱来的，但是想成为幽默高手却要下一番功夫。高级的幽默并不是在字眼上故弄玄虚。要想成为自如驾驭幽默的高手，首先，要在日常生活中注意积累幽默的素材。如果你没有即兴幽默的能力，不如多看一些漫画和笑话，从中体会幽默的感觉，学习欣赏幽默，久而久之，就可以自己制造幽默，至少可以运用"看来的"笑话了。其次，也可体会别人的幽默感，学习听懂笑话，然后模仿一番。

幽默让棘手变得简单

在人生的漫漫长路中，遇到棘手问题可谓是家常便饭，如果你拥有幽默，也就具有了随环境变化，不断加以调节自我心理的有力武器，即可利用幽默减轻生活中因失败带来的痛苦。

生活中越是遇到棘手的事情，越不应该愁眉苦脸，因为你的坏情绪对解决问题没有一点帮助，只会往自己的脸上添皱纹。因此，越是觉得问题棘手，就越需要往相反的方向走，那就是去找幽默来帮你。

幽默不只是娱乐自己，同时也是娱乐别人，只要人们可以笑得出来，会有什么解决不了的大事呢？情商高的人不管遇到任何事情都乐呵呵的，仿佛生活中没有一点烦恼和忧愁。

这么说来，那些伟大的人物，如林肯、爱因斯坦、卓别林、萧伯纳等，就都是"情商高的人"了。因为在遇到人生和生活中的棘手问题时，他们除了具有意志坚强、思维敏捷、机智灵活、自信敢为等心理品质之外，还有一个共同的重要的心理品质——幽默感。即使是应该庄重严肃的革命导师马克思、恩格斯、列宁、毛泽东、邓小平等人，也并非是整天板着面孔的人，他们都是极富幽默感的人，尤其是遇到棘手的问题时。

据说，马克思在遇到困难的政治问题没有头绪的时候，最喜欢看的是幽默小说；恩格斯曾写过专论幽默与政治关系的文章；列宁则利用了幽默获得了幸福的爱情；我们伟大的毛主席就更不用说了，在当年对待小日本的时候，无论是讲话还是写文章都很诙谐幽默；邓小平也善用平实朴素、幽默风趣的语言讲述复杂的问题。

在人生的困境中，大家普遍喜欢与幽默风趣的人接触，因为他们能给棘手的问题带来更轻松愉快的解决思路。生活中也不能缺少幽默，因为生活中总会出现这样或那样棘手的问题，这时最能发挥效用的就是拥有幽默气质。而幽默的人生则是生活的一种极致，尤其在现代社会中，无人不喜欢幽默、向往幽默和追求幽默。据说，欧美的女子选择爱人，条件可能多种多样，但不变的一条就是幽默。不管怎么说，和一个幽默的人生活在一起，即使是吵架也是有乐趣的。

把幽默运用在困境和解决难题里就不单单是引人发笑，而且带给人们一种心理上的轻松和快慰。幽默也可以用来对抗困境中的焦虑，不论大人或小孩都用得到。例如在智力、性别、宗教、政治方面，有许多你无能为力却又存的问题，就需要以幽默来化解。幽默是对他人一切过失的谅解，是对周围环境的喜剧式调侃，也是面对困境时的一种自嘲和解脱。

在人生道路上，遇到棘手问题是常有的事，也许会是一种挫折或是一种尴尬难堪，如果忍受挫折的心理能力得不到提高，则焦虑和紧张就会常常困扰我们的身心。假如你拥有幽默，也就具有了随环境不断变化加以调节自我心理的有力武器，即可利用幽默减轻生活中因失败带来的痛苦。

有一个高中生，一面查看那辆崭新的山地车被撞后的残骸，一面对周围的人说："唉，我以前总跟爸爸唠叨说，要是有一天能有一辆山地车就好了。现在我真有了一辆，而且真的只有一天……"周围的人哈哈大笑起来。

对这个学生来说，车被撞已无可挽回，但他并没有看得很重，而是利用幽默的力量，既减轻了自身的痛苦和不愉快，又给围观的人带来了欢乐。

人生中难免会遇到令人头疼的问题和坏情绪，但是有了幽默你还有什么好怕的呢？

拿自己开涮别有风味

敢于拿自己开涮的人，那绝不是自卑，而是一种难得的幽默，一种充满自信的表现，他一定是一个懂得调节自己情绪的智者。

在生活中，我们总是扮演着很多个角色，我们很有可能要去应付不合理的要求、令人不快的行为或者闹得不像话的场面。有时候为了化解困境，没有任何合适的方式，只有依靠幽默的力量，不仅幽别人的默，有时候也要拿自己开刀，幽自己的默，这是一种情绪调节的好方法。

一个作家就曾拿自己开涮而摆脱了一个窘境。他在自己的一本书中，写到了美容大王卢宾丝坦女士。后来在一次他自己举行的新书签售会中，一个读者不断地批评他，说他不应该写那种女人，因为她的祖先烧死了圣女贞德。其他读者都觉得很窘，几度想改变话题，但是都没有成功。谈话越来越令人接受不了，最后作家自己说："好吧，那件事总得有个人来做，现在你差不多也要把我烧死。"这句话马上使他从窘境中脱身出来，随后他又加上一句妙语："作家都是他笔下人物的奴隶，真是罪该万死！"

听了他的话，所有在场人都笑了，包括那个"找碴儿"的读者。大家开始觉得那个找碴儿的人很无聊，而觉得这个作家不仅幽默风趣，而且还很大度。

能做到这一点的确很不容易，因为人们往往喜欢把好笑的事情放到别人的身上，却很少有人愿意把笑话放在自己身上，那样做是很容易让自己受窘的。事实上，只有那些敢于笑自己的人，才有权利开别人的玩笑。

有句话说得好："笑的金科玉律是，不论你想笑别人怎样，先笑你自己。"笑自己，拿自己开涮是一种幽默的高境界。

有个人对公司的董事长颇为反感，于是他在一次公司职员聚会上，突然问董事长："先生，你刚才那么得意，是不是因为当了公司董事长？"

这位董事长立刻回答说："是的，我得意是因为我当了董事长。这样我就可以实现从前的梦想，亲一亲董事长夫人的芳容。"

董事长敏捷地接过对方取笑自己的目标，让它对准自己，于是他获得了一片笑声。连那位发难的人，也忍不住笑了。

许多著名人物，特别是演员，都以拿自己开涮来达到双方完满的沟通。他们利用一般认为并不好看的外貌特征来开自己的玩笑。如舒淇的"大嘴巴"。还有一位发胖的女演员，拿自己的体态开玩笑说："我不敢穿上白色泳衣去海边游泳。我一去，飞过上空的空军一定会大为紧张，以为他们发现了新大陆。"

这种敢于拿自己开涮的人，不仅不会受到大家的嘲笑和鄙视，相反，人们往往会不由自主地开始喜欢他。如果今后别人拿我们开玩笑时，我们最好点头认同他的观点，然后同他一起哈哈大笑。或是有时候，我们就主动开自己的玩笑，笑自己的长相，或是笑自己做得不太漂亮的事情，这样你会在别人的眼里变得越来越有个性和吸引力，这也会慢慢变成人们喜欢你的理由。

如果你碰巧长得英俊或美丽，要感谢老天的赏赐。同时也不妨让人轻松一下，试着找找自己的缺点。如果你真的没有什么有趣味的缺点，就去虚构一个，缺点通常不难找到。

第六章 给他人一点宽容，给自己一份快乐

有度量才能感受到快乐

生活中，谁都想做一个处处受人欢迎和尊敬的人，谁都想每天拥有好心情，然而不放宽自己的心眼就难以拥有气量和大度，也就难以拥有快乐的人生。

想快乐，就要做一个有度量的人。"量"小非君子，无"度"不丈夫，可以说是我国一句古话。它形容的是做人必须有宏大的气量，不要让自己因为一些无谓的小事情而心烦意乱，凡事不要和别人斤斤计较。不宽容，情绪就不会好，生活怎么会快乐呢？

然而生活中还是有许多人不懂得调节情绪，常常被困在有名无名的计较之中。事情一出现，他们就开始用内心的原则作为筛子，尽可能地筛掉生活中所有不合乎他们心意的石子，并且是一遍又一遍，直到筛子的孔越来越细，越来越小，但还是没有穷尽。在他们的眼里永远都没有满意，心眼小得容不下一粒沙子。人生如此短暂和宝贵，等待我们去做的重要的事情那么多，就这样因为心眼太细把时间浪费在小肚鸡肠的小事情上了，就这样在斤斤计较中度过了"事事不如意"、不轻松的忧郁人生，是多么可悲的下场啊。何不做一个宽心人，把自己的心眼放大一点去过"事事如意"的生活呢？

可生活中的大多数人就是不想过轻松的生活。

周围的人做了任何事情，他都会想方设法地挑毛病。妻子的菜做得有点咸，衣服洗得不够干净，跟客人说话的方式不是很好；总会批评小孩的成绩不够优秀，在家里外面不够听话……尽管每次他提出的时候，妻子儿子都有所"改进"，可是，他挑刺的习惯却从未停止过。最后，他的下场就是妻子跟他离婚，判决的时候，孩子死活都不想跟着他。不光在婚姻家庭上，在对待亲朋好友的时候也一样。所以，他的下场就是众叛亲离。

是的，我们一生都在学习怎样做人，我们希望自己是一个在社会生活中处处受欢迎的人。但是，恍惚间，我们却离自己理想的状态越来越远，甚至是南辕北辙。怎样做人是一门学问，是一门甚至用毕生精力也未必能看破个中因果的大学问，多少不甘寂寞的人究其原委，试图领悟到人生的真谛，塑造出自己辉煌的人生。然而人生的复杂性使人们不可能在有限的时间里洞察人生的全部内涵。其实，想破解真谛并不难，就是要放宽了心去做人，做一个有度量的人。心太"细"就会事事计较，就会使自己的情绪不稳定，心态不从容，快乐也就会远离自己。

如果我们"戴"着放大镜、显微镜生活，恐怕饭都难以下咽了，镜子也不敢照，话也不敢说。如果用放大镜、显微镜去审视一个人，那家伙很可能罪不容赦、直接可以拉到刑场上枪毙了。做人固然不能无所顾忌，无所在意，游戏人生，但也不能认死理，太斤斤计较，太过苛责挑剔。如果对什么都看不惯，发现任何不入"法眼"的情况，都会想办法拿到大庭广众之下，让众人对此剖析一番，那么不光是亲人朋友，他就连自己也会容不下。最后的结局只能是在精神病治疗中心终老了。

人与人之间是不同的，每个人都有自己内心的做人准则和行为标准，更何况人非圣贤，孰能无过。与人相处就要宽容一些，多看看别人的优点，对待自己也要以尽力而为、难得糊涂自勉。不以自己的标准去苛责别人，你就会有许多朋友，而且左右逢源，诸事遂愿；相反，斤斤计较，认死理，过分苛责挑剔，容不得人有一点不如你意，人家也会躲得远远的，你会被这种得不到满足的坏情绪一点点吞噬，找不到自己快乐的方向。

人活在世上就应该心宽一点，很多事情都应该不屑一顾。要真正做到这一点是很不容易的，需要经过长期的磨炼。如果明确了哪些事情可以不认真，可以敷衍了事，他们就能腾出时间和精力，全力以赴认真地去做该做的事，他们成功的机会和希望就会大大增加；与此同时，由于他们变得宽宏大量，人们就会乐于同他们交往，他们的朋友就会越来越多。事业的成功伴随着社交的成功，应该是人生的一大幸事。

人生就是一张纸

人生就是一张纸，而且只有一张，你写上去什么就会是什么，现在不会变，将来也一样不会改变。所以不要等到所有的情况都完善以后才动手，那样的话你很有可能一事无成，空有一个坏情绪。

生活中，你会发现有一些人，他们的智商很高，情商也不错，工作能力过人一等，而且又非常勤奋，但是，他们却干不出什么成就来，情绪状态也往往不佳。

如果认真地分析，你就会发现，出现这种状况的原因多数都是太过于严谨和认真。他们总是习惯于把所有的准备工作做好了之后，才肯着手去实践自己的计划。他们认为事情只有很好地规划和安排后，最后实现的结果才能如他们所愿。

然而，人生可不像写作文，还可以打一个草稿，觉得写得不好就扔掉再写一份。事实上人生就是一张白纸，而且只有一张。世事往往是不待人的，很多时候事情的发展态势是不容你有过多而周密的准备的，你写上去什么就会是什么，现在不会变，将来也一样不会改变。这就像即将面临的一次临场发挥考试，你能有的只是一个大体的思路，而不可能把整个考卷都做一遍。因此，那些想把人生考卷在考场上都准备一番的人，很可能考试结束了他还没有写几个字。而那些对自己宽容的人，则不会有那么多的后顾之忧，他们多数时候都是边做边想，却拿了不错的分数。

这就是人生。想事事完善再动手做的人，大多数都要比宽心做人的人慢一拍，他们会等着那唯一所欠缺的"东风"，最后却任由机会在追求完善的眼前飞驰而过，之后就剩下面对失败的悲天悯人。

一个人想写一个程序。他首先在尝试几种、十几种，乃至几十种方案之后才会动手去写。这么做当然是好的，因为他可能在比较之中找到一种最佳的方案。但是，在他开始写的时候，他又会发现自己选择的那种方案依然有些地方准备得不好，多多少少还存在着一些欠缺和漏洞，而他却非要找出一种准备得绝对充分的方案来。于是，他就将这种方案又重新搁置起来，继续去寻找所谓"绝对完美"的新方案，或者将这一项目的规划放下，又去想别的事情。

总之，他在规定的时间里，把前一部分做得非常好，但后一部分则由于时间太紧不得不草草了事。这种人总是不愿出现任何一种失误，担心因此而损害自己的名誉。所以，他的一生都将会在寻找的烦恼情绪中度过，结果可能一事无成。

这就是没学会宽心做人的恶果。很多时候我们都要把心放宽，不要把事情想得那么复杂，以为只有你够勤奋，够认真努力，规划得够细致，就可以得到一个好的结果，或是你想要的结果。事实上，我们的人生就是一个旅程，你最好是一路走一路看，欣赏路上的美景，而不要把它当成是一次公事出差，想从出发地立刻到达目的地，因为往往那些随机的旅游线路更让人惊喜。

做人就要相信人生道路的每一步都是值得你去尝试的，而不是刻意规避某种不好。人生一路坦途的人，虽然享受了安逸的恬静，却失去了更多体验人生激情的机会。因此，你最好做个宽心的人，不要任何时候都相信"没有远虑，必有近忧"这句话，不要像现实生活中的有些人那样：

有个人一直住着很破旧的出租屋，因为他一直想攒了足够多的钱后，直接买一所很大的房子；他一直不出去旅游，因为他想着有了足够的时间后，再去快活地游山玩水；他一直没有追求他爱的人，因为他想有了足够的经济条件后，才能给一个女人幸福。几十年过去了，他老了，他终于有了足够的钱，有了足够的时间，有了足够好的经济条件，可是，他没有几天能享受这所大房子，也没有力气去旅游，更没有女人愿意跟他好了。

这是现在很多年轻人的写照。当然，这里并不是要推崇享乐主义，只是要告诉所有的人，事事追求完善的心态，是很难有个健康的情绪、过上幸福快乐的生活的。再去看看那些宽心做人的人吧。他们贷款买房，很早就享受着属于自己的房子；他们每周都出去旅游，每张照片里都留下了年轻时活力四射的影子；他们在什么都没有的时候追求真爱，而这份爱却更显真挚。"只欠东风"的行动并没有很多人想象的那么可怕，相反，宽心做人的人才是真正懂得享受生活的人。

宽容让世界变得宽广

天空不宽容，日月星辰便一无所有；大地不宽容，山川草木便是一具丑陋的骷髅。宽容对于人而言，是一种更广阔的生命空间。

没有天空对日月星辰的宽容，就没有宇宙的灿烂丰饶和神奇的诗意；没有大地对草木与生命的宽容，就没有它肌体上的青春万里、莺飞鱼游、芭蕉绿肥、樱桃红透。看来，宽容是一种好生向善的美德。古人云：金无足赤，人无完人。因此，我们必须学会宽容。

宽容，是一种风度。学会宽容，将使你活得更加美好，人生更有意义。你尽可不必为一些琐事斤斤计较，烦恼忧伤。学会宽容，是一种美德，也是一种气质。学会宽容，你将拥有一份胜利的喜悦，将会永远充实。

宽容待他人，宽容他人的长处，莫嫉妒；宽容待朋友，宽容朋友的毛病，莫苛刻；宽容待家人，宽容家人的絮叨，莫讲究。宽容是水，给别人以清爽；宽容是秋，给自己以成熟；宽容是大海，汇聚了涓涓细流弯弯江河，撑开无垠的胸襟；宽容是宇宙，能够无限地容纳一切客观存在的物质与观念，怀有这样的心态，怎么会没有一个好情绪呢？

宽容自己，宽容朋友，甚至宽容对手，这是一种至高至纯的境界，这是一种无比至上的精神。它能使阳光明媚，万里无云，它能让你振奋。宽容别人则处处显示着你的纯朴、坚实、大度和风采。如果能够常常宽容他人，那么，在这块土地上，你将永远是胜利者。

宽容就是洞察。世界由矛盾组成，任何人或事情不会尽善尽美。无论是"患难之交""亲朋好友"，还是"金玉良缘""模范丈夫"，都是相对而言的。他们的矛盾、苦恼常被掩饰在成功的光环下，而掩盖的工具恰恰是宽容。不必羡慕人家，不要苛求自己，常用宽容的眼光看世界，事业、家庭和友谊才能稳固和长久。

宽容就是忍耐。同事的批评、朋友的误解，过多的争辩和"反击"实不足取，唯有冷静、忍耐、谅解最重要。相信这句名言："宽容是在荆棘丛中长出来的谷粒。"能退一步，天地自然宽。

宽容就是忘却。人人都有痛苦，都有伤疤，动辄去揭，或添新创，旧痕新伤难愈合。忘记昨日的是非，忘记爱人曾经有过的一段不快，忘记别人先前对自己的指责和谩骂，时间是良好的止痛剂。学会忘却，生活才有阳光，才有欢乐。

宽容者大多具有内省的品德，总在不断地审视自我，从而营造出人与人之间那份美好的情愫，那份真切的爱意。这便有了"身是菩提树，心如明镜台"，有了"时时勤抚拭，莫使惹尘埃"的品味和感悟。

一位老妈妈在她50周年金婚纪念日那天，向来宾道出了她保持婚姻幸福的秘诀。她说："从我结婚那天起，我就准备列出丈夫的10条缺点，为了我们婚姻的幸福，我向自己承诺，每当他犯了这10条错误中的任何一条的时候，我都愿意原谅他。"有人问，那10条缺点到底是什么呢？她回答说："老实告诉你们吧，50年来，我始终没有把这10条缺点具体地列出来。每当我丈夫做错了事，让我气得直跳脚的时候，我马上提醒自己：算他运气好吧，他犯的是我可以原谅的那10条错误当中的一条。"

这个故事告诉我们：在婚姻的漫漫旅程中，不会总是艳阳高照、鲜花盛开，也同样有夏暑冬寒、风霜雪雨。面对生活中的一些小矛盾，如果能像那位老妈妈一样，学会宽容和忍让，你就会发现，幸福其实就在你的身边。

互相宽容的朋友一定百年同舟；互相宽容的夫妻一定千年共枕；互相宽容的世界一定和平美丽。

于是，宽容有一个度的概念。你在多大程度上学会宽容，你就在多大程度掌握人生。以宽容的态度处事，是做人的美德，也是做人的智慧。宽容不仅是人际情感交流的润滑剂，更是人生这棵树上滴翠的绿叶和吐艳的花朵，散发着迷人的魅力和神韵。

原谅别人就是原谅自己

压力会在你原谅别人时减轻，在你不原谅时增大。原谅别人，是对待自己的最好方式。因为释放了自己，才能有稳定健康的情绪。

有一位台湾作家曾给我们讲述了这样一个故事：

有一个妇人，平时温文有礼，也很懂得持家，常常一大早就在家门口洗衣服，但她有一个不定时发作的毛病：发疯。

她可以黄昏时拿把菜刀、棍子在家门口破口大骂，也可以一大早就如此。刚开始，人们以为那是谁家的广播剧，后来才知道，是这位妇人在发泄情绪。

她最常骂的是："我不甘心。""你这疯人，总有一天会遭报应的。""你去给车撞死。""你怎么可以骗我？"

妇人曾被信任的朋友欺骗过，朋友向她借钱之后就跑了。妇人起初虽然不能接受，但也算平静，十多年后就成了如今的模样。十多年来她不能原谅朋友，将怨气积在心中，最终把自己积出病来了。

有人给宽恕作了一个十分美的比喻，他说："紫罗兰被一只脚踩扁了，它却把香味留在那脚跟上，这就是宽恕。"我们在自己的脑子里常常预设了一些规定，认为别人应该有什么样的行为，如果对方违反规定，就会引起我们的怨恨。我们往往因为别人对我们心中预设的规定置之不理，就感到怨恨，其实，这是一件十分可笑的事。大多数人都一直以为，只要我们不原谅对方，就可以让对方得到一些教训，也就是说：只要我不原谅你，你就没有好日子过。而实际上，不原谅别人，表面上是那人不好，其实真正倒霉的人却是我们自己，一肚子窝囊气不说，甚至连觉都睡不好，没多久就积出病来。

下次再怨恨一个人时，就闭上眼睛，体会一下你的感觉，感受一下自己的身体，你会发现：让别人自觉有罪，你也不会快乐。

讲到这里，你或许会问：如果有人做了非常恶劣的事，我还要原谅他吗？那么我再给大家讲一个故事。

1987年1月，一名精神病患者持枪冲进山迪·麦葛利格家，射杀了他三个如花似玉的女儿。这场悲剧使山迪陷入了痛苦的深渊，几乎没有人能体会他的悲痛与愤怒。

随着时间的流逝，他在朋友的劝慰下体会到，要使自己的生活步上正轨，唯一的办法是抛开愤怒，原谅那名凶手。目前，山迪把所有的时间都用来帮助别人获得心灵的平静及宽恕他人。从他的经验可以证明，即使是遭逢剧变所引起的怨恨，在人性中也依然可以释怀。如果你问山迪，他会告诉你抛开愤怒是为了自己，希望自己好好活下去。

令人心碎的事、大病、孤寂和绝望，每个人都难以幸免。失去珍贵的东西之后，总有一段伤心的时期。问题是，你最后到底变得更坚强还是更软弱？原谅别人，是对待自己最好的方式，因为释放了自己，才能拥有一片自由的心灵空间，健康美丽的心态。

以和为贵万事兴

人人都有个好情绪才能有和气，和气方能万事兴。理解、宽容是保证和谐融洽的"和事佬"。

正所谓"和气生财""家和万事兴""以和为贵"，我们祝福别人的时候也经常用"和和美美"，可见这一个"和"字是万物得以和谐发展的重点之处。孟子把"天时、地利、人和"看作战争中取胜的三个要件，其实战争如此，日常的生活也是如此。生活中是少不了"和"的，但要实现"和"，却要所有人的好情绪来实现。

一个人有个好情绪，就意味着他会宽容、谅解、乐观、坦率、幽默。严谨地说，这些都是实现"和"的元素，都是"和"的基础。我们的生活不能缺少和气，因此，我们最好都让自己怀有好情绪。

"和"是古今中外智者们最推崇的做人哲学。《菜根谭》里这样写道："天地之气，暖则生，寒则杀。故性气清冷者，受享亦凉薄。惟气和暖心之人，其福亦厚，其泽亦长。"

人在生活中表现出的人与人的关系是一种相互依存的关系，不仅所肩负的事业存在共性，而且也有很多事情必须依靠合作协同才能完成。因此没有和气，想要生活得美好幸福是不大可能的。而让周围的人都能捧场与合作，自然需要气氛上的和谐一致。倘若情感上互不相容，气氛上别扭紧张，就不可能和谐相处。

当然，每个人都有自己的气质、性格、喜好、人生追求和生活方式。但因为各自的教养、文化水平、生活经历不同，所以不可能也不必要求每个人都处处与他所处的群体合拍。但是，至少要保证面上的和谐与和气，至少要逢人笑一笑，至少要在做一件事之前也考虑一下周围人的感受。与人为善，平等尊重，是与人友好相处的基础。

切忌孤芳自赏，自诩清高，给人一种你高人一等的感觉。不平等的态度，永远获得不了友谊。

父母总是会对自己刚步入工作岗位的子女说："注意和领导同事搞好关系。"父母最关心的正是子女在工作单位中人际关系怎样，懂不懂事，会不会做人。每个刚步入社会的青年人，也都希望自己能与领导同事和和气气，相扶相助。动机是良好的，但怎样去行动才能实现我们的愿望呢？

无论你是何种身份，都要注意你的"亲民性"。这种"亲民性"就表现在你对周围所有人的态度和情绪。那些情商高的人，他们的眼里是从不把人进行等级划分的，他们遇到谁都会是一样地微笑，一样地嘘寒问暖，因此他们的人缘一向都非常好，有事情了也会有很多人来帮忙。

这些人在工作中也表现得相当和善。在社会中，可以说同事关系是家庭关系之外最重要的一种社会关系。良好的同事关系不仅会带给我们工作、事业上的成功与顺利，它还会带给我们安宁、愉快、轻松、友好的心理环境。而良好的同事关系的形成并非是轻而易举、毫不费力的事情，因为同事之间容易产生利害冲突，如晋升、调资、分房等事情，而且由于彼此的工作方式不同，也往往容易产生矛盾。所以，要搞好同事关系，我们还需要提高自己的修养，脚踏实地一步步地去争取。

一个家庭，一个企业，一个社会，如果内部关系处理得好，人与人之间关系融洽，齐心协力，那家庭生活必定会幸福，工作效率也一定会提高，企业的面貌也一定会蒸蒸日上。

友好相处最和谐、最融洽的方式，莫过于以爱心关爱他人。每个人在生活中都会遇到困难、意外事故甚至不幸，善于发现、主动关心别人的困难和苦恼，给予必要得体的支持和帮助，可以说是我们的义务。冷漠、不关心他人，既不与大家共享欢乐，也不为别人分担痛苦的人，不仅生活孤独，而且也很难得到别人的帮助。

要做到和气，其实首先就是要赢得好人缘，好人缘是生活美满、事业成功的基石,"人和为宝""和气生财",讲的都是和气的重要性。

与身边的每一个人保持和气,便不会轻易被人无端妒忌和挑刺,也会赢得友好的群众关系,从而获得幸福快乐的生活。

多一分宽容,就多一分快乐

我们的心如同一个容器,当爱越来越多的时候,仇恨就会被挤出去,我们不需要一味地、刻意地去消除仇恨,而是要不断用爱来充满内心、用关怀来滋润胸襟,仇恨自然没有容身之处。我们何不抛弃仇恨、放下愤怒来善待自己呢?

每个人难免与他人产生摩擦、误会甚至仇恨,但别忘了在自己的仇恨袋里装满宽容,那样你们就会少一分阻碍,多一分成功的机遇。否则,你们将永远被挡在通往成功的道路上,直至被打倒。

希腊神话中有一位大英雄叫海格力斯,一天走在坎坷不平的山路上,发现脚边有个袋子似的东西很碍脚,海格力斯踩了那东西一脚,谁知那东西不但没被踩破,反而膨胀起来;操起一条碗口粗的木棒砸它,那东西竟然长大到把路堵死了。

正在这时,山中走出一位圣人,对海格力斯说:"朋友,快别动它,忘了它,离开它,远去吧!它叫仇恨袋,你不犯它,它便小如当初;你侵犯它,它就会膨胀起来,挡住你的路,与你敌对到底!"

成功的路上,不需要仇恨,需要宽容地面对一切,这样才能减少你前进的阻碍,带来成功的机遇,否则你将在仇恨的袋子里不见天日。

宽容别人,绝不是面对现实的无可奈何。在短暂的生命历程中,学会宽容,意味着你的人生更加快乐。

生活中,我们也许不能像圣人般去爱我们的仇人,可是为了我们自己的健康和快乐,我们至少要原谅他们,忘记他们,这样做实在是很聪明的事。

法国 19 世纪的文学大师维克多·雨果曾说过这样一句话:"世

界上最宽阔的是海洋，比海洋宽阔的是天空，比天空更宽阔的是人的胸怀。"雨果的话虽然浪漫，但很有现实意义。

只要你具备了真正的宽容，必能取人之长，补己之短，使自己受益匪浅。宽恕别人就是善待自己。当然，宽恕伤害自己的人不是一件容易做到的事，要把怨气甚至仇恨从心里驱赶出去，的确是需要极大的勇气和胸襟。

曼德拉因为领导反对白人种族隔离的运动被捕入狱，白人统治者把他关押在荒凉的大西洋的罗本岛上整整27年。当时，曼德拉年事已高，但白人统治者依然像对待年轻犯人一样对他进行残酷的虐待。

罗本岛上布满岩石，到处是海豹、蛇和其他动物。曼德拉被关在总集中营的一个"锌皮房"中。他有时要下到冰冷的海水里捞海带；有时干采石灰石的活儿——每天早晨排队到采石场，然后被解开脚镣，在一个很大的石灰石场里，用尖镐和铁锹挖石灰石。因为曼德拉是要犯，看管他的看守就有3人。他们对他并不友好，总是寻找各种理由虐待他。

谁也没有想到，1990年曼德拉出狱当选总统以后，他在就职典礼上的一个举动震惊了整个世界。

总统就职仪式开始后，曼德拉起身致辞，欢迎来宾。他依次介绍了来自世界各国的政要，并表示说，能接待这么多尊贵的客人，他深感荣幸，但他最高兴的是，当初在罗本岛监狱看守他的3名狱警也能到场。随即他邀请他们起身，并把他们介绍给大家。

曼德拉的博大胸襟和宽容精神，令那些残酷虐待了他27年的白人汗颜，也让所有到场的人肃然起敬。看着年迈的曼德拉缓缓站起来，恭敬地向3个曾看守他的狱警致敬，在场的所有来宾以至整个世界都静下来了。

后来，曼德拉向朋友们解释说，自己年轻时性子很急，脾气暴躁，正是狱中的生活使他学会了控制情绪，因此才活了下来。牢狱岁月给了他修性时间与激励，也使他学会了如何处理自己遭遇的痛苦。他说，感恩与宽容常常源自痛苦与磨难，必须通过极强的毅力来训练。

获释当天，他的心情很平静，他说："当我走出囚室，迈过通往自由的监狱大门时，我已经清楚，自己若不能把悲痛与怨恨留在身后，那么我其实仍在狱中。"

当一个人具备善良的心，就能养成宽容、豁达、热情、坚定等优秀品质，使自己在生活中变得坚强和无所畏惧。面对社会中的种种挑战，面对他人对自己的伤害和误解，我们都能以一颗善良的心去包容，从而深刻体悟人生，懂得生活的真谛。

著名作家张爱玲说过："因为慈悲，所以懂得。"人生在世，总会遇到这样或那样的不快，有时候我们过分执着而使自己承担太多的负荷，殊不知，只要本着善良的原则与人相处，就能获得悠然自得的人生。

面对误解，要保持理智

你在生活中，曾经被误解过吗？答案当然是肯定的，其实每天只要你一不小心就可能被人误解。被人误解后的世界是痛苦的，你不得不忍受一个"变味"的世界。刚刚还好好的关系，突然就不理你了；刚刚还万里无云的心情，突然就冰泉冷涩弦凝绝，黑雨压城城欲摧。这时你内心是痛苦的，因为你不得不忍受一个冷漠的世界，一个被孤立的世界，一个被曲解的世界。

面对别人的误解，你可以有两种选择，一种是以牙还牙，他们不理你，你也不再理他们，你给他们打招呼他们不搭理，今后他们再和你打招呼，你也不搭理他们。谁怕谁啊，是不是，世界上少了谁地球照样会转。第二种是一往无前地面对这些误解你的人。身正不怕影子歪，乌云过后就是阳光。该怎么对待他们一点也不改变，时间会证明一切，到时候脸红的是他们。

对这两种态度，很自然第一种消极，第二种积极。第一种只会让别人错误的看法影响你的生活，直至改变你的生活。你的这种报复态度，只能证明你是一个生活的弱者。因为你没有强大的内心，一点风吹草动就会使你内心掀起轩然大波。你常常被生活牵着鼻子走。你无法掌控自己的生活，无法把握自己的命运。而第二种态度则是一种非常明智的态度。晓得了谣言只是因为别人错误的、不准确的、自以为是的看法所致，错误在别人身上。所以，要想战胜它，你只要坚持从前的你，以一种博大的胸怀宽容别人的过失，理解别人、尊重别人。一切谣言终会被时光机器冲刷干净，不攻自破。

记得看过这样一则故事：

在苏格兰的南部，有 20 年没下雪了，突然有一晚下了大雪。克兰赛先生很想去滑雪，可是又苦于没有雪橇。他的妻子对他说："你的朋友米立干不是有雪橇吗？我相信他一定会借给你的。""真是好主意！"于是，克兰赛就去找他的好朋友米立干。路上很冷，他半路走进一间酒吧，去喝一杯酒。从酒吧出来的时候，他心里想："我希望米立干能把雪橇借给我，不过也许他会怕我把他的雪橇弄坏了。"走着走着，他又想："要是他自己不用，又舍不得借给我，那他真是一个无聊的家伙。"想着想着，他心里就有点闷，好像已经被米立干拒绝了。于是他走进了另一个酒吧，喝点酒来解闷。等他出来的时候，他就对自己说："要是那个家伙真的不肯借给我，我一辈子也不跟他讲话。"

他到了米立干的家，已经夜深了，米立干的窗子已经没了灯光。他心里气急了，拾起一块石子，把窗玻璃打得粉碎。一会儿，米立干穿着睡衣，出现在那破了的窗口上，向街上愤怒地叫喊："是谁把我的窗打碎了？"

"是我，混蛋！"克兰赛举着拳头向米立干挥舞，"你留着你的雪橇吧，看老子要把它打个稀烂！"

显然，这是一个因自己情绪不好而误会朋友的故事。误会给我们带来痛苦，带来烦恼，带来难堪，甚至会产生始料不及的悲剧。所以，陷入误会的圈子后，必须调整自己，采取有效的方式予以解除，使自己与他人都尽快地轻松、舒畅起来。

（1）消除自我委屈情绪

出现误会后，不必为自己辩解，总以为自己正确、有道理、不被理解。心中怀有委屈情绪的人，必定不愿开口向对方解释。这种心理障碍妨碍彼此间的交流。此时，多替对方着想，无论他是气量小也好，心眼窄也好，不了解真相也好，不理解你的一番苦心也好，都不必去计较，只要你真诚地向他表明心迹，误会便会消除。比如你同朋友争论一个问题，当时有许多人在场。你本无意压他一头、让他当众出丑，但当时不能自制，说了许多过头的话，伤了他的自尊，使他误以为你在出风头，给他难堪，使他下不了台。事后，你应真诚地向他道歉，这样才能保持友谊，而不要怪罪对方小心眼，从而断绝往来。否则，你们就会因一次争论而导致关系破裂，由朋友而变成冤家了。

（2）查清原因方可化解怨恨

产生误会后，一方怒气冲冲，充满怨恨、敌视；一方满腹狐疑，委屈压抑，双方隔阂越陷越深，而且一谈即崩，大有新的误会接踵而来之势。此时，需要冷静，你必须下一番功夫内查外调，搞清楚对方的误解源于何处，否则，凭你费多少口舌，也不会解释清楚，搞不好，还会越描越黑，弄巧成拙。

（3）战胜自己的懦弱，当面说清

误会的类型千奇百怪、多种多样，但解决的最简捷、最方便的方法便是当面说清，大多数人也都欢迎这种方法。有人由于懦弱，不敢当面对质，结果把问题搞得极为复杂。记住，如果有的误会需要亲自向对方说明，你一定不要找各种借口推脱，一定要克服困难，战胜自己，想方设法当面表明心迹。不要轻信第三者的只言片语。

（4）越拖越被动

有人被误会搞得焦头烂额，总觉得心中有难处，不好启齿，结果碍于情面，时间越拖越长，误会越陷越深，到最后无限制地蔓延，形成了令人极为苦恼的结果。所以，有了误会要迅速解释清楚，时间越长，就越被动。

第七章　知足才能长乐

金钱不是人生的唯一

时代发展到今天，不可否认，金钱在每个人的一生中，都起着非常重要的作用，它早就渗透到人们衣、食、住、行的各个方面。在有的人眼里，只要有了钱，就会有一切，他们认为金钱是万能的，有了钱就必然会有幸福。然而，对于人生来说，我们还有比它更为重要的，譬如健康、平安、友情、亲情、爱情等。

富勒是美国的一个大富翁，他年轻时，特别渴望拥有巨大的财富，他也一直在为梦想奋斗，这就是从零开始，而后积累大量的财富和资产。到 30 岁时，富勒已挣到了百万美元，他雄心勃勃想成为千万富翁，而且他也有这个能力。他拥有一幢豪宅，一间湖上小木屋，2000 英亩地产，以及快艇和豪华汽车。

有了财富但问题也来了：他工作得很辛苦，常感到胸痛，而且他也因为工作太忙而疏远了妻子和两个孩子。虽然他的财富在不断增加，他的婚姻和家庭却岌岌可危。

一天在办公室，富勒心脏病突然爆发，而他的妻子在这之前刚刚宣布打算离开他。他突然开始意识到自己对财富的追求已经耗费了他所有的真正应该珍惜的东西。他打电话给妻子，要求见一面。当他们见面时，两个人热泪滚滚。他们决定消除掉破坏他们生活的东西——他的生意和物质财富。

　　他们卖掉了所有的财产，包括公司、房子、游艇，然后把所得收入捐给了教堂、学校和慈善机构。他的朋友都认为他疯了，但富勒从没感到比这更清醒的时候。接下来，富勒和妻子开始投身于一项伟大的事业——为美国和世界其他地方的无家可归的贫民修建"人类家园"。他们的想法非常单纯："每个在晚上困乏的人至少应该有一个简单而体面，并且能支付得起的地方，用来休息。"美国前总统卡特夫妇也热情地支持他们，穿上工装裤来为"人类家园"劳动。富勒曾经的目标是拥有1000万美元家产，而现在，他的目标是为1000万人，甚至为更多人建设家园。

　　目前，"人类家园"已在全世界建造了6万多套房子，为超过30万人提供了住房。富勒曾为财富所困，几乎成为财富的奴隶，差点儿被财富夺走他的妻子和健康；而现在，他却成了财富的主人，他和妻子自愿放弃了自己的财产，而去为人类的幸福工作，他自认是世界上最富有的人。

　　现代社会，很多人都把赚钱当作生命中最重要的事。他们努力工作、拼命赚钱，不惜透支身体健康，不惜牺牲和家人在一起的时间，不惜牺牲对孩子的关爱。对一个人来说金钱真是生活中最重要的事吗？不，生活中有更重要的事需要我们投入时间和精力，金钱永远不应该被排在首位。

　　一位父亲下班回到家已经很晚了，又累又烦，这时他发现5岁的儿子站在门口等他。

　　"我可以问你一个问题吗？"

　　"什么问题？"

　　"爸爸，你一小时可以赚多少钱？"

　　"这与你无关，你为什么问这个问题？"父亲生气地说。

　　"我只是想知道。请告诉我，你一小时赚多少钱？"小孩哀求。

　　"假如你一定要知道的话，我一小时赚20美元。"

　　"喔，"小孩低下了头，接着又说，"爸，可以借我10美元吗？"

父亲发怒了："如果你只是要借钱去买玩具的话，那就给我回房间上床。好好想想为什么你会那么自私。我每天长时间辛苦工作，没时间和你玩小孩子的游戏。"

小孩安静地回自己的房间并关上门。父亲坐下来还在生气。过了一会儿，他平静下来，想着他可能对孩子太凶了，或许孩子真的很想买什么东西，再说他平时很少要过钱。

父亲走进小孩的房间："你睡了吗，孩子？"

"爸爸，还没，我还醒着。"小孩回答。

"我刚才可能对你太凶了，"父亲说，"我不该发脾气——这是你要的 10 美元。"

"爸爸，谢谢你。"小孩欢叫着从枕头下拿出一些被弄皱的钞票，高兴地数着。

"为什么你已经有钱了还要？"父亲生气地问。

"因为在这之前不够，但我现在足够了。"小孩说，"爸爸，我现在有 20 美元了，我可以向你买一个小时的时间吗？明天请早一点回家——我想和你一起吃晚餐。"

许多人往往会误将金钱当成了唯一的幸福去追求。确实，有了钱就可以有许多东西，就能建立一个在物质上比较富裕的家庭，也就能过较为舒适的物质生活。但是，一个人即使有很多钱，但他的精神世界如果是空虚的，或者生活并不自由，那么就绝不会有幸福，有时甚至是痛苦的。因为人的一生中，还有很多比金钱更为重要的东西。

快乐的生活其实很简单

当你只为快乐的自己而活，而不在乎外在的虚荣，快乐幸福感才会润泽你干枯的心灵，就如同雨露滋润干涸的土地。我们需求的越少，得到的快乐越多。

我们为拥有一幢豪华别墅、一辆漂亮小汽车而加班加点地拼命工作，每天晚上在电视机前疲惫地倒下，活得累！或者是为了一次小小的提升，而默默忍受上司苛刻的指责，并一年到头赔尽笑脸，活得假！为了无休无止的约会，精心装扮，强颜欢笑，到头来回家面对的只是一个孤独苍白的自己，活得虚！这时候，我们真该问问自己干吗这样，这些真的值得我们为此而情绪低落吗？

在生活中，绝大多数人都希望自己的生活能够达到"简单并快乐着"的最佳状态，但是他们真能做到吗？毫无疑问，这是一个大大的问号。因为大家都被实实在在的生活压得喘不过气来，甚至头晕眼花。著名捷克作家米兰·昆德拉有一句名言："承受生命之重"，实际上绝大多数人不堪承受生命之重，因为他们被占有物质财富——好房、名车、高收入、高开销等——的欲望折磨得疲惫不堪。其实，物质财富并不像很多人想象的那样重要。事实上，有许许多多的人是在令人难以察觉的绝望状态下生活的。这在工业化程度越高的西方国家，情况越为严重。

一项统计显示，在美国社会中，一天中一对夫妻只有 12 分钟时间进行交流和沟通；一周之内父母只有 40 分钟与子女相处；约有一半的人处于睡眠不足的状态。时间的危机实际上是感情的危机。大家好像每天都在为一些大事疯狂地忙碌着，然后疲惫不堪，没有时间顾及其他。大家都在劳动，都在创造，但是生活真的变好了吗？

美国心理学家戴维·迈尔斯和埃德·迪纳已经证明，物质财富是衡量快乐的一种很差的标准。人们并没有随着社会财富的增加而变得更加快乐。在大多数国家，收入和快乐的相关性是可以忽略不计的；只有在最贫穷的国家里，收入才是适宜的标准。

抛开这些抽象的理论不说，物质财富的进步有时确实使人们作茧自缚。举一个很简单的例子，电话、传真、电子邮件已经成为许多工作不可缺少的帮手，不过，如果每天都面对源源不绝的电子信息，就很可能产生"信息疲乏并发症"。许多企业界的经理人和信息业的工作者都抱怨，每天必须接听的电话和处理电子邮件造成精神上莫大的压力。"信息疲乏并发症"甚至会造成长期失眠，严重影响健康。至于伴随文明发展而来的噪声、污染等问题则更是尽人皆知的。

在习惯的支配下，我们对这个嘈杂的世界、混乱的时空没有感到有什么不对劲，也许只有到临终的时候，才会悲哀地发现，自己的一生，原来是如此不快乐。

那么快乐是什么？快乐来源于"简单生活"。物质财富只是外在的荣光，真正的快乐来自发现真实独特的自我，保持心灵的宁静。

有人问："简单生活"是否意味着苦行僧般的清苦生活，辞去待遇优厚的工作，靠微薄存款过活，并清心寡欲？美国著名心理学家皮鲁克斯说："这是对'简单生活'的误解。'简单'意味着'悠闲'，仅此而已。丰厚的存款，如果你喜欢，那就不要失去，重要的是要做到收支平衡，不要让金钱给你带来焦虑。"

无论是中产阶级，还是收入微薄的退休工人，都可以生活得尽量悠闲、舒适。在过"简单生活"这一点上，人人平等。

简单，是平息外部无休无止的喧嚣，回归内在自我的唯一途径。简单的好处在于：也许你没有海滨华丽的别墅，而只是租了一套干净漂亮的公寓，这样你就能节省一大笔钱来做自己喜欢的事，比如旅行或者是购买早就梦寐已久的摄影机。你也再用不着在上司面前唯唯诺诺，你就是自己的主人，提升并不是唯一能证明自己的方式。很多人从事半日制工作或者是自由职业，这样他们就有更多的时间由自己支配。而且如果你不是那么忙，能推去那些不必要的应酬，你将可以和家人、朋友交谈，分享一个美妙的晚上。我们总是把拥有物质的多少、外表形象的好坏看得过于重要，用金钱、精力和时间换取一种有目共睹的优越生活，却没有察觉自己的内心在一天天枯萎。

事实上，只有真实的自我才能让人真正容光焕发。当你只为快乐的自己而活，而不在乎外在的虚荣时，快乐幸福感才会润泽你干枯的心灵，就如同雨露滋润干涸的土地。我们需求的越少，得到的快乐将会越多。

不羡慕别人做自己

俗话说："知足常乐。"然而嫉妒的心理就像一根盛夏的小草，常常在不经意间疯狂地成长，遮掩了生活中的阳光雨露，使我们陷入无边的痛苦之中。

羡慕别人常会给我们带来很多的痛苦和忧虑，但若去想想我们自己所拥有的，我们将会得到更多的感恩和幸福。因为你自身所具有一些特性是与生俱来的，别人也是不可能拥有的，何不用坦然喜乐的心来接纳上苍赐给我们的这些也许不是最好但一定是最合适的一切呢？

《伊索寓言》中有一个关于乡下老鼠和城市老鼠的故事：

城市老鼠和乡下老鼠是好朋友。有一天，乡下老鼠写了一封信给城市老鼠，信上这么写着："城市老鼠兄，有空请到我家来玩，在这里，可享受乡间的美景和新鲜的空气，过着悠闲的生活，不知意下如何？"

城市老鼠接到信后，高兴得不得了，立刻动身前往乡下。到那里后，乡下老鼠拿出很多大麦和小麦，放在城市老鼠面前。城市老鼠不以为然地说："你怎么能够老是过这种清贫的生活呢？住在这里，除了不缺食物，什么也没有，多么乏味呀！还是到我家玩吧，我会好好招待你的。"乡下老鼠于是就跟着城市老鼠进城去。

乡下老鼠看到豪华、干净的房子，非常羡慕。乡下老鼠想到自己在乡下从早到晚，都在农田上奔跑，以大麦和小麦为食物，冬天还要不停地在那寒冷的雪地上搜集粮食，夏天更是累得满身大汗，和城市老鼠比起来，自己实在太不幸了。

聊了一会儿，它们就爬到餐桌上开始享受美味的食物。突然，"砰"的一声，门开了，有人走了进来。它们吓了一跳，飞也似的躲进墙角的洞里。

乡下老鼠吓得忘了饥饿，想了一会儿，戴起帽子，对城市老鼠说：
"我还是比较适合乡下平静的生活，这里虽然有豪华的房子和美味
的食物，但每天都紧张兮兮的，倒不如回乡下吃麦子，来得快活。"
说罢，乡下老鼠就离开都市回乡下去了。

这则寓言使我们看到，只有适合自己的才是最好的。即使人们
都曾经对不同的世界感到好奇、有趣，但是，他们最后还是都回归
到自己所熟悉的生活环境里。

俗话说："知足常乐。"然而嫉妒的心理就像一根盛夏的小草，
常常在不经意间疯狂地成长，遮掩了生活中的阳光雨露，使我们陷
入无边的痛苦之中。

有这样一则故事：

有一只蜗牛总是对一只青蛙很有成见。有一天，忍耐许久的青
蛙问蜗牛："蜗牛先生，我是不是有什么地方得罪了你，所以你这
么讨厌我。"

蜗牛说："你们有四条脚可以跳来跳去，我却必须背着沉重的壳，
贴在地上爬行，所以心里很不是滋味。"

青蛙说："家家都有本难念的经。你只是看见了我们的快乐，
没有看见我们的痛苦而已。"

这时，一只巨大的老鹰突然来袭，蜗牛迅速地躲进壳里，青蛙
却被一口吃掉了。

一只羚羊看到大象把树上的树枝卷下来，并吃掉枝上的叶子。
然后又走到河边，用它的长鼻子汲水，轻松愉快地向空中喷去。

羚羊很羡慕大象所做的一切。

于是它请求上帝给它一根长鼻子。它果真如愿以偿。羚羊高高
兴兴地带着长鼻子回到羊群当中，并且向大家展示长鼻的功用，羊
群惊讶地看着它的表演。

此时，一头饥饿的狮子来了。羊群看到狮子后立即拔腿就跑，

但是那只带着长鼻的羚羊却无法快速脱逃，所以狮子一下子跳上去，把它吃掉了。

这是一个令人伤心的故事，然而这类故事的导演真的就是你自己。爱美之心人皆有之，在现实生活中，向善向美的羡慕是一件好事，然而对别人或者外物的羡慕超出了正常程度，事情就坏了。

沉湎于对别人的羡慕中的人，有这样一个共同的特点：他们总是在用自己的短处与别人的长处相比，而且也忘却了"尺有所短，寸有所长"这句话的意义。

事实上，当我们羡慕别人的技巧与成就时，他们也羡慕我们的技巧与成就。每个人都有自己独特的技巧、才能与经验。经验不同，并不表示你不如别人，或别人比不上你。

为别人会做而自己却不能做的事自卑，不如想想你会做哪些别人做不到的事。在佩服别人技巧的同时，别忘了只要花同样的时间与努力，你也可以使自己的技巧大为改善。你们之间的差别只是经验不同而已。

知足才会快乐

做人就要有一颗知足的心，对已经拥有的好好珍惜，对得不到的也不过分奢求，这样过日子，就会有快乐常伴。

我们在生活中经常能看到这样一些人：他们已经拥有了很多，但还是觉得不够。就像《渔夫和金鱼》的故事里的渔婆一样，自认为智慧精明，想把已经拥有的东西变得更好、更多，于是开始忧虑，开始计较和愤恨别人所拥有的东西，而到最后，生活回馈给他们的是一无所有，还失去了最初的简单快乐。

还有一种人，眉宇间洋溢着平和的神气，动不动笑容满面，说起话来妙趣横生，不忧不怨的人，这种人属于知足常乐型。

他们的生活里没有过多的欲望缠身，因而只要拥有一点点，他们就心满意足。他们不会因为别人住着别墅，而自己还住着出租房而郁闷不已，也不会因为朋友当了大官而自己还是个无名小卒而悲观，更不会因为存折里的钱太少而动了抢银行的念头。他们的生活很简单，也许他们还在辛苦奋斗，但并非不满足于自己所拥有的，而是想在奋斗中实现自己的人生价值。

不自满与不知足，从字面上看来，仿佛都是对自身情况感到不满意的反应，事实上从内心的出发点和外在的表现看，却大不相同，其间境界的高低更是差之千里。而从根本上说，知足也罢，自满也罢，与外在客观条件并没有相互的关联。一个人觉得生活到这个程度，于愿已足，并不代表他的生活真的一定就无懈可击，样样可打满分。主要是他能衡量自身的能力，正视客观的条件，不妄想不贪求，也不去与他人比高下，能够以宽容坦荡的心态和情绪去对待生活，使自己的人生不受外界的影响和干扰，顺命随缘地平和度过。

那些骄傲的人，真的都是那么自信、骄傲，对自身的一切都心满意足，自认高人一等吗？如果你肯仔细分析，也许会吃惊地发现，事情恰恰相反。

按照心理学的说法，那种处处要表现自己的不凡，就怕谁人不知他的出类拔萃和光荣历史，无法克制地要以骄傲的面孔示人的人，常常是心理上缺乏安全感、满足感，或是自怜狂在作祟的人。因为缺乏安全感、满足感，便对自己失去了自信，因此便急于要在别人的赞美或惊叹声中找回自信，证明确实如自己所希望和所幻想的那样不同凡响，其实这正是一种反常心理在作怪。这样做不但给人极坏的印象，也是一种十分可悲的病态。

现实社会中无处无时无刻不存在竞争，名、利、权，永嫌不足，争得到的趾高气扬，争不到或争得不够的怨愤颓丧。而你却大大咧咧，不争也不怨，亦不说酸溜溜的话去损别人，仍然乐呵呵地过日子。有些人就会认为你是胸无大志，没出息或没能力，由此就看轻了你。但这有关系吗？对你的人格和能力有损伤吗？我想答案是否定的。知足并不代表不进取、不进步或拒绝竞争，仅仅表明了一个人对本身的存在和对这个与他人共处的社会的态度。可以说是洞察人间百态，看透世事无常后的一种大彻大悟的坦荡胸怀。

正所谓"知足者常乐"，想天天有个好情绪就要懂得知足，时刻告诉自己现在拥有的就要好好珍惜，无法拥有的也不去过分地奢求。不与人攀比，坚持自己的原则，不怕比别人好，也不怕比别人差，不用处心积虑，更不用绞尽脑汁，这样做人，相信你每天都会有快乐和幸福相伴。

只要你懂得知足，任何事情都会成为你快乐的动力。

学会做金钱的主人

人生在世，没有钱虽然寸步难行，但钱绝对不是万能的。因为，它只可以满足一定的物质欲望，而不能带来真正的快乐。只有学会做它的主人，做到知足常乐，才能创造快乐。

俗话说："人为财死，鸟为食亡。"钱财确实给人带来了不少快乐，也给人带来不少烦恼。对于有些人来说，把钱财看得太重，自己无钱财时眼红别人，不择手段、千方百计地得到钱财，自己有钱财时又非常吝啬，亲兄弟之间甚至于对父母也是分厘必争，对这些人来说钱财不仅是烦恼，而且能使其丧命。当然不会给他们带来快乐。

有一个有钱人，每天早上经过一个豆腐坊时，都能听到屋里传出愉快的歌声。这天，他忍不住走进豆腐坊，看到一对小夫妻正在辛勤劳作。富人恻隐之心大发，说："你们这样辛苦，只能唱歌消烦，我愿意帮助你们，让你们过上真正快乐的生活。"说完，他放下了一大笔钱，送给小夫妻。这天夜里，富人躺在床上想："这对小夫妻不用再辛辛苦苦做豆腐了，他们的歌声会更响亮的。"

第二天一早，富人又经过豆腐坊，却没有听到小夫妻俩的歌声。他想，他们可能激动得一夜没睡好，今天要睡懒觉了。但第二天、第三天，还是没有歌声。富人感到非常奇怪。就在这时，那做豆腐的男主人出来了，拿着那些钱，一见富人便急忙说道："先生，我正要去找你，还给你的钱。"富人问："为什么？"年轻的豆腐师傅说："没有这些钱时，我们每天做豆腐卖，虽然辛苦，但心里非常踏实。自从拿了这一大笔钱，我和妻子反而不知如何是好了——我们还要做豆腐吗？不做豆腐，那我们的快乐在哪里呢？如果还做豆腐，我们就能养活自己，要这么多钱做什么呢？放在屋里，又怕它丢了；做大买卖，我们又没有那个能力和兴趣。所以还是还给你吧！"富人非常不理解，但还是收回了钱。第二天，当他再次经过豆腐坊时，听到里边又传出了小夫妻俩的歌声。

也许这个故事并不符合现在许多人的思想。他们会说，钱多还不好吗？没听说过钱多会咬手的——但事实是，"钱多"的确会"咬你的手"。就像故事中的小夫妻一样，就是因为"钱多"，所以思虑也多——又想多拥有钱，又担心别人谋算他的钱——竟连个踏实觉也睡不成。

英国思想家培根曾说过："对于财富，我充其量只能把它叫作美德的累赘……财富之于美德，犹如辎重之于军队。辎重不可无，也不可留在后面，但它却妨碍行军。不仅如此，有时还因顾虑辎重，而丢掉胜利或妨碍胜利。"培根还指出："巨大的财富若不分发出去，也就没有真正的用处。"

"不要追求显赫的财富，而应追求你可以合法地获得的财富，清醒地使用财富，愉快地施与财富，心怀满足地离开财富。"这是培根的建议，我们应该认真地思考这些建议。

所罗门，古代以色列国王，以智慧著称。他告诫人们：不可急于聚敛财富，凡是匆忙发财的，必难以清白。

培根分析说，通过正当的手段和诚实的劳动所获得的财富，是步伐缓慢的。当财富是来自魔鬼的时候（比如说是通过欺诈、压迫以及其他不正当的手段），财富就会来得迅速。

现在不少人急于发大财，甚至不惜铤而走险，以身试法，如制假贩假，盗版走私，做毒品生意，甚至杀人越货。他们完全成了金钱的奴隶，财富对他们如同绞索，他们越是贪求，绞索就会勒得越紧。

"人为财死，鸟为食亡"，看来这话只有一半是正确的，动物无信仰无操守，为食而亡，不计利害。人则不同，唯财是贪，唯色是渔，此种人的动物性没有脱尽；君子爱财，取之有道，不义之财不取，那样的人就脱离了低级趣味。

大作家易卜生对金钱的认识可谓精辟。他指出："钱能买来食物，女买不来食欲；钱能买来药品，却买不来健康；钱能买到朋友，却买不到朋友；钱能带来奉承，却带不来信赖；钱能使你每天开心，却不能使你得到幸福。"有一句西方谚语也道："金钱是走遍天下的通行证——除了到天堂之路；金钱也能买到任何东西——除了幸福。"是的，金钱可以带来舒适的生活，却很难换到幸福。我们不可把单纯的物质享受，口腹欲的满足同幸福混为一谈。我们很难说历史上哪些帝王、位极人臣者比一般老百姓拥有更多的幸福。吃得久了，山珍海味也会味同嚼蜡；女人多了，也只是情欲的满足。历史上有一个著名的命题，即有枪杆子保护的人和手拿锄头的人谁更安全，谁更有安全感，谁更满足，回答是手拿锄头的人。当一个人不得不为过多的金钱而提心吊胆，要以枪杆子来保护自己的人身安全时，这个人就陷入了无穷无尽的恐惧和烦恼之中。那么，我们便不难理解"钱多了不是好事"的古训。

以积极的心态追求财富，而以平常的心态对待财富。一个心态平和的人，不要追求显赫的财富，而应追求你可以合法地获得的财富，然后清醒地使用财富，愉快地施与财富，最后心满意足地离开财富。

小心掉入贪婪的陷阱

据一个捉猴很有经验的猎人说，他捉猴有一个办法屡试不爽，就是在墙中夹个竹筒，在筒的一端放一个鸡蛋。猴子从竹筒中看见鸡蛋，便从竹筒里伸手去抓，手中握了个鸡蛋便不能从筒里缩回来，但猴子舍不得放下鸡蛋，往往就会束手就擒。

　　动物尚且贪婪无度，人性的贪婪更是如此。禁不住诱惑，欲壑难填的人往往会在不知不觉中陷入欲望的陷阱，不能自拔。世人如何不心安，只因放纵了欲望，人生的痛苦也是源于贪欲。

　　一股涓涓山泉，沿着窄窄的石缝，叮咚叮咚地往下流淌，也不知过了多少年，竟然在岩石上冲刷出一个鸡蛋大小的浅坑，里面填满了黄澄澄的金砂，天天不增多也不减少。

　　有一天，一位砍柴的老汉来喝水，偶然发现了清冽泉水中闪闪的金砂。惊喜之下，他小心翼翼地捧走了金砂。从此，老汉不再受苦受累，过个十天半月的，就来取一次金砂，不用说，日子很快富裕起来。

　　老汉虽守口如瓶，但他的儿子还是跟踪发现了父亲的秘密。儿子埋怨爹不该将这事瞒着，不然早发大财了……

　　儿子向父亲建议，拓宽石缝，扩大山泉，不就能冲来更多的金砂了吗？父亲想了想，说自己真是聪明一世，糊涂一时，怎么没想到这一点呢？

　　说干就干，父子俩叮叮当当，把窄窄的石缝凿宽了，山泉比原来大了几倍，又凿大凿深了坑。父子俩想今后可得到更多的金砂，高兴得一口气喝光了一瓶老白干儿，醉成一团泥。

　　父子俩天天跑来看，却天天失望而归，金砂不但没增多，反而从此消失得无影无踪。父子俩百思不得其解——金砂哪里去了呢？

　　贪心的父子俩聪明的结果，只是竹篮打水一场空。

　　有贪婪心的人总希望得到的更多，他不知满足，结果命运让他失去一切，贪心只会愚弄自己。

　　欲望是永不止境的。正所谓：得陇望蜀，得一望二，贪得无厌。人性中的欲望与生俱来，沉湎于欲望而不能自拔者称之为贪婪。贪婪使人迷惑，在不自觉中丧失了理智，直到付出了沉重的代价时，惊醒为时已晚，让本来的一件好事成了遗憾的事情。

　　这个世界有太多的诱惑，因此有太多的欲望，并随之有太多欲望满足不了的痛苦。我们要以清醒的心态、从容的步履走过人生的岁月，不要让贪婪填满我们的心田。要知道我们终生劳苦而获得的财富和我们所能享受到的世俗的欢乐都只是过眼云烟，只有无欲的心才能给我们以安慰。虚怀若谷方可无忧无虑，对需求的自足，才会远离烦忧。

活在当下最美好

活着的人，就要记住，生命是美丽的，也是短暂的。紧紧抓住它吧！珍爱生命，享受生活，你会发现，你的每一天都很美好。

我们可以把人类的体验分为两种：一种是追求功效的有用性，他是一个缺少快乐情绪的生活者；一种是追求生活的快乐，他才真正是一个会享受生活的人，好情绪也会伴他一生。

曾经看过这样一个故事：

富翁在海滨度假，见到一个垂钓的渔夫。富翁说，我告诉你如何成为富翁和享受生活的真谛。渔夫说，洗耳恭听。富翁说，首先，你需要借钱买条船出海打鱼，赚了钱雇几个帮手增加产量，这样才能增加利润。那之后呢？渔夫问。之后你可以买条大船，打更多的鱼，赚更多的钱。再之后呢？再买几条船，搞一个捕捞公司，再投资一家水产品加工厂。然后呢？然后把公司上市，用圈来的钱再去投资房地产，如此一来，你就会和我一样，成为亿万富翁了。成为亿万富翁之后呢？渔夫好像对这一结果没有足够的认识。富翁略加思考说，成为亿万富翁，你就可以像我一样到海滨度假，晒晒太阳，钓钓鱼，享受生活了。噢，原来如此。渔夫似有所悟，那你不认为，我现在的生活就是你说的那些过程的结果吗？

人类的欲望没完没了，尽管在某些方面可能会得到片刻满足，但当另一个新的欲望生成时，又会义无反顾地跳进另一个大陷阱中。

有时我们就像寓言中那头愚蠢的驴子，总是死盯着眼前那根永远吃不到的萝卜。

假如太阳在我们的生命中只出现一次，那么每个人都不会放弃这唯一的观望。我们会提早准备，绝不会错过。

只因太阳每天都会升起、落下，所以我们就纵容自己几个月都不去抬头关注它一次。

罗丹曾说过："生活中不是缺少美，而是缺少发现美的眼睛。"

想一想，早上还没有起床时，你就开始担心起床后的寒冷会错失掉享受被窝里最后几分钟的温暖；走出家门，你又开始担心路上可能会塞车；坐在办公室里，你又开始设想下班后是该去看场电影，还是与朋友约会；刚刚发完薪水，你又开始盼望下一个月发薪的日子赶快来临。

我们就是这样，总是生活在下一个时刻。

我们总是急着等周末来临、节日来临。我们总是盼望孩子快快长大，或赶快退休在家待着。等我们真的老了，又随时担心生命会在下一分钟结束。我们总是忙不迭地过日子，一刻也不停地瞎转。

我们总是把拥有物质的多少，外表形象的好坏看得过于重要，用金钱、精力和时间换取别人可能会有的好评，根本没有时间享受生活的轻松。

适当的幻想对人的心理是有益的，但过多沉溺于幻想里，就会忘记眼前真实的生活。

"生活在此刻"，就是享受你正在做的，而不是即将要做的。必须摆脱对"下一刻"的迷恋和幻想，它们大多数不切实际，有的虽然最终会得到，却剥夺了我们此刻的生活。

不要一边吃饭一边想着办公室中的工作，不要一边工作又一边担心下班会不会塞车。

摆脱不必要的幻想，学会欣赏和体验已经拥有的此刻，本身就是一种成长。

我们要为每一天的日出欣喜不已。

我们要为自己所从事的工作带来的生活体验而高兴。

我们要分享与家人、朋友相处时的甜蜜。

我们要学会与自然和谐共处，去聆听风雨之声，去仰望璀璨的星空，与无穷的自然生命力相连接。

盲目攀比害人害己

盲目攀比不仅不会让别人觉得你多富有，还会让自己的心灵备受煎熬。不盲目与人攀比，你就会享受生活对你的馈赠，你就会享受生活的快乐和幸福。

很多人爱犯的一个毛病就是盲目地与人攀比，与人攀比除了能满足你那微不足道的虚荣心之外，留下的就是你那空虚而落寞的情绪。一个人拥有财富不是什么错，但是要知道，你的财富并不是拿来炫耀的。

如今的社会，成功的富人越来越多，而攀比之风也愈演愈烈，对整个社会造成了极大的不良影响。前几年，报纸上登了一篇报道，说是几个有钱人在一起比富。一个南方的大款定了 10 万元一席的饭菜招待朋友，显示他有钱。一位北方的大款不服气，一下拿出 20 万元，对饭店的人说："就照这个数给我回敬一桌。"

成功的富人互相攀比，争的是个面子，比来比去，比得满肚子的气。金钱没有带来快乐，而是带来了不必要的烦恼。

成功者最好不要去与别人攀比。俗话说天外有天，你成功，有人比你更成功，你去与人攀比，若是知道底细还好，若是不知道的话，你很可能丢大脸。

上海流传着这样一个故事。在希尔顿饭店豪华歌厅，一位沾着"祖上荣耀"搞连锁超市的阔少在两瓶人头马下肚之后，便醉醺醺地宣布："今晚本场的费用我全包了。"众人大悦，阔少更是趾高气扬目空一切。一位文静白皙如书生模样的青年并未理会，他算好了自己的费用，服务生不收，并重申了阔少的慷慨。

青年径直走向阔少，把钱递给他。阔少老大不快，像见到外星人一样吃惊："你别狗咬吕洞宾，不识好人心！"青年回答："我不接受你这种居高临下的馈赠。"阔少轻蔑地一笑："老子有钱！钱就是大哥大！"青年说："有钱是好事，有钱也不能贬低别人，抬高自己，别人和你一样都是人！"阔少大笑："别酸了！我扳个小指头够你吃一辈子！今晚我请定了！"青年眼里流露出一丝愠怒："你有多少钱？"阔少笑得更疯，他喜欢与人比阔。前不久，他和一个台湾商人投掷 XO 酒。他红着眼一口气掷下了 50 瓶，硬是把台湾商人给掷傻了。"听清楚！我有 5 个超市和 4 辆私车！"青年直逼阔少："价值多少？""不多！三四千万吧！哈哈……""那好，我出五千万买下！"在对方的惊愕中，他叫过秘书："明天去办交接，除了他这个人不要之外，全部都买下来！"事后，不知天高地厚的阔少才知道这位来自北京的青年是我国最杰出的计算机专家之一，是国际专利拥有者，是掌管着一个集团公司的大总裁。

　　在人生之中，旅程不会是一帆风顺的，处处有坎坷、崎岖，甚至是悬崖，痛苦更是无穷无尽，难道我们非要一味地求苦而将快乐置于身边而不顾吗？这是生活的根本目的吗？不，绝不是。也许有人会说："不吃苦中苦，难为人上人。"那么，我问什么才算"人上人"？人与人之间可比吗？

　　竞争使得我们每个人都为了眼前的利益而奔走忙碌，丝毫不敢有所懈怠，这是很正常的。于是，我们攀比，希望在各个方面都超过自己周围的人，一旦超过了，我们还想再超过其他更远的人，我们还想样样争第一。也不想一想，一个人以有限的精力能实现他所有的梦吗？不可能，注定了他的大多数梦是会化为肥皂泡的。这样盲目的攀比，其结果只能使自己更加痛苦，而一无所得。人为什么总这样独断？为什么不允许别人超过自己呢？别人也是人嘛！我们没有理由只相信自己的力量，我们没有理由不让别人超过我们，我们甚至没有理由去怀疑别人。我们应该拥有自我，去安静地生活，干自己该干的事情，做自己喜欢的工作，在自己的范围内寻找有意义的事情。这样，我们便能在人生的每一步成长过程中，体验到自我实现和成长的足迹，同时也会体会到自我奋斗的快乐！

有些"成功者"稍微有一点钱就不知道天有多高，总是喜欢与人比阔斗富，结果往往输得惨不忍睹。

你现在有一万元，你就可以享受一万元的快乐。如果你跟人家一比，人家有一百万了，你的一万元的快乐就会烟消云散；本来你的天空有温暖的太阳，这时就会阴云密布。

如何祛除与人攀比的毛病，你可以按以下的方法去做：

（1）保持一颗平常心态，过自己的日子。

（2）不羡慕别人的荣华富贵。

（3）尽自己最大的努力去创造财富。

（4）在创造的过程中，享受生活的快乐。

（5）不管结果好坏，收获大小，只要付出了劳动，就会感受到快乐。

欲望太多造成心理贫穷

在生活中，我们并不是因为拥有的太少变得贫穷，而是因为欲望太多，总是觉得自己拥有的都不够，从而造成心理上的贫穷，情绪上的苦恼。

人的私心、贪婪、嫉妒，常使人跌倒，重重地跌在自己"恶念"的祸害里。事实上，我们所拥有的，并不是太少，而是欲望太多。欲望太多的结果，就使自己不满足、不知足，甚至憎恨别人所拥有的，或嫉妒别人比我们更多，以致心里产生忧愁、愤怒和不平衡。欲望太多，就会导致心理贫穷！

物质上永不知足是一种病态，其病因多是权力、地位、金钱之类引发的。这种病态如果发展下去，就是贪得无厌，其结局是自我爆炸，自我毁灭。

托尔斯泰说："欲望越小，人生就越幸福。"这话，蕴含着深邃的人生哲理。这是针对欲望越大，人越贪婪，人生越易致祸而言的。古往今来，被难填的欲壑所葬送的贪婪者，多得不可计数。

有一个人想得到一块土地，地主就对他说，清早，你从这里往外跑，跑一段就插个旗杆，只要你在太阳落山前赶回来，插上旗杆的地都归你。那人就不要命地跑，太阳偏西了还不知足。太阳落山前，他是跑回来了，但已精疲力竭，摔个跟头就再没起来。于是有人挖了个坑，就地埋了他。牧师在给这个人做祈祷的时候说："一个人要多少土地呢？就这么大。"

这个死者，正像《伊索寓言》里一个故事所说："有些人因为贪婪，想得到更多的东西，却把现在所拥有的也失掉了。"

其实，我们每一个人所拥有的财物，无论是房子、车子……无论是有形的，还是无形的，没有一样是属于你的。那些东西不过是暂时寄托于你，有的让你暂时使用，有的让你暂时保管而已，到了最后，物归何主，都未可知。所以智者把这些财富统统视为身外之物。

卡耐基曾说："要是我们得不到自己希望的东西，最好不要让忧虑和悔恨来苦恼我们的生活。且让我们原谅自己，学得豁达一点。根据古希腊哲学家艾皮科蒂塔的说法，哲学的精华就是：一个人生活上的快乐，应该来自尽可能减少对外来事物的依赖。罗马政治学家及哲学家塞尼加也说：'如果你一直觉得不满，那么即使你拥有了整个世界，也会觉得伤心。'且让我们记住，即使我们拥有了整个世界，我们一天也只能吃三餐，一次也只能睡一张床。即使是一个挖水沟的工人也可如此享受，而且他们可能比洛克菲勒吃得更津津有味，睡得更安稳。"

不要为虚名而劳神

人的一生，对名利的追求最容易让人迷失理智。我们心中的贪婪让我们难以放下，结果给人留下了许多的灾难和遗憾。

旷世巨作《飘》的作者玛格丽特·米契尔说过："直到你失去了名誉以后，你才会知道这玩意儿有多累赘，才会知道真正的自由是什么。"盛名之下，是一颗活得很累的心脏，因为它只是在为别人而活着。我们常羡慕那些名人的风光，却不能感同身受风光背后的困惑与疲惫。

虚名会使人放弃努力，沉睡在他已经取得的荣誉上，不思进取，最后将一事无成。中国古代有一个叫伤仲永的故事，说的就是被虚名所误的人生教训。

仲永小时候是个神童，过目不忘，能吟诗作赋，被人称颂，成为一时的名人。然而在他成名之后，沉醉在虚名之下，不再刻苦努力学习，渐渐地长大成人之后，他就和一般人一样了。他的那些天赋、才能也都离他而去了，一生无所作为。

这就是虚名可以毁掉人生的例子。

还有一些人取得荣誉之后，就不顾自己的实际，拼死拼活地要维护自己的名誉，结果早早地就被荣誉累死了，这实际上是得不偿失的。

哈里是一名长跑冠军，他极看重自己在公众心目中的形象。他在得了胃病后，不愿告诉他人，也不去及时诊治，将病情当成秘密一样加倍守护，唯恐自己给人留下一个弱者的印象。终于有一天，哈里再也挺不住了，他被家人送往医院。3天后他便离开了人世。主治医生说他不是死于劳累，而是被自己的名气累死的。

为了保持自己在公众中的"光辉形象"，哈里付出了生命的代价，这绝不值得。希望哈里的经历能给我们一个警示——不要为虚名所累。

但是，几乎没有人不喜欢鲜花和掌声。在成长的过程中，你肯定也会多次和鲜花掌声打交道。如果你沉迷其中，并且为了保护这份荣誉而愿意损失其他一切，包括健康的话，那就是一种愚蠢至极的行为，而你的这份虚荣心，最终会使你丧失一切。

面对荣誉，我们应该保持清醒的头脑，我们要懂得珍惜荣誉，更要为自己争取荣誉，但不能被荣誉所累，不能被荣誉打垮，否则，你就逃不脱荣誉的怪圈了。

不为虚名所累，就是一切以人为本，该怎么做就怎么做，该追求自己的人生目标，就不要被眼前的花环、桂冠挡住前面的道路，你应该毫不犹豫地抛开这一切身外之物，走自己的路，干自己的事，不因小成就妨碍自己的大成功，这样才能使你获得真正的荣誉。

第一次登月球的太空人，其实共有两位，除了大家所熟知的阿姆斯特朗外，还有一位就是奥德伦。可很多人只知道阿姆斯特朗，并且当时阿姆斯特朗所说的"我个人的一小步，是全人类的一大步"也早已是全世界家喻户晓的名言。

在庆祝成功登陆月球的记者会中，有一个记者突然向奥德伦问了一个很敏感的问题："由阿姆斯特朗先下去，成为登陆月球的第一个人，你会不会觉得有点遗憾？"

在全场有些尴尬的气氛下，奥德伦没有为自己争辩，而是很有风度地回答："各位，千万别忘了，回到地球时，我可是最先出太空舱的。"他环顾四周，笑着说，"所以我是由别的星球来到地球的第一个人。"大家在笑声中，给予了他最热烈的掌声。

真正的美德如河流，越深越无声。并不是每一个人都能像奥德伦一样，以这样平常的心来看待这样一个人人羡慕的光环的。不与人争名利，成人之美是一种境界。

有的人为了一生的辉煌而背负名利的重负，有的人却视名利如草芥，一生只为大局考虑。世界上最著名的大科学家爱因斯坦说，除了科学之外，没有哪一件事物可以使他过分喜爱，而且他也不过分讨厌哪一件事物。

生活中，有的人为了追求身外之物的名誉，而影响、损害、甚至送掉性命，这是舍本逐末。这些人在名誉下，失去了常人生活的乐趣，生活得很苦、很累，总是想着自己的一举一动、一言一行都要符合自己的身份，这就像给自己戴上了名誉的枷锁，失去了生活的自由，也失去了生活的本真。

第八章　好情绪让你工作顺利

正确认识你的工作

你热爱自己的工作吗？相信很多人都不能立刻做出回答。工作只是个养家糊口的工具，而非为了自己的兴趣爱好，想必这是很多人的真实心态。尽管不是很喜欢，但是迫于生计，也要继续去做。长此以往，失望情绪必然产生。这样不仅自己不快乐，工作也不会出色。

其实，不管一个人从事的是什么行业，在工作中担任什么职位，他的工作都需要激情来点燃和推动，因为激情能够使我们释放出潜意识的巨大力量。把激情带到工作中去，让你的激情和工作混在一起，那么你的工作将不会显得很辛苦或单调。激情会使你的整个身体充满活力，使你只需在睡眠时间不到平时一半的情况下，工作量达到平时的 2 ~ 3 倍，而且不会觉得疲倦。

一个拥有正确情绪、能够正确认识工作的人，总是能够从自己所从事的工作中找到乐趣，然后带着激情投入工作之中，高效率、高质量地完成工作，进而取得成功。一个无法从工作中找到乐趣的人，是无法做好工作的，也是无法成功的。

关于激情，"打工皇帝"唐骏很有自己的一番理解：

"在中国，人们大都不讲究激情。我在美国生活很多年，我感觉到最重要的就是激情，做任何事情都要有激情，每做一件都要全心全意投入进行。"唐骏认为之所以很多的人没能成功，就是因为他们没有将激情当作成功的原动力。"你要知道当你投入一件事的时候会产生什么效果？你投入一件事要专心做，你会发现一定会找到能做成功的一点点的诀窍，你投入了，做出成果，做出成果就会有满足。"他将这样的工作称之为良性循环，相反则为逆循环。"人越上升就是上升，越下滑就是下滑，所以人生要在某一个点调过来，把可能的逆循环调整为正循环。"

但是，唐骏也不认同只有对自己喜欢的工作才会有激情。他告诫现在的年轻人选择工作时，不要仅仅以个人的喜好作为依据，而是看这个工作是否有意义。

"很多年轻人觉得想做的，这些却可能是不适合他的。在选择是适合还是喜欢的事的时候，我觉得是要做适合自己的事，不要只想做自己喜欢的，年轻人喜欢的事多，没有办法，不适合你的要培养，如果变成良性循环的时候就会变成成功。"

唐骏对激情有一个定义：当你每天早上醒来想到要做这份工作时，会觉得很兴奋，迫不及待地想去做，每天晚上睡觉的时候，觉得有很多事，希望明天可以快点去工作，这是对工作的激情。生活里，人对生活有各种各样的态度，有激情的人看周围的人、周围的事、周围的社会，是以正面的东西为主流，看到更多的是美好的东西。

由此可见，一个人在工作中能否找到自己的位置，能否以最大的热情投入工作当中，是他的事业能否成功的关键。工作的热情会感染你周围的每一个人。美国著名社会活动家贺拉斯·格里利曾经说过，只有那些对自己的工作有真正热忱的人，才有可能创造出人类最优秀的成果。

然而，这种对工作的热忱和激情并不是天生的，而是靠后天培养出来的，每一个人都可以拥有它。

不热爱自己工作的人很难在自己的工作中做出成绩。反之，如果你热爱自己的工作，在工作中尽心尽力，用最大的热情投入工作，你就能在工作中取得突出的业绩。当然，你也会很有成就感，因为你付出了，你得到了回报。

即使你并不热爱自己的工作，但是，只要你还在做着这份工作，你就要尽自己最大的努力去完成。否则，你就是在浪费自己的时间，浪费自己的生命。爱不是一天生成的，对工作的热情也要慢慢培养。如果你努力投入工作，想在工作中获得乐趣，那你的工作效率就会提高，你会慢慢爱上自己的工作，你的人生也会为此而改变。

不是工作没有乐趣，而是你不去主动寻找乐趣。如果你尝试着去热爱你的工作，努力从工作中寻找乐趣，努力以最大的热忱投入工作，而不是去怨天尤人，那么，工作将会回报你更多！

让情绪病毒远离你

一个人早上起来心情若好，不论今天的工作多么繁忙、生活多么琐碎，这一天也会感到事事顺心，整天开开心心。反之，如果情绪不佳，即使再有趣的事情，也会觉得无聊透顶。好情绪就像"发电机"，它可以源源不断地输送快乐，让人们满怀信心地过好每一天。

如果说，19世纪的黑死病是"肺病"，20世纪的黑死病是"癌症"，那么在生活节奏日趋加快的21世纪，黑死病又是什么呢？心理学家给出的答案是情绪病毒。所谓"怒伤肝、悲伤心、思伤脾、忧伤肺、恐伤肾"。情绪病毒是一种心理疾患，它就像一把利刃，既伤害了别人，又使自己失去珍贵的亲情与友谊，失去真正的成功与快乐。但是，情绪是可以管理的，正如时间是可以管理的一样，如果我们每一天都过得难过、沮丧、不平、生气及忧愁，这一辈子就是"黑暗"，可如果我们能调整、管理好自己的情绪，就有色调更加明亮而美好的人生。

　　所以情绪管理决定你的命运，做好情绪管理关乎你职场生涯的顺利和快乐，关乎你一生的幸福及美满。重视员工的情绪管理，也关乎企业的今日和明天。

　　人在职场，难免有情绪低落时，这个时候就要学会自我安慰。建议大家不妨试试"酸葡萄式"和"甜柠檬式"。

　　"酸葡萄式"即吃不到葡萄就说葡萄是酸的，是指人们想要却得不到的东西，就故意说它不好。这种看似消极的做法，对情绪调节、平衡心态有着积极的意义。对于想得到而又不可能得到的东西，不妨像《伊索寓言》中的狐狸一样，想象一下它是酸的然后就放弃。而对于自己拥有的东西，多想一想它的好处。人有一个弱点，总是不珍惜自己所拥有的，而目光总是盯着自己没有的东西，从而凭空生出很多烦恼。所以，适当放弃是非常必要的。

　　"甜柠檬式"是指人们对自己拥有的东西，相信它是最好的，并真心地接纳和认同。大家在情绪不好的时候，要学会从积极的方面暗示自己。每天早晨，如果对自己说的第一句话是："没劲，又要上班"，这一天很可能就真的没劲了，因为你已经给自己定了一个情绪的基调。要针对自己的不足，设计一些积极的语言来暗示自己。如情绪低落的人，经常对自己说"今天心情不错""我今天感觉很好"；容易愤怒的人，可以暗示自己"我要冷静些，发怒是解决不了问题的"。另外，可以改变一些行为以调节情绪，例如：改变面部表情，对自己微笑，改变行走姿势，抬头挺胸，昂首阔步等。

　　情绪不好时，宣泄是自我调整的重要途径，此时千万不要压抑、默默忍受。试着通过各种方法，把不良情绪表达、发泄出来。

　　人们常用"男儿有泪不轻弹"教育人们要坚强。其实，在悲恸欲绝时大哭一场，可使情绪平静。美国心理专家威费雷认为，眼泪能把有机体在应激反应过程中产生的某种毒素排除出去。从这种角度讲，遇到悲伤的事情忍住不哭就意味着慢性中毒，由此可见，"男儿有泪不轻弹"是不可取的。美国精神病学家曾对 331 名 18 ～ 75

岁的人进行调查,结果表明男性、女性在哭过以后心情都会变得轻松。

和哭一样,笑也是一种释放,笑本身就是心情轻松的表现。因此,心情不好时可以看喜剧、漫画、笑话,和幽默的朋友聊聊天,回忆愉快的往事等,尽量让自己笑起来,在笑声中,烦恼和痛苦不翼而飞。

自我放松也是缓解紧张情绪的好方法。如果感到情绪紧张、身心疲惫、焦虑不安,可以两眼微闭,做缓慢的深呼吸,深深地吸气,慢慢地呼气,持续几分钟。或者通过想象一些美好的景象、幸福的经历的方法来放松自己。想象自己在大海边,仰卧在柔软的沙滩上,感受着温暖的阳光,听着海浪拍岸的声音。海风轻轻吹来,又悄然离去,感到身子好像悬浮在蔚蓝而宁静的大海上,全身感到温暖而沉重……试着感受这种安详和宁静,想象你的身体和头脑正在恢复活力。

无论采取哪种方式,希望大家遇到心理困扰时,都能采取积极有效的方式面对,做一个善于化解痛苦、消除烦恼的快乐的人。

"精英"毕竟是少数

现代人总是喜欢追逐一个又一个目标,一个目标达成之后,不知不觉就又给自己设定了一个更高的目标,似乎永远没有终止。赶时间,成了这个时代最时尚的生活方式。匆匆地上班,忙碌地工作,每天忙得像陀螺一样转个不停,但好像还是有着做不完的事。工作就像一台榨汁机,带走了生活里的快乐,内心深处的安宁也随之失落了。

不知道从哪一天开始,你已习惯有人叫你"精英",为了不愧对这一称号,你便更加努力地工作,面对不稳定、不可测的多变环境,比如要面对来自上司的压力,来自同事的挑战,来自家庭内外的压力,直到有一天,你脆弱的内心再也无法面对,你想甩掉别人加在你身上的标签。可是看看别人,他们在用羡慕的眼光看着"精英"的你,是跳出去还是留下来，这真的难以取舍。可是，就没有能够兼顾的方法吗？

王小姐是一个公司的广告策划部门经理。搞广告策划的人，给人的第一印象，似乎就是头发倒竖，衣衫不整，满脸的灰尘，却两眼放光。但王小姐却恰恰相反。她更像一位大学里的教授：宽宽的眼镜架在白皙的鼻梁上，一身素雅的工作套裙，显得她更加精干利落，扎在脑后的发髻一丝不苟，看不到一丝的杂乱。

办公桌上，只有她现在正在考虑的一幅创意，看不见其他任何累赘之物，墙上也只是几幅艺术家的作品，更显得高雅不俗。她在谈到工作中的压力及如何解决它时说：

"压力当然是有的，看你如何对待它。有的人被压力牵着鼻子走，结果越走越乱，越走越糟糕。我喜欢清清爽爽地工作，不喜欢被一大堆的杂物纠缠着。当感觉有压力的时候，我就检查自己，清理自己的心理，扔掉那些不必要的东西，让自己更有创作性地工作。我总是定期检查自己的抽屉、办公桌，看是不是又杂乱了。桌子上的杂乱也会影响一个人的心绪，让人感觉心里也很乱，总感觉被什么东西堵着，结果压力便来了。

"有时，换换自己的工作方式，换换自己的工作环境，也会缓解一定的压力。当我觉得很累的时刻，我就去买束花，或买一个墙饰，放在办公桌上，挂在墙上，会让自己一下子又轻松许多，又找到了工作的活力与情趣。"

在事业上追求成功，这本无可厚非，但若因此给自己造成无法化解的压力，便是职场情绪管理不够了。有人习惯把压力归结为外部因素，认为压力是外部环境所给予和造成的。其实更主要的是应从自身寻找毛病的发源点，审视一下自己的情商是否太低了。当你感觉自己已承受不了压力的时候，请检查一下自己，看看是否有累赘之物加重了你的负担，然后换换空气，更有创造性地投入工作。

一个具有管理自我情绪能力的职场人是绝不会被压力压垮的，

他既会工作，也会休息。他明白，现代科学赋予"会休息"的含义就是主动休息，即在身体尚未出现疲惫感时就休息。这是一种积极的休息方式，人体持续工作越久或强度越大，疲劳的程度就越高，产生"疲劳素"就越快、越多，消除的时间也就越长，这正是"累了才休息"的传统休息方式效果差的原因所在。主动休息则不同，不仅可保护身体少受或不受"疲劳素"之害，而且能大幅度提高工作效率。

如果没有时间做一个长时间的休整，也应该时刻来个"忙里偷闲"，借助下面几点原则来个短期休息：

第一，重要活动之前抓紧时间先休息一会儿。比如参加考试、竞赛、表演、长途旅行之前，应该先休息一段时间，把身体状态调整到最佳。临时恶补不仅效果差，对身体伤害也很大。

第二，保证每天8小时睡眠，星期天应进行一次"休整"，轻松、愉快地玩一玩。为下一周紧张、繁忙的工作打好基础。

第三，做好全天的安排，除了工作、进餐和睡眠以外，还应明确规定一天之内的休息次数、时间与方式，除非不得已，不要随意改变或取消。午睡片刻可以迅速消除疲劳，也是长寿秘诀之一。

第四，重视并认真做好工作中的间歇休息，充分利用这段短短的时间到室外活动一下，做几个深呼吸，伸伸胳膊伸伸腿，或者欣赏一段轻音乐，使身心完全放松下来。

见缝插针的休息方式常给人意犹未尽的感觉，但对恢复状态而言，效果却非常明显，远比把所有劳累积攒起来，然后再全部释放要好得多。如同一根弹簧一样，长时间拉紧和突然放松会使它的弹力下降，只有持续地、小频率地松紧才是正确的做法。

"空杯"使你进入最佳工作状态

如今我们总是听人提起空杯心态，那么什么是空杯心态呢？一个杯子装满水，就不能再盛更多的水了，想要装更多的水，唯有将杯子里的水倒空。而空杯心态就是指要将心里的杯子倒空，将曾经的辉煌、失败都在心态上彻底了结清空，然后用崭新的自我去迎接崭新的未来。

每一个想在职场发展的人都必须拥有空杯心态，不仅要能干，还要敢于归零。每一天都是一个新的开始，过去的失败不会让今天的你退缩、怯懦，过去的成功也不会让今天的你目空一切，始终怀着希望、信念和学习的心态去工作，去生活。从此刻开始，进行全面的超越！当归零成为一种常态，一种延续，一种不断时刻要做的事情时，职业生涯的全面超越就唾手可得了。

空杯心态不仅是一种心境，更是一种做人的境界。面对失去能从容不惊的人是经历过人生风雨的人，是生活中的强者。人生之路肯定是坎坷的，你在路上走着，前面会有什么阻碍你无从知晓。但是不管能不能预料，能不能承担，只要努力去做了，能够坦然地去面对，总归会是一种收获，也是一种快乐。

关于空杯心态，我们可以从佛教经典中得到启发，"一切皆为空"，恩怨得失，爱恨情仇，就让它们成为过眼云烟吧。得到了，没必要沾沾自喜，矫揉造作。失去了，也没必要暗自神伤，颓废沮丧。当我们的心变得豁达平静，遇事不惊时，我们就可以称得上是真正的成熟了。所以，我们要做的就是改变可以改变的，接受无法改变的，努力达到"得之淡然，失之坦然"的高境界。

一代武学宗师，功夫巨星李小龙就非常推崇空杯心态，他说："清空你的杯子，方能再行注满，空无以求全。"很多人都有一个弱点：在成绩面前，容易自满，容易得意忘形，自满了、忘形了就不愿意再辛苦地朝更高的目标迈进。而空杯心态则很好地解决了这一点，它让人时刻处于在山底仰望山顶的状态，能逼迫自己去反思和成长，去创新和改造，最后激发出无限的生命潜能，创造生命奇迹。

空杯心态也有层次之分。有彻底的空杯，也有半杯水的空杯，还有不溢出来就好的空杯。不同程度的空杯会带来不同的效果。空杯程度越高，带来的好处也就越多；空杯的程度越低，个人所得也就越少。任何一家单位都只会为员工的使用价值埋单。"倒空"自己，轻装上阵，才能体现自己更大的使用价值。只有善于倒空的杯子才能装更多的水。

保持开放的心灵为空杯心态奠定了基础，但是还远远不够，我们还要往前走，也就是放下。放下指的是，只要是束缚和阻碍自己发展、使自己步履沉重的包袱便可以义无反顾地抛弃，包括地位、金钱、面子、贪念以及仇恨等。

放下往往伴有一定程度的艰难和痛苦，因为你必须放弃的东西很可能是你最难以割舍的，比如金钱和权利等，这要求我们具有宽容、豁达和勇敢等品质。对一个强大的心灵而言，没有什么是放不下的。

南非黑人领袖、诺贝尔和平奖获得者纳尔逊·曼德拉为了追求民族的平等，为黑人争取应有的权利，被囚禁 27 年之久。在出狱的当天，他说了这么一句让人钦佩的话："在我走出囚室、迈出监狱大门的那一刻，我就已经把悲痛与怨恨留在身后。"

"留在身后"就是一种放下。从此，不再因过往的痛苦而流泪，不再因曾受到不公平待遇而怨恨，只是朝着自己梦想的方向前进，再前进。

作为在职场中打拼的我们，空杯心态是不可缺少的，应该永远怀着谦卑的、渴望成功的心去吐故纳新，去实现自己的人生价值，不断超越。

相信自己一定能行

如果一个人连自己都不相信，还能指望别人相信你吗？要相信自己一定能够成功。具有强烈自信心的人，才能承受各种考验、挫折和失败，这种自信心会使我们受用一生！

记得一位名人曾经说过这样一句话："如果我们分析一下那些卓越人物的人格品质，就会看到他们有一个共同的特点：他们在开始做事前，总是充分相信自己的能力，排除一切艰难险阻，直到胜利！"

德国人力资源开发专家斯普林格在其所著的《激励的神话》一书中写道："人生中重要的事情不是感到惬意，而是感到充沛的活力。""强烈的自我激励是成功的先决条件。"

有一个法国人，42岁了仍一事无成，他也认为自己简直倒霉透了：离婚、破产、失业……他不知道自己的生存价值和人生的意义。

他对自己非常不满，变得古怪、易怒，同时又十分脆弱。

有一天，一个吉卜赛人在巴黎街头算命，他随意一试。

吉卜赛人看过他的手相之后，说："你是一个伟人，您很了不起！"

"什么？"他大吃一惊，"我是个伟人，你不是在开玩笑吧?!"
吉卜赛人平静地说：

"您知道您是谁吗？"

"我是谁？"他暗想，"是个倒霉鬼，是个穷光蛋，我是个被生活抛弃的人！"

但他仍然故作镇静地问：

"我是谁呢？"

"您是伟人，"吉卜赛人说，"您知道吗，您是拿破仑转世！您身体里流的血、您的勇气和智慧，都是拿破仑的啊！先生，难道您真的没有发觉，您的面貌也很像拿破仑吗？"

"不会吧……"他迟疑地说，"我离婚了……我破产了……我失业了……我几乎无家可归……"

"嗨，那是您的过去，"吉卜赛人说，"您的未来可不得了！如果先生您不相信，就不用给钱好了。不过，五年后，您将是法国最成功的人啊！因为您就是拿破仑的化身！"

他表面装作极不相信地离开了，但心里却有了一种从未有过的伟大感觉。他对拿破仑产生了浓厚的兴趣。回家后，他就想方设法找与拿破仑有关的书籍著述来学习。渐渐地，他发现周围的环境开始改变了，朋友、家人、同事、老板都换了另一种眼光、另一种表情对他。事情开始顺利起来。

后来他才领悟到，其实一切都没有变，是他自己变了：他的胆魄、思维模式都在模仿拿破仑，就连走路说话都像。

13 年以后，也就是在他 55 岁的时候，他成了亿万富翁，法国赫赫有名的成功人士。

生活中的很多东西，都是不以我们的意志为转移的，不管我们希望如何都不能令其完全按照我们的想法改变。那么我们要想取得成功就要想办法让自己改变，让自己变得更加强大并能得心应手地适应社会的变化及其发展，这样我们就能获得想要的一切。

因此，学会自我激励，要给自己一个习惯性的思想意念。假如你在内心经常存有失败的念头，你便已经输掉了一大截。相反的，假如你对自己充满信心，并具有主宰自我的意志与习惯，那么即使面对逆境，也能泰然自若。这种强有力的信心，实际上来自自信。换言之，自信是力量增长的源泉。人的自信是一种内在的东西，需要由你个人来把握和证实。因此，在建立自信的过程中，务必要学会自我激励。

作家罗曼·罗兰说过，先相信自己，然后别人才会相信你。所以，人认为自己是怎样一个人比其真正是怎样一个人更为重要。因为每一个人都是按自己认为是怎样一个人而行动的。

工作只求尽力而为

人有时候活得太累，事事要面面俱到。有太多的顾虑，工作上要考虑的尽量周全，顾及同事的看法；生活上要考虑方方面面，尽量对得起每一位亲人。有时为了顾及许多方面，不惜自己忍辱负重，委曲求全。结果往往是顾此失彼，疲惫的是自己的身心，甚至适得其反。

阿美是外贸公司的公关部助理。由于工作性质的原因，她经常要和公司上上下下的人打交道。

阿美本身是一个谨小慎微的人，深知在大公司做事人际关系的重要和人言可畏的后果，所以她处处留心，生怕得罪了同事或上司，生出什么枝节。对每个人她都是有求必应，笑脸相迎，从来没有对周围的人说过"不"。

她本以为自己的为人处世可算得上是天衣无缝了，可不知为什么，渐渐的，她成了办公室里最遭冷落的一个人。她感到疑惑和委屈，因为她自感没有做错任何事，相反由于自己对别人有求必应，使自己无形当中做了许多额外的工作，占用了大量的时间。

直到有一天，一位从前和她挺要好的同事告诉她缘由，才让她恍然大悟，原来正是她的过度随和，使人觉得她虚伪，不可相信。

希望所有人都喜欢自己，希望所有事情都能按照自己的想法发展进行，这是人类最自然的愿望，本无可厚非，但实际上，这只能是一种理想状态，各种客观环境和客观条件决定了不可能所有人所有事都能如自己所愿。虽然这个道理人人都懂，但是在实际生活中，若事情不能如自己所愿，我们便难免会因此而情绪低落。

身在职场，每个人都希望别人喜欢自己，因而，有的人十分在意上司和同事的评价，稍有一点差错就自责，其实大可不必如此。凡事如果要求太过完美，只会把自己累得精疲力竭，而结果却不尽如人意。

事实上，由于工作上的摩擦，以及利益对立等客观情况的存在，要想获得每一个同事的认可和喜欢是不现实的事情。即使你从不拒绝周围的人，职场关系也不可能达到这种理想状态。

职场中，还经常有这样的情况发生：自己的工作已经够忙了，可是不时地总有额外的工作干扰着自己。这些不必要的工作给自己造成了很多不必要的麻烦，分散了工作精力。其实身处职业场合，大可不必为了博得所有人的欢心而为难自己，只要本着个人的原则，坦诚共事，就不失为明智之举。相反，若把自己引入一个人际网的旋涡之中，非但你的业绩不会有所提高，就连能否在此久留都可能成为问题。所以，还是将自己的大部分精力投入本职工作中，做出成绩才是在公司立足的前提。

对于一些初入职场的人，有时会因为心软，碍于面子而影响了自己的工作效率，还累坏了身体。身在职场，并不是你一直保持低调、谦恭、唯唯诺诺就可以赢得别人的欢迎。与同事相处，就比如跳舞，需要有进有退，这样舞蹈才能跳得好。

当上司交代给你不属于分内的工作时，有时是因为上司认同你的能力，给你超越职位的挑战，理想的状况是，你做了分外的事，而且表现得很好，将来得到应得的回报。但事情也有可能不是想象得那样好，你接下了额外的工作，以为会就此获得老板赏识，结果老板却是鞭打快牛，不用白不用，这个时候，你就应该拒绝了。

身处职场，同事也有可能私底下请你帮忙，偶尔为之并无不可，毕竟谁都有可能遇到问题和难处，但是你要让对方清楚，你是有原则地帮忙，不可能无底线地什么都接受。该拒绝时，还是要明白地说不。当对方知道你的分寸底线何在时，自然就不会再三要求，也就不会把他自己的事情给你做。

调整情绪，融入团队

人同大雁一样都是群居型动物。大雁只有"合群"才能顺利地到达理想中的目的地。掉队的大雁总是形影相吊，而且境遇悲惨，大多数情况下不可能飞得很高很远。人生也是一样，要将自己融入团队中，我们才能飞得更高更远。

阿明在短短一个月的时间内已经连续更换了 4 次工作，无奈中只好去求助一位职业咨询师。

"第一家单位的老板太苛刻，脾气太坏，我忍受不了他那张严肃的脸，结果我一气之下就走了！"阿明不无遗憾地说，"不过那里的员工还不错。"

职业咨询师问："第二家呢？"

"哦，我是一个相对安静的人，我不喜欢吵闹的环境，我上了一周的班，可是那个部门的人太活跃了，我受不了他们的笑声。"

职业咨询师笑着继续问："第三家是什么问题？"

"第三家我待的时间比较长，但是我反感在背后说别人坏话的人，我连续听到好几次别人说我清高，可是我不是那样的人，我的情绪受到了干扰，我想换个新的环境。"

可是我发现第四家的人更难以相处，虽然他们都很安静，但是我觉得似乎也太冷漠了，我去了两天竟然没有人拿正眼看过我。"

职业咨询师把身子向后仰去，说："你的困难其实很好解决，你只需要明白，你要适应环境，而不是让环境适应你。你要尽量合群，而不是把自己置于群体之外。"

任何一个公司，都可能有苛刻的老板，或者异常活跃的同事，或者在背后抱怨的小人，或者冷漠的人，甚至最糟糕的情况是，这几种人可能会同时存在，但是你所要做的就是"合群"。你要融进你的工作环境中，你要适应同事和周围人的生活习惯，因为只有这样，你的才能和情绪才会达到最好的状态。

合群与否会影响一个人的性格走向，会影响你的人际关系、工作和学习效果。8 小时工作占去了一天的 1/3，而且还要花费更多的时间和精力来准备上班和考虑工作，只有这 8 个小时快乐了，你才是快乐的。那么我们要怎样才能很好地和同事相处，才能真正做到合群呢？对此，心理学家给我们提出了几点建议：

1.不要"鹤立鸡群"

我们应该在言行举止上表达自己的善意和坦白，并常常考虑对方的立场，言行及态度不要太过严肃或太注重形式，尽量和同事打成一片，不要强调自己高人一等，或摆出高高在上的姿态。

2.切忌锋芒毕露

在公司里，要是你没事整天念叨"我要当老板，我要办产业"，很容易被同事看作异己，把自己放在同事的对立面上。如果不幸让老板知道，也会被老板当作清理的对象。在办公室里大谈人生理想显得滑稽。你公开自己的进取心，就等于公开向公司里的同事挑战。做人要低姿态一点，这是自我保护的好方法。你的价值体现在做多少事上，在该表现时表现，不该表现的时候就得韬光养晦。但凡能做大事的人，都不是爱说大话的人。

3.表现适可而止

如果你有才能，应该要表现出来，但不可锋芒太露，否则容易遭嫉妒。当你提出自己的见解之后，别人自然会判断此见解是否可行，不接受人家的提醒，又批评别人的意见，这样贬损他人而褒扬自己实在是下下之策。

4.听听别人怎么说

诚恳地聆听同事的意见，亦是增进同事情谊的方法之一。莎士比亚说："对于他人的话，你要善意听之，则你将得到五倍的聪明。"如果想要改善与同事之间的人际关系，那你就要承认对方的长处，而且时常表现出他对公司、对自己都是十分重要的，让对方觉得被重视。

5.不对别人妄加评论

如果对方炫耀自己的精明能干，如何获得老板的欣赏，你千万不要评价别人，尽量让自己远离嫉妒和诋毁，学会真诚地赞赏和学习。

6.不背后论人是非

不论是在私底下或是聚会场合与同事交谈，应该避免言之无物，最好能提出有建设性的意见，使对方认为你不仅为公司着想，同时也兼顾到同事的利益。即便你对某位同事或上司觉得不满，也要尽量避免在他人面前提及。

厌职情绪来了怎么办？

在社会发展的今天，我们常常能听到上班族的抱怨之声，"上班真没劲""怎么还不到周末啊""又想换工作了"这些上班族过着打卡上班、苦等下班时间的无聊日子，做起事来无精打采，能过一天算一天，实在不行换份新工作，这种糟糕的情绪就是人力资源专家所说的厌职情绪。

小妍是一个年轻的主治医师，这是个人人艳羡的职业，可是小妍却做得很不开心。小时候，因为爷爷奶奶身体不好，总要跑医院，而且找个好医生也不是一件容易的事，家里上上下下都没有一个在医院工作的。所以高考的时候，爸爸给小妍报了医学院，说以后家里人看病就指望她了。

辛辛苦苦学了5年的医学，小妍却一点也没培养出对医学的热情来。毕业后，小妍进了医院工作，看着同事忙着晋升、学习，她却一点兴趣也没有。即使医好了一个病人，她心里也没什么成就感。但是医生这种职业，又不能允许半点疏忽，所以小妍觉得坚持得越来越累。

小妍静下心来，也会反思自己的状态，她明白这种情绪对自己的自身发展非常不利。想来想去，她认为最根本的原因是她不喜欢医生这一行。她从小就对文学非常感兴趣，也很喜欢与文字打交道，直到工作之后，她还不时有文字见诸报端。小妍也想过转学文学方面的专业，可是没成功，她只能做着自己不喜欢的工作，也觉得人生越来越没意思了。

小妍就是典型的被厌职情绪所包围的上班族。从心理学的角度分析，厌职情绪的产生主要有以下几方面原因：一是不能从工作中得到满足，这种满足更多指的是精神上的而非物质上的，也许是工作本身不符合自己的兴趣，因此很难从工作中得到乐趣，即使物质回报再好，也难以排解内心的苦闷；二是对工作的期望值过高，希望从工作中得到的收获和实际得到的相差太大，因此造成心理上的落差，导致工作积极性下降；三是难以处理好人际关系，如果和同事的关系不和谐，工作热情就难免会受到情绪的影响，这种情况尤其在初入职场的人中更为普遍。

厌职情绪并不可怕，只要能找对原因，就能对症下药，下面就来看看如何应对厌职情绪吧。

1. 梦想少一点，计划多一点

考虑清楚有关自己理想职业的每一件事从工作形式到工作环境，然后确定自己所追求职业的标准或目的。具体方法是：可把所追求的理想职业划分成尽可能短的各阶段。如果发现自己目前只是一名基层员工，你就必须寻找一条能帮助自己达到另一职位的晋升之路。你可观察一下是否能调到另一部门，或者先谋个较低的职务，然后找机会进修；最低限度也要找出妨碍你日后晋升的不利因素。谨记，循序渐进是改变不称心工作的最好方法。

2. 把自己看作自由人

想象自己是个独立承包者，你的雇主是位大客户，然后合理分配你的时间，以达到不仅满足客户所需，而且还有余力从各方面发展自己的目的。例如，你的工作是负责起草各种报告式文件，用词的好坏，对你的上司可能无关紧要；但对于你一位独立承包人，你应认识到，你的措辞技巧可能会开辟一个全新的销售市场。表面上是取悦你的上司，实际是把你自己推到独立承包人的地位。

3. 工作娱乐两不误

有些人上岗工作只知道拼命干。一开始在晚上加 1~2 小时班，不久便整星期地加班，最后连周末也成了办公时间。实际上，工作成了霸占他们全部光阴的蛮横宾客。这类人除了工作，几乎没有任何社交活动，这样时间长了，不免会对自己的工作产生反感。

4. 寻找工作外的成功

如果目前真的无法换工作，你又无论如何也喜欢不上本职工作，不妨在尽力做好工作的前提下，把自己的癖好和业余活动当作工作一样认真对待，并同样引以为豪。如今，许多人只把来自办公室的成绩看成真正的成功，结果这些人唯有事业上春风得意时才会沾沾自喜，而一旦工作遇到麻烦，就感到羞辱不堪。如果能把自尊也系于你的职业努力之外，工作中受挫时，你就容易仍然保持一种积极的态度。

5. 积极改善人际关系

如果你每天早晨一想到上班就害怕，部分原因大概是你与周围同事相处不好。虽然你不喜欢与他们一起工作，但最低限度也应该和他们积极相处。当你在电梯里对人微笑时，别人也会报以微笑，在办公室也是如此。以礼相待是人的本性。与相互不理不睬的人，一夜之间就建立亲密关系是不现实的，但你若真诚地去改善关系，你的同事迟早会感觉到这一点。假如你对周围一切都心存厌烦，包括厌烦你的工作、你的上司，你就更要用一种积极的方式与人交谈，谈些你喜欢的事，至少你可能会找到与同事的某些共同点。

总之，这个世界是公平的，它既不会以你喜欢的方式宠幸你，也不会以你不喜欢的方式捉弄你。学会热爱自己的职业，有百利而无一弊。

第九章　好情绪让你健康幸福

猜疑让你的婚姻破碎

在婚姻生活当中，很多时候，如果没有做到很好地沟通就难免会发生一些不必要的猜疑。然而，就是这样小小的猜疑，往往就会成为婚姻走向不幸的导火索。因此，对于婚姻生活当中的夫妻双方，要想精心经营好自己的婚姻就一定不要随便猜疑。

有一位在法院工作的朋友诉说，他在经办离婚诉讼案件当中发现，有相当一部分婚姻关系的破裂是由猜疑引起的。著名喜剧演员蔡明就认为夫妻之间不能疑心太重，她曾经说过："男人结婚并不是要娶一个克格勃，丢给对方一个相对自由的空间，你偏执地看管、跟踪、调查是看不住他的心的。"在感情中疑神疑鬼的人，一定是操控性很强的人；操控性很强的人，通常是没有自信而又将自己看得太重的人。自信对一个人、一个婚姻来讲，都太重要了。自信是对自身价值的评估，是对自身能量的检测，是对前程的肯定，是对成功的把握，而这把打开辉煌的钥匙从不摆在明处，只有优秀的男人和女人才找得到，可是生活中总有那么一些缺乏自信的弱者往往用猜疑这根绳索亲手勒死自己的婚姻。

张钰和程龙是中学同学，张钰在读高中时不仅容貌美丽，而且成绩优秀，作为同班同学的程龙对她倾慕已久。尽管程龙长得高大英俊，但学习成绩一塌糊涂，张钰没有看不起他，两颗年轻的心相互吸引。后来程龙因为厌倦学习，就辍学回家，过起了游手好闲的生活。他经常跟社会上一些不务正业的"朋友"出入娱乐场所，身为农民的父母无法满足他的这些消费，于是他就常跟着那些"朋友"干些偷鸡摸狗的事。虽然离开了学校，但他并没有放弃自己对张钰的爱情，每当偷到钱后，他都要买些贵重的东西去看望张钰，给张钰留下零花钱。对他的出手大方，张钰有些疑惑，就追问钱的来源，他骗她说自己找到了一份工作，虽然是临时工，但因为自己卖力肯干，所以老板给的工资很高，张钰信以为真，非常感激程龙对自己的这份感情。

随着作案次数的增多，程龙的胆子越来越大，偷盗的频率越来越快，偷盗的数额越来越大。多行不义必自毙，有一天他终于落入了法网，被判处有期徒刑十年。此时的张钰尽管已考上了大学，但面对众多男生爱慕的目光，她心如止水，因为她认为程龙是为了自己才去偷的，所以她决心用自己一心一意的爱去陪伴程龙一生一世。因此几乎每个节假日她都要带着食品去监狱看望程龙，鼓励他好好改造，表示自己等着他，出狱后就结婚。

果然，张钰为了程龙，大学毕业后放弃了留在城里工作的机会，回到家乡做了一名小学教师。她一如既往地去看望、鼓励程龙，程龙大为感动，在狱中表现积极，获得了减刑。张钰的工作虽然劳累，却没有使她对程龙的深情损耗一分。程龙刑满释放后，张钰不顾家人的强烈反对，马上与程龙走进了婚姻的殿堂，她认为爱情的力量是无比巨大的，在今后的日子里，程龙会更加珍惜自己，历经磨难后，他们的爱情一定会更加甜蜜牢固。

可是现实很快粉碎了她的梦想。尽管婚后不久她就怀孕了，但要强的她每天总是早早起床，伺候一家人吃完早餐，然后匆匆去学校上课，下班回家，她又忙着干家务、备课、改作业。节假日，还要下地干农活，但是她的善良和贤惠并没有打动丈夫。程龙出狱后，没有固定工作，他又不愿在家务农，全家人依靠张钰一个人的工资，日子过得很紧巴。妻子劝他买了一辆摩托车在街上开摩的，这对游手好闲的他来说无疑是一种折磨，他觉得这份差事既辛苦又不体面，所以心情日益烦闷、暴躁起来。可是开朗纯真的张钰总是保持着乐观、积极向上的朝气，渐渐程龙的心理不平衡了，他怀疑妻子之所以在不富裕的家庭中面对无所事事的丈夫还能保持一种快乐的心境，是因为她有了外遇的缘故，于是他更加乖戾起来，不让张钰接触任何男人，平时看见她与别的男人说上几句话，他就会大发雷霆。

张钰觉得这可能是因为丈夫太爱自己了，而且是由他的自卑所导致的，所以就处处谦让他，不跟他计较，仍一如既往地努力工作、生活着。但她越忍让，程龙越觉得她心中有鬼，猜疑心变得更重了。他几乎每天都要责问张钰："怎么回来得这么晚？你在外面是不是有男人了？""你和你们学校的某某是什么关系？"等，一次他甚至不问青红皂白地将来学校找张钰有事的某领导打成了重伤。

面对丈夫的侮辱与乖戾，张钰把一切希望都寄托在肚子里的孩子身上，她希望孩子的降生能唤醒丈夫的爱心，恢复家庭的温暖。令她没想到的是儿子的诞生不但没有换来丈夫的温情，反而使他更加丧心病狂了，因为他莫名其妙地怀疑孩子不是他的亲骨肉。他一次又一次地追问妻子：到底谁是孩子的亲生父亲。妻子含泪一次一次地解释，劝他不要胡乱猜疑，可得到的却是一次又一次的毒打。有时他甚至将菜刀放在妻子的脖子上，叫嚣着要杀死妻子，而且常常变本加厉地摧残妻子。这时的张钰才意识到丈夫是不可救药了，于是向法院起诉离婚。

离婚后，程龙后悔了，他开始对张钰软磨硬泡，表示以前所做的一切都是因为太爱她了，并且反复保证一定痛改前非，乞求复婚。张钰因为不愿让儿子失去父爱，又想到毕竟程龙是自己生命中的第一个男人，于是心又软了。张钰的亲人得知这一情况后，都劝她不能重入虎穴，于是程龙对张钰的亲人怀恨在心，对长辈也出言不逊地辱骂、恫吓，张钰的心又凉了，开始躲避程龙的纠缠。这让程龙更加恼羞成怒。一天他将还没来得及躲走的张钰堵在宿舍里，一边侮辱、扭打她，一边强迫她答应复婚，受尽凌辱的张钰坚决不同意，程龙就死死地掐住她的脖子，一直把她掐昏过去。他又找来宿舍里的一把菜刀，在她的脸上砍了一刀，然后又残忍地割下了她的右耳郭……最后，程龙逃离了现场。

后来张钰被同事发现，送进医院抢救，虽然保住了性命，但其伤情构成重伤，造成了终身残疾，逃亡在外的程龙仍恶习不改，继续流窜偷盗作案，终于被公安局机关抓获。程龙数罪并罚，被判处死缓。

爱情上的猜忌，表面上似乎是对爱情的一种捍卫，实际上是一种极端自私的行为。成天对自己的伴侣疑神疑鬼，既是对对方的不信任，更是一种内心极度自卑的表现，一旦猜疑发展到一定程度，就会报复别人，结果以害人始，以害己终，所以猜疑是一剂摧毁爱情的毒药。

猜疑心重的人最缺的就是豁达，而豁达恰恰是维持婚姻最重要的因素之一，豁达意味着风度、胸怀，意味着亲和力、感召力和凝聚力。豁达叫人彼此认同和理解，甚至化干戈为玉帛；豁达会使人的安全感油然而生，心甘情愿解除心理武装，不再层层设防；豁达也会使人自责和忏悔，检讨反省自己哪一步出错了脚。豁达是斤斤计较、心胸狭窄的天敌。在婚姻舞台上，男人的豁达是女人心中最动听的华尔兹，女人的豁达是最能激发男人热情的摇滚乐。

家人不是你的"出气筒"

生活中的你，会不会在不自觉的情况下曾把坏情绪转嫁给了他人？比如工作不顺心回家会发脾气，跟恋人不愉快会把烦躁带进工作中，丢了东西会看什么都不顺眼，事情不顺畅会对周围的人莫名其妙地吹毛求疵……往往这种坏情绪都会转嫁在自己亲近的人身上，对父母、爱人、孩子不假思索的伤害，而理由会冠以"心情不好"。

有这样一个故事：

丈夫在单位里受了冤枉气，憋着一肚子气回到了家中，和妻子因一件小事就闹了起来。面对丈夫的无名火，妻子莫名其妙。正好6岁的儿子跑回家，"你怎么这晚才回家？！"妻子满腔怒火，抬手给了儿子一巴掌。儿子刚才还高高兴兴，让妈妈一巴掌打得不知如何是好，回头看见了小花猫正朝自己摇尾巴，他一脚踢在小猫的肚子上，踢得小猫嗷嗷地直叫，那叫声分明是在抗议：我不是你最好的朋友吗，今天为什么平白无故踢我？

这是个"城门失火，殃及池鱼"的故事：丈夫在外面受的气，转来转去，最终转到了小猫的身上。

上面所讲述的道理在心理学上叫作"消极心理转移"。所谓转移作用，就是把对某一对象的情绪转移到另一对象身上。人们常有一种心理倾向，把自己对某一对象的愤怒或喜爱的感情，由于某种原因无法面对对象直接表达或发泄，而转移到其他较为安全或较为大家所接受的替代性的对象身上，从而满足情感需求，化解心理焦虑，缓解心理压力，这就是转移作用。这是人们常用的一种心理防卫机制。

虽然，转移作用可以让人的心理压力得到一时的缓解，却往往不能从根本上解决问题，甚至会给其他人造成很大的影响，导致恶性循环。那么，我们如何控制和发泄烦躁的情绪，避免向亲人发脾气呢？建议试试以下几种发泄的方法。

1. 写动怒日记

当怒气难消时，不妨将自己的想法或感觉写出来，这样有助于整理思绪，并发现真正的感觉，因为，愤怒时的情感反应并不是我们真正的感觉。研究表明，善于把自己的感觉或所关注的问题写下来的人，要比那些只思考而不动笔的人健康快乐，而且我们把感觉写出来以后，愤怒的情绪就会有所减轻。

2. 深呼吸或放松训练

人在愤怒时，会出现明显的身体反应，如肌肉紧张、微微颤抖、心跳加快等。深呼吸或放松训练有助于放松肌肉，使身体从高度警戒状态下改变过来。因此，当你勃然大怒时，试着做几次深呼吸，看看效果如何。

3. 转移宣泄

心理专家不主张过分压抑自己的情绪，因为不良情绪长期郁积在心中，就会损害人的身心健康。因此，适度释放郁积在心中的不良情绪，是调节心理的有效方法之一。当你感到不痛快的时候，可以做做下面的练习，这样既可以宣泄负面情绪又可以避免伤及他人。

（1）穿上宽松肥大的衣服，躺在床上，双手握拳。举起右拳的同时抬起左脚，并重击床面，然后，换成左拳和右脚。重复这个动作，不要停止，而且还可以张嘴出声，喊某个特定的字眼如"讨厌"等，声音可以随着重击的速度而提高，直到喊累了为止。

（2）在心里想着那个令你生气的人或事，做深呼吸，嘴里发出一些不带文字符号的声音，但不要让自己大声地说出来，继续深呼吸，直到你感觉到令你生气的人或事慢慢在心里消失。

4. 加一些高体能的锻炼

建议男人在感觉不好或烦躁焦虑时，参加一些高体能的运动。大量的研究表明，运动对人的心理有镇静作用和抗抑郁的作用。跑步、打沙袋或网球、滑雪、游泳等激烈的体能锻炼，不仅能保持阳刚之气，增强自信，还能有效地舒缓情绪，减轻压力。

5. 推迟发怒的时间

当你发怒时，试着推迟一下发怒的时间，第一次10秒，以后逐渐延长时间。如果你能将发怒时间推迟一天的话，你就会发现愤怒已经基本消失了。另外，当你感到愤怒充满胸腔时，请花几秒钟冷静地描述一下自己和配偶的感觉。当你能够以一个"第三者"的身份来描述现实情景时，愤怒就会慢慢地消失。

面对不幸也要笑

笑着接受现实，并不是无奈地接受事实，而是顺其自然，寻找新的出路。用好的情绪面对现实的残酷，总好过用坏的情绪逃避生活的困苦。

接受已经发生的事，是克服不幸的第一步，笑着接受现实的无奈是克服坏情绪的艺术。生活中我们无法控制不幸事情的发生，但我们可以控制自己对不幸的反应，更可以用积极的方法来调节自己因不幸而产生的坏情绪。

生活中往往会出现一些无法预料的事情，说不准什么时候就会突然遭遇了这样或那样的挫折。而挫折一旦降临，便成了生活中的既成事实，也给我们的好情绪泼了一盆冷水。其实，这种事实究竟会生出什么样的感受和情绪，主要看我们对事实所持的态度。

有一个人，医生怀疑他有胃癌。他的朋友们搜肠刮肚地炮制了一连串的安慰话，并且在心里一遍又一遍地演练，希望能给他一些鼓励。当他的朋友们推开房门，这个人却很平静地躺在床上阅读一本哲学书，一如平日坐在书桌前。对于悲痛的故作镇定，可以说是世界上最令人难受的事，我们宁愿悲痛之人率性疯狂，痛哭狂呼。

朋友们都说你别假镇定了，不是想树立什么典型吧？让人难受……话没说完，这个人抬了下手笑着说："哎，我什么时候演过戏了？没那么严重。我遗憾的仅仅是饮食不能随心所欲，不能像以前那样吃水煮鱼和麻辣串了。"

他的笑容让每一个人都为之感动，多么坚强多么乐观的一个人！

人生有那么多的快乐等着我们去享受，谁也不想生病，谁也不想从病魔那里领略什么人生真谛，可是既来之，则安之，与其抱着愁眉苦脸的坏情绪不放手，不如笑着去接受。病痛来了，就把它看作上帝赐给我们的一份生活料理，一种生命体验吧。微笑着平静地接受是最好的选择，也是对坏情绪的一种有效对抗。

笑着接受既成的事实，就是以积极的情绪来"解读"面临的事实，将思绪和情感转移到其他可为的方面上去。如果我们为自己的意志力达不到的事情而烦恼，那无异于自寻烦恼，作茧自缚，以致自戕。面对无奈的事实，悲愤痛苦不如笑着接受。

笑着去接受既成事实，并不是阿Q式的精神胜利法，也不是沙漠中的鸵鸟。阿Q的悲哀在于对可为之事而不为，任凭事态的恶化，等待成为牺牲品；而鸵鸟的愚蠢则在于愚昧的逃避。笑着接受现实，是要勇敢地正视那些让自己情绪变坏的根源，在平静的面对中闯出一条希望之路。当我们无法以主观的力量控制事态的时候，或者面对无法改变的事实，已经尽了自己的主观努力的时候，此时与其抱怨，不如平静以对。

时间是最具魔力的涂改液，再糟糕的事实也总有过去的时候，你不会永远生活在一种情绪状态之中。但是，要想发生时间更改生活图像的效果，没有相应的情绪状态与时间相互作用，是达不到目的的。这种情绪状态就是平静。笑着平静对待，让时间来改写不平的生活事实，让自己能够聚集足够的智慧和勇气，与不公平的生活事实相处，在默默的忍耐中开创崭新的生活。再大的愤怒，也可以在平静的时间之河里一点点地化解；再深重的焦虑，也可以在时间之旅中一点点地淡化。

英皇乔治五世在伯明翰宫书斋的墙壁上，悬挂着这么一个木刻："但愿我不望日兴叹，亦不为已倒掉的牛奶而哭泣。"

生活中，我们无法控制不幸事情的发生，但可以控制自己在不幸面前的情绪。假如我们被人欺骗，我们总不能永远因此愤恨懊恼不已；假如我们遭受委屈，我们不能因此而总是萎靡不振。这些消极的情绪反应不仅对事情本身没有什么补救作用，相反倒有可能伤害我们自己。假如说被人骗或遭受委屈，是他人对你的一种伤害，那么对这种伤害的一味悲愤和沮丧，则是你对自己的伤害。

这时候最好的办法就是以饱满的情绪和积极的态度，笑着去面对不幸的事，这种办法总能收到好的效果。这种办法可以是合理地利用时间，做自己现阶段可以做的事，值得做的事。在遭受不幸的时候，人往往很容易百无聊赖，空虚颓废，因而必须使自己忙碌起来，在充实的日子里加速精神创伤的痊愈；也可以尽自己的热情和能力帮助别人做些事，尽管你是不幸的，或许还有比你更为不幸的人需要你的帮助。你在帮助他的过程中，生活的信心必将苏醒。

自我对话有利于身心健康

说到自我对话，我们不由得会想起鲁迅先生笔下的"祥林嫂"，所以，倘若我们发现某人坐在那里旁若无人地自言自语，就会觉得非常可笑，甚至会认为他是在发"神经"。但是，现在我们应该改变一下这种观念，因为自言自语的行为不但不可笑，而且还有利于身心健康。

妮娜是一个刚毕业不久的大学生，经过自己的努力终于找到了一份不错的工作。但对于她这个初入职场的小姑娘来说，工作中总会遇到一些困难，不善交际的她与人沟通也不是很好。为了应对来自各方面的压力，她经常会采用自言自语的方式为自己加油鼓劲，或是督促自己努力工作，或是提醒自己注意与人相处的方式。有了这样一个减压的方式，妮娜感觉工作起来也不是那么累，做起事情来也渐渐得心应手，不到半年的时间，她就变成了一个职场高手，面对任何事情都从容不迫，谁也看不出是个刚参加工作的人，同事和领导也对她评价非常好。

在很多人眼里，自己和自己说话是一种不正常的表现，认为爱自言自语的人不是有"神经病"，也可能是个有点神经质的人。《重庆森林》里梁朝伟自始至终地自言自语，就给人们留下了独特而深刻的印象。其实，细察生活，你会发现很多人都有自言自语的"毛病"。面试时，你也许会听到"一定行"之类的喃喃自语；临考前，也有考生会自我对话："放松，别紧张。"其实，适度的自言自语是种放松，并不是一种病态的表现。

德国的心理学家研究认为，"自言自语"是消除紧张的有效方法，是一种利于身心健康的自我保健方法。这样可以有效地发泄心中的不满、郁闷、愤怒及悲伤等不良情绪，有助于消除紧张，恢复心理平衡。当你忧虑重重时，若是有机会听听自己的谈话，并对自己提出一些问题，那么你钻牛角尖的可能性就减少了。

心理学家认为，自言自语的好处是非常多的：

1. 调节情绪

自言自语也是一种倾倒心理垃圾的好方法。失意、郁闷、愤怒等负面情绪，积压于心头，会侵蚀我们的热情和快乐，而自言自语地发牢骚，相当于把这些坏情绪倾倒出来，有助于心理弹性的恢复。

2. 理清头绪

当我们内心存在困惑，百思不得其解的时候，说出来，哪怕是没有听众，也有助于让自己理清思路，找到答案。因为语言反馈给大脑之后，能刺激脑神经，促进思考。

3. 自我安慰

自言自语还可以起到自我安慰的作用。熟悉的声音对我们的心灵有着很强的慰藉作用，让人感觉很放松很有安全感。

4. 改善睡眠

因为冥思苦想属于混乱的内心对话，而"自言自语"摆明真理就可终止思虑，从而会使睡眠安定少做噩梦。

5. 自我暗示

自言自语还相当于一种自我承诺，其原理有些类似自我暗示。

当我们对着镜子微笑一下的时候，你或许会感觉，嘴角翘起的一瞬间你的心情会豁然开朗起来。因此，当我们失意时，不妨多自己对自己说些鼓励、赞扬的话，时间长了，你的大脑会接受这一承诺，从而有利于心理健康。

此外，比起向别人倾诉，自言自语不会耽误别人的时间，不会引起别人对自己"唠叨"的指责，更不会泄露自己的隐私。

自言自语是一种最健康的解决精神压力的方法，是一种行之有效的精神放松术。因此，我们要鼓励有需要的人经常有意识地自言自语。

"一吐为快"能够调节紧张和疲惫的身心。然而，凡事需有度，物极必反。短时期的自言自语是正常现象，如果总是沉浸在自己的世界中，长期缺乏社会交往，便会演变成精神焦虑和抑郁，更有甚者会患上精神分裂症。所以，还是要建立积极的社会交往态度。只有生活在开放的社会群体中，才能保持和社会一致的正常心态。

唉声叹气更健康

在生活中，当我们面对无力解决的事情，或者是难以完成的事情时，常常会发出一声长长的叹息，这样心情就会感到舒畅一些。而长期以来，唉声叹气被人们认为是消极和悲观的表现，所以，有些人为了在别人面前维持良好的形象，就会压抑这种负面情绪。殊不知，用这种方式保住形象，却损害了自己的健康。

37岁的李先生是某国有企业职工，由于近年来企业经营不景气，准备裁员，实行"下岗分流"制度。而李先生觉得自己年龄大了，又没有特长，很可能在被"分流"之列，整天提心吊胆。但为了不在家人、同事朋友面前表现得懦弱，他每天总是强装笑容，表现得若无其事。然而，他总是吃饭不香、睡觉不好，精神状况十分糟糕。

后来，李先生的失眠症状越来越严重，白天也不能集中精力工作，身心十分痛苦。到医院检查，他患上了神经衰弱。正是因为他长期把不愉快藏在心里而不是说出来，导致心理压力过大，才引起的疾病。

叹息，从生活意义上说，是消极、悲观的表现。因此，不少人总是抑制叹息。但是，当人们在悲哀惆怅的时候，唉声叹气两次，有安神避郁的坦然感；在工作、学习紧张疲劳的时候，唉声叹气一番，会有胸宽神定的豁达感；就是心满意足，愉快兴奋之时，唉声叹气一次，也会顿感愉快。

叹息的时候，人就会做一次深呼吸，排出体内的废气，同时，精神得到短暂的放松。这样对身体有很多好处：一方面，把有害的气体排出肺部，呼吸新鲜空气，让毒素不能在肺部沉积。同时，叹息还可以短暂地缓解神经紧张，让紧绷的大脑得到休息，不致过度疲劳。

曾有医生给临场前的运动员和心理紧张的考生进行体检发现，让他们叹息几声后，可使收缩期血压下降，舒张期血压下降，呼吸和心跳减慢，心理紧张状况会暂时得到改善。北京大学医学院曾经做过一个调查，常常叹息的人，相对从不叹息、有事都憋在心里的人，平均寿命要多出 4 到 5 岁！

经常叹息的人，心理压力得到释放，而不是长期憋在心里，因此神经紧张程度得以缓解，心脏负荷也随之减轻。这样，患高血压的概率比"闷罐子"要低许多。

叹息时，吐音不同，会产生不同的效果。例如，吐"吁"字养肝，吐"呵"字强心，吐"呼"字健脾，吐"泗"字清肺，吐"吹"字利肾。但要注意吸气应顺其自然，口型、吐音、动作要积极配合。

无论从生理学，还是从心理学的角度来看，叹息对健康都是有益的。面对竞争越来越激烈的现代生活，来自生活、工作、学习上的压力是难以避免的。在这种高压状态下，我们要试着以叹息来发泄心中的压抑，保持身体的健康。

一声叹息会让我们摆脱疲累的心情。呼出郁闷，再次充满活力，重新投入工作。但是，面对生活中的不顺心事件，一声叹息还是不能从根本上解决问题，这就需要我们客观地分析和面对自己遇到的问题，不要主观地将小事情放大化。

另外，人在心理受到某种挫折、抑郁的时候，往往倾向于自我封闭，回避与人的沟通交流，这时，我们要努力克服这种倾向，多保持与外界、他人适度地开放和交流。积极地面对负面事件，使其能达到满意的结果，才是解决问题的最好方式。

哭不是一件丢人的事

人的情感有多种表达方式，如喜、笑、怒、骂、哭等。人们大都认为笑对健康有益，哭则对健康有害。其实，人们对哭的认识还存在一定的误解，因为哭也是人们宣泄情感的主要方式之一，它虽是人们不稳定情绪的一种激烈反应，但也是有益身心健康的一种发泄方式。

32岁的王女士是一家大型公关公司的客户总监，每天要工作10个小时以上，最要命的是，常常要同时应对客户、同事和上司几方面的压力。3个月前接了一个项目，客户是一家外地民营公司，不了解她们这边的情况，提出很多无理的要求。这两个多月，王女士不断地打电话、发电子邮件，光是"空中飞人"就飞了五六次，就是为了能把事情沟通好。可这边的事情还未处理好，同事中又有临时"掉链子"的，作为项目负责人的王女士终于扛不住了。

那天回到家，她一个人喝了半瓶红酒，突然觉得非常累，也非常委屈，就趴在枕头上大哭了一场，然后就睡着了。第二天清醒过来的王女士发现，哭能让她的心情变好。从这以后，当王女士再感到非常憋闷和委屈时，便会用大哭来发泄一下心中的不快。

哭，是一种有效地解除紧张、烦恼与痛苦情绪的方法，尤其是对突如其来的打击所造成的高度紧张、极度痛苦，可以起到缓解作用。科学家认为，人在悲伤时不哭是有害健康的。

悲伤有损健康，但悲伤时哭泣，却是有利于健康的。心理专家研究发现，人悲伤时流出的眼泪中，蛋白质含量很高。这种蛋白质是由于精神压抑而产生的有害物质，压抑物质积聚于体内，对人体健康不利。

美国圣保罗·雷姆塞医学中心精神病实验室专家研究发现，眼泪可以缓解人的压抑感。他们通过对眼泪进行化学分析发现，泪水中含有两种重要的化学物质，即脑啡肽复合物及催乳素，其仅存在于受情绪影响而流出的眼泪中，在受洋葱等刺激流出的眼泪中则测不出来。因而他们认为，眼泪可以把体内积蓄的导致忧郁的化学物质清除掉，从而减轻心理压力。

专家认为，女子的寿命普遍比男子长的原因，除了职业、生理、激素、心理等方面的优势之外，便是善于啼哭。通常人们哭泣后，在情绪强度上会减低百分之四十，反之，若不能利用眼泪把情绪压力消除掉，会影响身体健康。

常言道：男儿有泪不轻弹。男子汉大丈夫即使遇到非常伤感的事，也要有泪往肚子里流。其实，这种做法是不对的，对于人的身心健康是有害的。

从医学的角度说，为了调节人体内的气体，保持生理和心理的平衡，人的七情喜、怒、忧、思、悲、恐、惊，都应有其自我发泄和排解的机会。有资料表明，遇悲痛后能哭泣的人，比"自我惩罚"生闷气者，其高血压发病率要低50%左右。而那些强忍眼泪者，其溃疡症、结肠炎、肝病和胆囊炎及结石症的发病率，比能自我排解者高出2至5倍。

事实上，那些看令人伤感的书或悲悲切切的电影都会掉泪的人，在关键时刻比那些"有泪不轻弹的人"意志要坚定得多。因此，男人在悲痛的时候，不妨痛痛快快地大哭一场，让悲伤和对身体有害的物质随着眼泪一起排出体外，使自己的神经得到放松，然后鼓足精神迎接新的挑战。

但值得注意的是，哭也要有节制。人的胃肠机能对情绪极为敏感，忧愁悲伤，哭泣时间过长，胃的运动减慢，胃液分泌减少，酸度下降，会影响食欲，甚至引起胃炎或胃、十二指肠球部溃疡。这就是不少人在大哭之后，会吃不下饭，睡不着觉，有神疲力乏之感的原因。如果无节制地哭泣，就会导致人心情沮丧，进而影响工作和学习效率。因此心理学家主张哭不宜超过 15 分钟，压抑的心情得到发泄、缓解后就不能再哭，否则对身体反而有害。

不要为别人而活

人活在这个世界上，所追求的应当是自我价值的实现，并不是为了他人而活。如果你追求的幸福是处处参照他人的模式，那么你的一生都会悲惨地活在他人的价值观里。

生活中，我们常常很在意自己在别人的眼里究竟是一个什么样的形象，因此，为了给他人留下一个比较好的印象，我们总是事事都要争取做得最好，时时都要显得比别人高明。在这种心理的驱使下，人们往往把自己推到一个永不停歇的痛苦的人生轨道上。

事实上，人生活在这个世界上，并不是一定要压倒他人，也不是为了他人而活。人活在世界上，所追求的应当是自我价值的实现以及对自我的珍惜。不过值得注意的是，一个人是否能实现自我并不在于他比别人优秀多少，而在于他在精神上能否得到多少幸福的满足。只要你能够得到他人所没有的幸福，那么即使表现得不高明也没有什么。

有一个叫珍妮的女人，她喜欢弹钢琴，每天都要弹上一段时间，尽管她的水平很一般。有一天下午，珍妮正在弹钢琴时，7 岁的儿子走进来说："妈，你弹得不怎么高明吧？"

不错，是不怎么高明。任何认真学琴的人听到她的演奏都会退避三舍，不过珍妮并不在乎。多年来珍妮一直这样不高明地弹，弹得很高兴。

珍妮也喜欢不高明的歌唱和不高明的绘画。从前她还自得其乐于不高明的缝纫，后来做久了终于做得不错。珍妮在这些方面的能力不强，但她不以为耻。因为她不是为他人而活，她认为自己有一两样东西做得不错就够了，其实，任何人能够有一两样做得不错就应该够了。

不必介意别人的流言蜚语，不必担心自我思维的偏差，坚信自己的眼睛，坚信自己的判断，执着自我的感悟。用敏锐的视线去透视这个世界，用心去聆听、抚摸这个多彩的人生，给自己一个富有个性的回答。

有一位画家，想画出一幅人人都喜欢的画。经过几个月的辛苦创作，他把画好的作品拿到市场上去，在画的旁边放了一支笔，并附上一则说明：亲爱的朋友，如果你认为这幅画哪里有欠佳之笔，请赐教，并在画中标上记号。

晚上，画家取回画时，发现整个画面都涂满了记号——没有一笔一画不被指责。画家心中十分不快，对这次尝试深感失望。

画家决定换一种方法再去试试，于是他又摹了一张同样的画拿到市场上展出。这一次，他要求每一位欣赏者将其最为欣赏的妙笔都标上记号。

晚上，画家取回画时，惊喜地发现整个画面也都被涂满了记号。

最后，画家不无感慨地说："我现在终于明白了，无论自己做什么，只要使一部分人满意就足够了。因为，在有些人看来是丑的东西，在另一些人的眼里则恰恰是美好的。"

每个人对人生和世界的看法都不尽相同，要达到世人眼中的标准是不大可能的，那意味着你无论做什么事都要合乎别人的眼光和标准。

正如但丁的那句豪言："走自己的路，让别人说去吧。"爱默生在一篇谈论自信的文章中这样写道："要成为一名顶天立地的男子汉，就不能随波逐流。"成为自己想成为的人，做自己认为对的事，无论成败与否，你都会获得一种无与伦比的成就感和自我归属感。

一个人要想发现自己一生的优势，就必须具有独立的性格，勇敢地成为自己。而具有独立性格的人，都不会活在他人的眼光中。一个人活着，是为自己的精彩而活着，是为自己的蓝图而活着。只有这样，才能永远做自己命运的主人，拥有一个快乐而又充实的人生。

每一个在攀登人生顶峰的旅途中，可以听取别人的意见，接受别人的帮助，但一定要记住——自己才是人生之船的掌舵者，人要为自己而活！绝不可以人云亦云，做别人意见的傀儡；否则，你不但会在左右摇摆，会在不知所往中身心疲惫，会失去许多可贵的成功机会，有时还会失去自我。

生命匆匆，不要委曲求全，更不要给自己留下遗憾，做一个独特的自己才是最重要的。你不必将缺点或弱点暴露在你所处的社会中，但是谨慎之余，也许你会过分在乎别人的存在。如果你始终怀疑别人是否会在背后批评你，因此不敢相信朋友和社会大众，这也是一件令人遗憾的事。

人生本来就是丰富多彩的，每个人的人生正是因为独特而变得与众不同、璀璨夺目。真正能够活出自己风采的人是最幸福的人，也是最成功的人。因为他们挖掘了自己的所有爱好和潜能，他们无愧于自己，活得真实。活得自然，活得坦荡。

与人与事不要太较真

每个人都生活在社会中，有人的地方自然就会有矛盾。有了分歧不知怎么办，很多人选择了争吵，非论个是非曲直不可。其实这种做法很不明智，吵架又伤和气又伤感情，不值。不如大事化小，小事化了。俗语说："家和万事兴"，推而广之，人和也万事兴。人际交往中切不可太认死理，装装糊涂于己于人都有利。

"水至清则无鱼，人至察则无徒"，太认真了，就会对什么都看不惯，连一个朋友都容不下，把自己同社会隔绝开。镜子很平，但在高倍放大镜下，就成了凹凸不平的山峦；肉眼看很干净的东西，拿到显微镜下，满目都是细菌。试想，如果我们"戴"着放大镜、显微镜生活，恐怕连饭都不敢吃了。再用放大镜去看别人的毛病，恐怕许多人都会被看成罪不可恕、无药可救了。

人非圣贤，孰能无过。与人相处只要相互谅解，经常以"难得糊涂"自勉，求大同存小异，能容人，你就会有许多朋友，诸事遂愿。相反，过分挑剔，"明察秋毫"，眼里不揉半粒沙子，什么鸡毛蒜皮的小事都要论个是非曲直，容不得人，人家就会躲你远远的。最后，你只能关起门来当"孤家寡人"，成为使人避之唯恐不及的异己之徒。古今中外，凡是能成大事的人都具有一种优秀的品质，就是能容人所不能容，忍人所不能忍，善于求大同，存小异，团结大多数人。他们具有宽阔的胸怀，豁达而不拘小节，从不斤斤计较，纠缠于非原则的琐事，所以他们才能成大事、立大业，使自己成为不平凡的人。

人生有许多事不能太认真，太较劲。特别涉及人际关系，错综复杂盘根错节，如果太认真，不是扯着胳臂，就是动了筋骨，越搞越复杂，越搅越乱乎。顺其自然，装一次糊涂，不丧失原则和人格；或为了公众为了长远，哪怕暂时忍一忍，受点委屈也值得，心中有数（树），就不是荒山。有时候，事情逼到那个份儿上，就玩一次智慧，表面上给他个"糊涂哲学"，让他丈二和尚摸不着头脑。

做人又何必太较真呢？只要大家过得去，又何妨"糊里糊涂过一生"？

千万不要小看这种糊涂，这是做人的一种境界，体现的是一种包容。俗语说："聪明难，糊涂更难。"而要做一个糊涂的人更是难上加难。难就难在人的聪明伶俐，人们的"过目不忘"，别人的好处时时记得，而别人的不好也是"难以忘怀"。

怎样做一个聪明的"糊涂"人呢？首先要学会适当地"健忘"。

健忘人生未尝不是一种幸福。因为人生并不像期望的那么充满诗情画意，那么快乐自在。人生中有许多苦痛和悲哀，还有许多令人厌恶和心碎的东西，如果把这些东西都储存在记忆之中的话，人生必定越来越沉重，越来越悲观。实际上的情景也正是这样。当一个人回忆往事的时候会发现，在人的一生中，美好快乐的体验往往只是瞬间，占据很小的一部分，而大部分时间则伴随着失望、忧郁和不满足。

人生既然如此，健忘又有什么不好呢？它能够使我们忘掉幽怨，忘掉伤心事，减轻我们的心理重负，净化我们的思想意识；可以把我们从记忆的苦海中解脱出来，忘记我们的罪孽和悔恨，利索地做人和享受生活。

那么，我们在生活中要学会忘记什么呢？一要忘记仇恨。一个人如果在头脑中种下仇恨的种子，心里总是想着怎么报仇，他的一生可能都不会得到安宁。二要忘记忧愁。多愁善感的人，他的心情会长期处于压抑之中而得不到释放。愁伤心，忧伤肺，忧愁的结果必然多疾病。《红楼梦》里的林黛玉不就是如此吗？在我们的生活中，忧愁并不能解决任何问题。三要忘记悲伤。生离死别，的确让人伤心。黑发人送白发人，固然伤心；白发人送黑发人，更叫人肝肠寸断。一个人如果长时间沉浸在悲伤之中，对身体健康是有很大影响的。与忧愁一样，悲伤也不能解决任何问题，只是给自己，给他人徒添烦恼。理智的做法是学会忘记悲伤，尽快走出悲伤，为了他人，也为了自己。

应酬攻心术

不会应酬怎么『混』社会

潘鸿生◎著

中译出版社
China Translation & Publishing House

图书在版编目（CIP）数据

改变千万人命运的智慧丛书 . 应酬攻心术 / 潘鸿生著 .
-- 北京 : 中译出版社 , 2019.12
　　ISBN 978-7-5001-6081-6

　　Ⅰ . ①改… Ⅱ . ①潘… Ⅲ . ①成功心理—通俗读物
Ⅳ . ① B848.4-49

　　中国版本图书馆 CIP 数据核字 (2019) 第 273025 号

出版发行：中译出版社
地　　址：北京市西城区车公庄大街甲 4 号物华大厦六层
电　　话：（010）68359376，68359827（发行部）（010）68003527(编辑部）
传　　真：（010）68357870
邮　　编：100044
电子邮箱：book@ctph.com.cn
网　　址：http://www.ctph.com.cn

策　　划：北京瀚文锦绣国际文化有限公司
责任编辑：温晓芳
封面设计：孙希前

排　　版：张元元
印　　刷：香河县宏润印刷有限公司
经　　销：全国新华书店

规　　格：880mm×1230mm　　1/32
印　　张：25
字　　数：650 千字
版　　次：2019 年 12 月第一版
印　　次：2020 年 4 月第二次

ISBN 978-7-5001-6081-6　　　　　定价：179 元 / 套（全 5 册）

版权所有　侵权必究

中 译 出 版 社

前　言
Preface

　　"应酬"作为一个专业名词，它的产生可谓历史悠久，它贯穿了奴隶社会、封建社会、资本主义社会以及社会主义社会。可以这样说，自从有了人类，应酬也就随之诞生了。

　　如今应酬已经渗透到人们生活、工作的方方面面：生意上的应酬、生活上的应酬、同事之间的应酬、朋友之间的应酬……总之，应酬已经成为人们生活和工作中不可缺少的一部分。

　　应酬是人们处世、待人、接物的度量衡。每天、每时、每刻，只要应酬功夫到家，你的生活一定充满愉快。应酬的最高境界就是在绝无强迫的气氛里，把你的一份诚意传达给别人，从而使别人受到感应，并产生共识。

　　目前国际外交活动中所提倡的"坐下来谈，不必动武"的口号，就是应酬艺术之一。"会谈"愈来愈多，表示人们都希望通过应酬来解决一些纷争。

　　应酬在一定程度上左右了个人的命运。你去求职，主要是笔试和面试，其中面试又是最后一关，成功失败决定于此。面试的本质是应酬，应酬得好，你成功了；应酬得不好，就算你有飞天本领，人家也不会对你有兴趣。婚姻也是如此，经营得好的婚姻至少关系了我们半生的幸福。

　　现实生活中，每个人都渴望成功。但是勤奋者未必成功，机遇也不一定青睐做好准备的人。成功之法，自然包括奋斗、敬业、吃苦耐劳等你我共知的途径，但是也包括圆融、糊涂、屈伸等和应酬有关的学问。如果要在人生的河道上架设一座成功的木桥，前者就是那一块块的木板，而后者，就是连接那些木板的链条。

成功者在为人处世时往往马到成功的原因就在于他们精通应酬之道，熟悉应酬的各种技巧，这样他们就能根据不同的人和事对症下药，找准庙门，走对路子，自然也就没有求不动的人，没有办不成的事。

综上可知，人不能离开社会而单独生存，而人只要在社会生存着就离不开应酬。要打好应酬这场大仗，需要有一定的天赋，也需要平时留心、不断练习，需要攻心术。如果你能够应酬自如，那么事业的成功也就离你不远了。应酬是事业的助推剂，有了它的帮助，你的事业必将飞黄腾达，你的人生必将更加精彩。

目 录
Contents

第一章　应酬是一门学问

应酬不仅仅是吃饭聊天

有人认为应酬就是大家一起吃吃饭、聊聊天,以真诚打动每个人,和技术无关。这种见解不一定全对,因为即使你有诚意,但怎样才能把这一份诚意传达给别人,这的确需要技术。

我们列举一个最普通的例子。假设你今天上班之后,要吩咐你的部下办一些小事情,或者要他汇报一下昨天所办的事。在这种情况下,你已在不知不觉间,面临着重要的"应酬关头"了,因为这样做,是你迫近了对方。如果你不好好考虑到对方的处境和适应他的心情,一味我行我素的话,你会使事情伏下危险。

上班一族的生活中最令人困扰的是,在工作岗位上无法与上司、同事及部属好好地相处。例如:上司唯独苛待自己,老职员暗地里使坏,同事由于嫉妒到处散布坏话,同事心存抗拒,不按命令行事,等等。遇到这些事时,大部分的人都很难突破这种人际关系的障碍,而常有逃避放弃、辞职离开的想法,一部分不死心,没法耐心继续工作的人,则往往过着趣味索然的上班生活。

小刘在一家电视台工作,由于某同事比小刘多五年的工作经验,而小刘又是刚到,因此小刘对其心存尊敬,视为前辈,所以,刚开始还以为与他关系非常友好,然而实际上完全错误。因为同事小赵对小刘说:"你是否做了一些令前辈疏远你的事?前辈似乎对科长说了许多对你不利的事情，你最好注意一点。"

原来是小刘和前辈商量了许多公事之后，总会在公司附近的酒吧一起饮酒，当时前辈说了许多对科长的不满及工作的不如意事，小刘于是也放松警觉，说了一堆有关科长的批评及科内的问题。据说前辈就根据这些话，再加油添醋地向科长打小报告。

由于这件事情，小刘对前辈的态度转变，并采取警戒的态度，而前辈在情感上明显地表示对小刘的不满，并且在工作上，不管是明或暗，总是掣肘。小刘原本对工作充满干劲，认为公司是富有意义的场所，但由于与前辈发生不合后，开始觉得工作灰色、沉闷。

如果人们在工作岗位上应酬得不好，像小刘一样，大部分的人都会认为是对方不好相处，以致无法建立良好的关系。这一类人，犯了一个很大的错误，因为人际关系的培养是相对的，而不是孤立的，不和睦的事，是双方的问题。不过，大部分的人都觉得自己是正确的，错的应该是对方，从而仅看到对方的缺点，就像小刘一样，这是错误的。

于是，这就涉及应酬的问题——下面看看美国"最佳雇员"洛斯特身为下属是怎样协调他与上司的工作的。

美国宾州人洛斯特曾被评为"最佳雇员"。他的工作是替一家百货公司处理文件。他当选后，对记者透露他的"应酬术"时说："我只是尽量地干。"他的上司，百货公司的总经理说："洛斯特并不是个唯唯诺诺的人，你要他办事，他总是答以'很好，我尽量做'，但一小时后，他会告诉上司，说他办了一个钟头，但还没有做好十分之一，看来当天很难完成了，如果有误公事，我再去想想办法吧。"

他的应酬真的成功，因为上司的自尊心被维护了，他得到的答复是什么呢？不出下面两个：①"这样啊？明天也行。"②"我叫别人来帮你"。

站在上级的一方，通常是较容易控制场面的。控制场面，该是一种义务，而不是一种权利——既然是义务，你不妨使对方轻松一些，千万不要让他有"紧迫感"，这就涉及协调的问题了。

有人以为按命令行事是讲求效率的善策。但心理学家指出，其实任何人，都喜欢自己拿主意做事，除了故意怠工者，谁都有"按自己的方式做事"的意愿。身为上司，如果能充分利用这种心理，不只可以维持对方的自尊心，还可以使工作事半功倍！

许多上司对于下属常有"冲口而出"的习惯，明知需要"尊重"他，但讲起话来那种意识却荡然无存。

因此，上司对下属的应酬，应遵循下列三个原则：①完全记得部下的名字；②完全避免伤害对方的自尊心；③尽量使用可以鼓舞对方的字眼。

这不只适用于单位里面，也适用于生活的其他方面。

应酬是一门艺术

生活中，那些在交际场上左右逢源的人往往都各有神通，将应酬演变成了一门艺术。不妨看看不同人的表现：有的人站起身来就有人鼓掌，有的人举起杯来就有人呼应，有的人一个微笑一句问好就能换来现场热烈的气氛。可是同样的动作在某些人做起来，却乏味了不少，仿佛只是一个简单的动作而已，其中的深意荡然无存。这就是应酬的真谛所在，那些繁文缛节、程式化的过程不过是表面的套路罢了，真正懂得应酬的人将应酬变成了艺术加以发挥，并且发挥了无穷的功效。

都说官场险恶，往往清官都是一副不食人间烟火的样子，远离是非的争论。但是历史上也有不少好官，他们生在忠奸俱存的时代，如果想为民做实事，就不能卷起铺盖一躲了之，他们必须学会在官场中周旋，学会与各种各样的官员应酬，只有先让自己混得明白，才能用手中的权力为国家做实事。刘墉就是一个深得应酬这门艺术精髓并且运用自如的人。

刘墉的身世扑朔迷离，传说各异，几半幻化，但他在乾隆、嘉庆两朝挺身立世，智谋多变——既能入局，也能出局，既能靠近，也能走远。可谓出神入化、变幻莫测。刘墉雷厉风行，果敢行事，做了一个令人称誉的好官；他也非常明白：要真正在这条路上继续走下去，还需要相当的智慧。

刘墉知人生之变化，知曲径通幽之处。所谓"鬼灵"，是指他聪明伶俐，左右逢源；所谓"善变"，是指他招法多样，绝处逢生。他精通回旋之功，凭着过人才智，拿出了十八般武艺，亮一亮、抖一抖，从而获得了一张"通行证"。刘墉懂得在你我之间相处的道理，他一方面顾左右而言他，另一方面又能够排除一定干扰，一心只做自己心中的事。他在六千世界里面走动，懂得取悦于人的方式，也懂得模棱两可的好处。这些人生战术是他秘而不宣的藏身法则。

刘墉在各种碰一碰、挤一挤的场合都能够及时脱身，这与他良好的心境有密不可分的关系，更何况他认为，碰一碰、挤一挤无妨大碍。他相信自己的鬼灵善变之功，一定能穿过缝隙，走到一个安全地带。其实，在某种程度上讲，碰一碰、挤一挤也是一件能让人及时清醒的好事。刘墉把明白藏在心里，善于靠各种招数应对自己的对手，从不把对手当作是一盘小菜，也从不把对手看成一块顽石，他在与和珅的斗智斗勇的过程中，即是采取了护心的办法与之较量，因为他比和珅更明白究竟应该怎么做人，应该怎么办事，这是他大智若愚的方面。

现代职场虽然"水也很深"，但是还远没到刘墉所处的朝廷那么复杂。可是我们都难免遇到这样的情况：单位里领导之间争权，同事之间分派系，如果你是一个处于这样尴尬境地的人，就要充分展开应酬术，既不能薄了左边，也不能惹了右边，只有把两边都应酬好了，你才有好日子过。

有个小伙子刚满24岁，就已经是部门经理了，而且很有发展前途。各经理开会的时候，一屋子的老年人、中年人，衬得他越发地显得有朝气。他发表自己的意见，总是既中要害，又显得谦虚，大家都很喜欢。单位的二把手对他十分欣赏，对他的意见和建议十分重视。可是单位里的一把手却跟二把手不太和睦。

小伙子经过分析得出如下结论：一把手有魄力，知人善任，是个正人君子，因此用不着顾及和他的关系，只要你好好干，他对你就满意。相反，二把手虽然没多少业务方面的本事，但他的心眼都用在琢磨人事上，他不一定能给你起什么好作用，但如果在背后给你起点消极作用，你也吃不消呀。因此小伙子对二把手出人意料的亲近，逢年过节，必然登门拜访，且总要拎一点家乡的土特产。小伙子的判断是正确的，做到了左右逢源，很得两位领导的赏识。

把大家都应酬好了，才能给自己的前进路程扫除障碍。以前总是传言单位的老好人最容易被提升，这是有道理的。老好人谁也不得罪，应酬好了每一个人，他不属于任何派系，那么提拔这样的人就最不容易引起大家的反对和争议。可见，应酬的功效不仅是让你左右逢源，更能平步青云。如果说在平时左右逢源，应酬好身边的每一个人就能很好地保护自己，那么，在一些特殊的场合，面对恶意的刁难，就更要纯熟地运用应酬这门艺术，化解自己的危机，并赢得大家的支持。

1843 年，美国伊利诺伊州竞选州长，经过争斗以后，人选最终落在共和党的候选人林肯和民主党的卡特·赖特两个人身上。卡特·赖特是个有名的牧师，他为人小气，道貌岸然，而且还爱嫉妒别人，为达到自己的目的不择手段，是一个令人生厌的人。林肯也知道卡特·赖特在说自己的坏话，但他却不以为然，决定去会一会卡特·赖特。

有一天，林肯获悉卡特·赖特又要在某教堂演讲了，就按时走进教堂，虔诚地坐在显眼的位置上，有意让这位牧师看到。卡特·赖特认为好机会到了，正好羞辱一下林肯，让他当众出丑。卡特·赖特开始演讲了，他的演讲很动听，当演讲进入高潮时，他突然对信徒说："愿把心献给上帝，想进天堂的人站起来！"信徒全都站了起来。"请坐下！"卡特·赖特继续喃喃祈祷之后，说："所有不愿下地狱的人站起来吧！"当然教徒又霍然站立。

这时，牧师用特殊神秘而严肃的声调说道："我看到大家都愿意把自己的心献给上帝而进入天堂，但我也看到一个例外，他不相信上帝，蔑视上帝，这个唯一的例外就是大名鼎鼎的林肯先生，他两次都没有做出反应，林肯先生，你到底要到哪里去？"

林肯知道这是卡特·赖特故意陷自己于窘境，可林肯却有自己的想法，他决定借着这个机会在选民中宣传一下自己，不让卡特·赖特的阴谋得逞。他从容地站起来，转身面向选民平静地说："我是以一个恭顺听众的身份来到这里的，没料到卡特·赖特教友竟单独点了我的名，不胜荣幸。我认为：卡特·赖特教友提出的问题都是很重要的，但是我有我的理解。他直截了当地问我要到哪里去，我愿用同样坦率的话回答：我要到国会去！"

林肯对卡特·赖特说："我的回答你满意吗？难道我说的不对吗？"

卡特·赖特窘得满脸通红，气急败坏地说："林肯，请你注意，这是教堂，不是演播室。"

林肯接着说："卡特·赖特，谢谢你给我这样好的机会与大家见面，向他们谈谈我的想法。林肯向观众深深地一鞠躬，并说："亲爱的听众朋友，我能为你们演说，我感到非常的荣幸。我是要到国会去。我要去竞争伊利诺伊州州长，我要用我的智慧为州里的每一个人服务，为国家尽一分力。"

林肯巧妙地把卡特·赖特的话转到对自己有利的主题上来，并慷慨陈词，用极其幽默、风趣的话语征服了所有的观众。他的话语虽不多，但却直接回答了对手的问题，避免让自己陷入尴尬；更可贵的是争取了观众的赞同，为自己增加了威望。

应酬不仅是针对自己的客户、上司、朋友，有时候还要针对自己的政敌。就像前文的刘墉和林肯一样，与政敌周旋，才能保存自己的实力做更有意义的事情。应酬是一门艺术，那些深得其真谛并运用自如的人，都成就了非凡的事业。应酬事小，影响却巨大。

助人即是助己

古训《增广贤文》中有一句："有心栽花花不开，无心插柳柳成荫。"往往一些原本你并没有在意回报的帮助，能带给你意想不到的惊喜和幸运。所以说，帮助别人就是在帮助自己。

查尔斯是纽约一家大银行的秘书，他奉命写一篇可行性报告，这个报告是有关吞并另一家小银行的，因此事关机密，他知道只有一个人可以帮助他弄到他非常需要的那些资料。那人曾在那家小银行效力了十几年，不久前他们变成了同事。于是查尔斯找到了这位同事，请他帮忙。当查尔斯走进这位名叫威廉·华特尔的同事的办公室时，华特尔先生正在接电话，并且很为难地说："亲爱的，这些天实在没什么好邮票带给你了。"

华特尔说他在为他那12岁的儿子搜集邮票。

查尔斯说明来意，开始提出问题。但也许华特尔对他过去的组织感情很深，不怎么愿意合作。因此，他说话含糊、模棱两可。这次见面没什么效果。

起初查尔斯不知如何是好。情急之中，他突然想起华特尔为他儿子搜集邮票的事，想起他的一个朋友在航空公司工作，一度喜欢搜集世界各地的邮票。

于是，查尔斯以一顿法式大餐换来了一些精美邮票。第二天，他带着这些邮票坐到了华特尔的办公桌前。华特尔满脸笑容，客气得很。"我的乔治将会喜欢这些。"他不停地说，一面抚弄着那些邮票。

他们花了一个小时谈论邮票，看他儿子的照片，然后在查尔斯没有提议的情况下，华特尔把查尔斯想要知道的东西都说了出来。而且还当即打电话给他以前的一些同事，把一些事实、数字、报告和信件中的相关内容，全部告诉了查尔斯。"帮人最终会帮自己"，这成了查尔斯后来一直信奉的真理。

在日常的工作、生活中，同事之间免不了互相帮忙。但办公室就是一个没有硝烟的战场，要表示你的关切，必须是诚挚的。这不仅能使付出关切的人有些成果，接收这种关切的人也是一样。它是一条双向道，当事人双方都会受益。

学会为别人效力，你会发现，得到的总是会比付出的多。

聪明的人很"糊涂"

"难得糊涂"是一种非常高明的为人处世之道。锋芒太露易遭嫉恨，更容易树敌。只要你懂得装傻，你就是大智若愚。由聪明而转糊涂，不是真糊涂，而是装糊涂。

第一次世界大战后，土耳其打败了希腊，此举激起了英国的不满，英国遂联合法、意、美、俄等国代表在瑞士的洛桑与土耳其谈判，企图迫使土耳其签订不平等条约。

英国派出的代表声如洪钟，是名震一时的外交家。与英国代表相比，土耳其派出的代表则相形见绌。他不仅身材矮小，听力还不太好，在国内、国际均属无名小辈。

会谈开始后，英国代表显然不把土耳其代表放在眼里，态度骄横、嚣张，其他列强代表也是盛气凌人。然而，土耳其代表却从容不迫、镇定自若，精心选择外交辞令，有章有法，毫无惧色。特别是他的耳聋具有"特异功能"，对土耳其有利的言辞他都听见了，不利的话好像全没听到。当土耳其代表对列强们提出的苛刻条件概不理会，只顾提出维护土耳其的条件时，英国代表雷霆大发，挥拳怒吼，咆哮如雷。恫吓、威胁不断向土耳其代表劈头盖脸压来，各列强代表也气势汹汹、咄咄逼人，那种紧张的气氛令人窒息。

土耳其代表虽然有些耳聋，此时对于英国代表盛怒之下发出的"超强度"刺激信号，当然是句句听得清楚，但他仍坐在那里装出一副若无其事的样子。等到英国代表声色俱厉地叫嚷完了，各国代表都面对土耳其代表看他有何表示时，只见他不慌不忙地张开右手靠在耳边，并将身子向英国代表移动了一下，态度温和地问："您刚才说什么？我一句也没听见。"英国代表气得浑身发抖，一句话也说不出来。

英国代表的暴怒是由对立意向引起的激怒，是由当时的情绪、气氛引起的心理压抑的一种急迫宣泄。这种激怒的宣泄，犹如突然爆发的火山，势不可挡，时间短暂却强烈。不过，这种激怒是很难再现的。土耳其代表用他的"特异功能"——耳聋，控制了整个谈判局势，在将近 3 个月的谈判中，据理力争，游刃有余，终于以土耳其的胜利而告终。

装聋作哑的人，往往才是具有高深智慧的人，所谓"大智若愚"说的就是这种人，他们不是真的傻瓜，而是在装糊涂。"水至清则无鱼，人至察则无徒"，凡事太认真，就会对什么都看不惯，连一个朋友都容不下，把自己同社会隔绝开。

相反，如果我们不去计较一些不必要的是非，然后腾出时间和精力，全力以赴去做应该做的事，那么成功就比较容易，而我们也会因宽宏大量而被人尊敬，会有更多的人想和我们交朋友，这不就是"稀里糊涂"换来的人生成功吗？

在明处吃小亏，在暗中得大福

能够让自己吃亏的人，看似很傻，其实这是智慧的一种表现。"吃亏"不仅仅是一种做人的气度，更是为人处世的一种谋略。

彼克是英国哈利斯食品加工工业公司的总经理。有一次，他突然从化验室的报告单上发现，他们生产食品的配方中，起保鲜作用的添加剂有毒，虽然毒性不大，但长期服用对身体有害。如果不用添加剂，则又会影响食品的鲜度。

彼克考虑了一下，为了自己的长远利益，即使暂时吃亏也是值得的。于是他毅然把这一有损销量的事情告诉了每位顾客，随之又向社会宣布：防腐剂有毒，对身体有害。

他这样做之后，承受了很大的压力，食品销量锐减，所有从事食品加工的老板都联合起来向他反扑，指责他别有用心，他们一起抵制彼克公司的产品，彼克公司一下子到了濒临倒闭的边缘。苦苦挣扎了4年之后，彼克的食品加工公司已经无以为继，但他的名声却家喻户晓。

这时候，政府站出来支持彼克。哈利斯公司的产品又成了人们放心满意的热门货。哈利斯公司在很短的时间内便恢复了元气，规模扩大了两倍。哈利斯食品加工公司一举成了英国食品加工业的"龙头公司"。

由此可见，肯在明处吃亏的人，往往能够得到暗处之福。因此，做事真正有心机的人，都懂得吃亏是福的道理，这并不是简单的阿Q精神，而是福祸相依的生活辩证法，是一种深刻的人生哲学。它可以使人心胸变得宽阔，心态更加乐观、积极，而且当自己遇到困难时，也能得到更多人的真心帮助。

把握好藏与露的尺度

为人处世要把握好"藏"与"露"的尺度。出风头有时候并不是什么好事，在现实生活中要懂得运用"藏巧于拙，用晦而明"、"聪明不露，才华不逞"等韬略来隐藏自己，这样往往可以达到出奇制胜的目的。

即便你才高八斗、学富五车，当你刚刚进入一个新的工作环境时，也没有人了解你，领导看你就像一张白纸，文章做得怎么样就看你的发挥了。

所谓时势造英雄，就是说"露"要掌握好时机。在第二次世界大战中，出现了朱可夫那样的元帅、丘吉尔那样的首相、罗斯福那样的总统。所以要把握住机会，不鸣则已，一鸣惊人。

藏与露，关键在于"度"，在于时机。

某大企业的策划总监在上任之初就把三把火烧成燎原之势，大刀阔斧推行改革。虽然他很有才华，但因年轻气盛，遭到其他中层主管的抵制。整个蓝图成了他的独角戏，别人非但没有帮助他发挥力量，反而把他视为障碍。最终，他越唱越难，只好辞职。

在现实生活中，自视颇高的人并不少见，他们盛气凌人、锋芒毕露，处世不留余地，咄咄逼人。他们虽然有充沛的精力、很高的热情，也有一定的才能，但这种人往往在人生旅途上屡遭挫折。这其中的重要原因就是他们过于天真，没有把握好藏与露的关系。

有位刚毕业的大学生分配到某单位，从下车间开始，就对单位什么都看不惯。未到一个月，他给单位领导上了万言意见书，上至单位领导的工作作风与方法，下至单位职工的福利，都一一罗列了现存的问题与弊端，提出了周详的改进意见。因此，他被单位的某些掌握实权的领导视为狂妄乃至神经病，不仅没有采纳他的意见，而且借别的理由将他退回学校再作分配。

从上面这个故事可知，锋芒毕露的结果往往是遭到嫉妒和排斥，尤其是在新的关系圈子中，一定要处理好各种关系，要讲究方式和策略，这样才能让自己的才华得到最大限度的发挥。

做人必须讲究"藏"的策略与艺术。有时，你表现得精明过人，并不一定是好事。要知道，精明过了头，在外人看来就是犯傻。有时装装糊涂，遇事不那么较真，反而能保护自己，使自己免遭暗算。

应酬不是盲目地跟随

应酬虽需揣摩对方的心思，但也不是要求你完全放弃自己，完全跟着别人走。应酬虽花样繁多，但也不是说可以不择手段，为了达到目的什么事情都做得出来。应酬是一门艺术，但是这门艺术也有自己的底线，也就是不盲目跟随。

应酬的第一原则很简单，保持距离。虽然应酬无时不在，但是你也不要一天二十四小时总跟人家黏在一起。距离产生美，你必须学会有进有退，有分寸，才能有良好的收效。

汤姆是一家大汽车公司的雇员，由于工作勤奋努力，成绩斐然，在短短的几年间，步步高升，事业一帆风顺。而有几位跟他一同起步的同事，限于能力和机会，至今仍保持着多年前的原状。因此在大家相处之时，汤姆总觉得不太自然，甚至还有些战战兢兢。起初他为了避免老同事们指责他过于高傲，频频地请这几位老同事吃饭，而且说话也比过去更加小心、客气了，饭菜档次更是极显尊重。不料同事不仅没领他的情，反倒认为他简直得意忘形，太"招摇"了，甚至越发不平衡起来，认为汤姆原本只是个"草包"，是凭着这些"卑劣"手段爬上去的。汤姆最终落了个"狗咬吕洞宾"。

痛定思痛之后，他决定卸掉包袱，轻装上阵，以平常心淡然面对平常事。公事上，汤姆谨记"大公无私"的原则，若是自己的直辖下属，就采取冷静的态度，奖罚分明，说一不二，绝不再抱"大家都共事这么多年了，算了吧！"的想法。只要态度诚恳，就不怕对方误解生气。私底下，仍然与他们保持一定距离，投契的就当作朋友一般看待，不能合拍的，也不再刻意去改善了。若不属于自己的直接下属，公事上很少相交，那就简单好办多了，平日见面，大可友善一番，友善之后也绝不会再额外"加温"。

汤姆的经验告诉我们，只有和同事保持合适距离，才能成为一个真正受欢迎的人。应酬不是把所有人都黏在一起成为一个共同体永不分开，而是在适当的时候要有适当的表现，而其余时候就各干各事，互不打扰。如果整天黏在一起，那就不叫应酬了，这样的做法也必定没有好的效果。

应酬的第二个原则是恰到好处，学会说话。你跟别人应酬的时间往往都很短暂，也许就是敬一杯酒，也许是一问一答。如果你能在短短的时间内展现自己，那就是成功的应酬；如果你没能把握住机会，不会说话或者办事不到位，就会丧失机会。

比如，你第一天上班，不免要和同一机构的其他同事们略作应酬，通常是先来一番自我介绍。

简单地说"我叫刘司，请多指教"也可以，不过太过平常，不出彩。

你也可以说："我是今天才开始上班的刘司，在会计部管出纳的，请多多指教。"说明你来做什么职位，或负责什么项目，是非常重要的。

不过，如果你说："我在某某会计专科学校毕业，曾在某某银行任会计……"这样就变成过分了。凡是良好的应酬，都应避免自大、分辩或太多的解释。

又比如，你今天上班迟到要向上司解释原因，如果你说"今早二环路发生车祸，堵车严重，我只得半途下车找出租车，但每一辆出租车都被人截走，等了好久才……"，车祸，堵车，出租车……都是原因，而迟到却是结果，你的上司一定不耐烦听这些的。

这里有两个答案，你看看哪一个比较好？

（1）"今天公共汽车出了毛病，所以迟到了，非常对不起。"

（2）"今天迟到了，非常对不起，因为公共汽车半途出了毛病。"

上面两句说明，原因与结果互相倒置，听起来一样令人觉得舒服，比啰唆的解释明朗多了，也更能得到上司的认同，最起码不会在迟到这一印象之外再加上"啰唆"或者"麻烦"的坏印象。

应酬的第三个原则是场所问题。有些话在一些场合能说，在另外一些场合就不能说。分清楚自己所处的场合，恰当地选择语言，是应酬成败的关键要素之一。

应酬需要一个场所，而且不是随意的场合，因场所的不同而收效各异。比如，青年男女谈情说爱，就要到僻静的公园或小河边上，而不会到商场的座椅上。所以，要想得到理想的应酬效果，就必须物色一个适宜的应酬场所。说到场所，人们会想到办公室、家庭、公园及其他一些地方。这些场所，各有各的条件，各有各的特点。

在办公室：办公室环境比较严肃，是谈公事的地方。一般上下级之间的应酬或接待来访者，在这里更合适。人们有一种感觉，好像在办公室谈的事能给人以信任。

在家里：一个人在自己家里，心情较为"解放"，对事物的理解比较清楚，所以，有些事，最好是到别人家里去拜访。在家里就不同于办公室，办公室总给人一种有很多事要办的感觉，不能专心致志地和人谈话。如果下级想请他的上司解决某种困难，最好到上司的家里去，上司会静心、耐心地听你倾诉苦衷。有时，朋友、同事间为了解除某种误会，也多上门到家去交谈。这样做，一般效果都很好。

在车上：一些很有采访能力的记者，在采访时，往往抓住人们下班回家坐车的时间。因为这时已经下班了，被访问者一心想回家去，坐车这段时间无其他事可做，当然会好好地接受记者的访问了。

在餐桌上：很多人谈生意有了基本意向后，往往主动的一方就要请吃饭。在餐桌上，人们感到更"解放"，似乎有说话不算数之感。其实，只要不是醉后之言，都是算数的，也许是因同餐进酒，把双方的关系拉近了的缘故，会使谈判有明显的进展。一般人说的"我晚上有应酬"，多半是请人吃饭。可见，餐桌上是应酬的一个很重要的场合。

距离、语言、场所是应酬的关键要素，只有掌握好了这些因素，才能得体应酬，让应酬为自己助力。当然，除此之外，也有很多因素在影响着应酬的效果，这就需要在实战中慢慢体会，不断锻炼，以臻成熟了。

第二章　应酬要注意外在形象

形象好身价就高

在交往中给别人留下好印象，让别人喜欢、接受自己，是成功应酬的基础。如果一个人的形象很差，在外观上让别人不喜欢，就会对关系的建立带来不利的影响。

心理学家做过一个试验：分别让一位戴金丝眼镜、手持文件夹的青年学者，一位打扮入时的漂亮女郎，一位挎着菜篮子、脸色疲惫的中年妇女，一位留着怪异头发、穿着邋遢的男青年在公路边搭车，结果显示，漂亮女郎、青年学者的搭车成功率很高，中年妇女稍微困难一些，那个男青年就很难搭到车。

这个故事说明：不同的形象代表了不同的人，随之就会有不同的际遇。这不仅仅是以貌取人的问题。

大家都了解第一印象的重要性，而研究发现，50%以上的第一印象是由你的外表造成的。你的外表是否清爽整齐，是让身边的人决定你是否可信的重要条件，也是别人决定如何对待你的首要条件。

哈佛商学院在《事业发展研究》中指出："事业的长期发展优势中，视觉效应是你的能力的九倍。"如果对于个人形象缺乏注意，而只愿意发展自己的能力，那么成功的速度将会变得缓慢。下面这个例子，就可以清晰地看到形象对一个人的重要作用。

某位近来人气骤升的女歌手披露了她曾经的艰难历程。她曾在某电影第一次试镜时，因为不懂着装而给人的印象相当恶劣，"与东京新宿街头流浪的女孩没两样"，身上披披挂挂的，首饰挂满脖子和手腕，黑眼圈大得吓人。给人的感觉就是这个女孩真是糟透了。如果不是靠她歌唱的天赋和功底的话，她的那次"星路"的起点将不可想象，更不会有今天的成就。

西方有句名言说得好："你可以先装扮成'那个样子'，直到你成为'那个样'。""看起来像个成功者和领导者"在你的事业中会为你敞开幸运的大门，让你脱颖而出。民主选举时，由于你"像个领导"，人们会投你一票；提拔领导时，由于你"像个领袖"，你会被领导和群众接受；对外进行商务交往，由于你"像个成功的人"，人们愿意相信你的公司也是成功的，因而愿意与你的公司进行交易。

一个人的形象是非常重要的，别人对你或你对别人都是这样。所以只要抓住人人都注重先入为主这个特点，从一开始就树立良好的形象这一策略入手，保证在应酬中起到事半功倍的作用。

要创造良好的个人形象，首先要注意服装及仪表。一个蓬头垢面、衣衫不整的人站在你面前，一定会让你讨厌；服装也并不是一定要赶时髦，最要紧的是得体大方、干净整洁。

人们总是喜欢那些看上去感觉舒适、有美感的人。姣好的长相、匀称挺拔的身材、美观大方的服饰均能增添人的仪表魅力，给人以舒服、美好的感觉。如果说人的天生长相、身材长短难以变更，而服饰却是可以变化的。整洁美观的服饰是人们用以改变自己或烘托自己形象的最好、使用最频繁的"武器"，因此，我们要学会运用这一武器来"武装"自己。

第一次见面很重要

我们通常在和人初次见面时，都会在不知不觉中给对方戴上"此人很不友善""此人很直爽"之类的帽子。这是拿对方跟自己已有的经验相对照，并以其体格、外貌、服装等为基准，而对对方产生的一种观念。如果对对方的第一印象有错觉的话，就很难修正对方给我们的第一印象。

美国心理学家亚瑟所作的有关第一印象的研究指出，在会面之后所得到的有关其人的印象，往往与今后所形成的印象相一致。

由此可见，一个人的"第一印象"是非常重要的，别人对你，或你对别人都是一样。在应酬的路上，第一印象不好的话，如要挽回，就要花费很大的努力，这一点尤其要注意。

绝大多数的人，面对初识者，常会觉得对方对自己尚无任何成见，而欲以头脑敏捷、富有幽默感、具有责任心等姿态应对。但若一味地令人咋舌与吃惊的话，反而容易给人不实在或夸张的效果。

这里基于两点理由：

第一，简单地说，每个人都不喜欢听到自示自夸的用语，用这样的语词，往往不能符合自己的思维逻辑，容易造成前后矛盾。此现象不仅会暴露自己的无知，而且会混淆自己的脚步，弄得杂乱无章。

第二，有时是自己想出了得意、有道理的言辞，急于对初见面的对方滔滔不绝地说出，此种情况虽说是情有可原，此种人亦可以说是头脑敏捷，但却会因锋芒太露而遭他人的猜疑，使他人不可不谨慎。

想想我们周围的人，有许多受人拥戴与信赖的人，并不是属于才气风发，以惊人之语而博得他人喜欢的。相反，有的人言词伶俐，却无法得到别人感动与钦佩。如果你讲起话来具有新潮的思想，不说高深远大的见识，在任何时候都是用一般平凡百姓的想法和自己的亲身体验来说话，不说一句趾高气扬的话，就可以与对方谈得畅快。

而假如最初就给对方一种模糊、不良的印象，也不必太早就灰心。为了弥补对方对你的第一个印象，此时给予一些强有力的知识或表现，对方可以根据这些表现配合最初的印象，而渐渐地好转起来，否定以前所记得的印象，最终，最初的印象就被打消，最后只剩下良好的印象。

除此之外，要想给对方一个好的印象，就必须注意服装。它不仅是一个礼节的问题，也是一个文明教养的窗口。

有人会提出异议："服装哪会成为问题？应酬的内容最要紧。"

你看见一位老年人穿着一条牛仔裤，会有种轻佻的印象吗？你看见某人穿的长裤裤管正中央没有一条痕，你会有"不好看"的感觉吗？如果你的答案都是肯定的，那么你就不能不正视服装这个问题了。

留意你的服装吧，这并不是叫你穿上最流行、最时髦的衣服，只是让你穿得整洁得体，至于衣服新旧等问题都是次要的。

不仅如此，装饰打扮可以增加自己的自信心。也许大家都有同样的感觉。要到一流饭店赴宴会时，总会将自己体面地打扮起来，若是到一般商店、市场购物，则是一套轻便的常服。其实，并不是每一家一流饭店都规定必须西装革履，而是这些饭店的气氛和其他人的穿戴，会使你不得不注意自己的服装仪容。

盛装赴宴，不仅仅是为了表现自己的礼仪，也是为了不辜负酒店的豪华气派，所以，穿着正式服装的行为，也可以说是一种预防被那种气氛吞没的心理的武装。这时身上的衣装，已经不仅是一件普通的衣服，而是一件保护心灵的外衣。质地好的服装可以强化自我意识，达到与饭店平等的关系。初次见面的对象，就像一流的饭店，只要你能将与对方建立平等关系的"东西"，加诸己身，便会更加大方自信了。

自然，人们对于盛装的人和不讲究衣着的人两者间的感觉是不会相同的。美国有许多家大公司对所属雇员的装扮都有"规格"，所谓规格自然不是指定要穿成怎么好看或指定衣料，而是"观感"的水准。

不只在美国如此，在世界各地都一样。如保险公司中的业务员，他们在向人们推销保险时是不会穿着随意的。无疑，人们对于穿着整齐的人，总是较有信赖感的。

　　所以，请你不要过分地嘲笑"先敬罗衣后敬人"这种风习。我们在进行应酬时，应该重视现实，推己及人，不然的话，便要遭受一些失败。

　　另外，在进行第一次会面时，也要十分注意时间的问题，自己应清楚对方可以腾出多少时间，也应尽量减少应酬时间，要提防自己和对方发生"疲劳感"。这不仅方便了自己，也方便了对方，更要紧的是使应酬本身奏效。

从应酬中完善自己

　　俗话说，人无完人，但是一个人要是力求自我完善，也不是不可能的。在应酬中更是如此。要想在应酬中达到自我完善，就要避开自卑，一个人如果有了自卑心理，那么也就无法很好地掌握应酬。

　　有一位大学生在向一位心理医生求治时叙述道："我是一个在校的大学生，多年来我一直为自卑的情绪所困扰，在班上我最怕发言，更怕老师点我的名，也怕别人注意我。在人多的场合，我怕讲话，老是觉得自己不如别人。我也曾试图改变自己，可是却总是心理紧张，说话结结巴巴，常引起别人的讥笑……现在我自己常常不自觉地待在角落里，我对自己越来越没信心了……"这位大学生就是没有主动去应酬别人，同时又拒绝别人的应酬，他虽然已经认识到了自己的自卑，但是如果不改变这份自卑，他的命运仍将是黑色的。

　　在心理咨询中，我们常常会碰到这种为自己一钱不值的自卑所苦恼的人。如果你仔细观察，这种为自卑所累的人，基本上有两个突出的心理特征：

　　（1）过高、过强的内心期待心理。这种人想得太多、太细，总想在别人面前留个好印象，能够得到别人的尊重和好评，因而也就特别注意自己的形象和别人对自己的评价。其实，过分期待一种希望本身并没有什么不对，因为每个人都有虚荣心，但问题是如何来对待这份虚荣。如果为了满足这份虚荣而去伪装什么，那么就极有可能将自身最有价值的真实抛弃了，这样的人也就会在应酬中束手束脚，无法表现真实的自己。

（2）自信心理障碍。这类人看问题总是看到自己比别人差的一面，看到自己不如意的方面，因而容易产生多疑反问的心理障碍，这种心理障碍常常表现在对自己的高欲望和低信心所造成的心理落差。这种落差，不仅容易使自卑者产生焦虑，同时会令他十分敏感，对他人的言谈、行为、眼光等都十分留心，稍有一点怀疑便与自己联系起来，认为别人在议论自己，以至变得越来越怯懦，越来越自卑，最终走向自我封闭，逃避应酬。

如何才能克服自卑呢？首先你必须正确认识、分析自己，正确认识自己的长处和短处，清楚自己的优点和缺点。用自己的短处去比别人的长处，你永远觉得自己"技不如人"，用自己的长处去比别人的短处，你就会自信十足，这样便可以强化你的自信心。

人的价值主要体现在通过自身的努力而达到可能达到的最大限度，而不是也不可能追求绝对完美无缺。因此，要学会正确对待自己的缺点，在日常应酬中是至关重要的，它是达到自我完善的第一步，也是极其重要的一步。只有学会正视自己，才能达到自我完善，也只有达到自我完善，才能在日常应酬中轻松自如。

品格高尚受人尊敬

应酬中要求你的品格要高尚。任何虚伪的作风只能得逞一时，决不能掩盖这人的低劣行为。

橡胶大王陈嘉庚是著名的爱国华侨，曾是南洋地区最大的橡胶经营者。他依靠橡胶种植起家，成功后将大量的金钱用于祖国和家乡的教育事业、文化事业和慈善事业，他的品德、声望和卓越才华，他的爱国主义热忱和追求事业成功的奋斗精神，深为世界千百万华侨所敬仰。

陈嘉庚有一段令人感动至深的话："该花的钱千百万都不要吝惜，不该花的钱一分钱也不要浪费。"

陈嘉庚一生节俭，成为百万富翁之后仍然如此，他临终前留下遗嘱，将银行存款全部捐献给国家。

这样的情怀，这样的品格实在令人感触至深，可以说是中华民族的骄傲。

人品即商品。具有良好品德的人不仅能赢得对方的心，而且能赢得周围人的心，凡是知道他具有良好品德的人都愿意与他交往。

人品胜过一切。伟大的科学家爱因斯坦曾说："不管时代的潮流和社会的风尚怎样，人总可以凭着自己高贵的品质，超脱时代和社会，走自己正确的道路。现在，大家都为了电冰箱、汽车、房子而奔波、追逐、竞争。这是我们这个时代的特征了。但是也还有不少人，他们不追求这些物质的东西，他们追求理想和真理，得到了内心的自由和安宁。"优良品德修养的熏陶和润泽，能够内化为个人价值选择和价值判断的准则，不断丰富我们的精神世界，完善我们的人格和道德品质，成为个人成长成才的重要推进力量。

一次，卡耐基亲眼看见一个年轻人力车夫的忠厚。当时的车资是十五钱，可是抵达目的地之后，旅客拿出二十钱递给了车夫，并转身就走。但那位年轻的车夫却拉着他的衣服不放，要将多余的车资找还给他，并以坚决的态度说："我不能多拿你的钱，请你收回去。"

于是，经过拉拉扯扯后，那位旅客只好将零钱收了回去，据说，那位车夫后来仍秉持着这种不贪便宜的精神，辛勤工作，终于成为在社会上有相当地位的人。

卡耐基说："这事令我感动万分。我敬佩他的那种正直、一丝不苟的态度。就在我独自创业时，我心里仍经常惦记着那位青年的作风，也一直效仿他那种刚正不阿的精神并且秉持随时注意自己的工作是否问心无愧的意念。"

人品决定态度，态度决定行为，行为决定着最后的结果。一个人只有拥有了良好的道德品质，才能赢得别人对他的信任和尊敬。正如爱默生所说："美德具有至高无上的价格，它是一种伟大的品格力量，在所有价值中它处于最高的位置。"所以说，人品是一个人立身之本，是人生中最为宝贵的财产，它构成了人的地位和身份本身，是人们信誉的全部。

只要你的品格高尚，在应酬场合中，相信你就会受到人们的尊敬，并常常感到快乐，从此走上一条良性循环的发展之路。

性格好人缘就好

性格好，就会非常具有亲和力，这是在与人交往和应酬时需要注意的一点。能让熟悉的朋友从心里愿意和你更近一步，让不熟悉的朋友产生认识你的愿望，希望和你成为很好的朋友。如果能做到这样，你身边的朋友就会越来越多，就会建立稳定的人际关系。

对于好性格的作用，我们做一个形象的比喻：一块磁铁，可以轻而易举地将散落在沙子中的铁屑凝聚在一起，同样，好的性格可以轻松地将志同道合的人们紧紧地团结在自己的周围。

不管在什么地方你都可能看到有一种人，工作不一定出色，但会得到上级的宠爱；条件没有你好，但是很受同事欢迎。你或许会嫉妒他，但事实上你没有足够认识到他有一种超群的人际关系能力和亲和力。《三国演义》中刘备才不及诸葛亮，武不如关云长，但他却是统帅，并且有那么多人为他效力。《水浒传》中的宋江也是如此。

这就是性格好的作用。

应该积极主动地想办法去结识你想认识的人。实际中，如果你很友善，即使你不认识他，他也会过来和你打招呼聊天。好性格是成功扩展人脉的重要能力，这会让你给别人一种友善的感觉，谁会对友善的人排斥呢？

在你打量别人，想去接近他们的时候，你同样也在传达相同的暗示，比如说"走远点"或"我很安全，我很平易近人"。无论你有没有意识到，你自己的行为都会告诉别人你是否容易接近。通过你的肢体语言，你的眼神，你的反应和你投入的程度，别人就可以判断出你是否容易接近。

总的来说，在聚会上人们愿意与你交谈吗？别人很容易对你敞开心扉畅谈吗？朋友遇到困难时会第一时间向你求助吗？

你的"亲和力"非常重要，因为这实际上决定了交谈会不会发生，同样影响了交谈的质量。即使是在交谈开始之前，你的态度已经影响了别人在你面前会产生什么样的感觉。你可以让他感到放松或者紧张，自信或不安全。你可能没有意识到你的"距离产生的力量"。但是你具有这样的力量，如果你了解你的这一力量，你就可以驾驭它。你能够运用这种力量让身边的人感到舒服，人们因此也会表现出自己最好的一面，与你进行更好的交谈。

那么，如何让自己成为一个别人愿意接近的人呢？采用开放的态度，尽量让自己做到"入乡随俗"。

事实上，人人都怕被拒绝，这是人的天性。当你看起来"安全"时，你就减小了别人的恐惧感，使自己很受欢迎。比如，当你在宴会上一个人站着，不和别人进行密切交谈的时候，通常接近你的风险就会比较小——因为接近你的阻碍很少。甚至当你与别人交谈的时候，如果你采用一种开放的姿态，给别人留出加入的余地，接近你的风险也会显得比较小。

你显得与别人相似，即不高人一等或与众不同时，接近你的风险就会比较小。当你看起来和别人差不多时，别人会更加确定自己会从你那里得到什么，也更加确定你会理解他，和他有共同点。尽管如此，显得"安全"不是放弃自我意识，不是让自己的自我意识屈服于别人。相反，这只是在适应别人，适应环境。如果你适应周围的社会环境——无论是一个乡村舞会还是一个正式的晚会，你都会使自己更加容易接近。你通过穿着打扮来体现自己与别人的相同点，当然你的说话方式、你对别人的回应也体现出你与别人差不多。这很简单，你只需要对别的客人的话题感兴趣，对音乐或者食物表示赞赏——而不是把焦点集中在自己的特质上或者让自己表现得与众不同就行。

我们看一个商人的例子。

劳伦是一位来自洛杉矶、经验丰富的女商人。她有着时髦的行头，讲究品位。劳伦因为想放慢生活节奏、得到更多的归属感，而搬到西南部的一个小城镇。尽管她喜欢这个城市和那里的居民，但是她感到她不受欢迎。

最终，她的同事给她指出，她的穿着和交谈方式让当地人觉得她在装腔作势，高人一等。从那以后，劳伦特意穿得很随意，与人谈论当地的事情，多参加社交活动，试着让自己更加容易接近。虽然一开始她很不舒服：不习惯穿卡其布，不习惯谈论经营牧场。但是她发现，她与新邻居和同事更容易交流了。

劳伦懂得了"入乡随俗"的道理，就很容易和镇上的居民打成一片。

"入乡随俗"体现出来的就是一个人性格上的优点，而这种优点的核心在于能够配合对方的兴趣和爱好进行交流，并产生一种强烈的互动。

戴尔·卡内基的著作《人性的弱点》被称为世界上销量仅次于《圣经》的超级畅销书。他在书中就提到："我们要对他人真诚地感兴趣，聆听对方的谈话，就对方的兴趣来谈论以及鼓励他人谈论他自己。"

　　比如在商业应酬中，有一些朋友说自己与准客户无话可说，或没有切入点。这就是因为在这点上没有下足功夫。

　　我们需要对他人真诚地感兴趣，就像面前这个人是世界上对你最重要的人一样。

　　当我们对他人真诚地感兴趣时，我们就会去关注他的一举一动。而他的每一个细节都可能是我们与他交谈的切入点。

　　例如你在公车上看到一个人提着很特别的盆栽。你就可以说："哦，您的花真漂亮。它叫什么名字呢？"

　　如果对方愿意说，局面就打开了。这时，你顺其自然地和别人聊天，同时鼓励他人谈论他自己。在交谈中你会得到很多的信息，这就是进一步交往的契机了。

第三章　应酬说话很重要

交谈要一步一步地来

我们去拜访别人或是别人来拜访我们，都是有目的的，除非是到好朋友家串门，纯粹是为了相聚一下，叙叙旧情。

所以，既然有目的，也就是我们平时喜欢说的"有事相求"，这就有一个"期待心理"存在了。因为，我们拜访的结果当然是期待它能像心中所希望达到的一样，所产生的影响也能如愿所想。

但是，在现实中，人们常常无法达到自己所希望的结果。当然，应酬是双向的，不是一厢情愿就能解决的事。不过，每件事的产生都有其偶然性和必然性，也就是说，每件偶然发生的事件背后必定有其必然性。反之，必然发生的事也有其偶然成分存在。

如果你这次应酬得不好，那么，它必然是存在原因的——你对他有成见或是他对你有成见；所求之事他无法做到或是你所选择的空间和时间不对等，除此以外，还有一个非常重要的因素：你的应酬是否得法？

这就需要你进行反省了。通常，应酬当中的交谈会占据相当大的成分。如果你在谈话过程中自己意见不明朗，阐述没有条理性，那就难以成功。连你自己都难以分析，对方当然无从着手帮你了。

专家列出这样的交谈要素：

（1）见面时的寒暄型应酬；

（2）让他知道此次见面的原因；

（3）申述此次交谈的重要性和必要性；

（4）把问题加以整理、说明补充，记住，这里有需要加上你的判断；

（5）认真倾听，理解对方的意思，找出问题焦点；

（6）研究解决的方式。

这就是交谈解决事情的一般程序。当然，这并不是绝对的，有很多的交谈并不需要按照此步骤进行，也能成功，这就需要我们具体事情具体分析了。

但是，有许多人会这样问："我已尝试着照这样的顺序做了，但对方根本就不这样，这应该怎样解决呢？"

其实，这个问题非常简单，如果是应酬能手的话，他们都懂得如何把应酬的控制权掌握在自己手中，也就是说，他们善于控制场面，而不是由对方控制。

还有一种情况，那就是怎样从刚见面的寒暄应酬中转入正题。有很多人都是这样的，刚开始在寒暄应酬过程中气氛非常融洽，说了一大堆题外话，也注意运用种种应酬手段，但当他转入正题时往往会说："其实，我是无事不登三宝殿，今天来此是为了……"

或是这样："好了，好了，言归正传，我今天特地来拜访你不是为了别的，而是为了……"

这样转入正题，很可能前功尽弃。因为当你这样说时，他们已把你的说话一分为二，把你刚才所说的所有题外话都看作你是有计划和有目的的，从而否定了寒暄的效果，并会产生一种警惕——虽然这表面看起来似乎很是直截了当。

某位家庭电脑推销员去拜访一位朋友，目的就是推销家用计算机。如果他首先和别人说了一大篇题外话，然后说"今天来拜访，无其他目的，实在是想来推销……"，我认为他此次推销多半会失败。

但是，如果他开始和他的朋友谈一些有关计算机发展的消息，并谈计算机在日常生活中对人的帮助等等，说不定他的朋友亦有同感，而且也会开始大谈计算机的作用，这时介入，成功的概率会相应提高。

不逞一时口舌之快

在应酬过程中，每个人都会遇到不同于自己的人，大至思想、观念、为人行事之道，小至对某人、某事的看法与评判。这些程度不同的差异可能会转化成人与人之间的争执与辩论，任何独立的、有主见的人都应正视这个问题。

留心我们的周围，争辩几乎无所不在。一场电影、一部小说能引起争辩，一个特殊事件、某个社会问题能引起争辩，甚至，某人的发式与装饰也能引起争辩。而且往往争辩留给我们的印象是不愉快的，因为他的目标指向很明白：每一方都以对方为"敌"，试图以一己的观念强加于彼。

所以，这种辩论不适合个人与个人之间，而如果是用于团体，像辩论会似的，又应另当别论。比方说：由于最近发生的某个社会问题而引起两者间争论，最后，虽然是因为你用某某事件或理论来证明你的意见是正确的，你也通过争论的手段达到了胜利的目的，而他也已哑口无言了，但你却万万不可忽略了这一点，他不一定就放弃他的思想来信奉你的主张。

他在心里所感觉到的，已经不是谁对与谁错的问题，而是他对于你驳倒他，怀恨在心，因为他的自尊心扫地了。

这样看来，你虽然得到了口边的胜利，但和那位朋友的友情，却从此一刀两断。比较之下，你会不会觉得，当初真是有欠考虑，仅仅为了口边的胜利，而得罪了一个朋友——如果那位朋友较小器，说不定他正在伺机报复呢！

　　有些人在和朋友翻脸之后，明知大错已铸成，也故作不后悔状，还经常这样认为："这样的朋友不要也罢。"其实这样对你又有什么好处？而坏处却很快可以看到，因为和别人结上怨仇，你就少了一位倾吐心事的人。

　　这种现象我们应该尽一切可能去避免。在争辩过程中，我们应该清楚以下几个事项：

　　（1）这次争辩的意义。如果是一些根本就很不相干的小事情，我们还是避免争论为妙。

　　（2）这次争辩的欲望是基于理智还是感情（虚荣心或表现欲等）？如果是后者，则不必争论下去了。

　　（3）对方对自己是否有深刻的成见？如果是的话，这样岂不是雪上加霜？

　　（4）自己在这次争论当中究竟可以得到什么？究竟又可以证明自己的什么？

　　心理学家高伯特曾经说过："人们只在不关痛痒的旧事情上才'无伤大雅'地认错。"这句话虽然不胜幽默，但却是事实。由此，也可以证明：愿意承认错误的人是少的——这就是人的本性。

　　好，现在就让我们姑且认为这次争论是一次积极争论，也就是说，它值得我们去争论。但是在这个过程中，我们仍需时时把握住自己。因为在争论中最容易犯的毛病，就是常常自己认为自己的观点才是世界上最正确的，只顾阐述自己的观点，而忽略了要耐心诚意地去听取别人的意见。

　　这就往往可以使善意的争论变成有针对性的争论。需要强调的是，这种现象是很危险的，也很常见。因为即使最善意的争论，也是由双方的观点有分歧引起的，所以，在一开始，双方就是站在对立的立场上，对于对方的论点，采取一种缺乏分析的态度，一味地表述自己的看法。

这样，争论过程中就难免情绪激动，面红耳赤，甚至去翻对方的陈年老底。所以，当双方都各执己见，观点无法统一的时候，自己应该学会把握自己，把不同的看法先搁置下来，等到双方较冷静的状态时再辨明真伪。也许，等到双方平静的时候，说不定会相顾大笑各自的失态呢。

当你胜利的时候，你也应该表现出自己的大将风度，不应该计较刚才对方对你的态度。争辩是一个事，而交情又是一件事，切切不可混为一谈。但他向你认错的时候，也万万不该再逼下去，以免对方恼羞成怒。

结束后，你也应该顾及对方的面子，可以给对方一支烟或是一杯茶，抑或向他求索一点小帮忙，这样往往可以令他重返愉快的心理。

人性其实都是脆弱的，易被击垮但也易被抚平，关键在于你的一两句话，是否可以起到平衡心理的作用。

女性都喜欢被恭维

俗语有云："一夸、二逼、三情绪。"女性首先对男性最关心的一件事，并非男性的长相，也并非教养、学识等消极性的条件，夸奖自己、重视自己的男性，才是女性愿意喜欢与之接触的对象。

女性喜欢青春永驻，这个是她们共有的天性。我们在应酬当中，如果适当地、及时地赞美一下周围的女性，相信会有预料不到的收获。

世上或许没有任何女人会因为别的男性恭维自己，夸奖自己而感到愤怒或厌恶的，除非，明知对方的容貌并不怎样，你仍是一成不变地说："小姐，你美如仙子！"

即使对方嘴里假装不高兴，其内心也是充满着幸福和快感。因为，这事实上就是一种对她们的价值的肯定。

　　不论从什么角度来看，女性事实上似乎都有一种独特的气质，有些人是高贵优雅，有些人是天生丽质，不论哪一方面，身为女性总有其引以为豪的地方。

　　如果身为男性，我们不妨试着寻找对方某些与众不同的地方，然后就这个加以称赞，它所产生的功效会更大。

　　或许有些人对自己某方面的魅力并没有察觉到，但就在潜意识中，或多或少都会有着自豪的成分，所以针对这些微小的"长处"加以称赞，对方会觉得你很关心她，为人十分细心等。

　　如果你对一般已被公认为"美人"的人说"你很美"，对方不见得会显得特别高兴，因为你的称赞已是别人公认的事实，所以不会给对方一种意外感，对方对你的感觉印象也不会因此而强烈。

　　即使有些人看来好像自卑感很重，但对某些事情还是会有着强烈的自我陶醉的情绪。

　　说到这里，若我们想称赞女性，但又不知如何启口时，我们或许可以从这几个方面称赞："好漂亮的手指！""你穿这套衣服显得特别迷人！""你的字写得非常漂亮。""你的小皮包很漂亮。"等等。我们这样的称赞，已经足以显示我们的热心了。

　　在西方社会里，一个男子若遇到一位动人的女性，他们往往会很大方地称赞对方，但在我们东方，常会被看作一种轻浮的行为。这和我们的生活习惯以及自古以来的民风有着莫大的关系。

　　当然，在我国，基于传统的道德观念，我们自然不必一味地模仿西方的做法，但也不必吝惜开口称赞，因为这样不仅能使人精神愉快，缩短人与人之间的距离，也能提升工作效率。

　　某机关主任对一位女打字员说："你今天穿的这身连衣裙，更显得很漂亮大方。"女打字员一听，心里像喝了蜜一样。主任又说："如果你打的字也能这样才好，要注意标点符号。"女打字员虽然脸有些红，但还是愉快接受了批评，而且工作效率也提高了不少。

　　显然，这位主任是懂得女性心理的。

美国研究"人生艺术"的专家玛嘉·威尔逊女士曾经说过:"妇人特别重视什么周年纪念的仪式,故此千万不要忘记:她们需要别人送花,在分别的时候希望你写信给她,以表示你并没有把她置之脑后。"

能干的推销员就很会利用这一人性的弱点,他会巧妙地问出顾客的生日或结婚纪念日等,然后记住,到了那天就打电话说:"祝你生日快乐!"就这么一通电话,给对方的印象就十分强烈了。因为连自己都容易忘掉的日子,对方却能记得这么清楚,并且向自己表达了关怀之心,不用说,当事人的心里一定会很高兴的。

相对于男性,女性是较感情化的,这从日常的会话中就可看出来。她们喜欢的男人,即使请求她代为倒茶、泡咖啡之类的琐事,她们也欣然接受,可是对讨厌的男性就截然不同了。

"你自己倒茶都不会啊!我又不是为了替你倒茶才来这里上班的!"

像这样,如果与女性不保持适度的友好关系,这些小事只能自己做。

还有,不要忘了经常对她们表示谢意:"经常麻烦你真不好意思,下次有空我请你吃饭!"如此一来,无论什么事,她们都愿为你代劳,帮你解决。

大多数的女性,她们对年龄一向是十分敏感的,尤其是年纪较大的女性,都不喜欢在众人面前揭露自己的年龄。所以在称呼方面,我们应该采取得体的称谓。

总结一句,和工作上的女性交结应酬,与其对她们亲切倒不如不着痕迹地夸奖她们几句来得有效,这才是明智的做法。

在称赞对方的同时,更进一步指出对方应具备何种形象,则更能刺激对方的优越感。例如,你对某位女性说:"你的歌唱得很好,但如果你再配合一下台风,相信会更加完美!"

诸如这样的说法,对方才会觉得你对她的关心是出自真心的。

　　我们在夸奖男性的时候，由从背后夸奖，经由第三者传达至当事人耳朵里，这样最具效果。但夸奖女性的时候，则恰恰相反，无论哪种场合，都应毫不讳言地直接称赞，而且要不厌其烦地应用各种方式。

　　如果你想和女性保持良好的关系，则绝不可真实地揭穿女性的弱点，千万不可以毁谤她们。

交谈时用词很重要

　　著名谈话艺术家德川梦声说："我们日常与人谈话的目的，不外乎如下几种：①基于意志的；②基于感情的；③基于求知的。"

　　第一种，基于意志的。你心里想些什么，就要用谈话来宣泄出来，一个人有心事而难以渲泄，是一种很大的痛苦。另一种"基于意志"的情形是：你企图用说话去左右别人的意志，比如你请求别人办一件事，别人答允了你，这是你已左右了别人的意志。

　　第二种，基于感情的。就是我们平常所说的联络感情，目的是通过彼此的谈话使双方感情有所增进。

　　第三种，基于求知的。这是你想认识某一种事物，或为了某一事而请教别人。

　　以上分类，虽然出于专家之口，但我们在日常生活中，也不妨记住，我们和人应酬时的目的是属于哪一类，在确定之后，就可以进行了。因为我们要的是成功，而不是失败。

　　有许多人应酬之所以失败，是因为没有朝着目标前进，常常节外生枝，做一些和目标背道而驰的事情。也有些人，他在应酬中所运用的方式根本就是违反人之常情的。

　　同样一句话，措辞略有不同，效果就会相差甚远。例如，说"篮球馆在哪里？"和"在哪里有篮球馆？"便有不同的答案。因为你的讲法不一样，听起来便会有差异。

在一些特殊场合中，对于措辞，当事人更应给予足够的重视。

一次，一家英国电视台采访梁晓声，现场拍摄电视采访节目。采访者是一个老练机智的英国人，他走到梁晓声跟前说："下一个问题，请您做到毫不迟疑地用最短的一两个字，如'是'与'否'来回答。"梁晓声点头认可。遮镜板"啪"地一声响，录音话筒立即伸到梁晓声嘴边，记者问："没有文化大革命，可能也不会产生你们这一代青年作家，那么文化大革命在你们看来究竟是好的还是坏的？"

梁晓声一怔，提问竟如此之"刁"，他灵机一动，立即反问："没有第二次世界大战，就没有以反映第二次世界大战而著名的作家，那么您认为第二次世界大战是好是坏？"

回答是如此巧妙，英国记者一愣，摄像机立即停止了拍摄。

我们在日常生活中，常会遇到这样的情况，就是某人问对方对A君的感觉怎么样。我认为，与其问："你很讨厌他吗？"或"你很喜欢他吗？"倒不如问："你对他的印象如何？"

而在回答这一类私人化的问题时，很多被问者的心里是相当矛盾的。这时，我们大可采用一些模棱两可的话来回答。

日本演员中野良子一次在中国被记者问及何时结婚时，答道："如果我结婚了，一定来中国度蜜月。"这可说是一个典型的例子。

曾在一本书中看过这样一个故事：

说是有一个刚满月的小孩，人们在夸奖时对他父母说的一番话说：第一个人说："这孩子将来一定会发财！"他受到孩子父母的感谢。第二个人说："这孩子将来一定会升官。"他受到父母的恭维。第三个人说："这孩子将来一定会死！"他受到孩子父母的冷眼和责骂。

前两个人说的都是无凭无据的空话，受到了父母的欢迎，而第三个人说的虽是事实，却受到此父母的责骂。其实原因很简单，是他没有顾及应酬的环境，没有注意措辞，以致引来不必要的误会。

掌握交谈时间，不要滔滔不绝

时间对于现代人来说，真可谓千金一刻。"时间就是金钱"的口号也早已为人们所接受。所以现代人对时间的重视，与对金钱的重视几乎可以画上等号。在现代应酬中，几乎没有人愿听某一个人滔滔不绝地谈东论西、口若悬河。但是交谈又是应酬中必不可少的一个重要部分，如果没有了交谈，也就不存在应酬了。人们正是通过交谈，才达到互相了解、互相亲近的目的的。不过问题是，你将如何去把握交谈。

所谓把握交谈，一是指把握交谈的方式，二是把握交谈的时间。

把握交谈的方式，往往是应酬成功与否的关键。选择一个好的交谈方式，往往会让交谈双方都感到轻松愉快，于心情舒畅之中解决所要解决的问题。在把握好方式的同时，对交谈的时间的把握则尤为重要。每一次应酬之前，都必须对本次交谈做到心中有数，该谈哪些话，不该谈哪些话，心里要有一本账，不要坐下之后，一谈起来便滔滔不绝，没完没了，这样会使人对你生厌。柏拉图曾经告诫他的弟子说："拖泥带水的谈论，会让人对你产生厌倦。"这说明在应酬时，谈话应当以得体而简洁为好。如果一旦让人产生厌倦感，那么最终不仅不能达到应酬的目的，还很可能适得其反。

小王是搞文学创作的，虽然本身的水平并不怎么样，但是他那张嘴巴却是许多朋友所公认的可以废话连篇的楷模。无论什么话只要一开了头，他便会给你来一番洋洋洒洒的长篇大论，别人根本插不上半句。于是他的朋友们一听到小王的声音便条件反射般地皱起眉头，最后给他送了个"大嘴"的绰号。在他所有朋友们中间，小赵还算是比较有耐心的一个。有一次"大嘴"的一个电话却让小赵的耐心全失。其实所要说的事只要一两句话便可说明：他写了一篇稿子，小赵看完后说不行，建议他再修改一下，可他没听，很自信地送到了杂志社，最后果然没发表。于是他给小赵打电话，向他解释稿子没发表的原因。

小王说："这篇稿子本来是要发表的，已经讲好了，可是情况突然有了改变，上午还说发的，到下午变了。主要是因为……"接着便是近十分钟的解释。小赵开始还耐着性子听他解释，虽然明知他的稿子之所以没发的真正原因，但是为了照顾朋友的面子，没有反驳他。眼看着时间在一分分地过去，小赵跟人约会的时间也已到，小赵只好打断他，急忙挂断了电话。

其实这件事根本不需要解释，即使解释也只不过是两句话的事："因为情况有了变化，稿子没有发。"如此而已，一分钟内便可解决。可是小王竟用了十几分钟，最终仍没有将问题真正说清。就算是比小赵更有耐心的人，也不会忍受得了的。

所以在应酬中，交谈的话宁简勿繁、宁精勿滥，特别是在电话应酬中，更应该注意掌握时间。掌握好交谈的时间，给对方留有余地，同时给对方以发言的机会，你便会在应酬中赢得主动。

见什么人，说什么话

没有人会喜欢一个谈话只讲自己，而不关心别人需求的人。人们总是喜欢和那些与自己有共同话题、能够迎合自己趣味的人交往。

美国一个文学教授曾经讲到他自己的一个真实经历：

在6岁那年，有一个星期六去姨妈家过周末。傍晚时分，来了一个中年男子，他先和姨妈嘻嘻哈哈哈聊了一阵，然后走近我和我说话。我当时正迷恋上小船，整天抱着小船爱不释手。我以为他只是随便和我聊几句，没想到他对我说的全都是有关小船的事。等他走了以后，我还念念不忘地和姨妈说："先生真了不起，他懂得很多关于小船的事，很少有人会那么喜欢小船。"

姨妈笑着告诉我，那位客人是纽约的一位律师，他对小船根本没有研究。

我不解地问："为什么他说的话都和小船有关呢？"

"那是因为他是一位有礼貌的绅士，他想和你做朋友，知道你喜欢小船，所以专门挑你喜欢的话题说。"姨妈说。

原来要和别人做朋友，就要根据对方的喜好、特点和身份来把握话题。

其实，与人顺利地交谈，总结起来，只有两点：看人，看场合。

1. 看对方的性格和性别特征

对方性格外向，透明度高，你就可以随便一些，开开玩笑，斗斗嘴，他会很自然地接受；如果对方性格内向、敏感，你就可以讲一讲适合的笑话，让他开朗一些，最重要的是表现真诚，可以挖掘对方比较在意、隐藏在内心深处的话题，让对方觉得你是在真正地关心他。

有的女孩性格外向，个性鲜明，男孩子气十足，你若跟她谈化妆、美容，她也许会毫无兴趣，如果谈足球、谈姚明，她可能会兴致勃勃。针对不同的性格，你应该学会说不同的话。

同样说人胖，男性会一笑置之，而女性则可能把脸拉下来，自尊心受到伤害，这就是性别带来的差异。所以，同样的话对男人和女人的作用是不一样的。说话时，我们就要注意到这种差异，对不同性别的人说不同的话。

2. 看对方的身份特征

俗话说："秀才遇见兵，有理说不清。"如果你对普通的工人农民摆出知识分子的架子，满口之乎者也，肯定让对方满头雾水，更别说会被接受了。要是遇见文化修养较高的人，也不能开口就一副江湖气，容易引起反感，更无法获得交往的信任和好感。

3. 看对方的年龄特征

老年人喜欢别人说他年轻，而小孩就不喜欢大人总是说他太小；中年人喜欢别人说他事业有成，家庭美满，而年轻人就喜欢别人说他有闯劲、有活力，不同年龄层次的人喜欢不同的话题。

如果你要打听对方的年龄，对小孩可以直接问："今年多大了？"对老年人则要问："您今年高寿？"

我们不提倡问女士的年龄，但是如果非要问，也可以讲究方法，只要问得分寸好，不会让别人觉得唐突和不礼貌。对年龄相近的女性可以试探说："你好像没我大？"对年龄稍大的女性则可以问："您也就 30 出头吧？"这样一来，大家皆大欢喜。

4. 看对方的心理需求

不同的人会有不同的心理需求。如果你懂得一点心理学，就很容易把话说到人的心窝里。

19 世纪的维也纳，上层妇女喜欢戴一种高檐帽。她们进剧院看戏也总是戴着帽子，挡住了后排人的视线。可是剧院要求她们把帽子摘下来，她们仍然置之不理。剧院经理灵机一动，说："女士们请注意，本剧院一般要求观众要脱帽看戏，但是年老一些的女士可以不必脱帽。"

此话一出，全场的女性都自觉地把帽子脱了下来：哪个女人愿意承认自己老啊！

剧院经理就是利用了女性爱美、爱年轻的心理特点和情感需求，顺利地说服了她们脱帽。

5. 自己人和外人的场合

场合中全都是自己熟悉的朋友，那么说话就可以推心置腹，天南海北，无所不谈，甚至一些放肆的话说出来也无伤大雅；但是如果在场的都是交往不深的人，就要板着点自己，不可肆意妄为，办事情也要公事公办，不要不分对象乱套近乎。

如果在比较随便的场合，我们可以说诸如"我顺便来看看你"

这样的话，可是如果在比较庄重的场合说"我顺便来看看你"，就显得不够认真。

睿智妙语，消除尴尬

我们在日常生活中难免会遇到一些比较尴尬的场面。很多人面对尴尬场面的时候无计可施，要么沉默寡言，要么怒不可遏。很显然，这都不是解决问题的好办法。怎样才能化解尴尬呢？那就需要一定的智慧了。如果在面临尴尬的时候根据现场状况巧说几句妙语，就一定能顺利地摆脱尴尬。

不小心遭遇尴尬，有时不妨将错就错，顺势美言，本来尴尬的事，巧妙地用美好的意思来解释，最终尴尬也会立刻消散。

东方卫视著名主持人袁鸣有一次到海口主持庆祝狮子楼京剧团成立仪式，在介绍嘉宾时把"南新燕先生"误说成了"南新燕女士"。当她看见是一位男士上台后，随即改道："哎呀不好意思，真是非常抱歉，我刚才望文生义了。不过您的名字还是让我想起了一句诗：'旧时王谢堂前燕，飞入寻常百姓家。'这可真是一幅充满诗意的美妙画卷啊！同样，国粹京剧作为宫廷艺术，一直在北方盛行，如今随着狮子楼京剧团的成立，古老的京剧艺术也首次飞过了琼州海峡，到海南落户，这不也是一幅美妙的图画吗？"

这段话说得真是既富有文采，又充满机智，恰到好处又感情丰富，让袁鸣巧妙地摆脱了尴尬，让人禁不住拍手叫绝。

有一次在一个庆功会上，老板在与一个员工碰杯的时候，那位员工由于紧张，举杯时用力过猛，竟把一杯酒都泼到了老板的头上，员工当时就吓坏了，可老板却用手擦了擦头顶的酒笑着说："小伙子，你以为这酒能治好我的秃顶啊，我可没听说过这个药方呀！"说得大家哈哈大笑。

看，多么尴尬的事，只要幽默一把，气氛就截然不同了。其中人们体会到的，则是幽默中豁达风趣的意味。

如果遇到难以回答的问题，也不妨换一种心态，本来很严肃的话题，玩笑表达，轻松表达，用"脑筋急转弯"的方法进行似是而非、暗中转移话题的语言应对，也会收到良好的效果。

一个导游带着旅游团到某一历史名城参观。当他向大家介绍这座城市有着光辉的历史，曾经十分辉煌的时候，有游客提问道："请问有什么大人物诞生在这个城市吗？"

导游一下子愣住了，因为他也不知道。众多游客都围了过来，都打算了解一下。导游见状灵机一动，非常机敏地说："先生，这个城市里诞生的都是婴儿啊。"旅游团的成员们顿时哈哈大笑。

身为一个导游，带领游客参观古城，却连古城历史上有哪些名人都不知道，这本来是一件很难堪的事情。如果直接回答"不知道"，会让导游十分尴尬，后面的解说也将让人充满怀疑。但这位导游却巧妙地运用了"脑筋急转弯"的语言技巧，似是而非地回答了问题，你不能说他准确，但你也不能说他不对。于是大家只当是一个玩笑，并且乐在其中，导游的尴尬也随之化解。真是妙不可言！

美国总统里根访问加拿大，在一座城市发表演说。在演说过程中，有一群举行反美示威的人不时打断他的演说，显示出反美情绪。里根是作为客人到加拿大访问的，加拿大总理皮埃尔·特鲁多对这种无礼的举动感到非常尴尬。面对这种困境，里根反而面带笑容地对他说："这种情况在美国是经常发生的，我想这些人一定是特意从美国来到贵国的，可能他们想使我有一种宾至如归的感觉。"

听到这话，尴尬的特鲁多禁不住笑了。

真正的高手总能运用自己的聪明才智，及时而巧妙地使自己由被动转为主动，更使那些原本不妙的事变得别有情趣。

一位美国记者在采访周总理的过程中，无意中看到总理桌子上有一支美国产的派克钢笔。那记者便以带有几分讥讽的口吻问道：

"请问总理阁下，你们堂堂的中国人为什么还要用我们美国产的钢笔呢？"

周总理听后，风趣地说："谈起这支钢笔，说来话长，这是一位朝鲜朋友的抗美战利品，作为礼物赠送给我的。我无功受禄，就拒收。朝鲜朋友说，留下做个纪念吧。我觉得有意义，就留下了这支贵国的钢笔。"

美国记者一听，顿时哑口无言。

什么叫自搬石头砸自己的脚？这就是一个典型事例。这位记者的本意是想挖苦周总理：你们中国人怎么连好一点的钢笔都不能生产，还要从我们美国进口。结果周总理说这是朝鲜战场的战利品，反而使这位记者丢尽颜面。

睿智妙语就是这样的急中生智和灵活的思维，化解尴尬，破除敌意，缓和气氛。这是一种大智慧，既申明立场，又不伤和气。如果我们能多学学这种大智慧，就能在交往中做到"兵来将挡，水来土掩"，既很好地保护自己，又能维护人际关系，甚至还能只用三言两语就令人折服！

不妨说点善意的谎言

在面对病人时，谎言必不可少，在教育方面，适当的谎言也会对人产生积极的影响。

美国作家欧·亨利写过一篇题目为《最后一片叶子》的短篇小说，它的故事是这样的：

在某公寓的一个房间里，住着一位身患重病的女人。她的房间外有一棵树，树叶在秋风的摇曳下，一片一片地飘落下来。病人守望着落叶，身体也随之每况愈下。她想：当树叶全部掉完时，我也就要死了。

女病人的邻居，一位老画家得知后，用画笔画了一片能够以假乱真的叶子，固定在树枝上。寒冷的冬天到了，只有那片叶子还孤零零、顽强地挂在高高的树枝上。那位濒临死亡的女病人守望着那片唯一的树叶，心想那片叶子是那么的顽强，能在寒风中傲立枝头，自己的生命也不能那么脆弱，是上帝为她留下了一片叶子，让她重新看到了生命的希望。于是她坚强地活了下来。

作为医生，面对一个生命垂危的重症患者，经常会宽慰病人说："只要配合治疗，很快就会康复。"而几乎没有一个医生会对病人说："你根本没有希望了，很快就会死。"

同样，作为亲友，在去探望病人时，即使知道他活不了几天了，也要与医生配合，把谎话接着编下去，让病人满怀信心地接受治疗。因为经常保持快乐的心情往往会创造出生命的奇迹，即使没有奇迹出现，让病人在生病的日子充满快乐和希望也是一种人道精神的表现。这时候，你不撒谎，还能做些什么呢？

教育学家通过研究发现，教师如果善用美好的谎言鼓励学生，学生则会树立信心，并且真正有所进步。

大学教授们经常给学生写一些推荐信，或是用来向国外学校申请奖学金，或是用来到人才市场上参与激烈的职业竞争。如果学生的确是顶尖的人才，那便不必多说，照实写就是了。倘若教授诚恳地指出该学生不是那种出类拔萃的顶尖人才，通常接受推荐的一方就可能理解为该学生是一个差劲的学生。如果这样做，他的推荐信可能伤害这个学生，使其失去深造的机会或难以找到工作，甚至对其一生的命运都会产生不良后果。

所以，教授们提笔写推荐信时，必定在其中夸奖学生的成绩和能力。你可以认为这是在撒谎，但这样善意的谎言是必要的。

小李在一家商贸公司上班。一天下班后，他和同事小郑走在一起。小郑这些天心里很郁闷，和上司的关系十分紧张。

两人边走边聊，小郑控制不住自己的情绪，说了上司对他的种种不公平，还把上司的无知、浅薄及一些丑事统统信口说了出来。最后，怒犹未尽，忍不住又大骂了一通。

过了些日子，上司在小李面前也谈起了小郑，言语之间非常不客气，怒斥小郑的不顾大局、平庸无能、不思进取、不善开拓等诸多缺点。最后，上司问小李，可曾听见小郑在他面前说过自己什么坏话。

小李是一个诚实的人，此时，他该怎么办呢？

无疑，小李面临两种选择：一种选择是不把小郑的话告诉上司，另一种选择是十分诚实地把小郑的话原原本本地告诉上司。

如果小李选择前者，上司的气会慢慢地消下来。有一天当他冷静下来后，会比较公正、合理地处理好这种关系的。

如果选择后者，上司会更加生气。生气之后他会进一步设想，小李在我面前讲他同事的坏话，肯定也会在其他人面前讲我的坏话。因此，上司对小李也不能信任，至少要留一手。

上面的这件事，使用谎言，能使三方面都得到好处；而讲实话，却会让每个人都受到损害。可见，谎言在适当的时候会起到很大的作用。

然而，要说好善意的谎言并不比真话容易，首先我们应消除对谎言的偏见和犯罪感。只有做到这一点，我们才能把谎言说好。说好谎言应做到以下三点。

1. 真实

谎言也是生活中的一种真实，是无法真实时的一种真实。有时候，人们无法表露自己的真实意图，只能选择一种模糊不清的语言来表达真实。当你的同事拿着新方案让你提建议，而你觉得实在太差时，你却不可能直接告诉她："你做得太没有水平了。"这会让同事感到难堪。于是你只能模棱两可地说："你自己再看看。""你自己再看看"是一个什么样的概念，是不太好或是还可以？这就是假话中的真实。这样的谎言与违心的奉承和虚假的谄媚在本质上是有区别的。

2. 必须

许多情况下，谎言非说不可。有时候说谎言是出于礼仪。例如，当你应邀去参加单位或朋友的庆祝活动前遇到不愉快的事情时，你必须把自己的悲伤和恼怒掩盖起来，带着笑意投入欢乐的场合。这种掩盖是为了礼仪需要，我们不能一味地加以指责。

3. 合情合理

这是谎言得以存在的重要前提，许多谎言明显是与事实不符的。但因为它合乎情理，所以运用适当的谎言同样能体现我们的善良和爱心。例如：妻子患了不治之症，作为丈夫应该让妻子知道病情吗？许多人都会认为：不应该把事情的真相告诉妻子，也不应该在她面前流露痛苦的表情增加她的心理压力，应该让妻子在剩下的时光里生活得尽可能快活。当丈夫忍受着即将失去妻子的痛苦而说谎言时，他那与实情不符的安慰反而会带给我们感动，因为在这谎言里包含了丈夫对妻子的关爱以及对个人悲伤的克制。

多谈对方的得意之事

人都喜欢被别人赞美，无论是与朋友还是客户交谈，多谈一谈对方的得意之事，这样容易赢得对方的赞同。如果恰到好处，他肯定会高兴，并对你心存好感。

美国著名的柯达公司创始人伊斯曼，捐赠巨款在罗彻斯特建造一座音乐堂、一座纪念馆和一座戏院。为承接这批建筑物内的座椅，许多制造商展开了激烈的竞争。但是，找伊斯曼谈生意的商人无不乘兴而来，败兴而归，一无所获。正是在这样的情况下，"优美座位公司"的经理亚当森，前来会见伊斯曼，希望能够得到这笔价值9万美元的生意。

伊斯曼的秘书在引见亚当森前，就对亚当森说："我知道您急于想得到这批订货，但我现在可以告诉您，如果您占用了伊斯曼先生5分钟以上的时间，您就完了。他是一个很严厉的大忙人，所以您进去后要快快地讲。"亚当森微笑着点头称是。

亚当森被引进伊斯曼的办公室后，看见伊斯曼正埋头于桌上的一堆文件，于是静静地站在那里仔细地打量起这间办公室来。

过了一会儿，伊斯曼抬起头来，发现了亚当森，便问道："先生有何见教？"

秘书把亚当森做了简单的介绍后，便退了出去。这时，亚当森没有谈生意，而是说："伊斯曼先生，在我等您的时候，我仔细地观察了您这间办公室。我本人长期从事室内的木工装修，但从来没见过装修得这么精致的办公室。"

伊斯曼回答说："哎呀！您提醒了我差不多忘记了的事情。这间办公室是我亲自设计的，当初刚建好的时候，我喜欢极了。但是后来一忙，一连几个星期我都没有机会仔细欣赏一下这个房间。"

亚当森走到墙边，用手在木板上一擦，说："我想这是英国橡木，是不是？意大利的橡木质地不是这样的。"

"是的"，伊斯曼高兴得站起身来回答说："那是从英国进口的橡木，是我的一位专门研究室内橡木的朋友专程去英国为我订的货。"

伊斯曼心情极好，便带着亚当森仔细地参观起办公室来了。

他把办公室内所有的装饰一件件地向亚当森做介绍，从木质谈到比例，又从比例扯到颜色，从手艺谈到价格，然后又详细介绍了他设计的经过。

此时，亚当森微笑着聆听，饶有兴致。他看到伊斯曼谈兴正浓，便好奇地询问起他的经历。伊斯曼便向他讲述了自己苦难的青少年时代的生活，母子俩如何在贫困中挣扎的情景，自己发明柯达相机的经过，以及自己打算为社会所做的巨额捐赠……亚当森由衷地赞扬他的功德心。

本来秘书警告过亚当森，谈话不要超过 5 分钟。结果，亚当森和伊斯曼谈了一个小时又一个小时，一直谈到中午。

最后伊斯曼对亚当森说："上次我在日本买了几张椅子，放在我家的走廊里，由于日晒，都脱了漆。昨天我上街买了油漆，打算由我自己把它们重新油好。您有兴趣看看我的油漆表演吗？好了，到我家里和我一起吃午饭，再看看我的手艺。"

午饭以后，伊斯曼便动手，把椅子一一漆好，并深感自豪。直到亚当森告别的时候，两人都未谈及生意。最后，亚当森不但得到了大批的订单，而且和伊斯曼结下了终身的友谊。

为什么伊斯曼把这笔大生意给了亚当森，而没给别人？这与亚当森的口才很有关系。如果他一进办公室就谈生意，十有八九要被赶出来。亚当森成功的诀窍，就在于他了解攻心对象。他从伊斯曼的办公室入手，巧妙地赞扬了伊斯曼的成就，谈的更多的是伊斯曼的得意之事，这样，就使伊斯曼的自尊心得到了极大的满足，把他视为知己。这笔生意当然非亚当森莫属了。

第四章　应酬禁忌要不得

不要窥探别人的个人隐私

在日常应酬中热衷于探听他人个人隐私的人，总是令人讨厌的。这一点在西方显得尤为突出。个人隐私所包括的面很广，如个人收入情况、女士年龄、夫妻情感、他人家庭生活等，都属于个人隐私的范畴。

在西方人的应酬中，"探问女士的年龄"被看成是最不礼貌的习惯之一，所以西方人在日常应酬中可以对女士毫无顾忌地大加赞赏，却不过问对方的年龄。但是中国人就不同了，有的人常常一见面便问人家芳龄几何，弄得女士们答也不好，不答也不好，只好在以后的应酬中尽量避免与之接触。

探问女士的年龄，往往会被女士们误认为你心怀不轨，所以对你产生厌烦情绪。

有一个同学胡君，好像是天生就有这么一个爱好，总是喜欢打听女士的年龄。每次与女士见面，不论熟悉的还是首次见面的，谈论不到三分钟，他就会不失时机地向对方发问："你今年多大了？"致使许多女士不愿意与他接触，即使不得已见了面，也是寒暄一下便离他而去。

这便是探听个人隐私在应酬中的失败。

人似乎都有一大爱好，那就是特别关注他人的隐私，尤其关注名人的隐私。那些街头小报一旦出现了一篇有关某某名人的隐私，如"某某离婚揭秘""某某情变内幕"之类，肯定会被哄抢一空。在日常应酬中我也常常听到这样的问话："你和你老婆的感情怎么样？"这种问题便让人难于回答，因为这纯属个人隐私问题，而且夫妻感情往往都是非常微妙的，是根本无法用语言能够说得准确透彻的，所以对这类问题，对方即使顾于情面当时回答了你，心里也会对你产生厌烦的。

所以在应酬中避免探问对方隐私，这本身便是应酬成功的第一步。因此在你打算向对方提出某个问题的时候，最好先在脑中过一遍，看这个问题是否会涉及对方的个人隐私，如果涉及，要尽可能地避免，这样对方不仅会乐于接受你，还会为你在应酬中得体的问话与轻松的交谈而对你有好印象，为继续交往打下良好的基础。

在日常应酬中，涉及隐私的主要有以下几个方面：

（1）女士的年龄；

（2）工作情况及经济收入；

（3）家庭内务及存款；

（4）夫妻感情；

（5）身体（疾病）情况；

（6）私生活；

（7）不愿公开的工作计划；

（8）不愿意为人所知的隐秘。

不要刺激别人的自尊心

有人说过这样一句话："学会维护他人的自尊心，你会得到越来越多的朋友。"这话说得一点都不错，因为在日常生活中，每个人都极为重视自己，都喜欢谈论自己的得意之处，即使是你的好朋友也同样如此。所以维护和尊重他人的自尊心，实际上就为充分地驾驭对方打下基础。

人的自尊心可以体现在许多方面。

有这样一件事，说是有一对夫妻，丈夫由于在外面应酬，回家晚了些，于是夫妻间便发生了一场口舌之战。

妻："你怎么这么晚才回来？"

夫："朋友请客喝酒，没办法。"

妻："今天这个请，明天那个叫，还有完没完？你也是有家的人。"

夫："我刚回来，你就说个没完……"

妻："你要是看我不顺眼，我明天就回娘家去！"

夫："你拿回娘家去要挟我呀！好呀，你现在就走，永远别回来！"

事情的结果很明显，然而就事情的过程来看，夫妻双方都在有意无意地伤害着对方的自尊。如果换一种情况，妻子从关心的角度规劝丈夫，那样情况就会大不一样。

妻："怎么这么晚才回来？"

夫："朋友请喝酒，没办法。"

妻："朋友多是件好事，可是老是这么在一起吃吃喝喝的，就不是什么好事了，而且酒喝多了对身体也不好。"

夫："是呀，我也是这么想，可是又推辞不了。"

妻："照我看，你们那帮朋友也就是因为没事干，如果在一起好好合计合计，找个正事干干，那不比在一起吃吃喝喝更有意思吗？"

夫："这倒是个主意，明天我就跟他们合计去。"

如果是这样，夫妻双方是不是就会更融洽些呢？

我们在应酬中，只要注意维护别人的自尊，那么不管对方是什么人，都同样会还报你以自尊。但是，在维护别人的自尊时，有时要注意使用不同的方式，因为有时候会涉及不同国籍，文化与习惯自然也不同，这也是应该注意的。

一位中国留学生在美国乘坐公共汽车，见到一位美国老人，便礼貌地站起来让座。老人不仅不感谢他，还面露愠色，道："我是男人，不是女士，难道你看不出来！"留学生道："可您是老人呀。"老人更加恼怒了，指着留学生吼道："你居然把我看成了老人，我真的那么老吗！"说完悻悻然便往车下去，走到车门时又不甘心地回过头来问留学生："你是中国人吧？"留学生点头称是，老人这才耸耸肩无可奈何地嘟哝了一句："中国人的规矩是看重老人……"

如果在中国，这位留学生的做法不仅没有错，还应受到称赞，但是在美国，没有人把自己当成老人对待，而且也特别讨厌别人把自己当成老人来看待，这位留学生的礼貌反而在无意中伤害了那位美国老人的自尊。学会维护别人的自尊，在日常应酬中应该说是相当重要的，而且抓住别人的心理，适当地满足别人的自尊，则可令你在应酬中成为"得道"者。

不要在背后说人坏话

中国有句俗话："宁在人前骂人，不在人后说人。"这个意思就是说，别人有缺点有不足之处，你可以当面指出，令他改正，但是千万别当面不说，背后说个没完，这样的人，不仅会令被说者讨厌，同样会令听者讨厌。

在我们的日常应酬中，背后说人坏话的人并非少数，有一句话叫作："谁人背后无人说，谁人背后不说人。"这话虽然说得有些绝对，却也说明了一个道理。那就是，大多数人，都多多少少地在背后说过别人，只是听说的是好话还是坏话，就无从考证了。不过有一点，经常在背后说别人坏话的人，肯定不会是受欢迎的人。因为凡是有点头脑的人，都会自然而然地这么想："这次你在我面前说别人的坏话，下次你就有可能在别人面前说我的坏话。"这样一来，你在别人的印象中就不可能好到哪里去。

在日常应酬中，也许你会遇到别人在你面前说另一个人坏话的情况，对此，你需要端正态度，用辩证的思维考虑这种事。因为说对方坏话的人，总是有着各种各样的原因，充分地分析讲话者的心理及原因。这对做到端正自身大有益处。

我的朋友中，有两个朋友因为一个女人而闹得双方很不愉快，两个人虽然平时见面还都装着一副无所谓的样子，但是一旦分开，就会对第三者发起"攻击"，将对方的"坏"处添油加醋地讲出来。身为朋友，我当然成为他们双方发泄对对方不满的会集点。我知道他们之间的一切原因，所以当甲对我说乙的坏话时，我尽可能地保持沉默，在适当的时候加进一两句劝导的话，不对乙加任何评语；当乙对我说甲的坏话时，我也同样不对甲加任何评语，同样在适当的时候对乙劝导几句。同时我还做到一点：所有的话，无论是甲说的还是乙说的，都让它们到我这里截止，再不外传。一段时间过后，当甲、乙二人都冷静下来时，回想起他们在我面前所说的那些话，他们自己都觉得不好意思。由于我处理得当，致使他们之间的矛盾没有进一步激化，好朋友终究还是好朋友，后来甲、乙二人都对我感激不尽，对我更加尊重，并且愿意将所有的心里话对我倾诉。

如果换一种情形，我是对他们一意奉承，在甲面前附和着说乙不好，在乙面前附和着说甲坏话，那么结果可想而知。

从这件事中，我得到了一个经验，那就是当别人对你说第三者的坏话时，无论你是否明白其中的原因，你都必须保证做到一点，那就是"入耳封存"，同时需要充分了解对方，如果发现对方是无缘无故，只是天生有背后说第三者坏话的习惯，那么你就需要注意，在以后的应酬中有意识地疏远他。

当你当着对方把第三者说得一无是处的时候，你自己的形象在对方的心目中也同样已经一无是处了。因此我们在日常应酬中，尤其应该注意，尽可能地不在交谈对象面前说第三者的坏话。如果别人有什么缺点，你可以寻找适当的机会当面向他提出，背后议论别人的方法绝不可取。

让人反感的应酬行为

据专家统计，在日常应酬中，有十种行为是最令人反感的。这十种最令人反感的行为分别如下。

1. 目空一切，自以为是

我们常常会在一些应酬场合中看到这样的情景：某一个腰板挺直的人，呈傲视天下之姿，或居高临下地坐在那里一言不发，或穿插于众人之间指手画脚，一副"天下第一"的神态。像这样的人，在应酬中，要么令人讨厌，要么遭到大家的嘲笑。不过更多的时候，都是令人反感的。所以在应酬中，一定要老老实实，把姿态放低点，别以为自己什么都知道，目空一切，这样的后果，只能是让自己陷入自己织就的网中，而成为应酬的失败者。

2. 虚与委蛇，心不在焉

这类人，一般在应酬中都缺乏诚意，常会引起应酬对象的反感。

历史上有这样一个故事：

楚汉相争时，韩信在项羽军中未受到重用，于是投奔汉营。但是在刘邦军中，开始仍然没有受到重用，于是韩信在一气之下逃离汉营，从而演出一段萧何月下追韩信的佳话。

萧何追回了韩信，极力地向汉王刘邦推荐。刘邦对韩信本无信任可言，只是经不住萧何的再三保举，这才答应接见韩信。韩信应召进帐来见刘邦，可是刚一见面，韩信对刘邦当时的行为便极为反感。原来刘邦正在洗脚，见了韩信，不仅没有停止，反而仍然悠闲自得地呈享受状，对韩信也是一副爱理不理的样子。韩信眉头皱着，回头便走。

若不是萧何不放心守在帐外，再者若不是韩信一心想借汉王之势建功立业，刘邦便会因此失去一员为他争得天下的大将，那么楚汉相争最终将鹿死谁手，还真不好说。

在这个故事中，我们不难看出，韩信对刘邦的反感，正是由于刘邦在接见韩信时心不在焉，虚与委蛇。韩信在为刘家争得天下之后便起了造反之心，也许正是由于当时的反感而埋下的种子呢。

因此在日常应酬中，不论你的身份如何，也不论你的应酬对象与你的身份地位有多大的差异，在你与对方的应酬过程中，一旦你表现出了心不在焉的神态，对方同样会对你失去好感，同样会对你虚与委蛇。这样的应酬，将毫无意义。

3. 抠鼻挖耳，旁若无人

有些人就是这么一个坏习惯，无论在什么场合，不是抠鼻子，就是挖耳朵，就好像他的鼻子和耳朵里有抠不尽、挖不绝的污秽物似的，殊不知这种坏习惯，正是人们所讨厌的，而有着这种习惯的人，在应酬场合不遭到人们的反感那才是怪事呢。

4. 口若悬河，废话连篇

在我们周围，多数人都愿意自己有一副好口才，这是人的共性，而且生有一张伶牙俐齿也同样是人们之所求。但是问题是，怎样才算是伶牙俐齿，是不是在应酬中可以口若悬河地大讲特讲，令其他人都插不上嘴便算得上是伶牙俐齿了吗？绝对不是这样。

话不在多而在精，所说出的理由能够让对方折服，这才叫伶牙俐齿。口若悬河的人，往往讲出的话不得要领，所以在他人听来，十句能有九句半是空话、废话，没有人愿意听别人说废话，所以这类人在应酬中不可能受到欢迎。

5. 贬人褒己，好大喜功

有一类人，在日常应酬中，总喜欢把别人贬得一文不值，而把自己说成是无所不能的完人。干了一点点事，就自吹自擂；做了一点点的成绩，便要夸大其词地大吹一通，好大喜功，唯恐他人不知道。这类人，肯定会让人讨厌。

6. 胡搅蛮缠，满嘴脏话

生活中常常会遇到某一些人，他们崇尚无理争三分，遇到一点点小事便与你胡搅蛮缠，让你心烦意乱。这类人往往是明知自己无理，却还要与你纠缠不休，而且具有这类特点的人，大都是满嘴粗语、脏话连篇的。这类人的最大特点就是爱占小便宜，哪怕仅仅是口舌之利，他也要将你"击败"，方才罢休。有一句话叫作"秀才遇见兵，有理说不清"，就是说的这个意思。

许多人一旦遇到这类人，第一反应便是"惹不起，躲着走"。因为所有比较明智、比较讲理的人，都不愿意跟这类人计较，人们觉得和这类人计较没意思。"没意思"其实就是对这类人的反感，因为反感而将他冷落，一般人都会如此处理。

所以如果在自己的习惯里有如此特点的朋友，最好收敛一些，因为你如此胡搅蛮缠，满嘴脏话，虽然你可以在一些时候会占到一些小便宜，但是要知道，那只是人家不屑与你计较，时间长了，你肯定会落得个人见人厌的结局，到时候就只能跟自己胡搅蛮缠去了。

7. 散布谣言，蛊惑人心

谣言可以惑众，但是生活中偏偏有人喜欢散布谣言；隐私让人尴尬，可偏偏有人以揭人隐私为乐事。我们常常可以看到这样的情景：两个人在一起，互相靠得很近，一边注意着周围的动静，一边在窃窃私语。这样的情景，大多是在传播什么"不可告人"的秘密了，而这类秘密，本身就带有某些谣传。谣言在生活中的传播是相当快的，虽然传播谣言者往往会对听他传播的人叮嘱一句"别告诉别人呀"，但是过不了多长时间，知道这个"秘密"的肯定不会就是他们两个人。

谣言往往与别人的隐私联结在一起，而探听别人的隐私又是人在本性中的一个弱点，好奇心决定着这个弱点，所以谣言的传播之快自有它的道理。究其源头，最可恶的还是散布谣言的人。一个人一旦被别人认识到是一个散布谣言的人，那么他在人们眼里的形象便会立刻一落千丈。虽然人们都多多少少有些传播谣言的弱点，但是人们却反感散布谣言的人，因为谁都担心有一天谣言会涉及自己。

8. 虚意恭维，夸大其词

在日常应酬中，适当地恭维对方，不仅是一种礼貌的表现，而且可以缩短双方的心理距离。但是如果夸大其词，过分地恭维对方，不但不能获得预期的效果，反而会引起对方的反感。因为你夸大其词地恭维对方，对方便会怀疑你的诚意，从而怀疑你的个人品德。如此一来，对方就不可能不对你反感。比如，你对一个容貌一般且身材矮胖的姑娘说："呀，你真是太美了，亭亭玉立这个词简直就是为你而创的！"想想你这句话出口之后会得到什么样的结果。所以在恭维对方的时候，一定要做到实在得体，切勿夸大其词。

9. 恭贵轻贱，拍马奉迎

在我们的日常应酬中，对身份地位高于自己的权贵鞠躬作揖，对低于自己的人便露出一副傲慢神态的人，大有人在。我们常常可以看到，有些人一旦见到比自己地位高的人，便满脸媚笑，恨不能双膝跪倒以示忠诚，人们把这种人称为"奴才"，更是对他们反感和厌恶。可是这些"奴才"们在地位比自己低的人面前，就会显示出自己的"主人"姿态来，除了他的"同类"外，不仅不会有人将他当"主人"，绝大多数人都会对他们嗤之以鼻。因为这种人，在生活中往往是以拍马奉迎为能事，而拍马奉迎的人，是最令人反感的一类人。历史上之所以会留下"吸痈舔痔"的笑谈，就是对拍马奉迎的人的极大讽刺。

恭贵轻贱、拍马奉迎的人，也许一时会得到一点好处，但是，最终的结果绝不会好，而且就在他得到一点好处的同时，也同样会在人们的耻笑中抬不起头来。我想这样的人在生活中，恐怕不会感到轻松吧。

趋炎附势会让别人瞧不起你

有很多人在与重要人物的应酬时，往往喜欢趋炎附势，一味顺着对方的话说，阿谀奉承，这其实是不对的。如果你过于趋炎附势，就会显得毫无主见，对方也会觉得你是个想巴结他的人。这样一来，你再想表达自己的观点，或是进行生意谈判，就会陷入被动的局面。

在一家贸易公司任职的老赵为了谈一笔生意，特地约了南方的一个大老板。本来，这笔生意谈成之后，不仅老赵可以赚取丰厚的利润，南方那个老板的厂子也会降低不少成本。这是一件双赢的事情，于是老赵请这位老板到一家高级饭馆吃饭，想借此机会促成此事。

双方在饭馆里坐下，老赵请服务员递上菜单，让老板点菜。这个老板也没客气，翻开菜单就点。每点一个菜，老赵就恭维他有眼光、注重营养、有品位等，这个老板让他点，他赶紧说："不用不用，您比我会点，您来。"结果，这个老板就自己点了一桌子菜。

酒过三巡，老板开始说一些自己的经历，老赵眼睛闪着亮光，频繁地点头赞许，又夸这个老板有魄力，又夸这个老板会经营。总之，一大堆的奉承之言。这位老板起初挺爱听，但是后来越听越觉得别扭，对方把自己夸得很夸张，感觉到有点不好意思了。可是老赵并没有察觉到这一点，依旧是老板说一句，他夸一句。到最后，老板不想再说自己了，便问老赵公司的事。老赵以为自己的恭维起到了效果，简单说了两句自己公司的事之后，又开始夸赞对方。

最后，这位老板实在是受不了了，本打算酒桌之上了解一下对方实力，结果变成了对自己的"表彰大会"，一生气，便和老赵说了声"有事先走"，生意没谈就走了。

老赵这次失败，输就输在过分地赞美对方上。适当的赞美，可以起到拉近关系的作用，但是过分的赞美，就变成了趋炎附势、阿谀奉承，令人生厌。在应酬中，我们应该懂得赞美有度，并且是出自内心地赞美对方，而不是生拉硬拽一些空洞的词汇，那样会给人不实际的感觉。

在应酬中，有些人的"赞美"总让人感到恶心。他们总像套着一个面具，不分场合和时间，巴结他遇到的每一个人，什么过头的话他都说得出口，他们认为向上司大献殷勤就能轻而易举地得到提升，而不想通过努力工作而获得成功。

有一天，某公司的一位职员，看到经理穿了一套衣服，奉承地说："瞧瞧、瞧瞧，这套装穿在丁经理身上，简直就像是为你而设计的，这小翻领最适合圆脸，这色彩搭配让你显得年轻了起码20岁，谁要说不是，我和他急！"

事实上，这位已人到中年、身体发福的丁经理并不适合那套服装，而那颜色更显出了她的肥胖。但这个职员却能把套装说得与上衣搭配得天衣无缝，不光如此，丁经理任何芝麻大的一点小举动都要被这个职员夸大为"西瓜"，而日久天长丁经理也乐意消受。但同事们都在背地里讥笑他为"马屁精"。

应酬中，几乎每个人都拍过和被拍过马屁，诸如你这么年轻就取得这么大的成就！你是公司里最美的女孩！你不当领导简直就是公司的失策！你这条领带和西装搭配得无与伦比……只要有人、有利益就有阿谀奉承、趋炎附势。

阿谀奉承也许会让人一时间受到迷惑，对你深感喜爱，但是从长远来看，你不但会失去他人对你的好感，更会得到他人鄙夷的目光，使他们渐渐地疏远你，把你孤立起来。

心理学家说，阿谀奉承、趋炎附势的人更多地是为了给别人面子，获得人情，这种刻意的行为是人际交往中的一种策略，也是社会文化现象的浓缩，极具普遍性！

但是，如果一个人将趋炎附势看成是生活的必需，使自己陷入窘境的话，那就是一种病态，特别是对任何人都不分场合和程度的奉承，是会形成很严重的心理疾病的。

《铁齿铜牙纪晓岚》中王刚塑造的贪官和珅恐怕无人不知、无人不晓，他就是人们深恶痛绝的趋炎附势的马屁精的典型代表。这类人，往往以欺下的手段达到媚上的目的。

在生活中，这样的例子更是屡见不鲜，在职场中，位处中层的小主管，常常为了拍上司的马屁，拍着胸脯在领导面前允诺超额超前完成工作任务，面对下属，则飞扬跋扈、作威作福，加班不加薪，牺牲下属的利益。讨好领导，以达到自己给领导留下好印象的目的。

聪明的人不会这样，奉承别人并不是建立良好的人际关系，使自己的工作得以顺利完成、目的得以顺利实现的一种方法。让周围的人讨嫌、厌烦，对自己有什么益处呢？这只能让你成为不被大家喜爱的人而已。

不要认为自己是"上帝"

很多人认为，单凭自己的力量就可以实现成功，这其实是非常错误的观点。应酬这门科学之所以存在，就是为了帮助人与人之间顺利地实现合作。而对于具有"凡事自己来"这样想法的人来说，很难取得较大的突破的。

事业的成功之路漫长遥远，单靠个人的努力是不够的，要想快速到达成功的彼岸，就要学会与人合作，学会借力做事。学会与人合作是事业成功的重要保证。当一个人刚开始创业的时候，不可能马上组织一个大的公司或是大的团体，面对恶劣的自然环境和激烈的市场竞争，一个人的力量总是渺小的，世界上确实有许多一个人干不成的事儿。你可能有技术而没有好的项目，你也可能有好的项目而没有资金，你还可能懂经营会管理而没有资金、技术和项目，总之，一个人干不成的事就要与别人合作。因此，对于创业者来说，学会与人合作就显得特别重要了。

小崔是日本一家企业的业务员，他并没有什么学历和资金，但他有非常好的企划能力。有一天，他接到从西德寄来的商品目录，其中有一种新开发上市的羊毛纺织机器。对于新机械他比别人内行，直觉告诉他这是一个良机。他立即详细调查了日本的羊毛纺织机器。他了解到应用这种新机器生产成本大约可降低三分之二，而且生产效益可成倍增长。但是，他并没有向日本人推销这种机器，而是带着这项新产品的目录和经营纺织的新构想，去找住在日本的一位韩裔富翁林先生。林先生对纺织业一窍不通，但听了小崔的企划说明之后，也感到这是一个不错的商机。他立即同意开一家纺织工厂，从西德进口四部机器，并请小崔当总经理。小崔从原来默默无闻的业务员，成为大工厂的经营者。

他的成功之道便是与成功者合作，借助成功者的力量来实现自己的梦想。这也是通向成功的一条捷径。

善于协商与合作既是一种精神和态度，也是一种能力和修养。一个人考入大学主要靠的是分数，而一个人步入社会站住脚跟，并最终取得成功，靠的就是能力。与人合作是人生存的最基本、最重要的能力。如果不懂得合作，恐怕连生存下来都困难。

从前，有两个饥饿的人同时得到了上帝的恩赐：一根鱼竿和一篓鲜活硕大的鱼。其中，一个人要了一篓鱼，另一个人则要了一根鱼竿。

得到鱼的人走了没几步便用树枝搭起篝火煮起了鱼。他狼吞虎咽，都没有好好品味鲜鱼的肉香，一会儿，连鱼带汤就都被他一扫而光。没过几天，他再也得不到新的食物，终于饿死在空鱼篓的旁边。另一个人则提着鱼竿继续忍饥挨饿，一步一步艰难地向海边走去，准备用鱼竿钓鱼自救。可是，当他已经看见不远处那蔚蓝的海水时，他浑身的最后一点力气也使完了，他只能眼巴巴地带着无尽的遗憾撒手人寰。

上帝摇了摇头，决心再发一次慈悲。于是，又有两个饥饿的人同样得到了上帝恩赐的一根鱼竿和一篓鲜活硕大的鱼。这次，这两个人并没有各奔东西，而是商定互相协作，一起去寻找大海。一路上，他们饿了时每次只煮一条鱼充饥，以有限的食物维持他们体力。终于，经过艰苦的跋涉，在吃光了最后一条鱼的时候，他们到达了海边。从此，两人开始了以捕鱼为生的日子，每天都能吃饱了。几年以后，他们盖起了房子，有了各自的家庭、子女，有了自己建造的渔船，过上了幸福安康的生活。

几十年后，他们居住的海边发展成了一个村落。村里人都承继了两位创业者留下的传统，互相协作，互相帮助，取长补短，共同发展，渔村呈现出一片欣欣向荣的景象。上帝看到这一幕，终于欣慰地笑了。

现在，你看到了，合作对于生存和发展是多么重要啊！

世界是由各种各样的人组成的，就像彩虹是由 7 种颜色组成的一样。一个人只有学会与不同的人相处，才能适应未来的社会。"孤芳自赏"或"孤家寡人"的才子常常会有"怀才不遇"的郁闷。观察社会上的成功人士可以发现，真正取得竞争优势的人首先是一个善于合作的人，完全靠单枪匹马就能稳操胜券的人并不是经常出现的，因为我们处在一个专业分工精细而又合作共处的时代。因而我们需要培养自己与他人协商与合作的能力，为将来拓展自己的人生舞台打下基础。

与人合作是一门艺术，处理得好能够实现多赢，但是如果处理不好也会产生烦恼甚至反目成仇。要想与人建立良好的合作关系，要遵循以下原则：

一是选好合作伙伴。一定要选那些品德端正，操守高洁，又具有一定业务素质的人为合作伙伴。

二是以诚相待，互相尊重。合作双方最忌讳的就是互相用心计。既然是合作伙伴，就是一条船上的人，一荣俱荣，一损俱损。因此，要团结一致，以诚相待，互相尊重。

　　三是要本着公平公正、利益均沾的原则，起草好合作协议条款，把双方的权利和义务写得清清楚楚、明明白白，然后大家共同信守。

　　四是胸怀大度，求同存异。在经营管理上，在商业谈判中，在利益分配上难免出现一点分歧，闹一点小矛盾，但是既然走到一起来了，就说明双方有缘分，要珍惜合作机会，互相谦让一步就过去了。如果不能做到这一点，矛盾就有可能越闹越大，最后把企业毁了，双方都遭遇损失。

当着矬子不说矮话

　　"当着矬子不说矮话"，是告诫人们在应酬中不要伤他人自尊。人生在世，各有所长，各有所短。若以我之长，较人之短，则会目中无人；若以我之短，较人之长，则会失去自信。这是应酬中尤要注意的一点。

　　有这样一个故事：

　　春秋时期，齐国宰相晏子个子不高，有一次出访楚国。楚国的国君故意要以晏子的矮来要笑一番，于是吩咐只开大门旁的小门。晏子一看，便知楚王的用意，于是对门卫说道："我代表齐国出访，通常都是到大国从大门进，到狗国从狗洞进，只是没想到堂堂楚国竟然也会用狗国的礼仪来迎接我，看来我是来错了。"楚国君本想羞辱晏子，却反过来被晏子羞辱。

　　这说明当着矬子说矮话，也可能会是自取其辱。所以在应酬中，尽可能地避开对方的短处，也是应酬成功与否的关键之一。有一句话叫作"矮男如何不丈夫"，矮个子男人常被称为"三等残废"，几乎很少有姑娘愿嫁给一个矮于自己的男人，这是一种社会心态。但是在历史上，往往有许多矮男人做出了大丈夫之事，创下了大丈夫之业，上面所说的晏子就是个极好的例子。

每一个人都有自身无法消除的弱点，就像个子矮是天生的一样。如果我们总是把眼光盯在别人的弱点当成攻击的对象，那么只会出现这两种情况：一是别人不愿意再与你交往。如此一来，你的朋友会越来越少，别人都躲着你，避开你，不与你计较，直到剩下你自己一个人。二是别人对你进行反攻，揭露你的短处。这样势必造成互相揭短、嘲笑的局面，进而发展到互相仇视。如此，你在应酬中便会彻底失败，你在人们的印象及评价中，也不可能好到哪里去。

大凡个子不高的人都有一种自卑，有短处的人都怕人提及。俗话说"打人不打脸，骂人不揭短"，就是这个道理。当然这也并非是绝对的，在日常应酬中，我们一方面尽可能地避免提及对方的短处，一方面也完全可以从真正关心对方的角度出发，善意地为对方出谋划策，使他的短处变为长处，或者使他不为自己的短处而自卑，那么，你同样会得到别人的认可，而且还会因此得到别人的信任乃至感激。

"当着矬子不说矮话"，推广开来，就是不要将他人的不足放在嘴边，即使非说不可，也可以变通一下再说，这是应酬的技巧，也是获得友谊的技巧。

第五章　应酬中的小细节

话题的选择要注意

在不少交往场合，并没有特定的交往目的（包括被动应酬在内）。这时交往和应酬能力的高低往往取决于是否善于寻找和捕捉应酬话题。有的青年朋友感觉为难，认为不相识或不熟悉的人，有什么话可说呢？其实话题到处有，就看你找不找。

几乎任何话题都可能成为良好的谈资。只要我们在平时处处留心，就可以发现许多引人入胜的话题，如体育运动、小说、电影、美食、国际政坛、国家新闻、天气、名胜风光、电视节目以及个人的特殊经历等。

在平时应酬中，我们可以随时注意观察人们的话题，哪些吸引人而哪些不吸引人，原因是什么？自己开口时，便自觉地练习讲一些能引起别人兴趣的事情，避免引起不良效果的话题。

哪些话题应该避免呢？从你自身来说，首先应该避免你不完全了解的事情。一知半解、似懂非懂、糊里糊涂地说一遍，不仅不会给别人带来什么益处，反而给人留下虚浮的坏印象。若有人就这些对你发起究问而回答不出，则更为尴尬。其次是要避免你不感兴趣的话题，试想连你对自己所谈的都不感兴趣，怎么能期望对方随你兴奋起来呢？如果强打精神，故作昂扬，只能是自受疲累之苦，别人还可能看出你的不真诚。

一般在交际场合中，与刚相识的人开始交谈是最不容易的。因为你不熟悉对方的性格、爱好，而时间又不允许你多作了解。这时宜从寒暄开口，而不是冒昧提出太深入或太特别的话题。

最简单的是谈天气，或从当时的环境找寻话题，比如："今天来的人可真不少呀！""这儿您以前来过吗？""那盆花开得真不错"等。还有一个中国人惯用的方法：询问对方的籍贯，然后就你所知引导对方详谈其家乡的风俗，这几乎是一个万通万灵的话题。除此之外，也可以用上面所列的一些话题。

在人类社会生活的发展过程中，形成了各种各样的习惯和行为规范，这是一种公众的观念，每一个有教养的人都应该遵从。与人谈话，哪些可说，哪些不可说，也都有很多讲究。

有了话题，还要有言谈下去的内容。内容来自生活，来自对生活的观察和感受。往往我们可以从一个人的言谈看出他丰富的内涵及对生活的炽烈感情。这样的人总是对周围的许多人和事物充满热情。很难想象一个冷漠而毫无情致的人会兴致勃勃地与你谈街上正流行的一种衣服。

要认真倾听别人的谈话

在和人应酬时，不但要善于表达自己的意思，而且应善于聆听对方的谈话，这样才能使双方进行有效的交流。

著名大师卡耐基说："商业会谈并没有什么特别的秘诀，最重要的就是注意倾听对方的说话，这比任何阿谀奉承更为有效。这是一个普通的道理，却有着深远的意义，真正认识到这一点并真正去做的人不到百分之一。"

当然，这不是假装地听，而是真正地注意听，因为只有用心地听，才能判断和你在一起的是怎样的一个人，以及他想要表达的是什么，也只有认真地倾听，才能听出对方的弦外之音，才能明了对方的深层欲望。

有一个人，他的嘴比较笨，甚至可以说，他为人并没有什么特长，但他有一种认真倾听人说话的好耐性，有很多人都乐意向他吐露心事。

有一次，甲某赞美他，说他是"一个最热心待人的朋友"。后来有人问他，是否有一次帮过甲某的大忙，他想了很久，才说："××吗？我和他最近很少来往，有一次出外旅游的时候在路上遇见他，当时他好像精神不太好，恰好碰见我，便向我滔滔不绝地说起工作上的一些难题，那时我并没有说太多，只是很认真地倾听他……"

倾听的好处，不但可以帮助我们了解对方的内心世界，处境情况；而且可以显示我们是重视他的，从而使他对我们产生了信赖感。

相信大家都有这样的感受，对于关心的事物，每个人都会很自然地往前倾斜着上半身，这是因为任何人都会产生对关心事物尽量接近的心理。

当我们在倾听时，不妨有意地将上半身往前倾斜，这样会令人产生一种热心而积极的好印象。同时，要注意全神贯注地聆听，尽量不要做无关的动作。比如，眼光切勿飘忽不定；不要做其他事情和显出不耐烦的样子；不要轻易打断对方谈话或接过话头代下结论；避免先入为主和固执己见的毛病，这样才能有利于在应酬过程中取得对方的信任和好感。

做错了就应道歉

俗语说："金无足赤，人无完人。"在我们的现实生活中，谁也难免因一时的疏忽或冲动而犯一些错误。有时，这种错误会与人发生某种冲突。发生这种事情时，应该如何挽救这种局面，求得他人的谅解呢？

伊藤博文是日本近代历史上有名的首相，日本成为一个现代化的国家，他功不可没。此人平生有一条座右铭，并以此告诫他的朋友，这就是：永不向人讲"因为"。

譬如你今天做错了一件事，你就得认错而不可砌词掩饰，甚至反黑为白。

他的遗训使今天日本人有一句话常挂在口边，这句话的大致意思是"真是无词可辩"。这句话在日本社会中，其普遍的程度，简直就等于"早上好""再见"。只要你和日本人交往过，并懂得一些日语的话，你便会了解这句话用途的广泛。

在今日的社交场上，人们常常为了自己的立场和利益，即使是明知错误，也往往是放不下"自尊"，不能痛痛快快地认错。

也许，找借口以求解脱，是所谓的人之常情，在所难免的吧！但这并非是唯一的出路，也并非是一条阳光道。与其编造一些谎言或来个支吾其词，倒不如痛痛快快，坦率地向对方道歉，这样来得有效。

在飞机起飞前一位乘客因吃药向空姐要一杯水，空姐承诺在飞机进入平稳飞行状态后会立刻把水送过来。但是飞机进入平稳飞行状态后很长一段时间里，空姐还没有把水送来，那位乘客再次按响了服务铃。一听到铃响，空姐立刻意识到自己工作的失误，便很快地端着一杯水来到那位乘客面前，微笑着向乘客道歉："先生，实在对不起，由于我的疏忽，延误了您吃药的时间，我感到非常抱歉。"但这位乘客并没有接受她的解释，并拿定主意要投诉这位服务员。

事后，为弥补自己的过失，这位空姐每次去客舱给乘客服务时，都会真诚地对这位乘客说一句"对不起"，而且始终面带微笑地询问他是否需要水或其他服务，这位乘客都没有理睬。飞机到达目的地之前，那位乘客要求空姐把意见登记簿给他送过去，空姐以为他会投诉她，但当所有乘客离开后，她打开一看发现，那位乘客这样写道："在整个过程中，你表现出的真诚的歉意，特别是你的微笑和'对不起',深深打动了我,使我最终决定将投诉信写成表扬信!你的服务质量很高,下次如果有机会,我还将乘坐你们的这趟航班。"

据这位乘客说,在空姐第二次向他道歉时,他认为这是应该的,没有什么特别的感觉;但在服务员第三次向他道歉时,他投诉的念头有点动摇了,开始想原谅这个空姐工作中的疏忽;在空姐第四次向他道歉时,他已经彻底原谅了她;在空姐第五次向他说"对不起"时,他开始怀疑自己先前要投诉的想法是不是有点太过分了。所以最后在下飞机之前,这位乘客在意见登记簿上表扬了那个服务员的"优质"服务。

从上面的例子我们也可以看出:真正的道歉可以换来对方的谅解,是为了维系自己和他人的关系而做出的明智之举。道歉,并不意味着丢脸,反而,在一定意义上,它意味着勇于改正错误。毕竟"人孰无过,过而能改,善莫大焉"。学会正确地道歉,对一个人来说是很重要的。道歉的好处在于,它可以冰释前嫌,消除他人对自己的恶感,也可以防患于未然,维系良好的人际关系。

前面提到的伊藤博文的座右铭,这本来是一种做人的美德,也是应酬学上最高深的学问。世界上大多数事情本来就不必要砌词掩饰的,而且,你要知道,人人都喜欢自尊自大的话,当你说一句足以表示你的谦虚的措辞时,满足了对方的自尊自大,你的收获一定会不少。既然我们这样便可以达到应酬的目的,我们又何必讲"因为……"

一句话,当你做错事时就勇敢地认错,不要因此做无谓的辩解。"失败乃兵家常事",这根本就不足为奇。而且,当你勇于承认时,你往往会得到更多实质性的好处。

虽然做错了事情要承认错误,但这其中也涉及这样的问题:认错的艺术。有关专家给出这样的一些意见:

(1)时机的选择。这是个重要因素。如果你认识到了自己的错误,你就应该立刻道歉。当然,当对方心情愉快,时间悠闲的时候效果是会好一点的。但比如说，你今天犯错了，隔了几天才认错道歉的话，也未免太不应该了。因为，事情过后你再去道歉，人们往往会怀疑你的真诚度。

（2）认错道歉要堂堂正正，不必奴颜婢膝。认错本身就是真挚和诚恳的表示，是值得尊敬的事情，大可不必为此一蹶不振。

（3）态度要诚恳，要坦率。当你有某件事想要对方谅解时，态度是很重要的。你应该坦率地向他说出这事中的缺点、错误，并表示改正，这才能证明你希望获得谅解的决心。

（4）敢于承担责任。既然是你已经做错了，就无须掩饰，勇敢地承担起责任才是获得谅解的最好办法。推卸责任或避而不谈，只能适得其反。

记住别人的名字

卡耐基曾经说过："如果你要想使他人喜欢你，那么就要用心地记住他人的名字，因为自己的名字是每个人听到的许多声音中最甜、最亲切、最重要的一个声音。"当场喊出别人的名字，是对别人最大的尊重，也是别人对你尊重的前提。

凡是功成名就的人，都知道记住别人的名字，将会给自己的人生带来莫大的助益。他们了解、掌握人心之法并不在于很深的理论，而是在于记住别人的名字，并且亲切地招呼，仅此而已。

推销员希得·李维曾经遇到一个名字非常难念的顾客。他叫尼古得玛斯·帕帕都拉斯，别人因为记不住他的名字，通常都只叫他"尼古"。李维说："在我拜访他之前，我是会特别地用心地反复地练习了几遍他的名字。当我用全名同他打招呼：早安，尼古得玛斯·帕帕都拉斯先生时，他简直是目瞪口呆了。过了几分钟，他都没有答话。最后，他是热泪盈眶。"他说："李维先生，我在这个小镇生活了三十五年了，从来没有一个人这试着用我的真正的名字来称呼我。

当然，最后，尼古得玛斯·帕帕都拉斯成了李维的顾客。

有的时候，记住一个人的名字并不容易，尤其是当遇到了一个奇怪的名字的时候，一般人都是不愿意去记的，心想: 算了!这么难记，就叫他的小名好了，而且容易记。我们必须牺牲点时间，记住同事、客户、同学、朋友的名字，这是赢得别人尊重和办事取得成功所必须付出的学费。如果有一天我把别人的名字全忘掉了，那么我也很快会被别人遗忘，无论我的名字多么有特色，无论别人对我印象如何深，我不重视别人，又有谁来重视我的名字呢?

记住别人的名字，意味着对别人的重视和尊敬。因为一个人对他自己的名字比世界上所有的名字加起来还要感兴趣，我必须花一点必要的时间把别人的名字根植在自己心中，这是对朋友、同学、友人所有语言中最甜蜜、最重要的声音。

吉姆·佛雷在 10 岁的时候，他的父亲意外丧生，只留下他和母亲及两个弟弟。由于家境贫寒，他不得不很早就辍学，到砖厂打工赚钱贴补家用。虽然他的学历有限，但是却凭着爱尔兰人特有的热情和坦率，处处受到他人的欢迎，而且很快进入了政坛。

连高中都没读过的吉姆·佛雷，在他 46 岁那年就已拥有 4 所大学颁给他的荣誉学位，并且担任民主党要职，还担任英格兰国家邮政局邮政首长的职位。

有一次记者问他成功的秘诀是什么，他说: "辛勤工作，就这么简单。"记者有些疑惑，又问道: "您开玩笑吧?"

他便反问道: "那你认为我成功的原因是什么呢? "

记者说: "听说您可以一字不差地叫出 1 万个朋友的名字。"

他立即回答道: "不，你错了!我能叫得出名字的人，少说也要有 5 万人。"

这就是吉姆·佛雷的成功之处，也是他的过人之处。每当他刚认识一个人的时候，就会先弄清他的全名、他的家庭状况、他所从事的工作，以及他的政治立场，然后据此先对他建立一个概略的印象。当他下一次再见到这个人时，不管隔了多少年，他一定仍能够迎上前去在他肩膀上拍拍，嘘寒问暖一番，或者是问问他的家人、问问他最近的工作情形怎么样。有这份能耐的吉姆·佛雷，也难怪别人都觉得他很平易近人，和善可亲呢。

每个人都希望他人能够记住自己的名字。而能够正确地叫出他人的名字，对他人来说，这是一种尊重和友善的表现。

当我们拍一张集体照时，照片到手以后，最先注意到的是准？肯定是我们自己。当考试成绩列榜公布时，我们最先注意到的是谁？是我们自己。我们的名字这样重要，那么别人呢？也同样如此，因为人们的感觉是相似的。如果我们能够注意到这一点的话，还要记住别人的名字，这样的话才能受到别人的欢迎。

记住他人的名字能给对方带来一种尊重感，给人以合作的心理，能很快缩短你和别人的距离。

每个人都有自己的名字，或普通或特别，也许这世界上有人和我们同名同姓，但是对每个人来说，名字都是独一无二的，别人叫出你的名字，意味着对你的肯定和承认，当你在路上遇见一个不怎么熟悉的朋友，并与他展开交谈时，如果他提到你的名字，你会立即觉察你和他的关系从心理上拉近了很多。但是当你和他聊了很长时间时，他突然把你的名字张冠李戴时，你会有什么感受呢？大概是觉得窘迫与尴尬吧。

别说"你错了"

当我们犯了错误时，并非意识不到犯了错误，只是顽固地不肯承认而已。所以，当你对一个人说"你错了"时，必然撞在他固执的墙上。

我们多数人都具有武断、固执、嫉妒、猜忌、恐惧和傲慢等缺点，所以我们很难向别人承认自己错了。

而且，一个人说错话或者做错事，总是有原因的，所以我们即使明知自己错了，也会强调客观原因，认为错得有理。

正如罗宾森教授在他的《下决心的过程》中所说："我们有时会在毫无抗拒或热情淹没的情形下改变自己的想法，但是如果有人说我们错了，反而会使我们迁怒对方，更固执己见。我们会毫无根据地形成自己的想法，有人不同意我们的想法时，我们会努力维护我们自己的想法。显然不是那些想法对我们珍贵，而是我们的自尊心受到了威胁……'我的'这个简单的词，是做人处世的关系中最重要的，妥善运用这两个字才是智慧之源。不论说'我的'晚餐，'我的'狗，'我的'房子，'我的'父亲，'我的'国家或'我的'上帝，都具备相同的力量。我们不但不喜欢说我的表不准，或我的车太破旧，也讨厌别人纠正我们对火车的知识……我们愿意继续相信以往惯于相信的事，而如果我们所相信的事遭到了怀疑，我们就会找借口为自己的信念辩护。结果呢，多数我们所谓的推理，变成找借口来继续相信我们早已相信的事物。"

有一位先生，请一位室内设计师为他的居所布置一些窗帘。当账单送来时，他大吃一惊，意识到在价钱上吃了很大的亏。

过了几天，一位朋友来看他，问起那些窗帘时，说："什么？太过分了。我看他占了你的便宜。"

这位先生却不肯承认自己做了一桩错误的交易，他辩解说："一分钱一分货，贵有贵的价值，你不可能用便宜的价钱买到高品质又有艺术品位的东西……"

结果，他们为此事争论了一个下午，最后不欢而散。

当我们不愿承认自己错了的时候，完全是情绪作用，跟事情本身已经没有关系。当我们错的时候，也许会对自己承认。如果对方处理得很巧妙而且和善可亲，我们也会对别人承认，甚至以自己的坦白直率而自豪。但如果有人想把难以下咽的事实硬塞进我们的食道，那我们是决不肯接受的。

既然我们自己是这种习性，那么就可以理解别人也具有同样的习性，因此不要把所谓"正确"硬塞给他。

有一位汽车代理商，在处理顾客的抱怨时，常常冷酷无情，决不肯承认是自己这方面的错误，总想证明问题的根源是顾客在某些方面犯了错误。结果，他每天陷于争吵和官司纠纷中，心情一天比一天坏，生意也大不如以前。

后来，他改变了处理客户抱怨的办法。当顾客投诉时，他首先说："我们确实犯了不少错误，真是不好意思。关于你的车子，我们有什么做得不合理的地方，请你告诉我。"这个办法很快使顾客解除武装，由情绪对抗变成理智协商，于是事情就容易解决了。如此一来，这位代理商就能轻松地处理每一件事情，生意也越来越好。

当我们说对方错了的时候，对方的反应常让我们头疼，而当我们承认自己也许错了时，就绝不会有这样的麻烦。这样做，不但会避免所有的争执，而且可以使对方跟你一样地宽宏大度，承认他也可能弄错。

不要对别人的错误过于敏感，不要执着于所谓正确的意见，不要轻易刺激任何人。如果你要使别人同意你，应当牢记的一句话就是："尊重别人的意见，永远别说'你错了'。"

尽可能地尊重他人

人都是有自尊的，都渴望获得他人的尊重。大到一个社会阶层，小到一个团队，只有收入高低、分工不同的区别，但绝对没有人格的贵贱之分。扪心自问，我需要别人的理解和尊重吗?

同样，这也正是别人都需要的。聪明的人就要先理解和尊重别人。

有位企业老板一次批评他的女秘书："你这件衣服很漂亮，你真是一个迷人的小姐。只是我希望你打印文件时注意一下标点符号，让你打的文件像你一样可爱。"女秘书对这次批评印象非常深刻，从此打印文件很少出错。

这位老板算得上是一位聪明的人了，说话如此委婉、客气，是他好修养、好气度的体现。假如他换一种盛气凌人的口吻呵斥："你怎么工作的？连标点符号都搞不清楚，亏你还是大学生呢？"只能让下属委屈，反而达不到纠正对方错误的目的。

有人说的话，立足点和出发点本来是不错的，但由于说话时不尊重对方，因而导致无谓的误解和争端。

人的心灵就像花朵：开放时会承受柔润的露珠；闭合时会抵御狂风暴雨。我们在规劝别人，实际上就是让他的心灵开放。但是，被规劝的人往往用闭合来抵御我们的语言，因为他并不知道我们送的是雨露，而只是知道怎样保护他的自尊心。所以，要想不损伤他的自尊心，尊重别人是至关重要的一点。

一般来讲，我们规劝别人很容易使自己站在比别人高的位置上。而本质上，也确实比别人高，因为你自己觉得比别人的观点正确，这才能劝人；如果觉得比别人低，那就表明你观点不正确，或者对自己的观点不自信，那还去劝什么人呢？因此，劝人的人实际上的位置应该是高的，但这种高，在劝人时是不能表现出来的，只能摆在和被劝人平等的位置上，这不是虚伪，而是方法上的需要。只有当被劝人觉得你尊重他了，设身处地地在为他着想，他才能认真考虑你说的话，才能把心扉打开，才有可能达到劝说的目的。相反，你自恃有理，说得对，把位置摆得高高在上，甚至不注意语言的表达方式，一派批评人的口气，势必引起被批评人的反感，因为你没有尊重他，他会想出各种办法来对付你，使你不但没有达到规劝的目的，还生一肚子气。如果他迫于某种压力或其他因素，而屈服于你的批评，口头上也许承认自己错了，内心深处还是不会听你的。

有一个老师在课堂上提问学生的例子。

老师：请马小莉同学回答问题？

马小莉：我不回答你？

老师：马小莉同学，你既然不回答我的问题，必定有原因。你能告诉我是什么原因吗？既然你不肯说明，那让我分析一下：是不是我有什么地方做得不好，不能为人师表，不能让同学们信服，甚至玷污了人民教师的光荣称号，才使你这样呢？

马小莉：老师，没有，没有的事。

老师：既然我还称职，我想你也不是有意让我难堪。那么，让我猜测一下你是怎么想的吧。我认为，不外有三种情况：第一，可能是我的启发式教学搞得不得当，问题提得过于浅薄，引不起你的兴趣，你不屑于回答，是这样吗？

马小莉：不，不是。

老师：第二，是你能回答这个问题，但不想回答。如果是这样，你现在回答也不迟。

马小莉：我……我……

老师：第三种情况可能是你不会回答，但又碍于情面，不肯承认自己不会回答的现实，忽然一时糊涂，想以强硬的态度搪塞过去。但我为什么要这样认真呢？我实在不愿看到你交不上答卷呀？

马小莉：老师，您，您别说了……请告诉我这个问题该怎么回答……

这位老师尊重自己的学生，并心平气和地耐心引导，消除了学生反感的情绪，终于打开心扉。

试想如果这位老师居高临下，不管青红皂白，一通批评，学生的抵触情绪会更大，不会轻易地认错的，因为她失了面子，老师势必没有达到规劝的目的，甚至可能连课也没法往下上了。

对方讲话时不要插嘴

假设一个人正讲得兴致勃勃时，你突然插嘴："喂，这是你在昨天看到的事吧？"说话的那个人因为你打断他说话，绝对不会对你有好感，很可能其他人也不会对你有好感。

你看到你的同事和另外不认识的人在办公室里聊得起劲时，可能有加进去的想法。因为你不知道他们的话题是什么，而你突然加入，会令他们觉得不自然，也许因此话题接不下去。更糟的是，也许他们正在进行着一项重大的谈判，却由于你的加入使他们无法再集中精神而无意中失去了这笔交易；或许他们正在热烈讨论，苦苦思索解决一个难题，正当这个关键时刻，也许由于你的插话，会导致对他们有利的解决办法告吹，到后来场面气氛就会转为尴尬而无法收拾。此时，大家一定会觉得你没有礼貌，进而人家都厌恶你，导致社交失败。

许多不懂礼貌的人总是在别人谈着某件事的时候，在说到高兴处时，冷不防半路杀进来，让别人猝不及防，不得不偃旗息鼓。这种人不会预先告诉你，说他要插话了。他插话时有时会不管你说的是什么，而将话题转移到自己感兴趣的方面去，有时是把你的结论代为说出，以此得意扬扬地炫耀自己的口才。无论是哪种情况，都会让说话的人顿生厌恶之感，因为随便打断别人说话的人根本就不知道尊重别人。

有一个老板正与几个客户谈生意，谈得差不多的时候，老板的一位朋友来了。这位朋友插进来说："哇，我刚才在大街上看了一个大热闹……"接着就说开了。老板示意他不要说，而他却说得津津有味。客户见谈生意的话题被打乱，就对老板说："你先跟你的朋友谈吧，我们改天再来。"客户说完就走了。

老板的这位朋友乱插话，搅了老板的一笔大生意，让老板很是恼火。

随便打断别人说话或中途插话，是有失礼貌的行为，但有些人却存在着这样的陋习，结果往往在不经意之间就破坏了自己的人际关系。

培根曾说："打断别人，乱插嘴的人，甚至比发言者更令人讨厌。"打断别人说话是一种最无礼的行为。每个人都会有情不自禁地想表达自己想法的愿望，但如果不去了解别人的感受，不分场合与时机，就去打断别人说话或抢接别人的话头，这样会扰乱别人的思路，引起对方的不快，有时甚至会产生误会。

在做心理咨询时，心理医生通常都尽量让患者说完自己想说的话，而很少在中途打岔。否则，对方倾诉的欲求得不到满足，彼此也就无法建立较亲密的交谈关系，甚至会造成双方敌对的情绪。

另外，一项客户与推销员问题信赖程度的调查也显示：那些在商品售出之后会受到客户非分要求的推销员，大部分都喜欢说话，并且经常打断客户的话。因此，我们可以推知，要想让别人喜欢你，接纳你，就必须根除随便打断别人说话的陋习，在别人说话时千万不要插嘴，并做到：

（1）不要用不相关的话题打断别人说话；

（2）不要用无意义的评论打乱别人说话；

（3）不要抢着替别人说话；

（4）不要急于帮助别人讲完事情；

（5）不要为争论鸡毛蒜皮的事情而打断别人的话题。

知道多少就说多少

在人际交往时，偶尔说一说"我不明白""我不太清楚""我没有理解您的意思""请再说一遍"之类的话，会使对方觉得你真诚可亲，富有人情味，从而愿意与你合作。相反，趾高气扬、高谈阔论、锋芒毕露、咄咄逼人，很容易挫伤别人的自尊心，引起人家的反感，以致筑起防范的城墙，从而导致自己的被动。

有一次，一位外国人去旁听一位美国加州大学著名教授的演讲。课上他提出他做的老鼠实验的结果。此时，有一位学生突然举手发问，提出了他的看法，并问这位教授假如用另一种方法来做，实验结果将会如何。所有的听众全都看着这位教授，等着看他如何回答这个他根本就不可能做过的实验。结果，这位教授却不慌不忙，直截了当地说："我没做过这个实验，我不知道。"

当教授说完"我不知道"时，台下响起了经久不息的掌声。

心理学家邦雅曼·埃维特曾指出，平时动不动就说"我知道"的人，不善于同他人交往，也不受人喜欢；而敢于说"我不知道"的人，显示的则是一种富有想象力和创造性的精神。埃维特还说，如果我们承认对某个问题需要思索或老实地承认自己的无知，那么我们自己的生活方式就会大大地改善。这就是他竭力提倡的态度，人们可以从中得到益处。

在一个著名烹调师的妻子举行的一次晚宴上，布朗先生在和女主人以及另一位男宾交谈时，发现女主人的神情不那么自然。

忽然，女主人指着桌子上一个黑色金属用具——看上去像一种电动烤肉铁架——说道："这种特别的工具是用来做'热吃干酪'的，你们知道'热吃干酪'是怎么回事吗？"

布朗先生刚想说知道，那位男宾叫了起来："是吗，完全不知道。什么是'热吃干酪'？是牛排的一种新吃法吗？"

听到这些话，女主人露出了微笑。她向客人做了详细介绍，而且渐渐地变得喜笑颜开了。

听完这些，布朗先生才恍然大悟，原来"热吃干酪"并不像自己所想的是一种什么奶酪三明治，而是干酪火锅的一种吃法。这一课使布朗先生受益匪浅：不但弄清了一件原以为知道的事情的本来面目，更重要的是，布朗先生看到了自己身上的一个主要缺点，那就是以为自己什么都知道。

抱着一种学习的心态与人交往，不但显示了你的谦逊，而且你确实也能学到不少东西。

人们不喜欢摆出一副不懂装懂的姿态，殊不知这样反倒给人一种有效的表现自我的方式，因为坦率本身就会给人一种强烈的印象，会让人觉得你很诚实而对你产生亲密感。

与人交谈时，什么都可以谈，但是，在浩渺无边的谈话题材的大海洋里面，也有一些小小的"礁石"，要留心地避免它。对于你所不知道的事情，冒充内行，是一种自欺欺人的不诚实的行为。你知道多少，就说多少，没有人要求你做一部百科全书，即使是一个最有学问的人，也不可能无所不知。所以，坦白承认你对于某些事情的无知，这绝不是一种耻辱，相反，这使别人认为你的谈话有值得参考的价值，没有吹牛，没有浮夸，没有虚伪。

第六章　应酬中的制胜妙计

应酬礼仪很重要

应酬都是与人接触的活动，既然涉及与人接触，那么礼仪就是很重要的一个方面。如果你彬彬有礼，风度翩翩，可以增加别人对你的好印象；你也可以通过别人举手投足间的小动作，从细节处来观察一个人的教养、素质等潜伏在表面下的特征。

应酬中的礼仪基本上涉及应酬的每一个环节，例如礼貌的说话，包括感谢、道歉、赞扬、批评等基本的语言，又如敬酒、敬茶、点菜、吃饭等细小但却彰显个人修养的动作，又如穿着、举止、仪态等整体形象，还包括圆场、造势等一些特殊的技巧。应酬的礼仪真是一个庞杂的系统，没有人能够穷究其根源，不过我们却有办法走一条捷径。

应酬的礼仪本质上是向别人传达一个友好的信号，提升你在别人心目中的印象。既然说到了如何给别人留下好印象，那问题的答案就简单了，总的来说，记住这三条，就不会出大错。

1. 保持仪表整洁。

在人际交往中，交往对象对一个人发自内心的好恶亲疏，往往都是根据其在见面之初对于这个人仪容的基本印象"有感而发"的。

一个人的仪表在某种程度上受先天条件限制，有人天生靓丽或是帅气，"天生丽质难自弃"；而有人长得丑陋不堪，或是相貌平平，基本难以引起别人注意。这固然会对一个人的外在仪表产生重要影响，但是却不是最关键的因素。一个人天生的资质再好，如果没有得体的修饰与打扮，也会让自己看上去不过如此；一个人生得再普通，如果经过得体的打扮，再辅之以合适的言谈和举止，那么也可以风度翩翩地成为应酬中惹眼的一员。

因此，后天的修饰与维护更体现了一个人的品位与修养，这往往比先天条件更能决定你的整体形象和气质。人们常说，女人的美丽，三十岁之前靠天生，三十岁之后靠自己，也是这个道理。每个人的先天条件固然重要，然而，这也并非意味着一个在仪容方面先天条件优越的人，便可以过分地自恃其长，而不去进行任何后天的修饰或维护。一个人倘若不注意对本人的仪容进行合乎常规的修饰与维护，往往在他人的心目中也难有良好的个人形象可言。我们在平时必须时刻不忘对自己的仪容进行必要的修饰和整理，做到"内正其心，外正其容"。而在应酬的场合上，则要注意穿着、打扮得体，整洁利落，给人以良好的第一印象。

2. 保持仪态美

仪态，又称"体态"，是指人的身体姿态和风度。姿态是身体所表现的样子，风度则是内在气质的外在表现。人的举手投足、一颦一笑，都具有传情达意的功效。人们可以通过自己的仪态向他人传递个人的学识与修养，并能够用其交流思想、表达感情。正如艺术家达·芬奇所说："从仪态了解人的内心世界、把握人的本来面目，往往具有相当的准确性和可靠性。"用优良的仪态礼仪表情达意，往往比语言更让人感到真实、生动。所以，在社交中必须讲究仪态美。

概括说来，仪态主要包括站姿、坐姿、走姿、面部表情和举止等五个方面。

标准的站姿：从正面看全身笔直，两眼正视，两肩平齐，两臂自然下垂，身体重心落于两腿正中；从侧面看，两眼平视，下颌微收，挺胸收腹，腰背挺直，手中指贴裤缝，整个身体庄重挺拔。

标准的坐姿：上身正直而稍向前倾，头、肩平正，两臂贴身下垂，两手可随意放在大腿上，两腿外沿间距与肩宽大致相等，两脚平行自然着地。

标准的走姿：上身基本保持站立的标准姿势，挺胸收腹，腰背笔直；两臂以身体为中心，前后自然摆动。上体的稳定与下肢的频繁规律运动对比和谐，干净利落、鲜明均匀的脚步形成节奏感，前后、左右行走动作的平衡对称，都会呈现出行走时的形式美。

面部表情：面部表情最重要的就是微笑，它是一种特殊的情绪语言，可以和有声语言及行为相配合，起互补作用，沟通人们的心灵，架起友谊的桥梁，给人以美好的享受。微笑时要口到、眼到、神色到；笑眼传神，微笑才能扣人心弦；要笑出感情，笑得亲切、甜美，反映美好的心灵；要笑出谦逊、稳重、大方、得体的良好气质；声情并茂，相得益彰，微笑方能发挥出它应有的特殊功能。

举止：一个人的举止端庄、行为文明、动作规范，是良好素养的表现，它能帮助个人树立美好形象，也能为个人赢得美誉；反之，则会损害个人形象。在应酬场合上，更需要举止端庄、行为文明，虽然每个人的举止都不尽相同，但是有一些公认的不礼貌行为是绝对不应该在应酬场合上出现的，如：

（1）打哈欠。容易给人留下你不耐烦的印象。

（2）掏耳和挖鼻。这都是很不雅的小动作，往往令旁观者感到恶心，而且失礼。

（3）剔牙。宴会上谁也免不了有剔牙的小动作，既然这个小动作不能避免，就得注意剔牙时不要露出牙齿，而且不要乱吐碎屑，最好用左手掩嘴，头略向侧偏，吐出碎屑时用纸巾接住。

（4）搔头皮。这种现象在公共场合尤其在社交场合是非常失礼的，特别是在宴会上，或者较为严肃、庄重的场合，搔头皮的小动作是很难叫人谅解的。

（5）双腿抖动。这种小动作虽然无伤大雅，但双腿颤动不停会令对方觉得不舒服，而且也给人情绪不安定的感觉。

（6）频频看表。在与人交谈时，如果无其他重要约会，最好少看自己的手表。这样的小动作会使对方认为你还有什么重要的事情，不愿意使谈话继续下去；同时，也可能引起对方的误会，认为你没有耐心再谈下去。如果确实有事在身的话，不妨婉转地告诉对方改日再谈，并表示歉意。

3. 应酬语言得当

应酬语言是交际场合中极为重要的组成部分，甚至决定着交际应酬的成功与否。如果想在交际场上穿梭自如、风度翩翩、魅力无穷，成为令人刮目相看的佼佼者，那么绝对少不了得体、风趣的语言给自己增色。

应酬场合绝不能信口开河，嘴上没有"把门的"。要避免与人争辩，避免无谓的争论搅得大家不欢而散；不要在语言上为难对方，没必要非与别人表示出不同的意见，或是质问别人的观点，也没必要当场指明别人话里的错误，非让对方丢了面子；不懂不要装懂，千万别为了找话题、拉关系而冒充内行，谁都不是百科全书，但是如果自欺欺人，便会给别人留下很深的印象。

应酬的首要三要素无非就是如此：仪表整洁、仪态优雅、语言得体。有了这三张王牌保驾护航，你一定会在应酬中给人以良好的印象，并表现出彬彬有礼、风度翩翩的外交家风范，让别人对你刮目相看。

点菜也是一件技术活

点菜是摆在食客们面前一道严峻的选择题，一桌完美的菜点，不仅要组合好使宾客满意，也要考虑菜的品位档次等因素，可真不是件简单的事。宴请时，菜可是主角之一，点的菜是否合客人的胃口，很大程度上影响着应酬的效果。点菜不能随便，要注意的地方还真不少。

第一，点菜前要做到心中有数，先明确宴请的对象和目的。有的客户是初次见面，菜的档次就不能太低；有的对象是长期的合作伙伴，吃饭是为了联络一下感情，就要来点增加"熟味儿"的；有的对象是上级，那点菜还不能自作主张，要让上司先点；有的宴请是庆功宴，那么大家喜气洋洋，点的菜就得助兴才行。宴请的地点、级别、价位，都直接决定了对方来吃饭的第一印象，如果档次太低，很容易让对方心里憋着一口气；如果档次太高，又有可能华而不实，铺张浪费。

第二，主题确定了之后，就要确定人数和性别比例，以确定点菜的数量。菜品不是越多越好，因为如果点了过多的菜最后还剩下许多，有可能给对方留下不好的印象。况且，宴请的目的都是"醉翁之意不在酒"，虽然还不至于有哪些人见了菜忘了说话只顾着吃，但是如果菜上得过多，频频打断大家的谈话，也是不合适的。一般来说，人均一菜是比较通用的规则，如果是男士较多的餐会可适当加量。

这里需要注意的是，一般点菜都是偶数的，六道菜意味着六六大顺，八道菜是发财，十道菜是十全十美，等等。最起码热菜要保证是偶数，通常是4、6、8等。一般认为偶数是吉利的。在豪华的餐宴上，主菜有时多达16或32道，但普通是6～12道的偶数。

第三，菜肴组合。点菜跟穿衣服搭配是一个道理，再漂亮的衣服如果搭配不当，也会失去品位。点菜并不要求每个菜都出色精彩，但讲究一桌菜的五味俱全、搭配合理，咸淡互补、鲜辣不克，让每种味、每道菜都发挥到极致。菜肴应强调荤素、浓淡、干湿、多种烹调方法搭配，原料尽量不重复。一般来说，一桌菜最好是有荤有素，有冷有热，尽量做到全面。如果桌上男士多，可多点些荤食，如果女士较多，则可多点几道清淡的蔬菜。

一桌子菜肴要有重点，这就是要有几道"点眼"的菜，点上几个够分量的菜，如龙虾、刀鱼、鲥鱼；再要上规格一点，可以是鲍鱼、翅粉等。

根据宴请所选择地点的不同，可以选择其特色菜作为主打。特色菜又叫招牌菜，一般是餐厅用来吸引客人的拿手菜，味道不错，价钱也不会太贵。虽然选特色菜有点流俗，但是却不失为一个安全的选择。基本没有哪个餐馆连特色菜都做得很难吃，这样就避免了因为菜的口味不好而降低宴请效果的可能性。很多餐馆都有自己的特色菜。上一份本餐馆的特色菜，能说明主人的细心和对被请者的尊重。

值得一提的是，如果宴请外宾，则可以重点选择有中餐特色的菜肴，像炸春卷、煮元宵、蒸饺子、狮子头、宫保鸡丁等，这些虽并不是美味佳肴，但因为具有鲜明的中国特色，所以受到很多外国人的推崇，也显得主人想得周到。推而广之，如果宴请外地人，则可以选择自己本地的特色菜系，让远道而来的宾客尝尝地道的异乡风味。比如西安的羊肉泡馍、湖南的毛家红烧肉、上海的红烧狮子头、北京的涮羊肉，在当地宴请外地客人时，上这些特色菜，恐怕要比千篇一律的生猛海鲜更受好评。

点菜也是有顺序的。中餐宴席菜肴上桌的顺序，各地不完全相同，但普遍依循下列六项原则：先冷盘后热炒；先菜肴后点心；先炒后烧；先咸后甜；先味道清淡鲜美，后味道油腻浓烈；好的菜肴先上，普通的后上。一般情况下，点菜也要遵循这个顺序。

还有一点需要注意的是，点菜时不应该问服务员菜肴的价格，或是讨价还价，这样会让你在对方面前显得有点小家子气，而且也会使得对方觉得不自在。

第四，宴请前搞清楚对方的饮食禁忌，避免引起不快。一般而言，饮食禁忌主要体现在以下几个方面。

（1）宗教的饮食禁忌，一点也不能疏忽大意。例如，穆斯林通常不吃猪肉，并且不喝酒。国内的佛教徒少吃荤腥食品，它不仅指的是肉食，而且包括葱、蒜、韭菜、芥末等气味刺鼻的食物。一些信奉观音的佛教徒在饮食中尤其禁吃牛肉，这点在招待我国港、澳、台及海外华人同胞时尤其要注意。

（2）出于健康的原因，对于某些食品，也有所禁忌。比如，心脏病、脑血管、脉硬化、高血压和卒中后遗症的人，不适合吃狗肉；肝炎病人忌吃羊肉和甲鱼；胃肠炎、胃溃疡等消化系统疾病的人也不适合吃甲鱼；高血压、高胆固醇患者，要少喝鸡汤等。

（3）不同地区，人们的饮食偏好往往不同。对于这一点，在安排菜单时要兼顾。比如，湖南省的人普遍喜欢吃辛辣食物，少吃甜食。英美国家的人通常不吃宠物、稀有动物、动物内脏、动物的头部和脚爪。另外，宴请外宾时，尽量少点生硬需啃食的菜肴，外国人在用餐中不太会将咬到嘴中的食物再吐出来，这也需要顾及。

（4）有些职业，出于某种原因，在餐饮方面往往也有各自不同的特殊禁忌。例如，国家公务员在执行公务时不准吃请，在公务宴请时不准大吃大喝，不准超过国家规定的标准用餐，不准喝烈性酒。再如，驾驶员工作期间不得喝酒。要是忽略了这一点，还有可能使对方犯错误。

点菜看似随便，但是学问却很多。一桌丰富的宴席体现了主人对对方的重视；菜品的档次也暗示了主人对对方的在意程度；一桌色香味俱全的绝佳美食，有助于对方吃得开心，进而生意谈得开心，合作进展得更加顺利；一道有特色的菜品，也可能成为宾主新的话题，从此展开谈论。宴请的主角是菜，也是人，但是菜是被动的，人是主动的。掌握好点菜的本事，宴请应酬就有了好的开端。

喝酒的最高境界

中国是一个酒文化深厚的国家，许多事情在平时办不成，但是如果放到酒桌上就轻而易举了。别看那些人似乎只喝酒不谈生意，但实际上只要把对方喝好了，生意也就谈成了，事情也就顺利办好了。所谓"酒到渠成"，就是这么神奇的现象。酒作为一种交际媒介，迎宾送客，聚朋会友，彼此沟通，传递友情，发挥了独到的作用，所以，探索一下酒桌上的奥妙，有助于你交际的成功。

"酒到渠成"最明显的例子是在东北。东北人讲义气，重交情，和东北人谈生意最好先联络感情，而联络感情的最好方法就是喝酒。在东北人眼中，喝酒是感情深浅的衡量。酒量也是一个人豪爽程度的衡量。在与东北人做生意时，如果你能喝酒，甚至你虽然不能喝酒，却敢于硬喝，一切都豁出去了，你是会得到某种报偿的。这样你就会获得他们的信任，认为你是一个实在、可交的人，有了这样的印象，以后的合作就会一切顺利。如果有些人在酒桌上表现得过于矜持、扭捏，不管是有酒量还是没酒量，都会招致人的反感，他们会认为你不真诚、虚伪、心眼太多，觉得这个人交不透，不值得做朋友、做哥们，生意自然也基本做不成了。

酒能成事，也能败事，如果在酒桌上不注意，忽视了小细节，细节就成了魔鬼，令你一事无成甚至一败涂地。一次来宾的接待，也许无关紧要，然而放在企业的环境里，可能就会决定企业的壮大与倒闭。你不信吗？一杯酒，就有这么大的威力！

一个国内酒厂跟外国公司谈判合作，经过公关部经理的苦苦争取，外国公司老总终于答应留下来签订合同。在最后的酒会上，酒厂厂长在酒桌上一转身随地吐了一口痰，正好被外国公司的老总看在眼里。最后，外国老总因为这个厂长这一不文明行为而取消了即将签订的合同。

外国老总留下的一句话是：连酒桌上的个人形象都不注意的人，我不相信他能把一个公司管理好。

因为酒桌上小小的细节问题，使这个酒厂错过了外来资金注入，错失了一次发展壮大的良好时机，最终倒闭。

　　酒桌上人多嘴杂，加上酒助人兴，很容易就喝高了导致失态的现象。为了避免发生尴尬，也避免不恰当的行为引起对方的反感，酒桌上要特别注意以下事项。

　　第一，不要将酒桌变成个人的新闻发布会，应尽量谈论一些大部分人能够参与的话题，得到多数人的认同。话题尽量不要太偏，避免天南海北、神侃无边、冷落了众人；避免出现跑题现象，而忽略了众人。

　　第二，切忌只与个别人说话，置大多数人于不顾。不要与人贴耳小声私语，给别人一种神秘感，往往会产生"就你俩好"的嫉妒心理，影响喝酒的效果。

　　第三，不要单纯只喝酒，那就失去了以酒来应酬的目的。赴宴之前先了解宴请的主题和宴请对象的基本情况，不要单纯地为了喝酒而喝酒，而失去交友的好机会，更不要让某些哗众取宠的酒徒搅乱东道主的意思。

　　第四，对自己的酒量心里有底，对别人的酒量做个估计。酒喝微醉，大家都兴致勃勃，这样才能提高兴奋度，增进感情，也就达到了以酒增进交情的目的。不然都喝得酩酊大醉，那就不用谈生意了。所以一定要对自己的酒量和别人的酒量心里有数。

　　喝酒时有人上脸，有人不上脸；上脸的未必不能喝，不上脸的未必就能喝。有人喝了酒脸红脖子粗，但是眼睛发亮有神，这样的人其实很能喝。三杯酒下肚，看看别人的反应，你也就能心中有数，别过多敬酒让人喝高了。

　　第五，要想在酒桌上得到大家的赞赏，就必须学会察言观色。因为与人交际，就要了解人心，左右逢源，才能演好酒桌上的角色。记得多给领导或客户添酒，不要瞎给领导代酒，就是要代，也要在领导或客户确实想找人代，还要装作自己是因为想喝酒而不是为了给领导代酒而喝酒。比如领导不胜酒力，可以通过旁敲侧击把准备敬领导的人拦下。

第六，即便喝酒是为了谈生意，也不要在席面上直接提出这么正式的话题。桌面上不谈生意，喝好了，生意也就差不多了，大家心里面了然，不然人家也不会敞开了跟你喝酒。

把"我的"说成"我们的"

语言中最次要的一个字是什么呢？是"我"。

亨利·福特二世描述令人厌烦的行为时说："一个满嘴'我'的人，一个独占'我'字，随时随地说'我'的人，是一个不受欢迎的人。"

农夫甲和农夫乙忙完了田里的工作，一起回家。他们走在路上，农夫甲忽然发现地上有一把斧头，就跑过去捡起那把斧头。他说："我们发现的这把斧头还挺新啊！"就想带回家占为己有。农夫乙看到这把斧头是农夫甲发现的，应该归他所有，就对农夫甲说："你刚才说错了，你不应该说'我们发现'。因为这是你先看见，所以你应该改口说'我发现了一把斧头'才对。"

他们两个继续往前走，农夫甲的手上仍然拿着那把斧头。过了一会儿，遗失这把斧头的人走了过来，远远地看见农夫甲的手上拿着他的斧头，就匆匆忙忙地追上来，眼看对方就要追上来了。这时候农夫甲很紧张地看农夫乙一眼，然后说："怎么办？这下子我们就要被他捉到了。"

农夫乙听他这么一说，知道甲想把责任归咎到两个人的身上。于是农夫乙就很严肃地对农夫甲说："你说错了，刚才你说斧头是你发现的，现在人家追来了，你就应该说'我快被他捉到了'，而不是说'我们快被他捉到了'。"

在人际交往中，"我"字讲得太多并过分强调，会给人突出自我、标榜自我的印象，这会在对方与你之间筑起一道防线，形成障碍，影响别人对你的认同。

因此，善于应酬的人，在语言交流中，总会避开"我"字，而用"我们"开头。

劝酒也要有分寸

在酒桌上往往会遇到劝酒的现象，有的人总喜欢把酒场当战场，想方设法劝别人多喝几杯，认为不喝到量就是不实在。以酒论英雄，对酒量大的人还可以，酒量小的人就犯难了，有时过分地劝酒，会将原有的朋友感情完全破坏。

劝酒时固然会摆出一百个理由，非要让对方喝下这杯酒不可，但是有时候如果对方真的没酒量或者没心情，劝酒时强求就只会适得其反；即便对方很能喝，也不要一味只是劝酒，那样的话，除了喝酒还有什么意义呢？劝酒有分寸，也有学问。

会劝酒的人，让人高高兴兴地喝下这杯酒，不会觉得这是强求，也不会觉得这是负担；劝酒的很有面子，喝酒的也心满意足。

会劝酒的人，拿起杯来，一两句话说得人心服口服，心甘情愿地喝下这杯酒，还不会有被逼的感觉。

劝酒总不过是逢场作戏，但是劝酒有道的人说出话来不会让你觉得是客套话，而让人倍感亲切，这酒喝着无比舒服。

劝酒从来没有什么套路，会劝酒的人就像大侠一样，出招时出人意料，别出心裁，让人惊喜不已，又不得不中招。

这样的劝酒可谓是将其艺术化，将酒桌变得生动有趣，喝酒不再是对瓶吹，也不再喝闷酒，而是喝得其乐融融。酒桌上喝好了，还有什么事办不成呢？

劝酒最需要注意的一点就是切莫强求。每个人的酒量都不一样，有的人天生豪饮，如《水浒传》里的英雄们，大碗喝酒，大块吃肉，不用你劝，人家自己就一碗接一碗地喝上了；但有的人却天生不胜酒力，如《红楼梦》里的林妹妹，吃了螃蟹怕积食要喝点黄酒助消化，却只是拿起酒杯来抿了一下也就放下不喝了，这样的人就算你找出100个理由劝酒，她不喝就是不喝，反而还会觉得你非常讨厌，你就是吃力不讨好了。因此，劝酒前一定要观察好，哪些人能喝，哪些人不能喝，找对了人再劝酒，省得碰了一鼻子灰，自讨没趣。

劝酒时还要摸清对方的脾性。有的人来者不拒，有多少喝多少。有的人很随和，不会顾及自己的面子、架子、位子，很融洽地跟下属就能喝起来，这样的人基本上能够百发百中，不用费吹灰之力就能达到很好的劝酒效果。可是有的人天生扭捏，脾气怪，他看得起的人才会一起喝酒，万一你哪一点不入他老人家的眼，你就算磨破了嘴皮子他也全当耳旁风，这样的酒就算勉强喝了也没意思。

劝酒时一定要把握好敬酒的顺序。在席上有求于某位客人时，对他自然要倍加恭敬，但是要注意，如果在场有更高身份或年长的人，则不应只对能帮你忙的人毕恭毕敬，也要先给尊者长者敬酒，不然会使大家都很难为情。一般情况下敬酒应以年龄大小、职位高低、宾主身份为序，敬酒前一定要充分考虑好劝酒的顺序，分明主次。与不熟悉的人在一起喝酒，也要先打听一下身份或是留意别人如何称呼，这一点心中要有数，避免出现尴尬或伤感情的局面。

劝酒时最重要的其实是宾主的呼应，有劝，有答，这样的酒喝着才有意思，才能达到通过劝酒增进感情的目的。

1959 年，毛泽东回到阔别多年的故乡。一天，他请韶山的老人同吃"团圆饭"，毛泽东向他少年时代的老师毛宇居敬酒时，毛宇居激动地说："主席敬酒，岂敢、岂敢！"毛泽东举着酒杯亲切地笑着说："敬老尊贤，应该、应该！"

你看，简单的一问一答，一共 16 个字，消除了宾主之间因身份、地位的差异而可能导致的冷场和尴尬，使得气氛更加融洽。

酒不醉人人自醉，酒助人兴，如果能够巧妙地在酒桌上将酒的作用发挥到极致，就能够极大地增进彼此的感情。喝酒有讲究，劝酒也有学问。劝好酒，让人喝着舒心，应酬的效果就事半功倍了。

聊好小事，再谈大事

生活中，我们常常会遇到很多陌生人，彼此的经历、地位不同，所关心的话题也不同。尤其是在你有求于人的时候，如果贸然开始，极容易遭到对方坚决的否定。人都是有戒心的，往往他还没搞清楚你到底要做什么，就由这份怀疑作祟，处于保护自己利益的目的而断然将你拒之门外。这时候，不妨动动脑筋，先拉近彼此的关系，从陌生转变为不陌生，甚至有共同点，那么你们的交流就会容易多了。

有位汽车推销员，为推销手上的进口高级车，专程拜访一位企业家。可是见面的开始他并不谈买车的事，反而先拿出儿子的集邮册，原来他儿子与企业家的儿子是同班同学，他知道企业家为了替儿子搜集邮票，总是不辞辛劳，乐此不疲。他用这件事当话题，两人很快就有了共同语言，并且谈得很投机，最后在快要告辞时稍微提一下车子的事，当然就顺利卖出了。

故事里的推销员先与顾客聊了些看似无关紧要的小事，而实际上却与顾客建立了潜在的联系，让企业家觉得自己跟这个推销员有共同语言，自然也就对他说的话更感兴趣了。在建立了联系的基础上，推销员才表示出了自己真正的意图，说了大事，那么大事也变得像小事一样轻而易举，很容易就获得了对方的同意。

这种先谈小事、再谈大事的做法，也就是管理学中经常提到的"登门槛效应"。它是指由易至难向别人提出请求、由简入繁地做好每一件事，往往能够步步为营，克服重重困难，最终实现意中的目标。"登门槛效应"通俗地说，就像我们登台阶一样，我们要走进一扇门，不可以一步飞跃，只有从脚下的台阶开始，一个台阶、一个台阶地登上去，才能最终走进门里。

这种效应在生活中的应用很多：

有两个人做过一次有趣的调查，他们去访问郊区的一些家庭主妇，请求每位家庭主妇将一个关于交通安全的宣传标签贴在窗户上，然后在一份关于美化加州或安全驾驶的请愿书上签名。这是一个小而无害的要求，很多家庭主妇爽快地答应了。

两周后，他们再次拜访那些合作的家庭主妇，要求她们在院内竖立一个倡议安全驾驶的大招牌，保留两个星期。该招牌并不美观，应该说这是一个大要求。结果答应了第一项请求的人中有55%的人接受这项要求。

他们又直接拜访了一些上次没有接触过的人，这些家庭主妇中只有17%的人接受了该要求。

以小事为切入点，再逐渐提出大的要求，就像登门槛一样，步步为营，最终得到的是胜利。想请别人做一件事，如果直接把全部任务都交给他往往会让人家产生畏难情绪，拒绝你的请求；而如果化整为零，先请他做开头的一小部分，在一点一点请他做接下来的部分，别人往往会想，既然开始都做了，就善始善终吧，于是就会帮忙到底。

赠人玫瑰，手有余香

人际交往，需要互利互惠。帮助别人，就是在自己的人情信用卡储蓄，为对方着想，亦是为自己打算。真心助人，其回报不言而喻。每个人在生活中都需要好的人际关系，都希望与别人相处融洽，沟通意见，互帮互助。人际关系好的人，人们称他人缘好。人缘好是安全感的来源，是为人处世的基础。一个微笑、一束鲜花、一句问候、一声赞叹、一次帮助，都是交往中再平常不过的小细节，如果能在细微之处播撒爱，在细微之处赢得别人的青睐，那么你收获的将不仅仅是好人缘，甚至还有无穷的机遇。

乔·吉拉德被认为是世界上最伟大的推销员，他热爱的工作是汽车销售，他认为：卖汽车，人品重于商品。一个成功的汽车销售商，肯定有一颗尊重普通人的爱心。赠人玫瑰，手有余香。多为别人着想，也是为自己着想。

有一天，一位中年妇女从对面的福特汽车销售商行，走进了吉拉德的汽车展销室。

她说自己很想买一辆白色的福特车，就像她表姐开的那辆，但是福特车行的经销商让她过一个小时之后再去，所以先过来这儿瞧一瞧。

"夫人，欢迎您来看我的车。"吉拉德微笑着说。

妇女兴奋地告诉他："今天是我 55 岁的生日，想买一辆白色的福特车送给自己作为生日礼物。"

"夫人，祝您生日快乐，吉拉德热情地祝贺道。随后，他轻声地向身边的助手交代了几句。

吉拉德领着夫人从一辆辆新车面前慢慢走过，边看边介绍。在来到一辆雪佛兰车前时，他说："夫人，您对白色情有独钟，瞧这辆双门式轿车，也是白色的。"

就在这时，助手走了进来，把一束玫瑰花交给吉拉德。吉拉德把这束漂亮的花送给夫人，再次对她的生日表示祝贺。

那位夫人感动得热泪盈眶，非常激动地说："先生，太感谢您了，已经很久没有人给我送过礼物。刚才那位福特车的推销商看到我开着一辆旧车，一定以为我买不起新车，所以在我提出要看一看车时，他就推辞说需要出去收一笔钱，我只好上您这儿来等他。现在想一想，也不一定非要买福特车不可。"后来，这位妇女就在吉拉德那儿买了一辆白色的雪佛兰轿车。

诚然，我们不能说这位夫人一定是因为这枝玫瑰才决定买吉拉德的汽车的，但至少这枝玫瑰使这位夫人感到了温暖与爱心，这是最能打动人心的东西。这样一笔生意的做成充分体现了吉拉德的待人之道。

有舍才有得，舍小利才能取大利。为别人着想看似多此一举、自找麻烦。但是也因此，细心并不嫌麻烦的人更加容易成功。生活中，看看有多少人在帮助别人的同时，其实也不经意地为自己播下了成功的种子呢？也许这就是上苍对善者的回报吧！

有人和上帝讨论天堂和地狱的问题。上帝对他说："来吧！我让你看看什么是地狱。"

他们走进一个房间。一群人围着一大锅肉汤，但每个人看上去一脸饿相，瘦骨嶙峋。他们每个人都有一只可以够到锅里的汤勺，但汤勺的柄比他们的手臂还长，自己没法把汤送进嘴里。有肉汤却喝不到肚子里，只能望汤兴叹，无可奈何。

"来吧！我再让你看看天堂。"上帝把这个人领到另一个房间。这里的一切和刚才那个房间没什么不同，一锅汤、一群人、一样的长柄汤勺，但大家都身宽体胖，正在快乐地歌唱着幸福。

"为什么？"这个人不解地问，"为什么地狱的人喝不到肉汤，而天堂的人却能喝到？"

上帝微笑着说："很简单，在这儿，他们都会喂别人。"

生活从来不会主动向人们诉说什么，只有时间会告诉人们真理。帮助别人就是帮助自己，要想收获就必须先给予，而关键是看准了就要大胆地去做。在帮助别人的同时，我们就已经与被帮助的人建立了此生再也分割不开的关系，而这种关系，是建立在理解、支持和患难见真情的基础上的，因此它牢不可破，自然会为你带来非同一般的回报。用善良的人待人，用真诚的心助人吧，你会发现，你将得到一片蓝天！

第七章　应酬中的社交学

友情可淡不可忘

曾经看过一篇散文，内容是这样的：

我和一位朋友曾有过多年的友谊。有一次，我们因故彼此疏远了，关系很紧张。然而，自尊心又不允许我拿起话筒给他拨个电话。

一天，我去探访另一位朋友。我们坐在他堆满了书籍的书房里聊了起来。从微型计算机到贝多芬的悲惨命运，我们几乎无所不谈。

最后，我们聊起了友谊这个话题，谈到如今友谊似乎是那么经不起考验，我提到了自己的那段经历。

"友谊是难以理解的，"我的朋友说，"有的地久天长，有的转瞬即逝。"

他凝视着窗外起伏的山坡，指着邻近的一个农场说："那儿曾经有一座很大的房子，好像是19世纪70年代建的。但就像附近的其他房子一样，在全家搬走之后，它倒掉了。没有人照看那房子，它的屋顶需要修补，雨水流过层檐浸透了房梁和房柱。"

"一次，天刮起大风，房子开始摇晃起来，开始时，是一阵吱吱嘎嘎的声音，然后，随着一连串巨大的断裂声，整个房子顷刻间化成了一堆废墟。"

我们都望着那个山坡。如今，那里能见到的只有残破的地窖口和墓地四周丛生的杂草。

我的朋友说，他对此事想了又想，终于意识到建造房子与建立友谊是那么相似：不管你有多么坚强，或是多么显赫，你永恒的价值只存在于你同别人的关系中。

他说："要拥有一个完美的人生，为他人尽责，发挥自己的潜能。你必须记住，不管你的力量有多大，如果没有别人的支持，是绝对不能持久的，孤家寡人，将不可避免会失败。"

"友谊需要培养，"他又说，"就像屋顶必须时常修补。不写信，不称谢，挫伤别人的自尊心，争吵不休，所有这些就像是雨水浸进木椽，会像腐朽梁柱间的联结一样。"

看到这里，我想起友谊的重要性，真诚的友谊能同你分担生活上的失意，能同你分享各种喜悦，各种成果。

生活在这个世界，我们时常为了外界的"晴阴风雨"而使自己心理上的"季节"也发生变化，时常觉得悲哀、沮丧、郁郁寡欢，好像在自己的内心藏放着一个叶落的深秋。

在那样的日子里，我们曾经想到如何凭着物质的力量使我们精神复苏。有钱的人，会不惜重金去逐乐、寻欢，末了，酒尽人散，抱着疲惫的身影归来，会再一次陷入幻游的悲哀里！

宋代的李清照有云："寻寻觅觅，冷冷清清，凄凄惨惨……"你寻得没有结果，因为你寻错了。

一个人真正的快乐永远是精神方面的。要使你的精神显得愉快，你就必须有真诚的友谊。记住：友情可淡不可忘。

有事之时找朋友，人皆有之；无事之时也找朋友，你可曾有过？

你有没有这样的经验：当你遇到了一种困难，你认为某人可以为你解决，你本想马上找他，但你后来想一想，过去有许多时候，本来该去看他的，结果你都没去，现在有求于人就马上去找他，会不会太过唐突了，而遭受他的拒绝？

在这种情形之下，你不免有些后悔"闲时不烧香"了。

朋友是需要经常保持联络的。没事的时候彼此都有各自的生活，但有事的时候他们就会过来帮你，替你出谋划策，为你办事。

朋友要经常见面

心理学家查荣茨做过这样一个实验：先向被试验者出示一些照片，有的出现了 20 多次，有的出现了 10 多次，有的只出现了一两次，然后请被试验者评价对照片的喜爱程度。结果发现，被试验者更喜欢那些看过很多次的熟悉照片，而非那些只看过几次的新鲜照片，也就是说，看的次数增加了喜欢的程度。

这种对越熟悉的东西就越喜欢的现象，心理学上称为"多看效应"。

人的心既坚强又柔弱，是一个很奇妙的存在体。有些感情因素，比如喜欢，会在不知不觉的接触中产生。接触频率或者说见面次数越多，越会喜欢。

有社会心理学家为了证明这个效应，曾做过一个实验：在一所大学的女生宿舍楼里，他们随机找了几个寝室，发给她们不同口味的饮料，然后要求这几个寝室的女生，可以以品尝饮料为理由，在这些寝室间互相走动，但见面时不得交谈。一段时间后，心理学家评价她们之间熟悉和喜欢的程度。结果发现：见面的次数越多，相互喜欢的程度就越大；见面的次数很少或根本没有，相互喜欢的程度也较低。

闭上眼睛，仔细回想一下，我们对有些人的印象一般，但是随着经常的接触，是不是会越看越顺眼，甚至会越来越喜欢？

有些人我们第一次可能觉得她不漂亮、不温柔，不是自己喜欢的类型。但是却天天见，时间长了，是不是也会越看越觉得她很漂亮、可爱？

小六、小华和小明三个人高中时在同一个班，彼此都是很好的朋友。但是高考之后，小六和小华都考在了同一所大学读书，而小明则考到了另一座城市的一所大学里上学。小六和小华几乎每个星期都会碰面四五次，有时是相约一起出去玩，有时是一起吃个饭，有时是在校园巧遇。小明在新学校也结识了许多自己的新朋友，和小六、小华则是在寒暑假才能在家乡见面，一起开心地玩几天。结果很显然，尽管他们三人还是好朋友，但是不知不觉中，小六和小华的关系更加亲密，而与小明则有些生疏。

可见，若想增强人际吸引，就要留心提高自己在别人面前的熟悉度。

当一个男生喜欢一个女生的时候，就可以时不时地故意制造见面的机会。假如她经常去某个教室上自习，你就故意也在那个时间点去那个教室上自习，"嗨，这么巧，你也来这上自习呀"，并想尽办法坐得离她近点儿。

试想，你每天都这样见到她，在她旁边学习，就有机会了，所谓"近水楼台先得月"，你再时不时地和她探讨下问题，送她回家、回寝室。她会对你的印象越来越深，很可能会不知不觉地就喜欢上你。

假如你想得到领导的重视和赏识，你就有必要经常向领导汇报工作。工作一开始，就要先汇报；工作进行到一定阶段，要按时汇报；进行到一定程度，要及时汇报；工作完成，要立即汇报。这样经常性地汇报，与领导接触的机会就多了，见面的次数也多了，让领导了解你的机会也多了，与领导越熟悉，领导越有可能喜欢你，这样，提拔你的可能性就大了。混个脸儿熟，机会总要大些。

如果我们想与某人建立良好的关系，就不妨多找机会和他见面。

别怕给朋友添麻烦

很多人不肯寻求帮助的理由是怕给别人添麻烦，或是怕被别人拒绝丢了面子。其实你完全不必这么脆弱。对于你的求助，大多数人还是很乐意帮忙的，给他们一个机会帮助你，他们也会感到开心。即便真的遭到拒绝也没什么，大不了还是自己动手。为什么不尝试一下呢？

小雪换了新工作，要搬到另一个城市居住。这份新工作需要她投入大量时间去熟悉，可新租来的房子还没有来得及粉刷和装修，她实在抽不出时间。这时她想到了好朋友妮妮，妮妮是个自由职业者，最近恰好工作不忙。最重要的是妮妮不断地更换居住地点，对装修房子经验颇多，自己可以趁机向妮妮多学几招。可是小雪一直在迟疑，始终犹豫不决：这事看起来不太合适吧？让妮妮从一个城市飞到另一个城市，花好几天时间为我的新家干活。她为此做了一星期的心理斗争，终于鼓起勇气拨通了电话：

"妮妮，是我，小雪，我想问问你，你最近忙吗？"小雪把这句在心里默念了千万遍的话迟疑地说出来了。

"不忙啊，你有什么事吗？说吧。"妮妮爽快地回答。

"哦，是这样，我想，你能不能过来帮我看看房子怎么装。要是你没时间就算了，真的没关系。"小雪一口气把这些说完，紧张地等待着答案。

"好啊，没问题，我正好出去散散心，就当旅游了。还有人管我食宿，多好。"妮妮愉快地回答。

听到这里，小雪心中的一块石头落了地。

事情就是这样简单，她根本不必如此紧张，因为最终这个决定取决于对方，你的要求是否可行，她自己会进行判断和决定。大部分的人都非常热心，尤其是你在过去曾经给予过帮助的人。如果你并不确信对方是否会答应，担心听到"不"，那不妨先问问自己，你们的友谊是否已经足够坚固并经得起拒绝。

当然，如果不想遭到拒绝，你也需要适当注意一下表达方式。当你在寻求别人帮助的时候，要让对方感觉你寻求的帮助非常必要而且对你非常重要："这事可能有点麻烦，但对我来说真的很重要"，而且也要懂得给对方台阶下："我很理解，这件事对你来说可能有些难度。做不了没关系，我再想想别的办法。"当然，在寻求帮助的时候，最好能让对方觉得日后当她们有困难的时候，你也一定不会袖手旁观。即便没有永远的朋友，也会有永远的利益。

和值得结交的人交往

一位商界的成功人士也是金融界巨子曾说：他的成功得益于阅人有术，他懂得怎么去用人。这种眼力使得他能分配给每一个职员最适合他做的工作，并且从来没有出过差错。不仅如此，他还努力使员工们知道他们所担任的位置对于整个团体的重大意义，这样一来，这些员工无须监督，就能把事情办得有条有理、十分妥当。

要织一张好的关系网，首先得判断出哪些人值得交往，哪些人不值得浪费时间。培养自己阅人有术的鉴别力，和值得交往的人建立关系。要很清楚，自己需要跟哪些人联系，哪些人会对你的工作有帮助，这就像是打扑克中的"埋底牌"，把有用的留在手上，把无用的埋下去。一个人阅人有术，建立了值得交往的友谊，会给他的工作带来意想不到的收获。

马克思和恩格斯是无产阶级的伟大导师、科学共产主义的创始人。1844 年，马克思在巴黎期间，恩格斯拜访了他，从此交上了这位值得交往的朋友。

两人在一起生活了 10 天，倾心交谈，对一切重大问题的看法完全一致。这次会见为他们终生的战斗友谊和伟大合作奠定了基础。他们在政治风浪中团结战斗，在科学研究中相互切磋，在人生坎坷的道路上彼此激励，共同奋战了 40 个春秋。

他们各自都为自己有志同道合的战友而自豪。恩格斯说："马克思是和我相交 40 年的最好的、最亲密的朋友，他给我的教益是无法用语言表达的。"马克思说："我们之间存在的友谊是何等的珍贵！"

　　恩格斯为了使马克思有可能从事革命活动和理论研究，心甘情愿做出牺牲，从事自己最不愿做的"该死的生意"，挣钱负担马克思一家的生活。欧洲 1848 年革命失败后，马克思住在伦敦，恩格斯住在曼彻斯特，他们两人虽然不能"一起生活，一起工作，一起欢笑"，但却保持着密切的书信联系。

　　他们几乎天天都要通信，只要一方回信稍慢一点，另一方就会感到不安。有一次，恩格斯隔了几天没有写信，马克思就写信风趣地问他："亲爱的恩格斯！你在哭泣还是在欢笑？你睡着了还是醒着？"既是问候，又是关切。

　　古人言，观其友而知其为人。仔细选择自己的朋友，与值得交的人交往，不仅是一个人品位的体现，也是一个人整体素质的一面镜子。好的朋友不仅可以与你相互促进、共同进步，还可以作为一面镜子，时刻提醒你改正错误，向前努力；相反，不好的朋友却会把你拉下水，甚至毁你一生。阅人有术，识别出来那些值得交的人，建立天长地久的不朽友谊，一个能对你的事业有所帮助的人吧。

　　爱尔兰剧作家萧伯纳凭借出众的才华和言语的幽默赢得了很多人的尊敬与仰慕。但是在别人的赞叹声中，他开始自大起来，喜欢展露才华，说话也尖酸刻薄。

　　后来，一位老朋友私下对他说："你现在常常出语幽人之默，非常风趣可喜，但是大家都觉得，如果你不在场，他们会更快乐，因为他们比不上你，有你在，大家便不敢开口了。你的才华确实比他们略胜一筹，但这么一来，朋友将逐渐离开你，这对你又有什么益处呢？"老朋友的这番话，使萧伯纳如梦初醒，他感到如果不收敛锋芒，彻底改过，社会将不再接纳他，又何止是失去朋友呢？所以他立下宗旨，从此以后，再也不讲尖酸刻薄的话了，要把天才发挥在文学上，这一转变造就了他后来在文坛上的崇高地位。

在朋友面前，可以得到最诚恳的帮助。同样，在朋友面前，也可以得到最诚恳的批评。前苏联作家奥斯特洛夫斯基说："所谓友谊；这首先是诚恳，是批评同志的错误。"诗经上"如切如磋，如琢如磨"的诗句，就是指朋友之间要互相帮助、互相批评。"人非圣贤，孰能无过"，有了错误，能有朋友及时指出来以帮助改正，或是打打预防针以防患于未然，这实在是人生的一大幸事。

一个人不能选择生育自己的父母，却可以选择自己的朋友。选择的朋友应该符合自己事业、学习和生活的需要。如果每个人能慧眼识人，交上真正的朋友，那么他们的生活热情和思想境界也会大大提高。

与值得交的人交往，体现的是一个人的品位。你的爱好、选择等各方面，都会在朋友的身上得到最好的证明。一个标榜高尚的伪君子是交不到真正的君子为朋友的。

好人缘让你的朋友越来越多

好人缘是一笔财富，一笔难得的财富。成功需要有好的人缘，没有好的人缘，做事不顺，让你烦恼；没有好人缘，你就没有成功的机会或是你的成功机会太渺茫；没有好的人缘，你处理事情很难。相反，有了好人缘，一切都好办，一切都没问题，没有做不好、做不成的事情。事在人为，成事靠人缘！那么怎样才能有好的人缘，让你成功的机会更大，少走些弯路，尽快走向成功呢？

有的人，他的人缘非常好，可能是因为他为人圆滑，八面玲珑，善于交际，懂得应酬，左右逢源，甚至耍手腕、玩花招，察言观色，见风使舵，善于伪装。

也许是因为他的随和。但是要记住随和并不是随便。随便是纵容自己，随和是宽容别人。对自己缺乏约束，言谈举止粗枝大叶，自己想怎么做就怎么做，全然不顾别人的反应，是很讨人厌烦的。随和是温和、婉和。温和使人感到亲切，乐意接近。婉和是说话委婉，讲究方法方式，批评他人或提不同意见时不粗暴生硬。

也许你认为正直的人应该棱角分明，真诚的人应该直言不讳。但是，如果你不想圆滑，又想拥有好人缘，你只能选择随和。

所以说一个人人缘的好坏也是非常的重要的。"做市场就是做人。"这是每一个做营销的人都深有体会的一句话。"做人"就是要学会"为人处世"，学会与各种各样的人建立起良好的人际关系。对白酒行业的经理人来说，其人际关系网更为广泛：与企业老板的关系，与下属的关系，与客户的关系，与竞争对手的关系，等等。如果你不能处理好其中的关系，你就是有再突出的才能也不能充分施展。

上海某企业召集员工投票选举某一部门经理，在企业领导看来最有竞争力的一位业务副经理意外落选，另一位业务素质稍为逊色但群众口碑较好的业务科长，得票却一路领先，最后胜出。面对这一结果，员工们众口一词："这位科长人缘好！"

"家有万亩良田，不如有个好人缘"。好人缘能给人以和谐融洽的人际氛围，使人心情舒畅、左右逢源，有助于提高生活质量，有利于形成干事创业的环境。诚然，人人都希望有一个好人缘，但好人缘不是靠一团和气和甜言蜜语吹出来的，也不是通过耍小聪明、玩小伎俩换回来的，而是靠良好的人品、宽广的胸怀和真诚的待人赢得的来自他人的友善、信任和尊重。

要想有一个好人缘，首先自己的人品必须要好。人品是一个人立身、立言、立行的基础。有的人之所以在做人上跌了跟头，归根结底是做人不老实、不本分。那些欺上瞒下、以权压人、仗势唬人、只认利益、不讲感情的"势利眼"，根本就不会受到人们的欢迎。只有人品过硬的老实人，才最受人尊重、最值得信赖，也最能赢得他人的友谊。

要想有个好人缘，自己首先要做到胸怀必须宽广。因为世界的多样性决定了人的思维方式和生活方式是多元的，也更加肯定了矛盾是无处不在的。学会与人相处，需要善于化解矛盾，消除隔阂，既要容人之短，也要容人之长；既要容人之过，也要容人之功。生活中，有的人心胸狭窄，斤斤计较，一切以自我为中心；还有的容不得别人比自己强，看到身边人超过自己，就产生妒忌心理，处理不好就会伤害同志之间的感情，影响到内部团结。正所谓"海纳百川，有容乃大"。人要有容人的气度，度大才能聚朋。而礼让让出的往往都是友谊。

要想有个好人缘，待人就需要真诚。真诚是友谊的天然黏合剂。美国心理学家在调查对人际吸引产生正负影响的555种人品时发现，位居吸引正效应的前8种优良人品中，有6种与真诚有关。也有人说，同志的"志"字底下有个"心"，表明人与人之间的距离是以心的距离来衡量的。

一个人只要拥有了好的人缘，在成功的路上也算是踏过了一半的路程，在接下来的路途当中就需要靠这些人的帮助与支持了，好的人缘有助于成功。所以说我们在与人交往的时候还需要处理好与别人之间的关系。

对上司要先尊重后磨合。任何一个上司，做到这个职位上，必定有某些过人之处，都是值得我们学习借鉴的，我们应该尊重他们精彩的过去和骄人的业绩。当然，每一个上司都不是完美的。要让上司心悦诚服地接纳你的观点，应在尊重的氛围里，有礼有节、有分寸地磨合。不过，在提出质疑和意见前，一定要拿出详细的足以说服对方的资料计划。

对同事要多理解和支持。对同事，我们不能太苛求。在发生误解和争执的时候，一定要换个角度、站在对方的立场上为别人想想，理解一下对方的处境，不可情绪化。同时，对工作我们要拥有挚诚的热情，对同事则必须慎重地支持。支持意味着接纳人家的观点和思想，而无条件地支持只是盲从，也会产生拉帮结派的嫌疑。

对朋友要善交际、勤联络。多交一些朋友很有必要，朋友多了路好走嘛。因此，空闲的时候给朋友打个电话、写封信、发个电子邮件，哪怕是只语片言，也拉近了距离。

对下属要多帮助、细聆听。帮助下属，其实是帮助自己，因为员工们的积极性发挥得愈好，工作就会完成得愈出色，也让你自己获得了更多的尊重。而聆听更能体会到下属的心境和了解工作中的情况，为准确反馈信息、调整管理方式提供了翔实的依据。

对竞争对手也需要微笑。因为在我们的工作生活中，处处都有竞争对手。当你超越对手时，没必要蔑视人家，别人也在寻求上进；当人家在你前面时，也不必存心添乱找茬。无论对手如何使你难堪，相逢一笑，既有大度开明的宽容风范，又有一个豁达的好心情，还担心败北吗？说不定对手早已在心里向你投降了。

交朋友要可靠

在人际关系中，有一个可靠的伙伴是非常重要的。要想找到一个可靠的伙伴，首先就需要能够远离自己身边的小人，在人际关系网这个错综复杂的大圈子当中，我们遇到的人会各不相同，但凡是人都有好人、坏人之分的。

正所谓"君子之交淡若水，小人之交甘若醴。"君子之交，对于在生活中摸爬滚打的我们，渴望找到真心的朋友。"士为知己者死，女为悦己者容。"即便是男女之间，假如无缘成为夫妻，我们也只是希望能够把对方视为是自己的红颜知己。

在人与人的交往过程中，讲求的是实实在在的一个最为公平的往来——你敬我一尺，我敬你一丈。至于滴水之恩当涌泉相报，这种看起来似乎是"不等价的交换"，其间也有无形的感情作为砝码充斥其间，来平衡天平两端的重量。

人们常说，成事往往成于好的朋友，败事往往败于坏的朋友。被敌人咬了固然不好受，被"友人"咬了会更加的疼痛。因此有些朋友可以帮我们成大事，有些朋友也可能会坏事，虽然说朋友之间相处应该坦诚相待，但也有些朋友是那种笑里藏刀、言行不一致的人，我们根本无法分辨出是好朋友还是坏的朋友。因此在交朋友和与朋友相处时一定要慎重考虑，时时提高警惕，处处小心为妙。

对于那些以假话哄人，以谎话骗人，以伪善诓人，以阴谋算人，以鄙劣手段出卖人，以添油加醋伎俩给他人造谣的人来说，千万不要与他们接近。对那些笑面如虎，你说什么他也点头，你做什么他也叫好，却在背后胡乱说你是非的人；那些当着你的面骂别人，转过脸去便说那是你骂的，故意给你栽赃的人；那些无中生有地在人面前编造你的谣言，回头又在你面前买好的人，应当倍加警惕。

虽无害人之心，却不能无防人之念。实际上，需要提防的人并非远在天边的陌生人，而是近在我们眼前的最熟悉的人。我们要以正义和良心的卫道者和殉道者为友，与他们坦诚相见：当面批评者，我们诚恳聆听，或宽容以待；对于无第三者在场的告诫者，我们更是感激不尽。而对于那些背后造谣生事者，却又装作朋友与之搭讪者，我们嗤之以鼻；对那些缺乏是非观念，在恶势力面前冷眼旁观甚至不惜出卖他人的人，我们不要与他往来。

结交贵人的方法

结交"贵人"，建设人脉的前提首先是认识更多的人。但我们大多数人都是生活在一个既定的生活圈子内，自己的生活范围内既没有增加新的朋友，也没有新类型的社交活动。这样的状况对于我们寻找更多的帮助我们成功的贵人相当的不利。

人脉建设就是要跨越这种熟悉带来的"舒适地带"，转而开创一个更新、更广的生活圈子。为此，我们更应该积极地参与社交活动，开拓新的社交圈子。

在我们的人脉关系发展中，总会有"关键人物"需要花费一些精力重点攻克。但是，遇到的困难相对也会更多，那么，应该如何有效地打通这些关键人物呢？

俗话说，一把钥匙开一把锁，再精密的锁也有钥匙开。抓住了与关键人物有着亲密关系的边缘人物，就抓住了攻坚的重点。

下面介绍几种常见的"边缘人"及打通关系的技巧。

1. 赢得对方夫人的信任

中国人都知道利用"枕边风"好办事，有时候，当你想要赢得某人的信任时，最重要的是先赢得对方夫人的信任。

利用"枕边风"达到求人的目的，这种做法古已有之。历览二十五史，此类故事比比皆是。

可见，利用"枕边风"是求人办事的一个重要手段，巧妙地加以利用，往往会收到意想不到的效果。当然，与现代人的太太们交往，更需要有技巧，最基本的三个原则是：礼仪、信任、实际利益。

拓展人际关系时还有一个很重要的原则，就是不要涉及对方的私生活，尤其是初相识的朋友。

2. 不妨走一走老人、孩子路线

求人办事，所求之人如果正是年富力强的角色，刚好是"上有老，下有小"的年龄，那么，在必要的时候，除了走夫人路线外，走一下老人、孩子路线，迂回接近目标，拉近彼此的感情，也是办成事的计谋之一。

老人因年岁高而退职在家，缺少人际交往，心里常常觉得孤寂。如果有人主动接近老人，哪怕是暂时解除老人的孤寂，老人都非常乐意。再者，心理学表明，老年人较中青年人柔和、慈善得多，也容易接近。小孩纯朴、好奇、爱动，一个玩具、一段故事、一句夸奖就能很快赢得小孩的亲近。正因如此，走老人和小孩的路线更容易达成目的。

一般来说，老年人见多识广，阅历丰富，精神仓库里储藏有大量感性或理性的"经验产品"，一有机会，他们总乐于滔滔倾诉，希望能影响、感动后人。只要你表示出愿意做老人的听众，他们总乐于主动招呼，热情交谈。

至于小孩，你若真诚地以童心相待，带给小孩新奇和欢乐，小孩绝对不会拒绝你。一句话，老人、小孩由于特殊的生理和心理原因，他们喜欢你的接近。

中国人注重许多传统，老人是长者，孩子是希望。假如老人心旷神怡，孩子快乐健康，全家就会随之活跃和愉快。

对老人务必态度谦恭，心性美善，行为礼让。这一方面表现你的虚心、诚实，一方面显出你对长者的尊重、敬仰。

小孩天性乖巧，要用忠诚、童稚去换取欢悦，千万不能居高临下，装腔作势，虚情假意。

生意场上，总是会遇到各种各样的难关，所以在一开始就要为自己做好打算，如果当面求人办事有些麻烦，那么这个人身边的人就是帮你渡过难关的突破口。

不要被"贵人"蒙蔽了双眼

我们每个人的生命和时间都是有限的，如何在有限的时间里抓住生命中的"贵人"，是我们事业晋升、生意成功的关键之一。和"贵人"的应酬，关系到你未来的发展。不过在这之前，我们一定要擦亮双眼，看清楚究竟谁是你生命中的"贵人"。

所谓的"贵人"，就是对你有所帮助、愿意实时伸手拉你一把的人，他们不求回报，甚至对你毫无所求。每个人的生命中，都可能存在着许多"贵人"。有的是他们主动向你伸出援手，有的需要你擦亮眼睛，主动出击，捕获这些可以利用的"贵人"。

选择"贵人"，一定要选择恰当的，选择最好的，选择顶尖的。他们一定要有影响力，他或她所代表的公司一定是有前景的，一定是有潜力的，而且是正当守法的。那么，如何才能擦亮双眼，看清楚谁是"贵人"呢？重要的是要主动寻求机遇。有人可能凭机遇获得一份好差事，但却不能凭机遇去确保它。只有专注于工作本身，为理想充实自己的人，才会遇到真正的机遇。

小薇大学毕业后考进了著名的跨国公司，知道自己的英文很滥，便死记硬背了所负责产品的英文解说词。一天下班后单独留在办公室，进来一个中年人，找个座位坐下来就开始用计算机工作。这时，一个客户电话打进来，正好碰上是小薇所负责的产品，因为熟练，所以用英文"精彩"演绎了一番。电话接完，中年人抬起头，说了一句：你是小薇？英文很棒嘛！

这位是小薇公司的大老板——大中国区的董事长。自此，受到大老板鼓励的小薇信心大增，英文也是一日千里。而董事长也经常问起那个英文很棒的小姑娘工作如何，出色吗？引得小薇的老板同事们惊讶无比。

接下来就是灰姑娘变公主、丑小鸭变天鹅之类的职场成功故事了。

贵人相助是人生极大的幸运，职场新人抓住身边的贵人，是职业发展的窍门之一，也是职业成熟度颇高的标志。

通常意义上的贵人，是指身边那些握有资源、权力的人。如果你是这种功利的想法，那可太幼稚了。想抓住贵人，必要先能识别出贵人。拿贵人当凡人，是有眼无珠，更有甚者，拿贵人当仇人，那真是命比纸薄啊。

你的上司，你接触到的成功人士，把露脸的任务、挑战性高的任务交给你的人，把脏活累活没人爱干的活儿硬塞给你的人，好为人师、对你絮絮叨叨的人，宽容的客户、挑剔的客户等都是你的贵人，简单来说，主动与你打交道的人都是你的贵人。

道理很简单，对职场新人的阶段性目标来说，最大幸运就是有机会来学习、历练，需要有人告诉你什么是对的，什么是错的，需要有人给你指点迷津，这远比靠自己去磕碰、领悟的效率高。

我们当然知道，抓住贵人的最高境界，是被持有权力、资源的贵人认可、重视、授权和提拔，从而直奔成功。但是记住，这样的机会基本上不属于职场新人。只要你放弃了过高的预期，把注意力放在做好眼前的每一件事上，正如上文提到的小薇一样，也许哪天你就真的"中奖"啦！

捕获"贵人"，攻心为上

与其等待别人拉你一把，不如及早主动出击，培植"贵人"。如何观察哪些人是"贵人"呢？通常"贵人"具有这几个特质：学有专精，乐于助人，在自己的工作岗位上力争上游，凡事抱持正面思考。具备这些条件的人，都有可能成为你的"贵人"。

到了一个新环境，不妨留心观察周围的人，哪些可能是你的"贵人"。然后主动亲近他们，与他们保持联络，让他们对你有深刻的印象。在某个时机，他们就会发挥"贵人"的作用，在你职业生涯的发展过程中，助你一臂之力。有些人跟你特别投缘，有兴趣的话题很相近，工作默契也足够，但这些人不见得是你的"贵人"。如果他自己都不力争上游，你怎能期待他往上拉你一把。如果他只喜欢谈论是非八卦，人际关系一定处理得不好，损友多于益友，你怎能期待他给你正面的帮忙。如果他对所有的事都看不顺眼，成天喜欢抱怨，你怎能期待他在你有困惑时提供客观的建议。

在建立好你的人际关系档案后，你要能够在你要结识的人最需要的时候，及时给其满足和惊喜，锦上添花或者雪中送炭。即使他们尚未意识到你的关怀和爱心，当他们一旦知道你一直在为他们做着什么，他们就会感激你，并加倍地回报你，这时，你的"贵人"就开始发挥其举足轻重的作用了！

麦凯小时候，他的父亲就教育他说："麦凯，如果你想成功，从现在开始，你要关心自己所见到的每一个人。"从那以后麦凯见到的每一个人，他都很关心，先把名字记下来，然后了解他的其他情况。到了对方的生日，他会送上祝福的卡片，到了对方过结婚纪念日，他就送去一束玫瑰以表心意。后来他为此设计了一个系统，叫作麦凯66档案，表示每个人有66个空格的问题，包括姓名、性别、年龄、生日、星座、血型、嗜好、学历，等等，甚至包括他的孩子和爱人的相关信息。

有一次，麦凯去拜访一个大企业的老板，希望说服这位老板来买他的信封。可是，不管麦凯怎么说，这个老板都不肯买。麦凯还在他的66档案上更新了记录，并且不断地和这个老板保持联系。有一天，他得知这个老板去了医院，原来是老板的儿子出了车祸。他马上翻开档案，一看，老板的儿子，12岁，崇拜篮球明星迈克尔·乔丹。

麦凯的人缘颇好，他正好认识迈克尔·乔丹所在的公牛队的教练。麦凯买了一个篮球，寄给公牛队的教练，并拜托他请乔丹和全体球员签了名。公牛队的教练将签好名的篮球寄给了麦凯。麦凯把篮球送到了医院里，小孩一看，篮球上有乔丹的签名，兴奋得活蹦乱跳，整夜都睡不着觉。

老板来看他的儿子时，他的儿子高兴地抱着球坐在那里，老板问道："儿子，你怎么不睡觉？"

他说："爸，你看这是什么？"

老板一看就问："这是乔丹的签名篮球，你怎么会有？"

"是麦凯叔叔送我的！"他兴奋地答道。

老板一听，说道："麦凯，就是想卖给我信封的那个人吧？我一直都没有买过他的信封啊。"

这时，儿子说了这么一句话："爸，你应该买麦凯叔叔的信封，他这么关心我，你也应该关心他才对啊！"

第二天，老板就找到了麦凯向他道谢，并向他订购了大量的信封。

麦凯的工作是卖信封，然而谁能想到，他通过卖信封，结交到了美国政界、新闻界、体育界的知名人物，还能让他们对他产生一种惊讶、佩服的感觉。那是因为麦凯是个有心人，他懂得"攻心为上"的道理，投其所好，给你惊喜，你又怎会拒绝与他结交并帮他一把呢？这个故事里，老板的儿子就是麦凯的"贵人"，而"贵人"的出现全凭麦凯积极主动地发掘和捕获。

卡耐基曾经说过："每个人的生命中，都可能存在着许多'贵人'。有的会主动对你伸出援手，有的则需要你自己主动出击，多付出你的关怀和爱心，才能为你所用。当你想着别人的时候，他们会感激你，在你需要的时候他们会帮助你。只有主动地站在'贵人'的角度思考，多替'贵人'着想，为'贵人'做些好事，做些实事，才能等到成功和回报。"

日本小王 HK 广播技术研究所的做法就可以给我们一些启示。由于生理原因，老年人听广播，往往因为播音员语速太快，难以跟上广播内容，小王 HK 广播技术研究所就开发了一种装置，其特点是改变广播中播音员的语速，保证老年听众能够"慢慢听"。

慢速收音机不仅可以让老人们安心地"慢慢听"，还可以保证下一个节目仍能照常开始。这种慢速收音机一经上市，就深受日本老人的欢迎。而且，这种技术还能更广泛地运用于助听器、步话机、电话、手机上，从而极大地方便了老年人。

正是这种把"贵人"放在心上的经营观念使小王 HK 广播技术研究所一方面赢得了"关爱消费者"的社会荣誉，另一方面又获得了巨额的经济回报。

　　主动出击捕获"贵人"的方法并不难，难的是让对方对你产生好感，信任你并认为值得为你做点什么。不要先想求人家给你做点什么，先问问自己能为"贵人"做点什么，把"贵人"放在心里，"贵人"自然也不会刻薄地对待你的。平时多下一分工，"贵人"把你记心中。

第八章　职场应酬学问多

和上司相处要小心

绝大多数的人都有一个直接影响其事业、前途、身心健康的上司，与你的上司和睦相处，对自己有着极大的影响。古人说的"伴君如伴虎。"对于今天来说已不太适用，但毕竟上司就是上司，他的权力是大过你的。那么，日常的相处就成为一个应予以重视的问题。

第一个问题，要清楚你和上司在单位中的地位是不同的。你所做的工作都是直接受他的领导，直接对他负责的，弄清了这一点，你就会对自己的位置、职责有了明晰的认识，也理清了和上司的关系。

现在，仅靠你老老实实做好你自己分内的事，就能让上司对你满意或是获得晋升，这样的时代可说是一去不复返。

求进心理是每个人都有的，如果你知道你在本单位中以后也只能是这个境况，或是只有微升之时，相信你对本工作会失去信心的——因为，无论你是如何的努力，你的前途就只能是这样了，这样的生活，相信是每个人都不希望过的。

所以说，人们都希望日子会愈过愈舒服，虽然现状并不是很好，但人们相信，只要通过自身的不断努力，以后的日子肯定会过得充实幸福的。

但问题不仅仅就会这么单纯，有的人终生劳碌，到头来仍是一贫如洗。虽然说各人有各人的机遇，各人有各人的一些无法改变的因素，但是，人际关系可说是一个极其重举的决定性因素。

需要说清楚一点，纵然你的工作能力格外出色，同时有某方面或几方面的专业综合经验和理论，但是，你在应酬方面却是一团糟，你缺乏组织能力，缺乏口头和书面表达能力，又缺乏协调能力，最要命的是，你太不善于管理人或是用人了。我想，你的价值是体现不到哪去的！

话说回来，既然你想改善自己的生活，想发展，那么，摆在眼前的人际关系，你就必须很现实地去面对。其中，和上司的关系更应如此。

首先，要让上司感到你是一个不可缺少的人员，并要显示你做工作的熟练或专长。

美国管理协会对在事业上取得成功的 1800 名管理人员进行了调查，结果发现成功的工作人员一般具备以下的能力：①知识层次高，不仅对本行业相当熟悉了解，而且对本行业之外的相关知识都很了解；②工作效率高；③有主动进取精神，总想不断改进工作；④逻辑思维能力高，善于分析问题；⑤有概括能力；⑥有自信心和很强的判断能力；⑦有协调能力，能够调动别人的积极性，善于利用谈话来做工作，并善于配合其他人的工作；⑧善于用权，热情关心别人，帮助别人提高工作能力；⑨对自己有正确评价，能客观做出决策；⑩能自我克制，善于在各种环境下工作，并遵守集体领导。

以上的种种素质，可以说是我们应该掌握的。

当你向上司汇报工作时，喋喋不休或是太过于详细地说，往往会让上司感到唠叨。一般的人都希望你听他的，而不是他听你的。上司交给你任务时，干脆地表示做好就行了。

先讲结论，后述其他内容可以说是一个精明的做法。一般而言，上司都相当忙碌，而且经常处于紧张的心理状况，所以总希望快点知道结果。

尤其是当工作失败时，运用这种方法更为有效。即先干脆表明工作失败了，然后报告失败的原因，这样上司才不会把失败的原因全部推在你头上。因为上司并非想听你的解释，而是想知道事情的结果，至于失败的理由可于结论说出后慢慢解释即可。因此，同样是要说失败，但先说和后说，则会令对方产生截然不同的印象。

如果上司这时指责你，不要作无谓的道歉，一再道歉就显得有点虚伪，也使他认为你不够分量。如果他的指责使你愤怒，别说话，事后再分辩。怎样回答上司的指责呢？你可以试着站在他的立场看问题，如果他有理，请教他该如何做比较好，或说出你对自己的改进意见；如果指责是不公平的，等他说完后再冷静地解释。

在你向上司提出一个方案时，要讲一点战术。要认真地整理你的论据和理由，尽可能摆出它的优势。当你明确表示"这样会让公司获利"时，通常上司会加以考虑的，并较容易接受。同时，不要直接否定上司提出的建议。如你认为不合适，最好用提问的方式表示你的异议。还要注意倾听，你应该不仅理解上司所谈的问题，并且能理解他话里蕴含的暗示。

当你在日常生活时，你就应该有意识地对上司的性格、背景、习惯和嗜好等加以了解，这样才能对他有一个整体的了解，有助你和他的相处。

同时，也应了解本单位的近期和长远的目标。在当你和他闲谈时，有意无意地显示你牢记在心中的单位的目标和规划，上司会感到你心力大，平时都是与他同心协力的。

一个精明能干的上司最欣赏的是那些为公司前途着想，并能深刻了解他，知道他的愿望和情绪的下属。

从小，父母或是老师都会这样教导我们：公私要分明。亦即是该玩的时候尽量玩，但工作时则应全心全意地投入。这是因为只有两者兼顾的人，才能博得别人的好评。这一点对身为部下的人来说尤其重要。

即使头一天和上司一起相处在开放式的情绪中，第二日早晨都应该规规矩矩地上班，特别是应比上司更早开始工作，这一点最重要。因为这种做法可让上司知道自己是个公私分明、把握原则的人，因而加强了对你的信赖感。

另外，如果我们能够恪守在谈笑间所订的诺言，可令对方对我们的诚意大为感动。例如，我们在酒席上的那些半开玩笑的承诺，由于对方一般是不放在心上的，但你却为此守之不渝，对方对于你的印象相信会深刻的。

以退为进的应酬之道

从处理事物的步骤来看，退却是进攻的第一步。现实中常会见到这样的事，双方争斗，各不相让，最后小事变为大事，大事转为祸事，这样往往导致问题不能解决，反而落得个两败俱伤的结果。其实，如果采取较为温和的处理方法，先退一步，使自己处于比较有利、有理的地位，待时机成熟，便可以退为进，达到自己的目的。

何为退呢？即当形势对我军不利时，即便全力攻击，也可能不奏效时，就应采取退却的方法。军事家指出学会退却的统帅是最优秀的统帅，战而不利，不如早退。

唐高祖李渊任太原留守时，突厥兵时常来犯，突厥兵能征善战，李渊与之交战，败多胜少，于是视突厥为大敌。部属都以为李渊这次会与突厥决一死战，可李渊却另有打算，他早就欲起兵反隋，可太原虽是军事重镇，却不是足为号令天下之地，而又不能离了这个根据地。如果离开太原西进，则不免将一个孤城留给突厥。经过这番思考，李渊派刘文静为使臣，向突厥称臣，书中写道："欲大举义兵，远迎主上，复与突厥和亲，如开皇之时。若能与我俱南，愿勿侵暴百姓，若和亲，坐受宝货，亦唯可汗所择。"

唯利是图的可汗不仅接受了李渊的妥协，还为李渊送去了不少马匹及士兵，增强了李渊的战斗力。而李渊只留下了第三子李元吉固守太原。由于没有受到突厥的侵袭，李渊得以不断从太原得到给养，终于战胜了隋炀帝杨广，建立了大唐王朝。而唐朝兴盛之后，突厥不得不向唐朝求和称臣。

唐高祖李渊以退为进，为自己赢得了时间。如果不退，李渊外不能敌突厥之犯，内不能脱失守行宫之责，其境险矣，退一时而成了大谋。

从军事进攻的谋略来看，退却可避免失败。从人生的态度来看，退却有时也是一种进攻的策略。现代社会中，以退为进表现自我也不失为一个好方法。

有一位计算机博士，毕业后找工作，结果好多家公司都不录用他，于是他不用学位证明去求职。很快他就被一家公司录用为程序员。不久，老板发现他能看出程序中的错误，非一般的程序员可比，这时，他亮出了本科学位证。过一段时间，老板发现他远比一般的大学生要高明，这时，他亮出了硕士学位证。再过了一段时间，老板觉得他还是与别人不一样，就"质问"他，此时他才拿出了博士学位证。于是老板毫不犹豫地重用了他。

可见，以退为进，由低到高，这是一种稳妥的进攻之术。以退为进有时候可获得极佳的效果。

1812年6月，拿破仑亲自率领60万由步兵、骑兵和炮兵组成的合成部队，向俄国发动进攻。俄国参加前线作战的部队仅21万，明显处于劣势。俄军元帅库图佐夫根据敌强己弱的局势，采取后发制人的策略，实行战略退却，避免过早地与敌军决战。在俄军东撤的过程中，库图佐夫指挥部队采取坚壁清野、袭击骚扰等种种方法，打击迟滞法军，削弱法军的进攻气势。9月5日，俄军利用博罗季诺地区的有利地形，给敌军以巨大打击。接着，俄军又将莫斯科的军民撤出，让一座空城给法军。10月中旬，法军在莫斯科受到严寒和饥饿的巨大威胁，不得不撤退。此时，库图佐夫抓住战机，予以反击，将法军打得大败。几十万法军，幸存者只有 3 万人。

有时候表面的退让只是一种应对策略，为了追求更高的目标作出一些退让是善于变通之人的成熟应酬之道。

说话要留有余地

当你承诺一件事情时，在综合考虑自身能力和其他因素后，尚需留有一定余地，使你最终达成的结果不低于你承诺的。也就是说，可以给人一个意外的惊喜，但是不要让人希望越大失望越大。

宁做过头事，莫说过头话，这是一句千古不变的经验之谈。做了"过头事"，哪怕让人不高兴，反正已是生米煮成熟饭，结果无法更改，别人在心里难受一阵，事情也就过去了。

说了"过头话"，由于事情未定，别人只能猜测，或期许，或企盼，或担心，或嫉妒……别人用心越多，事情的变数就越大。

在现代企业里，大多数年轻人都喜欢给自己定很高的目标，想让别人肯定自己的能力，这都是可以理解的。但是在向别人许诺之前一定要考虑自己有没有实现的能力，如果没有，那么还是不要轻易许下诺言的好。

一家公司招聘业务经理，一位年轻人来应聘，他说："我干这一行已经有五年时间了，积累了大量的工作经验，并且最擅长做终端业务，如果授予我相应的自主权，那么我敢保证，一年做成 100 万业绩绝不成问题。"总经理庆幸喜得人才，任命他为地区经理。谁知他的业务开展得不够理想，一年仅完成 50 万业绩。总经理大失所望，撤销了他的经理职务。

第二年，又有一位年轻人前来应聘，说："我有两年的工作经验，虽然不算很资深，但是如果给我一次机会的话，那么我愿意竭诚为公司服务。"经理见他踏踏实实也很喜欢，就先让他干了一年。

这一年，他干得果然卖力，一年完成了 50 万业绩。总经理对他大加赞赏，并提升他为地区经理。

同样是 50 万业务，一个降职一个升职，受到的待遇如此不同。这是期望值不同造成的结果啊！年轻人信心十足，有意拔高自己以求得他人尊重，心情可以理解，但拔高自己的时候要根据实际情况，如果一味地说自己多么能干而到头来没有实现自己曾经夸下的海口，那么结果只会让人把你看低。

常言道：话不可以说满，事不可以做绝。如果说话太满，不给自己留一些余地，就会出现尴尬难堪的局面。相反，说话富有弹性，让自己有进退的空间，便不会因为"意外"的出现而下不了台，你还可以在更广阔的空间与对方周旋。

有一个年轻人在银行工作。他过去的老师想开一家公司，却缺少资金，便去问他能不能帮忙贷款。他想："这是老师第一次找自己帮忙，怎么能拒绝呢？"当即一口答应。可是，他毕竟刚参加工作不久，还没取得说话的资历，老师的贷款请求又不完全合乎规章，所以，当老师租好门面，请好员工，等着资金开业时，他这里却拿不出钱来，搞得很被动。老师大怒，责备他说："你这不是捉弄我吗？你即使不想帮我，也不该害我！"他能说什么呢？只好苦笑而已。

生活中很多尴尬是由自己一手造成的。其中有一些就是因为话说得太绝造成的。与人交谈，话里留下一点余地，不要把话说死，给双方都有回旋的余地，做到求同存异，这样的交流富有弹性，也符合人的理性，更容易取得好的结果。如果话语相逼，不留空间，把话说得绝对了，就等于把自己的后路给堵死了，双方的关系也弄僵了。

有些人是不好意思拒绝别人而向他人承诺，而有些人则喜欢胡乱吹嘘自己的能力，随随便便向别人夸下海口，承诺自己根本办不到的事情。结果不但事情没有办成，自己的人缘也搞臭了。

某厂职工小方，经常向同事炫耀自己在市房管所有熟人，能办房产证，而且花钱少、办事快。开始人们还信以为真，有些急于办理房产证的同事便交钱相托，但时过多日，不见回音，问到小方，他说："近来人家事儿太多，再等等。"拖得时间长了，同事们对他的办事能力产生怀疑，便向他要钱，他找理由说："谋事在人，成事在天。懂不懂？你的事儿虽然没办成，可我该跑的跑了，该请的请了，你不能让我为你掏腰包吧？"言下之意，钱没了。

从此以后，小方的话再也没人信了，以至于人们在闲暇聊天时，只要小方往人群里一站，大伙好像有一种默契似的，始而缄默不语，继而纷纷散去。

美国前总统富兰克林这样说过："我所说的话，一定竭力避免伤害别人情感，甚至我自己禁止使用一切确定的词句，如'当然''一定'等，而用'也许''我想'来代替。说话关系重大。你如果出言不慎，跟别人争辩，那么，你将不会获取别人的同情，别人的合作、别人的帮助、别人的支持、别人的赞赏。"弓箭拉得太满就容易断，水缸里的水装得太满容易外溢，气球打得太满容易爆破，说话说得太绝容易出现尴尬局面。

总之，说话留有空间，不把话说得太满太绝，时刻为自己留一些余地，这是说话的一种策略。

在背后说别人的好话

喜欢听好话似乎是人的一种天性。当来自社会、他人的赞美使其自尊心、荣誉感得到满足时，人们便会情不自禁地感到愉悦和鼓舞，并对说话者产生亲切感，这时彼此之间的心理距离就会因一句好话而缩短、靠近，自然就为交际的成功创造了必要的条件。

背后说别人的好话，远比当面恭维别人说好话的效果好得多。我们在背后说的他人的好话，是很容易就会传到对方耳朵里去的。

假如我们当着上司和同事的面说上司的好话，同事们会说我们是在讨好上司，拍上司的马屁，从而容易招来周围同事的轻蔑。另外，这种正面的歌功颂德所产生的效果是很小的，甚至还会有起到反效果的危险。

同时，上司脸上可能也挂不住，会说我们不真诚。与其如此，还不如在上司不在场时，大力地"吹捧一番"。而这些好话，总有一天会传到上司耳中的。

有一位员工与同事们闲谈时，随意说了上司几句好话："刘经理这人真不错，处事比较公正，对我的帮助很大，能够为这样的人做事，真是一种幸运。"这几句话很快就传到了刘经理的耳朵里。刘经理心里不由得有些欣慰和感激。而那位员工的形象，也在刘经理心里上升了。就连那些"传播者"在传达时，也忍不住对那位员工夸赞一番：这个人心胸开阔，人格高尚，难得。

事实证明，在背后称赞别人的优点能起到事半功倍的作用。据国外心理学家调查，背后赞美的作用绝不比当面赞扬差。此外，若直接赞美的力度不足会使对方感到不满足、不过瘾，甚至不服气，过了头又会变成恭维，而用背后赞美的方法则可以缓和这些矛盾。因此，有时当面赞扬不如通过第三者间接赞扬的效果好。因为那样的赞美更真实，是真正发自内心的，聪明的人总是擅于用这一技巧。

英国著名的女首相撒切尔夫人，为了拉拢一位敌视她的议员，便有计划地在别人面前赞美这位议员，她知道那些人听了之后，肯定会把她的话传给那个议员。后来，俩人成了无话不谈的政治盟友。

在背后说别人的好话，会被人认为是发自内心、不带私人的动机。其好处除了能给更多的人以榜样的激励作用外，还能使被说者在听到别人"传播"过来的好话后，更感到这种赞扬的真实和诚意，从而在荣誉感得到满足的同时，增强了上进心和对说好话者的信任感。

有时候，赞美并不需要你挖空心思去想各种华丽的词语，也不用你费尽心机找各种场合去讨好别人，情商高的人，总是在不经意中就把赞美的语言送了出去，效果却是出奇的好。如果你想让他人增加对你的好感，就学会在背后赞美吧！

忠言不逆耳，良药也甜口

　　说服自己靠心态，说服别人靠技巧。忠告本是对别人最佳的馈赠，忠言是最真诚的建议，可是偏偏很多忠告都似苦口良药，很难被人欣然接受，往往还会收到反效果。忠言作为真诚帮助他人的一种形式，它的初衷必须是善意的。既然是善意的，献言者就会想方设法把话说得让人容易接受。而逆耳之言恐怕就不好被人接受了。所以仅有"为别人好"的善意献言还不够，要使献言变成对方能接受的忠言，献言者就必须掌握"一进言"的技巧，否则就会收到反效果。

　　我们在规劝和纠正别人的时候，先对对方所犯的错误加以谅解，要表示同情对方所犯的错误，使对方减少害怕，同时减少羞愤之心，然后用温和的方法把错误指出来，指正的话越少越好，能用一两句就使对方明白了，而不要啰唆不休，导致对方陷于窘境，产生反感。如果可能的话，在纠正对方的同时，也要提出一些赞扬和肯定，这样对方觉得你的评论很中肯和公平，就容易心悦诚服。

　　许多优秀的教师常将这种闪烁着智慧思维的"软化"渗透于对学生的教导，含而不露地引发学生的联想，出神入化地推动对知识的领悟，从而收到意想不到的教学效果。

　　有一位教师发现班上有个别学生偷学抽烟，就在班会课上说："今天我不想讲吸烟的害处，只想讲吸烟的好处。吸烟有三大好处：第一，可防盗。因为吸烟引起夜间深度剧咳，小偷哪敢上门？第二，可演包公。从小吸烟，肺都黑了，长大烟容满面，黄中带黑，演包公就省去了化装的麻烦。第三，永远年轻。医学统计表明，吸烟历史和人的寿命成反比，当然他的人寿档案上的年龄永远年轻。"

　　这欲贬虚褒的幽默，妙趣横生，句句击中要害，看似讲的是"三大好处"，实际讲的是"三大坏处"。孩子听起来既觉得新鲜又能在心灵深处受到触动，自然乐意接受这种善意的批评从而改掉恶习。

无论你面对的是朋友，是同事，是亲人，还是一般熟人，只要你是真的有意向对方献上忠言，那么就请你先把自己的情绪调整好，拐弯抹角地说，委婉一些说，使你所献的忠言不再逆耳，从而起到理想的效果。

我们要对人说规劝的话，在未说之前，先来摸清对方的心理，使其尝一些甜点，然后反映真实的意见，对方也就容易接受了。

小白是一家公司新上任的部门经理。经过一段时间的观察，他发现许多员工经常迟到。一天，小白早早地来到公司，为他所在部门的每个员工买了份早餐。等员工都到齐了，他把早餐拿出来对大家说："各位，我知道你们工作很辛苦，由于时间的关系，来不及吃早餐，我特意为大家买了早点，希望大家每天都记得吃早点。"

一开始所有员工都不知小白葫芦里卖的什么药，后来经公司有"迟到王"之称的小刘提醒，大家恍然大悟。终于明白吕经理的良苦用心，原来吕经理借"早点"来提醒大家上班早点，以后别再迟到了。从此以后，再也没有迟到的现象出现。

在这里，小白巧妙地运用谐音词，说服员工以后别再迟到，不仅幽默风趣，而且委婉含蓄，更是体现了很浓的"人情味"，这种说服技巧不得不让人佩服。

除了糖衣炮弹和人情味儿之外，忠言也可以带上一点幽默的色彩，这样有助于淡化其说教的基调，减少了对方的排斥，也就更容易被听取了。

一对青年夫妻为了一点小事在户外吵了起来，先是相互抱怨，进而大吵大闹。两人谁也不让谁，眼看就要大打出手，这时隔壁的邻居李大叔，拿着一把雨伞走上前去，走到那对夫妻旁边，把雨伞撑开看着他俩吵架。这时那位青年停了下来，用惊奇的语气说："我说李大叔，这么好的大气你打把雨伞干吗？"

李大叔一本正经地说："当然是躲雨，刚才(你们脸上)乌云密布，(嘴里)雷声轰隆，待会肯定会下大雨。"

李大叔幽默的话语和滑稽的行为把那对夫妻逗得哈哈大笑，顿时火气降了下来，硝烟被幽默驱赶得无影无踪。

由此可见，幽默在劝说中有着神奇的效果。试想一下，如果直截了当地对人家进行批评规劝，小两口肯定会说你是什么人啊？凭什么管我们家的事儿啊？两人肯定就一致对外，李大叔好人做不成，还得碰一鼻子灰。所以带上点幽默的色彩，对方听得进去最好，对方听不进去，就当说了一个不好笑的笑话，也不至于让自己陷入尴尬的境地。

这些都是劝说和忠言的外在包装。说到底，想规劝一个人还是因为心中在乎他，关心他，不然为人家操什么心啊？所以，不管用什么方式规劝，核心是让对方感受到你是在为他设身处地地着想，感受到你是为他好，这样才能让他坦然接受。

有这样一个事例：

一个牧场主养了许多羊，他的邻居是个猎手，院子里养了一群凶猛的猎狗。这些猎狗经常跳过栅栏，袭击牧场里的羊群，牧场主曾多次请猎户把狗关好，但猎户却不以为然。后来牧场主想了一个办法：他在自己羊群里挑选了三只可爱的小羊羔分别送给猎户的三个孩子，看到洁白温驯的小羊羔，孩子们如获至宝，每天放学后都要在院子和小羊羔玩耍嬉戏，因为怕猎狗伤害儿子们的小羊，猎户做了个大铁笼把狗牢牢地锁了起来。从此，牧场主的羊群再也没有受到骚扰。

这个事例告诉我们：要说服一个人，最好的办法就是为他着想，让他也从中受益。虽然有人纠正错误是一件对人有益的事情，但所谓忠言逆耳，很少人能够心平气和地听进去。关键的一点，是要让对方明白，自己是和他站在一边的，不是和他对立的。

在说服别人时，只要做到以上几点，让你的忠言不再逆耳，使人听得"耳顺",并且设身处地地为人着想,这样你的说服才会最有效。

尊重单位里的"老资格"

新人进入职场,最怕遇到喜欢倚老卖老的同事,处处干涉、事事指导,无法好好施展自己的能力,总是被老同事牵制。会倚老卖老的同事,在组织里通常资历老、经验丰富,却升不上去的人。这样的人通常手中都握有筹码,才敢如此倚老卖老。他们确确实实有过人的技术,但可能因为缺乏当领导的特质,或是缺乏广大的格局与视野,而未获得升迁。虽然不是领袖人物,但在实务操作上都称得上师父甚至师爷级别,更可以称得上是部门的意见领袖,因而在团队里仍有根基很深的影响力。作为一个新人,对这种"老资格"要倍加尊重,才能减少自己的麻烦事儿。

小黄来到这家公司已经有几个月了。根据他的观察,他所在部门的同事老张年过四十,是个一丝不苟的人。早上谁迟到了五分钟,谁的办公桌没有打扫干净,他都一清二楚。这天,他慢条斯理地走近小黄身边开口:"小黄,你写的这份宣传资料我看了,你看看,标点符号用错了多少?这样的东西如果拿给总经理看,他对我们会是什么印象?标点符号跟汉字一样,是我们从小到大都在学的东西,这都用不好?……"老张滔滔不绝地批评着小黄,小黄只有听着的份。

从那以后,小黄做事分外小心。早上第一个到,下班最后一个走,写每一份资料都仔细斟酌,打每一个电话都用心揣摩,力求做到最好。久而久之,这样做的结果是,在几个一同进公司的年轻人当中,老张对小黄特别欣赏,经常在业务上对他进行指点,小至一份合同的撰写,大至跟客户打交道的技巧。除此之外,老张对公司的一些人际关系也向他说明,避免小黄在无意中卷入"派系"斗争中去。

小黄感叹:姜还是老的辣!如果自己自恃能力,大而化之,不愿意认真对待每一件小事，不把老员工放在眼里，那么倒霉的很可能是自己！

在每个公司里，都有老张这样的老员工存在，他们年纪相对较大，对公司忠诚，做事认真，严于律人律己，力求做到完美。这样的人对刚进公司的新员工抱有很高期望，希望新员工能够给公司带来新气象和活力，当新员工不能达到自己的要求时，他们往往"恨铁不成钢"。要想获得这种老员工的好感，不用奉承，不用套近乎，只要兢兢业业地做好自己的本职工作就行了！

还有一些"老资格"是只出工不出力的老油子，他们虽然德不高望不重，但在新人面前却特别喜欢倚老卖老，他们很需要得到新人的尊重。如果在这一点上得不到满足，他们就会鄙夷新人，贬低新人的资质，恶意扭曲新人的成绩，破坏新人的名誉，成为新人在晋升路上的"拦路虎"。

张华庆刚进入这家公司工作不久，发现公司管后勤的刘小姐跟她年纪相仿，只大上几岁，却牙尖嘴利，很难相处。刘小姐负责派车，每当各部门人员要外出工作时，就得向她赔着笑脸。一开始，张华庆很看不惯刘小姐的行为，心想：这就是她的本职工作，为什么一副趾高气扬的样子？

但是，目睹了一些和她同样想法的年轻气盛的同事在刘小姐面前纷纷"落马"，张华庆认识到：改变环境是不可能的，你只能去主动适应环境。

于是，张华庆向刘小姐定车后，并不像其他人那样，立刻放下电话，而是在电话里和她闲聊几句；工作之余，到办公室找刘小姐闲话家常，感叹后勤工作的辛苦，说起服装、逛街等，两人更是"心有戚戚焉"……慢慢地，张华庆和刘小姐熟了，也聊起了工作，倾吐各自的苦水。她们成了好朋友，张华庆再也没有为定车这些琐碎的事情烦恼过。刘小姐比她在公司待得时间长，她经常就张华庆遇到的一些问题发表看法，讨论对方的处理方式是否妥当，让初来乍到的张华庆感到受益匪浅。

张华庆想：来到陌生的城市，能交到一个好朋友，得到一份友谊，也算是幸运的了。当初自己对刘小姐这样的老员工采取的"怀柔"政策，现在看来是对的！

很多公司都有这样的老员工，她们通常是女性，在节奏紧张的工作中养成了精明厉害的作风。她们并不会故意为难同事，很多时候是对事不对人，但跟她们打交道，也绝对不是一件容易的事情。这种职业女性，其实内心是孤独的，是渴望友情的。针对这种"牙尖嘴利"类型的"老资格"，如果能够适时地伸出自己的"友谊之手"，主动进行交流，那么恭喜你，你一定能够在竞争激烈的社会中获得她们的友谊！

从上面的例子中我们不妨总结两道必杀技，可以作为百试百灵的新人杀手锏：首先，虚心向"老资格"请教。"我所经历的经验教训比你读的书还多"。这样的话，是"老资格"教训新人的口头禅，它不仅反映了"老资格"们爱倚老卖老的通病，更反映了当今社会难以调和的代际冲突。这类冲突若是出现在与个人利益戚戚相关的团队竞逐中时，"老资格"永远是雷打不动的胜者，而新人则很可能将因此成了一些"老资格"踩人的垫背。客观地说，在"老资格"身上，也确实有很多值得新人好好学习与看齐的优点，虚心地向"老资格"请教，并从他们不同角度的思考与判断能力中找到共同点，那么无论对"老资格"者还是对新人而言都会形成一种潜在的激励。能够达到这种境界，对新人安全度过工作的初始阶段更是有莫大帮助。

其次，成为"老资格们"的贴心人，借助有真本领的"老资格"的力量。有些团队对新人工作的绩效考评，直接交给在技能上素有"师爷"级别的"老资格"。在这种情况下，"老资格"手里很可能就掌握了新人试用期的生杀大权。如果新人能充分利用"人和"的微妙定律，与"老资格"和睦相处，并能适度地捧一捧"老资格"，博得"老资格"的欢心，那么"老资格"就会自觉地把你视为他身边难得的贴心人，其他事宜也就都不用你太操心，因为"老资格"最大的成就感，莫过于自己能为团队培养一个爱徒。既然你已是他的爱徒，那么他有什么理由在考评时不为你的"晋升"事宜奋力一争呢？

用热心肠去贴冷面孔

中国人都是爱面子的，但太顾及脸面很多时候只能是让自己有苦说不出。"死要面子活受罪"，正是对此种心态的极佳写照。在我们生活中有许多这样的人，他们不懂得如何把握机会，不懂如何"巴结"别人，放不下自己的面子，"打肿脸充胖子"。有时候得罪了别人还不知道，说到底还是自尊心在作怪。

用热心肠去贴冷面孔，具体形式表现在软磨硬泡的工夫上。但它与沾边耍赖、无理取闹有着根本不同。它立足于韧性与耐心，着眼于感化对方，所谓"精诚所至，金石为开"。克服害羞和自卑，在交际处世中主动出击，不达目的誓不罢休。拿出耐心，表示诚意，结果必然是胜利与感化对方同时而至。

1946 年 4 月，土光敏夫被推举为芝浦透平公司总经理。当时，由于战争的影响，百姓生计窘迫，企业的发展更是困难重重，其中最大的困难就是筹措资金。即便是那些著名的大企业，资金也相当紧张，更何况芝浦透平这种没有什么背景的小公司，就更没有哪家银行肯痛快地借钱给它了。土光敏夫担任总经理不久，生产资金的来源就搁浅了。为了筹措资金，土光敏夫不得不每天去走访银行。

一天，土光敏夫端着盒饭来到第一银行总行，与营业部部长长谷川重三郎 (后升为行长) 商议贷款事项。土光敏夫一上来就摆出了不达目的誓不罢休的气势。长谷川重三郎则装出爱莫能助的无奈之态。最终，谈了半天也没谈出结果来。

时间过得飞快，看到疲倦的长谷川重三郎有点想要溜走的样子，士光敏夫便慢条斯理地拿出了带来的饭盒，说："让我们边吃边谈吧，谈到天亮也行。"硬是不让长谷川重三郎与营业员走开。长谷川重三郎只好服输，最终借给了他所希望的款项。

后来，为了使政府给机械制造业支付补助金，士光敏夫曾以同样的方式向政府开展申诉活动。于是在政府机关集中的霞关一带，就传开了说客士光的大名。

士光的做法其实不难，他首先放下了自己的面子和架子，既然是去求人家的，怎么能在人家面前充大呢？当初战役没"告捷"的时候，他并没有灰心，碰了钉子也不回头，明显地表达了自己不达目的不罢休的决心，让对方知道这个人是不能轻易找个借口就能打发走的。士光敏夫通过这些外在表现实际上是在传递一个信号：我是真诚的；我需要贷款，企业是有实力的，只要这些贷款到位就能迅速腾飞；万事已俱备，就请您借一帆东风吧！这样，对方很快被士光敏夫感动，也建立了对他的信任，那么事情很容易就办成啦！相反，如果士光敏夫爱面子，死活不肯放下架子，那别人凭什么受着你的气还要帮你？很快就会一拍两散，贷款也就成了泡影了。

笑脸相向、幽默开道，或者调动眼泪、苦苦哀求，取得对方的认可、同情甚至赞赏才是我们所要达到的目的。不要管什么面子，牺牲一点儿面子，却能为自己赢得票子和位子。"心肠"够热，"冷面孔"也会融化。想融化谁的冷面孔就对谁发力，这是最简单最直接的方法。可是有时候，有些"冷面孔"偏不吃你这一套，仿佛看穿了你的心思似的，你越热，他越冷。这时候就要动动脑筋，转移一下目标，找到那些能够让他不那么冷的切入点，然后发力。

有位朋友是企业管采购的，很多年以前采购这行可不好做，因为所有材料的购买都得经过主管审位的批准，额度也是主管单位来核定的，因此怎么及时足量地拿到所需材料就成了大难题。他给我讲了自己跑材料的经历。

"在轻工业局管材料的那个老薛，在咱们那儿号称'非金属大王'，简直就是我们衣食住行的父母，不拉上关系还行？你看他现在跟咱们吃吃喝喝，有说有笑的，当年见到我却连个招呼都不打。那时候我只是在办公室里和他见过一面。人家连正眼都没瞅咱们一眼。我可不怕你架子大。我很快就把他的底摸清了。当天晚上，我买了一个高级儿童玩具，就往他们家去了。他还是不理我，脸阴得快要下雨了。我假装没看见，拿出玩具和他小儿子玩起来了。他想撵我走，但这句话他硬是没说出口，他最疼他小儿子，我这叫投其所好。

"从此之后，我三天两头往他家跑，每次都买点玩具、挑比较便宜的买。这时候礼太重了，反而让他生出防范之心。老薛对我还是爱理不理的样子，我还是假装看不见，与他儿子一起玩。我这人最烦小孩，在家里连自己的小孩都不抱，现在可真有耐心，40 岁的人跟个七八岁的小孩泡上了。我那个样子也够人瞧的，但我不在乎。

"我就这样跟老薛泡上了蘑菇，每次都是跟他儿子玩，一句也不提正经事。终于有一天，他耐不住性子，找我来扯闲话。我暗地里松了一口气，关系就算套上了。人嘛，都长着心，处久了自然就会有感情，只要你能熬得住就行。

"我知道有人说我这叫丢人现眼，真是书生之见！天下谁能不求人，你能房顶开门，锅台打井吗？求人就得低三下四，难道还让人家反过来跟你说好话不成？我丢了面子，但办成了事，挣了钱，你没丢面子，也是什么事办不成。

"我的经验只有四个字，那就是死皮赖脸。咱不是大官，也没当官的亲戚，所有的关系都得现拉……"

总有一些人为了面子操劳一生，最后自己在别人眼里还是一无是处。其实，他们输的不是他们的个人能力，也不是他们的行为技巧，而是这个不名一钱的薄薄的脸面。面子是什么？其实什么都不是。但是并不是说它不需要保护，因为它很薄，很容易就会被刺破。这就需要培养一种坦然的心态，能拿得起，同时要能放得下。牺牲了自己的脸面，用热心肠去贴冷面孔，就能换来更实在的利益，何乐而不为呢?

换个方式去咨询问题

在现代应酬中,特别是那些"身在江湖"的人,免不了同行之间发生应酬。而且在这类应酬中,大家也都有着同样的心理,就是希望能通过交谈,多了一些对方公司的情况,以便借鉴。但是有一点,谁都不愿意让对方过多地了解自己公司的内幕,所以在应酬中,也都同样对各自公司的情况讳莫如深。如果你向对方询问有关他公司的情况问题多了,便很可能引起对方的误会,对方会以为你是在刺探他们公司的秘密。

小王刚开了一家文化发展公司,于是在与一些先于他而在经营着文化类公司的朋友交谈时,便老是向对方询问有关文化公司的发展状况以及实际操作情况。这对小王来说是一种求教,但是在听的人来看,则完全与这意思相反,所谓同行是冤家,对方不仅没有将他所想知道的东西告诉他,还对他从此怀有了戒心。

小王在一次次的应酬失败之后,便找到了笔者,向笔者诉说了他因被人误解而生出苦恼。

听了小王的诉说,笔者便建议他换一种方式试试。对小王说:"你为什么不将询问改为与对方探讨呢?这样对方以为你是与他共谋发展,从而会接受你的。"小王想了一会,点头称是,而且真的去实行了,结果效果很好,他也因此从同行那里得到了许多经验,而今公司办得红红火火。

小王与同行的两次对话是这样的。

第一次:小王:"你们公司算是老大哥了,发展得这么好,肯定有什么绝招,能不能教小弟几招?"

对方:"嗨,什么绝招,瞎混呗。"然后便顾左右而言他。

第二次：小王："我们策划了一个方案，但是没有经验，心里没有底，您是老大哥，请您给指点指点。"

对方："什么老大哥呀，大家都是为了混饭吃嘛，指点不敢当，咱们探讨一下。"

很明显，同样是向对方讨教，两次的结果却截然不同。从这里我们便不难看出，在应酬中，特别是在涉及对方公司（事业）方面的应酬中，要想让对方信任你，并且向你说真话，你首先不能让对方怀疑你别有用心，让对方感到你是真正在向他求教，这样你才能得到你所想要得到的东西。因为人都有一个弱点，那就是好为人师。当他发现你是在尊重他而不是在刺探他的公司的内幕时，他便会毫不保留地向你介绍他们成功的经验，让你事半功倍。

在上面的例子中，小王在第二次应酬中很轻易地得到了他所要得到的经验，同时得到了他本没有想到的收获。所以在想要了解对方公司的情况时，要尽量避免：①直接询问；②探听式询问；③恭维式询问；④旁敲侧击式询问。

第一，直接询问。这就是直接向对方询问有关对方公司的情况，实际上是一种查问式的询问方式，这很容易引起对方的反感。第二，探听式询问。这容易引起对方的警觉，给人一种刺探"情报"之嫌，从而得不到任何情况。第三，恭维式询问。就如上面的例子中，小王的第一次对话里那样，恭维对方是老大哥，发展得好，而且"肯定有绝招"，但是对方不买他的账，只给了他一句不冷不热的回答。因为这样的询问，会让对方觉得你是在挖陷阱让他跳，他是不会上你这个当的。第四种是旁敲侧击式询问。运用这种询问方式的人往往自诩为聪明，以为用这样的方法便可以令对方在不注意的时候漏出一两句"重要"的话来。其实在世面上混的人，没有一个是傻瓜，所以你不仅不会得到什么，还会引起对方的反感与讨厌。所以在想要了解对公司情况时，一要真诚相待，二要有所付出，这样才能在取得对方信任的同时得到满意的效果。

第九章　应酬心机，目光要放长远

塞翁失马，焉知非福

古时，有一个人叫塞翁。有一天他家的一匹马跑掉了，邻居们对他家发生的事感到惋惜。塞翁却说："你们怎么知道这不是件好事呢？"众人听了之后大笑，认为塞翁丢马后急疯了。几天以后，塞翁丢的马又自己跑了回来，而且还带来一匹马。邻居们看了，都十分羡慕，纷纷前来祝贺这件从天而降的大好事。塞翁却板着脸说："你们怎么知道这不是件坏事呢？"大伙听了，哈哈大笑，都认为老翁乐疯了，连好事坏事都分不出来。果然不出所料，过了几天，塞翁的儿子骑马玩，一不小心把腿摔断了。众人都劝塞翁不要太难过，塞翁却笑着说："你们怎么知道这不是件好事呢？"邻居们都糊涂了，不知塞翁是什么意思。事过不久，发生战争，所有身体好的年轻人都被拉去当了兵，派到最危险的第一线去打仗，而塞翁的儿子因为腿摔断了未上战场，保得了一生平安。

"塞翁失马"的故事所蕴含的道理其实就是老子所宣扬的一种辩证思想。基于这种辩证关系，我们可以明白，即使是看起来很坏的事情，也会带来意想不到的好处。生活中此类事常见，善于变通的人一定要懂得该忍则忍，有时看似失利的事反而是获得更大利益的前提和资本。

生活中变通思考的人，善于利益得失当中学到智慧。舍小利为大谋是一种哲学的思路。人非圣贤，谁都无法抛开七情六欲，但是，要成就大业，该舍的就得割舍，该忍的就得从长计议。我国历史上刘邦与项羽在称雄争霸、建立功业上，就表现出了不同的态度，最终也得到了不同的结果。苏东坡在评判楚汉之争时就说，项羽之所以会败，就因为他不能忍，不愿意舍弃小利益，白白浪费自己百战百胜的勇猛；汉高祖刘邦之所以能胜就在于他能忍，懂得舍小利为大谋的道理，养精蓄锐，等待时机，直攻项羽弊端，最后夺取胜利。

雪中送炭得人心

漫长的人生旅途中，谁都会有急难困境的时候，难免会遇到各种挫折，这时候最需要的就是别人的帮助了。这时候，凡是外来的点点滴滴的温暖，都会让人铭记在心。在关键时候拉人一把，雪中送炭，这是送人情的最好时机。但凡是善于感情投资的高手，大多都善于结交人情，乐善好施。

关键时刻，拉人一把。帮助别人就是在帮助自己，给别人一根火柴，自己的心也会亮起明亮的灯，给别人一只手，就等于是给了需要帮助者一片蓝蓝的天。如果我们用友好的行动去帮助别人，往往会得到同样友好的回报。

三国争霸之前，周瑜并不得意。他曾在袁术部下为官，只是被袁术任命为一个小县令罢了。

这时候地方上发生了饥荒，年成很差，兵乱间又损失不少，粮食问题日渐严峻起来。百姓没有粮食吃，就吃树皮、草根，活活饿死了不少人，军队也饿得失去了战斗力。周瑜作为县令，看到这悲惨情形急得心慌意乱，不知如何是好。

有人献计，说附近有个乐善好施的财主鲁肃，他家素来富裕，想必囤积了不少粮食，不如去问他借。周瑜带上人马登门拜访鲁肃，刚刚寒暄完，周瑜就直说："不瞒老兄，小弟此次造访，是想借点粮食。"鲁肃一看周瑜丰神俊朗，显而易见是个才子，日后必成大器，他根本不在乎周瑜现在只是个小小的居巢长，哈哈大笑说："此乃区区小事，我答应就是。"

鲁肃亲自带周瑜去查看粮仓，这时鲁家存有两大仓粮食，各有三千石，鲁肃痛快地说："也别提什么借不借的，我把其中一仓送与你好了。"周瑜及其手下一听他如此慷慨大方，都愣住了，要知道，在饥荒之年，粮食就是生命啊！周瑜被鲁肃的行为深深感动了，两人当下就交上了朋友。

后来周瑜发达了，当上了将军，他牢记鲁肃的恩德，将他推荐给孙权，鲁肃终于得到了干事业的机会。

对身处困境中的人仅仅有同情之心是不够的，应给予具体的帮助，使其渡过难关，这种雪中送炭、分忧解难的行为最易引起对方的感激之情，进而形成友情。"成功可以招引朋友，挫败可以考验朋友。"正因为生活中"一旦面临小利害，仅如毛发比，反眼若不相识，落陷窞，不一引手救，反挤之，又下石焉者，皆是也"，所以"雪中送炭真君子，锦上添花是小人"便成了人们评判君子与小人的标准。

宰相肚里能撑船

"大度能容，方为智者本色。"在应酬中，如果没有海纳百川的容人肚量，是很难容忍别人的缺点及对自己某些利益的损伤的。若对这些问题处理不当，就会给自己造成许多损失，轻则失去朋友，重则成众矢之的，将自己陷入孤立无援的境地之中。

应酬所应遵循的一条基本原则就是要与人为善，只有与人为善的人，方能"容天下难容之事"。

宽容是人类的美德之一。宽容待人，表现在能容纳不同的生活方式、不同的价值观、不同的意见，不把自己的意见强加给别人；为人不斤斤计较；与人发生矛盾时，不结怨，得饶人处且饶人，和善待人。宽容待人，才能在复杂的社会中建立良好的人际关系，使自己生活在和睦的环境之中，这样一方面使与自己结怨的小人减少，另一方面也不给小人以可乘之机。

能够容忍别人的过失，以宽容为怀，是一个人非常优秀的品质。很多成功者就是凭借对他人的宽容走上成功之路的。宽容能帮助人们减少仇恨、暴力和偏见。

相传，春秋时代秦穆公巡游时一匹马走失了，穆公追到岐山之南，发现一些人杀了这匹马正煮着吃。穆公见状后就说："吃肉不喝酒，我担心伤害你们的身体。"于是拿来酒一一劝饮，尽欢而去。一年后，晋秦交兵，穆公被围，眼看就要被俘时，有三百多人过来与晋军死战，保住穆公，并生擒了晋惠公，原来，这些人正是当年吃马肉者。

所谓"大人不计小人过"，宽容曾经冒犯自己的人，是智者的行为。

法国著名文学家雨果说过："世界上最宽阔的东西是海洋，比海洋更宽阔的是天空，比天空更宽阔的是人的胸怀。"自古至今，宽容是人处世的准则。一个宽宏大量，与人为善，宽容待人，能主动为他人着想和帮助别人的人，一定会讨人喜欢，被人接纳，受人尊重，具有魅力，因而能够更多地体验成功的喜悦。而一个以敌视的眼光看人，对周围的人充满戒备，心胸狭窄，处处提防，不能宽大为怀的人，必然会因孤独而陷于忧郁和痛苦之中。

唐朝人安师德性格稳重，很有度量。他弟弟当上代州刺史，临行向他告别，并征询他的建议。安师德对弟弟说："我现在辅助丞相，你现在又蒙皇上厚爱，得以任州官，我们真是受皇上的恩宠太多了。而这正是别人所嫉妒的，你如何对待这些嫉妒的人以求自免家祸呢？"安师德的弟弟说："自今以后，若有人朝我脸上吐唾沫，我自己擦去唾沫，绝不让你为我担忧。"安师德说："这正是我所担忧的地方。别人向你吐唾沫，是对你恼怒，如果你将唾沫擦去，那岂不是违反了吐唾沫人的意愿吗？别人会因此更加愤怒。不要擦去唾沫，让它自己干了，笑着去接受它。"

古语云："以责人之心责己，以恕己之心恕人。"这句话对人际沟通有重要的意义，它告诫我们，要以诚挚、宽容的胸襟，尽量原谅别人的过错，由此，你可能会得到终身的信任和感激；反之，将别人的过错记恨在心，只会陷入关系紧张、破裂的恶性循环，最后还可能需要付出更大的代价。

在当今社会的人际关系中，宽容可以让你一路顺畅。

聪明外露，不如智慧深藏

聪明与糊涂，是相对的一组词语；糊涂与智慧，却是有时候重合的一组词语。人应该学会聪明，学会生存之道。但如果我们学到的是小聪明，耍的也是小聪明，就很容易让自己被小利益所迷惑，甚至做出一些追悔莫及的事情。有些人在小事上糊涂，看似被那些耍小聪明的人占了便宜，但实际上他们遇到大事从不糊涂，而显示出非凡的智慧，这才是真正的聪明。小聪明的人能聪明一时而不能聪明一世。大智若愚，表面上糊涂的人，虽不计一时的得失却能聪明一世，明哲保身，始终立于不败之地。

聪明的人掩藏起聪明，装一下糊涂，并不是因为他们真的心里一团糨糊，而是因为他们看清了事情的利害关系，一时装糊涂免得大家红了脸、撕破了面皮，一时放弃了自己的利益，是为了赢得更长久的合作。

春秋时期，楚王请了很多臣子们来喝酒吃饭，席间歌舞妙曼，美酒佳肴，烛光摇曳。同时，楚王还命令两位他最宠爱的妃子许姬和麦姬轮流给他的属下敬酒。

忽然一阵狂风刮来，吹灭了所有的蜡烛，漆黑一片，席上一位官员趁机揩油一亲芳泽，摸了许姬的玉手，许姬一甩手，扯了他的帽带，匆匆回到座位上并在楚王耳边悄声说："刚才有人趁机调戏我，我扯断了他的帽带，你赶快派人点起蜡烛来，看谁没有帽带，就知道是谁了。"

楚王听了，连忙命令手下先不要点燃蜡烛，却大声向各位臣子说："我今天晚上，一定要与各位一醉方休，来，大家都把帽子脱了痛快饮一场。"

众人都没有戴帽子，也就看不出是谁的帽带断了。

后来楚王攻打郑国，有一将领独自率领几百人，为三军开路，斩将过关，直通郑国的首都，而此人就是当年揩油的那一位。他因为楚王施恩于他，而发誓毕生忠于楚王。

楚王具备了成大事的豁达、宽容、大度等优秀素质。当有人调戏自己的妃子时，却做出了令那位调戏者也没有想到的决定。之所以楚王当时能够顺利地平定内乱，夺取霸业，成为春秋"五霸"之一，这与他的宽容大度、小事糊涂、善于笼络部属是紧密相连的。如果他没有一时装糊涂对下属的小过既往不咎，那将来争霸时，又有谁可以借力呢？

水至清则无鱼，人至察则无徒。正如猫头鹰睁一只眼、闭一只眼一样，适当装装糊涂，对别人的过错不要太较真，也是维持彼此友好关系的真谛。

1964 年 2 月，苏联元帅铁木辛哥受命去波罗的海，协调一、二方面军的行动，什捷缅科作为他的参谋长同行。什捷缅科早知道这位元帅对总参部的人抱怀疑态度，思想上有个疙瘩，心想："命令终归是命令，只能服从了。"等上了火车，吃晚饭时，一场不愉快的谈话开始了，铁木辛哥先发出一通连珠炮："为什么派你跟我一起去？是想来教育我们这些老头子，监督我们的吧？白费劲！你们还在桌子底下跑的时候，我们已经率领着成师的部队在打仗，为了给你们建立苏维埃政权而奋斗。你军事学院毕业的，自以为了不起了！

革命开始的时候，你才几岁？"这番话，已经近乎侮辱了。但什捷缅科却老实地回答："那时候，刚满十岁。"接着又平静地表示对元帅非常尊重，准备向他学习。铁木辛哥最后说："算了，外交家，睡觉吧。时间会证明谁是什么样的人。"

应该说，"时间证明论"是对的。他们共同工作了一个月后，在一次晚间喝茶的时候，铁木辛哥突然说："现在我明白了，你并不是我原来认为的那种人。我曾想，你是斯大林专门派来监督我的……"后来什捷缅科被召回时，铁木辛哥心里很舍不得。又过了一个月，铁木辛哥亲自向大本营提出要求，调这个晚辈来共事。

什捷缅科在受辱之时装憨相，体现了后生的谦卑及对老人的尊重，是大智若愚的表现。懂得装假者绝非傻子，显得木讷憨厚有时是最高智慧者才能为之。许多时候，要想受到别人的信任，就必须掩藏你的聪明。

某大型公司销售部新来了一名业务员陈娜，她活泼热情，能说会道。没过多久就为公司谈下了几笔大买卖，再加她性格开朗，人又大方，公司上上下下都很喜欢她，开玩笑地叫她"小财神"，可这引起了一个人的不满——销售主管王大拿。

王大拿是公司老总的远亲，平时不苟言笑，没有什么业绩却喜欢教训人，他常常训斥陈娜做人太高调，不懂谦虚。销售部的人都不喜欢他，陈娜每次被训斥却只是轻松地笑了笑，跟没事人似的。

自从陈娜来了后，公司的销售业绩从平平无奇到节节攀升，一年后，公司评选年度先进人物时，大家都认为是陈娜当选无疑，没想到上台领奖的却是主管王大拿。看着王大拿在台上虚伪做作地说着致谢词，大家都为陈娜抱不平，他王大拿凭什么呀，抢了人家的功劳沾沾自喜，一点也不知道害臊。陈娜看着台上的王大拿，仍然只是轻松地笑了笑，什么话也没说。

这以后，王大拿在销售部就更加放肆了，经常抢业务员的功劳不说，对陈娜的态度更是一日不如一日。大家都劝陈娜直接去跟老总反映，虽说不一定能压制住王大拿，但至少可以打击一下他的嚣张气焰。可陈娜却什么也没说，反而工作得比以前更卖力了。大家都为陈娜可惜，说她是一个老好人。

没想到，几年后，陈娜突然高薪跳槽到这家公司的死对头集安公司做了销售主管，还带走了公司绝大部分的客户，这让公司一下子突遭重创，陷入了危机之中。以前的同事们都百思不得其解，凭陈娜的业绩和能力，只要她向老总申请，在公司得到一个主管职位是轻而易举的，为什么她几年来都没有争取，却突然跳槽到别的公司呢？

有些同事去问陈娜，陈娜笑了笑回答说："以我这几年的成绩，向公司要一个主管职位确实很容易，但是这几年来，王大拿频繁抢夺我们的功劳，公司老总都没有说话，不管他知道还是不知道，这么不公平的事情存在了这么久，说明这家公司的用人制度是不完善的，或者说是不公平的，在这样一家公司继续做下去，谁能保证我做了主管以后就能受到公正的待遇呢？就算我据理力争，争回了一些利益，大家都撕破脸了还有什么意思呢？还不如暂时忍下来，锻炼好自己的本事，等到时机成熟，再争取我相应的待遇。再说了，有突出的业绩和工作能力，我走到哪里会不受欢迎呢？"同事们听了，不得不佩服陈娜的智慧。

如果把争取个人利益叫作小聪明的话，陈娜忍着被压迫的感觉辛辛苦苦熬出头的经历，就可以被称为极大的智慧了。聪明是优点，但小聪明是致命的软肋。小聪明看似获得一时之利，但丧失的却是长久的利益。真正有智慧的人乐得在小事上装装糊涂，得饶人处且饶人，正是这种看似"傻"的做法，让他们以一时的小利为代价，获得了长久的发展。

经常进行感情投资

不少人办事时抱着"有事有人，无事无人"的态度，把对方看成"受伤后"的"拐棍儿"，"身体康复后"随手扔掉。这种人大多数会被别人抛弃。当他求人帮忙办事时，相信没有人愿意帮助他。

人与人之间没有互信互助，则没有互惠互利；没有较深的感情，则没有彼此的信任。在平时与人交往中重视感情投资，不断增加感情的充实，就是堆积信任度，保持和加强亲密互惠的关系。

人是有感情的动物。你在感情的账户上储蓄，就会赢得对方的信任，那么当你遇到困难或求人办事，需要对方帮助的时候，就可以得到这种信任换来的鼎力相助。

生当陨首，死当结草；女为悦己者容，士为知己者死，这就是经常进行感情投资的结果。先秦时期的法家著名人物韩非子在谈到驭臣之术时，只说到赏罚两个方面，这自然是主要的手段，但这还不够，有时几句动情的话语，几滴伤心的眼泪却比高官厚禄更能打动人。

吴起是一位名将，既然身为名将，除了骁勇善战以外，与士兵同甘共苦，在士兵中享有崇高威望，也是他成功的重要方面。吴起在军队中总是和下级士兵们同甘共苦，穿一样的衣服，吃一样的食物，睡觉时不铺席，行军时不乘车，自己备粮食，并且自动分担士兵的苦恼。

有一次，一位士兵腿部化脓，长了毒疮，痛苦不堪，吴起见状，毫不犹豫地用口将其毒疮内的脓汁吸出。那位士兵和在场的人都感动不已。后来，士兵的母亲听到这个消息，忽然放声痛哭起来。旁边的人觉得很奇怪，就问她："你的儿子只不过是一个小小的士兵，却蒙吴将军亲自将他身上的脓吸出来，你应该高兴才对，为什么反而伤心地哭泣呢？"那位母亲回答："先夫早年也是蒙吴将军不弃，吸取他毒疮里的脓，从此他跟随吴将军四处打仗，以此报答吴将军的大恩，最后终于死在战场上。如今吴将军又为我儿子吸出脓汁，这不是说明我儿子也将步他父亲的后尘吗？这叫我怎么不伤心呢？"

人非草木，孰能无情。在吴起"爱兵如子"的情感感召下，他与敌军交战时，都是每战必胜。将士们个个尽心竭力，效命疆场，为吴起带来了不少荣誉。

乐于助人，多主动帮助别人，会不断增加感情账户上的储蓄。在工作上，在生意中，在交际时，对别人多一份相知，多一份关心，多一份相助，当你求人办事时，谁还会拒你于千里之外呢？

向强大低头，忍只是一时

我们常常在电视上看到飓风过后的样子：合抱粗的大树被连根拔起，而柔弱的小草却安然无恙。大树平时挺起腰板，多么雄壮威武啊！可是遇到更强的飓风，它就直接被打倒了；小草是何等的瘦小和柔弱呢？可是它们懂得在比自己更强大的敌人面前低头，所以在飓风的摧残之后，能够幸免于难，最终还是抖抖灰尘，微笑地迎接新一天的阳光。

人也是如此。《菜根谭》中说：舌存常见齿亡，刚强终不胜柔弱。牙齿是刚强的，可是却经不起虫蛀菌噬，常被腐蚀至脱落；舌头是柔软的，虽经酸甜苦辣，却毫发无损。所以人到老了的那天，往往牙齿都掉光了，可是舌头还好好地为主人服务着。这就是刚者易折，柔者能安的道理。人生不如意事十之八九，每个人的人生道路是不同的，既有顺境，也有逆境，而且逆境往往多于顺境。要想在这个变化无常的世界里生存，必须学会而且要善于"忍"。

刚刚开始为目标而奋斗的时候，往往位处卑微，常常受外界的凌辱。越在此时越要忍耐，因为创业之初的人就像小草一样，如果你不学会忍，早就被人家拔光、踩踏了，哪还谈得上日后的胜利呢？人不可能常在巅峰，尤其是遇到突如其来的灾祸让以往的成绩化为泡影的时候，那时，除了一个"零"你什么都没有，如果不能清楚地认识到自己的失利，不能忍一时之痛苦，就很难东山再起。忍一时之失势，才能酿长久之胜利。

美国著名企业家李·艾科卡，在 20 世纪 70 年代初担任福特汽车公司总经理，八年中为福特汽车公司创下 35 亿美元的利润。正当他春风得意之时，由于嫉妒和猜忌，他被老板亨利·福特免去了福特汽车公司总经理的职务。面对精神的创伤和打击，54 岁的李·艾科卡没有向命运投降，决心暂时忍让，寻找一个可以再展自己的才华、大干一番事业的地方，以成功的事实让亨利·福特永世难忘。

为了实现自己的抱负，他拒绝了一些条件优厚的企业的招聘，而接受了当时深陷危机、濒临破产的克莱斯勒汽车公司的聘请，担任总裁。上任后，他首先对公司组织机构进行大改革，并在全体员工特别是主管人员中，实行以品质、生产力、市场占有率和营运利润等因素来决定红利的政策，主管人员没有达到预期的目标，将扣除 25% 的红利。还规定在公司尚没有起死回生之前，最高管理层各级人员减薪 10%，而李·艾科卡本人的年薪只有象征性的一美元。他想以此表明，大家都在为走出困境而苦斗。为了争取政府贷款，他亲自出马向新闻界游说，不得不像个被告一样站在国会各个小组委员会面前接受质询。由于劳累，他的眩晕症复发，差点儿晕倒在国会大厦的走廊里。

经过几年励精图治，20 世纪 80 年代初，克莱斯勒汽车公司终于走出困境，开始扭亏为盈。1983 年赢利 9 亿美元，1984 年创利润达 24 亿美元，1985 年首季获纯利 5 亿多美元。李·艾科卡也成为美国的传奇人物，数以万计的来信敦促他竞选美国总统，老布什也把他当作 1988 年竞选总统的"十分强有力的竞争对手"。而《艾科卡自传》成为美国的畅销书。

试想，李·艾科卡当初若没有选择暂时忍让以积蓄力量、励精图治，还会有后来的成功吗？心字头上一把刀，一事当前忍为高。无论是在事业上，还是在个人的人生征途上，挫折和失败是难免的。暂时忍让是战胜挫折、走出困境的重要方略。忍，就是这样一种貌似软弱、实则刚强的做人智慧。老子曰："大直若屈，大巧若拙，大辩若讷。"因此，身处逆境之时，应通晓时事，沉着待机，这才是智者的做法。只有长久潜伏下来，才能成就大事，才能不鸣则已、一鸣惊人。因此，大智者应知为何而忍，只要抱定这种信念，忍而后发，才能卷土重来，东山再起。

　　一时的失势要忍，一时不得志要忍，白手起家、从零开始要忍，已经有一定身份定位和力量的人也不能不忍。刚才提到的飓风后的大树不就是很好的例子吗？如果凭借自己的力量就想一意孤行，不能忍一时之小辱，那么势必招致灭顶之灾。人孰无喜怒，孰无情感，可是如果不能调节好自己的情感，由着自己的性子来，不能忍一时之气，那么后果不堪设想。

　　齐国攻打宋国，燕王派张魁作为使臣率领燕国士兵去帮助齐国，齐王却杀死了张魁。燕王听到这个消息，非常气愤，就召来有关官员说："我要立即派军队去攻打齐国，为张魁报仇。"

　　大臣凡繇听说后谒见燕王，劝谏说："从前以为您是贤德的君主，所以我愿意当您的臣子。现在看来您不是贤德的君主，所以我希望辞官不再做您的臣子。"燕昭王说："这是为什么呢？"凡繇回答说："松下之乱，我们的先君不得安宁被俘，您对此感到痛苦，却特奉齐国，是因为力量不足。而今张魁被杀死，您却要攻打齐国，这是您把张魁看得比先君还重。"燕王说："你认为应该怎么办？"凡繇回答说："请您穿上丧服离开宫室到郊外，派遣使臣到齐国，以客人的身份去谢罪，说'这都是我的罪过。大王您是贤德的君主，哪能全部杀死诸侯们的使臣呢？只有燕王的使臣独独被杀死，这是我国选择人的时候不慎重啊，希望您能让我改换使臣以表请罪'。"

　　燕王接受了凡繇的意见，又派了一个使臣到齐国去。

　　使臣到了齐国，齐王正在举行盛大的宴会，参加宴会的近臣、官员、侍从很多，齐人让燕王派来的使臣进来禀告，使臣说："燕王非常恐惧，因而派我来请罪。"使臣说完了，齐王又让他重复一遍，以此来向官员、侍从炫耀。

于是齐王派出地位低微的使臣去告诉燕王，让燕王返回宫室居住。

这样，由于燕王忍怒而委曲求全，从而保全了国家，为他后来攻打齐国准备了充分的条件。

试想假如燕王逞一时之怒，匆忙去攻打齐国，恐怕早已成为齐国刀俎下的鱼肉了。感情用事，只会坠入万劫不复的深渊之中。

按下自己的性子，不为一时之气大动干戈，忍小事而获长久安定，大臣凡繇为燕王和燕国算了很划算的一笔账。

忍是非常务实、通权达变的生存智慧。生活中和事业上的智者都懂得忍之道，他们总是以表面上的退让、割舍和失败来换取对方利益的认可，从而在根本上保证了自己更长远或更大方面的利益。

与暂时不得势的人交往

人世变化无常，人们不可能一帆风顺，挫折、失势是难免的。当人们落难的时候，正是对周围的人，特别是对朋友的考验。困难时离你而去的人可能从此成为路人，同情、帮助你渡过难关的人，可能让人铭记一辈子。所谓莫逆之交、患难朋友，往往就是在困难时期产生的，这时形成的友谊是最有价值、最令人珍视的。

如果你认定了某个人是"潜力股"，此时正处在低谷期，但是有无穷的发展潜力，一定要把握住他，千万别让"潜力股"从你的身边溜走，否则你会大呼"可惜"。吕不韦"奇货可居"的典故足以证明选对"潜力股"可以带来丰厚的回报。

战国时候，商人吕不韦到赵国的京城邯郸做生意。一个偶然的机会，在路上他发现一个气度不凡的年轻人。有人告诉他说："这个年轻人是秦昭王的孙子，太子安国君的儿子，名叫异人，正在赵国当人质。"

当时，秦赵两国经常交战，赵国有意降低异人的生活标准，弄得他非常贫苦，甚至天冷时连御寒的衣服都没有。吕不韦知道这个情况，立刻想到，在异人的身上投资会换来难以计算的利润。他不禁自言自语说："此奇货可居也。"意思是把异人当作珍奇的物品储藏起来，等候机会，卖个大价钱。

吕不韦回到寓所，问他父亲："种地能获多少利？"

他父亲回答说："十倍。"

吕不韦又问："贩运珠宝呢？"

他父亲又答说："百倍。"

吕不韦接着问："那么把一个失意的人扶植成国君，掌管天下钱财，会获利多少呢？"

他父亲吃惊地摇摇头，说："那可没办法计算了。"

吕不韦听了他父亲的话，决定做这笔大生意。他首先拿出一大笔钱，买通监视异人的赵国官员，结识了异人。他对异人说："我想办法，让秦国把你赎回去，然后立为太子，那么，你就是未来的秦国国君。你意下如何？"

异人又惊又喜地说："那是我求之不得的好事，真有那一天，我一定重重报答你。"

吕不韦立即到秦国，用重金贿赂安国君左右的亲信，把异人赎回秦国。

安国君有20多个儿子，但他最宠爱的华阳夫人却没有儿子。吕不韦给华阳夫人送去大量奇珍异宝，让华阳夫人收异人为嗣子。

秦昭王死后，安国君即位，史称孝文王，立异人为太子。孝文王在位不久即死去，太子异人即位为王，即庄襄王。

庄襄王非常感激吕不韦拥立之恩，拜吕不韦为丞相，封文信侯，并把河南洛阳一代的12个县作为封地，以十万户的租税作为俸禄。庄襄王死后，太子政即位，即秦始皇，称吕不韦为仲父。吕不韦权倾天下。

与那些暂时不得势的人交往，并成为好朋友，就像买股票一样，买了最有价值的原始股。这个世界，有良知有信义的人还是主流，你在其最困难的时候帮助过他，在别人都嫌弃他的时候与之结交，等到他发达之后，也一定不会忘了你。无论对方是什么样的性格，有哪些喜好和特点，真诚地面对他，在他困难的时候热情地帮助他，雪中送炭都是吸引对方的最有力的方式。对于这些潜力股，应该用热情和真心去跟他们交往，如果在刚开始接触时，你主动地表现出自己的热情，就能让对方放下戒备心，拉近彼此心理上的距离。所以在人际关系的拓展中，千万注意"购买"这样的"潜力股"，会令你得到丰厚的回报。

这与向"冷庙"烧香的道理一样。一般人烧香都选香火鼎盛的庙，是认为这种庙比较灵验，可以庇护自己各方面顺利如意。而越是香火鼎盛的庙，越是吸引香客。其实，人趋炎附势的行为和烧香的行为是一样的，总是向当权的人、当红的人靠拢，同道的当然奉承巴结，不同道的也要想尽办法拉上一点关系，就像人们走遍千山万水也要到某个名寺烧一炷香一样。与暂时不得势的人交往，其好处在于一方面，未雨绸缪，超前蓄势；另一方面，由于没有多少功利色彩，更可能成为生死之交。

方圆有道，不乱方寸

为什么铜钱是内方外圆？这就是中国辩证哲学的集中体现：做事要方，做人要圆。

做人要圆。这个圆绝不是圆滑世故，更不是平庸无能。这种圆是圆通，是宽厚、融通，是大智若愚，是与人为善，是居高临下、明察秋毫之后，心智的高度健全和成熟。不因洞察别人的弱点而咄咄逼人，不因自己比别人地位高而盛气凌人，任何时候也不会因坚持自己的个性和主张让人感到压迫和惧怕，任何情况都不会随波逐流，要潜移默化，绝不让人感到是强加于人……这需要极高的素质，以及很高的悟性和技巧，这是做人的高尚境界。

圆的压力最小，圆的张力最大，圆的可塑性最强。

在强大对手的高压下，在面临危机的时候，采取藏巧于拙、装糊涂，扮作"诚实"的样子，往往可以避灾逃祸，转危为安。虽然面临险境或遇到突发事件时，装傻不及临危不惧、视死如归来得壮烈、辉煌，但是留得青山在，不怕没柴烧，以拙诚与对手周旋，确实不失为一种高明之术。

明朝张佳胤（号崛峡山人）任滑县县令时，有两名江洋大盗任敬、高章来到县城，冒充锦衣卫的使者拜见张佳胤，并且凑近张佳胤耳边说："朝廷有令，要公开处理有关耿随朝的事情。"

原来当时有位滑县人耿随朝，担任户政的科员，主管草场，因为发生火灾，朝廷下令将其羁押在刑部的监牢里。张佳胤听到此事，更加相信两人的身份。于是任敬拉着张公的左手，高章拥着张佳胤的背，一起进入室内坐在炕上。任敬摸着鬓角胡须，笑着说："张公不认识我吧！我是灞上来的朋友，要向张公借用公库里面的金子。"说着二人取出匕首，架在张佳胤的脖子上。

张佳胤抑制住内心的紧张，装出替他们着想的样子说："你们不是为了报仇，我也不会因为财物牺牲性命。你们这样暴露自己的真实身份，如果被别人发现，对你们可相当不利！"

两个强盗觉得有道理。

张佳胤又进一步说："公库的金子有人看管，容易被发觉，对你们不利。有一个办法是，我向县里的有钱人借贷，这样你们可以安然无事，也不至于连累了我的官职，岂不两全其美。"

两个强盗听了更加赞同张佳胤的办法。就这样，张佳胤不露声色地稳住了强盗，并取得他们的信任与合作，同时一条计谋酝酿成熟。

张佳胤传令要下属刘相前来，刘相到后，张佳胤假意说："我不幸发生意外，如果被抓去，会很快被处死。这两位是锦衣卫，他们不想抓我，我很感激他们，想拿5000两黄金当他们的寿礼，以表心意。"

刘相听了，目瞪口呆，说："到哪里去弄这么多钱？"

张佳胤说："我常看到你们县里的人，很有钱而且急公好义，我请你替我向他们借。"

于是拿出笔来，一共写了九个人。正好数量符合。所写的这九个人，实际上都是武士。

刘相看了以后，恍然大悟。不一会儿，名单上列出的九个人，一个个穿着华丽的衣服，像富贵人家的子弟，手里捧着用纸包着的铁器，先后来到门口，假装说："张公要借的金子都拿来了，因为时间太紧迫，没有凑足所要的数目，实在过意不去。"一边说，一边装出哀求恳免的样子。

两位强盗听说金子到了，又看到这些人果然都像有钱人的样子，就很高兴地说："张公真的不骗我们。"

张佳胤趁两个强盗查看金子的时候，急忙脱身，并大喊抓贼。九个武士，一拥而上，两个强盗猝不及防。其中一个被抓，另一个自杀身亡。

张佳胤遇事从容镇定，不动声色诱盗贼上当，糊涂装得多么彻底，既保全了身家性命和公家钱财，又擒获了强盗。

张佳胤身临险境，却能既保住身家性命和国库钱财，又擒获强盗，凭的是什么？凭的是他遇事从容镇定，凭的是他那看似拙劣的诚实，成熟的方圆之道，才不动声色地诱强盗上当。强盗要诈骗财物，冒充朝廷公差闯入内庭，说明身份和来意之后，张佳胤既没有惊慌失措，也没有暴跳如雷，而是装出很配合的样子，替盗贼着想，怎样才能既得到银两，又没有犯案的危险，这可算是糊涂到了极点，"诚实"到了顶点，但是正因为他彻底地装糊涂，正因为他这种拙笨的诚实才稳住了对方，为以后施展擒贼的计谋赢得了时间和条件。

方为做人之本，圆为处世之道。

"方"是做人之本，是堂堂正正做人的脊梁。人仅仅依靠"方"是不够的，还需要有"圆"的包裹，无论是在商界、官场，还是交友、情爱、谋职等，都需要掌握"方圆"的技巧，这样才能无往不胜。

"圆"是处世之道，是妥妥当当处世的锦囊。现实生活中，有的人在学校时学习成绩很好，进入社会却成了普通工薪阶层；在学校学习成绩不好的，进入社会却当了老板。为什么呢？就是因为学习成绩好的同学过分专心于专业知识，忽略了做人的"圆"；而学习成绩不好的同学却在与人交往中掌握了处世的原则。正如卡耐基所说："一个人的成功只有5％依靠专业技术，而95％却要依靠人际关系、有效说话等软科学本领。"

亦方亦圆者懂得如果原则性问题也要让步等于失去了做人的方向。尊严是做人的主要原则，一个人的素养越高越看重自己的人格与尊严，所谓"士可杀不可辱"就是这个道理。

有一位保姆，由于性情实在，干活利索，给女主人的印象极佳，但是，生性猜疑的女主人还是担心这位姑娘手脚不干净，于是在试用期的最后几天想出个办法来试一试她。一天早晨，保姆起床要去做饭，在房门口捡到10元钱，她想肯定是女主人掉下的，就随手放到了客厅的茶几上。谁知第二天早晨，小保姆又在房门口捡到了50元钱，这让她感到很奇怪。"莫非是在试探我吧？"保姆产生了这样的疑问。但她又很快打消了这个念头，因为女主人是一位大学教授，是很有身份的人，怎么会做出这样侮辱人格的事情来呢？这样想着，她就把钱放进了茶几底下，但心里面还是留了个心眼儿。

到了晚上，保姆假装睡下，从卧室的窗户窥看客厅中的动静。正当她困意袭来，准备放弃这一念头时，女主人竟真的悄悄到茶几前取钱来了。小保姆彻底惊呆了，怒火冲上了她的心头：怎么可以这样小看人！她咬了咬嘴唇，下定了一个决心。

次日早晨，小保姆又在房门口发现了一张钞票，这次是100元钱。她笑了笑，把钱装进了自己的口袋。她在女主人出去之前把这100元钱悄悄地放在了楼梯上，准备也测试女主人一次。果然不出保姆所料，女主人之所以怀疑别人手脚不干净，正是因为她自己是一个自私而贪心的人，她在下楼时看见了那100元钱，当时就眼睛一亮，趁着左右没人把钱塞在了口袋里。这一幕，全都被暗中偷窥的小保姆看到了。

当晚，女主人就像找学生谈话一样，严肃而又婉转地批评她为人还不够诚实，如果能痛改前非，还是可以留用的。保姆故作懵懂地问："你是不是说我捡了100元钱？""是呀！难道你不觉得自己有错吗？"保姆摇了摇头："不，我不认为我做错了什么，因为我已经将那100元钱还给您了。"女主人一脸诧异："咦，你啥时还我钱了？"保姆大声回答："今天傍晚，公共楼梯……"女主人一听到"楼梯"两个字，当时像触了电一样浑身一颤，狼狈得一句话也说不出来了……

聪明的保姆知道做人要方、处世要圆的道理。她知道那钱不是自己的就不应该占为己有，她还利用了一些圆滑的手法为自己找回了面子，女主人自然也不敢再侮辱她的人格和尊严。试想一下，如果她正面反击，不讲策略又会是什么效果呢？

做人方圆有道，能一劳永逸。应酬中能做到不急不躁、不偏不倚、不左不右、不上不下、可进可退、可方可圆，你的人生就达到了高境界，不论在何时、何地，你都不会吃亏。

魔鬼销售术

把产品卖给任何人的高效销售策略

潘鸿生◎著

CTPH 中译出版社
China Translation & Publishing House

图书在版编目（CIP）数据

　　改变千万人命运的智慧丛书 . 魔鬼销售术 / 潘鸿生著 .
-- 北京 : 中译出版社 , 2019.12
　　　ISBN 978-7--5001-6081-6

　　　Ⅰ . ①改… Ⅱ . ①潘… Ⅲ . ①成功心理－通俗读物
Ⅳ . ① B848.4-49

　　中国版本图书馆 CIP 数据核字 (2019) 第 273024 号

出版发行：中译出版社
地　　址：北京市西城区车公庄大街甲 4 号物华大厦六层
电　　话：（010）68359376，68359827（发行部）（010）68003527(编辑部）
传　　真：（010）68357870
邮　　编：100044
电子邮箱：book@ctph.com.cn
网　　址：http://www.ctph.com.cn

策　　划：北京瀚文锦绣国际文化有限公司
责任编辑：温晓芳
封面设计：孙希前

排　　版：张元元
印　　刷：香河县宏润印刷有限公司
经　　销：全国新华书店

规　　格：880mm×1230mm　　1/32
印　　张：25
字　　数：650 千字
版　　次：2019 年 12 月第一版
印　　次：2020 年 4 月第二次

ISBN 978-7-5001-6081-6　　　　定价：179 元 / 套（全 5 册）

版权所有　侵权必究

中 译 出 版 社

前　言

Preface

　　世上有最难的两件事，一件是把自己的思想装进别人的脑袋，一件是把别人的钱装进自己的口袋。

　　销售，最简单的理解就是从商品或服务到货币的惊险一跃，通俗地说就是卖东西，把自己的产品推销出去，把别人口袋里的钱赚回自己的口袋。可想而知，这是一项难度很大的工作，却又是一种回报率很高的工作。

　　对于销售从业人员来说，销售工作可大可小：说小，可售卖一针一线；说大，可经营跨国集团。不过，其本质都是相同的——你的行动决定了你的报酬和收获。你可以成为一个高收入的辛勤工作者，也可以成为一个低收入的轻松工作者。这一切完全取决于你对销售工作的态度和采取的方法。

　　很多人认为销售工作很难做，收入低，甚至让人感觉没面子。其实，这就大错特错了。销售也是一种人生考验和生存方式，只是它以一种自由的、不稳定的状态存在着。它既可以让你一分钱也赚不到，又可以让你财源广进，事业亨通。

　　根据相关统计，全世界 80% 以上的富翁都做过销售工作。美国管理大师彼德·杜拉克曾经说过："未来的总经理，有 99% 将从销售人员中产生。"世界著名的华人富豪，如香港的李嘉诚、台湾的蔡万霖、王永庆等等，皆是销售员出身。比尔·盖茨在他的自传中曾经谈起他之所以会成功，不是因为他很懂电脑，而是因为他会销售。

他曾经销售软件六年之久，才开始从事管理工作。

很多大企业家在培养他们的子女成为接班人的时候，也训练他们从销售做起。并告诫他们：假如你要赚钱，就要学会销售。

世界上最伟大的销售员乔·吉拉德35岁时，跌落到最幽暗的人生谷底，"在我人生的前三十五个年头，我自认是全世界最糟糕的失败者！"走投无路时，乔·吉拉德向朋友求得汽车销售员的工作，从此便一发不可收，创造了5项汽车销售的吉尼斯世界纪录：（1）平均每天销售6辆车；（2）最多一天销售18辆车；（3）一个月最多销售174辆车；（4）一年最多销售1425辆车；（5）在15年的销售生涯中总共销售了13001辆车。

乔·吉拉德是如何获得成功的？是如何将这天下难事做得如此富有传奇色彩的？答案无外乎是他懂得销售的真谛。

那么，如何才能像乔·吉拉德一样领悟销售的真谛，练就一身非凡的销售本领呢？本书将从自信、形象、口才、心理、细节、博弈、人脉、潜规则等方面介绍一些必备的销售技能，给销售人员提升业绩提供指导和参考，以助销售人员能从中吸取营养，通过销售来改变人生。

目　录

Contents

第一章　相信自己，你就是王牌销售员

销售是勇敢者的职业

销售是勇敢者才能从事的职业。从事销售活动的人，可以说是与"拒绝"打交道的人。在现实生活中，不会有客户见到你上门来推销商品时，笑容可掬地出门相迎："欢迎、欢迎，您来得正好！真是雪中送炭！"随后便掏腰包成交。果真如此，就用不着销售员了。从你举手敲门、客户开门、与客户的应对进退，一直到成交、告退，每一关都是荆棘丛生，没有平坦之路可走。

有人把销售喻为战争，并引用一位在战争中失去一条腿的军官的话来描述"看不见的敌人"的可怕："最恐怖的是眼睛看不见的敌人。与眼睛看得见的敌人作战，心中多少有些充实感；但在密林中作战，看不见敌人，冲进去却没有抵抗，时间 5 分钟、10 分钟地过去，静谧中可怕至极。恐怖成了我心中的敌人……"

你也有两大敌人：看得见的敌人（竞争对手）和看不见的敌人（你自己）。

你在面对日复一日的拒绝时，如果没有顽强的斗志和必胜的信念，免不了会产生"受不了啦！我再也受不了啦！我不想再干啦！"的逃避思想，这就是心中看不见的敌人之一。要想战胜这种看不见的敌人，除了你自己给自己鼓气外，别无良策。

某小印刷公司推行扩大销售计划，每 6 个月雇用一名销售员。

新雇用的销售员必须先在办公室学习商品知识和谈判方法，然后跟着销售教练到现场学习，最后才能得到该公司经理接见的机会。当经理对他讲一些带有鼓励性的话时，他就等于领到了销售术的"毕业证书"。

有一年，该公司雇用了一个不成熟而且缺乏信心的年轻销售员，这位销售员在经过前两个阶段的学习后，对自己能否胜任工作一点儿把握也没有。他甚至担心经理不发给他"毕业证书"呢。

可是，那位经理在对他讲了"你能干好"之类的鼓励性的话后，说道：

"喂，你听着，我要把我想要做的事告诉你，我打算让你到大街对面的'绝对可靠的预计客户'的住处去推销。以往我也总是把新来的销售员派到那里去推销。理由很简单，因为那个老头是个买主，他什么时候都买我们的东西。但是，我要预先警告你，他是一个厚脸皮、令人讨厌、爱吵嘴而且满口粗话的人。如果你去见他，他肯定会对你大吼大叫，仿佛要把你吃掉似的。不过，你要放心，他只是叫嚷一阵而已，实际上他是不会吃你的。所以无论他说什么，你都不要介意。

"作为我来说，希望你默不作声地听着，然后说'是的，先生，我明白了。我带来了本市最好的印刷业务的商谈说明，我想这个说明对你来说，也一定是您想要得到的东西'。总而言之，他说什么都没关系，你要坚持你的立场，然后反过来讲你要说的话。可不要忘记啊，他在什么时候，都会向我们的销售员订货的。"

这位被打足了气的年轻销售员冲到了大街对面的屋里，报了自己公司的名字。在头 5 分钟里，他没有机会讲上一句话。因为那老头不停地给他讲一些无关紧要的事情，一会儿教他某种菜的吃法，一会儿又教他一些莫名其妙的英语词汇。好在这位销售员事先得到过警告，他耐心地等待暴风雨过去，最后说："是的，先生，我明白了。那么，这是本市最好的印刷业务的商谈说明，这样的商谈说明，当然是您想要得到的东西。"这样一进一退的进攻和防御大约持续了半个小时。半小时后，那个年轻的销售员终于得到了该印刷公司从未有过的最多的订货。

当他喜滋滋地把订单交给经理时，他说："您说的关于那位老人的话没错。他是一个厚脸皮、令人讨厌、爱吵嘴、满口粗话的人。可是我要对那位可爱的老人说点稍微不同的话：他真是个买主！这是我在公司任职以来获得的最大的一批订货。"

经理看了一下订单，满脸惊讶地说："喂，你搞错了吧？那个老头，是在我们遇到的对手中，最吝啬、最讨厌、爱吵架，而且是最爱说粗话的人！我们这十五年来总想让他买点儿什么东西，可是那个老头连1元钱的东西也没有买。总之，他从来没从我们这儿买过一件东西。"

那么，是什么让这位"新手"获得了这种成功呢？很显然，是经理的话让他鼓足了勇气、充满了信心。

"勇敢减轻了命运的打击"，这是古希腊哲学家德莫克利特的名言。对一个销售员来说，会常常因为不勇敢而遇到许多的销售打击，也一次次的错过了很多的销售机会。仁者无敌，智者无惑，勇者无畏。如果销售员能做到勇敢地销售，那他一定能成为一位优秀的销售人员。

树立明确的目标

销售人员作为公司的一线人员，其业绩关乎着公司的生存和发展，所以不能没有奋斗目标和行动计划，否则他的销售工作便无从下手，只能是零乱地、漫无目的地走访几家客户，这样做的成功率又会有多少？结果当然可想而知。

成功的销售员永远具有明确的目标导向，他们会有非常清楚的目标，非常详细地规划他们的行动，他们会把目标做成详细的计划。一个没有目标的销售员就如同一个想要在大雾当中射中箭靶的箭手。

所以你必须要明确地设定每个月、每个季度、每半年、每一年的收入目标，以及你必须清楚地知道营业额多少才能达到你的收入目标，同时你要把目标牢记在心中，并不断地提醒自己。

确定目标非常重要，每一个成功者都会这样告诉你。问题在于，真正这样做的人很少。如果你至今仍未这样做，至少应当试一下，不会有什么坏处。请按下面这些简单易行的规则去做。

（1）把你的目标写在纸上，这样才能增加明确度。当你写这些目标时，要尽量简明扼要，保证用眼睛一扫就能看见，不要一写就是好几页。

（2）这些目标必须是你非常渴望实现的，否则你就不会为之而努力。如果你不想拥有一艘高速船，不想买一所宽敞的房子，那你就不会为了达到这些目标而努力。目标应当是你真正想拥有的东西。

（3）你写下的目标应当很具体。如果你光写"我想挣很多钱"或"我想致富"，这样不好，因为不够具体。如果你写"我想挣10万元"，也不好，因为这样也不完整。你还需要明确你想什么时候得到它。例如，我想在未来的12个月里挣10万元。要达到这一目标，我需要每月挣8333元，即每周1923元。我每笔生意的平均金额是1940元，而我的佣金是10%，所以每次可挣194元。要达到这一目标，我需要一周做成十笔买卖，即每天两笔。现在，你的目标就具体化、好操作了。

（4）目标要现实，否则只是一场梦。如果你说"我想在这周赚100万元"，那是不现实的。目标是应该能够达到的，否则你就不会为之而努力。目标不要订得过低，也不要订得过高，要保证只有努力工作才能达到。在达到目标的过程中，你应当监督自己的行动，总结你的成绩，这样才能激励自己，取得更好的成绩。

（5）经常检查你的目标，定期更新你的目标。如果工作进展速度超过目标要求，不要松懈或停下来。相反，应当更新目标，制订更高的但必须是能达到的目标。如果工作进展速度落后于目标要求，你已无法实现目标，也不要放弃，这时，就应当检查和调整目标，使它更为现实一些，然后集中精力去实现它。

要有坚定的信念

经常有人问："要怎样做才能推销成功？""要怎样做才能成为一位推销高手？"大家都期盼有一个速成的秘方。

秘方在哪里呢？秘方在你的心中。就如同任何一位获得成功的人，在他的内心中都存在着一个坚定不移的信念，这个信念让他克服横亘在他面前的障碍、困难，这个信念让他胜过其他对手。

信念是一种认识，一种对事物的认知、认同；信念是一种情感，一种藏于内心的炽热感情；信念是一种意志，一种坚强的坚决的始终不渝。

一位记者曾访问一位退休的巴西足球教练："创造奇迹式胜利的秘诀在哪里？"教练回答说："我们的球队和其他球队一样都有最杰出的选手。对于这些一流的选手，我还能教他们什么技巧呢？他们对足球的认识，绝不会比我少一分；我懂得的也绝不会比他们多一分。我能做的唯一的事情，就是让我的球队在迎战对手前的一分钟，让他们的求胜意念达到极致。"这个创造巴西足球奇迹的秘诀，不在于知识也不在于技巧，它存在每一位选手的内心，这股心灵的力量，才是创造奇迹的关键。

马拉松选手靠着平时的磨炼，用他们的意志力战胜身体的疲惫及想要休息的渴望。马拉松选手的胜负不在体力而在意志力，因为体力的消耗已超出人体的极限。销售也是一样，你必须启用你心灵的力量，而心灵的力量来自你平日的培养。

如何培养你销售的心灵力量呢？作为一位专业销售员，你必须建立以下信念：

（1）确信自己的工作对客户有贡献

化妆品厂的老板相信他能给人们带来美丽，因而能建立全球性的企业。IBM 相信他对客户的贡献在于替客户解决问题，因而成为世界上优秀的信息处理公司。一位相信国家未来的命运掌握在他手中的小学老师，在培养国家幼苗时，可以感受到肩上那沉甸甸的责任。作为一位专业的销售员，要坚信你能给客户带来贡献。

成为专业销售员首先要确信自己能提供客户有意义的贡献。若你心中没有这种信念，你将无法成为一流的销售员。

（2）关心客户

真心诚意地关心你的客户是赢得信赖的敲门砖。信赖有如冬天里的暖流，烈日中的清风，能扫除人与人之间的隔阂。信赖在销售过程中是最活跃的催化剂，有了它，客户不再对你设下防备的栅栏；有了它，客户能坦诚地向你诉说他真正的期望，剩下的问题是你如何尽最大努力，以达成客户的期望。

（3）保持积极与热诚

积极与热诚是会传染的，你将积极、热诚传播给你的客户，同时也能将你此刻的积极与热诚传染给下一刻的你。因此，每天早上起来的第一件事就是告诉自己要保持积极与热诚。

（4）驱策自己的意志力

销售员在销售时，通常要面对 50 次以上的"不需要""没预算""不喜欢""太贵"的拒绝，才会成交一个订单。你若是没有坚强的意志，很容易就被拒绝击垮。

你必须驱策自己忠实地执行你每日的销售计划，对于你每天已计划要拜访多少新客户、拜访多少准客户，打多少预约电话，绝不替自己找理由拖延，因为专业与非专业的差别就在每天计划的执行程度如何。

许多新手销售员，都怀有要一展身手的豪情壮志。很遗憾的是，半数以上经过一个月，有的甚至一两个星期的实地推销后，他们的脸上就写满了沮丧，意志也变得十分脆弱，当初的雄心壮志及成为一流销售员的憧憬似乎破灭了。

销售和其他任何伟大的工作一样，在你尝到甜美果实、享受自得与荣耀前，会有许多挫折与困难需要你克服，能够伴随你克服艰辛疲惫的利器就是你自己在销售工作上所秉持的信念。

信念不是一种知识，不是一种理论，也不是一时的狂热，它需要慢慢培养。信念是依据过去的经验逐一证实的想法，这个想法经过愈多次的证实，就愈坚定。只有对销售目标充满必胜的坚定信念，才能成为一个优秀的销售人员。

销售从被拒绝开始

当今社会，绝大多数人对销售都抱有一种本能性的拒绝态度。不论销售人员推销何种商品，他们总是看都不看就摆手拒绝，避而远之。很多销售人员就是在这样一种环境中工作的。

销售人员一定要敢于面对"拒绝"，并且去尝试让自己与"拒绝"共舞。对一个优秀的销售员来说，他要做的应该是不断地自我激励，不断地对自己说："我行！我行！我可以！"他应该积极努力地去争取所有能够让自己远离"拒绝"的机会，让不断累积的经验成为战胜"拒绝"的武器，从而成就自己未来辉煌的事业。

日本最有名的销售员原一平曾说过一句名言："我不喜欢拒绝。可以说，我对拒绝恨之入骨，不过，我的成功离不开拒绝。"在实际的销售过程中，个人的销售能力并非天生，是要经过不断失败、反思、尝试的反复过程才能形成符合自己的销售风格，并最终取得销售的成功。

许多销售人员在遭受客户的拒绝之后，往往就会心灰意冷，转向其他的客户。但是，在了解客户常见的拒绝方式之后，你会发现，其实有很多情况下，客户的拒绝是可以避免的。

那么怎样避免呢？

（1）了解拒绝的真相

在遭受客户拒绝的时候，销售人员一定要想方设法寻找客户拒绝的真相。

首先，在客户提出拒绝的时候，作为销售人员第一个反应应当是怎样通过提问了解客户拒绝的原因。当然没有一个客户会告诉你真正的原因是什么，但是销售人员可以通过客户回答的问题了解到真正的原因，比如客户说："你的这个方案不适合我们公司的情况。"销售人员紧接着问："您可以告诉我这个方案的哪些部分不适合你们公司吗？"销售人员提出的问题越多，客户回答得就会越多，许多时候，在不知不觉中，你就已经化解了客户的拒绝。

其次，要避免快速的反应造成客户的误解。销售人员在接触客户的过程中，经常会碰到相同的拒绝方式或者原因，久而久之，在不知不觉中养成了回答同一问题的习惯，甚至在还不了解客户的真正意图之前，就迫不及待地做出解释，这会造成客户认为你并不认真听取他的问题的印象。所以，要仔细聆听客户的说明，同时，在客户提出较为尖锐和棘手的问题时，多给自己一些时间，使客户认为你是在仔细地考虑怎样帮助他解决问题。

最后，在回答客户问题的时候，尽量简洁，不要花费太多时间。如果你总是喋喋不休地讲述一个问题，客户就会认为他提出的问题切中要害，而你又很难给予很好的解决，从而降低客户对你的信心。

（2）寻找突破口

了解了客户拒绝的真相之后，事情就好办多了，这个时候，我们就可以把客户的拒绝分为两大类了，第一类是由于客户对你提供的产品或者服务了解较少而产生的拒绝；另外一类就是你提供的产品或者服务不能满足客户的需求。第一类情况比较好解决，但是有一个原则性的技巧，那就是不要告诉客户他的理解不对，这会使客户从心里感到不满。因为没有人喜欢别人说自己错了，即使他真的错了。

因此，在化解第一类情况的时候，首先要抚慰客户，采用群体认同的方式，就是大多数人的看法和他相同，然后表示自己的看法也是这样，但真正的情况不是这样的，这种方法能够很大程度的降低客户的抵触情绪，从而逐渐接受你的观点和解释。

至于第二类情况，有人会说，当客户要求的服务你无法提供，化解又有何意义呢？不过，作为销售人员，即使在这样的情况下，也需要做一些尝试，因为这是你的工作职责。大多数情况下，客户的需要可以分为多个层次和方面，在了解客户的需求之后，分析客户的需求哪一方面是重点，哪些方面相对次要。在此基础上，考察自己公司的产品和服务能否满足客户主要的需求，如果可以，那么就想方设法说服客户不要弃本逐末；如果恰好相反，就要诚实地告诉客户，我们能够提供怎样的产品和方案，从而建立诚信的印象。

总之，销售人员不要害怕被客户拒绝，更不要在被拒绝后产生受挫的感觉。只有敢于面对现实，正视现实，积极努力寻求应对之法，才能将自己训练成为一个优秀的销售人员。

销售贵在坚持

坚持不一定会成功，但要想成功就必须坚持。铁杵磨成针，不仅是因为持之以恒，而且是因为目标始终如一。同样，成功的销售也离不开坚持。

销售中有个定律，拜访8位客户，如果让你见面的话，有4位会对你的产品留下印象，有2位会有动心的感觉，有1位会选择你的产品。所以销售的关键在于三点：一是能不能挖掘更多的潜在客户，二是能不能和潜在客户见面，三是能不能打破1/8的标准。优秀的销售人员懂得坚持，坚持收集更多的潜在客户资源，坚持包装好自己的产品和说辞，坚持每天拜访一定数量的潜在客户，坚持计划和总结以提高拜访的质量。

（1）销售是持久战，不要急功近利

一位销售经理，曾经用"50－15－1"的原则来激励销售员坚持不懈地努力。所谓"50－15－1"就是指每拨打50个业务电话，只有15个有意和你交谈，这15个人里面只有1个人愿意和你成交。没有坚持不懈地努力，怎么能获得良好的业绩呢？

当客户冷冰冰地拒绝时，我们面临着极大的考验。毕竟，当顺利成交时，我们都会开心；而被拒绝时，肯定会不高兴。不断拜访，得到的却只是拒绝，但还要坚持下去，这需要勇气。有时候坚持下去很难，面对客户的无动于衷和冷淡，甚至是冷嘲热讽，以及面对不可预知的销售结果，需要我们用很强的信心去支撑。

（2）只要重复足够，就能说服客户

根据心理学原理，我们只要重复足够的次数，就能说服客户。广告之所以能对人产生那么大的影响力，也与此有关。请记住：客户的第一次拒绝，并不是真正的拒绝，我们应相信重复的力量，只要重复足够的次数，就一定可以说服客户。

一位销售员想推销一件工具给一个包工头，拜访多达20次，每一次都没有成交。

"年轻人，既然我从来不买，我搞不懂，你为什么总是不停地来拜访我呢？"包工头无奈地说。

"这就是我反复来的原因。我将不断地回来，直到你买了为止，因为我知道你需要这件工具。"销售员说。

包工头不再拒绝，他说："够了，我就先从你这里购买一份小批量的吧！看来我已经没有选择的余地了。"

事实上，包工头确实需要并正在使用这种工具。

实践证明：凡是在工作中特别有用的东西，仅仅靠纯粹的重复就能在较量中取胜。而且，重复还可以在精神上对潜在客户造成压力，给对方一种"非买不可、没有选择"的感觉。

（3）一次次把好处说够，把痛苦说透

购买是一个"追求快乐、逃避痛苦"的过程。因而，促成销售的一个很重要的原则就是要"把好处说够，把痛苦说透"。然而，从心理学的角度上讲，一个好处的产生，要让客户感受出来才行，这样才能产生购买的动力。我们仅仅告诉客户这些好处还不够，必须重复这些好处，1次、2次、3次，这样才能对他的潜意识产生影响力，而我们的潜意识力量要比意识力量大3万倍以上。所以说，当你不断地重复灌输时，客户的购买欲望会增大。

日本销售大师原一平每次在推广保险的时候，都会讲一个因没有购买保险而发生意外和死亡的悲痛故事，他的真情感动得客户流下泪水，这时他便说道："我真的不希望这样的故事发生在我遇到的每一个人身上，我有责任去帮助他们，我出售的不是保单，我出售的是爱和保障。"

除以上关键的三点，销售人员要坚持的还有很多，具体要靠自己去摸索、去体验、去把握。马云有句话说得好："今天很残酷，明天更残酷，后天很美好，但绝对大部分人是死在明天晚上，所以每个人不要放弃今天。"那些成功的销售人员，大都养成了坚持的好习惯。

保持对销售的热情

热情，即一种精神状态，一种对工作、对事业、对顾客的炽热感情。爱默生曾说过："缺乏热情，就无法成就任何一件大事。"

热情是销售成功需要的最基本的情感，没有热情就没有销售。一个销售人员如果缺乏热情、面无表情，谁愿接近他？谁愿意购买他的产品或接受他的服务？

热情会使人感到亲切和自然，能够缩短与客户之间的距离，能赢得客户的好感和认可。销售就是要把热情传递给对方。销售员要销售产品，更要销售自己的热情，要把自己对产品的热情传递给客户，让这种情感占据客户的大脑和心灵，如果能做到这一点，产品自然会销售出去。

人的情绪是会被感染的。人们喜欢与能改变他们情绪状态的人打交道，你要想让客户接受你，喜欢你，就必须调动客户的情绪，要想调动客户的情绪，你必须有足够的热情。你充满热情，客户才会从你充满热情的眼神里，从你感动人心的行动中，感受到你的热情。通过热情散发出来的真诚与自信会打动客户，感动客户。这个世界上没有谁能够拒绝一个热情的人，客户当然也不会。

南非的一位销售员运用了热情的原则，和一个暴躁难缠的客户建立了生意往来。他是一家出租起重机给承包商的公司代表。这个被他称之为"史密斯先生"的客户总是非常粗鲁无礼，经常会大发脾气，见了两次面史密斯都拒绝听他的解说，但是他还是鼓起了勇气，准备再见史密斯一次。

他说出了经过："他又在发脾气，站在桌子前面向另一个销售员大声吼叫。史密斯先生脸红得像番茄一样，而那个可怜的销售员正浑身抖个不停。我不愿意让这种情景吓倒我，我决心表现出我的热情。下面就轮到我了，他大叫'下一个'。我走进他的办公室，他粗声粗气地说：'怎么又是你。你要做什么？'在他继续说下去之前，我先露出微笑，大多数销售员说话的声音都带着颤抖，而我则以平静的声音和最热情的态度对他说：'我要将所有你要的起重机租给你。

"他站在办公桌后面十五秒钟没有说话。并以很不解的眼光看着我，然后说：'你坐在这里等我。'他在一个半小时以后回来，招呼我说：'唔！你还在这里？'我告诉他我有非常好的计划提供给他，因此我必须在向他介绍了这个计划之后才会离开。结果我们订了一年的合约，每个月金额达到 75000 南非元，而且以后还可能做更多的生意。"

微软总裁比尔·盖茨说："要想获得这个世界上的最大奖赏，你必须拥有最伟大的开拓者所拥有的将梦想转化为全部有价值的献身热情，以此来展现和销售自己的才能。"

热情是销售员最重要的品格之一，据有关部门研究，产品知识在成功销售的案例中只占 5%，而热情的态度却能占到 95%。只有自己满怀热情，才能更好地完成任务。

世界寿险销售高手弗兰克·贝格说："我一直深信热忱是销售成功的最大要素，也是唯一要素。"成功与失败取决于你的热情。销售员要用自己的热情感染客户，让你的客户体验到你的热情，而且享受你的热情，让客户觉得如果不接受你的产品就似乎对不起你这一片热情，这样你的销售就成功了。"没有热情，任何伟大的事业都不可能成功。"热情能温暖人心，融化客户的冷漠拒绝，唤起客户的信任；热情能使销售员充满自信，激励斗志，发挥潜能，超越自我。

相信自己，你就是王牌销售员

自信，具体来说是这样一种心态：你相信自己的选择是正确的，你相信自己的能力是出众的，你相信自己一定会成功。

对于销售人员来说，自信是尤其重要的。因为，你不可能每一次销售都会成功。你的失败概率可能很多；不可能所有的老板都赏识你，都给你机会；不可能所有的顾客都会欣然接受你的销售。所以，面对无数次的挫折、失败，你必须要有足够的自信心。

要成为一名优秀的销售员，首先要坚持对自己有信心，相信自己就是无往不胜的王牌销售员。如果连自己都没有信心，连自己都说服不了自己，又怎么能说服顾客、感染顾客来购买你的产品呢？

成功的销售人员的显著特征是，他们无不对自己充满极大的信心，他们无不相信自己的力量，他们无不对自己的未来充满信心。而那些没有做出多少成绩的销售员，其显著特征则是缺乏信心，正是这种信心的丧失使得他们卑微怯懦、唯唯诺诺。

自信是销售人员最不可缺少的一种心态。那么，该如何培养自信心呢？

（1）要有一个全面的自我认识和正确的自我评价。这里的自信，不是盲目的自信，不是超越自我现实的自信，而是在自我认识和自我评价的基础上建立起来的自信。销售人员培养自信心首先要做的事，就是全面而深入地了解自己的各个方面，包括个性、兴趣、特长、知识水平、实际能力、价值观念及过去的成功经验和失败教训等。然后，对各个方面进行分析、比较、判断，弄清自己的长处和短处、优势和劣势、稳定因素和非稳定因素、现实方面和潜在方面等，并将这些方面同自己的销售工作联系起来综合考虑、全面衡量，作出正确、客观的自我评价。

（2）要克服自卑心理和畏惧情绪。缺乏自信的销售人员，要么是自卑心理很重，认为自己什么都不行，甚至觉得自己根本不适合做销售工作；要么就是有畏惧情绪，"怕"字当头，怕销售干不好，怕顾客拒绝，怕商品卖不出去。自卑感和畏惧情绪严重阻碍了自信心的确立，应该加以消除。

心理实验表明，越是惧怕的事情往往越容易发生。销售人员要培养自信心，必须消除畏惧情绪和恐惧心理，以一种超然的姿态正确对待销售工作中所遇到的问题和困难。问题未出现，要变担忧顾虑为采取积极措施防患于未然；一旦碰到挫折和失败，要勇敢地面对它，从失败中总结教训，从失败中看到成功的希望，失败是暂时的，失败仅仅出现在某次行为或某件事上。对于一名优秀的销售员来说，他内心永远没有失败的阴影，只有充分的自信、必胜的信念。

（3）要在销售实践中加强心理训练，克服不良心理习惯。销售人员要培养自信心，就应在销售实践中不断加强自我心理训练。心理训练的一种有效方法是自我暗示，销售人员可在销售实践中经常进行积极的自我心理暗示，逐步增强自信心。

应该指出的是，培养自信心的心理训练是在销售实践中进行的，离开销售实践只靠头脑、单凭心理活动是难有成效的。熟悉了销售业务、积累了经验、提高了能力，自信心才会产生。从这种意义上讲，销售人员的自信心是在不断吸取销售经验和逐步做到办事胸有成竹的过程中建立起来的，是在销售实践中通过刻苦努力一步步培养起来的。

第二章　仪表堂堂，先将自己销售出去

微笑的魅力

卡耐基说过："笑是人类的特权。"微笑是人的宝贵财富，微笑是自信的标志，也是礼貌的象征。人们往往依据你的微笑来获得对你的印象，从而决定对你的态度。只要人人都献出一份微笑，处理事情将变得轻松自如，人与人之间的沟通将变得十分容易。

威廉·史坦哈已经结婚 18 年多了，在这段时间里，从早上起床，到他要上班的时候，他很少对自己的太太微笑，或对她说上几句话。史坦哈觉得自己是百老汇最闷闷不乐的人。

后来，在史坦哈参加的继续教育培训班中，他被要求以微笑的经验发表一段谈话，于是他决定亲自试一个星期看看。

现在，史坦哈要去上班的时候，他会对大楼的电梯管理员微笑，说一声"早安"；他会微笑着跟大楼门口的警卫打招呼；他对地铁的检票小姐微笑；当他站在交易所时，他对那些以前从没见过自己微笑的人微笑。

史坦哈很快就发现，每一个人也对他报以微笑。他以一种愉悦的态度，来对待那些满腹牢骚的人。他一面听着他们发牢骚，一面微笑，于是问题就容易解决了。史坦哈发现微笑带给了自己更多的收入，每天都有更多的收入。

史坦哈跟另一位经纪人合用一间办公室，对方的一位职员是个很讨人喜欢的年轻人。史坦哈告诉那位年轻人自己最近在微笑方面的体会和收获，当初我并声称自己很为所得到的结果而高兴。那位年轻人承认说："当初我跟您共用办公室的时候，我认为您是一个不苟言笑的人。直到最近，我才改变看法：当您微笑的时候，脸上充满了慈祥。"

的确，微笑不但能带给自己自信，也会带给别人快乐。一个人的面部表情能体现出他的大致心态。观其面，知其心。对于一个销售人员，面部表情就显得尤为重要。有人曾经做过这样的调查，在同一个行业，几个同样的店面，其货品的摆放和种类都差不多，店内售货员的年龄、长相、穿着打扮也相差无几，可是唯有笑脸相迎的售货员所在的店面生意最好。

家以和为贵，业以品为存。对于销售人员而言，微笑是公关最有效的武器。令人感到温暖而又愉快的笑容会带来明显的经济效益。一位著名的企业家说："我宁愿雇一个连中学文凭都没有但是有可爱笑容的女孩子，也不愿意雇一个板着陪审员一样面孔的哲学博士。"微笑的魅力可见一斑。寿险推销明星陈明利也说："不管我认不认识，当我的眼睛一接触到别人时，我会要求我自己先对对方微笑。"微笑是销售人员成功的秘密武器，因为微笑可以拉近彼此之间的距离，增强亲和力，消除对方的抗拒。微笑可以使你随和，可以使别人喜欢你，所以，一流的销售人员经常都是面带微笑。

微笑是一把神奇的钥匙，可以打开心灵的幽宫，它的光芒，照耀了周围的一切，给周围的气氛增添了温暖。微笑能使陌生人感到亲切，使朋友感到安慰，使亲人感到愉悦。微笑，也是亲近客户的媒介。一个真诚的微笑，会让人感到你的平易近人。销售人员面带微笑，客户就有了宾至如归之感。

当然，微笑必须发自内心，否则就会让人觉得你是皮笑肉不笑，不真诚，虚情假意。你可以通过想象一些开心的事情，让自己露出真诚的微笑。那么，我们应该如何让销售员做到微笑服务呢？

第一，微笑只有发自内心才会打动人。我们经常以微笑相见，因为微笑是爱的开端。我们想要做到爱我们的客户，就要从微笑开始。要用爱和微笑感动客户。要把客户当成自己的朋友，要微笑着为他们做些什么，想他们所想，急他们所急。在微笑中去了解他们的需求，在微笑中去感知他们的心，与他们产生共鸣。

第二，要有一颗"我工作所以我快乐"的心，让客户分享你的快乐！销售人员工作辛苦众所周知，但从另一个角度去想，如果喜欢就没有什么不可以。

第三，让你的微笑更加完美。要做最好的自己，就要展现自己微笑的魅力，努力不懈地追求进步，让自己的笑容更加完美动人。

微笑是全世界通用的语言，像一股甘泉，是一种高尚的表情，它永远是生活里的阳光。如果我们的销售人员都能用真诚的微笑面对客户，那还用担心客户会不满意吗？甜美而真诚的微笑是可以通过练习得到的。一家航空公司这样训练空中小姐微笑：用一张纸挡住下半张脸，只露出眼睛，对着镜子观察你是否能给对方微笑的感觉。多数人让别人感觉不到他在笑，因为他只是嘴巴机械地动一动，而他的眼睛和面部其他的肌肉没有变化。俗话说"眉开眼笑，嘴角上翘"，眼睛是心灵的窗口，微笑最传神的也是眼睛，要让你的眼睛笑起来，这样的笑才最有感染力、最传神。分布在眼睛周围的肌肉在内心真正幸福时会有反应，使眼睛放出愉悦的光彩。这种微笑有着感人的力量，会让别人无法抗拒。

一名优秀的销售人员，一定是会把微笑送给别人、把快乐带给自己的人。

名片的巧妙使用

名片，是现代人进行交往联络的一种基本工具。当今社会，人际交往频繁，不分行业职位，不分白领蓝领，使用名片广泛。对销售员来说，更是如此。名片是个人身份的证明、自我推介的媒体，能起到结交朋友、增进了解、拓展业务、联络感情的作用。人们在各类场合与他人进行交际应酬时，倘若离开了名片或者不善于使用名片，往往直接妨碍彼此之间的沟通，而且还有可能导致个人形象受损。

一天，保险业务员小王去拜访一位绰号叫"老顽固"的知名企业老板，他双手递上名片，自我介绍后，老板总是推三阻四，装忙瞎应，小王只好离开，并表示改天再来拜访。

走出门口时，小王下意识回头，突然看见自己的名片被撕掉丢进了垃圾桶，小王感到非常生气，回去对那位老板说："先生，对不起，如果您不打算买保险的话，可以请您把名片还给我吗？"

老板没料到他竟然会回来要名片，有些心虚却故作镇定问："为什么？"

"没特别原因，因为上面有我的名字和公司名称，您大概不需要，我想要回来。"

空气凝结数秒，老板从抽屉拿出十元硬币，交给小王说："十元给你，算是我赔偿你名片的费用。"

小王很想把那枚硬币砸在他脸上，但还是忍住了，微笑着伸手接下，然后再抽出一张名片给这位老顽固老板："董事长，十元可以买两张名片，我跟贵公司一样都不希望自己的名片被丢到垃圾桶，希望您珍惜这张名片，或许对您有帮助。"

说完，小王头也不回，转身离去。没想到隔天竟接到这位董事长的电话，他打算请自己帮全公司员工购买保险。

名片是一个人身份的象征，当前已成为人们社交活动的重要工具。对销售员来说，如何交换名片不但是其个人修养高低的一种反映，而且是对客户尊重与否的直接体现。因此，使用名片要讲究社交礼仪。

（1）名片的递送

向对方递名片时，销售人员应面带微笑，注视对方，将名片正面对着对方，用双手的拇指和食指分别持握名片上端的两角送给对方。如果此时销售人员是坐着的，应当起立或欠身递送，递送时说一些"我叫×××，这是我的名片，请笑纳""这是我的名片，请您收下"之类的客套话。

另外，销售人员在递送名片时要注意：地位低的人先向地位高的人递名片；男性先向女性递名片；当面对许多人时，应先将名片递给职务较高或年龄较大者，如分不清职务高低或年龄大小时，则可先和自己对面左侧方的人交换名片。名片的递送应在介绍之后，在尚未弄清对方身份时不应急于递送名片，更不要把名片视同传单随便散发。在递送时还要不卑不亢。

（2）名片的接收

当销售人员接收他人递过来的名片时，应尽快起身，面带微笑，用双手拇指和食指接住名片下方的两角，并说"谢谢""能得到您的名片，深感荣幸"等。随后有一个微笑阅读名片的过程，阅读时可将对方的姓名职衔念出声来，并抬头看看对方的脸，使对方产生一种受重视的满足感。名片接到后不能随便乱放，当对方递给你名片之后，如果自己没有名片或没带名片，应当首先向对方表示歉意，再如实说明理由。在对方离去之前，或话题尚未结束，不必急于将对方的名片收起来。

在销售中，名片是销售员与客户沟通的桥梁，学会使用名片，它将是你进入客户心扉的通行证。

得体的着装

在销售活动中，最先映入顾客眼帘的是销售员的衣着服饰。一般来说，衣着打扮能直接反映出一个人的修养、气质和情操。穿戴整齐、干净利落的销售员容易赢得顾客的信任和好感；而衣冠不整的销售员会给顾客留下办事马虎、懒惰、糊涂的印象。

服饰对销售员而言，可以说是销售商品的外包装。产品的外包装如果粗糙，里面的商品再好，也容易被人误解为是廉价的商品。正所谓"人要衣装，佛要金装"。因此，你要从穿着打扮和调整外表着手，从头到脚，处处注意你的形象。

不论是与客户的会面沟通，还是在能够接触客户的各种社交场合，注重个人着装能体现仪表美，增加社交魅力，给客户留下良好的印象。销售人员应该注重着装，要将衣着的得体当作事业成功的基本素养。销售人员的着装应该与具体的环境相适应，与客户会面的时间、地点以及目的保持协调一致。着装原则主要包括以下几点：

（1）穿着规范。服装要保持清洁，并熨烫平整，鞋面要光亮，整体上给人以衣冠整洁、庄重大方的感觉。整洁并不完全为了自己，更是尊重他人的需要。

（2）符合身份。要符合自身的身份、年龄。在商务场合，如果忽视自己的社会角色而着装不当，很容易造成别人对你的错误判断，甚至会引来误解。比如艺术家在正式场合着装也可以不拘一格；而官方人员代表政府出席某些正规场合，就应该穿得传统或保守些，以示庄重。

（3）美化体型。每个人的高矮胖瘦各不相同，因此着装意识应有所区别。我们要借助服饰掩盖体形的某些不足，创造出一种身材美妙的视觉效果。身材高大的人切忌穿太短的上装，色彩宜选择深色、单色为好；较矮的人上衣不要太长、太肥，裤子不能太短，裤腿不要太大，服装色彩宜稍淡、明快柔和，上下色彩一致可造成修长之感。服装款式宜简洁，较胖的人不能穿太紧身的衣服，衣服领以低矮的"V"形领为最佳，在颜色上以冷色调为好，忌穿横条纹、大格子或大花的衣服；偏瘦的人不要穿太紧身的衣服，服装色彩尽量明亮柔和，太深太暗的色彩反而更显瘦弱。可穿一些横条、方格、大花图案的服饰，以达到丰满的视觉效果。

（4）注重场合。按人们出席的场合，服装可分为三大类，即工作装、社交装与休闲装。工作装即人们在上班时或工作中穿着的服装；社交装即人们在参加正式的社交活动时穿着的服装，如出席宴会、舞会，看演出等；休闲装即人们在以上两种场合以外的时间或场合穿着的服装。其中，工作装和社交装统称正式服装，也叫正装。休闲装也叫非正式服装，所以我们要注意衣着与场合的协调。无论穿戴多么华丽，如果不考虑场合，就会被人耻笑。在与客户沟通时的着装更要顾及对方的传统和习惯，特别是异国风俗。

（5）注意时段。遵守不同时段着装的规则对女士尤其重要。男士出席各类活动有一套质地上乘的深色西装或中山装足矣，而女士的着装则要随一天时间的变化而变换。出席白天活动时，女士一般可着职业正装，而出席晚5点到7点的鸡尾酒会就需多加一些修饰，如换一双高跟鞋，戴上有光泽的佩饰，围一条漂亮的丝巾。出席晚7点以后的正式晚宴等，则应穿中国的传统旗袍或西方的晚礼服。

（6）遵守规定。重大的宴会、庆典和会见等比较正式和隆重的场合，尤其是涉外活动，组织者所发请柬上如注有着装要求，参加者就应按规定着装。即使组织者没有提出具体的着装要求，参加者也应穿着较正式的服装。在我国，男士较正式的服装为上下同色同质的毛料中山装、西装或民族服装等，女士可穿各式套装、民族服装、旗袍或连衣裙等。

不容忽视的仪态

一个人的举手投足、言谈举止甚至卫生习惯，不仅能充分体现出一个人的风度，还能真实地透射出一个人的素质修养、文化内涵等内在气质。

对销售人员来说，拜访客户时除了要注意自己的个人形象外，还必须注意自己的行为举止，务必做到举止高雅、落落大方，遵守一般的进退礼节，尽量克服各种不礼貌或不文明的行为。这对销售员来说很重要，因为客户是不会接受一个举止粗俗无礼的保险销售员的，即使他的产品很好。

莎士比亚曾说："诚恳的举止态度，往往能感动他人，使他变得和你一样真诚。"因此销售员的举手投足、音容笑貌、行为态度决定着销售人员的成功与失败。良好的行为举止、自信的仪表风度可以助您成功。

行为举止是一种无声的语言，是一个人的性格、修养和生活习惯的外在表现。作为销售人员，你的行为举止，直接影响着客户对你的评价，因此一定要养成良好的习惯，在客户面前要做到举止高雅，大方得体。

（1）站姿。古人云：站如松。现代职场，倒也不必站得那么严肃。男士主要体现出阳刚之美，抬头挺胸，双脚大约与肩膀同宽站立，重心自然落于脚中间，肩膀放松。女士要体现出柔和和轻盈之美，丁字步站立。

（2）交谈。谈话时，要面对对方，保持一定的距离。尽量保持身体的挺直，不可歪斜。依靠着墙壁、桌椅而站；双腿分开的距离过大、交叉，都是不雅观和失礼的行为。手中也不要玩弄物品，那样显得心不在焉，是不礼貌的行为。

（3）坐姿。入座要轻而稳，女士着裙装要先轻拢裙摆，而后入座。双肩平正放松，两臂自然弯曲放在膝上，也可放在椅子或沙发扶手上。双膝自然并拢，双腿正放或侧放。至少坐满椅子的2/3，脊背轻靠椅背。起立时，右脚向后收半步而后起立。

（4）行走。靠道路的右侧行走，遇到同事、主管要主动问好。在行走的过程中，应避免吸烟、吃东西、吹口哨、整理衣服等行为。上下楼梯时，应长者、女士先行。多人行走时，注意不要因并排行走而占满路面。

（5）递接物品。递接物品的基本原则是举止要尊重他人。如双手递物或接物时要体现出对对方的尊重。如果在特定场合下或东西太小不必用双手时，一般要求用右手递接物品。

（6）目光交流。与他人交往时，少不了目光接触。正确的运用目光，可以塑造专业形象。根据交流对象与你关系的亲疏、距离的远近来选择目光停留的时间或注视的区域。关系一般或第一次见面、距离较远的，可以看对方的额头到肩膀的这个大三角区域；关系比较熟、距离较近的，可以看对方的额头到下巴这个三角区域；关系亲昵的、距离很近的，则注视对方的额头到鼻子这个三角区域。分清对象，对号入座，切勿弄错！每次目光接触的时间不要超过三秒钟。

此外，对于销售人员来说，也应处处注意细节，杜绝一些不礼貌的小动作，要完美地展现我们的声音、我们的体态，知道如何用礼貌的语言称呼与客户沟通，这是一个优秀销售员应该具备的基本素养。哪些不礼貌的行为我们应该避免呢？

（1）当众频频看表。如果没有要事在身，在别人面前尽量不看或少看自己的手表，否则会给别人造成一种急于脱身的误解，这是很不礼貌的行为。

（2）当众打哈欠。在交际场合，打哈欠给对方的感觉是：对他不感兴趣，很不耐烦了。因此，如果控制不住要打哈欠，一定要马上用手盖住嘴，跟着说"对不起"。

（3）在公共场合抖腿。有的人坐着时会有意无意地颤动双腿，或是让跷起的腿来回晃动。其实，这是不文明的表现，也是不优雅的行为，一定要改正。

（4）当众嚼口香糖。有些人整天嚼口香糖，嚼的时候不断地发出声音，这也是一种缺乏修养的表现。如果我们必须嚼口香糖来保持口腔卫生，那么就应当注意在别人面前的形象。咀嚼的时候要闭上嘴，不能发出声音，应把嚼过的口香糖用纸包起来，然后扔到垃圾箱里。

（5）当众挖鼻孔或掏耳朵。有的人喜欢当众挖鼻孔或掏耳朵，这种不雅的小动作往往会令旁观者感到非常恶心。如果一定要做这些，那么就应在浴室或家里，在没有人看到的时候做。

（6）当众搔头皮。有些头皮屑多的人，往往在公众场合忍不住头皮发痒而搔起头皮来，顿时皮屑四扬飞散，特别是在庄重的场合，这样做是很难得到别人的谅解的。在公众场合，头皮屑落在衣服上是很不雅观的，必须适时注意用手掸干净。

握手礼仪必知

握手在日常生活中，是一种经常使用的礼节，不仅常用在人们见面或告辞时，更可作为一种祝贺、感谢或相互鼓励的表示。

尽管对绝大多数人而言，握手只是两个人之间双手相握的一个简单动作，然而在握手礼的背后，对于握手的时机、握手的顺序、握手的具体方法等，都有着很大的学问。销售人员应当引起重视。

（1）握手的顺序

在交际场合，握手时伸手的先后顺序讲究颇多，一般的顺序是等女士、长辈、已婚者、职位高者伸出手来之后，男士、晚辈、未婚者、职位低者方可伸出手去呼应。若后者"先下手为强"，抢先伸出手去，却得不到前者良好的回应，场面会令人难堪。朋友和平辈之间则不用计较谁先伸手，一般谁伸手快，谁更为有礼。另外，在祝贺对方，宽慰对方，或表示谅解对方的场合下，应主动向对方伸手。

有客来访时，主人应先伸手，以表示热烈欢迎。告辞时等客人先伸手后，主人再伸手与之相握，才合乎礼仪，否则有逐客的嫌疑。

在公共场合，如果你需要与之握手的人士较多，应注意握手的顺序，先同性后异性，先长辈后晚辈，先已婚者后未婚者，先职位高者后职位低者。也可以由近及远地依次与之握手。需要提醒的一点是，男士和女士之间，绝不能男士先伸手，这样不但失礼，而且还有占人便宜的嫌疑。

（2）握手的时机

关于握手的时机，这是一个十分复杂而微妙的问题，它通常取决于交往双方的关系、现场的气氛，以及当事人个人的心情等多种因素。不必握手的场合通常有：对方手部负伤；对方手部负重；对方手中忙于他事，如打电话、用餐、喝饮料、主持会议、与他人交谈等等；对方与自己距离较远；对方所处环境不适合握手。

（3）握手的具体方法

握手时，距离受礼者约一步，上身稍向前倾，两脚立正，伸出右手，四指并拢，拇指张开，与受礼者握手。要避免掌心向下握住对方的手，因为这显示着一个人强烈的支配欲，等于无声地告诉别人，他此时处于高人一等的地位，所以我们应尽量避免这种傲慢无礼的握手方式。相反，掌心向里同他人的握手方式则显示出谦卑与毕恭毕敬，如果伸出双手去捧接，则更是谦恭备至了。平等而自然的握手姿态是两手的手掌都处于垂直状态，这是一种最普通也最稳妥的握手方式。

握手时双目应注视对方，微笑致意或问好。

在任何情况下拒绝对方主动要求握手的举动都是无礼的，但手上有水或不干净时，应谢绝握手，同时必须解释并致歉。

如果是戴着手套，握手前要先脱下手套。若实在来不及脱掉，应向对方说明原因并表示歉意。不过在隆重的晚会上，女士如果是穿着晚礼服，长手套则可不必脱下。

总之，握手是见面时最常见的礼仪。行握手礼是一个并不复杂却十分微妙的行为。作为一个细节性的礼仪动作，做得好，它对销售人员拉近与客户的距离有显著的作用；做得不好，就会显现出它对销售的负面效果。销售人员一定要引起足够的重视。

电话礼仪必知

电话是一种常见的通讯、交流工具，接打电话的礼仪是公共关系礼仪的重要内容。接打电话不仅成为一种便捷的通信手段，而且成为人们日常生活中重要的交际方式。因此，它在现代通讯礼仪中的作用也就逐渐明显。

关于电话礼仪，有"电话形象"这一说法。这是指人们在通电话整个过程之中的语音、声调、内容、表情、态度、时间等的集合。它能够真实地体现出个人的素质、待人接物的态度以及通话者所在单位的整体水平。

由于电话形象在人际交往中发挥着重要的作用，销售人员有必要在使用电话时注意维护自身的电话形象，维护公司的电话形象。为了正确地使用电话，树立良好的"电话形象"，销售人员应遵循接打电话的礼仪规范。

（1）拨打电话的礼仪

选好通话的时间。拨打电话，首先要考虑在什么时间最合适。如果不是特别熟悉或者有特殊情况，一般不要在早7点以前、晚10点以后打电话，也不要在用餐时间和午休时打电话，否则，有失礼貌，也影响通话效果。

礼貌的开头语。当对方拿起听筒后，应当有礼貌地称呼对方，亲切地问候"您好"。只询问别人，不报出自己的姓名是不礼貌的。如果需要讲的内容较长，可问："现在与您谈话方便吗？"

用声调传达感情。讲话时语言流利、吐字清晰、声调平和，能使人感到悦耳舒适。再加上语速适中、富于感情、热情洋溢，使对方能够感觉到你在对他微笑，这样富于感染力的电话，一定能打动对方，并使其乐于与你对话。

有所准备，简明有序。如果要谈的内容较多，可在纸上列出。尤其是业务电话，内容涉及时间、数量、价格，有所记录是非常必要的。

电话三分钟原则。在正常的情况下，一次打电话的全部时间，应当不超过3分钟，除非有重要问题必须字斟句酌地反复解释、强调，一般在通话时都要有意识地简化内容，尽量简明扼要。通话不超过 3 分钟的做法又称打电话的"3 分钟原则"，它是所有商务人员都要遵守的一项制度。一般来讲，在打电话时要贯彻"3 分钟原则"，主要的决定权在发话人手里，因为在通话时先拿起、先放下话筒的通常都是发话人。在通话时，切忌没话找话、不谈正题、东拉西扯，更不要在电话里跟别人玩"捉迷藏"，说什么"你猜猜我是谁""你知道我在哪儿""想知道我在干什么吗""不想问一问还有谁跟我在一起吗"等。为了节省通话时间，不但通话时要长话短说，而且在拨打电话时，也要少出或不出差错。需要总机接转时，应主动告知分机号码，不要等人家询问。若不知分机号码，则应提供受话人的部门和姓名。若对此不清楚，则最好不要去麻烦话务员。

礼貌的结束语。打完电话，应当有礼貌地寒暄几句"再见""谢谢""祝您成功"等恰当的结束语。

（2）接听电话的礼仪

及时、礼貌地接听电话。电话铃响了，要及时去接，不要怠慢，更不可接了电话就说"请稍等"，撂下电话置之不理。如果确实很忙，可表示歉意，说："对不起，请过 10 分钟再打过来，好吗？"

在正式的商务交往中，接电话时拿起话筒所讲的第一句话，也有一定的要求，常见的有三种形式。第一种是以问候语加上单位、部门的名称以及个人的姓名，例如，"您好！大地公司销售部刘洋。请讲。"第二种是以问候语加上单位、部门的名称，或是问候语加上部门名称。它适用于一般场合，例如："您好！大地公司销售部。请讲。"或者："您好！办公室。请讲。"它主要适用于由总机接转的电话。第三种是以问候语直接加上本人姓名。它仅适用于普通的人际交往。例如："您好！余文。请讲。"需要注意的是，在商务交往中，不允许接电话时以"喂，喂"或者"你找谁呀"作为"见面礼"。特别是不允许开口就毫不客气地查对方的"户口"，一个劲儿地问人家"你是谁"或"有什么事儿呀"。

自报家门。自报家门是一种于人方便、自己方便，且节约时间、提高效率的好方式。

认真倾听，积极应答。接电话时应当认真听对方说话，而且不时有所表示，如"是""对""好""请讲""不客气""我听着呢""我明白了"等等，或用语气词"唔""嗯""嗨"等，让对方感到你是在认真听。漫不经心、答非所问，或者一边听一边同身边的人谈话，都是对对方的不尊重。

认真清楚地记录。在电话中传达有关事宜，应重复要点，对于号码、数字、日期、时间等，应再次确认，以免出错。随时牢记 5W1H 技巧，所谓 5W1H 是指：When（何时），Who（何人），Where（何地），What（何事），Why（为什么），How（如何进行）。在工作中这些资料都是十分重要的，对打电话、接电话具有相同的重要性。电话记录既要简洁又要完备，这有赖于掌握 5W1H 技巧。

友善对待打错的电话。如果对方打错了电话，应当及时告之，口气要和善，不要讽刺挖苦，更不要表示出恼怒之意。正确处理好打错的电话，有助于提升组织形象。

巧问对方姓名。如果对方没有报上自己的姓名，而直接询问上司的去向，应礼貌、客气地询问对方："对不起，您是哪一位？"

礼貌地挂断电话。挂电话一般由上级、长辈先挂，双方职级相当时，一般由主叫方先挂。挂断电话前的礼貌不可忽视，要确定对方已经挂断电话，才能轻轻挂上电话。

总之，电话销售的礼仪有很多要注意的地方，其中的细节需要销售人员用心去体会和改善，以最大的可能促成生意的成交。

销售中的言谈礼仪

销售是一门沟通的艺术。对于销售人员来说，口才非常重要，注意言谈礼仪更重要。销售过程中对礼仪的正确运用，不仅能塑造销售人员完美的个人形象，还会给客户留下良好的第一印象，帮助销售人员在销售开始之前就赢得客户的好感，更能帮助销售人员从细节上区分客户的心理，从而做出适当的回应。

1. 礼貌用语要时时挂嘴边。

我们的销售人员无论什么时候与客户交谈，都要讲文明、讲礼貌。要做到这一点，就务必要牢记，把"请"和"谢谢"等人际交往中的礼貌金句常挂嘴边。

2. 尽量说让客户感觉亲切、舒服的语言。

如果客户讲方言，而你又正好熟悉他所讲的方言，就可以用方言与客户交谈，这样既能使气氛融洽，又能拉近双方的心理距离，增进双方的感情。当然，如果不熟悉客户的方言也没关系，那你就用普通话交谈，千万不要自作聪明地用蹩脚的方言与客户谈话，因为不地道的方言可能会在沟通中造成误会。若是同时有多人在场，又并非所有的人都讲同样的方言，那最好、最保险的就是用普通话交流，千万不要旁若无人地与其中某一位讲方言，让其他人不知所云，令气氛尴尬。

3. 沟通中多用通俗的语言。

古人云："阳春白雪，和者必寡；下里巴人，和者必多。"通俗易懂的语言才容易被大众接受。所以，作为销售人员，如果你能较多地使用通俗化的语句，少用书面化的语句，就能与客户更显亲近。反之，如果故意咬文嚼字或使用深奥的专业术语，会令客户感到费解，这样不仅不能与客户顺利沟通，还会在无形之中拉开你与客户之间的距离。

4. 要把握说话的分寸。与客户交谈时，一些销售人员说到高兴时会忘乎所以、口无遮拦。要知道，这不但不礼貌，还有损你的专业形象。切记，在交谈中，一定要小心避开那些敏感的"雷区"。

（1）忌质问客户。销售人员与客户沟通时，要理解并尊重客户的思想与观点，切不可采取质问的方式与客户谈话，这是一种不懂礼貌的表现，会严重伤害客户的感情和自尊心。

（2）忌与客户争辩。销售人员时刻要记得，与客户争辩解决不了任何问题，只会招致客户的反感。如果在与客户沟通的过程中，销售人员和客户发生激烈的争论，那么即使最后是销售人员占了上风，赢得胜利，那也是失败。因为这会让销售人员失去客户，丢掉生意。

（3）忌命令客户。销售人员在与客户交谈时，要用征询、请教的口气与客户交流，切不可采用命令和批示的口吻与客户交谈，否则，就是一种十分无礼的表现。销售人员要记住，客户是上帝，你无权命令客户。

（4）忌独白抢话。销售人员在与客户谈话时要鼓励对方讲话，通过客户表露的内容，我们可以大致了解客户的基本情况，这对我们之后的销售工作有很大的好处。切忌销售人员一个人独白抢话，这是很失礼的。

（5）忌太过直白。俗语道："打人不打脸，揭人不揭短。"销售人员在与客户沟通时，如果发现对方在认识上有不妥的地方，也不要直截了当地指出，否则，就会严重伤害客户的自尊心。销售人员要把握谈话的技巧、沟通的艺术，尽量委婉地指出对方的不足。

（6）忌炫耀自己。当与客户沟通谈到自己时，销售人员要实事求是地介绍自己，稍加赞美即可，万万不可得意忘形地炫耀自己的出身、学识、财富等，这会在无形中造成你与客户的隔阂，让客户对你敬而远之。

（7）忌批评客户。销售人员在与客户沟通时，如果发现客户身上有些缺点，我们也不要当面批评和教育他，更不要大声地指责他，否则是十分无礼的。要知道批评与指责解决不了任何问题，只会招致对方的怨恨与反感。销售人员在与客户交谈时要多用感谢词、赞美语，要多赞美，少批评。

（8）忌疏远冷淡。销售人员在与客户谈话时，态度一定要热情，语言一定要真诚，言谈举止都要流露出真情实感，切忌疏远、冷淡客户，否则是不礼貌的。

（9）忌生涩用语。销售人员在推销产品时，一定不要用太过生涩难懂的专业术语，否则对于同客户的沟通是十分不利的。如果销售人员不加顾忌地与客户这样交流，一来客户不能尽快了解产品，二来肯定会招致对方的不快。

（10）忌说话生硬。销售人员在与客户说话时，声音要洪亮，语言要优美，切忌说话没有高低、快慢之分，否则会让客户感觉你没有朝气与活力，态度敷衍，这样对方也会很不满。

销售中，语言特有的魅力往往可以吸引住别人，争取到更多的支持和协作。但驾驭语言不是件容易的事。想要自己受到欢迎，除了要掌握言谈的技巧，还要具有渊博的知识。具有了深厚的文化底蕴，说出的话言之有物，具有高度的可信性，才能打动对方。所以，平时对语言知识和语言技巧的学习和积累，对于销售人员来说也是非常重要的，这是语言魅力的源泉。

第三章　出口成金，用口才去说服"上帝"

销售离不开口才

人人都需要一副好口才，销售工作尤其如此。"推销之神"原一平说过："培养能言善辩的优秀口才，塑造专业的职业魅力。"口才是衡量人们修养和魅力的重要标准之一，口才好的销售人员总是能把话说到客户心里，不仅和客户沟通无障碍、谈话愉快，而且能帮助自己达成目标。

因此，口才的好坏影响着销售的成功和失败。只有在销售过程中发挥好口才的优势，才能让你的销售之路越来越宽广。

（1）销售人员口才的基本作用

语言是人类传递信息和沟通感情的基本工具，因此良好的口才就成为沟通人与人友好关系的桥梁。在销售过程中，口才主要发挥哪些作用呢？

建立良好的客户关系。从接近客户，到销售洽谈的开始，一直到合作关系的建立，都需要销售人员创造良好的沟通氛围，与客户建立良好的关系。这些都需要良好的口才。

准确地传递产品和服务信息，让客户认可我们产品和服务的价值。我们在销售过程中，只有通过很好的产品介绍和展示，才能让客户知晓和认可我们产品和服务的价值。

巧妙处理客户异议，化解客户顾虑。当客户提出异议，我们可以通过良好的口才化解客户的顾虑，从而促进与客户合作关系的达成。

激发客户合作意愿，促成合作。我们通过良好的口才让客户产生合作的兴趣和意愿，从而让成交成为可能。

（2）销售人员发挥口才的基本原则

TPO原则。在商务礼仪的着装原则中有个TPO原则，T代表时间，P代表场合，O代表对象。在人际沟通的过程中，同样适用这个原则。说话是一门艺术，只有在合适的时间，合适的场合，面对合适的对象，说出恰如其分的话语，你的语言才真正产生价值。

学会倾听。人际沟通是双向的沟通，绝不是你一方面的滔滔不绝。只有学会倾听，才能了解对方的想法、需求和期望，我们才能有针对性地采取下一步的沟通和行动。

共鸣原则。在人际沟通当中，要试图寻找双方能产生共鸣的东西。大多数人都愿意与自己观点相同或接近的人成为知己，从而产生更加深入的沟通和交往。

不要做无谓的争辩。在语言沟通过程中，往往会有观点不同的时候。这个时候要用艺术的方法处理双方的分歧，万不可做伤害感情的争辩。尤其在销售过程中，经常会出现"赢了口才，输了订单"的状况。

快乐原则。人际沟通除了信息的传递和感情的沟通之外，还有为双方创造满足感和快乐的作用。因此，如果你的谈话能增添些幽默、智慧，将会产生很好的沟通效果。

诚信原则。品德不好的人永远说不上有口才，有也至多是忽悠。练口才，首先应该从品德培养开始，而信守承诺就是重要内容之一。时刻记住自己对客户、对公司的承诺，这样的销售员即使语言沟通能力欠缺一点，也是可信赖的。

（3）销售人员需要注意的口才细节

好的口才能够充分展示一个销售人员的个人魅力，同时也会给自己的客户带来愉悦的享受。要想拥有好的口才，销售人员需要在哪些细节方面加以注意呢？

首先，尽量用客户容易接受的通俗易懂的语言来介绍产品。销售人员最主要的工作之一是让客户听得懂你在说什么，而不是为了卖弄你的专业知识去挑些生涩难懂的专业词汇。只有销售人员对产品和交易条件的介绍简单明了、表达方式直截了当，才能让各种客户都能理解。表达不清楚，语言不明白，都可能会产生沟通障碍，也势必会影响成交。

其次，可以用讲故事的方式来介绍产品。人们往往容易对故事报以更大的兴趣，所以如果用讲故事的方法来介绍自己的产品，就能够收到很好的效果。

再次，最好用形象的描绘来打动客户。只有能打动客户的心，而不是客户的大脑，才能吸引客户。因为客户的钱包离他的心远比他的大脑近，因此打动了他的心就等于打动了他的钱包！而要打动客户的心，最有效的办法就是用形象的描绘。

一个服装商场收款台前，一位原本没有购买欲望的女士正笑眯眯地付款。原来仅仅是因为销售小姐对她说了一句"穿上这件衣服可以成全你的美丽"，使这位本来没有购买欲望的女士毫不犹豫地掏出了钱包。

毋庸置疑，这位销售小姐真的很会说话，很会做生意。她的话给客户的感觉，不是客户在照顾她的生意，而是她在成全客户的美丽。虽然这句话也是赞美之词，但听起来效果却完全不同。

一位语言有魅力的销售人员对于客户的吸引力，简直是不可估量的。一名出色的销售人员，一定是一个懂得如何把语言的艺术融入产品销售中的人。可以这样说，当你的语言有了魅力，就有了成功的可能。因此，要想成为一个成功的销售人员，一定要从细节上培养自己的语言魅力。

销售中的语言表达技巧

销售人员是靠嘴吃饭的，所以，一名出色的销售人员一定有出色的口才。只有拥有出色的口才，才能够让客户感受到他的魅力，才乐意购买他的产品。好的口才能够充分展示一个销售人员的个人魅力，同时也能稳定他的客户关系。

一个销售人员要想让产品介绍富有魅力，以激发顾客的兴趣，刺激其购买欲望，就要讲究语言的表达技巧。

（1）疑问句表达技巧

疑问句是用来问一般性问题的，它是用来表达自己的疑惑的。当说话者对某种事物或者某件事情不明白时，或者是想通过询问自己的说话对象来得知某种答案时，都应该使用疑问句。

作为销售人员，如果自己对产品的某些专业知识不够了解的话，甚至在不如顾客熟悉情况的条件下，就可以带着自己的疑问去虚心地向顾客请教，这样做会使得顾客有被信任、被重视的感觉，能让顾客感到你的真诚。尤其是当顾客说出了他的不同看法的时候，你可以采取一种十分宽容的态度，倾听顾客的异议，运用疑问句式来了解顾客的要求，然后尽可能去满足顾客、去说服他们。

丁先生在某家超市里选购物品时，发现自己要选购的腊肉颜色和在老家吃到的腊肉颜色不同，于是他就怀疑起了这里腊肉的质量。

丁先生（质问促销小姐）："你们这里的腊肉怎么这种颜色？感觉不对啊？"

促销小姐（微笑地问）："先生，您以前见到的腊肉不是这种颜色吗？和我们这里的有什么不同吗？"

丁先生（看到她说话很和气，气也消了）："是啊，我在老家吃到的可是正宗的腊肉，颜色是褐红色的，可你们这里的颜色却是焦黄的。"

促销小姐："哦，是这样的，您说的那种'正宗'腊肉颜色可能只是腊肉中的一个品种，不同地方的腊肉所采用的做法不同，所以才造成了颜色的差异。我们这里的腊肉是用精选的谷壳熏制的，所以颜色是焦黄的，这您尽管放心。我们是大型超市，采购时在质量上的要求是很严格的，食品的质量是没有任何问题的。"

丁先生（放心）："哦，是这样的。"

通过疑问的语气来了解顾客的想法，或者用来了解顾客对自己产品的疑惑，这样能够有助于尽快想出应对方案，来回应顾客的疑问。

（2）双重否定句表达技巧

双重否定就是否定两次，即表示肯定的意思。例如："他不是不买"意思是他要购买。双重否定句是相对于单纯否定句而言的，它用否定加否定的形式，表达肯定的语意。大多数语法书普遍认为，双重否定句的作用是用来加强语气的。

双重否定句的肯定意味比反问句更强，并且听上去还会让人觉得很委婉，不像反问句那样咄咄逼人。反问句如果运用失当，很容易导致销售人员和顾客之间的口角与冲突。

比如，当销售人员在质疑顾客的观点时，采用反问句的时候常常会说：

"难道您的观点就是真理、就是标准？"

"难道别人的说法都是错误的？"

"难道你会比我更了解行情？"

可想而知，类似的咄咄逼人的反问，只会火上浇油，很容易激怒顾客。

但是如果销售人员能够稍微变通一下，采取另一种句式，所带来的则完全可能是另外一番景象：

"我不觉得您的话没有道理，但是我也不觉得我不比您更懂行情，因为我毕竟是做这一行的。"

　　使用这种双重否定句，能够使说话者的语气更加平和肯定，显得十分中肯坦诚。这样的句式能使自己的语气更加委婉，从而使顾客也能很容易地接受你的观点，否则，如果顾客听到的只是你生硬的反问，那么他所重点关注的就仅仅是你讲话的形式而非内容了，那么，双方之间就很难进行有效的沟通。

　　另外，当遭到顾客拒绝的时候，销售人员也可以采用这样的双重否定句来将谈话进行下去。因为双重否定句不仅语气委婉、肯定而自信，而且由于其句式复杂而更能体现说话者的清晰思维，使得说话者的语言能够体现出一种理性思考的精神、一种良好的内在逻辑性。当顾客听到这样的话的时候，很可能会对销售人员的话进行再次考虑。

　　（3）设问句表达技巧

　　设问句是一种自问自答的句式。为了引起别人注意，故意先提出问题，自己提问自己回答，能够起到一种引起对方的注意和思考的作用。

　　当顾客对你所推销的产品的信息和知识了解甚少的时候，虽然可能会对你推销的产品有实际上的需求，但是由于他们的专业知识有限，所以无法提出一些较为专业的问题，而且他们很可能又不好意思或者不愿意让人知道自己对产品一无所知，所以更多地会选择闭口不言，以免言多有失。

　　这时候，销售人员就可以将那些顾客常提出的问题以及产品的基本知识及使用方法，做一个大致的总结，在面对有这种情况的顾客时，就可以在他们面前自问自答，当你的设问恰好符合顾客内心需要的时候，他们就会很认真地倾听你讲话，并希望从你这里得到更多的相关信息，并以此来印证他们心里的某种观点或打消某种疑虑。通过这样的沟通方式，顾客自然而然就会对你产生依赖感和信任感。

　　例如，当顾客对电脑硬件知识不是很了解的时候，销售人员就可以采用一些设问句式来向顾客解释。

　　我们以硬盘为例，销售人员可以这样对顾客进行讲解："您知道什么是硬盘吗？其实硬盘就像一个小盒子，您可以把你需要的文件存储在那里面。当然硬盘也有自己的容量，就像蓄水池，不过它的单位不是毫升或者立方米，而是有自己专门的单位，有 60GB、80GB、240GB 的，数字越大，容量越大。您想要多大容量的硬盘？"相信这样的一番话，轻而易举就能使顾客明白什么叫硬盘。此外还有一些电脑配件如 CPU、显卡、电源等比较专业的部件，销售人员都可以采取类似的语言形式向客户进行介绍，包括产品的功能等。这样，当你的推销语言清晰、明了的时候，客户对你的信任感与好感也就油然而生了，当顾客对你有了好感，又何愁交易不能达成呢？

对于其他的一些专业性的数码产品中的问题，也可以采用设问的语气为顾客进行答疑。比如数码相机，当客户不了解什么是像素或者什么是变焦时；比如传真机的使用与原理；比如打印机和复印机的功能；等等。

总之，在销售人员与客户进行沟通时，语言表达技巧非常关键。销售人员要注意讲话的语气和句式，要成为一个会说话的人，充分把握交谈的主动权，促使销售洽谈顺利进行。

设计一个好的开场白

开场白或者问候，是销售人员与客户通话时在前 30 秒钟要说的话，也就是要说的第一句话。不管推销何种产品，会见客户时的第一句话至关重要。当你开口说第一句话的时候，也正是客户精力最集中、最能被你全部吸引住的时候。因为根据第一句话，很多客户基本上就可以决定是否还要谈下去。因此，销售人员与准顾客交谈之前，需要适当的开场白。好的开场，是销售成功的一半。

下面是销售高手常用的几种开场白。

（1）金钱。几乎所有的人都对钱感兴趣，省钱和赚钱的方法很容易引起客户的兴趣。如："张经理，我是来告诉你让贵公司节省一半电费的方法。""王厂长，我们的机器比你目前的机器速度快、耗电少、更精确，能降低你的生产成本。""陈厂长，你愿意每年在毛巾生产上节约 5 万元吗？"

（2）真诚的赞美。每个人都喜欢别人说好听的话，客户也不例外。因此，赞美就成为接近顾客的好方法。赞美准顾客必须要找出别人可能忽略的优点，而让准顾客知道你的话是真诚的。赞美的话若不真诚，就成为拍马屁，这样效果当然不会好。赞美比拍马屁难，它要先经过思索，不但要有诚意，而且要有既定的目标。"王总，您这房子真漂亮。"这句话听起来像拍马屁。"王总，您这房子的大厅设计得真别致。"这句话就是赞美了。

（3）利用好奇心。好奇心是人的天性。美国一位杰出的大学教授曾经说过："神秘奥妙的事物，往往是大家所关心的对象。"那些奇怪、不符合常理、不按套路出牌的行为往往会引起客户的注意。在销售实践中，销售人员可以通过激发客户的好奇心来接近他。这样做的一般步骤是：首先唤起客户的好奇心，引起客户的注意和兴趣，其次再寻找机会道明你的真实意图，并迅速转入面谈阶段。例如，一位销售员对顾客说："老李，您知道世界上最懒的东西是什么吗？"顾客感到迷惑，但也很好奇。这位销售员继续说，"就是您藏起来不用的钱。它们本来可以购买我们的空调，让您度过一个凉爽的夏天。"

（4）提及有影响的第三人。告诉顾客，是第三者（顾客的亲友）要你来找他的。这是一种迂回战术，因为每个人都有"不看僧面看佛面"的心理，所以，大多数人对亲友介绍来的销售员都很客气。如："何先生，您的好友张安平先生要我来找您，他认为您可能对我们的印刷机械感兴趣，因为，这些产品为他的公司带来很多方便与好处。"

（5）举著名的公司或人为例。人们的购买行为常常受到其他人的影响，销售员若能把握顾客这层心理，好好地利用，一定会收到很好的效果。

"李厂长，××公司的张总采纳了我们的建议后，公司的营业状况大有起色。"

举著名的公司或人为例，可以壮大自己的声势，特别是，如果您举的例子，正好是顾客所景仰或性质相同的企业时，效果就更显著。

（6）提出问题。销售员直接向顾客提出问题，利用所提的问题来引起顾客的注意和兴趣。如：

"张厂长，您认为影响贵厂产品质量的主要因素是什么？"产品质量自然是厂长最关心的问题之一，销售员这么一问，无疑将引导对方逐步进入面谈。

（7）向顾客提供信息。销售员向顾客提供一些对顾客有帮助的信息，如市场行情、新技术、新产品知识等，这些会引起顾客的注意。这就要求销售员能站到顾客的立场上，为顾客着想，并尽量阅读报刊，掌握市场动态，充实自己的知识，把自己训练成为某一行业的专家。顾客或许对销售员应付了事，可是对专家则是非常尊重的。如你可以对顾客说："我在某某刊物上看到一项新的技术发明，觉得对贵厂很有用。"

销售员为顾客提供了信息，关心了顾客的利益，就会获得顾客的尊敬与好感。

（8）表演展示。销售员利用各种戏剧性的动作来展示产品的特点，是最能引起顾客的注意的。例如，卖高级领带的售货员，仅仅说"这是金钟牌高级领带"，是没什么效果的，但是，如果把领带揉成一团，再轻易地拉平，说"这是金钟牌高级领带"，就能给人留下深刻的印象。

（9）利用赠品。每个人都有贪小便宜的心理，赠品就是利用人类的这种心理进行推销。很少人会拒绝免费的东西，用赠品作敲门砖，既新鲜，又实用。

幽默在销售中的魔力

在人际交往中，幽默是人与人之间最有效的润滑剂。它如同一曲动听的歌谣，帮助人们抚平心中的怒气，缓解原本紧张的气氛，给人们带去欢乐。带有幽默元素的生活才是多姿多彩的，会幽默的人才会拥有和谐美满的人际关系。同样，想要与客户之间建立起良好的关系，销售员也需要拥有幽默感。

迈克是一家外卖公司的销售员，一天，他为一位客户送餐，这位客户看上去心情不太好，就在迈克要走的时候，这位客户突然叫住了他。

客户："等一下，你回来看一下，这是怎么回事？"

销售员："您还有什么事吗，先生？"

客户："你看看你们的菜，里面怎么还有小虫子，你们这是在做菜吗？"

销售员："哦，它可真是太聪明了，竟然知道什么是最好吃的东西！"

客户："这？呵呵，好吧，既然这么好吃，我明天还要这道菜吧。但记住，我可不希望没我的允许又有虫子来游泳。"

与客户沟通时，类似上述的情况时有发生，一些销售员常常在面对危机时束手无策，或者是找借口推卸责任，从而使销售氛围更加紧张。而上例中迈克巧妙地使用幽默化解了危机，紧张、尴尬的气氛化为乌有。看，这就是幽默的力量。

销售员爽朗的性格和幽默的谈吐都是赢得顾客好感的极其重要的因素。美国一项有 329 家大公司参加的幽默意见调查表明：97%的销售人员认为，幽默在销售中具有很重要的价值；60% 的人甚至相信，幽默感决定销售事业成功的程度。

幽默是销售过程中应该掌握的最重要的沟通技巧之一。幽默是一种接合零件，是你与客户建立友谊的桥梁。幽默是运用意味深长的诙谐语言抒发情感、传递信息，以引起听众的快慰和兴趣，从而感化听众、启迪听众的一种艺术手法。

一般而言，幽默语言的表达方法有以下几种：

（1）双关法。双关顾名思义就是同一个音节可以表示不同的词，同一个词也可以表示不同的意义，利用这种词的同音或多义的特点，使一句话同时带有字面意思和字外意思。比如，早年著名的菊花电扇，销售时的广告语就是："实不相瞒，菊花的名气是吹出来的。"正是一个"吹"字，在貌似违背常理、让人费解的同时，又紧扣产品的使用特点，似乖实巧，一语双关，又不乏幽默，令人叫绝。

（2）夸张法。在这里主要指的是语言上的夸张。比如，客户表示自己可能不太会使用这个产品，销售人员在与客户沟通时就可以夸张地说："相信我吧，先生，只要您稍微听我讲解一下，或是看看说明，您就能成为专家！"

（3）对比法。生活中，有时内容与形式、愿望与结果等方面会产生强烈的不协调，于是形成了强烈的反差，从而也产生了幽默。比如，拿出两种同类的产品，分别告诉客户同类产品与你销售的产品的特性，然后，指着你的产品用幽默的口吻询问客户："那么您是更喜欢那一种呢，还是这一种呢？"客户自然会被你的幽默所感染。

（4）反语法。正话反说，或是反话正说，这是用与词语本义相反的话来表达词语本义的一种方法。表面上说的是一种意思，而实际上所要表达的却是另一种完全相反的意思。比如，在看出客户对产品很感兴趣时，销售人员也可以说上一句："我想，您可能不太喜欢这个产品。"注意，这时销售人员的表情应摆出一副很遗憾的模样。

（5）倒置法。即在特定条件下，倒置事物的正常关系，从而造成滑稽可笑的效果。比如，销售人员可以在愉快的沟通时说："如果您今天没有过来，那您今天就没有什么东西能买了！"

（6）寓庄于谐。用诙谐幽默的语言来说明事理，可以使人在轻松、愉悦中感觉到其深刻的内涵，这就是人们常说的寓庄于谐。这种方法，尤其是在向客户讲解产品使用方法及使用后的状态时，最有用处。适时地用通俗好懂的比喻，既有诙谐幽默的感觉，又能让客户迅速了解到产品的特点。

当然，在销售过程中，销售人员要想得心应手地使用幽默语言提高销售业绩，还需要把握以下几点：

在自我介绍时使用幽默语言，这会加深客户对你的第一印象；不要随便拿别人开玩笑以体现你的幽默感；自嘲可以显示出你的平易近人，这是一种安全的幽默；幽默之前要注意先倾听，先试着判断对方是哪一种类型和性格的人，因为只有对胃口的幽默才能对自己有更大的帮助；尽量把幽默建立在个人经历的基础上。可以讲一下自己看到或遇到的趣事；尽量不要说人们早已耳熟的笑话；注意使用幽默语言的时机。巧妙地运用幽默语言会使客户喜欢上你；慎用黄色笑话，如果说的对象不合适，你将遇到麻烦；用幽默解决客户的问题，使之变成销售产品的机会。

总而言之，对于销售人员而言，把幽默带进销售领域，创造一个与顾客齐声大笑的场面，形成幽默的销售风格，在激烈的市场竞争中就会多一份获胜的希望和意外的欣喜。

真诚的赞美

真诚地赞美客户，一直都是销售员获得客户好感的最有效的方法。法国作家安德烈·莫洛亚说过，"美好的语言胜过礼物"。在实际生活中，每个人都有一些不同于他人的特点，并常引以为傲，希望为人所知，受人称赞。销售员如果能真诚地赞美客户，就可以满足他的虚荣心，从而获得其好感。因此，有了适当的赞美机会，销售人员就应该把握住机会。但应该注意的是，赞美必须发自内心，即赞美必须注入真诚，语言的魅力并不在于你说得多么流畅、多么滔滔不绝，而在于是否善于表达真诚！

真实、笃诚和真情是赞美顾客时尤须注意的要素。以真实为铺垫、为基础，以真情动人，以真情感人，才能达到在赞美的同时说服对方的目的。鲁迅先生说得很深刻："只有真的声音，才能感动中国人和外国人；必须有真的声音，才能同外国人同在这个世界上生活。"

有一个5岁大的女孩，在教堂表演中首次登台演唱。她有着优美的歌喉，她的天赋从一开始就颇堪造就。当她长大时，她的家人了解到她需要专业声乐训练，就请了一个很有名的声乐老师来训练她。这位老师造诣很高，很少有人比得上他。他又是一个苛求完美的老师。不论何时，只要这女孩想放弃或节奏稍微不对，他都会很细心地指正。经过一段时间以后，她对老师的崇拜日益增加。即便双方年龄相差很大，但是她最后还是嫁给了他。他在婚后继续教她，但是这位女孩的朋友发现她那优美自然的腔调已有了变化，带着拉紧、硬邦邦的音质，不再是以前那种清爽而悠扬的声调了。渐渐地，邀请她去演唱的机会越来越少。最后，她几乎接不到邀请了。

这时，她的先生，也是她的老师去世了。以后几年，她很少演唱或根本没有演唱。她的才能很少有机会发挥，直到有一位销售员追求她。有时候，当她正在哼着小调或一个乐曲旋律时，他会惊叹歌声的美妙："再唱一首，亲爱的，你有全世界最美的歌喉。"

他总是这样说。事实上，他可能不知道她唱得是好是坏，但是他确实非常喜欢她的歌声，所以他一直对她大加赞扬，她的自信心开始恢复了，她又开始前往世界各地演唱。后来，她嫁给了这位"良好的发现者"，重新开始了她的歌唱生涯。

那位销售员对她的称赞出于诚挚、真心，真心赞美事实上是最有效的教导与驱动。赞美是一种艺术，它的魅力相信任何人都无法抵挡。

俄国文豪托尔斯泰说："真诚的称赞不但对人的感情，而且对人的理智也起着巨大作用。"真诚的赞美是令顾客"开心"的特效药。适时地向客户传递你的赞美和钦佩，使客户感觉受到了你的重视和欣赏，这样就很容易捕获客户的心，使客户信赖你，喜欢你，倾心于你。

那么，销售人员在赞美客户时，应注意哪些要点呢？

（1）选择适当的赞美目标。

销售人员必须选择适当的目标加以赞美。若客户讲究穿着，你可向他请教如何搭配衣服；若客户是知名公司的员工，你可表示羡慕他能在这么好的公司上班。

就个体客户来说，个人的长相、衣着、举止谈吐、风度气质、才华成就、家庭环境、亲戚朋友等，都可以拿来赞美。就团体客户来说，除了上述赞美目标之外，企业名称、规模、产品质量、服务态度、经营业绩等，也可以作为赞美对象。不论是赞美个人还是赞美集体，不论是赞美人物还是赞美事物，都应该选择最佳赞美目标。如果销售人员胡吹乱捧，则必将弄巧成拙。销售人员尤其应该注意分析销售环境，认真进行准备，切不可弄错赞美目标。

（2）选择适当的赞美方式。

事实上，不合实际的、虚情假意的赞美，只会使客户感到难堪，甚至会产生反作用，导致客户对销售员产生不好的印象。因此，销售人员赞美客户，一定要诚心诚意，一定要把握分寸。

对于年老的客户，应该多用间接、委婉的赞美语言；对于年轻的客户，则可以用比较直接、热情的赞美语言。对于不同类型的客户，赞美的方式也应不同。例如，面对严肃型的客户，赞语应自然朴实，点到为止；对于虚荣型客户，则可以尽量发挥赞美的作用。

（3）要注意并不是所有的客户都乐于接受销售人员的赞美。

就算是同一个客户，在不同的销售环境里，在不同的心境下，对相同的赞美方式也会有完全不同的反应。事实上，有些客户喜欢表现自己，尤其是在别人面前炫耀，这类客户希望得到销售人员的赞美，而得不到适当的赞美便有一种被人看不起的感觉，销售人员冷落这类客户便等于冷落自己。也有些客户不愿意与销售人员作过多地交谈，更不愿意销售人员对自己评头品足、说三道四，尤其不喜欢销售人员触及自己的个人或家庭私事，认为销售人员的所谓赞美只不过是一种愚弄客户的手段而已，因而，对销售人员的赞美不以为然，甚至十分反感。

总之，人们希望所取得的荣誉和成就得到他人的承认与尊重。人们的穿着打扮，也希望得到别人的好感与称赞。既然人们具有被承认和被赞美的需要，销售人员便可以利用这一点，承认客户、接近客户、赞美客户。在实际销售工作中，销售人员会遇到各种类型的客户，也有一些似乎不讲情理的客户，但只要销售人员不抱成见，不先入为主，总会找到一些可以赞美的地方。

声音也能增强说服力

声音可以说是人的第二外貌，一个词语的发音，音调的细微变化带来的信息远远超过了我们的想象，优秀的销售员在通电话的最初几秒钟内能"阅读"到客户声音中的许多内容。你的语音、语调以及声调变化占你说话可信度的 84% 左右。强有力的声音感染力会使你的客户很快接受你、喜欢你，对你建立瞬间亲和力有很大的帮助。

心理学认为，一个动听的声音应该是饱满而充满活力的。它既能充分传递自己的感情，又能调动他人的感情。音质宽厚醇美、语调抑扬顿挫，可以散发出独特的魅力，美化你的形象，保持人们对你的注意力，并且提高交流的效果。所以说，好的声音像一道难以抗拒的磁场，将人们的心紧紧地牵住。如果你要使自己的声音有吸引力，就要"包装"声音，塑造出美的声音。

法国艺术家泰纳曾经说："人们的喜怒哀乐，一切骚扰不宁、起伏不定的情绪，连最微妙地波动、最隐蔽的心情都能用声音直接表达出来，而且表达有力、细致、正确，无与伦比。"这句话充分说明了语音素质的重要作用。因此，销售口才训练的第一步应从语音开始。如果你要想自己的声音优美动听，需要注意以下几点。

（1）语气要抑扬顿挫、舒缓有力

许多人对语言的使用方式不太注意，竟有销售员认为：反正言语是用来沟通的，只要将想表达的意思说出来不就行了嘛。也有人认为营销员说话术主要是用在反对和拒绝的场合。这些人压根就没有觉察到"销售全靠语言本身的使用来决定成败"。

有这么一个故事：

从前波兰有位明星，大家都称呼她摩契斯卡夫人。一次她到美国演出时，有位观众请求她用波兰语讲台词。于是她站起来，开始用流畅的波兰语念出台词。

观众都觉得她念的台词非常流畅，但不了解其意义，只觉得听起来令人非常愉快。

她接着往下念，语调渐渐转为热情，最后在慷慨激昂、悲怆万分时戛然而止，台下的观众鸦雀无声，同她一样沉浸在悲伤之中。突然台下传来一个男人的爆笑声，他是摩契斯卡夫人的丈夫，波兰的摩契斯卡伯爵。

因为夫人刚刚用波兰语背诵的是九九乘法表。

从这个故事中，可以看到，说话的语气竟然有如此不可思议的魅力。即使不明白其意义，也可以使人感动，甚至可以完全控制对方的情绪。那么谁都可以听得懂的本国语言不更是如此吗？如果只能说几句杂乱无章、毫无感情的话，想做营销工作恐怕还早得很呢！

所以，营销过程中，重要的部分或需要强调的部分，就得以缓慢有力的口气说出。若是平仄抑扬不分的话，给客户的印象就不深刻，容易左耳进、右耳出。

（2）创造有说服力的声音

销售员说话的声音必须和音乐一样，能够渗进听众的心中，才能达到说服的目的。

有说服力的声音，起码有七八个音阶，来帮衬声音中的抑扬顿挫，这是一流的销售员应该具有的素质。如果你对自己的工作有浓厚的兴趣和情感，当你在做这份工作时，就会把热情投注其中，自然你说话的声音，就能发出极富说服力的抑扬顿挫的声调。不要犹豫，你要训练自己的声音，使它成为帮助你实现成功的条件。

每一个字、每一个句子，里面所包含的意义、思想或历史，都是想象不到的深宏广阔。在销售员应用这些文字组成词句说出的时候，应该对这些词句所包含的意义，有深刻的了解。这些言词，销售员经常使用，所以更应该对字句的正确使用有所认识。

总之，作为一个成功的销售人员，应当时刻不忘去展示你独特的音色，把你的客户牢牢"吸引"在你的身边。

适时沉默，无声胜有声

通常情况下，销售人员都会认为能说话、会说话是口才。殊不知，有时候不说话，保持沉默也是一种口才，甚至这时的不说话比说话的效果还要好。

美国大发明家爱迪生在发明了自动发报机之后，他想卖掉这项发明，然后用这笔钱建造一个新的实验室。因为不熟悉当时的市场行情，所以不知道自己的发明到底能卖多少钱。于是，爱迪生便与夫人米娜商量。但是米娜也不知道这项技术究竟能值多少钱，她一咬牙，发狠心地说："就要2万美元吧，你想想看，一个实验室建造下来，至少需要2万美元。"爱迪生笑道："2万美元，太多了吧？"米娜见爱迪生一副犹豫不决的样子，说："我看能行，要不然，你卖时先套套商人的口气，让他先开价，然后看情况再说。"爱迪生想了想，觉得这种方式比较好，就决定试一试。

在当时，爱迪生已经是一位小有名气的发明家了。美国一位商人，听说这件事情后，表示愿意买下爱迪生的自动发报机制造技术。在双方商谈时，这位商人询问了价格。因为爱迪生一直认为2万美元的要价太高了，所以不好意思开口，于是只好沉默不语。

这位商人几次追问，爱迪生始终不好意思说出口，他想等他的爱人米娜下班回来后再说。但是，最后商人却没有耐心了，说："那我先开个价吧！10万美元，你看怎么样？"

这个价格大大出乎了爱迪生的意料，爱迪生大喜过望，当然在表面上他并没有表现出来，反而面带难色，说要等自己的妻子回来再商量一下。商人一看这种情况，也担心夜长梦多，于是软磨硬缠，爱迪生一看时机差不多了，便顺势与对方签了交易合同。

后来，爱迪生对他妻子米娜开玩笑说："没想到晚说了一会儿就多赚了8万美元。"

这就是沉默的妙用。沉默是给对方制造压力的手段之一。心理学家认为，适当运用沉默会使对方思维产生暂时性空白，无形中能够给对方制造一种压力。销售中运用沉默表示我们对对方的不认同，对方会在这种压力下极力解释自己的观点，对方的气势就会开始下降，我们在对方气势衰竭的情况下反击，就更有把握去说服对方。

事实上，销售并不是靠侃侃而谈就能够取胜的，有些时候沉默是最有效的手段。任凭对方滔滔不绝，我们就保持沉默不语，最多两次，第三次对方就会泄气，那时候我们再主动出击、反客为主，这种方式相当有效。譬如面对一个难以说服的客户，面对一个激烈的争论，面对一个强词夺理的上司等情况下，我们完全可以保持适当的沉默，沉默可以给对方和自己都留有余地，沉默甚至可以使局面发生翻天覆地的变化。

有的销售人员并不是很能说，有时候他们表现得甚至不太爱说话。但是不爱说并不代表不会说，这类销售职员在碰到客户的时候表现沉稳，少言多听使得他们极易取得客户信赖，虽然他们说的话不是很多，但是每句话都能说到客户内心深处，这才是正确的口才运用。

适时沉默也是销售口才的一种，当销售人员与客户交谈时，一旦发现对方对自己所说的话题心不在焉，就要立刻打住，保持沉默，盯着客户看，一定要让客户先说话。此时客户对你的销售陈述一定是有异议，因此即使是你接着说下去，对方也不会听进去。倒不如选择沉默，以不变应万变，给客户考虑的时间，这样往往能起到意想不到的效果。

真话不全说

国学大师季羡林有一句名言，"假话全不说，真话不全说"，这句话对于销售工作来说尤为合适。

全球最大的网上书店亚马逊公司的总裁叫杰夫·贝索斯。在贝索斯10岁那年，他随祖父母外出旅游。

旅途中，贝索斯看到一条反对吸烟的广告上说：吸烟者每吸一支烟，他的寿命便缩短两分钟。正好贝索斯的祖母也吸烟，而且有着30年的烟龄。于是，贝索斯便自作聪明地开始计算祖母吸烟的次数：祖母平均一天要抽一包半的烟，一包烟缩短……结果，贝索斯就算出祖母的寿命已经因吸烟而缩短了400多天！当贝索斯得意地把这个结果告诉祖母时，祖母伤心地放声大哭起来。

祖父见状，便把贝索斯叫下车，然后拍着他的肩膀说："孩子，总有一天你会明白，仁爱比聪明更难做到。"祖父的这句话虽短，却令贝索斯终生难忘。从那以后，他一直都按照祖父的教诲做人。

有些实话，我们并不需要实说。如果你是一名汽车销售员，当客户问你他那辆旧车可以折合多少钱时，你心里想的也许是："这种破车还能值几个钱？"这可能是大实话，那辆车也许确确实实就是一辆不值钱的破车，它的轮胎也许已经磨损得不像样了，它烧起汽油来也许比柴油引擎还要多，车里的气味也许很难闻……总而言之，它就是一辆破车，但这种大实话你不能说。因为这是客户的车，他可能很爱这辆汽车，毕竟他开了这么多年，总会有感情。即使他不喜欢这辆车，也只有他才有资格来评价这辆破车。如果你先开口说这辆汽车如何的糟糕，无疑是在侮辱汽车的主人，不知不觉中已经伤害了他的自尊心。

赵先生的车已经用了7年了，最近有不少销售员向他推销各式车子，他们总是说："您的车太破了，开这样的破车很容易出车祸的……"或者说："您这破车三天两头就得修理，修理费太多了……"张先生却执意不买。

一天，一位中年销售员向张先生推销，他说："您的车还可以再用几年，换了新车太可惜。不过，一辆车能够行驶40万公里，您开车的技术的确高人一筹。"这句话使张先生觉得很开心，他即刻买下了一辆新车。

有时，客户会自己说自己的东西不好，比如说："我这辆车太破，想买辆新车。"这时你也不能跟着附和："你这车确实够破了，早该换辆新车。"特别是在谈及孩子时，当客户说他的孩子太淘气时，你要是顺着他的话说："是够淘气的。"那你就休想他们买你的商品，你可以说："聪明的孩子都淘气。"

实话不实说并不是虚伪。话是说给他人听的，你的话可以使他心情舒畅，也可以使他情绪一落千丈。使人心情舒畅于己于人都有好处，何乐而不为呢？

不过，实话不实说并不是要你以次充好去欺骗客户，它只限于你推销的商品以外的东西，而对你的商品你必须实话实说。

掌握倾听的技巧

倾听是销售的好方法之一。日本销售大王原一平说："对销售而言，善听比善辩更重要。"出色的销售人员往往善于聆听客户的抱怨、异议和投诉，善于倾听客户的需要、渴望和理想，善于听出客户没说出来的需求。

某个名表专柜前，一位销售人员正在向客户推销手表。这时，她注意到客户手腕佩戴的是一块国产梅花表。

"先生,你现在佩戴的这块表也很好看哦,很经典。不过看款式,应该是比较早一点的吧。"

"对。我妈妈送给我的。戴了几十年了,很有感情。那时候,手表是很贵重的礼品。"

"那你今天想买一块什么样的手表呢?"

"过几天是我妈妈六十大寿,我想选一个特别的生日礼物送给她。"

这位客户在销售人员的带动下开始讲述自己的故事,而在倾听客户故事的同时,销售人员迅速作出了以下判断:

其一,客户对商品的心理需求倾向于情感层面:为了感谢母亲多年来为自己的付出,希望能通过礼物表达对父母的感激之情。也就是说,此时,情感是即将购买的商品除功能之外的很重要的附加内容。什么商品能够表达、渲染出这种亲情,那这种商品被购买的概率就会越高。

其二,客户更关注新手表的性价比,而对时尚与否不太关注。

其三,在做出这样的分析后,销售人员判断客户购买物品的需求为:情感需求,能表现儿女对父母的亲情和孝心;功能需求,能满足年纪较大的老年人的使用需求;价格需求,作为贵重礼品,价格以中高档为宜。

通过判断,销售人员马上针对客户的需求作出反馈:"呀,你母亲六十大寿了,真是可喜可贺。我们有专门针对老年人开发的系列产品。上次也有位客户在此购买这款表作为祝寿大礼,深得老人家欢心。请到这边来看一下。"

在销售过程中,越注意倾听,让客户讲得越多,就越能提高销售成功的可能性。那么,怎样才能做到良好的倾听呢?

(1)集中精力,专心倾听

这是有效倾听的基础,也是实现良好沟通的关键。要想做到这一点,销售人员应该在与客户沟通之前做好多方面的准备,如身体准备、心理准备、态度准备以及情绪准备等。

　　疲惫的身体、无精打采的神态以及消极的情绪等都可能使倾听归于失败。把可以用来信手涂鸦或随手把玩等使人分心的东西（如铅笔、钥匙串等）放在一边，您就可以免于分心了。

　　（2）不随意打断客户谈话

　　随意打断客户谈话会打击客户说话的热情和积极性，如果客户当时的情绪不佳，而你又打断了他们的谈话，那无疑是火上浇油。所以，当客户的谈话热情高涨时，销售人员可以给予必要的、简单的回应，如"噢""对""是吗""好的"等等。除此之外，销售人员最好不要随意插话或接话，更不要不顾及客户喜好另起话题。例如："等一下，我们公司的产品绝对比你提到的那种产品好得多……""您说的这个问题我以前也遇到过，只不过我当时……"

　　（3）用信号表明你有兴趣

　　可以用下列方式表明你对说话内容感兴趣：

　　保持视线接触：聆听时，必须看着对方的眼睛。

　　让人把话说完：让人把话说完整并且不插话，这表明你很看重沟通的内容。

　　表示赞同：点头或者微笑就可以表示赞同正在述说的内容，表明你与说话人意见相合。

　　放松自己：采用放松的身体姿态，就会告诉对方，他们的话得到你完全的关注了。

　　所有这些信号能使与你沟通的人判断你是否正在倾听他们交流的内容。

　　（4）及时总结和归纳客户观点

　　这样做，一方面可以向客户传达你一直在认真倾听的信息，另一方面，也有助于保证你没有误解或歪曲客户的意见，从而使你更快地找到解决问题的方法。例如："您的意思是要在合同签订之后的20天内发货，并且再得到5%的优惠吗？""如果我没理解错的话，您更喜欢弧线形外观的深色汽车，性能和质量也要一流，对吗？"

（5）检查你的理解力

检查自己是否听得真切，并且已正确地理解了信息（尤其是在打电话时），可以按如下的要求做：

复述信息：把听到的内容用自己的话复述一遍，就可以肯定自己是否已准确无误地接收了信息。

提出问题：通过询问，可以检查自己对信息的理解，也能使说话者知道您在积极主动地聆听。

总之，在销售过程中，对销售人员来说倾听才是最重要的。几乎所有真正伟大的销售奇才都是从倾听做起的。越懂得倾听的艺术，我们就越能越过客户的心理防线，与客户建立起有利于销售的关系。

销售口才训练法

口才在社会生活中的地位和作用越来越突出，是否拥有良好的口才，已成为决定一个人事业与生活优劣成败的重要因素。销售人员如果能拥有一副过硬的口才，就能在销售活动中取得事半功倍的效果。当然，要想练就一副过硬的口才，光刻苦还不行，还要掌握一定的方法。只有科学的方法才可以使你事半功倍。当然，由于每个人的学识、生活环境、年龄等因素各不相同，训练口才的方法也会有所差异，但只要选择最适合自己的方法，加上持之以恒的刻苦训练，就一定能训练出令人称赞的口才。

我们在此介绍几种符合销售员特点，简单、易行、效果好的口才训练方法。

（1）速读法。"速读"也就是快速地朗读。这种训练方法的目的，是在于锻炼人的口齿伶俐，语音准确，吐字清晰。训练时，拿出一篇演讲词或一篇文辞优美的散文，一遍一遍地朗读，一开始速度较慢，之后一次比一次读得快，最后达到你所能达到的最快速度。

在速读这个过程中，你不要停顿，发音要准确，吐字要清晰。要尽量做到发声完整。这种方法的优点是不受时间、地点的约束，无论在何时、何地，只要手头有一篇文章就可以练习。

（2）背诵法。这和我们平时背诵课文并不一样，这里说的背诵，主要的目的是在于锻炼我们的口才。因此，这里所讲的"背诵"并不仅仅要求你把某篇演讲词、散文背下来就算完成了任务，我们要求的背诵，一是要"背"，二是要求"诵"。目的在于对记忆能力和口头表达能力的培养。

背诵法不同于我们前面讲的速读法。前者的着眼点在"快"上，而背诵法的着眼点在"准"上。也就是你背的演讲词或文章一定要准确，不能有遗漏或错误的地方，而且在吐字、发音上也一定要准确无误。这个训练最好能有老师指导，特别是在朗诵技巧上给予指导。如果没有这个条件，也可以找人帮助，请他听自己背诵，然后指出不足，使我们在改进时有所依据，这对练口才也很有好处。

（3）练声法。练声也就是练声音、练嗓子。那些饱满圆润、悦耳动听的声音总能吸引人的关注。所以锻炼出一副好嗓子，练就一腔悦耳动听的声音，是我们必须要做的工作。练声的方法如下：

其一，练气。俗话说练声先练气，练气是发声的基础。气息的大小与发声有着直接的关系，所以我们练声时，首先就要学会用气。如何用气呢？首先，吸气。吸气要深，小腹收缩，整个胸部要撑开，尽量把更多的气吸进去。注意吸气时不要提肩。其次，呼气。呼气时要慢慢地进行。要让气慢慢地呼出。呼气时可以把两齿基本合上。留一条小缝让气息慢慢地通过。

其二，练声。我们知道人类语言的声源是在声带上，也就是说我们的声音是通过气流震动声带而发出来的。需要注意的是，在练发声以前先要做一些准备工作：先放松声带，用一些轻缓的气流震动它，让声带有点准备，发一些轻慢的声音，千万不要张口就大喊大叫，那只能对声带起破坏作用。

（4）复述法。简单地说，就是把别人的话重复地叙述一遍，目的在于锻炼人的记忆力、反应力和语言的连贯性。方法是：选一段长短合适、有一定情节的文章。然后请朗诵较好的人进行朗读，最好能用录音机把朗读录下来，然后听一遍复述一遍，反复多次地进行。直到能完全把这个作品复述出来。

开始练习时，最好选择句子较短、内容活泼的材料进行，随着训练的深入，再逐渐选一些句子较长、情节多的材料进行练习。这样由易到难，循序渐进，效果会更好。

（5）模仿法。我们每个人从小就会模仿，模仿大人做事，模仿大人说话。其实模仿的过程也是一个学习的过程。练口才同样可以采用模仿法，即模仿这方面有专长的人，这也能使我们的口语表达能力有所提高。在模仿过程中，要求要尽量模仿得像，要从模仿对象的语气、语速、表情、动作等多方面进行模仿，并在模仿中有所创造，力争在模仿中超过对方。

（6）描述法。这类似于一种看图说话，只是我们要看的不仅仅是书本上的图，还有生活中的一些景、事、物、人，而且要求也比看图说话高一些。简单地说，描述法也就是把你看到的景、事、物、人用描述性的语言表达出来。主要目的就在于训练我们的语言组织能力和语言的条理性。

（7）角色扮演法。也就是要我们学演员那样去演戏，去扮演作品中出现的不同的人物，当然这个扮演主要是在语言上的扮演。这种训练的目的，在于培养人的语言的适应性、个性以及适当的表情和动作。

（8）讲故事法。讲故事，可以训练人的多种能力。因为故事里面既有独白，又有人物对话，还有描述性的语言、叙述性的语言，所以讲故事可以训练人的多种口语表达能力。

以上八种训练口才的方法，如果你能勤加练习，一定能拥有令人称羡的好口才。

第四章　攻心销售，读懂客户的心理

客户消费心理必知

心理学研究表明，顾客在交易过程中会产生一系列复杂、微妙的心理活动，包括对商品成交的数量、价格等问题的一些想法及如何与你成交、如何付款、订立什么样的支付条件等。顾客的心理对成交的数量甚至交易的成败，都有至关重要的影响。因此，销售人员要善于探究顾客的消费心理。

正所谓"知己知彼，百战不殆"。销售人员在推销过程中，充分地了解客户的购买心理，是促成生意的重要因素。

归纳起来，顾客的消费心理主要有以下 11 种：

（1）求实心理。这是顾客普遍存在的心理动机，他们购物时，首先要求商品必须具备实际的使用价值，讲究实用。有这种心理的顾客，在选购商品时，特别重视商品的质量效用，追求朴实大方、经久耐用，而不过分强调外形的新颖、美观、色调、线条及商品的"个性"特点。

（2）求美心理。爱美之心，人皆有之。有求美心理的人，喜欢追求商品的欣赏价值和艺术价值，以中青年妇女和文艺界人士居多，在经济发达国家的顾客中也较多。他们在挑选商品时，特别注重商品本身的造型美、色彩美，注重商品对人体的美化作用，对环境的装饰作用，以便达到艺术欣赏和精神享受的目的。

（3）求新心理。有的顾客购买物品注重"时髦"和"奇特"，好赶"潮流"。在经济条件较好城市中的年轻男女中较为多见，在西方国家的一些顾客身上也常见。

（4）求利心理。这是一种"少花钱多办事"的心理动机，其核心是"廉价"。有求利心理的顾客，在选购商品时，往往要对同类商品之间的价格差异进行仔细的比较，还喜欢选购打折或处理的商品，具有这种心理动机的人以经济收入较低者居多。当然，也有经济收入较高而勤俭节约的人，精打细算，尽量少花钱。有些希望从购买商品中得到较多利益的顾客，对商品的花色、质量很满意，爱不释手，但由于价格较贵，一时下不了购买的决心，便讨价还价。

（5）求名心理。这是一种以显示自己的地位和威望为主要目的的购买心理。他们多选购名牌，以此来"炫耀自己"。具有这种心理的人，普遍存在于社会的各阶层，尤其是在现代社会中，由于名牌效应的影响，衣食住行选用名牌，不仅提高了生活质量，更是一个人社会地位的体现。

（6）仿效心理。这是一种从众式的购买动机，其核心是"不落后"或"胜过他人"，他们对社会风气和周围环境非常敏感，总想跟着潮流走。有这种心理的顾客，购买某种商品，往往不是由于急切的需要，而是为了赶上他人，超过他人，借以求得心理上的满足。

（7）偏好心理。这是一种以满足个人特殊爱好和情趣为目的的购买心理。有偏好心理动机的人，喜欢购买某一类型的商品。例如，有的人爱养花，有的人爱集邮，有的人爱摄影，有的人爱字画，等等。这种偏好性往往同某种专业、知识、生活情趣等有关。因而偏好性购买心理动机也往往比较理智，指向性也比较明确，具有经常性和持续性的特点。

（8）自尊心理。有这种心理的顾客，在购物时，既追求商品的使用价值，又追求精神方面的高雅享受。他们在购买之前，就希望自己能受到销售人员的欢迎和热情友好的接待。经常有这样的情况：

有的顾客满怀希望地进商店购物，一见销售人员的脸冷若冰霜，就转身而去。

（9）疑虑心理。这是一种瞻前顾后的购物心理，主要是怕"上当吃亏"。他们在购物的过程中，对商品的质量、性能、功效持怀疑态度，怕不好使用，怕上当受骗。因此，反复向销售人员询问，仔细地检查商品，并非常关注售后服务，直到心中的疑虑解除后，才肯掏钱购买。

（10）安全心理。有这种心理的人对想要购买的物品，要求必须能确保安全。尤其像食品、药品、洗涤用品、卫生用品、电器用品和交通工具等，不能有任何问题。因此，他们非常重视食品的保鲜期、药品有无副作用、洗涤用品有无化学反应、电器用品有无漏电现象等。在销售人员解说、保证后，才能放心地购买。

（11）隐秘心理。有这种心理的人，购物时不愿为他人所知，常常采取"秘密行动"。他们一旦选中某件商品，而周围无旁人观看时，便迅速成交。青年人购买和性有关的商品时常有这种情况，一些名人在购买高档商品时，也有类似情况。

客户即时心理解读

销售的过程就是销售员与客户之间情感较量的过程，只有了解客户的心理，才能顺势而为，有效地打动"上帝"，从而给自己带来更高的收益。所以，学会察言观色，解读客户的心理是每一个销售员的必修课。

（1）从表情看客户的喜怒哀乐

情感决定行为方式，客户的购买行为就是客户对商品所表现出来的一种情感倾向。当客户的个人需要与客观商品之间确立了某种情感关系时，客户就会决定买或者不买。而在这个过程中，客户的情感变化会通过他的表情表现出来，这就为销售员选择销售方式提供了可靠的依据。

俗话说："眼睛是心灵的窗户。"销售员可以从眼神中看出客户是否对产品感兴趣。所以在销售过程中，销售员一是要留心客户的视线是否随着你的动作或者你展示的物品而移动；二是要看客户的眼睛是不是像要闭起来似的，或者是眼睛连眨都不眨。比如客户的视线径直不动，有些出神、发呆，或者客户的视线忽然转移到其他地方，如样品、产品说明等，或是销售员的脸上，这多半是客户正盘算着要不要购买。这时，只要销售员用适当的方式消除客户的顾虑，双方就可以很快达成交易。

除了眼睛之外，销售员还可以从客户的嘴形和整个面部表情看出客户的反应。客户的第三种表现就是嘴角向后拉，或者嘴唇半开半掩；客户的第四种表现就是随着你话题的变化而改变表情，比如，客户原先紧绷着脸，但听完你的介绍后，面部表情渐渐地变得柔和起来，就表明客户在心里已经接受了你的产品。

如果客户具有以上这四种表情的任何一种，就说明你的销售真"有戏"。但这时作为销售员的你最好不要得意忘形，更不要瞪大眼睛凝视对方，否则你的凝视可能会使客户紧张起来，客户的警惕性会陡然提高，购买产品的欲望当然也就消失无踪了。

总的来说，喜怒不形于色的客户并不常见。绝大多数客户喜欢你的产品时就会眉飞色舞，甚至手舞足蹈，看上去一副很愉快的样子；当客户对你十分周到的服务感到非常满意时也会喜形于色；当客户不喜欢你的商品或者不满意你的服务时也会有形于色。所以一个优秀的销售员应该善于通过表情来揣摩客户的心理变化，并用自己的热情和真诚去影响客户，征服客户，使双方的感情得到及时有效的交流，最终引导客户的情感向有利于自己的方向发展，从而达成交易。

（2）从语调观察客户心情

"言为心声"，人们的心情往往会不知不觉地在其声音的变化中表现出来。说话时的语调最能表现一个人的情绪，通过一个人说话时语调的变化，就可以看出他的心理变化。一般情况下，低沉、缓慢的语调表现出的往往是冷静、悲哀或者畏惧的情绪，而激昂、快速的语调表达出的大多是热情、急躁或者恼怒的情绪。与此同时，同一句话用不同的语速、语调、语气说出来，所表达的意思也会产生很大的区别，甚至表达出截然相反的情绪。

例如，当客户语调平缓、语气较轻地对你说："不好意思，请把商品拿来我看一下"，则表明客户看中了你的产品，有意购买，你就要抓住一切机会促成交易。如果这时销售员慢慢腾腾，或者爱理不理，客户可能会强调："不好意思，请把商品拿来我看一下"，但是语气会明显加重，语调也会有所提高。这表明客户很不愉快，对你的服务很不满意，没有骂你已经很克制了。这时，销售员就要及时地反思自己做得不当的地方，并予以相应的改正。反之，如果销售员一直能积极地迎合客户所表现出来的热情，那么成交就是水到渠成而已。

（3）从细微反应判断客户的成交信号

客户消费心理的表现往往是与生理反应息息相关的。比如当一个客户突然找到了自己一直特别想要而很长时间寻觅未果的商品时，就会十分兴奋，此时，他的心跳会加快，激烈情绪的外在表现则是呼吸变得急促、脸色发红、忍不住叫喊，甚至喜极而泣。同理，当客户处于紧张、愤怒、急躁、厌恶、羞怯等状态时，也都会有很多生理上的细微反应，比如鼻孔扩张、四处张望、双手颤抖等。销售员要善于从客户的细微反应中洞察客户的心理反应，把握正确的信息，辨别客户的成交意愿。

需要注意的是，当客户开始否定你、批评你，或以某种条件相威胁时，就说明客户已具有很强的购买欲望。比如当客户说出"你非要现金的话，那我就不买了"这样的话时，这就意味着客户是有意购买的，只是限于当前条件，立即购买还有些困难，希望销售员能知道他的困难所在。如果销售员能够解决这个难题，那对于客户来说是最好不过了。

另外，当客户开始向周围的人询问他们对产品的看法时，说明他只是还有点缺乏主见，只要得到别人的肯定，他就能放心地购买。这时销售员要做的就是说服客户所询问的人，帮助客户坚定自己作出的判断。比如在一位女客户征求她丈夫的意见时，销售员就可以说："先生，我相信您认为这东西值得购买，而不必在乎价格，对不对？"不用说，这位客户的丈夫一定会为了显示出自己的男子汉气概而慷慨解囊。

总之，客户的消费心理会外化成某种情绪，而不同的情绪又反映了客户不同的心理活动。作为销售员，你应该善于发现和把握这些信息，以便了解和判断客户的心理。你要知道，推销商品应该是建立在客户自愿购买的基础上，而不是硬将自己的商品推销给客户，这样反而会刺激客户的逆反心理。所以你要做的除了必要的说服以外，就是把握和迎合客户的心理，通过客户的语言、动作、表情等来揣摩客户的真实想法，进而采取相应的策略，说服客户，促进交易向好的方向发展，让客户自己乐意接受你和你的产品，从而主动地购买你的商品。

消除客户的戒备心理

销售过程中，销售人员遭遇客户的拒绝犹如家常便饭一样经常。例如：想确认对方的意愿，但是对方的答复模棱两可；见面时仍然打招呼，但打招呼已经变成形式化的行为；正想进入销售业务的主题，对方却转移话题；只是点头，并不表示意见；不停地追问细节；一直保持严肃的态度；谈话中不断地移开视线，不断地打量着你，等等。

当你想说服对方时，如果对方出现了以上几种态度，或态度忽然变得慎重，就表示他产生了戒备心了。此时的你犹如一位戴着面具的人说话，对方隔着一道面具，你无法看清他的表情。因为不知对方的态度如何，所以你就无法采取恰当的处理方法。但是，如果你因为对方戴着面具而放弃了进一步推销的念头，那便是不战而败。

在进行销售时，如果未察觉对方的戒备心，继续进行说服，那就像防火墙起到保护和反弹的作用一样，任何言语都会被这层护盾接收，无法进入他的内心世界。所以，在进行推销时，首先应当尽量消除客户的戒备心理，具体来说可以从以下方面入手：

（1）碰触客户。不经意地碰触客户，可以吸引客户的注意，同时，使用手指做出指示，这种动作对客户具有催眠效果。此外，肢体的接触也象征着意见的交流，能使交谈的气氛更为融洽，但在进行促销时，必须慎重而不失礼节地运用你的肢体语言。

（2）尽量避免使用红色的说明资料。红色容易让人联想到危险，因此，在进行商品说明时，不要使用带有红色的资料，哪怕只是一支红笔。其次，与客户会面时，也不应穿红色的衣服，可能的话，还是以蓝色或绿色为宜，这种衣着可令客户感到轻松自在。

（3）经常摆动头部。进行商品说明时，最重要的一点是头部必须上下摆动，即作肯定姿态，让客户也受你影响，能够肯定你所说的话。不过，这种暗示，不能让客户察觉，否则，会让她认为你是个不诚实的人，进而影响交易。

（4）避免使夫妻吵架。当客户是夫妇二人时，购买决定必须经由双方取得共识方可，销售员处在这个夹缝中，必须首先说服其中一人，再经由协调，从而完成交易。

（5）客户为两人以上的团体时，你必须予以单个说服。方法与上述原则相似，当客户为两人以上的团体时，你可以采用单个说服的方式，一一进行说服，千万不要忽视其他的人，否则将会前功尽弃。

（6）让客户有发问的空间。客户对商品及销售员本身都会存有或多或少的疑问，诸如"他们的价格为何较低？""这个产品是否值得信赖？"等。因此，你必须说明、澄清这些疑问，以免形成交易障碍。

（7）满足客户的刺激。你不妨对客户这么说："你是我最重视的客户！"或"看得出来，你是公司里的重要人物！""我随时优先为您提供服务！""我们是好朋友！"这些说辞可以满足客户心理上的某种幻想，因此，千万不可忽视。

（8）描述客户的梦想。你可以把客户心中的目标，描述成具体的形象，祝福他的未来，这样一来，成交是必然的。

（9）让客户自己下判断。当你进行商品说明时，若要获得客户的同意，你必须尽快准备下一个方案。如果客户不同意你的说法，你必须让他具体地说"好"或"不好"。当然，此时你可以礼貌性地试探"不知您的决定如何？"或"您同意我的说法吧！"

（10）你必须自信，认为自己是最好的销售员。当你向客户说"我是美容院最优秀的美容师"时，这种充满自信的态度，能令人感受到你的魅力，但切忌骄蛮。就客户的心理而言，她当然希望能买到一流的美容师所销售的产品。

（11）切忌与客户争辩。当你与客户发生争辩时，不论输赢，都可能使交易失败，不过，有时输了争辩，可能赢得交易。

（12）让客户自认为已握有主导权。一个销售员不应与客户争权，否则，会让客户觉得自尊心受损，而导致交易失败。

（13）一旦得罪客户，必须立即致歉。客户来到会面地点，却发生许多不快事件时（如有人言语不逊，冒犯了客户，而你也听到这些话），你千万不能假装不知，对这件事，你必须有所表示，或者大方地向她致歉，如此可使你与客户的关系更加亲近。

（14）保持乐观的态度。不论是谁询问你，如"最近身体可好？""事业还好吧！"你都必须给予正面和肯定的答复，并使自己看起来精神奕奕，同时也能传达给他人一种良好的感觉，制造成交的气氛。

（15）施压于客户的方法。首先，你必须确认，施压于客户是交易的一种武器。举例来说，当客户向你询问价格时，如果你说："哦，这件很贵，橱窗还有其他的，你要不要看看？"你想，客户听完这样的话，心中会有怎样的感受，也许她会因被识破弱点而恼羞成怒，拂袖而去，但也可能因而买下。这种方法正是给客户加压的例子。

（16）利用眼睛的错觉。当交易接近完成阶段时，可以利用眼睛的错觉，如换坐较高的位置，使自己的视线高于客户，这样，客户必须抬头看你，不知不觉中，你已能影响她的心意，她也能肯定你所说的话。

（17）以幽默化解客户的不满。当客户生气时，你与其躲避她，不如以幽默的言语来缓和她的情绪，这样反而会有较好的效果。

寻找共同话题

销售人员的销售工作通常是以各种商谈的形式来进行的，如果客户对销售人员的话题没有什么兴趣的话，那么，双方之间的会谈也就会变得索然无味，更难以达到预期的效果。所以，销售人员与客户的对话如果没有趣味性、共通性是不行的。

销售员为了和客户建立良好的人际关系，最好能尽早找出双方共同的话题。所以，销售员在拜访客户之前要先收集有关的情报，尤其是在第一次拜访时，事前的准备工作一定要充分。

询问是绝对少不了的，销售员在不断地询问当中，很快就可以发现客户的兴趣。例如，看到阳台上有很多盆栽，销售员可以问："你对盆栽很感兴趣吧？假如花市最近有一次大型花展，不知道你是否想去看一看？"

看到的高尔夫球具、溜冰鞋、钓竿、围棋或象棋，都可以拿来作为话题。对异性、流行时尚等话题也要多少知道一些，总之最好是无所不通。

打过招呼之后，谈谈客户最感兴趣的话题，可以使气氛缓和一些，接着再进入主题，效果会比一开始就立刻进入主题好得多。

日本旭光电脑公司销售员大村博信苦闷极了，自己推销电脑时口若悬河，谈论产品的性能如何如何好，但客户们反而都不吭声。

电脑推销不出去，他十分苦闷。于是垂头丧气地走进一家餐厅，闷闷不乐地自斟自饮。突然，邻桌发生的一件趣事，把他吸引住了。

邻桌的一位太太正带着两个孩子吃午餐，那胖乎乎的男孩什么都吃，长得结结实实；那瘦瘦的女孩皱着眉头，举着筷子将盘子里的菜翻来拨去，就是不吃。

那位太太有些不开心，轻声开导小女孩："别挑食，要多吃些菠菜，不注意营养怎么行呢？"这样一连说了三遍，小女孩仍将嘴巴噘得老高。这位太太渐渐满脸怒气，不断地用手指敲击桌面。

大村博信喃喃自语："这位太太的菠菜跟我的电脑一样，'推销'不出去了。"正说话间，一位年轻服务员走近那女孩，凑在她的耳朵边悄悄说了几句话。一会儿那女孩马上大口大口吃起菠菜来，边吃边斜着眼睛看着哥哥。

那位太太很纳闷，把服务员拉到一边问："您用了什么办法，让我那犟丫头听话？"服务员微笑着说："马不想喝水的时候，随你死拉活拽就不肯靠近水槽。要想让它喝水，得先让它吃些盐，它口渴了，你再牵它去喝水，它就会乖乖地跟你走。太太，不瞒您说，您好几次带孩子来吃饭，我经常看到哥哥欺侮妹妹。我刚才激妹妹：'哥哥不是老欺侮你吗？吃了菠菜，长得比他更壮更有力气，他还敢碰你吗？'"

旁观的大村博信暗暗称绝："太妙了，自己的电脑推销不用愁啦！"

第二天他敲开一家纺织公司采购部负责人的办公室，大村博信不再滔滔不绝地自我吹嘘，而是微笑着问："先生，贵公司目前最关心的是什么？贵公司目前为什么事而烦恼？"对方叹了口气："承蒙先生这么关心，我就直说了吧，我们最头痛的问题，是如何减少存货，如何提高利率。"

大村博信马上回到电脑公司，请专家设计了一整套方案：如何使用自己公司的电脑，使纺织公司存货减少、利率增加。

当大村博信再度去拜访纺织公司采购部负责人时，边出示那套方案，边热情介绍："先生，真的，这么做了，你的苦恼就没了。"

采购部负责人忙翻开那些资料，越看越高兴"先生，太感谢您啦。资料留下，我要向上级报告，我们肯定要购买您的电脑。"后来，他们果真买下了大村博信的一大批货。

由此可见，要想使客户购买你推销的商品，首先要了解其兴趣和关心的问题，并将这些作为双方的共同话题。

对于一些客户十分感兴趣的话题，销售员不妨通过巧妙的询问和认真的观察与分析进行多方面了解，然后引入共同话题。所以，在与客户进行沟通前，非常有必要花一些时间和精力对客户的特殊喜好和品位等进行研究，这样才能在销售沟通过程中做到有的放矢。

懂得关心客户

关心他人，是做人的一种美好品德。人的生活是在与他人的相互交往中构成的。关心他人，就是要求人们善于理解他人的处境、他人的情感和需要，随时准备从道义上去支持别人，从行动上去关心帮助别人。被他人关心是一种美好的享受。

销售工作中，销售员应该懂得去关心客户。在商言商不假，但人毕竟是有感情的动物，若能以情感打动你的客户，你的点滴关怀之心也可能会收到丰厚的回报。

许多知名推销大师的经验告诉我们：真诚地关心可以感化一个人。一个不幸的人，一旦发觉有人关心他，往往能以加倍地关心回报对方。

某汽车公司的销售员在成交之后、客户取货之前，通常都要花上几个小时详尽地演示汽车的操作。公司要求所有销售员都必须介绍关于产品的各个细节问题，包括一些很小的方面。例如，怎样使用千斤顶等。销售部经理这样说："我曾经看见有些销售员只是递给新客户一本用户手册说：'这很简单，你自己看看。'在我所遇见的人中，很少有人能够仅靠一本手册就能弄懂如何操作一辆这样的汽车。我们希望客户能最大限度地对我们的关心满意，因为我们不仅希望他们回头再买车，而且希望他们介绍一些朋友来买车。一位优秀的销售员会对客户说：'我的电话 24 小时都欢迎您拨打，如果有任何问题，欢迎给我打电话，我随时恭候。'我们的销售员都精通我们的产品知识，一旦客户有问题，他们一般通过电话就能解决，如果不能解决，还可以联系其他人帮忙。"

无论你推销什么，关心都是赢得永久客户的重要因素。你要真心地关心客户，无论出现什么问题，你都要与客户一起努力去解决。但是，如果你只是在出现重大问题时才去通知客户，那你就很难博得他们的好感。销售员的工作并不是简单地从一笔交易到另一笔交易，还必须花时间维护好与现有客户来之不易的关系。糟糕的是，很多销售员却认为关心客户赚不了什么钱。乍一看，这种观点好像很正确，因为停止关心可以腾出更多的时间去发现、争取新的客户。但是，事实却不是如此。人们的确认可你的关心，他们愿意一次又一次地回头光顾你的生意。更重要的是，他们乐意介绍别人给你，这样一来你就等于拥有了一座取之不尽的金矿。

你要做的是：为你的客户提供最多的关心，以至于他们对想与别人合作都会感到歉意！成功的推销正是建立在这种关心的基础上。

戴尔·卡耐基说："时时真诚地去关心别人，你在两个月内所交到的朋友，远比只想别人来关心他的人在两年内所交的朋友还多。"那些不关心别人，只盼望别人来关心自己的人，应时刻拿这句话告诫自己。

关心别人既然如此重要，那么要怎样去关心别人呢？有人以为关心别人就得花钱，花钱固然有好处，然而大多数的关心都是从点点滴滴的小恩小惠累积起来的。

一句诚挚的"谢谢"，一个热情的"微笑"，简单亲切的"问候"，诚心诚意的"道歉"，这些都微不足道，也不用花钱，只要是发自肺腑的，就能感动人。随时随处，你都可以体现对客户关心，只要你用心，有一颗时刻准备帮助他人的心，就一定会发现，小小的帮助更能让客户印象深刻。

销售人员对客户真心实意的关心，不应该只是一时一地的作秀，一定要采取主动，不放过任何一个机会。有时，仅仅是一个细微的举动，只要来得及时，足以让客户对你另眼相看。

对销售员来说，关心客户很容易得到客户的信任，也很难让客户拒绝，一旦你与客户之间建立了亲密的关系，客户往往会因为你，考虑购买你的产品。

总之，只要你努力把生命中每个人都当成自己最有价值的客户去对待，把你的真诚关爱传递给每一个人，他们就有可能成为你最有价值的客户。

诚信赢得客户的好感

"诚信"包括"诚实"与"守信"两方面的意义。诚信不但是做人的准则，也是销售的道德底线。它历来是人类道德的重要组成部分，在我们的日常销售工作中同样重要。实际上，向客户推销你的产品，就是向客户推销你的诚信。

据美国纽约销售联谊会统计：70％的人之所以从你那购买产品，是因为他们喜欢你、信任你和尊敬你。因此，要使交易成功，讲诚信不但是最好的策略，而且是唯一的策略。

赫克金法则源于美国营销专家赫克金的一句名言："要当一名好的销售人员，首先要做一个好人。"这就是赫克金所强调的营销中的诚信法则。美国的一项销售人员的调查表明，优秀销售人员的业绩是普通销售人员业绩 300 倍的真正原因与长相无关，与年龄大小无关，也和性格内向外向无关。其得出的结论是，真正高超的销售技巧是如何做人，如何做一个诚信之人。

在销售过程中，如果失去了信用，也许一笔大买卖就会泡汤。信用有小信用和大信用之分，大信用固然重要，却是由许多小信用积累而成的。有时候，一生的信用会因一次小的失信而毁于一旦。销售高手们是最讲信用的，有一说一，实事求是，言必信、行必果，对顾客以守信为先，以品行为本，使顾客信赖，使客户放心地同你做交易。

有一位成功的销售人员，每次登门推销总是随身带着闹钟。交谈一开始，他便说："我打扰您 10 分钟。"然后将闹钟调到 10 分钟的时间，时间一到闹钟便自动发出声响，这时他便起身告辞："对不起，10 分钟到了，我该告辞了。"如果双方商谈顺利，对方会建议继续下去，那么，他便说："那好，我再打扰您 10 分钟。"于是闹钟又被调到了 10 分钟。

大部分客户第一次听到闹钟的声音，很是惊讶，他便和气地解释："对不起，是闹钟声，我说好只打扰您 10 分钟的，现在时间到了。"客户对此的反应因人而异，绝大部分人说："嗯，你这个人真守信。"也有人会说："咳，你这人真死脑筋，再谈会儿吧！"

销售人员最重要的是要赢得客户的信赖，但不管采用何种方法，都要从一些微不足道的小事做起，守时就是其中一种。这是用小小的信用来赢得客户的大信任，因为你开始答应会谈 10 分钟，时间一到便告辞，就表示你百分之百地信守诺言。

在当今竞争日趋激烈的市场条件下，良好的信誉已成为竞争制胜的极其重要的条件。唯有守信，才能为销售人员赢得信誉，谁赢得了信誉，谁就能在市场上立于不败之地；谁损害或失掉了信誉，谁就要被市场淘汰。销售人员最重要的是要赢得客户的信赖，但不管采用何种方法，都得从一些微不足道的小事做起，让每一个细节表现你的真诚，以此告诉顾客：我是个诚信之人。

诚实守信，以诚相待，是所有销售学上最有效、最高明、最实际也是最长久的方法。林肯曾经说过：一个人可能在所有的时间欺骗某些人，也可能在某些时间欺骗所有的人，但不可能在所有的时间欺骗所有的人。对于销售人员来说道理也同样如此，在一个信息传播日益迅速的市场环境下，销售人员的小手段、小聪明是很容易被看破的，即便偶尔取得成功，这种成功也是相当短暂的。所以，要想赢得客户，讲诚信才是永久的、实际的办法。

亲和力拉近客户的距离

亲和力是人与人之间进行信息沟通和情感交流的一种能力。它一方面表现为主动控制人际交往，另一方面表现为被其他人认可。有亲和力的人身上往往散发出一种独特的力量，使我们不得不去喜欢他。这种神秘的力量便是亲和力，我们就是被这种力量给影响了。

在实际销售过程中，"亲和力"具有很好的吸引力。他会让人感到亲切，会缩短你与客户之间的心理距离。如果你是一个让人感到亲切的销售员，客户情感的大门就会主动向你敞开，你的亲切会让你更有人缘魅力。

许多的销售行为都是建立在友谊的基础上，我们喜欢从自己所喜欢、所接受、所信赖的人那里购买东西，我们喜欢从和自己具有友谊基础的人那里购买东西，因为那会让我们觉得放心。所以，一个销售员能否很快地同客户建立起很好的友情，将直接影响他的业绩。

很多时候，亲和力甚至比高超的销售技巧更重要。因为只有具备了亲和力，才更容易接近客户，促成沟通，达成合作。超强的亲和力，会让你在第一时间拉近与客户的距离，最大限度的消除戒备。在这样的氛围下，才有可能促使交易成功。销售其实首先要做的是

71

自我推销，只有让客户接受你、认可你，才会对你所推销的产品和服务产生信赖感。而亲和力是完成自我推销的利器。

那么，怎样才能具有良好的亲和力呢？

（1）深刻认识自我

人贵有自知之明，一个人只有深入地了解自我，才能有了解他人的基础。所以先深刻地认识自己才是真正具备良好的亲和力的基石。每个人在成长的过程中，都会有一些创伤或问题，或者自卑，或者自傲，或者以自我为中心，或者曾经遭受到各种各样的心灵上的创伤，这些问题的存在，都会影响到成年之后的良好的人际亲和能力。要深刻地认识自己和了解自己，不让童年时代的阴影影响现在的人际交往，要善于自我反省。

（2）不断地进行人际交流实践，并加强自我在实践中的体验和感受

在深入了解自己的基础之上，再进行人际交流的实践是提高人际亲和能力的重要过程。在不断的人际交流实践中，他人作为一面镜子，可以折射出自己的某一面，从他人的身上，可以看到自己心中自己看不到的侧面。在与他人的交流和实践中，又可以不断强化自己的实战能力，随时的修正自己。有一些人在童年时代就很少有和他人交往的机会，虽然他们的童年很快乐，可是由于封闭的家庭环境，他们和他人交往的潜能被压制了，他们成年以后渐渐成为一个木讷寡言、紧张容易害羞的人。有的人虽然青少年时代很少和他人交往，缺乏交流的机会，但在他们成年以后，有的人因为生活所迫，不得不去谋生，如做销售等专门和他人打交道的职业，渐渐的，他们和人交往的能力在实践中就无形中增强了。所以实践是增强人际亲和力的必备课程。

（3）自我意识扩大化，提高人际包容能力，提高对他人的理解能力

每个人都有自己特定的一个成长环境，而他所处的家庭环境和

社会环境给他的自我意识打下了一个烙印，对他人会有自己的独特的看法。这些观点在和其他人交往的时候，都会影响到对他人的评价。当他是从自己的世界观、人生观和价值观去评价他人时，就无法深入理解他人内心深处的感受。所以在洞察自我的基础上，在人际交往的实践中，就要不断地放下自己固有的价值观，耐心的倾听来自他人内心深处的声音，这样才会看到一个个与自己不同的全新的内心世界。在不断实践的过程中，他的自我意识就会增强，对人的理解能力也在增强，能深入理解他人的人际亲和力自然就增强了。

（4）防止烦躁情绪的干扰和破坏

当人们处在高度的压力下，就会出现焦虑的情绪，许多内在的情感需求得不到满足，就会不断地从潜意识中浮现出来，便会变得烦躁不安。虽然懂得与人交往要亲和的原则，可是生理原因不允许他们做得很好，所以他们不由自主地发脾气，会因为一点鸡毛蒜皮的小事而生气，渐渐地在无形中便会给自己的人际关系增添许多麻烦，人际亲和力就会下降。所以劳逸结合，工作和生活兼顾，张弛有度，有了一份好心情，才能有良好的人际亲和力。

投客户所好

"投其所好"，就是迎合别人的意思，本为贬义词。但在销售工作中，投其所好是一种推销的方法和策略。

一个温暖的秋日的早晨，一位保险销售员走进费城一家大食品店的经理约翰·斯科特先生的办公室。斯科特先生的儿子哈里对销售员说："我父亲非常忙，你预约了吗？"

销售员答道："没有，但是你父亲曾经向我们公司索要过一些材料，我是应他电话的要求来送材料的。"

哈里说："那你可能来得不是时候，现在父亲办公室里有三个人在谈事……"正说着斯科特先生走了出来，哈里说："爸爸，还有个人想见您。"斯科特先生说:"年轻人,是你想见我吗?"转身就把销售员带进了他的办公室。

"斯科特先生,我叫罗伯特。您曾向我们公司索要过一些材料,这是您要的材料。里面有您签名的名片。"进了办公室,年轻人不卑不亢地说。

"年轻人,这不是我要的材料,你们公司曾答应给我准备一些商业文件。"

"斯科特先生,您所要的那些商业文件从没有让我们公司多卖出几份人寿保险。可是这些商业文件却给了我接近您的机会。您是否可以给我一些时间让我给您讲讲人寿险。"

"我的办公室里有三个人正等着我,我必须节省谈话时间,跟我谈人寿保险简直是浪费时间。我已经 63 岁了,几年前我已停止买保险了。以前买的保险已经开始偿付。我的孩子们也已成人,他们可以很好地照顾自己了。现在只有妻子和一个女儿与我生活在一起。如果我有什么不测,她们可以有足够的钱舒适地生活。"

"斯科特先生,像您这样在事业上成功的人,肯定会在家庭或事业之外有一些兴趣。比如对医院、宗教、慈善事业等进行有意义的资助,您是否想过当您过世之后,这些由您资助的事业就会无法维持了?"话说到这里,斯科特先生没有回答销售员的问题,但销售员看得出来,自己的话起了作用,他正等着销售员把话继续下去。

"通过我们的计划,斯科特先生,无论您是否在世,您资助的事业都会维持下去。如果您在世,从现在起 7 年后,您可以每月收到 5000 美元的支票,直到您过世。如果您不需要这笔钱,自然可以随意处置,但如果您需要那笔钱就可谓雪中送炭了。"

斯科特看了看手表说:"如果你能等一会儿,我倒愿意问几个问题。"大约 20 分钟后,斯科特先生让销售员到他的办公室去。

"你叫什么名字?"

"罗伯特。"

"罗伯特先生，你刚才谈到慈善事业，我确实资助了 3 名尼加拉瓜传教士，每年都要花去大笔钱，这件事对我来说很重要。你刚才说到如果买了保险，我过世后，那 3 名传教士依然可以得到资助，这是怎么回事？还有你说到如果我买了保险，从现在起 7 年后，我就可以按月收到 5000 美元的支票，这大概要花多少钱？"

当销售员把具体的钱数告诉他后，斯科特吃了一惊："不，我花不起那么多钱。"

接着销售员询问了那 3 名传教士的事，斯科特的兴趣又来了，他很乐意谈论他们。销售员问他是否去看望过他们，他说他本人没有去过，儿子和小姨子在尼加拉瓜照应着那些事。今年秋天他打算去那儿一趟。斯科特先生还跟销售员讲了有关那些传教士的一些逸事。

销售员抱着极大的兴趣听完了他的叙述，然后说道："斯科特先生，您去尼加拉瓜时，是否能带上您的儿子一家？现在您已经做出了妥善的安排，退一万步说，即使您有什么不测，他们仍可以按月收到支票，不至于出现生活难以为继的状况。您是否可以写信告诉那些外国传教士同样的信息？"

当斯科特先生谈到支出太多时，销售员同他的对话也多了起来，销售员询问了更多的问题，问他那些传教士干了些什么有趣的事。

最后，斯科特先生买了销售员的保险。

由此可见，投其所好，才能激起客户与你谈话的兴趣，才能顺理成章地与你商谈你的产品。

爱好摄影的人都知道，直接拍摄被聚光灯照得发亮的东西，会因曝光过度而完全看不出被拍摄的物体。要拍摄出清楚美丽的照片，必须采用部分受光的技术，配合被拍摄物体的曝光程度来拍摄。

说服他人也是同样的道理，必须找出说服对方的适合的方法。换言之，必须想清楚以怎样的角度去接近对方较好。预先探查对方是个什么样的人，收集对方的一些相关资料，就能事先准备好如何去接近他的方法。有了事先的准备，说服中自然就不会慌乱。

如果要说服的是个体，那么须事先搜集有关其经历、兴趣、出生地、家族成员等资料；如果是公司的话，其经营状况、往来客户、其他的特色等，都要充分了解。若能多留心的话，可以收集到很多信息，将这些信息记录下来，活用到实际之中，将有助于了解对方，也可以借此引导对方理解我们。

时刻不忘为客户着想

在销售过程中，一些销售员为了达成交易，增加自己的推销额，从来不替顾客着想，甚至于采取倾力推销的做法，拼命地向顾客兜售自己的产品，这是违反商业道德的。不为顾客着想，采取倾力推销的做法，不但损害了顾客的利益，而且也会损害销售员的利益。对顾客无益的交易也必然有损于销售员，这是放之四海而皆准的推销真理。

所以，为了能留住老客户，不断增加新客户，销售人员就要做到为客户着想，最实用的一点就是为客户提供能够为他们增加价值和省钱的建议，这样销售人员才能够得到客户的欢迎。要做到时时刻刻为客户着想，站在客户的立场上来看待问题，销售人员就先不要考虑将从中得到的利润，要考虑怎样才能够帮助客户省钱，帮助他们以最少的投入获得最大的回报。

查理德是个很有闯劲儿的年轻人，他在25岁的时候就开办了一家讨债公司。公司虽然成立了一段时间，但还一直没有什么大客户，让他苦恼得很。查理德知道，要想在竞争激烈的市场中求得生存与发展，没有大客户是不行的。于是，查理德决心攻下自己所在地区的银行，使之成为自己公司的大客户。

提到这个银行，查理德就想起了高登先生。高登是银行的部门经理，他们曾经在一次朋友聚会上认识。想到这里，查理德就给高登打了一个电话："如果我想做你们银行的生意，应该去找哪一位呢？"

"找卡特就可以了，他专门负责这事儿。"

"那么介意我提到您的名字吗？"

"当然不介意了。"

在谈话中，查理德知道，卡特先生最看重介绍人，如果没有人介绍，任何找他做业务的人他都不会接见。

于是，查理德就给卡特打了电话，电话刚接通，查理德不等卡特发问，就抢先告诉他说："我是高登先生的朋友，是他介绍我来找您的。"可以说这句话对接下来的谈话非常有效，说了几句后，他们就约好了会谈的时间。

然而，会谈并不像查理德想象中那般顺利。卡特一见到查理德就说："现在来与我洽谈的讨债公司已经有很多了，有许多公司已经花费很长的时间向我极力推荐，并都宣称自己的服务是最好的。请问，你的公司有什么特别之处吗？"

查理德想了想，说道："目前所有的讨债公司都是采取业务提成的办法，最高的达到30%，这对你们来说，是相当大的一笔费用。我们公司将不采取这种办法，我们对每一笔债务只收取一个固定的费用，而且这笔费用并不高。"

然而，卡特对这个并不感兴趣，他摇了摇头。但碍于高登的面子，他还是与查理德闲聊了一会儿。

闲谈中，查理德知道了该银行的讨债业务只有10%由讨债公司处理，另外90%都由银行自己的讨债部门来处理。此时，查理德话锋一转，不再把自己与其他讨债公司比较，而是谈起如果用自己的讨债公司来处理这些债务，相对于银行自己来追讨的话，要节约很多的费用。

卡特听得很入迷，看得出来，他对这个很感兴趣。

查理德心中暗喜，接着就问了卡特几个关于银行管理的问题，试图从回答中再获得一些信息。从卡特的回答中，查理德了解到，该银行现在面临着人员膨胀的问题，他们必须在业务繁忙的季节多雇佣20%的人，3个月之后又需要把他们解雇。

"您想想看，因为业务量大，贵行需要雇佣这些人，之后还要负责培训这些人，培训结束，到最后还得解雇这些人。每一个环节都要花费大量的费用，这实在不划算。"查理德继续说道，"我建议贵行试试资源外购的办法，这样做不仅能节约资金，而且效果也比较好。"

卡特听了很高兴，就同意交给查理德1 000名平均欠款为3 000美元的客户，先试试他的方法。就这样，查理德顺利地得到了一笔300万美元的大订单。

简单地分析一下这个成功案例就会发现，查理德没有与他的竞争对手硬碰硬，而是采取灵活的策略。在会谈刚开始的时候，卡特并没有打算给他任何订单，但随着会谈的深入，查理德了解了客户的难题，站在客户的立场上考虑问题，并提出了自己解决困难的办法，为客户节省了费用，从而轻易地获得了一笔大业务。

在现实中，销售人员很容易因为太关注自己的利益而忽视了客户的利益，其结果只能是使顾客反感。只有诚心诚意为客户的利益着想，才能得到客户的重视。那些业绩突出的销售人员之所以与众不同，就是因为他们比一般人更能为客户赢得利益着想。

能为客户着想，是销售的最高境界。在销售的过程中，销售人员只有站在客户的立场上为他们的利益着想，并真诚地与他们进行交流，才能赢得他们的信赖，并使之成为自己长期而牢固的合作者。

关注客户的兴趣

美国人寿保险创始人弗兰克·贝特格说："有些销售人员之所以失败，是因为他们根本不知道什么是销售的关键点。其实关键点很简单，就是客户最基本的需求或最感兴趣的细节。"

的确，兴趣是最好的老师。对于销售人员来说，客户的兴趣才是销售人员成功实现销售的重要突破口。找到共同的兴趣，才能让彼此建立起共同的话题，缩短彼此之间的距离，化解心理上的隔阂，才会使销售人员得到客户的认同和接受。

被誉为最伟大销售员的乔·吉拉德，是世界上卖出汽车最多的人，他究竟有着怎样神奇的推销本领呢？不妨让我们从这个小故事中得到些启示。

一天，一位看上去十分腼腆的先生走进了汽车展厅，吉拉德主动走过去说："我有一项特殊的本领，就是能看出一个人的职业来。"那位先生微微笑了一下，并未回答。吉拉德接着说："哦，我敢打赌，您是一位律师。"

在美国，律师是非常受人尊重的高薪职业，即使对方不是律师，你说错了，别人也不会生气。因为这恰好表明你在谈话者的心中是有地位的，他是出于尊重你才这么说的。

很显然，那位先生并不是律师。因为听吉拉德说完，他忙不迭地说："不，不是。"吉拉德顺势问："那么，您是做什么工作的呢？"那位先生脸上露出一丝羞涩，低头沉思了一下说："你是不会相信的，我是一个屠夫，每天都在宰牛。"

也许看车人想象了十种吉拉德的反应，唯独没有想象到，吉拉德竟然激动地说："哇，太棒了！长期以来，我都在想，我们吃的牛肉到底是怎么来的。如果您方便的话，可以带我到您那里参观一下吗？"

吉拉德在说这番话时，是真的很想去看看，并非是敷衍客户。那位先生被吉拉德的真诚和热情感染，于是他们热烈地讨论起参观杀牛的事情。20分钟后，看车的先生完全被吉拉德感染，他不仅买下了吉拉德推荐的车子，还邀请吉拉德周末去参观杀牛。

"酒逢知己千杯少，话不投机半句多。"如果你没有找到客户的兴趣点，那很容易将沟通带入危险地带。但是，如果你巧妙地抓住了客户的兴趣所在，并以此展开话题，则更容易引起对方的共鸣，拉近彼此的距离。

可能销售员要问了，每个人的兴趣都是不同的，对于首次谋面的客户，要怎样发掘他的兴趣点呢？

（1）练就察言观色的本领

对于销售员而言，练就察言观色的目的主要是了解客户的兴趣点，找到走进对方内心的捷径。在沟通过程中，你可以通过客户的言语、表情及肢体动作了解到客户的兴趣所在。譬如，当客户说到某个事物而眉飞色舞时，这表明那是他的兴趣点；相反，如果谈到某个事物时客户紧紧皱眉，或闭口不谈时，则说明他不感兴趣，或者不想谈及。

（2）根据客户的装扮推测其兴趣点

很多时候，我们可以从一个人的装扮上看出他的个性及兴趣。譬如，一个挂着 MP3 的人很可能对音乐感兴趣，一个打扮精致的人很可能对时尚感兴趣，一个全身装扮单色系的人很可能酷爱那种颜色，一个在手机上贴了很多卡通图案的人很可能是动漫爱好者，等等。只要注意观察，销售员就能从客户的装扮上发掘到他的兴趣点。

（3）按照性别选择不同的兴趣点

除了临场观察以外，销售员还得做好准备功课。一般来说，男性客户对股票、商务、运动、时政新闻、投资、网络等比较感兴趣；女性客户则对珠宝、时尚、美容、明星、音乐、影视剧等兴趣盎然。如果销售员确实无法从客户的言谈、服饰中找到其兴趣点，则可以按照性别的不同去选择他们可能感兴趣的话题。但是，上面列举的兴趣点并非适合每一位客户，因而还是要依靠销售员的临场发挥能力。

（4）为客户制造兴趣点

如果不能从客户的言谈装扮中找到其兴趣点，销售员不妨为客户制造一些兴趣点。一般情况下，人最感兴趣的通常是与自身相关的事物，销售员可以由此为客户制造兴趣点。譬如，客户的桌子上放着一个奖杯，销售员不妨说："您可真棒，在这么大的公司里获得年度优秀奖可是非同一般啊！"如果客户的桌子上放着家人的照片，销售员则可以夸一夸照片："您的儿子长得真可爱！""您与太太真有夫妻相啊！"等等。

有些时候，遇到冷场或是找不到交谈话题时，以上这些都是既可以作为对方兴趣点又可缓和气氛的话题。

第五章　博弈之术，实现利益的最大化

向客户介绍商品的价值

绝大多数销售人员都会认为，即使价格再低，客户也会抱怨价格太贵。但根据美国财富杂志的调查报告，大约只有4%的客户在购买商品时主要考虑价格，其余的96%主要考虑品质。近年来，我国人民的生活水准持续走高，重视商品品质的倾向也愈来愈强烈。这份调查报告的结论，对我国的消费市场而言，也极具参考价值。

客户一比较就知道两个不同品牌的商品价格不一样，若客户不知道为什么你的商品较贵，他就会抱怨你的商品较贵，绝不是凭你"一分钱、一分货"的简单说辞就能接受的。客户若不能知道你的商品能带给他哪些利益，当然也会感到价格贵。

因此，价格的昂贵或便宜不在价格本身，而在于客户觉得他从商品上获得利益的大小。假如你将一张国债债券和一张卡通贴纸画让小朋友们挑选，恐怕没有小朋友会选择国债券。因为小朋友根本就不明白债券的价值。

价格的问题只是一个表象，当你接收到客户提出价格过高的信息时，你的反应应该是还有哪些利益是客户不知道的，我如何让客户了解更多的利益，而不是"一分钱，一分货""保证值得""实在不贵""用了就知道""保证不会让你后悔""保证你买了还会再来"等空洞的话语。

再举一些例子，化妆品的销售员能让客户相信能得到"青春永驻"的利益，健康食品的销售员让客户想到能得到"延年益寿"的利益，"青春"与"长寿"岂是价格能衡量的？这些例子是告诉我们，只有给客户更多认同的利益，才能真正消除客户关于价格的疑虑。

小锋曾经到家具城想要购买一把办公椅子，店员带他看了一圈后，他问："那两把椅子价钱是多少？"店员说："那个较大的是1800元，另外一把是2800元。"小锋再仔细看了一下问道："这一把为什么比较贵，我们外行看起来觉得这一把应该更便宜才对！"店员答道："这一把进货的成本就快2800元了，只赚你200元。"小锋本来对较大的那把1800元的有一点兴趣，但想到另外一把居然要卖2800元，这把椅子的品质一定粗制滥造，因此，就不敢买了。

小锋又走到隔壁的一家，看到了两把同样的椅子，打听了价格，同样的是1800元及2800元，小锋好奇地请教店员："为什么这把椅子要卖2800元？"店员说："先生，请你过来，两把椅子都坐一下比较比较。"小锋依他的话，两把椅子都坐了一下，一把较软、一把稍微硬一些，坐起来都蛮舒服的。

店员看小锋试坐两把椅子后，接着告诉他："1800元的这把椅子坐起来较软，觉得很舒服，反而2800元的椅子你坐起来觉得不是那么软，因为椅子内的弹簧数不一样，2800元的椅子由于弹簧数较多，绝对不会因变形而影响到坐姿。不良的坐姿会让人的脊柱侧弯，很多人腰痛就是因为长期不良坐姿导致的，光是多出来的弹簧的成本就要将近300元。同时这把椅子旋转的支架是纯钢的，它比一般非纯钢的椅子寿命要长一倍，不会因为过重的体重或长期的旋转而磨损、松脱，这一部分损坏了，椅子就报废了，因此，这把椅子的平均使用年限要比另一把多一倍。此外纯钢和非纯钢的材料价格会差到600元。另外，这把椅子，看起来不如那把那么豪华，但它完全是依人体工程学设计的，坐起来虽然不是软绵绵的，但却能让你坐很长时间都不会感到疲倦。一把好的椅子对经年累月坐在椅子上办公的人来说，实在是非常重要。这把椅子虽然不是那么显眼，但却是一把精心设计的椅子。老实说，那把1800元的椅子中看不中用。是卖给那些喜欢便宜的客人的。"

小锋听了这位店员的说明后，心里想到还好只贵 1000 元，为了保护自己的脊椎，就是再贵 2000 元也会购买这把较贵的椅子。

通过上面的例子可知，处理价格的难题，需要让客户认同更多的"利益"。

在处理价格过高的问题上，有下列一些技巧供参考。

（1）找出更多客户认同的利益

找出客户认同的利益，能将商品的价值提高，客户就能接受你的价格，例如上例中椅子能防止脊柱侧弯、符合人体工程学的设计，久坐不会疲倦，纯钢的支架比一般的耐用一倍，只有利益累积的价值和价格一致时，客户才愿意支付你要求的价格。

能增加利益的诉求项目有：商品独有的特征及利益、好的服务体制、免费服务维修的保证年限、公司良好的形象、合乎安全认证资格的取得、品质管理认证资格的取得、利益及付出的代价等。

（2）带给客户额外的效益

购买商品后带给客户额外效益的诉求，也能促使客户更容易接受你的价格，额外效益可从下面一些方向思考。

节省费用。例如：这台传真机的速度比你原先的那台要快一倍，改用它后，你每日可节省大笔的国际电话费用。

避免错误。例如：你使用这套会计结账系统后，以后结账再也不会因为计算的小疏忽而耗费大量的时间、精力去修正账目。

无形的效益。例如：使用后可提高员工士气、增强员工向心力、美化企业形象等。

会员优待。例如：购买后就成为会员，以后再购买即可享受优惠。

免费信息。例如：你成为我们的客户后，以后有关化妆保养的任何问题，我们都有专人负责为您解答。

（3）排除客户的疑虑和担忧

客户若对你的产品或服务存有疑虑，自然会对产品的价值打折扣。因此，排除客户的疑虑及担忧，也是为了提升产品在客户心中的价值。例如有些客户害怕电脑会伤害眼睛，你告诉客户本公司的电脑屏幕是暗灰色及绿色的底色设计，不但不会伤害眼睛，而且能减轻眼睛疲劳。

其他担心例如：售后服务好不好、保险理赔是否真的能履行、品质是否稳定、小孩玩具是否安全、预售房是否能准时交房……销售员对于客户所担心的方方面面、点点滴滴，都必须逐一排除，客户才会认同你的价格。

讨价还价的学问

通常，销售人员经过销售前的准备，从寻找客户，到拜访客户，便进入了实质性的销售阶段，这个阶段所涉及的最关键问题就是价格。很多销售人员由于不会讨价还价，不是丢掉了订单，就是交易虽然促成了，却已经没有了收益，只好自己安慰自己，权当交了朋友。

如今，很多销售人员底薪很低，全靠提成来增加收入，如果掌握不好讨价还价的技巧，即使销售业绩不错，收入也会很低，最终只能黯然离开销售员的岗位。

以下介绍一些销售人员与客户讨价还价的技巧，使销售人员既不损害公司利益，也能让客户下得来台，最后还能促成交易，同时提高自己的收入。

（1）高低并举

顾客购买产品一般都会采取货比三家的方式。这个时候销售员就要用自己产品的优势与同行的产品相比较，突出自己产品在设计、性能、声誉、服务等方面的优势。也就是用转移法化解顾客的价格异议。常言道："不怕不识货，就怕货比货。"由于价格在"明处"，顾客一目了然；而优势在"暗处"，不易被顾客识别。而不同生产厂家在同类产品价格上的差异往往与其某种"优势"有关，因此，销售员要把顾客的视线转移到产品的"优势"上。这就需要销售员不仅要熟悉自己销售的产品，而且要对市面上竞争对手的产品有所了解。这样才能做到心中有数，知己知彼、百战不殆。

另外，销售员在运用比较法的时候，要站在公正、客观的立场上，一定不能恶意诋毁竞争对手的产品。通过贬低对方来抬高自己的方式只会让顾客反感，也会令销售员失去更多的销售机会。

（2）化整为零

如果销售员把产品的价格按产品的使用时间或计量单位化至最小，可以忽略价格的昂贵，这实际上是把价格化整为零。这种方法的突出特点是细分之后并没有改变顾客的实际支出，但可以使顾客产生"所买不贵"的感觉。

在某小区，一位销售员向一位老年女性推荐保健品，女士问他多少钱，这位销售员不假思索脱口而出："450元一盒，三盒一个疗程。"话音未落，人已离开。试想，对于一个退休女士来说，400多元一疗程的保健品怎么可能不把她吓跑呢？没过几天，小区又来了另一位销售员，他这样告诉那位女士："您每天只需要为您的健康投资15元钱。"听他这么一说，女士就很感兴趣了。产品价格并没有改变，但为什么会有截然不同的两种效果呢？原因是他们的报价方式有别。前者是按一个月的用量报价的，这样报价容易使人感觉价格比较高；而后一位销售员是按平均每天的费用来计算的，这样这位女士自然就容易接受了。

由此可见，价格因素在销售过程中的重要性。虽说价格不是决定销售的唯一因素，但是销售员掌握好和顾客谈论价格的技巧，就能在销售过程中尽量避免因为价格问题产生的失误，使销售业绩再上一个新台阶。

（3）成本谈价

销售员可以把客户特别满意的产品与其他不同档次的产品进行比较，然后让客户在多种产品之间进行选择。在比较的过程中，销售员可以针对客户的实际需求对他们提出合理化建议，例如：

客户："各方面条件都不错，只是价格太高了……"

销售员："如果您觉得这一款价格较高的话，可以看看另外一款……"

客户："这一款不如刚才那款漂亮，性能也不太好……"

销售员："是啊，虽然这一款价格比较低，可是各方面的条件都不如刚才那款更符合您的需求。我刚才向您介绍的那款性能优良、外形设计精美，而且做工精细，您用它可以……"

销售员也可以把本企业的产品与其他价格较高的产品进行比较，从而使客户更容易接受你提出的价格，例如：

"您也看到了，我们的产品价格是市场上最低的，这是因为我们公司直接从厂家以最低价拿货，而且有自己的物流公司，所以成本要比其他商家都低……"

（4）折中定价

和客户讨价还价要分阶段一步一步地进行，不能一次降得太多，而且每降一次要装出一副一筹莫展、束手无策的无奈模样。有的客户故意用夸张甚至威胁的口气，并装出要告辞的样子吓唬你。

客户说："价格贵得过分了，没有必要再谈下去了。"

这时你千万不要上当，不要一下子把价格压得太低。你可表现出很矛盾的样子，说："先生，你可真厉害呀！"故意花上几十秒钟时间苦思冥想一番之后，咬牙作出决定："实在没办法，那就……"比原来的报价稍微低一点，切忌降得太多。

当然对方仍不会就此罢休，不过，你可要稳住阵脚，并装作郑重其事、很严肃的样子宣布："再降无论如何也不可以了。"

在这种情况下，客户有可能认为这是最低报价，并就此达成协议。

也有的"铁公鸡"客户还会再压一次，尽管幅度不是很大："如果这个价我就买了，否则咱们就算了。"这时销售员可用手往桌子上一拍，"豁出去了！就这么着吧。"立刻把价格敲定。

实际上，被敲定的价格与公司规定的下限价格相比仍旧高一些。让客户感到你让步的艰难，在让步的同时明确告诉客户，你做出这样的决定非常艰难和无奈。除此之外，销售员还可以通过请示领导、拖延时间、示弱等方式让客户感觉到得到这样的让步已经很难得了。比如当客户提出某项要求时，即使这些要求可以实现，销售员也不要爽快地答应，而要通过一点一点的微小让步来显示让步的艰难，这样可以降低客户过高的期望。掌握这一技巧十分重要，如果销售员在让步时表现得非常爽快，那客户会认为你还有更大的让步空间。

沉住气，让客户主动决策

销售人员在向客户推销时，一定要沉住气，切不可急于求成，强客户所难。

虽然销售员与客户交谈的目的很明确，那就是推销自己的产品，但销售人员绝不可使用逼迫客户签约的言辞，更不能自以为是地帮着客户作决定。因为你的强烈要求和催促在客户眼里或许是对他的不尊重，或许是你心里有小算盘，使得客户随即怀疑到你的产品有问题，这样的结果就是把一桩到手的买卖"急"跑了。

因此，必要的时候要适当地让客户自己做主，主动地购买，而你只做自己该做的：介绍产品性能、价格、优点，努力满足客户对产品的需求，解答客户对产品存在的任何困惑，而不能帮客户说："这个产品挺好，正合你的心意吧！那我们就签订单吧！"

陈先生从事保险行业多年，但从来不主动地为客户详谈保险的内容。有一次，一个客户问他："陈先生，我们交往的时间很长了，你也给我提供过很多帮助，但我一直不明白，你是从事保险工作的，但我从来没见你对我谈起保险的详细内容。这是为什么呢？"

陈先生说："这个问题嘛……暂时还不能告诉您。"

客户说："喂，你为什么吞吞吐吐？难道你对保险工作不关心吗？"

陈先生说："怎么会不关心呢？我就是为了推销保险才经常来拜访您啊！"

客户说："既然如此，那你为什么不给我介绍保险的详细内容呢？"

陈先生说："坦白告诉您吧，因为我不愿强人所难，我一直都是等到客户自己决定投保的时候，才给客户介绍详细的内容。我觉得如果客户对保险没有兴趣，还给他详细介绍保险就是强人所难，硬逼着客户投保更是不对的。我认为当客户感觉非常需要保险的时候才会投保。因此，未能让您感受到购买保险的迫切感，是我努力不够。在这种情形下，我怎么好意思开口给您详细介绍保险呢？"

客户说："嘿，你的想法完全是站在客户的角度啊，跟别人就是不一样，真有意思。"

陈先生说："是啊，所以我会连续不断地拜访每位客户，直到客户自己感到需要投保为止。"

客户说："如果我现在就要投保……"

陈先生说："先别忙，投保前还得先体检，身体有问题是不能投保的。当您通过身体检查之后，我有义务向您说明保险的内容，您也可以询问任何有关保险的问题。所以，请您先去做体检。"

客户说："好，我现在就去体检。"

之后，这位客户的体检合格了，陈先生也为其办理了投保。显然陈先生是用他那崇高的职业道德打动了客户，客户觉得陈先生不像多数销售员那样只顾向客户灌输产品信息，而丝毫不考虑客户是否需要。陈先生"让客户自己作决定"的做法是对客户的充分尊重。当客户发现自己被别人尊重时，内心的感觉自然会很好，才有心情与销售员谈论成交事宜。

对此，陈先生说："在我推销保险的 10 年里，我从未强硬地劝说客户购买产品，而是让客户自己作决定。但我的一些同事却忽视了这一点，他们用软硬兼施的方法'逼迫'客户购买产品，结果往往留下许多后遗症，比如有的客户抱怨产品不适合自己，甚至强硬地要求退保，结果大大地影响了自己的业绩。"

事实确实如此，即使你勉强地把产品推销出去了，但若产品并不适合客户，那今后这位客户再接受你推销的可能性就很小了，自然也不会替你向他人介绍。因为他觉得你是一个不可信的人，是一个没有职业道德的销售员。如此一来，你做成了一桩买卖，却丢掉了一个客户甚至更多个潜在的客户，从长远的角度看，这显然是得不偿失的。

在与客户的交谈过程中，总有一些销售员滔滔不绝地给客户介绍产品，而不给客户安静思考的时间。客户只好不停地点头，嘴里不住地说"是，不错，东西很好，我们要好好研究一下……"但心里却很不高兴，最后十分有礼貌地把业务员送出了大门。销售员还在纳闷：到底是自己的产品不好，还是自己介绍得不好？

其实这类销售员错就错在没有给客户自己做主的机会。客户觉得自己连考虑的机会都没有，连自己作决定的机会都没有，哪还有购买产品的欲望呢！

在与客户打交道的过程中，产品固然十分重要，但同时必须对客户表示足够的尊重和敬意，让客户有充裕的时间自己作决定，否则很难避免一场失败的推销。所以，与其强迫客户购买，倒不如成功地引导，让客户自己主动地购买。

著名的推销专家、犹太人维克多曾出席一个推销培训会。在会上，一位名叫罗拉的学员突然问他："维克多博士，你被誉为全球最好的销售员，那么，现在我想让你向我推销一些东西。"

"你希望我向你推销什么呢？"维克多微笑着说道。

罗拉大吃一惊，因为有些人在听到上述的话后，可能会不停地说一大堆，比如说一些推销的行话，而维克多却紧接着就开始提问，没有对对方的问题进行解答。这太奇怪了。

"哦，就给我推销这张桌子吧！"罗拉想了一会儿回答说。

话音刚落，维克多又提出了另一个在罗拉看起来似乎很天真的问题："那你为什么要买它呢？"

罗拉再一次感到吃惊，他看着桌子回答说："这张桌子看上去很新，外形也美观，而且色彩也很鲜艳。"

维克多对此不多作说明，却让罗拉自己说出他为什么看中这张桌子。

"罗拉，你愿意花多少钱买下这张桌子呢？"维克多接着问。

罗拉听后似乎有点迷惑不解，他说："这张桌子这么漂亮，体积又这么大，我想我会花18美元或20美元买下来。"

维克多听到这句话后，马上接过话题说："那么，罗拉，我就以18美元的价格把这张桌子卖给你。"这样，交易就结束了。

维克多没有向客户多作介绍，他只是一步步引导"客户"自己说服自己，为自己找到购买的理由，这可以说是推销的最高境界。

推销的最终目的在于成交，说赢客户不但不等于成交，反而会引起客户的反感。所以，为了使销售工作顺利地进行，不妨尽量表达自己对客户意见的肯定，在适当的情况下让客户自己为自己是否购买作出决定，让客户感到有面子，觉得自己才是决策者。这样，推销就会有如顺水行舟，水到渠成。

给客户制造一些危机感

当人们面对潜在的危机时，都会不自觉地想去避免。销售中，客户往往会因种种原因而犹豫不决或拒绝购买，使交易成为泡影。为了有效地提高成交的概率，销售员可以在适当的时机给客户制造危机感，使他认为拒绝购买会带来严重后果，从而迫使客户成交。

例如，面对客户的拖延，你可以这样说："我很愿意耐心等待您作出决定，不过，我担心下周三再作决定会太晚。"客户问："为什么？"这时，你可以告诉客户即将发生的状况，如价格上涨或产品数量有限，等等。

当然，如果你所说的情况确定会发生，那么使用这个技巧不会有任何风险；即使不一定会发生，你一样可以加以利用。比如一位销售员对客户说："我不敢保证一个月内这种产品的价格会不会上涨。但如果参照过去的经验，保守估计至少会上涨40%。我可以告诉你近两年以内的价格变动情况。"这位销售员拿出了两年内的销售资料，使客户相信如果现在不买，就会给自己造成损失。于是，尽管客户原本想好好地考虑这件事，但为了避免损失，也只好立即购买。

使用制造危机感的推销法的关键在于利用人们害怕损失的心理，在推销过程中适时地指出，如果客户不把握目前的购买机会，未来就将蒙受无法弥补的损失。

一位名叫比尔的人寿保险销售员就很善于运用这种技巧。

比尔最喜欢向那些未婚而又有着高收入的青年人做推销。当然，他知道这些人最喜欢用的一句拒绝的话就是："我还年轻，保险对我没有用。"而这时，他就会拿出他的绝招，让他们心甘情愿地购买。比尔所用的这套推销术，就是"无中生有，制造危机感"。

有一次，他向一个有着5万美元年薪的年轻人推销保险。这位年轻人说："我没有需要抚养的家眷，而且在近期内我还不打算结婚，所以我不需要你的保险。"

"我是一个保险专家，坦白地说，您现在并不需要买保险。但是我想问您的是，您打算结婚吗？"比尔笑眯眯地说。

"哦！也许两年以后吧！但那是以后的事了。"

"即使等您结了婚，您还是不需要保险。您知道为什么吗？因为万一您有什么意外，您太太仍然年轻，她可以工作，也可以再婚。所以在这段时间内您不需要投保人寿保险。那么我又想问您，您将来打算要小孩吗？"

"每对夫妇都希望有小孩，所以我想应该会有小孩吧！"

"当您太太怀孕的时候，我想您就应该投保了。现在让我们来看看人寿保险的基本原则。任何人要买人寿保险时都要考虑三个问题：第一是职业，您的职业不属于危险性高的职业，所以我想没有问题。第二是健康，您现在身体健康，这也没有问题。不过三四年以后，我就不敢保证了，但现在我们假定您的健康状况一直良好，所以也没有什么问题。第三，就是年龄，您年龄越大，买保险时保险费就越高，通常是每增加一岁，保费就增加3%。"

"不过再等3年，也差不了多少。"

"老兄，那差别就大了！如果3年之内您的太太怀孕了，那时您要再想买人寿保险，就必须支付比现在高9%的保险费；如果您现在的所得税税率是37%，那也就是说您必须要多赚12%的年薪，才付得起那份保险费。这并不是说在第一年就得多付9%，这笔账您算算看怎样才划算。

"如果您现在买的话，3年以后，您还是拥有同样价值的保险，可是每年就省下了12%以上的保险费。我相信以您的努力，将来一定会取得一番成就。而且我也希望多一位杰出的客户，这样我的业绩才能蒸蒸日上呢！所以我愿意现在为您设计一套保险，让您从现在开始节省12%的保费。"

"啊，让我仔细考虑一下……"

之后没多久，比尔顺利地拿到了他想要的保险单。

如果你能给客户制造出危机感，让客户明白不购买你的产品，不按照你想的那样解决问题，或者暂时不这样做，就将会给他们带来多么严重的后果。为了不错失良机或蒙受损失，对方就会很乐意与你达成交易。一般来说，在与客户建立起友谊和信任的基础上，你越让客户意识到这种后果，客户就越把你当作朋友，他们会觉得你确实是在帮助他们解决问题或实现目标的，会把他们的不满和困难告诉你。因此，当你的客户犹豫不决时，你可以摇头说出与以下话语类似的话。

（1）"我们的产品几乎被抢购一空，不知道还有没有存货呢！"

（2）"我知道你想订购 800 件，但是我建议您多订一些。虽然我们现在有存货，但不知道够不够供应给贵公司及其他客户整个夏季的需求量。"

不过需要注意的是，在给客户制造危机感之前，你必须要弄清楚自己的产品或服务究竟能帮客户解决什么问题或实现什么样的目标，否则就不要使用这种方式进行推销。另外，给客户制造一些危机感，一定要把握好度，不能欺骗客户，一定要以商品的实际功能和价值为基础。因为只有这样，才能在将商品推销出去的同时，又能解决客户的实际问题，并最终赢得他们的认可。

有舍才有得

有这样一个关于"舍得"的故事：

一个商人到一个小城去推销鱼缸，尽管他的鱼缸工艺精细、造型精美，但叫卖了很久，问津者依旧寥寥无几。商人想了想，便在花鸟市场上找到一个卖金鱼的老者，以很低的价格买了 10000 条金鱼。卖金鱼的老者很高兴，因为他在这个城市里经营金鱼生意近半年，生意一直很清淡，尽管这笔生意价格压得很低，但一下就能出售 10000 条金鱼，这是他想都不敢想的大买卖。

商人让担着金鱼的老者同他一起来到一条穿城而过的水渠上游，商人说："把这 10000 条金鱼全部投放到这条水渠里。"卖金鱼的老者很不解，商人说："你尽管放，鱼钱我一分也不少给。"老者只能照办。

半天后，穿城而过的水渠里有许多漂亮金鱼的消息在城中迅速传开，城中的人们蜂拥到小渠边捉鱼。随后，人们兴高采烈地去买鱼缸，商人欣喜万分。

这个故事告诉我们，一味地索取总是很难达到目的，懂得适当的舍弃才更容易实现目标。这个道理也适用于销售行业。销售员在销售中对客户也可以采取这种方法，你要想拿下客户的订单，就要先给客户一些优惠才行，只有"给"了，你才能"取"。

美国可口可乐公司为了打开中国市场，不是一开始就向中国倾销商品，而是采取"欲将取之，必先予之"的办法。先无偿地向中国提供价值 400 万美元的可乐灌装设备，花大投资在电视上做广告，提供低价浓缩饮料，吊起经销商的胃口，使他们乐于生产和推销可口可乐。而市场一旦打开，经销商再要进口设备和原料时，可口可乐公司就根据他的需要来调整价格，抬价收钱了。10 年以后，美国的可口可乐风行中国，生产企业由一家发展到八家，销量、价格也成倍增长。这家美国公司赚足了钱，无偿给中国提供设备的资金早已收回了。

那我们到底要给予客户什么呢？

（1）完美的售后服务

在整个销售的过程当中，很多销售人员只注重售前服务，而忽略了售后服务。而事实上，售前服务和售后服务同样重要。所谓售后服务，就是在商品售出以后所提供的各种服务。从销售工作来看，售后服务本身也是一种促销手段和维系客户的方法。维系客户、做好售后服务工作，会带给顾客非常好的购物体验，能够进一步增进相互间的感情、为下一步合作打下基础。

乔·吉拉德之所以能成为世界上最伟大的销售员，他的一种销售方法就是提供完美的售后服务。只要他卖出去的车子，每次出了什么问题，客户找上门来要求修理，他都会叮嘱有关修理人员，如果这辆车是他卖出去的，就马上通知他，他会立刻赶到，然后安抚客户。他会告诉客户，他一定会让修理人员把车子修好，让客户对车子的每一个小地方都感到满意。

　　乔·吉拉德认为，没有完善的售后服务，就没有成功的销售。每一次维修过后，如果客户觉得还有问题，吉拉德就会与他们站在一边，要求维修人员进一步维修。所以，吉拉德说："无论何时何地，我都会和客户站在一起。"

　　如果客户在买回车子之后，没有任何反馈，吉拉德就会打电话主动询问客户："先生，您在我这里买的车子情况怎么样呢？"或者亲自拜访，问车子的使用情况怎么样，是否舒适。等他把客户的车全部检查了一遍之后，他才离开。而离开的时候，他都会提醒客户，带车子去仔细检查一遍，因为在这段时间内去检修是免费的。

　　正是因为吉拉德这种无微不至的服务，这种细致地付出，所以才得到客户的回报，客户向他介绍了很多的亲朋好友来买车。

　　（2）给客户最有价值的产品

　　客户之所以会购买你的产品，就是因为他们认为你的产品有价值，如果你提供给客户的产品对他们来说，是没有任何价值的，也许你的一次推销能够成功，但是你要想再做第二次生意就是不可能的了，这就是一锤子买卖。对于一位销售员来说，一锤子买卖只会让你的销售之路越走越窄。你需要的是不断地扩大自己的客户群，只有客户足够多，你才能尽可能多的卖出你的产品。

　　而你扩大客户群的前提是要客户信任你，如果他们对你都不信任了，他们又怎么会信任你的产品呢。他们一旦不信任你了，那么他们也就不会把你介绍给他们身边的人。因此，你要想扩大你的客户群，你就得卖给客户最有价值的产品。

　　（3）给客户最大的优惠

　　任何客户都有一种心理——花最少的钱，买最有价值的产品。这种心理你是不能忽视的。你要想使你的客户爽快地在订单上签上他们的名字，那么你除了提供给客户最有价值的产品之外，你还要尽可能地给予客户优惠，让客户真正地在你这里知道什么是物美价廉。只有这样，你和你的产品的口碑才会好起来。那么你扩大你客户群的时日也就指日可待了。

舍得舍得，有舍才有得。当你把"舍"给了客户之后，那么你的"得"也会水到渠成的到来。最终，你"得"到的不仅仅是订单，你还可以要求客户帮你介绍其他客户，你的客户群体将会由此变得越来越大。

收账催账的学问

相信很多销售人员一提起账款催收，就感到头疼不已。有的销售员为了催收账款与客户几近刀兵相见，其实这是很低级的一种策略。孙子兵法有云："上兵伐谋，其次伐交，其次发兵，其下攻城，攻城之法，为不得已。"

因此，对于催收账款来说，采取"不战而屈人之兵"的办法才是"上兵之策"。当然，不战而屈人之兵，虽然没有硝烟，但隐藏在背后的，却是更加残酷、更加微妙、更加惊心动魄的心理之战。这时，争战双方比拼的是智慧、谋略和心理承受能力。

（1）调整优势心态，坚定催欠信心。催欠难，这是公认不争的事实。因为难，不少销售人员见了客户一副讨好的样子，以乞求对方理解、支持，一开口说话便羞羞答答，吞吞吐吐，好像理亏的不是欠款户，而是自己。这样会让客户觉得自己"好欺负"，从而故意刁难或拒绝付款。

有的销售人员认为催收太紧会使对方不愉快，影响以后的关系。如果这样认为，你不仅永远收不到欠款，而且也会影响以后的合作。客户所欠货款越多，支付越困难，越容易转向别的公司进货，你就越不能稳住这一客户，所以还是加紧催收才是上策。

（2）做好欠款的风险等级评估。按照欠款预定的回收时间及回收的可能性，将货款分为未收款、催收款、准呆账、呆账、死账几类。对不同类型的货款，采取不同的催收方法，施以不同的催收力度。

（3）做好催收欠款全面策划。依据货款期限的长短、货款金额大小及类型、客户的信誉度、为人情况、资金实力、离公司的远近等因素，做出一个轻重缓急的货款回收计划，做好"武"收还是"文"收的准备。"武"收如拉货、打官司，或以他最恼火的方式去收。"文"收就是做工作，帮助他催收其下家的欠款，或给他搞促销。确定是"武"收还是"文"收的标准主要看他是否与公司友好配合。对那些居心不良、成心赖账的客户只能是"武"收。

（4）做好进货、发货记录。出货单让对方签字，以免日后有争议。明确在哪一天经销商进了哪些货品，合计多少钱；每一笔款子按约定又该何时回笼。采用传真方式订货则注明双方传真号，并确定以传真件为准，写上日期签名盖章。

（5）根据欠款户还欠的积极性高低，在时间上需很好地把握。对于还欠干脆的客户，在约定的时间必须前去，且尽量将上门的时间提前，否则客户有时会反咬一口，说："我等了你好久，你没来，我要去做其他更要紧的事。"你就无话可说。对于还欠款不干脆的客户，必须在事前就去等候，或先打电话去让他准备，催他落实。这样做，一定比收欠款日当天去催讨要有效得多。当对方答应还欠款时，可在银行办个信用卡，并将卡号告诉他，让他到银行将欠款按卡号存在上面，以免前去催收花差旅费。如果对方一直说没钱，你就要想法安插内线，在探知对方手头有现金时，或对方账户上刚好打进一笔款项时，就即刻赶去，收回欠款。

（6）登门催收欠款时，不要看到有另外的客人在场就走开，你一定要说明来意，专门在旁边等候。因为欠款人不希望他的客人看到债主登门，这会让他感到难堪，在新来的朋友面前没有面子。倘若欠你的款项不多，他多半会很痛快的偿还欠款，为的是尽快赶你走，或是表现给新的合作者看。

（7）不能在拿到钱之前谈生意，这时对方会拿还欠为筹码与你讨价还价。若你满足不了其要求，他还会产生不还钱"刺激"你一下的想法。此时一定要把收欠当成唯一的大事，如果这笔钱不归还，哪怕他后面有天大的生意在等着也免谈。让他看到你此行的目的只为欠款。在收款完毕后再谈下一轮合作或新的生意，这样谈起来也就比较顺利，你也才能有主动权。

（8）有时欠款人会以各种原因为借口，不予付款。如：管钱的不在、账上无钱、未到付款时间、产品没有销完或销路不好等等。这就要求业务员及时地掌握与结款相关的一切信息。只有这样，才能辨明客户各种"借口"的真相，并采取有效的针对措施。如果产品销量确实欠佳，则应立即出台帮助销售的政策，并对客户的销售工作做出指导，或将其产品转移到其他合作情况较好的经销户那里去销售或干脆收回。因为产品的实际销量才是结款时最具说服力的依据。

（9)因势利导，巧妙施压。假如对方对销售公司的产品非常倚重，你在结款时，除了"按规矩办事"之外，还必须巧妙地给客户施加压力。比如开发盈利较大的新品种，针对他制定一条规定，只有无欠款的经销商才允许销售此产品，或推出某个促销措施，规定只有还清欠款的经销商才给其实施。欠款单位已不值得公司珍惜了，在采取强硬措施的同时，还应等他进最后一次货时把钱支付完毕才可以翻脸，这样也能扣回部分欠款。同时马上向法院起诉并申请诉前财产保全，以防翻脸后欠款客户转移财产赖账。

（10）打银行的牌，向欠款客户收取欠款利息。事先发有效书面通知，声称银行对公司催收贷款，并给公司规定还贷款期限，如公司没按期限归还银行贷款，银行将处罚公司。因此公司要求欠款客户必须在某期限还欠，否则只能被迫对其加收利息。如此一来，一般欠款客户易于接受，他们会觉得公司是迫不得已而为之。

（11）归纳整理账目，做到胸有成竹。如果销售人员自己心目中对应收账款的明细也不清楚的话，收款效果肯定不佳。自己心中清楚还得与经销户对清账，留下其签字依据，让其今后支付欠款时没有争议。

（12）对一些没有证据的欠款可以找律所合作，采取电话录音、向对方发询证函、进行财务对账等方式固定证据，向法院起诉追回欠款。

客户需求永远排在第一位

很多销售人员都有一个通病，就是在销售过程中特别重视产品的价格和自己的利益，却忽视了客户的想法，这是不对的，真正的销售是要时刻把客户的需求放在第一位。

从某种程度上说，销售就是创造需求。因为人类有五大需求，当他们最基本的需求得到满足以后，他们就会追求更高层次的需求。所以，销售人员的工作就是引导需求，创造需求，然后满足客户的需求。

那么如何创造需求呢？创造需求就是打破市场常规，改变消费者生活习惯，让消费者不知不觉接纳你的产品。因此，销售的最高境界就是售卖观念。要想客户接纳产品，首先必须让他们接受你的观念。只有人的观念改变了，思想改变了，行为才会改变。优秀的销售人员不会过分强调产品的品质，而是强调消费观念。

例如，优秀的销售人员在推销产品之前会强调健康意识、环保意识、学习意识、安全意识等消费观念。让消费者多花钱购买更好的产品、更先进的产品、更省钱的产品、更时尚的产品。只要观念被接纳，产品自然就被接受。

然而，普通销售人员为什么推销不了产品，因为他没有足够的理由让消费者放弃原来的产品而使用他的产品，他们不知道在客户的使用过程中发现客户的需求。过分强调产品品质不会提高产品价值。

在这个产品同质化的时代，消费者很难相信你的产品比竞争对手的产品更好，因此，每个新产品推广的过程都是一个观念更新的过程。如果我们能创造需求，那么不用上门推销，客户都会主动上门购买，因为他们本身需要。而创造需求是告知客户，他们在以往的消费过程中有哪些不足之处，这些不足将会对今后的工作、生活、家庭带来什么影响或危害，所以大家需要换一换，用一种更安全、更健康、更方便、更省钱的产品。当然，优秀的销售人员这个时候就会进行产品介绍，客户选择的产品正是他们介绍的产品。如果客户还是选择原来的产品，后果将来越来越严重，如果客户重新选择，那么他们将会越来越幸福。这就是优秀销售员的成功秘诀。

21世纪是一个服务的时代，也是一个个性化的时代，产品的功能并不等于产品的价值。客户认为好才是真的好。因此，销售的关键在于挖掘客户的需求，然后满足他们的需求。当人们的需求不断地改变，我们的产品就必须快速更新，重新创造新的需求。我们要根据客户的背景，找到客户的难点问题，然后挖掘他们的痛苦，让客户意识到问题的严重性。从而改变传统的生活或工作习惯。对于一家企业或一个人来说，你的产品之所以销售不畅，那是因为你不愿意研究消费者，不愿意改变自己，只是把自己的意愿强加于客户，希望他们购买过时的甚至淘汰的产品。所以客户无法迁就你。其实销售是售卖梦想，卖给客户他们曾经想得到而一直没有得到的东西。如果今天眼前有一个好产品正是他梦寐以求的，那么他们自己就会接受。因此，我们要想成为一个成功的销售员，就一定要善于发现客户内心的需求。未来的销售，更有效的方式是演讲式销售。因为客户本来并没有多大的需求，但是听完演讲以后，他的购买意愿就强烈了。所以销售就是创造需求，满足需求的工作。

总之，销售是一门学问，真正的销售是要做到"满足顾客的切实需要，解决顾客遇到的问题，时刻把客户的需求放在第一位"。如果销售人员能做到这几点，那么他就已经明白了销售的内涵。虽然销售技巧在很大程度上可以帮助销售人员有效解决问题，迅速促成交易，但仍需明白，销售人员必须对客户付出热诚与真心。销售人员不仅是在售卖产品，也是在展示人品、提供良好服务，因此更要时刻把客户的需求放在首位。

双赢是销售的根本

"双赢"是营销学中的一个概念。营销学认为，双赢是成双的，对于客户与企业来说，应是客户先赢企业后赢；对于员工与企业之间来说，应是员工先赢企业后赢。双赢强调的是双方的利益兼顾，即所谓的"赢者不全赢，输者不全输"，这是营销中经常用的一种理论。

随着社会发展和人类文明的进步，人们的思维能力、思维方式发生了很大变化。在经济领域人们不再固守"成王败寇"这一传统思维模式，而是慢慢地在寻找一种"互惠互利"的合作模式，也就是通常所说的"双赢"。

一位名叫哈姆的西班牙人从小喜欢制作糕点。伴随着狂热的移民浪潮，他也怀着一颗不甘平凡的心，毅然决然地来到了美国。但事实上，美国并非他想象中的那样遍地黄金，他的糕点生意与在西班牙相比，并没有多大的起色。

1904年夏天，哈姆得知美国即将举行世界博览会，于是，他就把自己制作的糕点工具搬到了会展地——路易斯安那州。值得庆幸的是，他被政府允许在会场的外面出售他的薄饼，可人们对他的薄饼似乎没多大兴趣，与之相邻的一位卖冰淇淋的商贩倒是生意红火，不一会儿就售出了许多冰淇淋，就这样很快用完了自带的冰淇淋碟子。乐于助人的哈姆见状，就把自己的薄饼卷成锥形，让他盛放冰淇淋，卖冰淇淋的商贩见哈姆生意不太好出于善心，便买了哈姆的薄饼，大量的锥形冰淇淋便源源不断地送入顾客口中。

令哈姆意想不到的是，这种锥形冰淇淋被顾客一致看好，还被评为此次世界博览会上"最受欢迎的产品"。

从此，这种锥形冰淇淋开始迅速传播，广为流行，并逐步演变成今天的蛋卷冰淇淋。它的发明者恐怕永远都不会想到，他一次偶然间的创意却整整延续了一百年，而且直到今天它仍是风靡世界的美味食品，难怪有人把蛋卷冰淇淋的发明称为"神来之笔"。

不但帮了别人，自己的生意也好了，这就是双赢。

然而，现在很多人认为，成功的销售完全取决于销售人员一方的努力。销售人员通过查找资料，与沟通客户，利用专业知识排除客户问题等，最后才走到交易成功这一步。其实，这只是销售的一个方面，真正的销售并不是如此狭隘，销售的真谛在于销售人员和客户的"双赢"。

市场如战场,竞争如战争,但又不同于一般意义上的战场和战争,因为战争只能是一胜一败,或者两败俱伤,永远不可能出现双赢结局,而市场竞争是建立在平等互利基础之上的竞争,所以说必须是"双赢"市场。

销售应该是既帮助别人获得成功，又帮助自己获得成功的快乐事业，销售的初衷和效果应该是"双赢"的。

某石油公司在开拓市场上的举措恰恰说明了这一点。这个公司所在地系统外加油站数量众多，竞争十分激烈，经常大打价格战、服务战、促销战，双方为此都精疲力竭。去年底资源紧张时，个体加油站由于缺少资源，脱销严重，于是纷纷想从石油公司进油。该公司既不一味将他们拒之门外，也没有马上供油给他们，而是向他们做出承诺，如果哪个加油站愿意加盟该公司，将保证他们得到充足的油源。

结果，80%的社会加油站跟该公司签订了长年加盟合作协议。几个月下来，石油公司通过加盟的手段，不仅减少了众多的竞争对手，还省下了一笔收购和新建加油站的巨额费用，石油销量更是翻了一番。而加盟站货源得到了充足保证，并在石油公司的指导下，加油站财务管理、安全管理、规范化服务以及站容站貌等方面都得到了极大改观，销量也跟着增加，利润也随之增长。双方皆大欢喜。

通过以上事实表明，在当今这个提倡"双赢"的年代，销售人员如果在开拓市场中不讲策略，一味排斥竞争对手，一味强调"以我为主"，只讲竞争不讲合作，属"皮笊篱的淌水不漏"；或者属"大豆腐一面子"光想占便宜、不想让别人分享自己的利益的"铁公鸡"，担心别人"借鸡生蛋"，强大起来后夺走自己的市场份额，结果失去了更大的市场。而只有既擅长竞争又善于合作并谋求将"双赢"最大化的销售人员，才能在未来的竞争中取得优势地位。

第六章　远离误区，走出销售歧途

不要为销售而销售

自然界中的万事万物都处于一定的相互联系之中，都不是孤立存在的。销售活动同样如此。如果销售人员把销售看成单一的、独立的活动，为了推销而推销，那么销售工作将举步维艰。

美国有一家生意兴隆的连锁公司，每年要耗用大量的煤，是煤的大买主。在商品经济社会中，凡是大买主身边一定围绕着一群数量可观的销售员，这家连锁公司也不例外。许多煤矿都派出最精明能干的销售员向它推销煤，有一位名叫克纳弗的销售员也向该公司推销。但是，克纳弗连续向这家公司推销了十年，竟没有卖过一公斤煤给这家连锁公司，反而受尽了白眼，他对这家连锁公司恨之入骨。

事情发生转机是在克纳弗参加戴尔·卡耐基的培训班之后。戴尔·卡耐基是美国研究和倡导良好人际关系的鼻祖及著名的成人教育专家。那一年，卡耐基在当地主办销售员培训班，克纳弗报名参加了。他在班上发言时，把这家连锁公司骂得体无完肤，恶毒地诅咒它是"美国的一颗毒瘤"。

卡耐基耐心地听完克纳弗的咒骂后，微笑着问道："克纳弗先生，您满腔义愤地咒骂连锁公司，出了口气，但是，您知道为什么无法把煤卖给他们吗？"

"不知道。"克纳弗摇摇头，沮丧地说。

"也许您太直截了当啦，也许您应该改变您的某些看法。"卡耐基亲切地说。

卡耐基从来不放过任何一次有说服力的机会，他常常在课堂的发言中发现学员亲历的生动事例，并就地取材，用这些来自学员中的事例来教育他们。

第二天，卡耐基出了一道辩论题——连锁公司的出现是弊多益少，还是弊少益多？他要求学员就这道题目展开辩论。每位学员既可以站在正方，也可以站在反方，但是，克纳弗必须站在正方。也就是说，克纳弗必须为连锁公司辩护，绞尽脑汁、千方百计说连锁公司的好话。

克纳弗极不情愿地参加了这场辩论。但是，他是一个争强好胜的人。心想，既然参加辩论，就得辩赢。为了赢得辩论的胜利，他必须了解连锁公司的优越性，掌握这家公司的发展历史。于是，他就跑到这家让他最痛恨的公司去了解情况，去拜访那位十年来无数次拒绝、漠视他的经理。

不知克纳弗是哪一次得罪了这位经理，他仿佛天生讨厌克纳弗，一见面，就毫不客气地呵斥道："走开，别打扰我，我永远不会买你的煤！"

连开口的机会都不给，这位经理做得实在太过分了，克纳弗满面羞愧。但是，他不能错过这个机会，于是他就赶紧抢着说："经理先生，请别生气，我不是来推销煤的，我是来向您请教一个问题的。"

接着，克纳弗把卡耐基培训班的辩论题和展开辩论的事告诉了这位经理，末了，他诚恳地说："经理先生，我想不出有谁比您更了解连锁公司对国家、对人民所作出的巨大贡献，因此我特地前来向您请教，请您帮我一个忙，说说这方面的事情，帮我赢得这场辩论。"

克纳弗的话一下子引起这位连锁公司经理的注意，他对展开这样一场辩论，既感到惊讶，又极感兴趣。对经理来说，这是在公众面前树立连锁公司形象的大好机会，事关重大，他必须为克纳弗提供有力的证据。他看到克纳弗如此热情、诚恳，并将作为他们公司的代言人，非常感动。于是连忙请克纳弗坐下来，一口气谈了将近两个小时。

这位经理从连锁公司如何艰苦创业谈起，谈到公司发展到在全美国有数以千计的分公司，每年为国家提供数十万个就业岗位，为国家交纳千万元税金……谈话之间，他请来一位曾经写过一本介绍连锁公司优越性的高级职员，为克纳弗提供佐证。他还答应克纳弗，给全美连锁公司协会打电话，请求他们立即将有助于赢得辩论的文件电传过来……

这位经理坚信连锁公司是一种"真正为人类服务的商业机构，是一种进步的社会组织"。他为自己能够为成千上万的人民大众提供服务而感到骄傲。当他叙述这些时，竟兴奋得面颊绯红，双眼闪着亮光……

克纳弗听到了许多关于连锁公司闻所未闻的感人事实，他暗自责备自己原来太狭隘了，对连锁公司产生了一些偏见和误解。通过谈话，他改变了原来的看法，认为连锁公司是一项大有裨益的事业。

当克纳弗大有收获、连声道谢、起身告辞的时候，经理起身送他。他和克纳弗并肩走着，并伸过臂膀扶搭着克纳弗的肩膀，仿佛一对亲密无间的老朋友。他一直把克纳弗送到大门口，预祝克纳弗在辩论中取得胜利，欢迎克纳弗下次再来，并希望他把辩论的结果告诉他。

这位经理最后的一句话是："克纳弗先生，请在春末的时候再来找我，那时候我们需要买煤，我想下一张订单，买你的煤。"

克纳弗大吃一惊，十年来他梦寐以求的事，连提都没有提一下，就实现了。

克纳弗做了些什么？实际上，后来他根本没再提推销煤的事情，他只不过是向经理请教了一个问题，为什么会得到这样完美的结果呢？这正是因为他后来跳出了单纯推销的圈子，走出了为推销而推销的误区。

有时候，商业上的成功之道不是刻意推销，而是打动人心。要打动人心就要关心对方，找到对方最感兴趣、利益所在的话题。克纳弗"有意栽花花不发，无心插柳柳成荫"的故事，给了我们很好的启示。

切忌心浮气躁，急于求成

很多销售人员在推销产品时急于求成，往往表现得很着急，结果使客户产生厌烦和警惕心理，从而达不到成交的目的。其实，销售人员越是希望客户早下订单，客户越是会小心慎重。如果客户觉得销售人员非常着急把东西卖出去，他们就会对产品或服务充满疑虑，结果常常会拒绝下单。而且，没有人希望购买产品或服务有一种被催促的感觉。

因此，销售人员绝不能催促客户买自己的商品。如果你急于让客户购买，就可能会带来如下几个问题。

（1）你的产品是不是有问题，否则为什么这样着急地推销？一旦客户产生这样的疑问，成交基本上不会发生。

（2）如果客户匆匆地购买完商品后，发现商品的质量有问题（可能是未好好挑选），或者没能弄清楚一些具体的操作规程而导致无法正常地使用，销售员的声誉势必会受到影响。

（3）"赶快买了，赶快回家"是客户的特权。如果你表现出"赶快叫他买下，赶快把他赶走"的姿态，客户立即会感到不满和厌烦。

所以，急于求成只会降低销售员的信誉，影响整个销售活动的继续进行。因此越是在关键时刻销售员就越要有耐心，要以极高的涵养和为客户负责的态度向客户推销。所以，让客户仔细地挑选、反复地比较是十分必要的。同时，还要沉稳地向客户解释商品的每一个细节，当客户真的购买了你的产品之后会从心里感激你，并认为自己买得很值。

有一天早晨五点半，小白被电话吵醒了，原来是周六谈的一个客户打来电话。

原来那天有一位客户给他发了一条信息，说要购买特氟龙输送带。因为时间原因，小白简单地跟客户介绍了一下产品，并向客户打了声招呼，并说有需要的话可以给自己留言，并给他留下了电话号码。客户说在星期日启程来小白公司，只是小白没想到客户会到得那么早。

客户来到后，小白和他再次谈了一下产品的问题。其实这个客户采购的产品只有1000多元，却是从很远的外地来到小白的公司，他此次采购的只是一个试验的产品，虽然成交额不大，但对他们新产品的开发却尤为重要，所以想来到现场听听小白的意见。小白对客户非常耐心地接待，还为客户做了一次现场演示。

最后，客户跟小白讲了这样一件事：之前他也打电话跟其他厂家了解了一些关于产品方面的信息，但因为对方认为这一单很小就没有认真对待，所以他放弃了很多厂家。小白没有因为生意小就漫不经心，不仅很耐心地讲解，而且还认真地做了演示，客户非常满意，所以签了订单，还与小白达成了长期合作的意向。

作为销售人员，你不能因为订单小或其他原因而不给予客户耐心的解答，甚至慢待客户，否则你必将失去客户。有些销售员之所以缺少耐心，往往是因为以下几个原因。

（1）缺乏介绍产品的耐心

一些销售员认为，即使产品介绍得再好，反正最后还是要被拒绝，就觉得介不介绍产品是无所谓的事情，总认为想买的人就会买，不想买的人自己就是说破天对方也不会买。因此，他们便缺乏介绍产品的耐心，一见到客户就问买还是不买。事实上，即使是世界上最优秀的销售员在大多数情况下也是被拒绝的，而他们之所以成功就在于他们越是被拒绝就越是深刻地反省自己，以百倍的耐心想办法将产品更好地介绍给客户。大多数客户是有产品需求的，只要自己有足够的耐心和诚心，最终必定会打动客户。

（2）销售员本身是个急性子

销售是一种复杂的工作，缺乏耐心的人很难做好销售工作，真正成功的销售员往往是有十足耐心的。耐心不是天生的，是可以锻炼和培养的，销售员可以通过不断地训练来增强自己的耐心。当销售员求见一位客户，发现自己已经没有耐心的时候，就要不断地告诫自己：要坚持，要坚持到最后。只要这样长期地坚持下去，你就会发现自己不再那么急躁了。

（3）销售员希望节省时间

俗话说："两鸟在林，不如一鸟在手。"如果试图通过节省时间来多见客户，则往往由于自己缺乏耐心而被客户拒绝。因为这会让客户觉得你三心二意，客户会觉得你急于成交，而被你吓走。所以与其这样不断地拜访新客户，倒不如在老客户身上获取更好的推销业绩。

总之，销售人员千万不要在推销过程中缺乏耐心，因为缺乏耐心是对客户的不尊重。很多销售员在推销之前就没有耐心，没有制订推销目标和推销计划，拿起产品就兴冲冲地出门了，最后扫兴而归。这种销售员无论如何努力，都不会有好的业绩。

避免轻易给客户下结论

销售人员在不了解客户的真实情况下，永远不要轻易给客户下结论。

现实中，很多销售人员都会犯这个错误，跟客户沟通后，或初次看一眼客户的表情就下结论："这家伙一看就知道没有钱，多半不会买，只是随便问问的""这家伙是不是来打探信息的？"销售员如有这样的想法，很容易传递给客户。当客户感觉到销售人员的这种想法时，就算购买欲望十分强烈，也不会买你的产品，你就会失去拿到大笔生意的机会。生活中、工作中就有很多这样的例子，给我们留下了深刻的教训。

一天，一对老年夫妇来到哈佛大学求见校长，从他们的穿着看很像乡下人：老夫人身着已经褪色的方格条纹套装，老头则是一身破旧的手织行头，因为事先并未预约，他们显得有点局促和底气不足。秘书看到他们，并未迎上前去，因为就秘书所知，哈佛大学从未与乡下人有过什么业务往来。

"我们想见见校长。"老头声音极其柔和地说道。"他全天都很忙。"秘书想尽快将他们打发走便说。"我们可以慢慢地等。"老夫人答道。在接下来的几个小时内，秘书再没有理睬老两口，她断定这两个乡下人一定会等得不耐烦而自己离开的。然而她的判断失误了，两位老人静静地坐在那里，一点儿离去的意思都没有。无奈之下，秘书只好决定打扰一下校长先生。

秘书对校长说道："如果您能见他们几分钟，他们马上就会离开。"校长面含愠色地叹了口气，点头同意了。显然他对花费几分钟的时间给这两个老人甚为不满，校长一脸严肃和高傲地走到这对老夫妇面前。当他看到他们的衣着时，他甚至认为他们的到来会污染了会客室的环境。

老夫人和颜悦色地对校长说："我们的一个儿子在哈佛读了一年书，他特别喜爱哈佛，他在这里很开心。但是一年前，他在一次意外事故中丧生，我丈夫和我希望在校园里的某个地方建一座纪念建筑来怀念他。"

听了老妇人的一番话，校长没有被打动，而是被激怒了。校长粗声粗气地说道："夫人！我们不会为任何一个在哈佛读书并死掉的人建雕像的。如果我们这样做，哈佛就不是大学，而是公墓了。"

"哦，不，不。"老夫人赶紧解释道："我们并不是说要建雕像，我们是想给哈佛建一座建筑。"

校长用轻蔑的眼神看着这两个衣着朴素甚至破旧的老人，嘲讽道："一座建筑！你们知不知道一座建筑要花多少钱？在哈佛，仅建筑物就超过了 750 万美元。"

老夫人沉默了一会儿。校长心中暗自好笑，心想，这下可以赶他们走了。

可老夫人转向丈夫，静静地说："建一所学校总共就花这么多钱吗？为什么我们不建一所属于我们自己的学校呢？"丈夫点头同意。这对老夫妇缓缓离开了哈佛大学。这两位老人就是斯坦福先生和夫人，他们来到加利福尼亚的帕拉托，在这里他们以自己的名字建了一所学校，以纪念他们早逝的儿子。这所学校就是今天的斯坦福大学。它所吸引的学者以及它所培养的学生们，则成为硅谷的第一代创业者。在当今世界一流大学各种排名中斯坦福大学总是雄踞榜首。

谁也想不到，享誉世界的斯坦福大学的诞生竟源于哈佛大学校长的一句嘲讽！傲慢的哈佛大学校长给世界留下了一份最好的礼物，同时，也给我们销售人员上了一课：不要从客户的表面作出判断，不要用传统和僵化的眼光看待事物。因为往往事物的表面与其真相完全相反。

俗话说：人不可貌相。长期从事销售工作，使很多销售人员养成了"以貌取人"的习惯，忘记了从事此类工作时的初衷，这是销售的大忌。其实，销售的真谛就在于平等、真诚地对待每一位顾客，只要你始终怀着足够的热忱去工作，总会不断地获得成功。

因此，当一位客户出现时，不管他是否要买你的产品，都应该把他当作你的客户，都要认真对待，客户买你的产品，固然有买的道理，没有买你的产品也有他不买的理由，就算现在没有买，将来不一定就不会买，就算是他买不起，他周围的朋友不一定买不起。现实中有大量五音不全的人购买钢琴充门面，从不翻书的一些人购买大量的书装作有学问，也有很多开奔驰的人却穿着布鞋。所以，作为销售人员，最大的忌讳就是只看表象就随便给客户下结论。要想成为成功的销售人员，对待每位客户都要像对待上帝一样，这样才能抓住所有客户的心，使自己的业绩得到提升。

不要刻意掩藏商品的缺陷

刻意掩藏商品的缺陷，是对客户的一种欺骗，即使侥幸将商品推销出去，也会适得其反，将生意做成"一锤子买卖"，最终将客户推向别人。而正视商品的缺陷，真诚地告知客户，只会使客户对你更加信任，对你的商品越来越感兴趣。

事实上，任何商品都存在一些缺陷，这些缺陷对推销存在着诸多不利的因素，多数时候它都是推销失败的罪魁祸首。如果你在推销的时候对商品的缺陷有心理准备，你就能很好地利用这些不利因素，能把失败扭转为成功。

一家房产公司刚刚在洛杉矶西北部开发出一片住宅区，它是拥有 20 幢房屋的住宅区，每套房屋的售价定为 17950 ~ 19950 美元。但因为一些原因，经过数年之后，还有 18 套房屋没有售出。这批未售出的房屋全部位于罗斯利路，距离这批房屋不远处有一道围墙，围墙之外便是铁路，24 小时之内火车会经过 3 次。

销售员汤姆很想推销这些房屋，因为一旦做成这笔生意，自己将获得大笔的佣金。汤姆向开发商提出担任此批房屋销售员的要求被拒绝了。尽管他用一封封信"轰炸"，但是徒劳无功。"我没有兴趣与一名住宅房屋的销售员合作出售这批房屋。"开发商一再表示。

但数月过后，当汤姆驾车从他比佛刹山的办公室旁经过时，他便下定决心要与开发商约定一个会面时间。开发商十分惊讶，他居然同意和汤姆谈谈。

原来由于这 18 间房屋至今无人问津，开发商愈来愈为此焦虑不安了。见面之后，开发商一开始就抱怨道："你一定是要我削价出售这批房子，这便是你们这些房屋销售员最常做的事。"

"不，"汤姆回答，"恰恰相反，我建议你抬高售价。还有一点，我会在这个月之前将整批房子卖出去。"

"它们已经在那里躺了两年半之久，你现在告诉我你会在一个月之内将它们全部卖出去？"开发商不相信地说道。

"请允许我对你详细地解释我会怎么做。"汤姆说。

"请便。"开发商说，同时将他的背往后舒适地靠了椅子上。

"就像你所知道的一样，先生，每当一名房屋经纪商开放一间待售房屋时，人们便可在任何时间前往参观，"汤姆说道，"可是我们将不会这么做。我们将一批一批地展示这些房子，就在火车驶过的那个时候展示。"

"你疯了不成？"开发商大声吼叫道："我们起初之所以无法卖出这些房子，就是这该死的火车在作祟！"

"请让我说完，"汤姆平静地回答，"我们准时在每天早上10点和下午3点开放房屋让人参观，这样必会引起人们的好奇心。我建议在展示的房屋前面挂上一个牌子，在上面写着：此栋房屋拥有非凡之处，敬请参观。"开发商把下巴往下挪了几寸。

"接着，"汤姆继续说，"我要求你将每户的价格提高20美元，然后用这笔钱为客户买一台彩色电视机。"在那个时候，拥有一台彩色电视机是一件十分了不得的事，绝大多数人都还只有黑白电视可看。简直是令人无法置信，开发商还真的同意了汤姆的计划，购买了18台彩色电视机。

在每次"参观"开始之后的5～7分钟，火车会从罗斯利路旁隆隆驶过。这样，在火车轰轰驶来之前，汤姆只有几分钟时间对买主们进行推销。"欢迎！请进！"汤姆在门口招呼人们进来。"我要各位在这个特别的时刻进来参观，是因为我们罗斯利路上的每一栋房子都有着独一无二的特点。首先，我要你们听听看，然后告诉我你们听到了什么。"

"我只听到冷气机的声音。"总会有人这么回答。

很自然地，汤姆的问题也引发了听众相当好奇的表情。如果表情会说话，那一定是在说："这里会有什么？这个人到底要做什么？"

"没错，"汤姆回答，"但是如果我不提出来，你们也许不会注意到这个噪声，因为你们早已习惯冷气机的声音了。然而，我很确定当你们第一次听到它时，这个声音一定会引起你的注意。你会发现，一旦习惯了噪声之后，它们就不会对我们造成困扰。"他接着带领人们走进客厅，指着那台彩色电视机说："开发商将随同房子将这台漂亮的彩色电视机送给你们。他这么做是有道理的。他知道你们将不得不适应一段90秒钟的噪声，一天3次，但是很快地你们就会习惯。"

在这个节骨眼上，他转身将电视打开，把它调整到正常的音量后说："想象一下你和你的家人坐在这里，观看电视的情形。"接着他便停下来，等待由远而近的火车隆隆驶过。在这段90秒的时间里，每个人都很清晰地听到了火车的声音。

"各位，我要让你们知道，火车一天经过3次，每次90秒，也就是一天24小时中共有四分半钟的时间火车会经过。现在，请问问你们自己：'我愿意忍受这点小噪声吗？'我知道你们当然会习惯噪声，来换得这栋美丽的房子，并且拥有一台全新的彩色电视机。"汤姆的话让大家心动。

就这样，3周之后，18栋房子全部售出。

在推销的过程中，如果销售员忽略了商品的缺陷，那只会让他的销售工作变得更加艰难。因此，永远不要把产品的缺陷当作一个秘密，因为这是一种欺骗行为，如果客户已经知道这个缺陷，但你在介绍的时候并没有明说，对方会认为你在有意隐瞒，势必导致你的信誉丧失。所以，在客户对你提出任何问题之前，你要对产品每一个缺点都做好心理准备，并将缺点当着客户的面用合适的方式提出，从而将其转化成优点。

不能忽视小人物的存在

无论是在工作中，还是在生活中，"小人物"往往是不起眼的角色，容易被大家忽视。例如，很多人认为，自己在公司里只要尽心尽力，取得业绩，赢得上司的赏识，加薪、提升就指日可待。这类人对于职位比自己低的小人物，没有给予应有的尊重，认为得到他们的帮助是理所当然的，经常对他们指手画脚，急躁起来甚至对他们拍桌子、瞪眼睛，把人际关系学的理论抛到九霄云外。其实，这对自己是有百害而无一利的。

陶毅是一家公司的销售管理人员，凭着智慧和胆略，他为公司的产品打开市场立下汗马功劳。踌躇满志的陶毅以为销售部经理一职非自己莫属。公司的董事会想要提拔他为主管销售的副总经理，但在提名时，却遭到人事部门的强烈反对，理由是各部门对他的意见太多。

陶毅非常痛苦，也非常不解。后来，一个同情他的朋友破解了他的迷惑：他的问题是"忽视了身边的小人物"。

有一次，陶毅出去为公司办理业务，在紧要关头却迟迟不见公司的汇票，使得业务活动"泡汤"，令他很难堪。实际上，这次"事故"是一个出纳员给他"穿小鞋"，因为陶毅平时对这个出纳员总是不冷不热，根本没把她放在眼里。还有一次，陶毅在外办事，需要公司派人来协助，却不料派来的人在路上就被撤回去了，原来是一些资格较老的人觉得陶毅很"狂妄""目中无人"，所以想尽办法拖他的后腿。

陶毅的工作业绩十分突出，但他忽视了人际关系的重要性。那些他不熟悉、不放在眼里的小人物，在关键时刻坏了他的大事，阻碍了他在公司的发展。无奈，陶毅伤心地离开了公司。

"小人物"的不可忽视性由此可见一斑。

对于一个销售人员来说，会做事会交际是事业成功的必要基础。当然，也不能忽略"小人物"的存在，尤其是客户身边的"小人物"。

A公司、B公司和T公司都对某市一个跨国工程中的某一个项目虎视眈眈、志在必得。

客户方人员复杂，包括业主、总经理、总承包方（总包）、项目总经理、总工程师、现场负责人、设计、主任工程师、技术选型人等。

其实，在两年前的工程立项和初步设计阶段，T公司的销售部门和技术部门就与该项目的设计单位就其中一个项目的可行性进行了共同研究。当时T公司还提交了详细的设计说明书和解决方案，设计单位在初步设计方案中也采用了T公司的不少设想。由于前期与设计院配合默契，T公司给此项目的设计负责人留下了很好的印象。在工程进行的两年时间里，该项目的设计负责人给T公司提供了许多有关该工程的进展情况等重要信息，并把T公司的销售和技术人员介绍给总包公司的技术负责人认识。该项目的设计负责人还暗示：由于工程技术难度和项目本身的影响力，总包的总工程师是一个非常关键的人物，他的意见对决策者有着举足轻重的作用。

T公司经过一番调查后也发现，该项目中的业主很少出现，总包公司则由于其在行业内的技术权威地位，实际上行使了部分业主的权利和职能，无疑是举足轻重的一方，而总包的总工程师更是关键中的关键人物。至此，T公司销售团队决定将总包公司的技术负责人作为主攻对象。

当然，两年来，T公司的竞争对手A公司和B公司也没有闲着，只是大家的主攻对象有所不同。B公司走上层路线，据说与该项目的业主上层有很深的关系；A公司的销售人员更是放出话来，此项目非他们莫属。

现在是真正选择方案的关键阶段，总包的技术部门和使用部门将进行一系列的施工前准备，包括估算工程量、确定施工方案、制定技术标准和预算等，并为随后的招、投标做准备。如果在此阶段能影响客户以某公司的产品特点、技术标准和报价作为招标文件编制的基础，就可能有效地阻截竞争对手，从而利于随后的工作。

T公司的销售团队在拜访总包技术负责人时了解到他们对方案的担心。针对客户关心的问题，T公司提出了详细的解决方案，着重介绍T公司产品在这方面的特点和优势，其实这正是T产品相对于竞争对手A和B公司产品的优势所在。在随后的几次产品演示会上，T公司更是不断强调其产品能给客户带来的利益。果然，在系统设计阶段，总包技术负责人采纳了T公司的建议，并以招、投标书的形式将该方案确定下来。

然而，为了保证招标的公正性，所有参加招、投标的厂家必须首先参加产品的测试以达到总包设定的技术指标。测试的结果是T公司大获全胜。其实各公司的产品特点和优势各有不同，关键是如何影响客户的决定，从而给竞争对手的进入制造壁垒。

T公司销售团队上下非常兴奋，以为项目唾手可得了。然而，就在T公司要与总包签订购货安装合同的前一天，一个非常意外的情况发生了。市质监站对方案提出了不同的看法，他们还是担心该方案有不妥之处，并将他们的担忧反映给了业主。虽然T公司技术部门一再解释，但因为该项目属于市政重大工程，不允许出现任何问题。业主与设计、施工、监理多次讨论并请专家论证也无法形成一致的意见，最终为保万无一失，取消了原来的方案，改以其他方案代替。煮熟的鸭子就这么"飞"了，T公司销售团队非常沮丧。

毫无疑问，T公司的销售团队找对了人，但他们没有处理好与该项目中其他部门、其他人的关系。在这个故事中，如果T公司销售团队除了紧盯关键人物外也不忽视其他人物的存在，提早做一些必要的工作，结果可能就会截然相反了。

总之，销售人员任何时候都不应忽视"小人物"的力量，要知道，他们积聚在一起，足以推翻任何一个大人物。所以，不要轻易得罪"小人物"，不要与他们正面冲突，以免留下"后患"。

切忌对客户的抱怨进行反击

绝大多数销售人员都遇到过这样的问题：客户针对自己推销的商品不停地向自己抱怨，甚至出言不逊，言语攻击等等。面对这种情况，有些销售人员会采取针锋相对的反击措施，与客户进行争辩、理论。殊不知，这就大错特错了。

争辩永远不是说服客户的好方法。正如一位哲人所说："您无法凭争辩去说服一个人喜欢啤酒。"与客户争辩，失败的永远是销售人员。如果你争辩输了，那你是真的输了；如果你争辩赢了，你还是输了。

在与客户的交流过程中千万不要与其争辩，即使因为存在沟通的障碍而产生误解，哪怕客户的观点是错误的，都不要与客户争辩，争辩只会使事情变得更加复杂，从而导致事情恶化。一些刚刚进入销售行业的销售员，在客户提出异议时，总是面红耳赤地与客户争辩到底，以证明自己是对的，想让客户屈服。这种做法是相当不明智的，销售员与客户争辩很可能会说得客户哑口无言，似乎自己占了上风，但结果是十有八九你也丢了这笔生意。

销售人员在推销过程中，都免不了遇到客户的抱怨。一个一流的销售人员，会远离争辩，用心倾听顾客的抱怨，甚至将此作为自身进一步发展的契机，因为他们懂得：抱怨的客户是最好的老师。

一次，奥康的领导到一家专卖店视察工作，刚进去，就看到几个女顾客正在非常生气地和导购员争论什么。于是奥康的领导赶紧走上前去，问明原因。

原来那几位女顾客的其中一位，在这家专卖店买了一双皮鞋，当时试的时候没发现什么不合适，等回家一穿，却觉得鞋子有些小，于是就拿回店里想退掉。可当时因为已经是晚上，店长已经下班了，导购员做不了主，就很客气的解释了原因，并让那位女顾客改天再来。

女顾客虽然有些不高兴，也没有办法，只好回去了。可今天，女顾客再一次到店里来退鞋，店长又不在。当导购员再一次用同样的理由向顾客解释时，她一下子就生气了，认为导购员在故意刁难自己，根本就不想给她退鞋。导购员也很为难，一再解释自己做不了主。就这样，双方发生了争执。

奥康的领导弄清原因后，立即向那位顾客道了歉，马上给她换了一双鞋子，并把原来她准备退的那双鞋子也一并送给了她。这一下，女顾客和一起来的同伴都被感动了，结果每人又挑了几双鞋子买了回去。

几位顾客走了之后，奥康的领导开始思考：这本来只是一件小事，但为什么却激起了顾客这么大的抱怨？这其中，自己有什么需要改进的地方吗？奥康的专卖店一向采取店长负责制，退换货一律要店长同意。如果店长不在，导购员就没有权力为顾客退换货，正是这种制度才导致了此次事情的发生。

奥康的领导认识到这一点后，马上采取措施，制定了新的规定：只要是符合规定，无论店长在或不在，导购员都有权力和义务为顾客提供退换货服务。这样一来，类似的问题就再也没有出现过，顾客对奥康的信任又增加了一层。

其实，奥康处理这件事情的方式，也值得很多企业借鉴。它告诉销售人员，当面对客户的抱怨时，不要与客户进行无谓的争辩，而要积极主动地寻求解决方案，同时还要从中汲取教训，让自己的服务和产品质量得到进一步提升。

客户在抱怨时，销售人员不应争辩，不应反击，那具体该怎样做呢？

（1）对待抱怨客户一定要以礼相待，耐心倾听对方意见，尽量使他们满意而归。即使是对那些爱挑剔的客户，也要婉转忍让，要使他们有一种如愿以偿的感觉。

（2）为了正确理解客户的抱怨，我们必须站在客户的立场看待对方的抱怨，时常设身处地地想一想，许多问题和抱怨就较容易解决。

（3）客户的抱怨并不总是正确的，但让客户感到正确是有必要的。

（4）一般的场合下，客户的抱怨是不可避免的，因而客户经理对此不必过于敏感，不应把客户抱怨认为是自己的过错，而应把它当作正常的工作问题去处理。

（5）客户不仅会因为卷烟的质量和价格规格问题而抱怨，还会因为某种卷烟品种不适合其需求而抱怨，我们客户经理不应总是在卷烟质量或规格上进行处理，而是要更多注意客户需求是否得到满足。

（6）正确处理客户的抱怨，在接到投诉后要尽早着手处理，千万不要拖延耽搁。在处理问题时，不要老是以打电话方式进行沟通处理，而是要经常深入现场，与客户进行面对面的接触，我们要记住这点：处理客户的抱怨，重要的不是形式，而是实际行动与实际效果的落实。

（7）在没有证实客户抱怨的话不正确之前，不要轻易下结论，同时不责备客户总比责备客户好，因为即使是客户错了，在他的主观上也认为自己是正确的。

（8）不要向客户承诺一些不能兑现的保证，也不要答应不切实际的要求，以免在今后的工作中引起不必要的纠纷。

（9）在处理客户抱怨时，千万要注意方式方法，每当碰到客户发怒时，要保持清醒头脑，不要与之争辩，和一个发怒的人讲道理是没有用的，要尽最大可能平息对方的怒气。

（10）无论我们的工作做得多好，客户对我们的抱怨总是存在的，因此我们要正确面对，不要把埋怨心情带到工作中去，同时还要善于总结，学会与各种各样的客户进行沟通，培养独立处理问题、解决问题的能力。

总之，客户的抱怨是多种多样的，如何去正确对待客户的抱怨及妥善处理相关事情是我们每一个销售人员服务的职责所在。

不要放弃未能成交的客户

众所周知，销售人员在推销过程中，总是会碰到很多未能达成交易的客户，并且，这类未成交客户的数量要远远大于成交的客户数量。或许正是由于未成交客户数量庞大，使销售人员司空见惯，所以，他们常常犯下这样一种错误：他们强调通过售后服务等手段与已成交的客户建立关系，却忽视了未成交的客户。

其实，对销售人员来说，与未成交的客户建立良好的关系同样十分必要。大部分未成交的客户仍然是合适的成交对象，仍需进一步争取。

在未成交的客户中，除了小部分确实没有需求，有相当一部分仍然符合潜在购买者的基本条件，今后随时可能有购买意向。没有成交的原因是多种多样的，有的是暂时缺乏足够的购买能力，有的是已有稳定的供货渠道，有的则纯粹是由于观望而犹豫不定，等等。但是，情况是在不断变化的，一旦成交障碍消失，潜在客户就会采取购买行动。如果销售人员在初次访问失败之后，没有着手建立关系，那么就无法察觉情况的变化，就不能抓住成交机会。

发展与未成交客户的关系，可以为以后的访问做好准备。为了说服某位客户购买保险，销售员常常要做第二次、第三次甚至更多次访问。每一次访问都需做好充分的准备，尤其要了解客户方面的动态。而了解客户最好的方法莫过于直接接触客户。如果每次访问之后，销售员不主动与客户联系，就难以获得更有价值的信息，就不能为下一次访问制定恰当的策略。

松下幸之助曾遇到过一位坚韧不拔者。那人是一家大银行的低级职员，为了承揽松下电器公司的业务，一次又一次地跑去向松下陈述。由于当时日本企业界习惯于一对一，松下本无转移业务的意愿，所以

第一次回绝了，以后每次都没有答应。可这位职员每半年总要来拜访一次，一直坚持了6年。后来，由于情势的转变和实际需要，松下公司决定新增关系银行，当然最终那位职员做成了生意。

推销不是一次访问就能成功的。在客户拒绝你之后，如果你从此不再与客户接触，不与之发展关系，也就失去了改变客户态度的机会。而如果利用第一次访问的契机，发展与客户的关系，逐步培养个人之间的友谊，就可能改变客户原来的认识，从而有机会说服客户购买。

总的来说，销售员与未成交客户建立良好关系，也要本着把客户利益放在首位的原则，努力达成最终说服客户的目的。根据未成交客户的特点，强调四个问题。

（1）对未成交的客户进行分析鉴别，找出值得建立关系的主要客户。销售员不可能在每一位未成交客户身上都花费大量精力和时间建立关系，必须选择那些符合特定条件的未成交客户，作为发展关系的主要对象。一般来说，首先要剔除那些根本没有需求的客户，然后根据购买批量、购买能力、近期采取购买行动的可能性等标准，找出值得建立关系的客户。

（2）与未成交客户建立关系，必须从最初成交努力的失败那一刻开始。面对初次努力的失败，销售员一定要表现出正确的态度，给客户留下良好的印象，为建立良好关系奠定基础。对待未成交的客户，也应像对待购买了产品的客户一样，要感谢客户给予的宝贵机会，要友好、热情。这种正确的态度可以赢得客户的好感，甚至可以直接催动成交机会的出现。

（3）与未成交客户建立关系的最终目的是重新获得销售机会。但是，销售员必须注意：不能表现出急功近利的倾向，不能给客户一种强加于人的印象。在发展关系的初期，除非客户主动提出，销售员不应试图说服客户采取购买行动，而应把工作重点放在保持联系、建立友谊和搜集信息等方面。

（4）销售员应在适当时机向客户请教，了解上次成交努力的失败原因。客户从购买者的角度所做的分析，对改进成交策略与技巧将有很大帮助。

切忌攻击竞争对手

竞争是生物界里一个不可避免的进步因素，达尔文的"物竞天择、适者生存"学说证明了竞争的不可避免性。人类社会在某种程度上也是属于生物界的一部分，因此也就不可避免地存在着竞争。

要想进步就要有竞争，有竞争就要存在竞争对手，如何对待竞争对手，就决定了你的竞争的程度、速度、结局和品位。

作为销售人员，一定要正确对待你的竞争对手，绝不可以使用非正当手段来干扰他们的正常工作，或是在客户面前攻击他们。这是销售员应具备的素质之一，也是销售员人格魅力的体现。

不攻击竞争对手，已经成了行业内一条不成文的法则。恶意中伤、抹黑、诽谤及诋毁对手，都是被深恶痛绝的。销售人员如果主动攻击竞争对手，将会给客户留下这样一种印象：他一定是发现竞争对手非常厉害，觉得难以对付。客户还会推断：他对另一家公司的敌对情绪之所以这么大，那一定是因为他在该公司那里吃了大亏。客户下一个结论就会是：如果这家公司的生意在竞争对手面前损失惨重，他的竞争对手的产品就属上乘，我应当先去那里瞧瞧。

一名采购员讲过这样一件事，说明销售员攻击竞争对手会造成灾难性的后果。

我在市场上招标，要购入一大批包装箱。收到两项投标，一项来自曾与我做过不少生意的公司，公司的销售员找上门来，问我还有哪家公司投标。我告诉他了，但没有暴露价格。他马上说道："噢，是啊，是啊，他们的销售员吉姆确实是个好人，但他能按照你的要求发货吗？他们工厂小，我对他的发货能力说不清楚。他能满足你的要求吗？你要知道，他对你们要装运的产品也缺乏起码的了解……"应该承认，这种攻击还算是相当温和的，但它毕竟还是攻击。结果怎样？我听了这些话产生出一种强烈的好奇心，想去吉姆的工厂看看，并和吉姆聊聊。于是前去考察。最终，吉姆获得了订单，合同履行得也很出色。这个简单的例子说明，一名销售员也可以为竞争对手卖东西。因为他对别人进行了攻击，我才在好奇心的驱使下产生了亲自前去考察的念头，最后造成了令攻击者大失所望的结局。

避免与竞争对手发生猛烈"冲撞"才是明智的，但是要想绝对回避他们看来也不可能。在推销商品时，完全遇不到竞争对手的情况是很少的。你必须作好准备去应对竞争对手，假如你没有这种思想准备，客户以为你敌不过竞争对手。

当然，大多数客户都知道一些竞争对手提供的商品，但销售员会吃惊地发现，并不知道同一领域里有哪些主要竞争者的买主也时有所遇。因此，聪明的销售员一般都不主动提及有无竞争对手的事，他们害怕那样做将会向客户提供出他们不知道的信息。

某企业的总经理正打算购买一辆不太昂贵的汽车，送给儿子做高中毕业礼物。萨布牌轿车的广告曾给他留下印象，于是他到一家专门销售这种汽车的商店去看货。而这里的销售员在整个介绍过程中却总是在说他的车如何如何比"菲亚特"和"大众"强。作为总经理的他似乎发现，在这位销售员的心目中，后两种汽车是最厉害的竞争对手，尽管总经理过去没有听说过那两种汽车，他还是决定先亲自去看一看再说。最后，他买了一辆"菲亚特"。

这就是说了不该说的话的结果。销售人员一定要记住，不贬低、不诽谤同行业的产品是销售员的一条铁的纪律。把别人的产品说得一无是处，绝不会给你自己的产品增加一点好处。那么，究竟如何正确对待自己的竞争对手呢？

（1）赞扬对手和尽量回避

销售员除了赞扬对手之外不应当提及他们。万一客户首先说起竞争商品的情况，你就赞扬它几句，然后转变话题。"是的，那种产品很好。但比不上我们的！"完全回避竞争对手，就不会导致客户再去考虑其他商品。销售圈的座右铭似乎应当是："各卖各的货，井水不犯河水。"

（2）一比高低

有时，客户已经买过了竞争对手的产品，这时销售员在评论其产品时就需格外小心，因为批评那种产品就等于是对购买那种产品的人的鉴赏力提出怀疑，因此必须讲究策略。

有一名办公室档案设备女销售员就做到了这一点。她设法说服一家客户全部更换了原有的档案系统，重新使用一套价值近2000美元的设备。她没有让客户觉得自己安装第一套设备时不够明智，相反，她还为此恭维了他，只是巧妙地证明了由于生意的扩大、条件的变化和新的办公器具的出现，不赶快更新就要落伍了。

（3）对比试验

有时，竞争变得异常激烈，必须采用直接对比试验来确定竞争产品的优劣，比如在销售农具、油漆和计算机时，就经常这样做。如果你的产品在运行起来之后客户马上可以看到它的优点，采用这种对比试验进行推销就再有效不过了。但是，如果客户本来就讨厌开快车，你还向他证明你的车比另一种车速度快，那便是不得要领了。

（4）掌握对手情况

为什么必须经常注意竞争对手的动向呢？一位生产商指出："我不相信单纯依靠推销术被动竞争能够做好生意，但我相信禁止我的销售员讨论竞争对手的情况是极大的错误。我过去太喜欢'埋头苦干'，以致对市场动向掌握甚少。现在我已要求手下的销售员，只要在他们负责的区域发现一种竞争产品就立即给我送来。

"我的这种愿意研究他人产品的态度对手下人是一针兴奋剂。它至少表明我不愿意在打瞌睡的时候被别人超过去；如果本行业已经纷纷议论起新出现的竞争产品，而我仍然在睡大觉，销售员们势必会灰心丧气。

"我坚决主张，应当全面掌握竞争对手的情况，外出执行任务的销售员会不断听到关于他人产品的优点和自己产品的缺点的议论。因此，必须经常把他们召回大本营，让他们从头至尾重新制订自己货品的推销计划。这样他们才不至于在销售工作中落入被动竞争的困境。"

总之，无论如何也不要去攻击你的竞争对手，那将是最差的一种选择，你也将永不会成为一名优秀的销售人员。相反，我们应理性地了解、分析竞争对手，从竞争对手那里寻找差异，学到有益的东西，并经常比对竞争对手，不断调整、完善自己；对于竞争对手施出的"招数"也要认真分析，寻找理智、有效的方式应对。

不做"一锤子买卖"

"一锤子买卖"，即指一些销售人员在销售时只顾将产品销售出去，却没有考虑过客户使用产品后是否满意。这些销售人员只能看到眼前的 点微利，他们不会去回馈客户，不重视和客户保持友好的关系，结果随着时间的推移，他会发现自己的销售工作越来越困难。

销售人员要懂得把眼光放长、把眼界放宽些，不要为了眼前的一点蝇头小利就争抢拼夺，做"一锤子"买卖，到头来只会是"捡了芝麻，丢了西瓜"。任何人都懂得权衡利弊，两利相权取其大，两害相权取其轻。道理很简单，用不着多说，问题是，你销售时的权衡标准是否正确？你所取的"大利"真的大吗？如果只是以"钱多钱少"为唯一标准，就可能忽视了最重要的东西。

有相当多的销售员把向客户进行销售定位为"一锤子买卖"。只要将商品销售出去，就算大功告成。这些销售员没有考虑过客户购买商品后的使用情况，他们往往从自己的利益出发，进行一种十分低级的销售行为。他们所谓的沟通是单向的，他们不需要客户反馈，甚至将客户的反馈当作制造麻烦。销售员应着力和客户建立比较长远的关系，因为长远的关系对销售员的销售事业有利。

有个汽车销售员在向客户推销了一辆汽车后，每隔 3 个月就要跟客户打个电话询问汽车的使用状况，询问是否需要帮助。客户很乐意接到这样的电话，然后很友好地对他说："没有任何问题，一切运转良好，谢谢你的关心。"然后客户很自豪地对他的邻居说起这样的事情，不久邻居也成为这名销售员的忠实客户。客户在购买汽车的同时，还向这名销售员购买了汽车零部件，以后汽车的更新换代也首先找这名销售员商量，要销售员给他推荐一款新车。这种友好的关系是销售员在进行推销的过程中要注意建立和保持的。

销售绝不是"一锤子买卖"，它是一个长期的过程。很多信奉销售就是"一锤子买卖"的销售员不重视和客户保持友好的关系，客户购买商品后的服务没有及时跟进，也没有在适当的时间给客户打个电话询问商品的使用情况，结果随着时间的推移，销售员发现销售工作越来越困难，因为已经没有了以前的那种销售热情。然而，信奉销售需要和客户建立友好关系的销售员，注意服务跟进、在适当的时间给客户打电话询问商品使用状况，结果随着时间的推移，他发现销售工作越来越容易，因为很多客户已经成为他的忠实客户。

一名优秀的销售员达成一笔交易往往会有三笔财富。一笔财富是工资和提成，另一笔财富是经验的积累，第三笔财富是良好的客户关系。正如前面反复强调的，对于一次销售活动来说，销售员的成功标准其实很简单。如果没有实现商品销售，也没有和客户保持良好关系，这次销售活动是失败的；如果没有实现商品销售，但是和客户保持了良好的关系，这次销售活动就是还没有成功；如果实现了商品销售，但没有和客户保持良好的关系，这次销售活动刚刚及格；如果实现了商品销售，和客户又保持了良好的关系，这次销售活动就是成功的。

此外，销售人员一定要懂得从长远利益考虑。

在销售员和客户的交谈过程中，销售员不要仅就商品而谈商品，应该着眼长远，从满足对方利益的角度来谈商品，这样才可能将对方变成自己的合作伙伴，而不是一位交易者。

大多数客户是愿意和销售员交朋友的，毕竟朋友多一些，业务就多一些，就更有利于企业或者个人的发展。如果销售员能够再耐心一些，给客户充分的时间让客户接受自己，就能够较好地实现和客户的沟通。销售员着眼长远利益可以从以下几个方面努力。

首先在介绍商品上不要就商品而论商品。就商品而论商品的本质就是推销商品；销售员要站在客户的角度上来谈论商品，这种方式才是推销自己。站在客户的角度考虑问题就应该注重将谈话的重点定为商品带来的利益，而不是商品本身。

其次在商谈的内容上，也不要局限于本次交易。销售员可以和客户谈谈企业的发展前途、家庭情况和社会问题，也可以谈谈以后交易如何进行等等，这些问题都能有效地将客户的注意力从这次交易中转移开，使客户为了得到长久的利益而对销售员作出必要的让步。

再次在成交条件上，要作出适当的让步。这里强调的是适当的让步，是在原则范围内的让步，而不是无原则的让步。很多销售员担心这次如果让步，下次就必须作出更大的让步。这种认识在理论上有一定的道理，但实际上并不存在。因为销售员所作的让步往往成为下次交易的标准，这种标准会成为惯例被客户和销售员共同遵守。一般情况下，客户不会要求改变标准，因为标准的改变无疑会增加交易成本。

最后在道别时销售员要有再次交易的信念。不管交易是否成功，销售员在道别时都要对客户十分尊重。如果交易成功，销售员自然应该有这个客户会成为自己忠实客户的信念；如果交易失败，销售员也应该有这个客户终将成为自己商品购买者的信念。

进一步来说，从长远考虑还是对销售员自身前途的要求。虽然销售员是相当有前途的职业，但是销售员毕竟不应该成为一个人的终生职业。销售员同样要着眼长远，拿破仑那句"不想当将军的士兵不是好兵"对于销售员同样适用。

第七章 人脉无价，编织客户人脉关系网

成功从经营人脉开始

人脉就像人体的血脉，会对我们的销售产生重大的作用。血脉确保我们生命的运行，人脉则为我们的成功奠定基础。

人脉也可以用树脉来解释，一棵小树苗要长成参天大树，一定要有丰富的根脉吸收大地的营养，同时还要有发达的枝脉和叶脉吸收空气、阳光和雨露。一个人要想成功，就要由人脉给他提供所需要的东西。

人脉与人际关系之间的联系是非常紧密的。人际关系是花朵，人脉资源是果实；人际关系是平面网，人脉资源是平面网的维持点；人际关系是过程，人脉资源是结果；人际关系是目标，人脉资源是目的。因此可以说，如果没有人脉资源，人际关系就是虚空而没有意义的，而人脉资源的最终发挥作用则要依靠良好的人际关系。

在英国，有一个名叫弗莱明的农夫。一次他在田地里干活，忽然听到附近沼泽里传来了呼救声。于是，农夫放下手中的农具向沼泽地奔去。他看见一个小孩正在泥潭中拼命挣扎，眼看就有生命危险了。农夫不顾自己的安危，救起了那个小孩。第二天，农夫劳作的田边停了一辆豪华马车，一位英国贵族优雅地从车里走出来，自

我介绍说是他被救小孩的父亲，现在特地来向农夫道谢。农夫连忙说这件事并没有什么。

贵族说："我要给你一笔钱，作为你救我孩子的报答。"农夫回答说："我不想要报答，因为这是我应该做的。我不能为这样的事接受酬金。"

正当这个时候，农夫的儿子走出家门口。"这个孩子是你的儿子吗？"贵族问道，"我有一个建议，让我把你儿子带走，我为他提供最好的教育。如果他像你一样，他一定能成为了不起的人。"农夫同意了贵族的建议。

时间过得很快，农夫的儿子后来上了医学院，顺利地毕业了，并成为当时享誉世界的医生。又过了几年，贵族的儿子得了肺炎，经过注射青霉素得以康复。

那个英国贵族的名字是伦道夫·丘吉尔，他的儿子便是在二战期间领导英国人民战胜纳粹德国的英国首相温斯顿·丘吉尔，农夫的儿子就是青霉素的发明者亚历山大·弗莱明。

因为一次偶然的相遇，改变了农夫儿子的命运，也改变了贵族父子的命运，可见人脉对生活是多么重要。在这个信息高度发达的时代，我们拥有无限的信息，就拥有了无限发展的可能性。信息来源于你的情报站，情报站就是你的人脉网。人脉有多广，你的情报就有多广，这是你事业走向成功的基础。

相信下面的场景各位一定很熟悉。小王说："我最近想买一部手机，可是我也不太懂要买什么样的，市面上品牌太多，真不知选哪一个。"于是小李说："我有一个朋友对手机市场很熟悉，要不要我帮你介绍认识？也许他能帮你一下。"小王回答："那真是太好了！这样我就不愁买不到合适的手机了。"

大家一定遇到过类似的情况。我们会发现周围的朋友有些是同乡或同事，有些则是直接通过他人的介绍而变成朋友的。这样一来，我们结识的朋友越来越多，我们的人际网就越来越牢固了。

朋友越多，路子越宽，事情就容易成功。好人脉是成功的最重要的条件，也是基础。

路易斯就职于洛杉矶市一家报社，受领导指示写一篇有关某公司的报道。他知道有个人拥有他非常需要的信息，于是路易斯去见那个人——一家大工业公司的总裁。当路易斯先生被迎进总裁办公室时，一位年轻的小姐从门边探头进来告诉总裁，她今天没有给他收集到邮票。

"我在为我10岁的儿子搜集邮票。"总裁对路易斯解释。

路易斯说明他此行的目的，开始提出问题。总裁的说法很含糊，模棱两可，无论路易斯怎样试探都没有奏效。这次见面的时间很短，路易斯也没有收集到多少资料。

"坦白说，我不晓得怎么办这件事。"路易斯说，他把这件事向他的同事提出来。接着，他想起总裁秘书说的一句话——邮票，10岁的儿子……路易斯想起他们报社的一个部门搜集了很多邮票，因为他们每天都收到从世界各地寄来的信件。

第二天早上，路易斯再去找总裁。他对秘书说，自己有一些邮票要送给总裁的孩子。秘书很热情地把路易斯带到了总裁办公室，总裁满脸笑意，十分客气。"我的杰西会喜欢这些邮票的，"他一面说，一面翻看着那些邮票，"看这个！这是一张无价之宝。"

他们花了一个小时谈论邮票，看总裁儿子的照片。之后总裁又花了一个多小时把路易斯想要知道的资料全都告诉他。路易斯得到了意想不到的收获，总裁又把他的下属叫进来，让他们给路易斯提供资料。下属立刻打电话给他的一些朋友，把一些具体的事实、数字全部告诉路易斯。结果路易斯从总裁那里满载而归。

事情就是这样，当你无法与重要人物建立相应的联系时，事情往往很难处理，而一旦你与重要人物联系在一起，事情就迎刃而解了。

某些自以为是正人君子的人会认为只要自己为人正直，一切按照规定做事，哪里会需要他人帮忙？这样想原则上是对的，但从取得支持的角度来看，经常会让自己处于被动。也就是说，自以为是的人往往人缘比较差，做事缺乏协调性——因为他们与人交往太少。对这种与世隔绝的态度，别人又凭什么伸出援手呢？

"生时靠人带，死时靠人拜"，这句话是对人脉重要性的精确描述。中国人重人情往来，如果能用人情保持人际关系，就会让自己有丰富的资源。

不仅个人是这样，企业也是如此。广泛的人际网络信息是企业的宝藏。对业务公司来说，业务员需要每天去拜访及接待新的客户，这些也需要由人际网的支持来完成。当销售过程中遇到阻碍时，可以寻找到恰当的人请求协助，这就是不能忽略的人际网。

美国总统罗斯福曾说过："成功首先要懂得怎样搞好人际关系。"成功学大师卡耐基告诉我们："知识在事业中的作用只占 15%，其余的 85% 则在于人脉。"所以说，不管你从事什么职业，学会经营人脉网，你就有了 85% 的成功机会。

因此，想要成功就一定要组建一个适于成功的关系网，包括家庭关系和工作关系。人们常说："家和万事兴。"你与爱人的关系如何，决定了你与孩子的关系，而家庭关系给我们与他人的关系打下一个基础。同样，我们与同事、领导及下属的关系如何是我们事业成败的重要原因。

因此，要想赢得成功，就从现在开始积累人脉、经营人脉吧，因为只有广泛的人脉才最终会带来真正的成功。

人脉好生意才好做

俗话说："一个篱笆三个桩，一个好汉三个帮。"一个人要想成就大事，首先要建立相应的人脉网络。中国的汉字"人"就可以表明这个道理：一撇一捺两个独立的笔画，只有在相互支撑的条件下才能存在，构成一个"人"。这个汉字的构成准确地诠释了人的生命意义和社会意义。

很多成功的生意人都能意识到人脉资源对自己事业的意义。因此，商界出现了一些善于构建和使用人脉的群体，人们称这些人为"脉客"。在台湾证券界，杨耀宇就是非常成功的脉客。他曾就职于统一公司，后来退出职场，为他人担任财务顾问，并成为五家电子公司的董事成员。人们估算，他的资本积累应该有近亿元之多。为什么他能取得这样的成就呢？杨耀宇说："我的人脉网络遍及各个领域，上千上万条，一个电话就可以解决很多难以解决的问题。"

不管你做什么行业，首先应学会处理人际关系，掌握并拥有丰富的人脉资源，那么你就已经成功了一大半。由此可见，人脉资源的积累对个人事业的发展具有决定性的作用。

比尔·盖茨一度作为世界首富为人们所瞩目，他的成功在于掌握了世界的经济运行走向，还有他在电脑上的能力。除此之外，最关键的因素就是比尔·盖茨拥有丰富的人脉资源。

在微软公司刚刚成立的时候比尔·盖茨是个没有名气的小人物，但是不久之后，他就得到了一份大订单。

营销有时可比喻成钓鱼，有人钓大鲸鱼，有人钓小鱼。哪种更好呢？答案肯定是钓大鲸鱼。因为钓大鲸鱼一年只要钓一次就行了，钓小鱼就得每天去钓。比尔·盖茨刚创立公司的时候就了解了这一点，他先钓到了一条大鲸鱼。

让我们来看看比尔·盖茨的人际关系策略：

（1）利用最亲近的人脉资源。比尔·盖茨签到的第一份合约，是与当时权威的电脑公司——IBM签订的。那时他还在哈佛大学读书，人脉资源不多。他为什么能钓到这么大的"鲸鱼"呢？很多人对此都不了解。原来，比尔·盖茨之所以能够得到这个合同，中间有一个很重要的媒介——比尔·盖茨的母亲。他的母亲是IBM的董事会董事，于是母亲把比尔·盖茨介绍给董事长，促成了这个合作。

假如当初比尔·盖茨没有签到这个重要的合约，相信他今天绝不可能有这样的成就。

（2）利用合作者的人脉资源。大家都熟悉比尔·盖茨有两个关键的合作者——保罗·艾伦和史蒂芬。他们不但为微软贡献了智慧和能力，也贡献了他们手中的人脉资源。

（3）发展国外的人脉资源，让他们去调查国外的情形，打开国际市场。比尔·盖茨在日本有一个密友叫彦西。这个人为比尔·盖茨提供了很多日本市场的信息，为比尔·盖茨找到了第一个在日本的经营项目，打开了日本的市场。

（4）雇用有智慧、能独立工作、有工作潜力的人。比尔·盖茨说："在我的公司中，我认为我最好的经营策略是严格挑选人才，拥有一个完全可靠、可以担当大任、能为你分忧解愁的人。"

实际上，人脉资源越丰富，做起事来就越容易成功。特别是当一个人创业的时候，会面临人、技术、资金这三大问题，而最重要的就是"人"。只要你拥有足够多的人脉资源，那么资金和技术问题就能得到完满解决。所以"人"才是成就你事业的关键因素。即使你目前没有开创自己事业的想法，只是做一些平常的工作，你也一定会觉得：如果我有更多的人脉，一定能够更加顺利地做好工作。因为，只要我们和一些重要人物建立联系，当有问题想要去求他解决或是与其商讨对策时，总是能够得到答复。可见，拥有丰富的人脉资源是我们成功的基石。

所以，一个人在社会上最大的收获不只是挣了多少钱，获得了多少经验，而是你结识了多少人，结交了多少朋友，掌握了多少人脉资源。这样的人脉资源不仅对你目前的工作有帮助，即使你离开现在的岗位还会发生作用，并成为你事业的重要基础，同时也是你终身受用的无形财富。

建立你的客户人脉网

丰富的人脉资源是成功销售的关键，那么，如何才能建立庞大的有价值的客户人脉关系网呢？

其实，这并不需要销售人员刻意为之，任何地方和任何时候都可以建立客户网络。每一天，适合客户网络建立的场合都会出现，如各种聚会、商会的交换仪式、会议、健身俱乐部、飞机上，几乎任何时候都可以建立客户网络。

销售领域竞争激烈，销售员要想长期立足，就要不断地发展新客户，并保住老客户，然后争取让客户为你推荐更多的客户。在这样系统的安排与运作中，你便可以开发出一个庞大的、强有力的客户群。虽然不断发展新客户并不是一件容易的工作，但只要遵循以下几项原则，是不难找到方向的。

（1）先从大处着眼，圈定推销对象所在范围

对于个人消费品来说，销售员应分析自己推销的产品主要能够满足客户哪些层次的需求，其客户群分布在社会哪个层面上，进而根据这些客户总体的特点也就可以大略地拟定出推销场所和时间了。如某种化妆品，按其档次及特点判断出适用于职业女性，故而应在晚间上门推销；如果是工业品，则要确定产品是满足哪一类型工厂的需要。

（2）列出潜在客户的名单

列出潜在客户的名单，有如下方法可采纳。

客户利用法，即利用以往曾有往来的客户寻找并确定新的客户。对过去往来的客户应设法保留。

社会关系法，即通过同学、朋友、亲戚等社会关系来寻找可能的客户。通过这种方法联系到的客户，一般说来初访成功率应较高。

人名录法，即细心研究你能找到的同学录，行业、团体、工会名录，

电话簿、户籍名册等，从中找到潜在客户。

家谱式介绍法，即如果客户对你的产品满意并与你保持良好的人际关系，那么你不妨请他将产品介绍给他的亲朋好友或是与其有联系的客户。

（3）对潜在客户进行分类，挑选出最有希望的客户

一般来讲，客户可分为三大类：具有明显的购买意图并具备购买能力者，一定程度的可能购买者，对是否会购买尚有疑问者。基于此，挑选出重点推销对象，会使你的销售效果明显改善。

另外，最重要的是建立自己庞大的客户网络，那就要必须推销自己。因为有很多时候，客户可能并不是认可产品，而是认可销售员。要推销自己，就必须大量派发自己的名片。

下面是世界上最伟大的销售员乔·吉拉德的一段自述。

2002 年 7 月 18 日，当我在一次上台演讲之前，我让工作人员把我的名片印了几万份摆放在每一把椅子上，在讲到如何收集客户信息的时候，我不时将名片一把一把地往人群中撒，我说："这也是获得信息的一条途径。"

其实，在我初入推销界的时候，我也不知道该怎样收集这些东西。有人告诉我，请亲戚、朋友购买，再找自己最要好的朋友帮忙。而我并没有这样的亲戚朋友。

后来，我找到了一种方法，那就是在电话簿上随意查找。也许你会说："随便打个电话根本就没有一点用处。"其实这种说法并没有错，但也不全对。

有一次，我在电话本上随便找了个号码，是一位女士接听的。

"喂，您是瓦尔斯基太太吧！我是梅诺丽丝雪弗莱汽车公司的乔·吉拉德，您订购的车子已经到了，所以通知您一声。"

"你恐怕打错了吧？我们并没有购买车子啊！"

"是吗？"

"当然，我先生从未对我提起过。"

此时，我并没有挂断电话的打算。"请问您那里是克拉连斯·J·瓦尔斯基先生家吗？"

"不，我先生的名字是史蒂芬。"其实，我通过看电话簿就早已明白。

"真对不起，打扰您了。"

这样的电话并不能帮助你很快进入实质性的商谈阶段，但至少可以从中得到对你有用的信息，更重要的是让对方知道你是干什么的，如果对方日后有需要就会主动与你联系。

这种盲目的做法并不是完全没用，我就曾用这种方法成交过一次。那次，正好那位客户已经为买车奔波数日了，因为没有和太太的意见达成一致，所以还没有作出最后决定。

我随便拨通了一个电话，也是一位女士的声音。

"可里斯多弗太太吗？你们是想要买车吗？"

"是啊，有这个意思，不过得问我先生的意见。"

后来，我和可里斯多弗太太的丈夫通了电话后又约定了见面的时间，经过我的努力最终促成了这笔生意。当然，这只是一种偶然，更多的时候你只能收集一些基本信息。

入道时间长了之后，我摸索出一些经验，只要碰到一个人，我会马上把名片递过去，不管是在街上还是在商店。因为我想生意的机会遍布每一个场所。

"给你个选择：你可以留着这张名片，也可以扔掉它。如果留下，你知道我是干什么的、卖什么的，我的细节你全部掌握。"我常常对别人这样说。

我始终认为，推销的要点不是推销产品，而是推销自己。如果你给别人递名片时想："这是很愚蠢很难堪的事，那怎么才能递出去呢？"这样做当然也就谈不上成功了。

让我常常感到不可思议的是，有的销售员回到家里，甚至连妻子都不知道他是做什么工作的。作为一名销售员，只有让更多的人知道你，你才能更快地成功。当越来越多的人看到你的名片后，用不了多久，在你面前便会有许多的客户了。

吉拉德的故事告诉我们，在这个信息发达的时代，更多的信息是来自你的人脉网。人脉有多广，信息就有多广，有用的信息资源无疑是促成你事业成功的基石。

与客户成为朋友

在很多销售员的观念里，与客户谈生意就是为了赚钱，双方可以为一点点利益拼得你死我活。这样做不仅会伤了和气，还会导致两败俱伤的后果。其实销售员与客户之间的关系并不是对立的，也不是此消彼长的，而应该是互利的。

只有客户从购买的行为中获得了心理上的满足和物质上的满足，销售员才能与之建立良好的、长久的合作关系。所以在谈生意的时候，销售员要学会像对待朋友那样来对待客户，要亲切友好，不要斤斤计较，要表示出足够的理解和尊重，消除客户的抵触情绪，使彼此的情感升级，从陌生人变成朋友，这样才会更加顺利地进行交易。

一位推销电器的年轻人，来到一所看起来收拾的井井有条的农舍前敲门。听到敲门声后，对方只将门打开了一条小缝，当她看到来人像销售员后，猛然地把门关紧了。销售员再次敲门，敲了很久，她才又将门打开，仍然是勉强地开了一丝小缝，而且，还没等对方开口，她就不客气地破口大骂。

虽然事情比想象中艰难得多，但销售员不想放弃，他决定换个法子碰碰运气。他想起刚才无意中看到的门里的鸡群，于是改变口气说："太太，我看您是误会了！我来拜访您并不是来推销东西的，我只是想向您买一些鸡蛋。"

听到这儿，这位妇女的态度稍微温和了一些，门也开大了一点。销售员接着说："您家的鸡长得真好，它们的羽毛长得真漂亮。这些鸡大概是多明尼克种吧？您这儿还有贮存的鸡蛋吗？"

这时，门开得更大了。

这位妇女问销售员："你怎么知道这是多明尼克种鸡？"

销售员知道自己的话已经打动了妇女，便接着说："我家也养了一些鸡，可是像您家养得这么好的鸡，我还没有见过呢？我家饲养的来亨鸡，只会生白蛋。太太，您应该知道，做蛋糕用黄色的鸡蛋比白色的鸡蛋要好一些。我太太今天要做蛋糕，所以我跑到您这儿来了……"

妇女一听这话，心里暗暗地高兴，她迅速地转身回到屋里去取鸡蛋。

销售员利用这短暂的时间，迅速地看了一眼周围的环境，他发现角落有一整套务农设备。等妇女出来的时候，他对她说："太太，我敢肯定，您养鸡赚的钱一定比您先生养奶牛赚的钱要多。"

这句话说得妇女眉开眼笑、心花怒放，因为她丈夫一直不承认这件事，而她总想把自己的成就感与别人分享。

于是她解除了对销售员的戒备心，把销售员当作知己，带他参观鸡舍。参观时，销售员不时地发出赞叹声。两人畅所欲言，互相交流养鸡方面的经验，他们越来越像认识已久的朋友。当妇女谈到孵化小鸡的一些麻烦和保存鸡蛋的一些困难时，销售员不失时机地向妇女推销了一台孵化器和一台大冰柜。

一般而言，销售员向一个对自己有严重抵触情绪的客户推销自己的产品几乎是无法做到的事，但这个销售员在很短的时间内就做到了。这是因为他掌握了"处理人际关系"这把金钥匙，所以非常巧妙地去处理同客户之间的关系。但遗憾的是，很多销售员在处理同客户的关系时，并不能把对方当作朋友，而是像对待敌人一样地针锋相对，大有处处压倒对方的架势。这样只能给客户施加更大的压力，而客户也会毫不客气地给你增加压力，于是"你一拳，我一脚"，最终导致了双方谈判的重重阻力的出现。

推销活动其实就是在建立人与人之间的关系，在客户还不承认你是个"诚实的、可信赖的"人之前，许多生意是无法做成的。因此，销售员要学会像对待朋友一样地同客户谈生意，支持对方，理解对方，只要能成为客户的朋友，想要实现交易就会很顺利。在上面这个故事中，销售员就是通过和客户聊天，找到了共同话题，让简单的客户关系带上了友情的成分，从而更快更简捷地达到自己的目的。由此可见，作为销售员，一定要像对待朋友一样同客户谈生意，这样才能获得客户的真正认可。

在现代社会，朋友是一笔无形资产，是最有效用的第一生产力。一些人的声誉很好，所以他们身边的朋友也很多；而正因为朋友多，所以他们的声誉也更好。其实做生意就是交朋友，当你不断地与客户建立牢固的友谊时，你便有了广泛的人际关系，那时离成功也就不远了。

无数销售实践证明，业绩好源于人情的美好，客源的丰富来自人际关系的丰富。懂得这一点的人常致力于营建良好的人际关系，力争做到语言亲和、形象清新、待人得体、交往适度，给人留下好印象。

小吴刚做销售不久，业务也不是很熟悉，在一个周末，有一位大约50岁的归国华侨去他那儿办理好几笔存单的密码挂失业务，而里面有一张存单是他妻子的，当时小吴也不是很清楚会计制度，就叫他提供两人的关系证明。那位客户也不厌其烦地来回好几趟把他所能提供的证明都给了小吴，里面包括他个人的身份证、护照、他们的结婚证、他妻子的身份证、家人的户口本。那时已临近下班，小吴的交班人发现这一问题，及时指出这是不可受理的业务时，小吴有深深的负罪感，因为是自己的失误让客户足足等了2个多小时，还让他这么来回跑，最终却不能帮他解决问题。小吴感到很愧疚，可是客户却笑呵呵地说没有关系。后来这位客户主动跟小吴联系，有次还跑到柜台放下几百元人民币说给他买水果，小吴当然没有拿这笔钱，而是在领导的陪同下当晚就把钱送了回去。后来问起客户为什么对小吴那么好，他说小吴为人热情，虽然从前不认识，但是对他却像朋友一样。最后两人成了很好的朋友，并一直保持着联系。

好的态度是决定一个人做事成功的基本要求，作为一个销售人员，必须抱着一颗真诚的心，诚恳地对待客户、对待同事，只有这样，别人才会尊重你，把你当作朋友。

销售是一本大书，在这本大书里面不仅有贱买高卖这样的生意原则，还流淌着感情的溪流，充满着人性的光辉。理性、情感和人性，共同构建了销售世界的斑斓色彩。像对待朋友那样对待你的客户，你会发现，他们也是真诚的对待你，你还会发现，对别人来说很难做到的事情，你居然做到了，而这，就是你那颗真诚对待客户的心所带来的必然结果。

老客户要经常回访

老客户在销售人员的工作中起着举足轻重的作用。松下幸之助说："好好留住一位客户，可就此增加许多客户。失去老客户，即是丧失许多生意上的新机会。"

在销售员建立的客户网络中，老客户是核心，它是客户网络具有辐射和扩张能力的保证。以往的成功推销经验证明：你80%的生意来自于20%的老客户。没有哪名优秀的推销人员会忽视老客户。保住老客户，使老客户重复购买你的产品，是推销艺术的至高境界。

要让重复购买的概念深深地扎根于客户的心中。对于销售员来讲，跟进回访老客户可以节约许多时间；老客户还可以帮助销售员引荐、介绍新客户；从老客户口中更容易获得许多关于商品的情报资料和客户意见，还容易获取市场上同类竞争产品的情报。由此可知，销售员保住老客户、经常回访老客户，对于销售工作的成功及客户网络的建立是十分重要的。

那么，要如何使客户重复购买你的产品呢？无论从销售员个人的观点来看，还是从现代推销本身的目标而论，要使客户重复购买你的产品，必须具备3项基本条件：

（1）商品本身的价值和使用价值不仅能满足客户现在的需要，而且能够满足于将来的需要；

（2）销售员在交易成功后，如果能够给予客户尽善尽美的服务，使客户心怀感激之情；那么一旦有重复购买需要时，便会主动联系销售人员购买产品；

（3）在同一市场中，任何竞争者所派遣的销售员都无法使客户转变心意。客户坚定地相信，只有原来的销售员和他所推销的商品品牌值得信任。

另外，要保住老客户，就要把一部分精力放在老客户身上，如果未能实现诺言、提供恰当服务的话，即使那些原本对你感到满意的客户，也可能会产生后悔情绪。有很多考虑欠周到的销售员，常常失去不该失去的生意，因为他们太忙于兜揽新的生意，而没有采取适当行动处理成交之后的细节问题。当然，这样的销售员最终也会以同样的原因去失去那些新的交易。

销售员要做好老客户的回访工作，可以采取以下方法。

（1）建立长期交情

再度拜访老客户，是很重要的工作，即使不做售后服务，打一个表示友好的问候电话也可以。养成再度回去探望老客户的习惯，你会拥有无尽的"人脉链"！一定要记住，告诉他们各种相关的好、坏消息，如推出新的型号、价格调整，等等。绝大多数客户都是通情达理的，他们也知道有些事不是你或你的公司能够控制和掌握的。他们往往会感激你及时向他们通报，并且感谢你的坦率。要是你报喜不报忧，那你们之间的合作可能就半途而废了。

（2）定期回访

对于销售工作，"情论"重于"理论"。加深销售员与客户间的关系，增进感情和友谊，最好的办法就是多多接触，所以，销售员要拿出相当的时间进行回访。从比例上说，一般销售员需要用70%～80%的时间拜访老客户，用20%～30%的时间拜访新客户。从次数上说，通常只需要一次访问便可明了是否有再度来访的必要，而要想努力达成交易，签订合同，一般情况下则需要拜访3～5次，甚至7～8次。据资料统计，越是高档次商品，越是需要多次的拜访才能成交。有经验的老牌企业每年春节前后都由领导带队前去拜访客户，效果很好。销售员也应借鉴这一方法，通过访问密切关系，加强合作。总之，推销成绩与访问次数成正比，这是推销的基本法则。

（3）信函访问

销售员与客户的关系好像是在"谈恋爱"，能够把恋爱的技巧运用于销售工作的人一定是成功者。举例来说，有一名销售员因工作需要经常去外地出差，而且时间常常达一月之久。为了防止因疏忽而使老客户"见异思迁"，他每次出差都在旅行包中装着明信片、贺卡、信封、信纸、邮票等，并在旅馆、火车、飞机上写信，以便在初次访问或再次访问的前几天将信函寄给要拜访的客户。于是，这些信函就成了这名销售员的身影，代替他继续不断地访问客户。通过信函，密切了他与客户的关系，增进了他与客户之间的情谊。

（4）帮助客户解决困难

客户有时也会遇上各种各样的难题。有些是工作上的，有些是个人的、家庭的困难。销售员应该努力做到把客户的困难当成自己的困难，帮他们出主意，想办法，如租借汽车、筹措资金等，帮助客户渡过难关。中国有句老话："滴水之恩，当涌泉相报。"如果销售员能够主动做到这一点，若碰上销售员或企业遇到困难的时候，客户一定也会帮一把。

（5）尊客户为上宾

每当节假日、纪念日、大型庆典活动时，销售员应以企业的名义为客户递上请柬、邀请函，请客户参加企业的有关活动。在活动中，销售员要主动向领导介绍客户的贡献，领导要代表企业向客户致谢。如此，客户受到企业的尊重，一般都会尽力维护好贸易伙伴关系，从而可能会发展为永久的商业伙伴。

总的说来，每名销售员都应该明白，要想做好销售工作，要想使自己营建的客户网络更庞大，就必须千方百计地吸引客户，特别是保住老客户。

学习运用"250 定律"

美国著名推销员乔·吉拉德在商战中总结出了"250 定律"。他认为每一位顾客身后，大约有 250 名亲朋好友。如果你赢得了一位顾客的好感，就意味着赢得了 250 个人的好感；反之，如果你得罪了一名顾客，也就意味着得罪了 250 名顾客。

当年，吉拉德因为贫穷而走上了销售的道路，尽管这种职业在当时的美国还很不受欢迎，但是为了自己的生活以及家庭，吉拉德不得不选择了这一行。

本来选择就不易，而做起来就更难了。

因为吉拉德担任销售员的汽车公司不允许他在车行里工作，因为这样会抢走其他销售员的生意，他只能走出去，漫无目的地去寻找他的客户。这样一来，销售局面很难打开。

这时候，他才意识到，这份工作不容易做。

但是已经没有退路了，要是不做下去，连面包都没得吃了。而要做下去的话，就要想出一种扩大客户范围的方法才行。

吉拉德进入销售行业不久，他的一位好友的母亲去世了，他去参加丧葬仪式。他的朋友是信天主教的，而在天主教的葬礼仪式上，派发弥撒通知单是一道标准的程序，弥撒通知单上面印有已故人士的姓名和照片。吉拉德见过弥撒通知单已有多年，但他从未想过太多。然而，这一次他认真思考起来。印制这些弥撒通知单的成本一定很高。

葬礼策划者是如何知道需要印多少张的呢？他提出了这样的疑问。

于是他找到了葬礼承办者，"那只不过是经验数据，一般来说是 250 张左右"。

不久以后，吉拉德向一位开办殡仪馆、主要为新教徒服务的顾客销售了一部汽车。完成交易后，他向这位顾客询问一场葬礼平均有多少位参加者。"大约 250 名。"对方答道。

此时，一个念头闪现在吉拉德的大脑里：这儿存在一条有效的规律，他可以运用这条规律为自己的事业服务。

这条规律便是：大多数人的一生中都有 250 名重要的、有资格被邀请参加其葬礼的相关人员。这条规律非常简单，但它真的非常有效。

于是，在销售界，一项伟大的发现——"250 定律"就被乔·吉拉德发现了。

吉拉德发现了这一定律之后，开始着手行动。他要把他的每一位客户都变成向他们身边的 250 名潜在客户推广的代理人。于是他去印制了大量的名片，并且答应客户，只要他给自己介绍一名客户，就能得到 25 美元的奖励。

此后，吉拉德每次在交付汽车的时候，总会拿出一沓名片，大约 250 张放进新车的储物仓里，然后向客户说道："先生，这下无论你到哪里，我都会跟着你了。我说过的话任何时候都算数，每次你给我介绍一名客户，都会得到 25 美元。还有，别忘了告诉你的朋友们，我是怎么关照你的。还要记得一定要将你的名字写在名片的背面，这样我就可以给你送钱过去。"

正是这一规律的运用，几年下来，吉拉德拥有了最大的民间销售网，每卖一辆车，他都会发一大沓名片，于是那些人就自动地成了吉拉德的雇员。

不论你做的是大生意，例如涉及的金额高达数百万美元，或者只是向社区中的顾客进行一次性的销售，"250 定律"都是可行的。

"250定律"之所以能有这么巨大的作用，是因为该规律存在一个重要的因素：一位满意的顾客可以给你推荐其他的顾客，从而大大缩短你的销售周期。每位顾客都有一定的影响圈，其中许多人都可能成为你的顾客。这样，你的客户群就像滚雪球一样越滚越大。

但是，要用好"250定律"，要注意两个问题：

首先，就是确定最佳客户的形象。这些客户能为你的产品起到很好的推广作用。要是你目前还没有这种最佳的客户，那么你可以想象最佳客户会是什么样子，再看看那些从你这里购买过产品的客户，你就基本上能够确认哪些是你的最佳客户形象了。

其次，要做好行动规划。怎么去做？怎么去找到这样的客户？你能给这些客户怎样的资金投入以及时间投入？你的具体行动是什么？这就是你接下来要做的事情。

和成功的人在一起

犹太经典《塔木德》中有一句话：和狼生活在一起，你只能学会嗥叫；和那些优秀的人接触，你就会受到良好的影响，耳濡目染，潜移默化，从而成为一名优秀的人。

的确，在现实生活中，你和谁在一起很重要，这甚至能改变你的成长轨迹，决定你的人生成败。和什么样的人在一起，就会有什么样的人生。和勤奋的人在一起，你不会懒惰；和积极的人在一起，你不会消沉；与智者同行，你会不同凡响；与高人为伍，你能登上巅峰。

俗话说：近朱者赤，近墨者黑。和成功的人在一起，你所接触到的总是那些能够帮助你成功的思想，多跟成功的人在一起，你成功的欲望会更加强烈，你的成功之路会更加通畅。

科学家研究认为："人是唯一能接受暗示的动物。"积极的暗示，会对人的情绪和生理状态产生良好的影响，激发人的内在潜能，发挥人的超常水平，使人进取，催人奋进。否则，他们会在不知不觉中偷走你的梦想，使你渐渐颓废，变得平庸。

有一次陈安之在培训课上，讲了一个他自己的故事。

我有一位叫马克·汉森的朋友，他写了一本叫作《心灵鸡汤》的书，这本书在全世界畅销5500万本。有一次，我很幸运地跟他同台演讲，演讲完之后，晚上我跟他一起吃饭。后来我说："马克·汉森先生，你的书为什么可以卖到5500万本？"我说："我的书在亚洲加磁带大不了1000万本了不得了，你远远超过我4500万本的销售量，你到底是怎么做到的？"

马克·汉森先生跟我讲，他说："啊，成功就是看你跟谁在一起。"他说："我在七年之前，在美国遇到一个人，我跟他一起同台演讲，演讲完之后，我私下请教他一些秘诀，结果这个人的一句话改变了我的一生。"我说："那个人叫什么名字？"他说："陈先生，你认识一个叫作安东尼·罗宾的人吗？"我说："马克·汉森先生，我当然认识，他是我的启蒙老师，我是他亚洲的总代表，我怎么可能不认识他？"我说，"安东尼·罗宾教了你什么成功的秘诀，让你成为全世界最畅销书的作者？"

他说有一次他跟安东尼·罗宾同台演讲，演讲下台之后，他说："安东尼·罗宾啊，我们都在教别人成功，为什么我年收入才一百万美金，你却赚五千万美金？你的收入是我的五十倍。我不是抱怨说我一百万美金收入太少，而是你真的比我成功好几十倍以上，请你告诉我成功的秘诀。"

安东尼·罗宾只说了一句话，他说："马克·汉森先生，你每天都跟谁在一起？"马克·汉森很骄傲的回答："安东尼·罗宾，我每天都跟百万富翁在一起。"安东尼·罗宾笑了一下，他说："这就是你的问题。"他说："我每天都跟亿万富翁在一起。"

和亿万富翁在一起，你就会成为亿万富翁，和百万富翁在一起，你也就只能成为百万富翁。"鸟随鸾凤飞腾远，人伴贤良品格高。"一个人如果想要成功，就应该多接触那些杰出的成功者，他们的成功经验，会对你的成功产生巨大的影响。

如果你想像雄鹰一样翱翔天空，那你就要和群鹰一起飞翔，而不要与燕雀为伍；如果你想像野狼一样驰骋大地，那就要和野狼群一起奔跑，而不能与鹿羊同行；正所谓"画眉麻雀不同嗓，金鸡乌鸦不同窝"。这也许就是潜移默化的力量和耳濡目染的作用。如果你想聪明，那你就要和聪明的人在一起，你才会更加睿智；如果你想优秀，那你就要和优秀的人在一起，你才会变得出类拔萃。

在微软，我们都知道比尔·盖茨，而对微软的副总裁保罗·艾伦却知之甚少。曾有人认为，保罗·艾伦是一位"一不留神成了亿万富翁"的人。其实，这是一种误解，真正的原因是艾伦年轻时就与盖茨在一起，他们志趣相投，一起干事业。当初他们在波士顿注册了一家名为微软的计算机软件开发公司，总经理比尔·盖茨，副总经理保罗·艾伦，这就奠定了他的未来。现在微软公司已成为世界上的一个巨无霸企业，总经理已成为人所共知的世界首富。副总经理在总经理的巨大光环下，虽然有些暗淡，但在《福布斯》富豪榜上也名列前五位，个人资产达210亿美元。

这就是富人朋友对一个人的影响。

所以，如果你想成为一个有钱人，那么无论你多穷，都要坚持站在富人堆里。穷人只有站在富人堆里，汲取他们致富的思想，比肩他们成功的状态，才能真正实现致富的目标。如果你要成为一名成功的销售员，那么你就必须和成功的销售员在一起，只有这样你才能实现你的目标。

小礼物的绝妙作用

《礼记》中说："礼尚往来。往而不来，非礼也；来而不往，亦非礼也。"送礼物是人际交往中必不可少的联络感情的好方式。销售中，适时地给客户送些小礼物，看似是不起眼的小细节，往往能收到意外的回报。

有位女销售员，每天中午休息时间便进入各公司拜访，同时她会选一些小礼物，有时是一片口香糖，有时是一颗酸梅，吃完饭后，给在场的人们送上一片口香糖或是一颗酸梅，令人心神格外清爽。东西虽然很小，却为她赢得了好人缘。

对于销售员来说，好人缘就等于财脉。这种小礼物的确是人际关系中最好的媒介，将你与准客户之间的围墙逐渐地拆除。

小小的一份礼物能产生莫大的效果，它是促销手段中的一种。当然，你也可以经常发送一些特制的广告品，如铅笔、打火机、记事簿、烟灰缸等。这种方法之所以有时会取得成功，是因为它抓住了人们心中或多或少的"占便宜"心理。小礼品能调节客户的思想情绪，并能创造出一个主动进行合作的气氛。

需要注意的是，你在赠送礼物的时候态度要爽朗，只有这样才能使接受的人感到愉快。还要花点心思，挑选能打动对方心弦的礼物。此外，礼物不需要过于昂贵，以免造成对方的心理负担，使其敬而远之。与其用整盒装的高级礼品给对方造成心理压力，倒不如送小礼品来得实惠。

一般而言，给客户送礼物要遵循的原则大致有以下几项。

（1）长期送一些无关紧要的小礼物，不如一次性地给客户送上一份别致的"大礼"。平常的小礼物可能在当时会起到一定的效果，但是容易让人忽视，有些客户甚至在后来会转手送给他人。但是一些别致的礼品的效果就全然不同，比如一支限量版的派克公文笔比一个普通的公文包更让人惊喜。

（2）不能忘记节日送礼。中国人最重视的 2 个节日——中秋和春节，礼物当然是不能缺少的。当然，这时送礼品是个心意，关键在于有特色，不在于价格高低。

（3）礼品的自然简约很重要。送礼时，如果是面呈，尽量做到自然简单，最忌送礼物之后还滔滔不绝地围绕这个礼物说个不停；

或者送礼过程鬼鬼祟祟的，弄得客户收也不是、不收也不是。

（4）送礼看准对象最重要。想把礼品送好，一定要分析客户的需求，包括他的职务、爱好等。比如，有个客户平时看重身份，不抽烟，你送人家一个烟嘴就毫无意义了。

让客户欠你的人情

这里所讲的"人情"，不是靠关系得来的人情，而是靠你的热情感动客户得来的人情。

人情是感情中一种较小的感情，是人们愿意无偿为稍远的"我们"付出一些帮助的思想。销售就是销售员和客户互相帮助的过程，销售员把有价值的产品卖给了客户，而客户则让销售员提高了业绩。

这是一件两全其美的事，何乐而不为呢？

但是，销售员和客户有时候就是陌生人，双方之间都没有任何关系，又不认识，怎么让客户帮助你呢？所以，这个时候你就需要与客户建立关系，也就是人情。你只有与客户有了人情，你才会得到客户的帮助。

而怎样才能获得这种人情呢？答案不是去送礼，也不是去吹迎拍马，而是用你的热情去感动客户，用你的热情去为客户服务。一位充满热情的销售员是不会遭到客户的拒绝的，相反地，处处只想要交易，处处只为自己的业绩考虑的销售员才会遭到客户的拒绝。

世界上最伟大的销售员乔·吉拉德之所以有常人难以企及的销售业绩，这和他的销售策略是分不开的，其中一种就是让客户多欠自己的人情。

不管是谁，只要一走进吉拉德的办公室，就会为他的热情所感动，因为吉拉德是真正地在关心客户，客户也能从吉拉德的这种热情中感受到吉拉德的关心。

只要客户走进吉拉德的办公室，吉拉德就会送给客户一枚圆形的奖章，上面印有图案，并写有几个字：我喜欢你。有时候他也会送一个心形的纪念章给客户，上面写有：吉拉德会让你满意而归。正是这种小小的举动，让他的生意增加了三成。

有些客户喜欢抽烟，在吉拉德的办公室，凡是想要抽烟的客户，吉拉德都会从自己的柜子里拿出 15 种烟来，然后他就问客户想抽哪一种？当客户说出自己想抽的烟的品牌的时候，吉拉德就会找出这种烟来，并当着客户的面把其中的一根烟抽出来，然后给客户点上，并且顺手把这包烟放进客户的口袋里。当客户想给钱的时候，吉拉德都会把他们的手推回去，就把它当作礼物送给了这位客户。

在吉拉德的办公室里，他还精心设置了一间酒吧。在这里，各种各样的酒都有，当客户和他谈生意想喝点酒时，吉拉德就会走进酒吧间，找到客户想要喝的酒，给客户倒上一杯，而自己则倒一杯有颜色的水，然后和客户干杯，"为您的健康和您的家庭干杯！"吉拉德把自己酒杯里的水一饮而尽，而客户则把酒杯里的酒倒入了自己的肚子里。喝完了酒之后，吉拉德就会拿出订单，然后让客户在订单上签字，这时候，客户因为喝了吉拉德的酒，不签单都不好意思了。

吉拉德为什么要这么做呢？因为他这样就使客户欠了他的人情，抽了他的烟，喝了他的酒，他们之间的关系也就亲近了，这时候，客户的心里就对吉拉德这样的招待与热情有点过意不去，总想为吉拉德做点什么来报答他，那么签单就是最好的方法了。

所以吉拉德用这样的方式使得他的生意越来越好，自己用一点儿小小的恩惠却换来了客户的大人情，这是一件一本万利的事啊！

销售是一个人情练达的艺术。销售人员要记住，客户欠你的人情越多，你和他们之间的关系就越亲密，他们对你的负疚感也就越深，可正是这种负疚感，使得他们就不会去你的竞争对手那里购买产品，因为他们为了偿还你的人情，在他们需要你的产品的时候，会第一个想到你。

口才沟通术

行走世上的沟通宝典　立足社会的交流指南

潘鸿生◎著

中译出版社
China Translation & Publishing House

图书在版编目（CIP）数据

改变千万人命运的智慧丛书. 口才沟通术 / 潘鸿生著.
—— 北京：中译出版社, 2019.12
  ISBN 978-7-5001-6081-6

  Ⅰ. ①改⋯ Ⅱ. ①潘⋯ Ⅲ. ①成功心理—通俗读物
Ⅳ. ① B848.4-49

  中国版本图书馆 CIP 数据核字 (2019) 第 273020 号

出版发行：中译出版社
地　　址：北京市西城区车公庄大街甲 4 号物华大厦六层
电　　话：（010）68359376，68359827（发行部）（010）68003527(编辑部）
传　　真：（010）68357870
邮　　编：100044
电子邮箱：book@ctph.com.cn
网　　址：http://www.ctph.com.cn

策　　划：北京瀚文锦绣国际文化有限公司
责任编辑：温晓芳
封面设计：孙希前

排　　版：张元元
印　　刷：香河县宏润印刷有限公司
经　　销：全国新华书店

规　　格：880mm×1230mm　　1/32
印　　张：25
字　　数：650 千字
版　　次：2019 年 12 月第一版
印　　次：2020 年 4 月第二次

ISBN 978-7-5001-6081-6　　　　　定价：179 元 / 套（全 5 册）

版权所有　侵权必究
中 译 出 版 社

前 言
Preface

　　俗话说：一句话说得人家跳，一句话说得人家笑。说话，作为一种语言艺术，具有巨大的美感与魅力。它是人际交往中最不可缺少的工具，更是连接人们之间关系的纽带。

　　美国著名教育专家卡耐基非常强调口才的重要性，他说："假如你的口才好……可以使人家喜欢你，可以结交好的朋友，可以开辟前程，使你获得满意的结果。譬如你是一个律师，你的口才便吸引了一切诉讼的当事人；你是一个店主，你的口才帮助你吸引顾客。有许多人，因为他们善于辞令，因此而擢升了职位……有许多人因此而获得荣誉，获得了厚利。你不要以为这是小节，你的一生，有一大半的影响，是由于说话艺术。"可以说，口才是用来应付这个社会的一种利器，一个好的工具会让我们获得更多的成果，赢得更好的未来。若能掌握一系列行之有效的说话技巧，在第一时间就说对话，那么将会得到截然不同的沟通效果与意想不到的满意收获！

　　沟通是一件最简单的事，也是一件最困难的事。我们天天在说话，但不见得会说话。无数事实证明，许多人并不是败在自己的能力上，而是败在了说话上。有时候，我们有着绝佳的创意，却因为无法完善准确地表达出来，得不到领导的赏识；有时候，我们空怀着一腔的热忱，却因为表述太过羞涩生硬，得不到对方的喜欢；有时候，我们身处应酬交际的场合，却因为不会投其所好恭维奉承，得不到

1

客户的重视……这一切，都是我们不会说话所致。

现代社会是一个沟通的社会，沟通是维系人际关系的重要纽带，也是决定你一生的关键因素。掌握好沟通术，对家庭、对事业、对生活，都会有极大的帮助。一言可以成事，一言亦可以败事。很多时候，决定我们成败的并不是你的能力有多么强，而是你会不会说话，懂不懂沟通的艺术。学好怎样说话，往往可以改变一个人的命运！

本书是一本口才宝典，立足于培养人们多方面的沟通能力，全面提升说话的水平，帮助不会说话的人提升说话的技巧，成为一个能说会道的人，找到属于自己的成功和幸福。从今天开始，学习本书的话术，你也会成为说话高手。

目 录
Contents

第一章 口才沟通中的要点

有些话要谨慎说

宋朝的周敦颐的《周子通书·过》中讲述了这样一个妇孺皆知的故事：

名医扁鹊，有一次去见蔡桓公。他在旁边立了一会儿对桓公说："你有病了，现在病还在皮肤里，若不赶快医治，病情将会加重！"桓公听了笑着说："我没有病。"待扁鹊走了以后，桓公对人说："这些医生就喜欢通过医治没有病的人来炫耀自己的本领。"

十天以后，扁鹊又去见桓公。说他的病已经发展到肌肉里，如果不治，还会加重。桓公不理睬他，扁鹊走了以后，桓公很不高兴。

再过了十天，扁鹊又去见桓公。说他的病已经转到肠胃里去了，再不从速医治，就会更加严重了。桓公仍旧不理睬他。

又过了十天，扁鹊去见桓公时，对他观望了一下，回身就走。桓公觉得很奇怪，于是派使者去问扁鹊。

扁鹊对使者说："病在皮肤里、肌肉里、肠胃里，不论针灸或是服药，都可以医治。病若是到了骨髓里，那还有什么办法呢？现在桓公的病已经深入骨髓，我也无法医治他了。"

　　五天后，桓公浑身疼痛，赶忙派人去请扁鹊。扁鹊却早早就逃到了秦国，桓公不久就不治身亡。

　　这就是历史上有名的"讳疾忌医"的典故。千百年来，学习这个故事的人们都会对蔡桓公的行为感到可笑。但是在服务业如此发达的今天，我们以另一种眼光去重新审视这个故事时，也许会有不同的发现。

　　扁鹊在发现桓公的病情后，直言不讳地告诉了他。其实每个人都很害怕自己的身体出现问题，加上蔡桓公当时身体的确没有异样的感觉，你叫一个身体没有任何异样的人去相信自己得了大病是很困难的。所以要是扁鹊能转化一下说话的方式，要是能够让蔡桓公接受自己的建议，在早期就接受他的治疗，也许结果就会大不一样了。蔡桓公不会身亡，扁鹊也不用逃到秦国。所以在这个故事里我们不仅看到了蔡桓公的讳疾忌医，也认识到了扁鹊直言不讳的害处。

　　很多人认为直言不讳是一个好习惯，直言不讳的人坦率、耿直。这种处世方式与圆滑相对，是人们奉行的处世原则。但是某些情形下的直言不讳会给你带来害处，会让你达不到目的。

　　举一个简单的例子，如果你是个老板，若是你不稍加注意，让你直言不讳的情况会很多。比如周围的员工犯错时，员工没有认真听你说话时，员工对你的政策执行不到位时，员工工作不认真时……这时，一般的老板往往会盛气凌人地指出这些问题，完全不顾及员工的面子和尊严。这样的做法虽然直截了当地表明了你的意思，但是因为欠考虑，往往得不到最好的效果。

　　比如在你讲话时，你发现你的员工态度不是很认真，你会怎样处理？一般领导可能直接就指责对方，还抱着反正我是领导的想法，甚至还会有后续的处罚。可是你知道这样做会导致什么结果吗？你会给其他员工留下一个极差的印象，最终导致没人听你说话。

如你在指责对方的时候，能多找找自己的原因，是不是自己说的话没有吸引力，还是过于啰唆，没有做到简明扼要、引人入胜；抑或是没有重点，对方根本不知道你要表达什么，在思考这些之后，你再去处理问题。

你可以笑笑说："我这个人最大的不足就是说话没有吸引力，说话的时候抓不住别人的注意力，你们也是这样认为的吧？"这样一句看似自我检讨的话，不仅可以让在座的人认真听你讲话，还能让别人知道你是一个和善并善于找自己原因的领导。通常情况下，能做成这样的领导，在管理部下的时候也会变得得心应手，如鱼得水。

善意的谎言有时也是必要的

说谎是不好的习惯，但有时善意的谎言却必不可少。辨别一个谎言是不是善意的方法是：看他的目的。出于好心的说谎不仅不碍于诚信，还会大大地增进人与人之间的友谊和感情。拉罗什富科曾说："有时人们也痛恨阿谀奉承，但只痛恨阿谀奉承的目的而已。"可见如果是出于好心，说谎这种方式也是能被人们接受的。

下面是一个关于善意的谎言的故事：

因为身体状况越来越差，玛丽小姐终日待在家中。一日收到朋友发来的舞会请帖，她觉得这是一个调整心情的好机会，便精心地挑选了几件衣服，并仔细地化了几个小时的妆。只可惜年纪已大，加上病痛的折磨，她的脸依旧惨白。但这并不影响玛丽的心情，她依旧开开心心地去参加舞会了。

在天色渐晚时分，舞会正式开始。优美动人的音乐，绚烂多彩的背景，贵宾们穿着高贵而华丽的服装，耀眼的水晶吊灯闪耀着迷人的灯光，客人们开心地交谈着，这一切让玛丽的心情十分舒畅。

终于等到共舞的时刻了，玛丽坐在舞池边最显眼的位置。此时此刻，她按捺不住兴奋的心情，只想着被邀请，在舞池中展示自己优美的舞姿。

终于，有位先生朝她走来，缓缓地向她伸出右手，玛丽欣然接受了邀请。但就在她站起来的时候，这位先生看着她的脸庞略微一愣，然后淡淡地说道："没想到你的脸这样苍老，皮肤还很松弛，一点光泽都没有。"说完便头也不回地走了。

玛丽脸上红一阵白一阵，很是尴尬，原来的信心荡然无存。她伤心地走出客厅，蹲在角落哭了起来。这时一个乞丐走了过来，轻声地说道："女士，是什么事让你这么伤心啊？你如此漂亮的面孔哭起来可不好看啊！"玛丽把刚才发生的事一五一十地讲给了这个乞丐。乞丐听后笑着说："我看是他眼光有问题。在我看来，你美丽的脸庞配上精致的首饰，简直漂亮极了！"

玛丽回家后，没过几天就去世了。她在给那位先生的信里说道："我知道你是个诚实的人，所以我把自己的照片寄给你，这是我最真实的写照。"而在另一封给乞丐的信里，她只简单地说了一句："谢谢你的谎言。"并把自己的财产全部留给了这个乞丐。

这个故事让我们看到了善意的谎言的必要。

生活中我们也常常会听到这样的谎言。比如面对某位身患绝症的病人，医生总是会对其隐瞒病情，告诉他只要好好吃药，多放松心情，也许过一段时间病就会好了。如果告诉病人实情，他悲伤的心情更加不利于病情。而这样善意的谎言，也许还能让患者在轻松的心态下创造生命的奇迹。

远在边疆执行任务的儿子壮烈牺牲了，为了不让他家中的老母亲过于悲痛，所有人都在努力编织一个谎言来安慰这位母亲，以不让她被巨大的悲痛击倒。

在参加国庆 60 周年大阅兵的海军岸舰导弹方队中，有一位来自江苏大丰的战士，名叫王震。当他和战友一起自豪地走过天安门时，他还不知道他的父亲已在 8 月的一次车祸中去世。为了不让儿子过度伤心影响训练，他的母亲只是告诉他父亲受了点伤。每次王震要在电话里和父亲说话时，他母亲只是平静地告诉他："父亲受凉了，还在昏迷，不能说话。"以此让儿子全心全意地投入到训练中。

这种种善意的谎言，凝结了多少爱啊！

聪明人懂得说傻话

有两个成语：一个是"自作聪明"，意思是自以为聪明而轻率逞能，指过高地估计自己，办事太主观；另一个是"大智若愚"，说的是某些才智出众的人不露锋芒，表面看起来好像挺愚蠢的。

那么在生活中，你是愿意自作聪明，还是大智若愚呢？

很多人自以为很聪明，却不知道这本身就是个很愚蠢的想法。

记得有一次，6 岁的侄子问我什么是埃菲尔铁塔，考虑到 6 岁孩子的理解能力有限，我便简单地回答他说埃菲尔铁塔是一座铁做的塔，位于法国巴黎。不想旁边一位先生按捺不住了，接过我的话大声地说道："埃菲尔铁塔怎么只是一座铁做的塔呢？它是世界闻名的艺术品。"然后他从埃菲尔铁塔的设计，到它的施工，以及引发的一系列讨论，还有一些名人对它的赞扬之词统统说了一遍。极尽可能地显耀了自己的学问后他还说道："你连这个都不知道，可不要误导了小孩子啊！"等到他洋洋洒洒地发表完长篇大论，我只有一脸无辜地坐在那。

这就是自作聪明的典型。这样的人会给人什么感受？就不用我多说了吧。

与之相反，大智若愚的人却能让人由衷地钦佩。他们看似说着傻话，却能看清眼前的局势，让人不得不佩服他们的智慧。

在 X 射线刚刚被用于医学治疗时，还有很多人对其抱着怀疑的态度，更多的人根本不了解它是怎么一回事。

有一天，一位科学家接到了这样一封信：

"据说 X 光能检测胸腔，我这几天恰巧有些不舒服，你把它寄来，我自己检查检查。"

这位科学家哭笑不得，在回信里写道："还是把你的胸腔寄来吧！"

我们都知道，X 光是电磁波，它是无法邮寄的。但是科学家如果花许多工夫去和这位先生解释这个事实，恐怕只能浪费自己的时间，所以科学家只好说出"还是把你的胸腔寄来吧"这样的"傻"话。这不仅免去了一番不必要的解释，还很幽默地避开了与无知的人正面交锋。

恰当的傻话总是能发挥出良好的效用，它看似很傻，却是聪明的表现。只有聪明人，才能体会其中的奥妙。

一位英国绅士乘火车旅行，正好和一位法国女士同在一间包厢。

女人想引诱这个英国人，她脱衣躺下后就抱怨身上发冷。于是先生把自己的被子给了她，可她还是不停地说冷，几乎都哆嗦了起来。

"我还能怎么帮助你呢？"先生沮丧地问道。

"我小时候妈妈总是用自己的身体给我取暖。"女士迅速答道。

"小姐，这我就爱莫能助了！"先生一脸无辜地说道，"我总不能跳下火车去找你的妈妈吧。"

这也许只是个笑话，但是其中先生的这句"傻"话却精彩至极，不仅明确地表明了自己的态度，还对面前这位轻浮的女性狠狠地批评了一顿。

如果你是个聪明人，也不妨说说傻话。

用铁齿铜牙保护自己

现代社会，人们越来越没有安全感，骑车要戴安全帽，开车要系安全带。人们在竭尽全力地保证自己的安全，恨不得用钢盔铁甲把自己武装起来。然而，这些装备只能保证我们肉体的安全。一个人的心灵受到伤害后，一个健全的身体并不能发挥多大的作用。因此保护我们的心是重中之重。如何才能使我们的内心不受伤害呢？内心的武装需要的是铁齿铜牙。

在生活中，别人的话语也会在不经意中伤害我们的心灵。不仅如此，我们的自尊也可能会被他人的话语击打得支离破碎。而如果我们也有铁齿铜牙便能很好地把自己保护起来。

一休小和尚在日本家喻户晓，他不仅头脑聪明，而且伶牙俐齿。人们都夸赞他机智过人。

一休自幼便生活在寺庙中。当地的大臣在得知一休深受人们喜爱和敬佩后，便对其心生妒忌，他认为孩子就是孩子，不会有什么过人的本事，更不值得大人对其折服。后来，他又获悉一休是名门之后，聪明绝顶，便对自己的用人说："我想见他一面，把他召进府来！"

那名用人来到寺庙，对方丈说道："殿下想见见一休小和尚，叫我来带他同去。"

老和尚猜到大臣是要为难一休，劝他要多加小心。一休笑着答道："没关系，我去去便知道了。"

用人将一休带到府里，大臣在大厅里见了一休。大臣笑着对一休说道："挺机灵的孩子，果然和大家说的一样啊！"说完，还叫用人给一休搬来了椅子，请他喝茶吃点心。然而，大臣的心里却在盘算着要好好地刁难一下一休，看看他到底有多聪明。

正巧宽敞的大厅里有一架漂亮的大屏风，上面画着一只栩栩如生的大老虎和一片竹林。那只老虎抬头挺胸，傲视群山，仿佛要扑出来似的。

大臣眼珠一转，便对一休说："这上面画的老虎，一到午夜，就挣脱画面跳到地上，在院子里转来转去，很是吓人。大家都非常惧怕它，一到夜间便不敢出门。今天我叫你来，便是让你给我想想办法，把它捆住，别再让它下来了！"

听到大臣要一休帮他捆住画上的老虎，大厅里站着的仆人都觉得这是一个完不成的任务。但是他们的心里还是有着一丝的期盼，希望能看到一休把这一难题解决掉。

"这可不是好玩的！"一休明白大臣的意思，他依然很沉着，倒是同来的和尚紧张起来，不禁替他捏了一把汗。

"好，我来捆。请借根绳索给我吧。"想了一会儿后，一休认真地说道。

一个听差拿来了一根看似很结实的绳子。大家心里都好奇起来，难道一休真的要用绳子捆住画上的老虎吗？

大伙儿又紧张又兴奋，都等着看好戏。

一休认真地把手帕系在头上，又把一根细带从背上交叉着系在身上。然后，他拿起绳索，一双赤脚"啪"一声跳到屏风前面。他手握着绳子，两臂张开，两腿分开站成骑马桩，大声喊道："喂，把它撵到这儿来！看我马上把它捆住！"

"嗯——？"

大伙儿愣了一下。这画上的老虎怎么能赶到院子里呢？大家无不佩服，齐声叫好，为他鼓掌。对于大臣的刁难，一休就这样机智化解了。

在生活节奏越来越快的今天，如何在日常交往中保护自己的心灵尤为重要。如果一个人的心灵破碎，那么他的人生也无法完整。所以我们要学会用铁齿铜牙来好好保护我们的心灵。

把话说得更准确

有一位徒弟跟着师父进山打猎，由于是第一次，徒弟显得有些兴奋和紧张。

在他们趴在一条动物经常经过的小溪旁等待时，一只野猪突然出现在他们的视野中，徒弟很是惊喜。他慌忙握好枪，瞄了半天，野猪倒没有发现这边的情况，还是慢腾腾地走着。"砰"的一声，徒弟开枪了，这一枪并没有击中野猪的要害，它发了疯似的向他们冲了过来。这下可把徒弟吓坏了，正当他准备夺路而逃时，又听见"砰"的一声，野猪应声倒地。师父收起枪，拍拍徒弟的肩膀，示意他去把猎物拖回来。

徒弟很是纳闷，自己明明瞄准了怎么打不中呢？师父看出了徒弟心中的疑惑，便笑着说："你为什么不等它靠近点再开枪呢？"

故事说到这里，就引出文章的主题了，有时候我们说话就像打猎一样，能不能击中目标，达到自己预想的效果取决于时机。在这个故事里我们学到：有时候你可以等猎物靠近一点再开枪，这样自己就有足够把握击中目标了。

有一个男人，全村的人都知道他很懒惰，总想着能有个机会让他改改，可是都没有成功。

有一次他到朋友家做客，起床的时候，他的朋友来帮他叠被子，男人却笑着说："晚上睡的时候不是还要弄乱吗，被子不就白叠了？"

饭后，朋友忙着去洗碗，懒汉又大笑起来，说道："下顿还是要吃的，你现在洗了，一会儿不还是要装饭菜，何必现在洗呢！"

晚上，朋友见他几天没有洗澡了，便劝他洗澡，懒汉不悦："反正还是要脏的，何必现在去洗！你们这些勤快人就是爱折腾。"朋友没有回答，但在心里已经谋划好了一个治懒汉的好办法。

第二天吃饭的时候，朋友一改昨天的热情，只顾着自己吃，不去招待懒汉。懒汉问："怎么没有我的饭？"朋友说："反正吃了要饿，你何必吃呢，省得麻烦？"睡觉时，朋友同样只管自己。懒汉又问："我难道就不用睡觉吗？"朋友不解地反问道："你明天早上迟早要醒，又何必要睡呢？"懒汉一听急了，叫喊道："不让我吃，不让我睡，不是要我死吗？"朋友答道："是啊，反正总是要死，你又何必活着呢？"

懒汉的懒实在要不得，但是这里懒汉却还在为自己的坏习惯辩解。歪理被懒汉一说，他的懒惰行为似乎就有道理了。想想懒汉这类人，脸皮一定非常厚，好心劝解都对他不起作用。

威力不大的子弹是无法给他教训的，因此他的朋友没有在一开始就纠正他，而是看着他如何给自己的懒惰找到合理的理由。当懒汉靠得足够近了，他才运用懒汉的道理，将懒汉驳到无话可说。这就好像近距离开枪，必定百发百中。

还有一个故事，讲的也是这个道理：

18世纪西班牙杰出画家戈雅疾恶如仇，尤其讨厌那些整日游手好闲的王公贵族。这天，国王查理四世把戈雅召去，假惺惺地对他说："我听说你是我们国家最好的画家，这么看来只有你才配给王室贵族画像了。今天把你叫来，就是要你为我们王室画张像，要是画好了，我重重地奖赏你。"戈雅想了想，欣然同意了。

几天后，他便把自己画好的像献给国王。国王看后，大吃一惊，因为在戈雅的画中只画了 6 只手，而画上却有十几个人。国王这下可气坏了，怒气冲冲地质问道："他们的手呢？"戈雅说："我也不知道到什么地方去了！"国王于是要他添上，没想到戈雅坚决不肯，因为他坚信这些王子王孙都是游手好闲的人，有手没手都一样。

这两个故事里的主人公就很好地避免了那位徒弟犯的错误，他们没有心急，只是等待着在最好的时机进行反击。所谓心急吃不了热豆腐，那么就等它凉点儿再吃，免得烫伤了自己。说话也是一样，急匆匆地想着去反击别人，如果对方心有准备，打不准别人不说，还会被对方驳得无话可说。我们也应该像打猎一样，等对方走近一些，然后果断地扣下扳机，让对方无路可逃。

自信的话才有底气

每个经历挫折后才取得成功的人都有一个共同的体会：信心产生力量。只要相信自己，努力去做，即使追求的目标如移山倒海，也终有成功的一天。

信心是一种最坚强的内在力量，它能够帮助你度过最艰难困苦的时期，直到曙光最终出现。信心会使人发现自身的价值和潜能，如果你能在言语中表现出自信来，就会让人感觉你是一个可造之才。

高中毕业生小杜，到深圳后就兴冲冲地抱着简历去参加人才交流会。整个会场人如潮涌，唯有家乐福公司的展台前冷冷清清，与会场的气氛形成了鲜明的对比。

小杜好奇地走过去，看家乐福招聘启事上的内容，当即吓了一跳。

它招聘20名业务代表，却指明要名校毕业生，并且还得有3年以上从事零售业的工作经验。条件那么苛刻，难怪没有人敢贸然应聘。

小杜揣摩了一番，虽然自己没一条够得上，可家乐福公司业务代表的工作对她却很具吸引力。她心一横，决定试一试，权当是一次锻炼好了。

小杜径直走到应聘席前坐下，那位中年主管看了她一眼，面无表情地指了指招聘启事问："看过了吗？"小杜点点头说："我看过了，不过很遗憾，我既不是名校毕业，也没从事过零售工作。"

那位主管看了她好半天，才说："那你还敢来应聘？"

小杜微微一笑："我之所以还敢来应聘，是因为我喜欢这份工作，而且相信自己有能力胜任这份工作。"停了停，她又说，"如果求职者真要具备启事上所有的条件，那他肯定不会应聘业务代表，至少是公司主管了。"

说完，小杜就把自己的简历递了过去，那位主管竟然没有拒绝，而且微笑着收下了。

第二天，小杜就接到了录用通知。后来她才知道，那些苛刻的招聘条件只不过是公司故意设置的门槛罢了，其实当她和主管谈完话之后，她就已经通过了公司的两项测试：勇于挑战条款的信心和勇气以及分析问题的能力。

一个人有没有自信，是完全可以通过说话判断出来的。如果你能把自己的想法或愿望清晰、明白地表达出来，那么说明你一定具有坚定的信心和明确的目标，同时你充满信心的话语也会感染他人，吸引他人的注意力，还会对你的事业发展有着巨大的推动作用。

美国诗人爱默生说："自信是成功的第一秘诀。"一个人事业成就的大小往往与自信心的强弱有直接的关系。要想成为一名优秀的讲话者，必须具备良好的心理素质，克服自卑，树立坚定的自信心。

自信是成功的先决条件。一个人如果没有自信，那么这个人的言语的影响力就弱，想法就不会被有效地传达，也不利于和他人进行有效的沟通。所以说，自信的人具有丰富的个人魅力和感染力，他们更容易与人沟通和交流。

一个年轻人去一家广告公司应聘方案策划。老板问他："你以前做过这类工作吗？"年轻人说："没有，但我有信心做好。"

"既然你没有做过，信心何来？"

"以前我也是搞文化工作的，跟方案策划相近。这样吧，如果不能让您满意，我一分钱不要就卷铺盖走人。"

老板同意了，并交给他一项文案创意的任务。年轻人不敢掉以轻心，非常努力地完成了。当他把稿子交给老板时，老板仔细看了一遍，半天没吭声。年轻人心里不禁紧张起来：难道老板不满意？这时，老板嘘了一口气，说："你是这方面的天才，好好干吧！"

人应该有自信，可是自信要怎么表现出来呢？更多的时候自信首先是靠你说出来的。

自信的语言是一种人格的魅力。没有信心，人们就无法开展有效的交流。而能否保持自信，能否有效地开展交流，决定了你能否拥有成功的人生，不管是在哪个方面，包括工作、家庭、朋友等。生活过得充实与否，回报率的高与低，将直接与你说话的自信度成正比。大凡有所成就的人，他们对自己相当了解，并且肯定自己，他们的共同点是说话十分自信，时时刻刻都用积极的语言来表达自己，让自己自信起来。

真诚是沟通的桥梁

与别人交往，不要以为别人看不穿你的心思，你心里在想什么完全可以从你的表情和语气中表达出来。只有拥有一颗至诚的交流之心，对方才会愿意和你交朋友，和你继续交流下去。

由于说话态度不同，语言既可以成为建立和谐人际关系的强有力的工具，也可以成为刺伤别人的利刃。社交时，用真诚的态度与人交往，会招人喜欢，易于被人接纳。入情入理的话，一方面显示社交者坦诚的态度；另一方面表示出尊重对方并为对方着想。这样无论在交易原则上还是在人的情感上都进行了沟通，达成了共识，促使合作成功。

当松下电器公司还是一家乡下小工厂时，作为公司领导，松下幸之助总是亲自出马推销产品。在碰到杀价高手时，他就说："我的工厂是家小厂。炎炎夏日，工人在炽热的铁板上加工制作产品。大家汗流浃背，还努力工作，好不容易制出了产品，依照正常利润的计算方法，应当是每件××元承购。"

对手一直盯着他的脸，听他叙述，听完之后，展颜一笑说："哎呀，我可服你了，卖方在讨价还价的时候总会说出种种不同的话，但是你说得很不一样，句句都在情理之中。好吧，我就照你说的价钱买下来好了。"

松下幸之助的成功，首先在于他真诚的说话态度。他强调自己是依照正常的利润计算方法确定价格的，自己并无贪图非分之财之意，同时也暗示对方无讨价还价的余地。这就使对方调整角度，与其达成共识。

当我们与人交谈时，必须秉持着一颗"至诚的心"，不要巧言令色、油嘴滑舌，并根据时间、场所和对象的不同，将自己最好的一面通过"说话"表达出来，如此才能建立良好的人际关系，使自己融入群体之中。

真诚，是通往人们心灵的桥梁。著名主持人李静，被问及要成为一位知名的主持人难不难时，回答得非常干脆："不难。""其实所谓口才，在我的理解当中就是把自己内心最真实的想法用真诚的语言表述出来。从这个意义上而言，绝大多数人都有很好的口才。"李静如是说。

说话的魅力并不在于你说得多么流畅，滔滔不绝，而在于你是否善于表达真诚。最能推销产品的人并不一定是口若悬河的人，而是善于表达真诚的人。当你用得体的话语表达出真诚时，你就赢得了对方的信任，建立起人际信赖关系，对方也就可能由信赖你这个人而喜欢你说的话。

成人教育之父卡耐基，他是著名的企业家、教育家和演讲口才艺术家，他在年轻的时候曾经应聘国际函授学校丹佛分校的销售员。当他的考官丹佛分校的经理约翰·艾兰奇第一眼看到卡耐基时，他感到十分失望，因为卡耐基是一个面色苍白、身材瘦弱的人，他认为卡耐基不能够成为一名成功的销售员。通过交谈他发现卡耐基甚至没有销售经验，他对卡耐基就更加没有信心了。

对于约翰·艾兰奇的态度卡耐基十分清楚，但是他觉得只要自己态度真诚，即使自己没有销售经验也一定能做好工作。

约翰·艾兰奇说："你能告诉我，你认为推销员推销的目的是什么吗？"

卡耐基答道："想顾客所想，站在顾客的立场上想想他们需要什么，帮助他们了解商品，然后购买商品。"

约翰·艾兰奇又问："那么你想要怎样向消费者推销？"

卡耐基说："首先我想和他们愉快地交谈，了解他们需要什么，而不是告诉他们我想要卖给他们什么。"

约翰·艾兰奇询问了卡耐基最后一个问题："如果是你，你能够想办法把一台打字机卖给一名农场主吗？"

卡耐基说："我无法保证，因为一名农场主也许并不需要打字机，如果是这样的话，我不能推销。"

卡耐基的回答让约翰·艾兰奇非常高兴，也许一个有技巧的推销员很容易找到，但是一个真诚可靠的人就很难得了。他当即录取了卡耐基。

说话真诚的人，总能得到别人的信任。把你的真诚注入日常交流之中，把自己的心意传递给对方，当听者感受到你的诚意时，他才会打开心门，接收你讲的内容，彼此之间才能实现沟通和共鸣。

罗马诗人帕利里亚斯·赛洛斯说过："当别人真诚地对待我们的时候，我们也要真诚地对待他们。"真诚是沟通心灵的最好方式，把话说到对方的心里，调动对方的感情让对方产生共鸣，这就达到了心灵沟通的效果。如果你想要说服他人，最重要的一点就是要让对方感受到你的真诚。

某公司老板最近迷上了打篮球，一连几个周末他都泡在了篮球场。这还不算，这一天他突发奇想，要把公司的停车场改建成篮球场，以方便随时打篮球。他的这一想法一提出，员工们就心生不满。因为这不但涉及公司资金的周转问题，还会给员工的上下班带来不便。所以，对于老板的这个想法，员工们基本上都是持反对意见，可是大家都只是敢想不敢说，害怕惹怒了老板。

刘东作为老板的秘书，他觉得自己有义务向老板反映这个情况，以免老板强制执行这个想法，会招来员工们的极大不满。

这天，趁着下班的空隙，刘东走进老板的办公室。

刘东："老板，我知道您一向是个乐于纳谏的好领导。我现在有个建议，不知道您想不想听？"

老板："哦，是吗？说来听听。"

刘东："我知道您想把停车场改建成篮球场，是为了方便大家在下班之余放松身心，同时达到锻炼身体的目的。可是这样一来，有可能产生一些麻烦。"

老板："什么麻烦？"

刘东："您也知道，公司最近的资金周转有些困难，恐怕没有多余的资金来改建篮球场了；而且停车场一旦改成了篮球场，这会给员工们的停车带来极大的麻烦，这也不利于员工们的正常上下班啊。其实您喜欢打篮球，可以到公司附近的篮球馆去打，这样既满足了您的需求，也不会给公司带来其他影响了，您觉得呢？"

老板思索片刻后说："嗯，你说得挺对的，那就不改建篮球场了吧。"

刘东通过自己真诚的话语，让老板感受到了对他的尊重和负责，从而让老板乐于纳谏，老板对他的好感也更添一分了。

有些人常常抱怨，自己的建议全是肺腑之言，只差把心掏出来，可对方就是听不进去。原因大概在于你讲道理时没有设身处地为对方着想，没有使对方真切地感到你完全是出于善意和关心，因而就不能打动对方的心。所以，我们不妨学习和借鉴上例中刘东的做法，在说服他人时从他人的立场和角度出发，让对方充分感受到你的话语是真诚的，是为了对方考虑的。这样一来，对方会对你产生信任和好感。

真诚是打开别人心灵的金钥匙。在说服他人的时候，我们一定要真诚，如果说话只注重语言上的华丽而缺乏真情实感，那么，即使我们能暂时欺骗别人的耳朵，也永远无法欺骗别人的内心。所以我们要想打动对方，就必须先问问自己："我的心是真诚的吗？"

第二章　口才沟通中的技巧

提问要懂点小诀窍

人们在交谈的过程中，要懂得适时地提出问题，这对于更深的交谈起着直接的作用，也有助于调节谈话的气氛，因此，要想成功社交一定不能忽视这一点。

问话的目的在于引起双方的兴趣，而不是使任何一方没趣。若能让谈者起劲，同时也能增加你的见识，那便是问话的最高境界。问题是展开话题的钥匙，但提问要讲求一点小技巧。

提问应该具有针对性：

首先，提问要针对场合。譬如三个人都完不成你布置的任务，你想对此事加以证实并问清原因。你有两个办法：一是把他们一起找来问："这是你们的一致看法吗？为什么？"二是把他们一个个找来问："你的看法和他俩一致吗？为什么？"前一问就不如后一问。因为前者三人在一起，从众心理会不让人说实话。因此，场合不同，回答就可能不同。

其次，提问要针对对方的年龄、身份、民族、文化素养、性格等特点。你对小朋友可以问："你几岁啦？"对老年人就不宜这样问。

被问人有的热情直爽，有的沉默寡言；有的稳重沉着，有的心急毛躁；有的大大咧咧，有的审慎多疑……性格不同，气质各异，提问的方式也应当有相应的变化。

最后，提问要针对对方的心理。在回答过程中，提问的人、提问内容、提问的方式，甚至提问行为的本身都会对被问人的心理产生一定的影响。提问人必须根据被问人的心理特点进行提问，这样才能达到目的，收到较好的效果。比如我们去探望病人，人家正在为病情焦灼不安，我们就不应问："病情会不会恶化呀？"

一个"问"提出来，就决定了对方说不说、说什么、怎么说，也决定了双方的交谈程序和交际气氛。所以"问"具有一种控制能力。

第一，控制对方回答。

回答问题本来是被问人的事，但问话人有必要在一定程度上控制对方的回答。如罗斯福在当选美国总统之前，曾在海军里担任要职。一天，一位朋友向他打听海军在加勒比海一个小岛上建立潜艇基地的计划。罗斯福向四周看了看，压低声音问："你能保密吧？""当然能。""那么，"罗斯福微笑着说，"我也能。"委婉含蓄的拒绝，既表达了自己不能泄密的原则立场，又没使朋友尴尬难堪，效果不可谓不好。这种效果的取得，关键是罗斯福诱导出来的，罗斯福选择"能保密吗？"的是非问，决定了对方必然说"能"。

第二，控制交谈气氛。

两人问答时，气氛紧张还是融洽，对交谈效果有很大的影响。交谈气氛可由提问的问题和方式来控制。如审讯犯人："你昨晚去没去会计室？""去过。""一个人还是几个人？""一人。""去干什么？""偷钱。""偷没偷？""偷了。"运用选择问句的句式和严肃的语气，使气氛紧张，对罪犯心理造成压力，能收到较好的效果。

第三，控制表达过程。

有时人们提问不是要对方解疑，而是要对方听自己表达。如：电车上，一位先生给一位太太让座。这位太太一声不吭就坐下了。先生问："嗯，您说什么？""我没说什么呀！""哦，对不起。我以为您说了'谢谢'呢。"先生提问是为了引出自己对女方的批评，显得含蓄而不失分寸。

下面，我们介绍四种主要的提问方式：

第一，直接性提问。

"你希望通过这次谈判得到什么？"

"谁能解决这个问题？"

这类问题具有明确的方向性，因此，回答也是明确的。

第二，一般性提问。

"你的看法如何？"

"你为什么这样做？"

这类提问没有限制，因此，回答的范围也很大。

第三，事实性提问。

"这件事发生在什么时候？"

"那些东西在什么地方？"

此种提问可以引发一些事实和信息。提出问题，应事先让对方知道你想从这次谈话中得到什么。如果对方明白了你的意图，便可有的放矢地作出回答，从而使你掌握大量信息。

第四，诱导性反问。

反问，即反过来问，答者变为问者，被问者变为提问者。在特定的语言环境下，反问有的放矢，特点突出，可使谈话平中出奇，入木三分。

有这样一则故事，某地主在半夜催长工说："天亮了，还不起来干活？"长工说："等我捉了虱子就去。"地主说："笑话，天这么黑，你怎么能看见虱子呢？"长工答："既然天还黑，又怎么能够干活呢？"长工正是抓住了地主自相矛盾之处进行嘲讽诘问，揭露其荒唐可笑，使其处于自打耳光的窘境。

回答问题有技巧

一般地说，答话在很大程度上是受对方问话的"前提"所制约的。相对于对方问话的"前提"，我们有以下答话方式。

交际中，听话者接收后，认为可以定向反馈，由此而作出的答话就是顺应前提的答话。顺应前提的答话，关键取决于听话者对"前提"理解得是否透彻。有时，说话者发出内涵不确切的信息，听话者接收后，觉得无法作出定向反馈，这时就需要更正前提。

外国有位电台记者，在一次氢弹之父爱德华·泰勒举行的机场记考招待会上，问道："泰勒先生，可否请你解释一下相对论与氢弹的关系？"这话一出，泰勒立即瞪大了眼睛，好在这位大科学家思维敏捷，答道："我怎么能解释呢？爱因斯坦用了13年时间才确定了这个公式。"言下之意，可敬的记者先生，你提的问题太外行了。

这个耐人寻味的回答巧妙地更正了前提，并收到了一箭双雕的效果，既不让记者感到难堪，又使自己轻松地摆脱了困境。

我们在谈话中，当接收到过于尖锐难以反馈的信息时，就应该采取回避前提的方法。回避并不等于答话者无能，在许多场合中，回避恰恰是一种必要的手段，更是一种说话技巧。

有一年，我国法学家在国际刑法研究报告会上，应邀作了关于当前中国刑法发展的报告。结束后，有位学者形象地提问："假如一个人在马路上踢足球，在踢的时候并不犯罪，但后来踢碎了附近的门窗玻璃，因而可能事后被判了罪，对这一点，行为人怎么能预先知道呢？"报告人面对这个难以回答的问题，用半开玩笑来回避："世界各国人民都爱踢足球，我们也提倡，所以，你可以放心，不至于因为踢足球而被判刑的。"回避的结果，全场响起了一阵笑声，这个问题也就这样过去了。

在谈话中，说话者有时对听话者采取一种攻势，咄咄逼人，而听话音却处于被动地位，似乎将一败涂地，但如果答话者能巧妙地更换前提，那就会有"柳暗花明又一村"的希望，变被动为主动。

《世说新语》中记载了这样一个故事：晋代有个叫许允的书生，在洞房花烛夜见新娘相貌平平，感到扫兴，转身就走。新娘问其缘故，许允没好气地扔过来一句话："你知道好妻子是什么样的吗？"新娘不卑不亢地说："古人讲的标准是能孝顺老人，尊重丈夫，说话和气，并且模样也不错，前几项我做到了，只是模样是天生的。"

谁知许允听后无动于衷，机灵的新娘马上更换前提："你是读书人，我问你，一个人应有的好品德，你有几种呢？""我都具备。"许允很自负地说。"你都具备？"新娘微微一笑："好品德之一就是看人要重德，你却凭貌取人，这不是重貌轻德吗？既然这样，怎么说都具备呢？这是不诚实！"一席话说得许允张口结舌，终于回心转意，夫妻相敬如宾，白头偕老。

试想，如果当初那位新娘或哭或闹，而不是在关键时刻机警地更换前提，变被动为主动，那一定是另一番景象了。

交际中有融洽时，也有尴尬时，甚至有针锋相对、唇枪舌剑充满火药味的时候。答话者的观点与说话者的观点格格不入时，为了驳倒对方，应该毫不留情地否定说话者的"前提"。

作家陆文夫讲了一个故事："前年，我去北欧访问，带了一些小礼品，每当送给外国朋友的时候，他们都是当着我的面把礼品匣子打开，欣赏不已，而我们在接受别人的礼品时，通常都是回到家里以后才打开，以免显得迫不及待，使朋友感到难堪。当时，一位美国妇女看到这种情况，突然站起来提问：'陆先生，我理解你今天的处境，因为有一位中央委员王蒙坐在你的身边，请问你的这篇发言是否经过王蒙的审查与修改？'我当即回答：'这篇发言稿是我自己写作，自己修改的，没有送给任何人审查，王蒙是我的老朋友，我和他都有充分的创作自由。"陆文夫的答话就从根本上否定了这位妇女的话的基本内涵，收到了良好的效果。

否定说话前提，不一定非用否定式不可。有时则可将计就计，利用前提，顺理成章，以其人之道还治其人之身，这是一种有效的应答方法。

从前，有个穷书生到寺庙里去拜访一个和尚。这和尚见他不像是有钱有势的人物，态度就表现得很傲慢。正在这时，庙门前响起了一阵吆喝声，有个官府子弟带了一班仆人，前呼后拥，前来拜佛。这和尚马上换了一副面孔，亲自走下台阶，躬身合掌，上前恭迎。那书生看了很不满，等到官府子弟一走，就向和尚发问："你对我这样傲慢，对那些人却又为什么那样殷勤呢？"和尚狡辩说："阿弥陀佛，施主，你误会了，你不知佛经上说'有即无，无即有'，刚才我就是'接是不接，不接是接'啊！"穷书生听后火冒三丈，从和尚手里夺过禅杖，狠狠地将他打了几下，说："和尚莫怪，如此说来，打是不打，不打是打。"

真是妙啊，这个回答真让人痛快！

说话也讲究时机

战国时四公子之一的安陵君是楚王的宠臣，很受器重。

但是他也有后顾之忧，他的朋友江乙是这样分析他的处境的："您没有一点土地，宫中又没有骨肉至亲，然而身居高位，享受优厚的俸禄，国人见了您无不整衣下拜，无人不愿意接受您的号令、为您效劳，这是为什么呢？"

安陵君说："这是大王太抬举我了，不然哪能这样！"

江乙却指出："用钱财相交的，钱财一旦用尽，交情也就绝了；靠美色结合的，色衰则情移。因此狐媚的女子不等卧席磨破，就遭遗弃；得宠的臣子不等车子坐坏，已被驱逐。如今您掌握楚国大权，却没有办法和大王深交，我暗自替您着急，觉得您处于危险之中。"

安陵君一听，恍如大梦初醒，恭恭敬敬地向江乙请教。江乙对他说：

"希望您一定要找个机会对大王说：'愿随大王一起死，以身为大王殉葬。'如果您这样说了，必能长久地保住权位。"

安陵君说："我谨依先生之见。"

但是三年过去了，安陵君也没对楚王提起这些话。

江乙为此又去见安陵君："我对您说的那些话，至今您也不去说，我就不敢再见您的面了。"话一说完便要告辞。

安陵君急忙挽留："我怎敢忘却先生的教诲，只是一时还没有合适的机会。"

又过了几个月，时机终于来临了。楚王到云梦打猎，一千多辆华盖马车接连不断，旌旗蔽日，野火如霞，声威壮观。这时，一只狂怒的野牛顺着车轮的轨迹奔过来，楚王拉弓射箭，一箭正中牛头，把野牛射死了。百官和护卫欢声雷动，齐声称赞。楚王抽出带牛尾的旗帜，用旗杆按住牛头，仰天大笑道："痛快啊！今天的游猎，寡人何等快活！待我万岁千秋以后，你们谁能和我共享今天的快乐呢？"

这时安陵君泪流满面地走上前来说："我一进宫便与大王同席共座，出宫后更与大王共乘一车。如果大王万岁千秋之后，我希望随大王奔赴黄泉，变作芦草为大王阻挡蝼蚁，那便是我最大的荣幸啊。"

楚王听闻此言深受感动，于是正式设坛封他为安陵君。他也自此更得楚王的宠信。

在这个故事里，安陵君让我们看到了等待并抓住时机在说话中是何等重要。他为短短一句话而等候了三年，但等到当他抓住时机说出这句话的时候，"千言万语"也不能和它比美的。

所以，说话要学会如何等候并抓住时机，当时机未到时，必须学会等待。机遇伴随时间而来，也伴随时间而去，它和时间一样是来去匆匆的。如果你不牢牢地将其抓住，那么，它将和时间一起从你的指间滑落，留给你的将只是无限的怅惘和遗憾。鸿门宴上，叱咤风云的霸王项羽，由于没有及时杀掉宿敌刘邦，最终反被刘邦逼得四面楚歌，自刎乌江；深知"今天下英雄，唯使君与操耳"的曹操，因刘备闻雷失箸，而轻视对手，放虎归山，以致酿成心腹大患。这给我们看见，说话只有那些能看准时机，并主动去把握时间的人才能成为成功者。

三种不宜说话的时机：

1. 成事不说

成事不说就是已经定下来的事情就不要评价，不要给出自己的想法和建议，无论你认为这些建议和想法有多大的好处都要坚持不说的原则。但是在决定以前可以把自己的想法说出来，但不要给出超越我们身份、地位的建议和想法。

比如：你太太已经炒了菜，四个菜中只有一个好吃，你吃饭的时候会说那三个不好吃，还是说那一个好吃呢？一定是说那一个好吃，因为你说那三个不好吃也没有用，再说好不好吃她和你一样清楚，为什么要说呢？

又如：在工作中，公司任命了一个部门经理，你自认为对他比较了解，他一定会把部门搞垮。这个时候你要说吗？如果你说了，难道就能改变公司的决定吗？如果改变了，公司领导的权威何在！说了，反而增加了领导对你的看法：这个小子，就你厉害，我们都是傻瓜，等着瞧，有你好受的。最后受害的是你自己。

所以说，要在事前，而不是事情已经决定了以后。

2. 遂事不谏

遂事不谏是说对正在做的事情，也不要去劝谏。如果他是错的，就让他错到底，最后再来总结和检讨。

比如：我们看到企业中经常有这样的现象，基层的员工明明知道这事是错的，但总部还是要求坚决贯彻执行，基层员工这时可以做的唯一事情就是，坚决执行错误的决定！而不是去说、去评论。

基层知道事情是错误的，难道总部不知道吗？地球人都知道！但是如果不做，损失的就是总部的权威，如果做下去，只损失金钱和时间而已，以后的正确决策可以赚回来。

3. 既往不咎

既往不咎是已经发生的事情不要去追究。这是说我们要适度地追究责任。不是什么事情都要追究到最后的责任人才罢休。有些小事情，过分地追究，可能会伤害别人的面子和积极性，以后的事情就不好做了。

比如：我的一个朋友结婚，在新婚之夜，发现了新娘的一个秘密，到底是说，还是不说呢？已经是过去的事情了，追究还有什么意思呢？就假装不知道吧！其实，你不追究，对方也知道自己错了，双方都心知肚明。

赞美要实事求是

哥尔多尼说过："过分的赞美会变成阿谀。"夸奖或赞美一个人时，有时候稍微夸张一点更能充分地表达自己的赞美之情，别人也会乐意接受。但如果过分夸张，你的赞美就脱离了实际情况，会让人感觉到缺乏真诚。

历史上有一位臭名昭著的马屁精冯希乐，他是一个热衷于溜须拍马的人。有一次，他去拜访长林县令，赞叹道："仁风所感，猛兽出境。昨日入县界，见虎狼相尾而去。"刚夸过不久，就有村民来报告："昨夜大虫连食三人！"长林县令很不高兴地责问冯希乐究竟是怎么回事，冯希乐面红耳赤地回答说："是必便道掠食。"

冯希乐夸张得脱离了实际情况，无视野兽吃人的本性，信口雌黄，说野兽已被县太爷的仁义教化感动，所以离县而去，结果是抢起巴掌自己打自己的脸。

要做到点到为止、褒扬有度是需要技巧的。

比如在夸奖对方的同时，让他意识到自己的优点和缺点差，使对方对你的赞美深信不疑。

有一次，汉高祖刘邦与韩信谈论诸将才能高下。刘邦问道："你看我能指挥多少兵马？"韩信回答："陛下至多能指挥十万兵马。"刘邦又问："那你能指挥多少兵马呢？"韩信自豪地回答："臣多多益善耳。"刘邦笑道："既然你带兵的本领比我大，却为什么被我控制呢？"韩信诚实地说："陛下不善于指挥兵，但善于驾驭将，这就是我被陛下控制的原因。"刘邦自己也说过，统一指挥百万军队，战无不胜，攻无不克，他不如韩信。这是他做了皇帝以后对自己的评价。

韩信的赞美，首先肯定了刘邦控制大将为自己效命的能力，但又指明了他在带兵作战方面与自己相比有不足之处，正与刘邦的自我评价相吻合。韩信话说得很实在、很坦诚，刘邦不但不怒，反而很满意。此时，韩信与刘邦关系已很紧张，如果他违心地恭维刘邦，说刘邦调兵遣将无所不能，恐怕刘邦不愿意听，甚至会怀疑他在吹捧、麻痹自己。

　　这个事例告诉我们，赞美他人既要看到对方的优点和长处，同时还要看到他的弱点和不足。常言道"瑕不掩瑜"，指出对方的缺点和不足，并提出一定的希望，不仅不会影响你赞美的力度，相反，会使你的赞美显得真诚、实在，易于为人接受。尤其是领导称赞下属时，要有一是一，有二是二，把握分寸，有所保留。可以多用比较级，千万慎用最高级。

赞美要因人而异、突出个性

　　人的地位有高低之分，年龄有长幼之别，因而因人而异、突出个性的赞美比阿谀奉承能收到更好的效果。老年人总希望别人不忘记他"想当年"的业绩与雄风，同其交谈时，可多称赞他引以为豪的过去；对年轻人不妨赞扬他的创造才能和开拓精神，并举出几点实例证明他的确会前程似锦；对于经商的人，可称赞他头脑灵活，生财有道；对于知识分子，可称赞他知识渊博、宁静淡泊……这些都是恰如其分的。而如果夸一个中年妇女活泼可爱、单纯善良就会不伦不类，弄不好会招致臭骂。

　　人都是有弱点的，再谦虚，再不近人情，再标榜不喜欢听甜言蜜语的人，其实都是喜欢别人赞美的，但要恰如其分。

　　古时候有一个人非常善于拍马屁。他阿谀奉承地过了一生，送了无数高帽子给人戴。死后到了阴间，阎王亲自审问他。

　　"你这人活了一世，只懂阿谀奉承，让人不思进取，实在是罪该万死。来啊，把他给我打入十八层地狱！"阎王怒气冲冲地吼道。

　　"慢着，"那人不慌不忙地说道，"小人是该死，但小人奉承的都是会接受小人的高帽的人，像您这样坚持原则的人真是罕见啊。"

"还算你有眼！"阎王笑着说，"你投胎去吧！"

要称赞他人，就要善于揣测人心，了解对方的需要，有的放矢。比如营业员与顾客在商品质量、价格等方面争执不下时，营业员可以改换话题，称赞顾客真有眼光，这衣服款式是最新的，面料也好，特别畅销。再夸她能说会道，真会砍价，我们这儿从没这么低的价钱。顾客一定喜欢听，不好意思再争下去，说不定很快就买下来了。看吧，人的心理就是这么奇怪。

每个人都有自己的长处，这方面往往是他花费了精力才获得的，如果你对他的这方面表示承认，并且表示得谦虚一些，对他显露出求教的意思，给他充分展现自己特长的机会，他一定会很高兴。

吴局长除了精于本职业务以外，对书法也颇有研究。一次部下小丁去拜访他，恰巧碰到他在写字。"哎呀，没想到吴老的字写得这么好。"精明的小丁一副发现新大陆的样子。

"哪里哪里，胡乱涂鸦罢了。"吴老很谦虚。"我以前也学了两年书法，但总不得要领。不知道吴老有什么绝招，可不可以教教我？"小丁虚心求教。"你也喜欢书法？那太好了！"

吴老像遇到知己一样，兴奋地对自己的部下说起来："就我自己的体会，学写书法就在于三点：眼到、心到、手到。所谓眼到，就是观摩名家作品，要观察入微；心到呢，就是学书法要有恒心，切不可'三天打鱼，两天晒网'的；手到当然是多练了，只有多练才能体会到书法的真义。"

"唉，我过去就是看得少，练得少，并且没有恒心。今天听吴老一席话，对我的帮助真是太大了！"小丁感慨地说。

接下来宾主自然是谈得非常投机。临走时，吴老还送了小丁一幅自己的字。小丁将它往自己办公室一挂，当然增光不少，吴局长也更喜欢他了。

我们与别人交流的时候可以先弄明白对方的虚荣所在，然后用一些恰当的话去满足这种虚荣，看人下菜，对方一定会非常受用。

考虑对方立场再说话

有这样一个故事：在一只游船上，来自各国的一些实业家边观光边交谈。突然，船出事了，并开始慢慢下沉。船长命令大副："赶快通知那些先生，穿上救生衣，马上从甲板上跳海。"几分钟后，大副回来报告："真急人，谁都不肯马上跳。"于是，船长亲自出马。说来也怪，没过多久，这些实业家都顺从地跳下海去。"你是怎样说服他们的呀？"大副请教船长，船长说，"我告诉英国人，跳海也是一项运动；对法国人，我说跳海是一种别出心裁的游戏；我同时警告德国人，跳海可不是闹着玩的；在俄国人面前，我就认真地表示：跳海是革命的壮举。""你又怎样说服那个美国人呢？""那还不容易，"船长得意地说，"我只说已经为他办了巨额保险。"

这纯粹是笑话，然而却包含了一个浅显的道理，即说话的内容和方式应尽可能地合乎对方的心理需要，这样才会取得令人愉快的效果。

谈话的对象往往是敏感的。他们希望被人了解，而不希望受到支配或催促，因此我们必须从容行事并设法了解对方的心理状态。而每个人心理状态可能会随时变化，所以我们对对方的心理状态应该保持高度的敏感性。然而，我们经常习惯以自己的立场去观察事物，忽略了实际情况。这是因为我们无法超越自己的经验，我们认定自己所走的生活轨迹是世上唯一的。因此如要了解对手的思想、立场、需要，从而判断出对方会采取的行动，就必须"进入"对方的世界中，设法理解他们的态度与感情。这样不但能获知对方隐瞒的问题，也能了解他真正的需求。

威廉小时候常到阿姨家去玩。有一次，阿姨家来了一位客人，当他同阿姨谈完正事后，转过身来和小威廉聊了起来。

两个人谈得十分投机，话题主要是小威廉当时正在玩着的小舰艇模型。这位大朋友似乎对舰艇具有丰富的知识。一直到客人告辞之后，小威廉还兴奋地赞扬这位大朋友："这人真有趣，我从未见过这么喜爱小舰艇的人。"

阿姨的回答却是出乎意料的："不，他是纽约的一位著名律师，他对舰艇一窍不通，也毫无兴趣。"

"那他为什么谈得那么带劲？"小威廉简直难以接受这个事实。

"因为他是个有礼貌的人。看到你那么热衷于小舰艇模型，才跟你谈的啊！"

直到威廉成为一名大学教授以后，还对此事怀念不已："那位律师给我的印象太深了，至今依然在我的记忆中。"

由此，我们想起了卡耐基的一句话："无论你本人多么喜欢草莓，鱼也不会理睬它；只有以鱼本身喜爱的蚯蚓为饵，它才会上钩。"所以，为了使谈话愉快地进行，最好是博取对方的好感，这就得善于抓住人的心理状态，善于站在对方的立场上思考问题，针对对方最关心的去做文章，就一定能奏效。

第三章　口才沟通中的建议

倾听的重要性

　　沟通是人与人之间传递思想、交流情感最基本的手段。但真正的沟通技巧不仅是会说，还要会听。倾听是一种礼貌，是对说话者表示尊敬的一种表现，也是对说话者的一种高度的赞美，更是对说话者最好的恭维。每个人都希望在与人谈话时受到别人的尊重和重视。当我们专心致志地说话时，都希望别人能够全神贯注地听，而只有用心去听，才能使对方喜欢你，信赖你，从而拉近与你的距离。

　　卡耐基曾经说了他的一个故事：

　　我应邀参加一处桥牌的聚会。在我来讲，我不会玩桥牌，真巧，另外有一位漂亮的小姐，也不会玩桥牌！她知道我在汤姆斯从事无线电前，曾一度做他的私人经理。那时汤姆斯到欧洲各地去旅行，在那段旅行期间，我帮助汤姆斯录下他沿途中的所见所闻。

　　这位漂亮的小姐知道我是谁后，就说："先生，能不能请你告诉我，你们都去过哪些名胜？看到了哪些离奇景色？"

　　我们在旁边沙发坐下后，她接着提到，最近她跟她丈夫去了一次非洲。

"非洲！"我接着说，"那多么有趣………我总想去一次非洲，可是除了在阿尔及尔停留过二十四小时外；就没有去过非洲其他地方………你有没有去了值得你缅怀的地方………那是多么幸运，我真羡慕你，你能告诉我关于非洲的情形吗？"

那一次谈话，我们说了四十五分钟，她不再问我到过什么地方，看见过什么东西，也不谈论我的旅行；她所要的，是一个专心的静听者，借使她能扩大她的"自我"，而讲述她所到过的地方。

这是她与众不同的地方？不，许多人都像她一样的。

我最近在纽约出版商的一次宴会上，遇到一位著名的植物学家。我从没有接触过植物学那一类的学者，我觉得他说话极有吸引力。那时我像入了迷似的，坐在椅上静静听他讲有关大麻、大植物家"浦邦"和布置室内花园等事，他还告诉了我关于马铃薯的惊人事实。后来谈到我自己有个小型的室内花园时，他非常热忱地告诉我，如何解决几个我所要解决的问题。

这次宴会中，还有十几位客人在座，可是我忽略了其他所有的人，而与这位植物学家谈了数小时。到了子夜，我向每个人告辞，这位植物学家在主人面前对我极度恭维，说我"极富激励性"，说我是个最风趣、最健谈，具有"优美谈吐"的人。

"优美谈吐"？我？我知道自己几乎没有说话！如果我们刚才所谈的内容，没有把它变更一下的话，即使我想谈，也无从谈起。原因是我对植物学方面知道得太少了。不过我自己知道，我已经这样做了………那是我"仔细地、静静地听"。我静静地听，用心地听，我发现自己对他所讲的，确实发生了兴趣，同时他也这样感觉到，所以自然地使他高兴了。我告诉那位植物学家，我受到他的款待和指导；我希望拥有他那样丰富的学识——我真希望如此。我告诉他，希望能同他一起去田野散步，同时我希望能再见到他。

由于如此，他认为我是一个善于谈话的人，其实，我不过是一个善于静听，并且善于鼓励别人谈话的人而已。

与卡耐基善于静听相反，很多人在别人说话的时候，选择了心不在焉或随意打断对方的话。这样做，不仅仅是很没有礼貌、导致交谈不能成功的问题，甚至有人因此而犯下了难以弥补的错。

那是一个圣诞节，一个美国男人为了和家人团聚，兴冲冲从异地乘飞机往家赶，一路上幻想着家人团聚的喜悦情景。突然，这架飞机在空中遭遇猛烈的暴风雨，飞机脱离航线，上下左右颠簸，随时随地有坠毁的可能，空姐也脸色煞白，惊恐万状地吩咐乘客写好遗嘱放进一个特制的口袋。这时，飞机上所有人都在祈祷，也就是这万分危急的时刻，飞机在驾驶员的冷静驾驶下终于平安着陆，于是大家都松了口气。

这个美国男人回到家后异常兴奋，不停地向妻子描述飞机上遇到的险情，并且满屋子转着、叫着、喊着……然而，他的妻子正和孩子兴致勃勃分享着节日的愉悦，对他经历的惊险没有丝毫兴趣。男人叫喊了一阵，却发现没有人听他倾诉，他死里逃生的巨大喜悦与被冷落的心情形成强烈的反差，当他妻子去准备蛋糕的时候，这个美国男人却爬到阁楼上，用上吊这种古老的方式结束了从险情中捡回的宝贵生命。

可见，人与人之间需要沟通，更需要倾听！可以这样说，倾听是这个世上最美的动作。

一个讲话者总希望他的听众听完他发表的意见，如果你对此漫不经心，或者毫不在乎，这就在一定程度上伤害了他的自尊心，他原来对你的好感也会顷刻间化为乌有。如果你想在沟通中赢得他人的好感，那么你首先要做到的便是用心地倾听。正如一位心理学家说："以同情和理解的心情倾听别人的谈话，我认为这是维系人际关系，保持友谊的最有效的方法。"

在人际交往中，作为尊重他人的一种表现，善于倾听的作用是非常重要的。心理学研究表明，越是善于倾听他人意见的人，与他人关系就越融洽。因为倾听本身就是褒奖对方谈话的一种方式，你能耐心倾听对方的谈话，等于告诉对方"你是一个值得我倾听你讲话的人"。

人们都喜欢善于倾听的人，倾听是使人受欢迎的基本技巧。人们被倾听的需要，远远大于倾听别人的需要。倾听是心与心的交流。一位伟人曾经说过："喜欢倾听的民族，是一个智慧的民族，不喜欢倾听的民族，永远不会进步。"善于倾听的人，会有很多朋友。

世上许多人之所以不能给人留下良好的印象，正是因为他们不能耐心地做一个很好的听众。所以，如果要别人喜欢你，原则是：首先做个好听众。

倾听他人语言的技巧

外在和内在的干扰，是妨碍倾听的主要因素。因此要改进聆听技巧的首要方法就是尽可能地消除干扰。必须把注意力完全放在对方的身上，才能掌握对方的肢体语言，明白对方说了什么、没说什么，以及对方的话所代表的感觉与意义。

当我们在和人谈话的时候，即使我们还没开口，我们内心的感觉，就已经透过肢体语言清清楚楚地表现出来了。听话者如果态度封闭或冷淡，说话者很自然地就会特别在意自己的一举一动，不太愿意敞开心扉。从另一方面来说，如果听话的人态度开放、很感兴趣，那就表示他愿意接纳对方，很想了解对方的想法，说话的人就会受到鼓舞。而这些肢体语言包括：自然的微笑，不要交叉双臂，手不要放在脸上，身体稍微前倾，常常看对方的眼睛，点头。

善于听别人说话的人，不会因为自己想强调的意思而去修正对方话中一些无关紧要的部分或突然转变话题，也不会在对方没有说完时，就随便打断对方的话。经常打断别人说话就表示我们不善于听人说话，这样的人不仅礼貌不周，而且很难和人沟通。

当对方讲到要点时，要点头表示赞同。点一点头，这实质就是在发出一种信号，让对方知道你在听他的讲话，对方这时当然会认真他讲下去。当然，只是在听到节骨眼上时点点头就行了，不必频频点头。交谈时适度地点点头，是对对方的语言性应酬，如果频频颔首，也会使对方疲劳。

倾听的时候，应轻松自如，神情专注，应随着说话人情绪的变化而伴以各种表情。否则，对方激昂慷慨，你毫无反应，他就没有情绪说下去了。还可通过一些简短的插话和提问，暗示对方确实对他的话感兴趣，或启发对方，引出你感兴趣的话题。

如果我们无法接受说话者的观点，那我们可能会错过很多机会，而且无法和对方建立融洽的关系。就算是说话的人对事情的看法与感受，甚至所得到的结论都和我们不同，我们还是可以让他们坚持自己的看法、结论和感受。

尊重说话者的观点，可以让对方了解我们一直在听，而且我们也听懂了他所说的话，虽然我们不一定同意他的观点，但还是很尊重他的想法。若是我们一直无法接受对方的观点，我们就很难被对方接纳，或建立融洽的关系。

沟通中的眼神交流

人对于他人的凝视会产生情绪反应，这是有着一定的生物学基础的。当我们把凝视的目光投向某个人的时候，对方的心跳就会加速，同时会有一种使人感到兴奋的激素注入血管。这个生理上的反应和人们坠入爱河时身上发生的生理反应是相同的。热恋中的人们一般都喜欢深情地凝视对方，因为他们都知道"眉目传情"的魔力。相反，对于那些相互猜忌和缺乏安全感的人来说，频繁的眼神交流却是一种不怀好意的侵犯。

但是在大多数文化里，适当的眼神接触是十分重要的，在不牵涉儿女私情的职场上，有分寸的眼神接触能给人以强烈的震撼力。

英国剑桥大学研究中心发现，眼神接触对于良好人际关系的建立有立竿见影的效果。研究者要求两组异性志愿者进行两分钟的随机交谈。对于一组志愿者，要求他们数一下对方眨眼的次数，以此诱导他们与对方进行频繁的眼神接触。对另一组志愿者则不提任何诱导他们进行眼神接触的要求。

接下来的询问表明，那些被要求数眨眼次数的志愿者都反映说，觉得对方十分尊重、喜欢自己，虽然对方实际上根本不了解他们，只不过是数了数他们眨眼的次数。

一个学者曾用自己的切身经历说明：在倾听别人谈话时，用眼神对对方表示赞许十分重要。我们来看一下这位学者的经历。

有一次，他给几百人做讲座，其中一个女子很快引起了他的注意。这个女子的外表并没有什么出众之处，但学者还是不由自主地注意到了她，好像这个讲座是专门给她一个人讲的似的。

为什么学者会这样认为呢？学者发现，在整个讲座过程中，这个女子的视线几乎没有一秒钟离开过他的脸。即便是在他陈述完一个要点，作短暂的停顿时，她依然专注地凝望着他的脸，看来是对学者的讲座十分感兴趣。

对这样的凝视，学者忍不住有些沉醉其中了。女子专注的态度和满意的欣赏，刺激学者回忆起很多本来已经淡忘的材料和问题，以至于都超出了时间限制还在那里滔滔不绝。

讲座一结束，学者第一件想到的事就是去找那个十分欣赏自己讲座的新知己，他迅速地穿过离座的人群，追赶到他的"粉丝"身后，一连说了好几声"你好"，对方就是不回头，依旧匆匆忙忙地奔向大门而去。

学者很是无奈，只好轻轻地拍了一下女子的肩膀，这回她停住了往前行的脚步，转回身来看到是学者，脸上露出十分不解的神情。学者连说了好几个抱歉，说发现对方听讲座的时候特别认真，想请教她几个问题。

"你能不能告诉我，我的讲座中让你感到印象最深刻的是哪个部分？"学者问。

"坦率地说，我没有怎么听清楚。"女子很直接地说，"你在讲台上的时候走来走去的，一会儿看这，一会儿看那，我听着十分费劲。"

学者先前的那颗热情洋溢的心一下子变得冰凉。

这个女子其实是有一定的听力障碍的，她并不像学者认为的那样，对他的讲座十分感兴趣。她之所以不断地用眼睛看着学者的脸，唯一的原因是她试图通过学者的面部表情来帮助自己理解。

不管怎样，她听讲座时认真的态度还是给学者留下了非常良好的感觉，要是学者不那么执着地刨根问底，让真相沉埋，事情本来会非常完美。

眼神接触除了能表达尊重和好感外，它还有另外一个重要的作用，频繁的眼神交流能给人留下干脆利落的形象。比起感性的人，那些思想深刻的人更能迅速地整合自己所捕捉到的信息，他们善于从他人的眼神看透其内心深处，他们不会因为与他人对视而产生焦虑紧张的情绪。

美国耶鲁大学的研究人员发现，眼神接触对于男人和女人的影响是很不相同的，女人受到他人更多的目光关注的时候，容易对看自己的人产生较为亲密的情感，但男人被更多地关注时，有些男人会产生自信、自豪感，有些男人会产生明显的敌意心理，有些男人会产生一种被威胁的感觉，甚至还有一些男人怀疑那些看自己的人是同性恋，他们试图勾引自己。

我们要懂得适当提高自己与人眼神接触的频率，并在眼神接触的过程中试图分析交流的寓意，以达到最好的交流效果。

开口之前先察言观色

俗话说："出门看天色，进门看脸色。"所谓察言观色，意思是说一个人要经常观察他人的言语脸色，揣摩他人的意图，做到有的放矢。

察言观色是一切人情往来中所必需的技巧，也是了解他人的窗口。如果你的观察能力强，能够很好地察言观色，在社会交际中可以做到知己知彼，减少不必要的摩擦和误解。

西汉初年，刘邦打败项羽，平定天下之后，开始论功行赏。这可是攸关后代子孙的饭碗，群臣们自然当仁不让，彼此争功，吵了一年多还没吵完。

汉高祖刘邦认为萧何功劳最大，就封萧何为侯，封地也最多。但群臣心中却不服，私底下议论纷纷。

封爵受禄的事情好不容易尘埃落定，众臣对席位的高低先后又群起争议。许多人都说："平阳侯曹参身受七十次伤，而且率兵攻城略地，屡战屡胜，功劳最大，他应排第一。"刘邦在封赏时已经偏袒萧何，委屈了一些功臣，所以在席位问题上难以再坚持己见，但在他心中，还是想将萧何排在首位。

这时候，关内侯鄂君已揣测出刘邦的心意，于是顺水推舟，自告奋勇地上前说道："大家的评议都错了！曹参虽然有战功，但都只是一时之功。皇上与项羽对抗五年，时常丢掉部队，四处逃避，萧何却常常从关中派员填补战线上的漏洞。楚、汉在荥阳对抗好几年，军中缺粮，也都是萧何辗转运送粮食到关中，粮饷才不至于匮乏。再说，皇上有好几次避走山东，都是萧何保全关中，顺利接济皇上的，这些才是万世之功。如今即使少了一百个曹参，对汉朝有什么影响？我们汉朝也不必靠他来保全啊！你们又凭什么认为一时之功高过万世之功呢？所以，我主张萧何第一，曹参居次。"

这番话正中刘邦的下怀，刘邦听了，自然高兴无比，连连称好，于是下令萧何排在首位，可以带剑上殿，上朝时也不必急行。

而鄂君也因此被加封为"安平侯"，得到的封地多了将近一倍。他凭着自己察言观色的本领，享尽了一生的荣华富贵。

人人都有这样的经验：有时，同某人在一起感到很烦，本来很感兴趣的话题却不想谈下去。这主要是因为对方说话不讨人喜欢，所以让我们觉得厌烦。说话要讲究轻重、曲直，更要察言观色，知道哪些话该说哪些不该说，哪些该问哪些不该问。

说出"不"并不可怕

日本有位教授曾发出过这样的感慨："央求人固然是一件难事，而当别人央求你，你又不得不拒绝的时候，亦是令人头痛万分的难事。

因为每一个人都有自尊心，希望得到别人的重视，同时我们也不希望别人不愉快，因而也就很难说出拒绝的话了。"

简短的一段话，道出了太多人的心声。面对他人提出的不合理要求，或是自己不愿意接受的事，总是磨不开面子拒绝别人，担心会伤了彼此的情谊；可若不拒绝，为了息事宁人强忍着，又实在委屈了自己。对许多人来说，遇到需要拒绝别人的事情，简直就成了一块纠结的心病。

细细想来，不敢说"不"的原因，一是怕伤害对方，更重要的是，担心自己拒绝了别人，会不被欢迎。事实上，对于这个问题，你也许还不清楚，一个不懂得拒绝他人的人，首先对自己就不够尊重，把自己不喜欢、做不来的事应承下来，筋疲力尽之后弄得狼狈不堪，让对方的期待落空，才是破坏彼此关系的大敌。

宋欣是一家公司的编辑助理，有段日子她手头上的工作特别多，偏偏主管又布置了新的编审任务。她心里犹豫着要不要接，可又怕主管说自己没有责任心，就硬着头皮接了下来。那段日子，可把她累坏了，没日没夜地工作，结果交上去的稿子问题还是很多。

除了对主管不敢说"不"以外，对其他人也是一样。经常会有同事让她帮忙打个电话、取个快件；还有朋友在工作时间找她写简短的总结，虽然都不是什么大事，可还是会耽误不少工作时间。慢慢地，她的工作越来越多，自己开始疲于应对了，可还是不知道怎么拒绝，生怕突然间拒绝别人会被说闲话。

见她的情绪越来越低落，同住的室友主动询问原因，问她是不是工作做得不开心。听闻宋欣说的那些事之后，室友劝慰她说："我以前也和你一样，总担心一次拒绝会让人对自己产生看法，就一直委屈着自己。可后来我发现，那样活着实在太累了，人的精力毕竟是有限的，拒绝再难说出口，但该拒绝的时候还得拒绝。不能因为对方是

41

领导就不敢拒绝，也不能因为对方是同事或朋友就不好意思拒绝。有些时候，只要你把话说得不那么'直接'就好了……"接着，室友又跟宋欣讲了几件自己拒绝别人的事，宋欣的心里顿时豁亮了许多，她终于明白，适当地拒绝别人不是错，不敢说"不"才是最大的错。

喜剧大师卓别林说过这样一句话："学会说'不'吧，那样你的生活将会好得多。"

坦白说，人的一生都是在不断的拒绝中度过的，无论说话还是做事，有选择就必然会有放弃和拒绝。只是在面对别人提出不合理要求时，如果直来直去地拒绝对方，未免会伤及对方的面子，认为你不够尊重他，进而产生不满情绪，严重的话还会让你多一个敌人。所以，拒绝别人时不要太过虚伪生硬，要讲求一些技巧和方法。

对于他人的要求是拒绝还是接受，一定要先表明自己的态度，千万不能暧昧不明，给对方一种期待和幻想。当然，态度坚决不代表语气强硬，毫不客气地对人说"不行"会伤害对方的自尊心，甚至招来怨恨。对别人的要求要洗耳恭听，对自己无法答应的事要表示抱歉，给人留个台阶。之后，说一些关心、同情的话，再讲清楚实际情况，说明无法接受的理由。因为事先说了一些让人产生共鸣的话，对方会更容易相信你所讲述的情况是真实的，也相信你的拒绝是出于无奈，故而给予理解。

一位朋友想请假外出经商，就来找某位医生，希望对方给他开一个肝炎的病历和报告单。医院早已经多次明令禁止这种作假行为，一经查实定会严惩。该医生自然不愿"以身试法"，他就委婉地把自己的难处讲给了朋友听，暗示他如果自己帮了这个忙，就违反了医院规定，而且会给彼此带来一些不必要的麻烦。最后朋友说："我一时间没想那么多，听你这么一说，我也觉得办法不可行。"

有时候，面对领导或者长辈，你若直接拒绝对方，可能会引起对方的强烈不满，认为这是"大不敬"的行为，从而导致其他工作不能顺利开展，或者产生家庭矛盾，等等。遇到这种情况，不妨采用迂回策略"拐弯"说"不"，把"不"说得委婉一点。比如：把未出口的"不"改成"我尽力"，"我考虑一下再给你电话"等，然后将话题岔开。这样一来，会让对方感到你很给他面子，他也就比较容易接受了。事后，如果对方再仔细考虑的话，也许就意识到自己的要求"太过分了"，并自觉地放弃。

但凡对你提出请求的人，肯定是相信你有解决这个问题的能力，心里抱有很高的期望值。一般来说，越是这样的情况，说话越是要注意。在拒绝对方的要求时，切不可讲太多自己的长处或者过分地夸耀自己，这会在无意中提高对方的期望值，增加拒绝的难度；相反，适当地说说自己的短处，也就降低了对方的期望值，在这一基础上，抓住适当的机会多讲讲其他人的长处，就能把对方的求助目标转移过去。如此不仅巧妙地拒绝了对方，还能给被拒绝者提供一个解决方法，用意外的成功所带来的愉悦感，消除被拒绝的失望和落寞。

不管怎样，拒绝别人时话语一定要温柔缓和，毕竟每个人都很爱面子。所以，在拒绝他人时，要尽可能多地使用敬语，让对方有一种"可能被拒绝"的预感，从而做好被拒绝的心理准备。总而言之，在不伤害他人的情况下婉转地表达出自己的想法，这是每个人都要学会的交际之道和生活之道。

说服靠心不靠嘴

人与人之间的沟通交流，实际上就是情感的交流和心灵的碰撞。但因为彼此生长环境不同，所处的立场和境遇也不一样，对很多事的看法难免存在分歧，想要别人赞同自己的观点，或是按照自己的主观意愿去行事，实属不易。这就好比，你可以把马牵到河边，但你永远无法强迫它喝水，我们很难用强迫性的举动，说服别人站在自己这边。

王琳是一家工程公司的安全检查员。工地上的女同志本来就不多，有时候遇到需要沟通协调的事，王琳总是一筹莫展。看着有些男同志在办事时事先递上一根烟，说着说着就和对方找到了共同话题，可作为女同志，想跟工人们拉近关系，顺带提点意见，就没那么容易了。

公司一向重视工人的安全问题，之前也出现过个别工人因为没戴安全帽而被坠落的物体砸伤的事件，给公司带来了不少麻烦。为了防微杜渐，公司几乎每周都会派王琳到工地检查。起初，王琳看到那些没戴安全帽的工人时，总是劈头盖脸地批评一通，工人当时听了，可事后还是拿她的话当耳旁风。遇到性格古怪的，还用家乡话指责辱骂王琳。

时间长了，王琳也意识到了这个办法行不通，她决定换一种方式跟工人谈谈。

那天，看见几个没有戴安全帽的工人，先是微笑着跟对方打了招呼，后又问道："是不是安全帽戴在头上不舒服？大小不合适？"工人见她的态度热情，也就说了实话，说天气有点热，戴着觉得麻烦。

王琳会意地点了点头，一反常态地跟工人唠起了家常，问问他们老家在哪儿？家里都有什么人？之后，又缓缓地切入正题："出门在外工作，背井离乡的，确实不容易。现在天气是很热，可是在工地上班时，我希望大家还是戴上安全帽，这万一要是从上面坠落点什么东西，安全帽很有可能就是保命的武器。你们可都是家里的顶梁柱，公司希望大家在外都能平平安安的，为了你们自己的安全，也为了家里的老小，大家最好还是戴上安全帽吧！也许是热一点，可这总比拿生命冒险要好，是不是？"

大伙儿听了王琳的话，觉得她说得处处是理，尤其是讲到了家里的老小，许多人心里自然涌起了一份对家人的责任感。自那以后，工友们之间也会互相提醒。事实证明，王琳的这招"以情动人"收到了不错的效果。

说服不同于征服，征服也许需要你口若悬河地操纵人们，而说服是要别人真正从心底认同你的想法和观点。基于这一点，在说服他人时，表情和语调就成了关键点。你的面部表情、你的说话声音，暴露着你内心的态度，是同情和关心，还是愤怒和排斥，听者是可以透过音容笑貌感受到的，你一脸的鄙夷，摆出颐指气使的样子，恐怕没有任何人会认同你、喜欢你。

话说回来，人非草木，孰能无情？当强迫的办法行不通时，女人就该学会以情动人，用语言触碰对方心灵最敏感、最脆弱的部分，冲破对方的感情闸门，即便是再固执的人，也难以抵挡情感的力量。

我们时常会看到，警察在处理一些刑事案件时，往往也会用动情的说辞触动犯罪分子心中最柔软的一面，唤醒他们的良知，进而承认他们的犯罪事实。其实，这也是一种心理战术，因为人在与说服对象较量时，彼此都会产生一种心理防范，特别是在危急时刻。此时，想要说服成功，就得消除对方的防范心理，反复给予暗示，表示自己是朋友不是敌人，是为了帮助他而不是操纵他。生活中，的确有女人利用这一点，在危急时刻说服了他人，保护了自己。

曾经，一名出租车女司机把一名男乘客送到指定地点后，不料对方却拿出了尖刀，要实施抢劫。当时，女司机很镇定，没有大呼小叫，而是表现出一副很无辜的样子，交给了歹徒300块钱，还说道："今天就挣了这么点儿，要是嫌少的话，我把零钱也给你。"说完之后，从兜里掏出 20 块钱的零用钱。

　　看到女司机这么爽快，歹徒有点出乎意料。女司机趁势说："你家住哪儿？我送你回去吧！这么晚了，家里人肯定也等着急了。"见女司机并未反抗，歹徒稍稍放松了警惕，把刀收了起来，让女司机把他送到火车站。

　　路上，女司机见气氛缓和，不失时机地启发歹徒："其实，我家里原来也挺困难的，咱又没什么文化和技术，后来就跟人家学开车，干起了这一行。虽然挣的钱不多，可日子过得也不错，至少是自食其力，穷点儿谁还能笑话我呢！"歹徒一声不吭，女司机继续说，"唉，七尺男儿，干点啥都差不了，走上这条路一辈子就毁了。"

　　到了火车站，见歹徒要下车，女司机又说："我的钱就算帮助你的，用它干点正经事，以后再别做这种事了，父母知道了会寒心的。"一直不说话的歹徒，听完这番话之后，顿时忍不住哭了，把 300 块钱往女司机手里一塞，说："姐，以后打死我都不干这事了。"说完，就低着头走了。

　　有一句格言说："人的心和降落伞一样，必须是开的才有用。"

　　这句话用在说服别人这件事上同样适用。你若不懂得触碰对方内心最柔软的一面，只想一味地在言辞上占优势，常常会碰壁。在说服别人时，一定要用情感作为铺垫，让听者产生一种亲近感和认同感，一旦建立了这种感情共鸣，你无须再苦口婆心的劝诫，对方也会乐意听取你的意见。

面子工程要精心维护

　　曾国藩说过："予人一分面子，人必予两分面子。伤人一分面子，人必损十分面子。为人处世，面子不可不慎。"在特别讲究情面的社会里，不给别人面子，就容易使同路人变成陌路人，使朋友变成敌人，会给自己带来不必要的麻烦。学会维护别人的面子，也就是给自己留面子。

一般来说，人们对于自尊往往存有不容侵犯的保护意识，因此，一旦个人的自尊遭受侵犯或攻击时，即使对方过后表示歉意，恐怕也已无法弥补双方已破损的关系。

相反的，如果你能顾及对方的面子，处处为对方的自尊着想，那么，对方必然会因此对你表示友好与感谢。

举例来说，当大伙正在围桌谈笑时，有一个人讲了一个笑话，结果使得大家捧腹大笑，气氛十分欢乐。然而，在这些笑声还未平息之际，突然另一个人说道："这的确是一则有趣的笑话，不过我在上个月的一本杂志中早就看过了。"这个人的目的在于表现其见闻较广，但他所获得的真正评价是什么呢？而那个当初说笑话的人，此时的感受又如何呢？你可以体会得到。

自尊之心，人皆有之。人们一旦投入社交，无论他的地位、职务多高，成就多大，无不关心外界对自己的评价。由于来自外界评价的性质、强度和方式不同，人们会相应地做出不同的反应，并对交际过程及其结果产生积极或消极的影响。通常的规律是：尊之则悦，不尊则哀。换言之，当得到肯定的评价时，人们的自尊心得到满足，便会产生一种成功的情绪体验，表现出欢愉乐观和兴奋激动，进而"投桃报李"，对满足自己自尊心的人产生好感和亲和力，进而采取积极的合作态度，交际必然向成功的方向发展。反之，当人们不受尊重，受到不公正的评价时，便会产生失落感、不满和愤怒情绪，进而出现对抗心理，使交际陷入危机。

自尊在中国人的字典里被解释为"面子"。诸葛亮之所以一生追随刘备，鞠躬尽瘁，死而后已，就是因为刘备给了他太大的面子。刘备第一次屈身去请，诸葛亮适逢外出。第二次去请，诸葛亮恰巧又不在。一直到第三次，诸葛亮才与他交谈。如此大的面子，诸葛亮怎能不尽心相报。这位历史上最出名的谋士，被请出山时还是满头青丝，等去世的时候，已是白发渐长的老者了。诸葛亮不仅全心回报了刘备，也回报了其儿子刘禅，终以生命相报，不得不让人感慨面子的重要。

与其伤别人的面子，不如给他面子，让他欠你的情，那么他日后回报的面子一定大于你给他的。

有时候你知道对方的做法是错误的，直接提建议可能会伤害到彼此的感情，不如就采取迂回的方式对他说："虽然你有你的生活方式，可是我觉得如果你这样做会更好。"或者："这件事那样做是不对的，我相信你是不会那样做的，对不对？"

陈文进公司不到两年就坐上了部门经理的位置，但是有个别下属不服他，有的甚至公开和他作对，钱诚就是其中的一位。他们本来还是好朋友，但自从陈文做了部门经理之后，钱诚就经常迟到，一周五天工作日，他甚至四天迟到。

按公司规定，迟到半小时就按旷工一天算，是要扣工资的。问题是，钱诚每次迟到都在半小时之内，所以无法按公司的规定进行处罚。陈文知道自己必须采取办法制止钱诚的这种行为，但又不能让矛盾加深。

陈文把钱诚叫到办公室："你最近总是来得比较迟，是不是有什么困难？"

"没有，堵车又不是我能控制的事情，再说我并没有违反公司的规定呀。"

"我没别的意思，你不要多心。"陈文明显感觉到了对方的敌意。

"如果经理没什么事，我就出去做事了。"

"等等，钱诚你家住在体育馆附近吧？"

"是啊。"钱诚疑惑地看着对方。

"那正好，我家也在那个方向，以后你早上在体育馆东门等我，我开车上班可以顺便搭你一起来公司。"

没想到陈文说的是这事，钱诚反而有些不好意思，喃喃地说："不，不用了……你是经理，这样做不太合适。"

"没关系，我们是同事，帮这个忙是应该的。"

陈文的话让钱诚脸上突然觉得发烧，人家陈文虽然当了经理，还能平等地看待自己，而自己这种消极的行为，实在是不应该。事后，他们的朋友关系又正常化了。

学会维护他人的自尊心，是面子工程的第一关。与人打交道，当你懂得维护对方的自尊心时，你的人缘就会越来越好，获得越来越多人的肯定和支持，你的人际关系就会变得更加宽广和牢固。

第四章　口才沟通中的禁忌

什么话都不能乱说

三思而后行，是每个人都懂的道理。行动要三思，说话自然也要三思。

说话之前要考虑的因素有很多，你要考虑说话的对象、说话的背景，还有你说的话本身是否恰当。总的说来，就是不要滔滔不绝，口不择言，该少说的时候就要少说。比如你和一个小孩子大谈哲学，或是和一个老人讨论时尚，你不是在白费口舌吗？所以说话之前的考虑是非常必要的。

古罗马有位声名显赫的英雄，他以"战神科里奥拉努斯"之称而闻名于世。在历次的大战中，他立下了汗马功劳，在群众中有着极好的口碑。

后来，科里奥拉努斯厌倦了战场的杀戮，他打算竞选最高层的执政官来拓展自己的名望，开始自己在政界里的打拼生活。

按照程序，竞选这个职位的人必须进行两次演讲。初次演讲时，面对广大人民，科里奥拉努斯表现得十分出色。在演讲之初，他向人们展示了自己几年征战中留下的伤疤，以示自己的爱国情操。在场的所有人都被他打动了，几乎每个人都决定了要投他一票。

科里奥拉努斯也很满意自己的表现，甚至开始骄傲起来，他认为自己当选已是定局。

遵循程序要求，在投票的前两天，他还要作一次演讲，这次的演讲对象换成了地方显贵。

科里奥拉努斯一改之前的形象。在元老和贵族面前，他傲慢自大地宣称自己一定会当选，还许诺在自己当选后会维护贵族们的利益。他恶言诋毁对手，还说了一些阿谀奉承的话来讨好贵族。

不承想他竞争对手的朋友也在场，把他的话传了出去。全城的人们听说后，十分气愤，于是都把票投给了另外几位候选人。科里奥拉努斯最终落选了。

败选之后，科里奥拉努斯只能重回战场。他强忍着心中的怒火，发誓要让那些不选他的人尝尝苦头。

一次战争过后，部队缴获的物资运抵城里，元老们召开会议讨论是否把物资发放给城中的农民。科里奥拉努斯觉得自己的机会来了。他极力反对把物资发给群众，还攻击当下的政治制度，请求取消农民代表，只让贵族说了算。他要彻底剥夺农民的权利。

科里奥拉努斯的最新言论令平民们愤怒不已，他们认为自己的尊严受到了侮辱。人们成群结队地赶到元老院前，要求科里奥拉努斯出来向他们道歉。这一要求被科里奥拉努斯傲慢地拒绝了。

城中的人们忍无可忍，发动了大规模的游行示威。元老院迫于压力，终于赞成发放物品。但是百姓对科里奥拉努斯的言行依旧十分愤怒，声称他出来道歉后，才允许他重返战场。

于是，科里奥拉努斯来到群众面前致歉。一开始他的发言还算缓和，然而没持续多久，他内心的怒火爆发了出来，他甚至出言攻击民众！随着发言的进行，群众越发愤怒，他们先是大声抗议，然后引发肢体冲突，最终迫使科里奥拉努斯不能继续发言。

许许多多的人都请求元老判科里奥拉努斯死刑，让治安长官立即拘捕他，把他送到塔西匹亚岩顶端丢掷下去。

后来在贵族和长老们的调解下，他被处以终生放逐边境，永远不能回城的刑法。人们得知这一消息后，纷纷走上街头欢呼庆祝。

科里奥拉努斯就是说话不考虑的典型。他没有分清自己说话的对象和场合，说了一些不合时宜的话，不但将自己的大好前途断送了，还使自己陷于困境。在还有机会改过的时候，他却一错再错，直到困境变绝境，最终让自己陷入万劫不复的境地。

所以我们说话之前要好好考虑一下，切忌张口就来。正是话不在多，在理则行。

说话要顾及他人的心理感受

伤疤这种东西，如果被揭开了，便会露出血淋淋的伤口，疼痛不已。因此无论是对于自己的伤疤还是别人的，我们都要给予很好的保护。

如果某天你走在路上无意间看见一个十分在意自己形象的女同事不小心狼狈地摔倒了，而此时她并没有看到你，你会怎么做？是走过去扶起并安慰她，还是装作没看见默默走开？大多数人可能会英雄救美，跑过去把摔倒的人扶起来，然后嘘寒问暖地问她摔疼了没，要不要去医院等等。

这样做真的好吗？

试想一下，摔倒是极其尴尬的事情，更何况还是一个很要面子的女同事。摔倒后的她，即使有些疼痛也不会在意，她更怕的是被熟人看到自己的窘相。如果你此时跑过去，那么她的担心便成为现实。你的行为反而会加重她的心理负担，所以不如默默地在远处看着。如果她能自己爬起来，并无大碍，那么你就要将你看到的忘掉，这样才真正保护了对方的伤疤。说话的道理也如此。

在一场舞台剧演完后，女主角去浴室里洗澡。不巧这时有人打电话来，说是有急事要找女主角。接电话的是导演，拿起电话导演便去浴室里找人。

浴室有一排，进门是更衣室，浴缸和更衣室中间有屏风隔开。有几个浴室的门口都放着鞋子。由于事情很紧急，所以导演也来不及多想，走到最近的一个浴室便推门进去。他以为女主角在屏风后的浴缸里，所以走进去也没有关系。

没想到这时女主角已经洗好了澡，正在屏风外换衣服。她正用毛巾擦着刚洗的头发，身上还来不及换上衣服，一丝不挂地站在那里。

看到导演冲了进来，她猛地吃了一惊，大叫了一声"啊"，接着不知所措地站在那里。

导演也被这突如其来的尴尬吓得愣住了，慌忙后退出去，关上门。心想这下女主角肯定吓坏了。

不过导演灵机一动，他马上大声说道："真对不起啊，王先生。"他喊出了剧组另一位男士的名字，"我也急着洗澡，就冲了进去，您慢慢洗吧，我换个浴室便是了。"

女主角知道导演把自己当成了别人，长长地舒了口气。

导演的机智在这短短的几秒钟显露无遗。遇见这种事，就算你百般地解释和自责都无法抹去对方心里的阴影。于是导演索性来个"偷梁换柱"，从而将对方的阴影彻底除去了，也使自己不那么尴尬了。

提意见不能太尖刻

战国时期，陈轸来到秦国，正赶上秦惠王为一件事发愁。当时韩、魏两国互相攻打，打了一年也没分出胜负，战争一直持续着。

秦国是当时的一个大国，秦惠王想凭借自己的实力来阻止这场战争，一是彰显一下自己的实力；二是以阻止战争为借口消灭两国。于是他去向左右的大臣询问对此事的看法。

大臣们都各执一词，有的认为阻止这场战争好，有的认为不该阻止这场战争。最终秦惠王也没能下定决心。秦惠王见众官的说法都不一样，一时间不能决定，所以就想听听陈轸的想法。

陈轸听秦惠王诉说完自己的烦恼以后，并没有直接谈论这场战争，而是给秦惠王讲了一则《两虎相争》的寓言故事：

从前，有个人叫卞庄子，以开旅馆为业，因此人们也叫他馆庄子。此外，他雇用了一个小伙计帮助自己。卞庄子为人好斗，而且他确实有些本事，敢只身斗老虎。

有一天，一个牧童跑来，对卞庄子说："不好了！两只老虎正在争吃我的牛呢！你快帮帮忙把老虎赶跑吧！"

听后，卞庄子热血沸腾，全身上下似火在烧般，当即提起宝剑随牧童跑到山上。到了山上，只见一大一小两只老虎正咬住一头牛，牛拼命地挣扎着。卞庄子二话不说，拔出宝剑就要去刺杀老虎。

这时，跑来的旅馆小伙计一把拉住卞庄子说："两只老虎正争着要吃牛，为了各自的口中食，它们必然相互争抢，争抢就必然要互相搏斗。所谓'两虎相争，必有一伤'。而且死的那一只肯定是小老虎。等小老虎死了以后，大老虎肯定也要受伤。到时候你刺杀那只受伤的老虎，轻而易举。这样一来，你只要刺杀一只老虎，就可以获得刺杀两只老虎的美名了。"

卞庄子认为小伙计说得有道理，于是他们就站在那里等着。过了一会儿，两只老虎果然因为怎样分得食物的问题互相搏斗起来。正如小伙计所料，小老虎被大老虎咬死，大老虎也被小老虎咬伤了。这时卞庄子拿起宝剑刺死了受伤的大老虎，果然一举两得，获得了刺杀双虎的美名。

讲完这则故事，陈轸对秦惠王说道："现在韩、魏两国相攻，一年也没停止，这必然使大国受伤，小国灭亡。大王讨伐受伤的大国，这不就能一举消灭两个国家吗？这同卞庄子刺虎是同样的道理。"

这便是历史上著名的陈轸借虎谏秦王的故事。要知道在古代，向皇帝直谏可是非常不容易的事情。仅仅有一颗忧国忧民的心还是不够的，臣子们的直言纳谏能否被皇帝采纳取决于他们的讲话方式。

上述故事中的陈轸就是一个很好的例子。故事里，陈轸的想法是和皇帝相悖的，这样去劝谏皇帝就更有难度了。在这件事情的处理上，陈轸并没有直言皇帝的不对。因为若是他这样做的话，很容易让皇帝下不了台。取而代之的是，他巧妙地借用了一则寓言故事进行劝谏。让皇帝自己对号入座，从而认清事实，自己做出明智的选择。这样的方法看似走了弯路，其实是有助于更快地达到目标。

这个故事也给我们提了醒，当我们要向领导提意见的时候，应当怎么说才合适呢？如果你一心为着公司好，说出的意见却不被领导采纳，甚至引起领导的反感岂不是太冤枉。因此，在提意见前应多动动脑子。

人都是喜欢听好话的，领导更是如此。所以你在陈述自己意见的时候不要只盯着现状的不好说，你说话的重点应该放在自己意见实施后可能带来的好处上。领导也是人，他们也有自己的喜怒哀乐，所以提意见的时候要特别注意时机。倘若你在领导心情不好的时候提意见，那么你就是撞枪口上了。在领导心情好的时候提意见，你的意见更容易被接受。

说话要特别注意语气，最好能一直保持诚恳、认真的态度。只有先让领导觉得你可靠了，他才会考虑你提的意见。

提意见的时候要注意委婉，就像上面的故事里说的一样。懂得怎样去暗示自己想说的，才不至于将话说得太直白，让领导感到难堪。

别只图一时之快

有些时候，某些人说的话确实不对，而且让人觉得错得非常离谱，忍不住就会反驳他。可是在反驳的过程中，不能因为对方某些无知或者失误的地方就不尊重他，而一味想证明自己的正确和聪明。在反驳的过程中，也要学会给他人留面子。

1961 年 6 月，英国退役陆军元帅蒙哥马利访问中国。一次在河南洛阳参观，他好奇地走进一家剧院，剧院正在上演豫剧《穆桂英挂帅》。当他了解该剧的剧情后，连连摇头，说："这个戏不好，怎么能让女人当元帅？"于是，他和中方陪同人员发生了一场小小的争论。

开始时，中方陪同人员解释说："这是中国的民间传奇故事，人们很爱看。"蒙哥马利立即断言："爱看女人当元帅的男人不是真正的男人，爱看女人当元帅的女人也不是真正的女人。"

中方陪同人员不服气地说："我们主张男女平等，男同志能办到的事，女同志也能办到。中国红军里就有很多女战士，现在的解放军里还有位女少将呢！"蒙哥马利毫不退让："我一向对红军、解放军很敬佩，但不知道解放军里还有一位女少将。如果真的是这样，会有损解放军声誉的。"

中方陪同人员反驳说："英国女王也是女的。按照英国的政治体制，女王是英国的国家元首和全国武装部队的总司令，这会不会有损英国军队的声誉呢？"

蒙哥马利顿时语塞，无话可说了。显然，他对这场争论的结局感到有些难堪，心中的不悦之感是可想而知的。

中方陪同人员在这件事情上的处理就不太恰当，上级领导知道后，也批评了相关人员，并指出："他有他的看法，何必去反驳他？弄得人家无话可说，就算你胜利了？"之所以要批评陪同人员，就是因为那位同志当时疏忽了这一点，在争论（或解释）中将自己的意见或看法强加于人。特别是在外交往来中，不给对方留有余地，让对方下不了台，有损来宾的面子。

在社交中，谁都可能不小心弄出点小失误，比如：念了错别字、讲了外行话、记错了对方的姓名职务、礼节有些失当，等等。懂得说话的人如发现对方出现这类情况时，只要是无关大局，就不会对此大肆宣扬，使本来已被忽视了的小过失一下变得显眼起来。更不会抱着讥讽的态度，以为"这回可抓住笑柄了"，来个小题大做，拿别人的失误在众人面前取乐。因为这样不仅会使对方难堪，而且还会伤害其自尊心。

为了保住别人的面子，你要多替别人着想。如果对方冒犯了你，能宽容的便无须反应过激，不能忍受的可指出其错误所在，只求使其知错，不要令人难堪。如果对方是好意的提示，应诚挚致谢，不要为了维护自己的尊严而强词辩解，甚至把别人的善意和诚意扭曲。

如果为逞一时的口舌之快，而对别人的话大加反驳以证明自己的话是正确的，结果可能是赢了口风，却输了更多。一个人在生活中若懂得留人以脸面，其人际关系自然会比较融洽。别人如果真是错误的，时间久了他自己也会发觉，到时候还会感激你当时给他留了颜面。而如果一味说对方是错误的，他不但不承认，还会对你心生厌烦，这就给你的人际关系增添了障碍。

"小杨，请你今晚把这一叠讲稿抄一遍。"经理指着一叠至少有三四十页的稿纸对秘书小杨说。小杨面对讲稿，面露难色，说："这么多，抄得完吗？""抄不完吗？那请你另觅轻松的去处吧！"也许经理正在气头上，于是小杨被炒了鱿鱼。

小杨被"炒"实在令人惋惜。然而，这是可以想见的，像她这样生硬直接地拒绝上司的要求，给上司的感觉是她在对抗，不服从指示，被"炒"也就难免了。

其实，她可以处理得更灵活些。比如：立即搬过那一堆稿子埋头就抄起来，过一两个小时后，把抄好了的稿子交给经理，再委婉地表示自己的困难，那么经理肯定会很满足自己说话的威力，并意识到自己要求的不合理之处。这样，小杨就不至于被解雇。

在工作中我们也常会碰到一些来自上司的要求，如果你确实力不能及而不得不拒绝时，千万不要马上表示不可接受，而应先谢谢他对你的信任和看重，并表示很乐意为他效劳，再含蓄地说明自己爱莫能助的困难。这样，彼此都可以接受，不至于把事情弄得很不愉快。

假如一个周末，你正想利用时间给陈旧的居室动一次大手术，收拾一下家里的破破烂烂，晒晒被子，清理杂物，然后加班完成现在的工作任务。可这时，你的上司突然打电话要你去远方出趟差，接受另一项工作任务。这时你是拒绝呢，还是心不甘情不愿地碍于情面勉强答应呢？

显然，勉强答应下来的结果就是敷衍。即使任务完成了，也不见得能让上司和自己满意。这时，你最好的选择是拒绝。如何拒绝才能不让自己难堪，又不会失去上司的信任呢？

你不妨这样做：如果非常不想去，那拒绝的理由一定要充足。首先设身处地，表明自己对这项工作的重视，表明自己愿意接受的心情。然后再表明自己的遗憾，具体说明自己为什么不能接受。比如说："我有件紧急工作，必须在这两天赶出来。"充足的理由、诚恳的态度一定能取得上司的理解。

如果你拒绝的理由很合理，但是上司仍坚持非你不行，这时，你便不能一味地拒绝，否则，上司可能会以为你是在推辞，从而怀疑你的工作干劲和能力，以致失去对你的信任，在以后的工作中，有意无意地使你与机会失之交臂。

如果上司非常需要找帮手来解他的燃眉之急，而你又有十万火急的事情要处理，那你不妨提出合理的替代方法。假如周末的时候，上司交代你速来公司完成一项任务，你不能接受，又无法拒绝，这时你千万不可怒气冲天，拂袖而去。你可以与上司共商对策："既然这样，那么过一天，等我手头的工作告一段落，就开始做，你看怎么样？"你也可以向上司推荐一位能力相当的人，同时表示自己一定会去给他出点子、提建议。

运用这些方法，你一定能赢得上司更多的理解和信任，也会为以后的工作铺一条平坦的大道，因为上司也是和你一样的普普通通、有血有肉、有感情的人。你用柔和的态度对他，他也会用柔和的态度对待你。

警惕不良的说话方式

美国总统柯立芝有一次批评他的女秘书："你这件衣服很漂亮，你真是一个迷人的小姐。只是我希望你打印文件时注意一下标点符号，让你打的文件像你一样可爱。"女秘书对这次批评印象非常深刻，从此打印文件很少出错。

身为美国总统，柯立芝可算是世界上最有权势的人之一了，说话如此委婉、"客气"，这是他有修养、会说话的体现。假如他换一种盛气凌人的口吻呵斥："怎么搞的！连标点符号都搞不清楚，亏你还是某大学毕业的！"就只能让对方反感，而达不到纠正对方的目的。

遗憾的是，虽然人人都有自己的"舌头"，但如柯立芝总统一样能用好"舌头"的，则是少之又少。那么，是什么使我们的舌头"失灵"的呢？

第一，居高临下。

用一种优越于任何事和任何人的态度说话会使你很快陷于孤立。你会因此而失去较好的说话机会，成为孤家寡人。不管你身份多高、背景多硬、资历多深，都应放下架子，平等地与人说话，切不可给人以"高高在上"之感。例如，你是某校校长，你发现两个教师在悬挂着"严禁吸烟"的牌子旁边吸烟，你就狠狠地指责他们说："难道你们都是文盲？你们没有看到这块牌子吗？"这两个教师受了校长这样的反诘之后，心里会痛快吗？即使对方迫于环境或地位的限制不予以回击，也一定会对你耿耿于怀。

第二，口若悬河。

如果对方对你所谈的内容不懂或不感兴趣，不要不顾对方的情绪，始终口若悬河。我们佩服那些故事说得很精彩的人，敬慕其绝妙的才智，然而这种敬佩并非意味着我们所说的每句话都要是笑话，也并非指说话的主要目的是博得人们的笑声。成功的说话可以是愉快的，还可是严肃的。你应尽量发现自己在说话中的优点，你也许会发现你是最好的说话者，只是因为你比任何其他人都要注意倾听别人的谈话。

切不可泡在谈话中，鸡毛蒜皮地"掘"话题，浪费大家的宝贵时光。要适可而止，说完就走，提高谈话的效率。例如：两人相谈之下发现足球是彼此共同的兴趣，话也会说不完。可是在无意识中，也会产生竞争的心理，好像身在球场上一争胜负一样。如果其中一位技高一筹，另一位可能会甘拜下风，提出许多问题来请教。但如果双方势力均敌，就有得瞧了，这一位认为该多练习，那一位认为天分最要紧，难免会开始争论。加上人人都有好夸耀自己拿手的技术的心理，话说多了，往往忘记身在何处，弄到后来，完全忘了原来在谈什么，甚至演变成一场唇枪舌战，弄得不可收拾。

第三，挖苦嘲弄。

逗弄和取笑会触痛别人的自尊，而威胁他人自尊的任何事情都是危险的，即使在玩笑中也是如此。别人在谈话时出现了错误或不妥，不应嘲笑，特别是在人多的场合尤其不可如此，否则会伤害对方的自尊心。也不要对说话以外的人说长道短，这不仅有损别人，也有害自己，因为谈话者从此会警惕你在背后也说他的坏话。更不能把别人的生理缺陷当作笑料，无视他人的人格。

有一位教师是这样和学生谈话的：有个学生偷了同学的两元钱。当老师准备追查这件事时，这个学生悄悄地把钱扔在地上，然后又从地上拾起钱对老师说："是谁把钱扔到这儿了？"这一切老师都看在眼里，但当时并没有说什么。课后，他叫住了那个学生。那个学生马上紧张起来，左顾右盼，生怕别人看见了。到了一个僻静的地方，老师问："今天的事你能如实地告诉老师吗？"他没有吭声。老师又问："是你把钱扔在地上的吧？"他满脸通红，不敢正视老师一眼。老师把看到的一切告诉了他，并说明了当时没有点明的原因："你想想，如果我当着大家的面说钱是你拿的，同学们将会怎样看待你呢？"那位学生的眼泪夺眶而出。老师见教育时机已经成熟，便进一步讲道理，帮助他认识所犯错误的严重性和危害，鼓励他改正错误。从这以后，这个学生再也没出现过偷窃行为。

这个教师对学生所犯的过错没有大惊小怪，更没有讲训斥、嘲讽、挖苦的话，虽然仅仅发生在几秒钟内，却因此可能影响学生的一生。

第四，冷暖不均。

当几个人一起说话时，不要根据自己的"口味"，更不要按他人的身份而区别对待，热衷于与某些人说话而冷落另一些人。不公平的说话是不会令人愉快的。

比如打招呼，这里面就有些学问。如果来者是两位长辈，"两位伯伯好"。表现谦恭有礼；遇到同辈，如果是姐妹兄弟，"姐俩有何贵干哪？"；如果对方中仅有个别人熟悉，虽然只能与熟人打招呼，但目光也应顾及其余人，以表示对其余陌生人的尊重，也是对熟人的尊重，并且，打招呼时的用语，应带"你们"，"两（几）位"字样，免得冷落其余的陌生人。

假设有几个人在一起谈话，理想的说话方式应该是：先开始一个话题，然后一位一位地有次序地谈，直到大家感到有关这个题目已无话可说或者时间用完了。在这个过程中，每个人都有大致相等的机会和时间来谈话，并且当一个人讲话时其他人只能听。最后一个人总结所谈的话题，这时候表明该话题已经结束，可以引出另一个话题。

这样，说者和听者适当互换位置，说话就能够平稳地进行下去。这好像交通规则一样，即便没有警察指挥，大家也都会遵守红灯停、绿灯行的规则，否则便会造成交通堵塞。依据这个规则，参加谈话的人就要根据自己的需要决定加入谈话或者回避谈话。如果您想加入谈话，您必须等待说话的人讲完以后停顿时接过话茬。如果在这中间打断别人，就会被认为不礼貌。而如果您想把话题交给下一个人，就要出现停顿，暗示您已经讲完。

第五，心不在焉。

当你听别人讲话时，思想要集中，不要左顾右盼，或面带倦容、连打呵欠；或神情木然、毫无表情，让人觉得扫兴。当一个说话者期望你能对其妙语有所反应时，你应有所表示，不要无动于衷，不要让他在整个谈话中唱独角戏。

既然是交谈，就要先听清楚别人在说什么，还得用心记住，免得三分钟后你重新发问，或自己说的和别人说的对不上号。心不在焉、漏听字句和记性不佳，都会使谈话变得冗长、拖沓、无聊。试想，如果你在说话时，有人时时提问："你刚才在说什么？"那是多么令人扫兴的事。

第六，自我炫耀。

说话中，不要炫耀自己的长处、成绩，更不要或明或暗拐弯抹角地为自己吹嘘，以免使人反感。

比如有人在老朋友面前，虚荣心发作，不管天高地厚，说什么："他出几本书算什么，我是不写，我要写比他多出十倍。""他写那书，我一年写十本，我不写，嫌降低人格。""我们机关高低职称一大堆，我看上的没几个。""我当年发表的作品引起了全区讨论，要是干下去，现在早进'文联'了。"如此自我炫耀、目空一切，岂不让人耻笑？

第七，搔首弄姿。

和别人说话的时候，姿态要自然得体，手势要恰如其分。切不可指指点点，挤眉弄眼，更不要挖鼻掏耳，给人以轻浮或缺乏教养的印象。

比如：玩弄手中的小东西，用手不时地理头发，搅舌头，清牙齿，掏耳朵，盯视指甲、天花板或对方身后的挂画等，这些动作都有失风度。也不应忘记自己的身份去故作姿态，卖弄亲近："咱俩无话不谈，要是对别人，我才不提这个呢！"等。

第八，打断对方谈话。

社会心理学家在对人际关系的研究中一致指出，人际相处的一个最根本的信条就是："不打断对方。"并且，要完全倾听对方的话，这样才能使对方开怀畅谈。心理咨询时，心理医生通常都尽量让对方说出自己想说的话，而避免在中途打岔。否则，对方倾诉的欲求得不到满足，彼此也就无法建立较亲密的交谈关系，甚至会造成双方敌对情绪。

所以，要让人把话说完，不要轻易打断别人的话。交谈要扣紧话题，不要节外生枝。如当大家正在兴致勃勃地谈论音乐时，你突然把足球赛塞进来，显然不识"抬举"。

第九，言不由衷。

对不同看法，要坦诚地说出来，不要一味附和，也不要胡乱赞美、恭维别人，否则，令人觉得你不真诚。

应该要坦诚地说出你的感受。比如你在盛大聚会上对自己说：我太羞怯，不适宜这种场合；或是与此相反，你认为大多数人讨厌这种聚会，而你却很喜欢。不管自己怎么想，你最好把自己的这种感受向第一个似乎愿意洗耳恭听的人倾诉。这个人可能就是你的知音。况且，坦诚地说出"我很害羞"或"我在这里一个人都不认识"总比让自己显得拘谨冷漠要好得多。健谈的人正是勇于坦白的人。此外还有一个好处，如果你能坦诚相见，对方也会无拘束地吐露心曲。

第十，间歇效应。

当你对一开始的话题感到厌倦的时候，往往会出现一个间歇，一两分钟笨拙而又勉强的交流之后，大多数闲聊就会因此而终止。

除非你不想再继续，否则你应该避免"间歇效应"造成交谈夭折的悲剧。

当"间歇效应"出现时，你可以根据当时的情况，挑个轻松的话题继续聊几分钟。嗜好和旅游等丰富而自然的领域往往是最好的选择。比如：你可以简单地问："夏天快到了，你计划去度假吗？"或者"你打算去什么特别的地方度过这个假期呢？"即使他回答："我没有任何计划。"你还可以问问他曾经去过哪些地方。如果由于职业的原因，他或她不能休长假，你可以换个方式问他从事何种职业。如果你能增加让人们有话说的机会，人们通常会很高兴的。

第十一，消极话题。

如果你过分热心于个人或其他重要的问题，如果你津津有味地说着不幸的事儿，别人就会变得紧张而且不舒服。如果你的工作不理想，别说："我只是个档案管理员，我讨厌这份工作。"消极只能表明你一无是处。如果你有远大的抱负，可以大胆而且坦白地说出来："我正在学习成为一名饮食学家，但现在仍在做办公室工作。"否定的开场白："这儿的服务真差劲，我再也不来了。"也会吓走任何一位听众。

第十二，个人隐私。

在谈话中，涉及关系、财产和身体的直接问题是完全不适当的。"你婚姻幸福吗？""你挣多少钱？""你穿多大号的衣服？"这些问题不仅让人觉得你爱管闲事，而且把聊天弄得像警察在审讯。

每个人都有心灵的秘密一角，这种秘密有时连自己的父母都不愿相告，却愿意告诉自己最亲近的挚友。这种秘密包括婚恋纠葛、人事争端、前途打算、生理缺陷、个人恩怨等。即使朋友本人没有特别关照，你也应保守这些秘密，切不可拿朋友的隐私开玩笑。

话再好听也别多说

有些人在生活中常犯一个毛病：一旦他们打开话匣，就难以止住，被人称为"话痨"。其实，这种人得不偿失，因为他们自己话说得多了，既费精力，给他人传递的信息又太多，也还有可能伤害他人；另外，他们无法从他人身上吸取更多的东西，当然问题不在于别人太吝啬，而是他们不给别人机会。看来，那些滔滔不绝的说话者确实该改改自己的脾气了，否则会吃大亏。

如果有几个朋友聚在一起聊天，当中只有一个人口若悬河，其他人只是呆呆地听着，这就成为一个人的演讲会，在场的其他人会感到无可奈何和愤怒。每一个人都有着自己的发表欲。小学生对老师提出的问题，即使还不是彻底地了解，只是懂了一些皮毛，还是会举起手来，也不在乎回答错误要被同学们嘲笑。这就说明人的表现欲是天生的，因为小学生远不如成年人有那么多顾虑。成年人听着别人在讲述某一事件时，虽然并不像小学生那样争先恐后地举起手来，然而也恨不得对方赶紧讲完了好让他讲。

阻遏别人的发表欲，一定会让人不高兴，你在此情况下很难得到别人的认同，为什么要做这样的傻事呢？你不但应该让别人有发表意见的机会，还得设法引起别人说话的欲望，使人家感觉你是一位令人喜欢的朋友，这对自己的好处是非常大的。

著名记者麦克逊说："不肯留神去听他人说话，这是不受人欢迎的原因之一。一般的人，他们只注重自己应该怎样说下去，绝不管人家要怎样说。须知世界上多半是欢迎专听人说话的人，很少欢迎专说自己话的人。"这几句话是真真确确的。

美国最大的一家汽车公司准备采购一年所需要的坐垫布。3家有名的厂家已经做好样品，并接受了汽车公司初步的检验。然后，汽车公司给各厂家发出通知，让各厂的代表进行最后一次竞标。

有一个厂家的代表基尔来到了汽车公司，他正患着严重的咽喉炎。参加最后竞标时，他的嗓子哑得厉害，几乎不能发出声音。所以基尔只好在本上写了几个字："诸位，很抱歉，我嗓子哑了，不能说话。"

"我替你说吧。"汽车公司总经理说。后来总经理真替他说话了。他陈列了基尔带来的样品，并称赞它们的优点，于是引起了在座其他人活跃的讨论。那位经理在讨论中一直替基尔说话，而基尔在会上只是微笑点头及做出少数手势。

令人惊喜的是，基尔最后得到了那笔合同——50万码的坐垫布，价值160万美元，这是他得到的最大订单。

如果不是因为意外而说不出话，也许基尔就要侃侃而谈，可能让人心生反感，也就不会得到那笔单子。一个商店的售货员，拼命地称赞东西怎样好，不给顾客说话的机会，很可能就会失去生意；因为顾客不过是把你的如簧之舌、天花乱坠的说话当作是一种生意经，绝不会轻易相信而购买的。反过来，你如果给顾客说话的余地，使他对商品有评价的机会，你的生意便有可能做成。

与其自己唠唠叨叨地多说废话，还不如爽爽快快，让别人去说话，反而会取得意想不到的成功。如果能够给别人说话的机会，你就给人留下了一个好印象，以后别人就会更愿意与你交谈。

第五章　把话说到对方心里

多说些体贴关心的话

生活中，那些说话带有明显功利目的的人，肯定不会打动对方。与人交往中，多一些朋友间的关怀、亲人般的爱护，你才会赢得对方真心的感动和感激。对方被你的真诚所感化后，自然也会以真诚相回报。

对人关心和体贴，最能让人感到温暖。多说贴心的话，会赢得对方真心的感动和感激。"只要人人都献出一点爱，这个世界将变成美好的人间。"对别人体贴就是对别人献出了爱，别人受爱的感化，也会以爱相回报。体贴的话会换来友爱，换来真诚，而"友爱"和"真诚"是每个人都需要的。有些人不是慨叹这世上"友爱"和"真诚"太少了吗？其实，只要问问他："你又给过别人多少体贴呢？"恐怕他的回答就很尴尬了。

此外，你平时对别人表现出的关怀，还会在你求别人办事时发挥作用。你平时对别人那么好，谁还能拒绝为你办些事情呢？

试想有一天，你去找你的朋友，请他出面帮助你办某件事。

平常你的朋友身体健康、精力充沛，在工作上也颇得心应手，单位内的人都认为他很有前途，可是这天，他显露出悲伤的神情，很可能是家中发生了事情。

他虽没说出来，一直在努力地抑制，可总会自然而然地在脸上流露出苦恼的表情。对这位朋友来说，这实在是件很尴尬的事，为了不让他人知道，他不得不极力装作若无其事。你们共进午餐后，他用呆滞的眼神望着窗外，此时，他呈现出迷惑惘然的脸色。你对这种微妙的脸色和表情的变化予了关注。你对他说："小王，家里都好吗？"以假装随意问安的话，来开启他的心灵。

"不！我正头痛呢，我太太突然病倒了！"

"什么？你太太生病了！我怎么一点都不知道？现在怎么样？"

"其实也不需要住院，医生让她在家中疗养。太太生病后，我才感到诸多不便。"

"难怪呢！我觉得你的脸色不好，还以为你有什么心事，原来是你太太生病了。"

"想不到这样你都能看出来，真的谢谢你。"

他一面说着，脸上一面露出从未有过的笑容，此刻可以知道你成功了。在人最脆弱的时候去安慰他，这才是你应付出的体谅和善意。朋友由于悲伤，故心灵呈现出较脆弱的一面。此时，应当设法让他悲伤的心情逐渐淡化。朋友的苦恼，在尚不为人知晓前，自己应主动设法了解，相信你的这份善意，他一定会受感动的。自然，这以后，朋友会心甘情愿地帮你办事。

与人交往时为了表达出自己的关怀之情，在说话的时候，你可以参考下面的几种方法：

1. 示之以鼓励

给遇到磨难或陷于某种困境的人指出希望，让他振作精神，乐观地从困境中走出来，对方会对你的善意表示感激。

2. 示之以关心

不拘位卑位尊，贫贱富贵，人人都珍视感情。在必要的时候向别人表示关爱的感情，别人也会以同样的善意回报你。

作为上司，只有威严是不够的，还得富有人情味。下面是一个美国电话业巨擘——密歇根贝尔电话公司总经理福拉多的生活片段：

在一个寒冷的深夜，纽约的一条不算繁华的道路上，很少有车辆行驶。这时从街中心的地下管道内钻出一位衣着笔挺的人。路旁的一个行人十分狐疑，他上前想看个究竟，一看却怔住了，原来这个人竟是大名鼎鼎的福拉多！

原来地下管道内有两名接线工在紧张施工，福拉多特意去表示慰问。他说："你们辛苦了，我特地来慰问你们，没有你们，就没有我的事业。"

福拉多被称作"十万人的好友"，他与他的同事、下属、顾客乃至竞争对手都保持着良好的关系，这位富有人情味的企业巨人，事业如日中天。

3. 示之以同情

如果周围的人遇到了挫折和不幸，我们真诚地给以同情的关怀，就可以让他感受到我们对他的体贴和关心，这样就能减轻一些他内心的痛苦。

当然，同情不是无原则地附和。如果对方的情绪产生于错误的判断，就不应当随便表示同情，以免助长其错误情绪。比如说评定奖金，张三本来劳动态度不好，因而未评上一等奖，他发起了牢骚，你如果在这时表示同情，那就等于助长了他的错误思想，也不一定会起到安慰的作用，这时你需要做的是劝导他正确对待，好好工作，下次争取。

不管采用什么办法，相信如果你的话语中充满了关怀之情，对方就一定会被你折服，你们的友谊也就更加牢固。

如何贴心开导人

对许多人而言，目击别人的伤痛与不幸，是件很痛苦的事。在这种场合，我们经常说些开导的话。但有些人虽然想说些开导的话，却又不知怎么说，为了避免说错话，宁愿什么都不说，而错失表达关心的时机。那么，我们在不幸者面前到底该如何说开导的话呢?

在不幸者面前，在不幸的场合，首先要做的并不是要说什么，而是要听，要听不幸者的声音。这是非常重要的。聆听并不是保持沉默，而是仔细听对方所说的，以及真正的含义。聆听应该是用我们的眼、耳和心去听对方的声音，而不是急着去想知道事情的前因后果。这样，你才能使不幸者感到你是真诚地愿意分担他的不幸。

当朋友、家人陷于情绪或身体的痛苦之中时，支持他们的最基本方法是：允许对方哭泣。面对哭泣的人，人们最自然的反应，即是希望对方停止哭泣，并跟他说："别哭了，事情一定可以安然解决的!"其实这并不是最适当的反应。当对方啜泣或掉泪时，我们通常会对自己的无助感到坐立难安。然而，哭泣是人体尝试将情绪毒素排出体外的一种方式，而掉泪则是疗伤的一种过程。所以，请别急着拿面纸给对方，只要让他知道你支持他的心意。

给予开导并不是告诉别人："你应该觉得"或是"你不应该觉得"。安慰是指：不要对他们下判断，不要心想他们正在受苦、需要接受帮忙；安慰是指：给予他们空间去做自己、并认同自己的感觉。我们不需要透过"同意或反对"他们的选择或处理困境的方法，来表达关心。

在给予开导时，我们应该时说时听。我们必须提醒自己——不要总说些我们认为对对方有益的事。给予开导的艺术，在于"适当的时机，说适当的话"，以及"不在一时冲动下，说出不该说的话"。所以，给予开导时，我们应该从容不迫地停顿与思考。这样，有助于我们在重要的刹那发挥同理心。如果没有做这样的停顿，我们可能会在瞬间说出稍后会反悔的话。

在不幸者面前说话，我们不要犯下面的错误：

第一，显示自己的优越。

老李与一个老同学二十多年未见面，他们相见后，便得知老同学婚姻发生变故。于是他首先对老同学的不幸表示同情、惋惜，可是他听了老同学婚姻变故的原因之后，便觉得老同学是有一定责任的。他便用自己如何处理婚姻关系现身说法来证明老同学的不对。老同学尽管知道老李的说法是正确的，但还是从心里不高兴。最后，二十年没见面应有的热情，便被老李显示自己的优越所驱散了。

不幸对一个人的内心摧残，是外人很难理解的，不幸又往往使当事者变得十分敏感，感情的脆弱，会使不幸者多少有一点心理变态，即使一些平日大大咧咧的性情开朗者，哪怕表面透露出的是不在意，但其内心世界是不会像表面那样潇洒的。因此，外界的一切都会对他们产生或多或少的影响，那些和不幸者的不幸有关的话题对其刺激尤为强烈。所以，在不幸者面前，我们不可显示自己的优越。

第二，道破对方的隐私。

有一个人在生意场上赔了钱，十分沮丧，大家一般都认为他的沮丧是生意赔了钱所致，但实际上问题并不只是由于他赔了钱，而是他对自己赔钱的原因——用人不当而沮丧。他在做生意的时候，有一个助手是他一直十分器重的，但这个助手背叛了他。他痛心疾首的原因是对人的失察，这一点他又最不愿意让人知道。但有一个朋友在和他交谈时说："我想你不会因为赔了这一点钱就这样的吧！和以往比较这次赔得并不算多，损失也不是太重。我想，你决不会因这点损失就成为现在的样子，其中必然有更重要的原因。我想来想去，无非是因为有人背叛了你，你便觉得自己无能，这也说明了你的致命弱点……"他的话还没有说完，这个不幸者便手一挥说："你知道什么，你不说话，我不会把你当作哑巴！"

这里，朋友开导失败的原因就是：道破对方的隐私。遭遇不幸的人，心理都十分复杂，但总有一些最隐秘的东西不愿让别人知道，哪怕是最好的朋友也概莫能外。所以，面对不幸者，可以尽可能地去安慰对方，但不宜道破对方的隐秘。

第三，指责对方的错误。

有一个知识女性，平日对自己的工人丈夫吆五喝六，根本不把丈夫放在眼里。结婚十多年，丈夫在一种低三下四的心理状态中生活着，自卑一直使他在一种十分压抑中度日如年，因而在他和一个离异的年轻女子接触不长时间后，便产生了爱慕心理，于是便同病相怜，来往也就多了起来。这个知识女性知道后，便大发雷霆，一气之下，便和丈夫离了婚。但事后，她也明白自己对丈夫是有过火之处的。可是事情已经过去，她在自责中暗自伤心。但她的一个朋友在跟她谈及这件事的时候，偏偏说一切都怪她，结果让她赶出了家门。朋友是出于一片好心，何以反被她赶出了家门呢？

这就是一味指责不幸者的错误的结果。面对不幸者，要开导他们，不能直接指出他们的不是，而应该采用旁敲侧击的方法让他们意会。

如果指责对方，便会对他们造成一种无形伤害。

对待病患怎么说

有亲友患病住院治疗，就免不了要上医院去探望。探望病人，说话更是免不了。而就躺在病榻上的病人而言，探望者的每一句稍有不慎的话，都很可能会触动他脆弱的神经。尤其是一些患者因为病魔缠身而产生抑郁、焦虑、多疑、恐惧及孤独自怜等消极情绪和心理波动时，作为探望者，如果语言运用得好，将会使病人精神振作，进而积极配合医院的治疗。

倘若你不懂特殊场合的特殊语言，见着病人就冒冒失失地说："哇，你病得不轻啊，看你怎么瘦成这副模样了。"或者实话实说："唉，看来你的病比较麻烦，我四处查寻，目前国内还没找到特效药。"那就无异于给病人原本就很糟糕的情绪"雪上添霜"，与其如此管不好自己的嘴，不如不去探望。所以，探望病人时，应该多说些有利于患者振奋精神、增强信心、促进疾病治疗和恢复健康的话。

探望者每一句积极的劝慰语言，对病人来说都是沁人心脾的。劝慰的语言很多，要依照病人所患的病种，有针对性地劝说对方不要有太多的心理负担，要充分相信现代医术。同时你须面带三四分的笑容，让对方从你的精神面貌里感受到生之有幸。这种感受很奇特，它易于勾起病人尽早康复的热望，进而稳定患者的情绪，有利于患者疾病的治疗。

病人的心理脆弱不只需要劝慰，更需要鼓励。鼓励就像黑暗中的一缕阳光，它给予心理上的支持是很微妙的。鼓励性话语无须太多，只需"我们大家都在等着你回来""大夫说你出院后只需注意自己身体的调养就够了"之类的话，对调动患者战胜病魔的意志和勇气都会起到举足轻重的作用。尤其是在某些患者对自己疾病的治疗丧失信心时，你若适时地给予真诚和符合客观事实的鼓励，也许就能在患者身上产生"起死回生"的效果。对于病入膏肓者，你编造些善意的谎言鼓励对方，其实也是延续对方生命的一种方法。

首先，吊丧时，用关心的语调，诚恳的态度对死者的家属致以亲切慰问。可以讲"请节哀自重""对××的去世，大家都很难过。可人已远去，请全家节哀"。抚慰要态度诚恳，以情动人。劝说、分析、开导应是肺腑之言。

其次，人在悲伤时，往往需要倾诉。从心理学的角度讲，把积郁之言说出来，让别人分担些悲伤，可以帮助死者亲属减轻痛苦。但作为吊丧者，所提及的问题要以死者为中心。问一下死者生前病情；治疗情况；死后丧事安排；有何困难等等。这种体贴式交谈，可以使死者家属体会到生活的美好，感到人与人之间的融洽。

最后，吊丧时，因环境特殊，可说的话很少。而回忆死者生前言行，也可以缓解死者家属的悲痛，如说"王师傅为人厚道，工作踏实，又有能力，这一走对咱厂是个损失"等比较得体。这样的话语，会使死者家属对死者产生美好回忆，精神有所寄托。

总之，在不幸之人面前，说什么话是一件严肃的事情，一定要根据不同对象的情况，采取适当的方式和语言，才能收到较为理想的效果。

怎么说能让人更爱听

很多人往往习惯将自己的想法、意见强加给别人，总觉得自己的做法、意见才是最好的。虽然出发点都是好心的，是为了帮助别人解决某些问题，但是却始终没有站在对方的立场上想过这样是否适合。所以当我们和别人商谈事情时，不应该先自我确定标准和结论，应该站在对方的立场上仔细想想，询问对方对事情的看法和应该如何解决问题，而不是直接讲一番大道理来逼迫对方接受。

在与人沟通时，站在对方立场上，才能让别人听着顺耳，觉得舒服。站在对方立场上去想去说不仅能使他人快乐，也能使自己快乐。

站在对方的立场考虑问题，你会发现，你跟他有了共同语言，他所思所想、所喜所恶，都变得可以理解。许多人不懂得如何站在对方立场上思考和说话，这是导致很多事情做不成功的一大原因。

站在他人的立场上说话，能给他人一种为他着想的感觉，这种投其所好的技巧具有极强的说服力。要做到这一点，"知己知彼"十分重要，唯先知彼，而后方能从对方立场上考虑问题。成功的人际交往，有赖于发现对方的真实需要，并且在实现自我目标的同时给对方指出一条可行的路径。

某精密机械总厂生产某项新产品，将其部分部件委托一家小型工厂制造。当该小型工厂将零件的半成品呈示总厂时，不料全不符合该厂要求。由于时间紧迫，总厂负责人只得令其尽快重新制造，但小厂负责人认为他们是完全按总厂的规格制造的，不想再重新制造，双方僵持了许久。总厂厂长在问明原委后，便对小厂负责人说："我想这件事完全是由于公司方面设计不周所致，而且还令你吃了亏，实在抱歉。今天幸好你们帮忙，才让我们发现竟然有这样的缺点。只是事到如今，事情总是要完成的，你们不妨将它制造得更完美一点，这样对你我都是有好处的。"那位小厂负责人听完，欣然应允。

也许你会说："站在对方的立场上说来容易，实际要做的时候却很难。"没错，站在对方立场来说话确实不容易，但却不是不可能。

许多口才不错的人都能做到这一点。因为若不如此，谈话成功的希望就可能很小。真正会说话的人，善于努力地站在他人的角度来设想，并且乐此不疲。然而，他们也并非一开始就能做得很好，而是从一次次的说服过程中吸收经验、教训，不断使自己养成这种习惯。因此，只要你愿意，这并不是件太难的事。

站在对方的立场上思考和说话，设身处地地为别人着想，往往能让对方非常感动。现在有一个很流行的说法是"理解万岁"，一个人最大的痛苦之一就是没人理解，如果我们能站在他的立场上说话，那对于他来说是一种莫大的幸福。

美国汽车大王福特说过："如果说成功有秘诀的话，那就是站在对方立场上认识和思考问题。"如果你与别人意见不一致了，假如能站在对方的立场上认识和思考问题，你也许会发现自己错了。而且如果你肯主动承认错误，就会使矛盾很快得到解决，还能赢得他人的喜欢。

抓住共同的兴趣开口

"酒逢知己千杯少"，两个意气相投的人在一起总觉得有说不完的话。因此，我们在和陌生人交往时，不妨多多寻求彼此在兴趣、性格、阅历等方面的共同之处，使双方在越谈越投机的过程中获得更多关于对方的信息，迅速拉近距离，增进感情。

美国耶鲁大学的威廉·费尔普斯教授是个有名的散文家。他在散文《人类的天性》中写道：在我8岁的时候，有一次到莉比姑妈家度周末。傍晚时分，有个中年人慕名来访，但姑妈好像对他很冷淡。他跟姑妈寒暄一阵之后，便把注意力转向了我。那时，我正在玩模型船，而且玩得很专注。他看出我对船只很感兴趣，便滔滔不绝讲了许多有关船只的事，而且讲得十分生动有趣。等他离开之后，我意犹未尽，一直向姑妈提起他。姑妈告诉我，他是一位律师，根本不可能对船只感兴趣。"但是，他为什么一直跟我谈船只的事呢？"我问道。"因为他是个有风度的绅士。他看你对船只感兴趣，为了让你高兴并赢取你的好感，他当然要这么说了。"

谈论对方感兴趣的话题，对双方都有好处：不仅可以使对方对你产生兴趣，而且可以使自己更关心别人，关心别人对自己的要求。谈论别人感兴趣的东西能够拉近人与人之间的距离。

刘微是一个足球迷，有一次在去北京的火车上，她的同座是位东北口音很浓的小伙子，闲来无事，刘微和他聊了起来。她一开始故作惊讶地得知他是个东北人，然后顺口赞美东北人豪爽，够朋友，她说她有好几位朋友是东北的，人特爽快。小伙子自然高兴，自报家门，说他叫陆军，是大连人，并说东北人是很讲朋友义气的，粗犷、豪放。而刘微话锋一转，说东北人也很团结，特别是大连足球队，虽然每位队员都不是非常出色，但他们团结一致，奋力拼搏，经常取得好的成绩。恰巧陆军也是位球迷，两人聊得天昏地暗，下车后互留了通信地址。在陆军的介绍下，刘微认识了很多球迷，其中有一位就是她这次准备争取的客户。于是刘微轻松地完成了这次推销任务，为公司赢得了一个大客户，更值得高兴的是她结交了许多朋友。

在与陆军交谈时，刘微先是从"东北人"这个话题入手，然后转到"足球"这个两人都感兴趣的话题上，与对方越谈越投缘。经过一番"神侃"之后，两人加深了了解，成为好朋友，这层关系对刘微完成任务起到了关键作用。

话不投机半句多，为什么话不投机呢？多半是因为不理会对方的兴趣，而是自顾自地说话，谈论自己的爱好，讲自己遇到的奇闻逸事。这样的人口若悬河说很久，不仅费力气别人还不买账。人多少有些叛逆心理，你越谈论自己的兴趣，别人就越觉得凭什么你一直在那里说，我就是对你说的那些不感兴趣。而如果你让别人说他感兴趣的事情，他就会很高兴，并且也会很善意地给你留说话的机会。说话也是一件礼尚往来的事情，你讲到了别人感兴趣的地方，别人也会了解你的想法。

用赞美拉近距离

有一个故事：

老王是一个不苟言笑的人，平常很吝啬给人赞美或掌声。有一天，在家吃饭时，他发现烤鸭只有一条腿，很纳闷，于是就问他太太为什么这只鸭子只有一只脚？他太太说："我们家的鸭子都只有一只脚呀！""我不信，所有鸭子都有两只脚，为什么只有我们家的鸭子比较特别？""不信，你不会自己到池塘去看。"于是老王跑到池塘去看他的鸭子。由于鸭子正好在睡午觉，因此都缩着一条腿，只用一条腿站立。这时，老王灵机一动，朝鸭子栖息的方向用力地鼓掌。"奇迹"发生了：鼓掌的声音使鸭子纷纷把缩着的那只脚放了下来。鸭子立刻变成了两只脚。

这个故事很有趣吧！事实上，不仅鸭子需要掌声，任何人都需要赞美。

某科长有一天终于体力不支而入院。上司很快来探病且说了以下的话："这真是个大好机会啊！你可好好静养一下，不必担忧公司里的事，没有你在，公司会照常营业，所以你不必挂心。"上司这些出于安慰的话，使得科长体力更加衰弱，因为科长心里想公司之所以有今天，完全是自己努力所致啊！

第二天，部下来了，他说着和上司完全相反的话："科长一不在，整个公司就乱无头绪，这是因为缺少一位果断、能干的人才呀！希望科长能早一天好转，回到公司上班。"听了这番话的科长，心里真是说不出的高兴，立时感觉身体似乎好了一大半。

可见，赞美的力量是绝不可小视的。赞美别人，仿佛用一支火把照亮别人的生活，也照亮自己的心田，有助于发扬被赞美者的美德和推动彼此友谊健康地发展，还可以消除人际间的龃龉和怨恨。你对同事说："你好像挺闲的，把这个计算一下。""有空吧？帮我抄份报告。"就会引起对方的反抗。如果改说："辛苦你了！""老是在麻烦你！"这种谦恭的姿态，或许能缓和对方的反抗力，但未必能激发他的干劲。而如果对同事加以赞美说："你的计算很快！""你的字写得很漂亮，所以想拜托你。"对方定会认为得到知音，而激起做事的干劲。

任何人都需要赞美。学会赞美别人，同时也是在赞美自己。你可以赞美他的外表、衣着、气质、工作，甚至是他的一个很小的动作，都可能有意想不到的效果。可惜的是，有些人就是不懂得如何用赞美的说话方式，这也是他们与人交谈不够融洽的原因。事实上，赞美他人是有一定的原则和技巧的：

1. 赞美要真诚

虽然人都喜欢听赞美的话，但并非任何赞美都能使对方高兴。如果你的赞美不是出于真心，对方就不会接受这种赞美，甚至怀疑你的意图；如果你毫无根据地赞美一个人，他不仅感到费解，还会莫名其妙，觉得你油嘴滑舌，有诡诈，想利用他，进而引起他对你的防范。所以在赞美他人时，为避免引起类似的误会，你必须确认你所赞美的人确有其事，并且要有充分的理由去发自内心地赞美。

例如，当你见到一位其貌不扬的小姐，却偏要对她说："你真是美极了。"对方立刻就会认定你所说的是虚伪之至的违心之言。但如果你着眼于她的服饰、谈吐、举止，发现她这些方面的出众之处并真诚地赞美，她一定会高兴地接受。

2. 赞美要具体

赞美越具体越好。就是说赞美时我们不要空泛、含混、夸大，而要具体、确切。如果你只是含糊其词地赞美对方，说一些"你工作得非常出色"或者"你是一位卓越的领导"等空泛飘浮的话语，就不能引起对方的共鸣。

举一个实例来说明：

风靡全球达半世纪的喜剧泰斗卓别林，1975 年 3 月 4 日，以 85 岁高龄在英国白金汉宫被伊丽莎白女王封为爵士之尊荣。在封爵仪式中，女王对兴奋的卓别林说："我观赏过许多你的电影，你是一位难得的好演员。"事后，有人问卓别林受封的感想，他有点遗憾地说："女王陛下虽然说她看过我演的许多电影，并称赞我演得好，可是她没说出哪部电影的哪个地方演得最好。"

由此可知，赞美必须说出具体事实，尽量针对某人做出某件事，才会发挥赞美的效果。比如你称赞他切鱼片的刀法非常高超，他就会对你的赞美感到更加兴奋不已。

所以，赞美用语愈翔实具体，说明你对对方愈了解，对他的长处和成绩愈看重。让对方感到你的真挚、亲切和可信，你们之间的人际距离就会越来越近。

3. 背后赞美

在背后赞美他人，虽是间接式的，却是超倍的赞美，比当面直接的赞美效果更好。比如有人告诉我们：某某人在我们背后说了许多关于我们的好话，我们会不高兴吗？这种赞语，如果当着我们的面说给我们听，或许反而会使我们感到虚假，或者疑心他不是诚心的，为什么间接听来的便觉得悦耳呢？因为当面赞美，很可能是客套话，而背面的赞美常是真心话。某公司经理为了拉拢一个敌视他的属员，便有计划地对别人赞扬这部属，他知道那些人听了以后，一定会把他说的话传给那个部属。结果，这位属员在随后的工作中，虽然没有一下子变得鼎力支持他，但已不再那么敌视他了。

所以，较少当面赞美别人，较多背后赞美别人，这是真正懂得赞美的人经常使用的方法。

4. 不要频繁地赞美

事实证明，在特定时间内，一个人赞美他人的次数，尤其是赞美同一个人的次数越多，其作用力也就越低。如果你太频繁地赞美别人，别人对你的赞美就觉得无所谓了，甚至还会认为你是一个以虚誉钓人的献媚者。在这种情况下，你赞美别人一次，别人就会增加一份对你的警惕和反感。所以我们应该记住，人们需要赞美，但千万不要频繁地赞美。

5. 巧妙地反语赞美

反语赞美，就是用反语来表达赞美的一种方法。即表达赞美时，赞美者首先故意设下反语，待听者为之一惊时，却以贬引褒表达出赞美来。

某中学的一位班主任老师，用自己的钱给一名失去母亲的学生买棉衣。因考虑学生不忍心接受，便谎称是学校领导发给的助学金，学生的父亲向校长表示感谢，校长莫名其妙，反复调查。真相大白后，校长郑重其事地对这位班主任说："你犯了'诬陷罪'！"这位班主任大惊失色，顿时语塞。正待发作时，校长乐呵呵地说："你拿自己的钱救济学生，甘当无名英雄，却说我们是雷锋！"这位班主任才转怒为喜。在这里，这位校长首先用荒唐的反语极力贬低。然后，以贬引褒，顺理成章，赞美这位班主任关心学生，不计名利的思想品质。

这种赞美，反语出口，听者吃惊，出现心理落差，待抖开"包袱"时使被赞美者恍然大悟。可见，反语赞美新奇巧妙、幽默含蓄，又耐人寻味，比一般赞美效果更好。

动人心者，莫过于情

在人与人之间的交流中，如果想要说服对方认同你的观点，靠的是以诚服人、以情服人、以理服人、以德服人，这是感情、知识和心智力量使然。情感的力量使人有情感的认知和共鸣，知识的力量能使人们信服观点的论证，心智的力量则能使人们接受辩手本身，并进而在有意无意中相信和支持辩手的论证与反驳。

正如一位诗人所言："动人心者，莫过于情。"抓住了对方的心，与对方交谈也就成功了一半。

如果为人真诚，说话之前先有了真诚的心，那么即使是"笨嘴拙舌"也是没有什么关系的。有太多的事例一再说明，在与人交流时表达真诚要比单纯追求流畅和精彩更重要。

1915年，小洛克菲勒还是科罗拉多州一个不起眼的人物。当时，发生了美国工业史上最激烈的罢工，并且持续达两年之久。愤怒的矿工要求科罗拉多燃料钢铁公司提高薪水，当时小洛克菲勒正负责管理这家公司。由于群情激奋，公司的财产遭受破坏，军队前来镇压，因而造成流血事件，不少罢工工人被镇压。

当时民怨沸腾。然而，小洛克菲勒后来却赢得了罢工者的信任，他是怎么做到的呢？原来小洛克菲勒花了好几个星期去结交朋友，并向罢工代表发表了一次充满真情的演说。那次的演说可谓不朽，它不但平息了众怒，还为他赢得了不少赞誉。演说的内容是这样的：

"这是我一生当中最值得纪念的日子，因为这是我第一次有幸能和这家大公司的员工代表见面，还有公司行政人员和管理人员。我可以告诉你们，我很高兴站在这里，有生之年都不会忘记这次聚会。假如这次聚会提早两个星期举行，那么对你们来说，我只是个陌生人，我也只认得少数几张面孔。上个星期以来，我有机会拜访了整个南区矿场附近的营地，私下和大部分代表交谈过，我拜访过你们的家庭，与你们的家人见过面，因而现在我不算是陌生人，可以说是朋友了。基于这份互助的友谊，我很高兴有这个机会和大家讨论我们的共同利益。由于这个会议是由资方和劳工代表所组成，承蒙你们的好意，我得以坐在这里。虽然我并非股东或劳工，但我深觉与你们关系密切。从某种意义上说，也代表了资方和劳工。"

说出这样一番充满真诚的话语，可能是化敌为友的最佳途径。假如小洛克菲勒采取的是另一种方法，与矿工们争得面红耳赤，用不堪入耳的话骂他们，或用话暗示错在他们，用各种理由证明矿工的不是，那结果只能是招惹更多的怨恨和暴行。

真诚就像一颗种子，你细心维护它，有一天它就会结出让你惊喜的果实。你真挚待他人，他人也会真挚待你，甚至你敬人一尺，人会回你一丈。但是，我们不能把付出真情当作某种本小利大的低风险投资，使别人觉得你的"真情"只是一种交易的筹码，而算计的权利全在你的手中。

一个旅游团不经意走进了一家甜品店，参观一番后，并没有购买任何甜品的打算。临走的时候，服务员没有抱怨旅游团，相反，他却更加热情，把一盘精美的可可糖捧到了他们面前，并且柔声慢语说："这是我们店刚进的新品，清香可口，甜而不腻，请您随便品尝，千万不要客气。"如此盛情，使顾客不知不觉进入了甜品店员工营造的一种轻松友好的氛围之中，恭敬不如从命。既然领了店家的"情"，又岂能空手而去呢？旅游团成员觉得不买点什么，确实有点过意不去。于是每人买了一大包，在服务员"欢迎再来"的送别声中离去。

如果这位服务员使旅游团的成员感到他的热情只是一种算计，那么结果只有一种可能，就是：你越是热情，我越是拒绝。

每一句话都是心里话，而不是把装出来的热情做得不露痕迹，这样才能够赋予说服或者论辩以真情，从而在打动自己的同时打动对方。我们所要强调的是，真情重在自然流露，在乎本性天成，不能仅仅作为一种方法或者策略。

真诚待人，展现人格魅力，这也是争辩的一种方法，它是某些人的特质。一个真诚的人，一个具有人格魅力的人，即使不能舌绽莲花，也可以让一个能言善辩的人低头认输。

多说"我们"，少说"我"

有位心理专家曾经做过一个有趣的实验。他让同一个人分别扮演专制型、放任型与民主型三种不同角色的领导者，而后调查其他人对这三类领导者的观感。

结果发现，采用民主型方式的领导者，他的团结意识最为强烈。同时有研究结果也指出，这种人使用"我们"这个词的次数也最多。

一家公司招聘员工，最后要从三位应聘人员中选出两位。公司给出的题目是这样的：

假如你们三个人一起去沙漠探险，在返回的途中，车子抛锚了。

这时，你们只能选择四样东西随身带着。你会选什么？这些东西分别是镜子、刀、帐篷、水、火柴、绳子、指南针。其中帐篷只能住两个人，只有一瓶矿泉水。

甲男选的是：刀、帐篷、水、火柴。

面试经理问他："为什么你第一个就要选刀？"

甲男说："害人之心不可有，防人之心不可无。这帐篷只够两个人睡，水只有一瓶，万一有人为了争夺生存机会想害我呢？所以，我把刀拿到手，也就等于把主动权抓在了手中。"

乙女和丙男选的四样物品为：水、帐篷、火柴、绳子。

乙女解释说："水是必需品，虽然只有一瓶，但可以省着点喝，相信也能够使三个人一起坚持到最后；帐篷虽然只能容纳两个人睡，但是可以三个人轮换着休息；火柴也是路上必不可少的；而绳子可以把三个人绑在一起，这样在风沙很大、看不见物体的时候，队伍就不会散了。"丙男给出的解释与乙女相同。

最后，甲男被淘汰出局。

这道题目实际上是在考三个人的合作精神。甲的回答，显然都是从"我"的角度出发去考虑问题，而乙和丙则从"我们"的角度去考虑问题，所以甲被淘汰出局。

一个不懂得用"我们"去思考的人，注定要被淘汰出局。小孩在做游戏时，常会说"我的""我要"等语句，这是自我意识强烈的表现，在小孩子的世界里或许无关紧要，但若长大成人以后仍然如此，就会给人自我意识太强的印象，人际关系也会因此受到影响。

人的心理是很奇妙的，同样的事往往会因说话的态度不同，而给人完全不同的感觉。而善用"我们"来制造彼此间的共同意识，对促进我们的人际关系将会有很大的帮助。

"我没有做什么，同事们和我一样战斗在工作第一线，尤其领导更是起了带头作用，为我们做出了榜样。我觉得功劳不能归于一人，功劳是大家的。"在一些表彰会上，经常可以听到这样的语言。其实这些话多半言不由衷，因为明明工作就是一个人干的嘛。但是把"我"说成"我们"，一来显得自己谦虚，二来让领导和同事们听着都很舒服：这个人，还有点眼光。

如果一个人过分强调自己，什么事都抢着去干，或者什么功劳都揽到自己头上，什么过错都推给别人，那这个人很可能就要倒霉了，除非他是团队中的头号人物。所谓"枪打出头鸟"就是这个道理。所以即使自己干了很多，苦劳都是自己的，也要把功劳分给大家。不要感觉很不公平，在这样的人际关系中，你要学会适应。

不过你做了事情，但是把功劳和大家分享了，你在别人心中的地位就会逐渐提高。群众的眼睛是雪亮的，什么东西他们看不出来？领导更是眼明心亮，只要你不抢他的风头，时间长了肯定有你的好处。

说"我"跟"我们"的差别，其实就是让听者心里高兴与否。说"我们"，听者心里高兴，对自己有好处；说"我"，听者心里不高兴，对自己没什么好处。既然这样，聪明的人就应该多说"我们"少说"我"。

那么是不是不能说"我"呢？当然不是，只是要把握好机会。平时积累了很多人情资本，在关键时刻勇敢地把"我"说出来，等于是量变到质变的飞跃，会取得让人满意的结果。

第六章 说话不要太直接

直言未必得人心

朱熹说道："守正直而佩仁义。"意思是说，做人要存正直之心，行仁义之德。做人必须正直，但直言不讳地说话，却不是什么情况下都好使，而且大多数情况下它都不好使。

不恰当的直言直语，总是会让听者误解为批评和否定，像炸弹般轰炸着对方的耳朵。这不仅会让别人顾虑重重，增加心理压力，还有可能给自己带来不必要的麻烦。因此话要说得委婉点儿。拐着弯说话看似是在走弯路，实则它却能使你避免很多障碍，最终实现你说的目的。这种说话方式正是"曲径通幽"。

一句话可以让人笑，也可能让人暴跳如雷。话应该怎么讲？看你自己的。

伟大的画家毕加索一生都在反对侵略战争，追求世界和平。在第二次世界大战巴黎沦陷以后，德国的将领和士兵经常出入毕加索的艺术馆，兴趣盎然地讨论着他的作品，这些侵略者受到了主人的冷落。

有一天，毕加索一改他冷淡的态度，一大早便站在艺术馆的门口，向每个德国军人分发他的名画《格尔尼卡》的复制品。这幅画生动地描绘了西班牙城市格尔尼卡遭德军飞机轰炸后的惨状。一位德国军官兴奋地指着这幅画问毕加索："这是您的杰作吗？"

"不，"毕加索面色严峻地说，"这是你们的杰作！"

追求和平的毕加索必然对这群刽子手深恶痛绝。但是如果他愤怒地去痛斥这群侵略者，一定会给自己招来杀身之祸。所以他明智地选择了这样一种方式，委婉恰当地回击了对方，既保全了自己，又将自己的态度鲜明地表露了出来。

有人说，说话的方式决定了一个人的交往能力。而我们大多时候说话是为了表达自己的态度，怎样表达自己的态度就决定了你将怎样的自己展现给别人。在社会的最小单位——家庭中，充满着亲情和爱情。在这里，我们的表达方式则需要更加委婉和小心。有时候即便是出于善意，太直白的言语也会将和睦的家庭弄得支离破碎。

有位妻子在煲汤的时候不小心多放了些盐。丈夫尝了尝汤，先是眉头微微一皱，然后轻轻地问道："家里还有盐吗？"

"当然有啊，"妻子回答道，"要不我现在就给你拿来？"

"不用了，亲爱的，我以为你把所有的盐都放汤里了呢。"

丈夫只是在委婉地提醒妻子，汤的味道稍微有点咸。如果他直白地说出自己的意见，则很可能伤害到妻子的自尊心；而他以这样一种委婉的方式说出来，不仅达到了提醒妻子的目的，还很好地维护了夫妻间的和谐气氛。

在家庭生活中，我们往往会遇到亲人们一时的失误。在这时，如果我们不注意自己的措辞，便会在家庭关系中留下不小的阴影。因此怎样委婉地表达自己的态度尤为重要。

当妻子在挑选一件衣服并征求丈夫的意见时，丈夫觉得这件衣服颜色太过鲜艳，与妻子的年纪不符。如果丈夫直白地说："你的审美观是不是出了什么问题？都四十多岁的人了还要穿着这么鲜艳的衣服跑出去吗？难道不怕别人笑话吗？"我想天底下任何一位妻子听到这样的话后，自尊心都会很受打击，并且还可能会抱怨丈夫不体贴，不懂得爱护女人的爱美之心。如果丈夫能够顾及这一点，以略带玩笑的口吻暗示道："女儿那么年轻，穿上这么鲜艳的衣服一定美得像花一样。"妻子在明白丈夫的暗示后，也一定会对丈夫委婉的措辞大加赞许。

把上面的道理放大到我们周围，便能为我们的说话方式提供一个很好的坐标。自古以来，人与人的交流都是双向的，你能够很好地表达自己，便能让别人更好地接受你。

在竞争如此激烈的今天，与别人观念上的冲突是我们不可避免的。如果表达的时候横冲直撞，则很有可能引起更大的矛盾。而如果我们都能用一种更加委婉的方式表达自己的思想，那么竞争中我们就占了很大的优势。电影《黑客帝国》里主人公快速地躲避子弹的画面相当经典。后来在网上盛传的一个恶搞视频里，主人公模仿了电影里的惊险动作，然而此处的子弹会拐弯儿，它将主人公一枪毙倒。

可见如果子弹会拐弯儿，那就防不胜防了！

某天晚上，在忙完一天的工作后，美国总统罗斯福上床休息。他本来想好好地休息一下，然而一阵刺耳的电话铃声响了起来。打电话的是一个极其奸诈的人。有位国家税务方面的高官刚刚去世，这人垂涎这个位置已久，便打电话来问林肯他能否取代。林肯回答说："你去问问殡仪馆的相关人员吧，要是他们不反对，我自然没有意见。"

惯于钻营的人总是见缝插针，俗语"给点阳光就灿烂"，说的就是他们这些人。他们总是以自己的私利为主，抓住任何场合推销自己。面对这样的人，你需要的就是让他认识到自己的面目，知道自己几斤几两。不然对方膨胀的自大心理就会伤及你的利益。

这类人还有一个特点，就是他们无法认识到自己的缺点，他们眼睛能看到的往往只是自己，他们只能看到自己的长处，而这都是他们自己想象的，正如上述的例子里说的一样。

在这种不合时宜的时候给总统打电话推荐自己的人，其能力和修养可想而知。要是林肯就他的能力方面去否定他，可能会浪费不少口舌，而这是不必要的。所以这里林肯很聪明地曲解了他的话，把他口中的替代理解为简单的个体替换，丝毫不提及职位的事，让那人一肚子自荐的话说不出来，林肯也省去了许多不必要的麻烦。

这类人和那些恶意攻击你的人不同，他们并没有恶意，只是一心向着自己的目标前进。只是他们使用了不恰当的方式，给你造成了麻烦。所以你在应付他们的时候大可不必唇枪舌剑，不要给自己造成不必要的麻烦，让自己的话像会拐弯儿的子弹一样，绕过他们膨胀的自信，击中他们的弱点，让他们自我清醒便可以了。

迈克在酒店退房的时候，发现老板多收了他 200 元，便拿着单子不解地跑去询问。

老板说道："你住了十天，这 200 元是水果的费用。"

迈克纳闷地问道："可是我一个水果都没有吃啊。"

老板接着说："这可不能怪我啊，每天我们的服务员都把水果放到你房间，是你自己不吃的。"

听后，迈克灵机一动。他从容不迫地从账单中拿走 300 元。

老板紧张地问道："先生，你这是干什么啊？"

迈克回答道："因为你吻了我的妻子啊，每天 30 元，十天不正好是 300 元嘛。"

"你怎么血口喷人呢，我可从来没吻过你妻子啊！"老板叫嚷道。

"可是她天天都住在你的酒店啊，你不吻是你的事。"

这里的老板只是出于奸商的本性，唯利是图。他们只是为了自己的小利益，并不针对任何人。在与他们打交道的时候，你要做的就是维护好自己的利益。在这个例子里，迈克就很好地维护了自己的利益，而没有让自己的经济有所损失。

在工作中，我们也常常会遇到这样的人，尤其是在你做了老板后。总是会遇到员工这样那样的要求，碍于面子你不好拒绝，或是不忍心太直白地表露自己的态度。这个时候你便可以试试用一下这种会拐弯的子弹，以使自己摆脱种种让人难堪的要求。

把缺点说得委婉一些

每一个人都有缺点，并且可能在不同的场合表现出某种缺点来，进而破坏气氛。面对这种情况，是当场指出别人的缺点，还是等到私底下再指出来呢？要想讨人喜欢，私下指出应该是面对别人缺点采取行动的第一步。但有的人却常常要么容忍别人的缺点，要么就直接对外宣扬，让别人下不来台。这样的教训实在值得我们思考。

做人要拥有一颗宽容的心。"金无足赤，人无完人"。记得有位专家曾说过，不要苛求别人的完美，宽容会让你自己不断完美起来。在别人的某些缺点比较严重时，我们应该以私下谈心的方式委婉指出，疾风暴雨不如和风细雨，当场训斥不如私下平心静气、施以爱心。只有我们拥有了一颗宽容的心，别人才能感受到我们的真诚，在我们指出他们缺点的时候才能心悦诚服地接受。

朋友之间，指出缺点总是要担负伤和气的风险，但作为朋友应该承担这种风险。风险有大有小，关键是使用的方法适当与否。也就是说，应该尽量在私底下指出别人的缺点。人总是要讲点面子的，指出缺点时更应该顾及对方的面子，说话尽可能婉转一些，尤其不要当众给朋友"挑刺"。即使在私下场合指出缺点和错误，也应充分考虑如何让对方愉快接受，最好先聊聊其他的事情，以便在沟通感情、融洽气氛的基础上再婉转地指出问题。

现在大部分女孩子为显示自己有个性，就经常跟男友生气，如果这个女孩又是父母的掌上明珠，或者是家庭兄长中的一个娇妹妹，她就更不能容忍他人对她的抱怨与不满了。可能也会有一部分痴情的男孩子会因为自己的哪一句话说错了，担心得罪自己的"小公主"，而忙不迭地向她赔礼道歉，甚至还会为了所谓的原谅而贬低自己，以表示对恋人的忠贞。其实大可不必用这种方式，你完全可以转着弯儿说话。

晓晓是某厅长的千金，她和父亲单位的小刚谈恋爱时，总是显示出她在某方面的优越感。可能是因为小刚出生在农民家庭，大学毕业时被分到某厅当科员，也没有什么靠山，晓晓总认为她这方面比他优越。

有一次，晓晓到小刚家做客，她对小刚家人的某些生活方式流露出不满的情绪，而且还不断地在小刚耳边嘀嘀咕咕地发牢骚。特别是吃过晚饭后，把小姑子使唤得团团转，一会儿让她烧水，一会儿又让她拿擦脚布，把她当成了仆人。小刚心里很不是滋味，但也不宜直接说，就借机会笑着对妹妹说："要当师父先当徒弟嘛！你现在可得加紧培训一下呀，将来你要嫁到别人家里时，也可以摆起师父的架子来。"

晓晓当然是个明白人，她从小刚的话中听出了他的本意，以后在小刚面前就再没有表现出过分的行为了。

小刚就是在恰当的时机采取转着弯儿说话的方式来表达对晓晓的不满，他用一句"要当师父先当徒弟"来提醒晓晓，这就避免了一些直接冲突，也表达了对对方的不满意，这不失为一种好办法。

朋友之间说话要婉转，上下级之间有时候也需要这样。作为上司，当下属违背明确的规章制度时，当然应该当众指出其过错，在让他认识到缺点、错误的同时，也可对其他人起到警示作用。假若下属在工作上出现小小的失误，而且不是有意的行为，则可在私下指出来，或以含蓄、暗示的方式使其意识到自己的缺点。这样既能维护他的面子，又能达到帮他改正缺点的目的。

领导应该时常反问自己："处理这件事最合乎人性的方法是什么？"当下属因为某些原因把事情弄糟了，有的领导会当着其他员工甚至是这个员工的下属对其一通训斥。而人性化的领导者则会在私下里跟下属谈心，指出缺点，帮助他们找到适当的方法去做好事情，并且肯定他们已经做得很好的部分，以免让这些员工丧失信心。

所以作为上司，假如说下属真的表现出比较严重的缺点，一般应私下单独找他谈话，指出来，引导他今后如何正确处理类似的问题并告知注意事项，避免再犯同样的错误。只有这样，下属有问题才愿找上司反映或沟通谈心，领导也才会在员工心中树立一个良好的形象。

尊重别人，在私底下指出其缺点，会赢得别人对你的尊重。

说话要给人留面子

同样一件事、同样的意思，从不同的人嘴里说出来，效果却可能大相径庭。这也是为什么，有些人总能成为受人瞩目的焦点，有些人却总是被人避而远之，两者的差距在于，一个深谙人心会说话，一个自顾自说，很少考虑别人的感受。

有些话直直白白地说出来，道理虽解释得清楚，可听起来却很刺耳，无意间就会伤害到他人，遇到脾气火暴的人，还可能发生口角，招惹不必要的麻烦。如若换一种委婉的方式来表达，把那些生硬而直接的话间接地说出来，让听者领悟出你"藏"起来的那层意思，不仅给对方留足了面子，还能体现个人的修养和友好的态度。

　　在一次新闻界的餐会上，一位女政要应邀发表言论。她说："大家都知道，我是个不善言辞的人。小时候，我曾经去拜访过一位农民，我问他：'你的母牛是不是纯种的？'他说不知道。我又问：'这头牛每个星期能挤出多少牛奶？'他也说不知道。最后，他被我问烦了，直接说：'你问的我都不知道，反正这头牛很老实，只要有奶，它都会给你。'"

　　大家一头雾水，全然不知道女政要讲这个故事想说明什么。这时，女政要笑了笑，话锋一转，对在场的新闻界人士说："我也像那头牛一样老实，只要有新闻，一定都会给大家。"

　　在那样的特殊场合里，言行稍有不慎，就可能造成严重的社会舆论。幸好，女政要用了一种风趣的方式，绕个弯儿提醒了在座的新闻界朋友，不要一直追着我问，如果我知道什么消息，自然会告诉你们。用故事来隐喻自己想说的话，不失为一种绝妙的说话艺术。

　　身为普通人，我们虽很少有机会出席这样重要的场合，也不必像女政要这般谨小慎微，但在说话这件事上，仍然要考虑到他人的合理需求，照顾别人的面子。做人可以直率，说话却不可以太直接，千万不要觉得，绕弯子、兜圈子太浪费时间，记得有位哲人说过一句话："两点之间最短的拒绝并不一定是直线。"平面上，两点之间直线最短，而在现实生活中，更多的时候，却是"曲线"最短。

　　一辆公交车进站后，一位抱着孩子的女士随着拥挤的人群涌了上来。此时，车上早已经没有了座位，就连站着都显得有些拥挤。售票员对车厢里的乘客们说："哪位同志给这位抱小孩的女士让个座位？"一连喊了几遍，都没有人回应。

　　售票员知道，继续这样说下去也不会有什么效果。她站起来，用期待的目光朝着靠窗口的几位年轻人看去，故意说道："抱小孩的女士，您往里面走走，靠窗户的几位年轻人都想给您让座呢！您先过去。"售票员的话音刚落，靠窗的两三个年轻人都自觉地站了起来，想要给那位女士让座。

抱小孩的女士坐下后，只顾得喘气定神，忘了对向自己让座的年轻人道谢，售票员看得出来，让座的年轻女孩的表情有些不悦。售票员连忙打圆场，逗着女士怀里的小孩说："小朋友，阿姨给你让座了，快谢谢阿姨。"这句话点醒了孩子的妈妈，她连忙拉着孩子说："快，谢谢阿姨。"孩子用稚嫩的声音道了谢，让座的年轻女孩笑着回应："不客气。"

售票员说的话，无非希望"年轻人给抱小孩的乘客让座"，"抱小孩的乘客向让座的同志道谢"，如果是以命令的口吻去说这样的话，绝不可能达到后来的效果。毕竟，没有人愿意听别人下命令，也没有人愿意当众被人指责不懂礼貌、修养不够。换一种口吻，用暗示的方式来点醒对方，巧妙地向对方发出某种信息，以此来影响对方的心理，让其不自觉地接受一定的意见，改变行为，才是最恰当、最可取的说话之道。

遇到一些意外的情况，特别是直言说出实情会引发激烈的争论或是危险时，更要把握好话语的分寸。千万别小看一句话的力量，它可能让危险一触即发，也可能化干戈为玉帛。

美国 20 世纪 30 年代，正赶上经济大萧条时期，不少人都面临着失业的噩梦。一位 17 岁的女孩，幸运地找到了一份在一家珠宝店做售货员的工作，对此她很珍惜。

一天，店里来了一个衣衫褴褛的年轻人，满脸愁容，双眼紧紧盯着那些钻石珠宝。突然间，店里的电话铃响了，女孩连忙去接电话，也许是太过慌张了，她不小心碰翻了一个碟子，里面有 6 枚宝石戒指掉在了地上。女孩连忙低头去捡，结果却只找到了其中的 5 枚，第 6 枚怎么也找不见了。这时，女孩留意到，刚刚站在柜台旁边的年轻人正慌张地朝门口走去，她立刻知道是怎么一回事了。

就在年轻人走到门口时，女孩叫住了他："对不起，先生！"

年轻人紧张地看着女孩，问："什么事？"

女孩看着他抽搐的脸，一时间没有说话。年轻人又问："什么事？"

女孩神色黯然地说："先生，这是我的第一份工作。您也知道，现在找一份工作很难，对不对？"年轻人看着她，点头答道："没错，是的。"

女孩说："如果你是我，也会做得很不错！"

终于，年轻人走到女孩面前，将手伸向她，说："我可以祝福你吗？"

女孩也伸出手来，两个人的双手紧握在一起，女孩真诚地说了一句："祝你好运。"

等到年轻人转身走了，女孩走回柜台，把手里握着的第6枚戒指放回了原处。

很显然，这是一桩盗窃案。如果女孩大呼小叫，让所有的人都知道那位年轻人偷了东西，年轻人在情急之下会做出怎样的举动，谁也不知道。说不定，女孩还可能因此受到伤害。聪明的她，用彬彬有礼和寻求理解的暗示，保住了年轻人的尊严和面子，也给了他体面地改正错误的机会。这样的处理办法，显然把对彼此的伤害都降到了最低。

为人处世要尽量与人为善，切忌处处结怨。学会绕个弯儿说话，让人体面地"下台阶"，也是为善的一种方式。一人若懂得处处维护别人的自尊心，在言语上给人留面子，把刺耳的话说得悦耳，生活和工作都会减少许多麻烦。

给批评加一层"糖衣"

金无足赤，人无完人，任何人都有缺点和不足，对于他人所犯的错误，如果你直率地说"你错了"，或者当众指出他的缺点和毛病，其实是对别人尊严的挑战，很容易激发别人的反感和憎恶。正如卡耐基所说："直接批评是无用的，因为它会使人采取防守的姿态，并常常使他们竭力为自己辩护，直接批评是危险的，因为它伤害了一个人的自尊心，并会激起他坚决反抗。"

在一次年终总结会上，经理正说到兴头上："经过各位同人的辛苦努力，今年公司总共创造了240万美元的利润，这可是一个很大的飞跃啊……"

"不对，经理，"女助理突然打断了经理的报告，"这是上半年的统计数据，实际上，我们公司今年的利润总额已经达到了370万美元。"说话的时候，女助理还一脸的得意，觉得是在汇报一个喜讯。殊不知，听到她的指正，经理已经尴尬得满脸通红了。

每个人都有自尊心，更何况是公司的领导，面对着那么多下属，被人指出错误总不是光彩的事，特别是关乎工作的事，被助理这样一说，显得经理不够敬业和专心。不管从面子上说，还是牵扯个人能力的问题，女助理的话俨然都是一颗"地雷"。

直接指出对方的错误，实际上就是在批评对方。任何人都不喜欢被他人批评，即使他明白自己确实做错了。心理学家指出，这种强大的力量中有很大一部分是自我认同感在起作用。当自己所相信的东西被怀疑或否定之后，每个人都会产生一种焦虑，感到自己的自尊被伤害了，甚至感到自己的安全已经没有了保障。结果是，他会本能地拒绝承认自己的错误，尽管他可能认为你说的是对的。因此，当你想要说服一个人，让他明白自己的错误的时候，千万不要直接指出对方的错误。很多时候，只要你换种表达方式，也许就能轻易地达到目的。

麦子去参加同学聚会，因为路上堵车，她迟到了半个小时。刚一进门，跟她关系熟稔的刘倩就开始数落她："大家都等你呢！让你早点走，你偏不肯，看看现在都几点啦！"麦子在路上堵车的时候就已经心急火燎了，也为自己耽误了大家的时间感到很不好意思，对于刘倩的指责，她没有多说什么。

饭局刚进行到一半，麦子发现以前一对很要好的恋人，今天并没有坐在一起，就无意间问了一下那个女孩儿。女孩儿告诉她说，她和男友分开了。麦子知道自己又问了不该问的话，心里也不太好过。稍后，那女孩儿去了卫生间，刘倩又趁机指责麦子："你没看他俩现在都没有话了吗？本来她心里就不太高兴，你这么一说，人家去洗手间哭了。"

听着刘倩的指责，麦子心里憋了一团火，可毕竟是来参加同学聚会的，为了照顾大家的情绪，也就忍了下来。不过，这件事之后，她对刘倩的好感降了一大半，虽然离得不远，却很少再联系了。

其实，生活中有许多类似的情况，原本都是出于善意，只是方式选择错了。静下心来想想：你愿意被人指责吗？尤其是，当你已经意识到了自己的错误，也感觉很不好意思时，却还是被人劈头盖脸地指责一顿，你会有什么感想？

过去，我们常听人道："良药苦口利于病，忠言逆耳利于行。"可生活的经验告诉我们，没有人喜欢难以下咽的苦涩味道，也没有人喜欢听锥心刺耳的批评和指责，纵然知道那是对自己有益的，可心理上还是免不了会有一种排斥感和厌恶感。

幸运的是，高明的药剂师后来发明了"糖衣片"，在某些药物的最外层包裹上一层甜甜的糖衣，药物的疗效不变，味道却柔和了许多。聪明的说话者也从中受到了启发：既然药可以裹上糖衣，那么刺耳的批评何不也抹上一点"糖"呢？让硬接触变成软着陆，失去了表面上的锋芒，效果却是一样的，而听的人也会觉得舒服许多。

　　某领导发现秘书写的总结有不当之处。他是这样批评秘书的："小张，这份总结总的来说写得不错，思路清楚，重点突出，有几处写得很有见地，看来你下了功夫。只是有几个地方提法不要，有些言过其实，有的地方尚缺定量分析，麻烦你再修改一下。你的文笔不错，过去几次写总结也是越修改越好，相信你这次也一定能改出一个好总结来。"

　　这样说，秘书会感到领导对自己很公正、很器重，充满期望和信任，因而就会很卖力地把总结改好了。

　　成功学大师戴尔卡耐基指出："当我们听到别人对我们的某些长处表示赞赏之后，再听到他的批评，心里往往会好受得多。"因为在我们听到他人赞美时，会产生一种积极、快乐的情绪体验，在此心理情况下，再听到他人的批评或者是规劝，那么就比较容易接受。这就像一枚苦味的药丸，外面裹上糖衣，可以让人感到一丝的甜味，容易一口吞下去，药物进入胃肠，才能够起到一定的效果，治愈"疾病"。

　　人非圣贤，犯错是再正常不过的事。若紧紧揪着对方的错不放，摆出一副咄咄逼人的架势，不仅会让对方尴尬，还可能招惹怨恨。换种方式，用一颗宽容的心先给予包容，用巧妙而温和的语言让对方意识到自己的错误，远比得理不饶人、对他人的错误穷追猛打要高明得多。

　　我们该明白，说话给别人留余地，保护的不仅仅是别人的面子，也是为自己赢得一份好感。至少，你让他人感受到的不是一副颐指气使的样子，而是一份真心诚意的帮助，面对这样的善意，谁又会不充满感激呢？

第七章　冲突中的沟通术

反击的话要聪明地说

喜欢攻击别人的人，他们往往自以为是地以为自己站在了道德高点。他们摆出一副盛气凌人的样子，对别人横加指责，然后一脸得意地看着对方的窘态，心中窃喜。这样的人很强势，不允许别人质疑自己的话。身处这种境况时，我们需要回马一枪，命中要害。

起初我们往往会处于弱势，这就更需要在还击的时候注意气势，只有强势的还击才可以让对方看到你坚决的态度。一个已经处于弱势的人，在还击的时候若是没有气势，他就只能弱下去。

在如何应对别人恶言相向的问题上，童年的孔融给我们树立了榜样。冯梦龙的《古今谈概·机警部》中记载了一段孔融小时候的故事：

汉末文学家孔融，字文举，在他十岁那年，随父亲来到洛阳。当时正在桓帝手下担任司隶校尉(督察官)的李膺(字元礼)名声显赫，能拜访他的不是显要人士，就是他的亲戚。

孔融来到他家门前对役吏说："我是李膺的亲戚。"这才被放进去，坐到了李膺面前。

李膺问："你和我有什么亲戚关系？"

"过去我的祖先孔子与您的祖先老子有师生之谊，所以我和您是多少代以来的通家交情啊。"

李膺问："你想吃点什么吗？"

孔融回答："要吃。"

李膺说："我来教你做客的礼貌，只能推辞，不能答应主人。"

孔融反唇相讥说："我来教你当主人的礼貌，只管摆上食品，不要问客人吃不吃。"

李膺感叹没办法，只好说："可惜我快死了，不能看见你飞黄腾达的那一天．"

孔融说："您离死还早呢！"李膺问他有什么根据。

孔融回答："'人之将死，其言也善。'您刚才说的话就很不友善，所以还没有到死的时候。"

正巧这时大夫陈韪也来了，听到这些话，说："小时聪明，长大不一定杰出！"

孔融回答："想必您小时候一定聪明。"

在这个故事里，连番发难于孔融的陈韪和李膺也非等闲之辈，他们在看似平常的语句中绵里藏针。好在孔融机智过人，简洁有力的回击恰到好处。尤其是当大夫陈韪那句"小时聪明，长大不一定杰出！"说出后，孔融毫不退缩地回击一句"想必您小时候一定聪明"，顿时让他哑口无言，真是精彩至极。

美国著名诗人惠特曼也遇到过类似的情况，而且像他这样一个公众人物经常在公开场合被人发难。他总是以他特有的略带攻击性的幽默进行还击。这种富于攻击性的幽默，让他在群众中产生了很大的影响力。

一次，惠特曼在大会上演讲，他用诙谐、幽默、铿锵有力的演讲赢得了在场听众的阵阵掌声。

忽然台下有人大喊道："惠特曼先生，您讲的笑话我不懂！"

"您莫非是长颈鹿！"那人话音刚落，惠特曼便感叹道，"只有长颈鹿才可能星期一划破了脚，到星期日才感觉到疼的！"

话毕，不少观众都窃笑起来。

"我应当提醒你，惠特曼先生，"那位观众不依不饶，挤到主席台前嚷道，"拿破仑有句名言：'从伟大到可笑，只有一步之遥！'"

"不错，从伟大到可笑，只有一步之遥。"惠特曼边说边用手指着自己和那个人。

那位观众在大家的嘲笑声中狼狈地走出了会场。

他人的指责和非难，往往出乎我们的意料，总是如暴风雨般突然来袭，意图在我们没有准备的时候将我们打倒。这时就应该像惠特曼，决不含糊地给对方最致命的反击。

如果反击的方式不合理，不仅不能命中对方要害，自己的利益也得不到维护，还可能给旁观者留下狗急跳墙，垂死挣扎的印象。所以我们在遇到这样的情况时，应该像孔融和惠特曼一样，不仅不忍让退缩，还要以更强势的态度进行有力的回击，让发难者无处可逃，自食其果。

有些人喜欢攻击别人，这样的人明枪明炮的倒还好还击，你抓住机会狠狠地回击便是了。但是还有些人自以为有些小聪明，在为难你的时候还给你设了一个套，让你在不知不觉中落入他们的陷阱。其实这样的人也不难对付，他们不是很得意自己的小聪明吗，那么你就先满足他们的骄傲自大，因为人在得意忘形时，防守能力会变得极低。

有一位素以爱刁难人著称的富太太上街购物。此人极为虚荣，总是仗着自己的富有欺负别人。

这天，她看到一个衣衫破烂的小乞丐，又产生了坏主意，想拿他开心取乐，便对那位乞丐说："我们有钱人的宠物都比你们穷人的命好啊！这样吧，你叫我的狗一声爸爸，我便给你十块钱。"

小乞丐知道眼前的这位富太太是在侮辱他。他眉头一皱，眼珠一转，突然像是想到了什么好主意似的，便开心地说道："喊一声给十块钱，要是喊十声呢？"

"那当然给一百元了。"富太太见自己的小计得逞，越发地开心，头也抬得更高了。

小乞丐躬下身去，抚摸了一下狗的皮毛，然后认认真真地喊了起来："爸爸！"

周围看热闹的人都聚了过来，想看看发生了什么事。富太太这下乐开了花，她尽可能地向周围人说明情况，生怕别人不知道。

小乞丐也不顾人多，一句接一句地叫着，一直喊了十句才停下来。富太太妖里妖气地笑了一阵，按照开始的约定给了小乞丐一百元。

这时，周围看热闹的人更多了，他们都对着小乞丐指指点点，脸上露出不屑的表情。小乞丐看了看周围的情况，故意提高嗓门，对着富太太喊了声"妈妈"。

这一声周围人都能清晰地听见，他还向她恭恭敬敬地鞠了一躬。

周围的人都大笑起来。

小乞丐人小但是脑子好使。面对富太太的刁难，本来处于弱势的他几乎没任何胜算，何况这里富太太的手法还略带些小聪明，换作一般人估计都无计可施了。倒是小乞丐这个方法最好，明知对方的圈套，还故意跳了进去；计谋得逞，对方自然得意忘形，而这个时候你突然反击，就必胜无疑了。

有位年轻漂亮的姑娘嫁给了一个风烛残年的老头，不过这老头是个亿万富翁。这样的婚姻往往不被世人祝福的，因为别人会觉得这只是金钱交易。

女人的很多朋友不解，问女人："你年轻又漂亮，干吗要嫁给那样一个糟老头？"

女人反问道："给你一张支票，你会在乎它的新旧吗？"

也许很多人会觉得女人在辩解，其实不然，婚姻是爱情的产物。我们每个人都有自己选择的权利，何必总是用世俗的眼光去解读呢？女人这种时候向这些人解释什么是真爱自然是徒劳，不如就着他们的说法给他们答案，正像是在反问他们："这样的答案你们满意吗？"

当别人的话让你很不舒服，惹得你想反击时，你应该像做化学实验那样把对方的话进行仔细分析。把他们话里的成分好好地分一下类，看看多少是批评，多少是嘲笑，又有多少是挪揄。在作了这样的分析后，我们再去选择回击的方式。如果对方是出于善意的批评，即使言语过激，我们也应该先反思自己的行为，看看对方说得有没有道理。如果真是自己的不对，我们就应该改正，还要好好地感谢对方。但如果对方是恶意地攻击或调侃，那么我们就不能示弱了，应该强硬地回击过去。

在美国白宫曾发生过"蹭饭夫妇"事件，让人们很是为白宫的安保担忧。舆论矛头直指美国特勤局主管，白宫保卫处也承受了很大的压力。

不过这位主管却在一次公开讲话中很好地为自己辩解了一番。他说道："就我局去年对有关白宫的 120 万来访者的视频监控以及和总统、副总统及其他人相关的 1 万处地点的安全保护的工作情况来讲，我们做得还不够好。"

他作的这番讲话成功地将人们的注意力转移到了他们繁重枯燥的工作上。他有意地提到这两个巨大的数字，也是让人们对他们的工作量有直观的认识。当人们知道了他所率领的小组工作是如此繁重和无聊时，也会原谅他们这次一时的疏忽。

这位主管不仅没有道歉，还很好地证明了自己的清白，以至于最终别人也没觉得他是在辩解。我想最大的原因是在如此繁重的工作量下，犯一点点错误也是人之常情。

判断是否该反击的标准就是个"理"字。如果我们真的没有理，那么我们所进行的还击就是狡辩。一个对自己错误百般狡辩的人是很难得到大家信任的，因为每个人都会把狡辩和死不认错、小心眼、虚伪联系起来。如果你经常在别人面前百般狡辩，那么这些帽子便很自然地扣在你的头上。

所以在还击中是否有理是很重要的一个因素，这可以直接决定你说话的性质和别人对你的印象。正是声高不一定有理，倘若无理，喊破嗓子也是没有用的。

将口才转为武器

足球王国巴西向来崇尚一句格言："进攻是最好的防守。"这句话把巴西足球那种崇尚进攻，忽视防守的特点暴露无遗。好在巴西是个盛产前锋的国度，因此在足球场上总能处于不败的地位。人们说："进球就是一瞬间的事。"但是丢球何尝不也是一瞬间的事。所以说在足球场上做好扎扎实实的防守最重要。防不好的话，进攻就毫无意义！

和别人说话就好像进行一场足球比赛，尤其是辩论的时候。这种时候往往触及自身的利益，谁也不肯退步，因为没有人愿意输！所以在这种事上想要立于不败之地，便要把防守工作做到位。我们来看一下下面的故事。

萧伯纳的一部新剧本打算公演，为了庆祝，他特地给丘吉尔发了一封电报，邀请他前来观看："今特为阁下预留戏票数张，敬请光临指教，并欢迎你带友人来，如果你还有朋友的话。"

众所周知，丘吉尔因为政见独特，为人原则性特别强，所以朋友很少。这里萧伯纳抓住了这点，狠狠地对其调侃了一番。

丘吉尔看过电报后，并不生气。他命令手下立即复电："鄙人因故不能参加首场公演，拟参加第二场公演，如果你的剧本能公演两场的话。"

难以想象萧伯纳接到电报后会是怎样的表情。萧伯纳本来是想借这个机会调侃丘吉尔一番，可是丘吉尔哪里是等闲之辈啊，他不仅没有显得不知所措，而且在回复里巧妙地调侃了萧伯纳一番。一来一去，也没有落得半点下风。

防守得好，可以让对方无计可施，不知从哪下手，摧毁对方的自信心。而此时的你只要稍加回击，便能让对方溃不成军。

有一个人留了很长的胡须，周围的人也都习惯了他这个形象。一天，他忽然把胡子刮得一干二净，形象彻底地改变了。

早上走出家门，邻居看见了他，顿时觉得奇怪，不解地问道：

"你的胡子已经留了好多年了，干吗突然剃掉啊？"

这人觉得好笑，自己的胡子剃了也就剃了，哪有那么多的理由。再说这和别人有什么关系。想了一会儿，他没有直接说出来，而是煞有介事地说道："对面的一家人昨天生了个胖小子你知道吧？"

"你这人挺好玩的，别人生了小孩关你什么事啊，你为什么把胡子剃了啊？"邻居觉得很荒唐。

"既然别人生了小孩不关我的事，那我剃了胡子也不关你的事啊！"

邻居听后，再也说不出话来。

出于关心也好，好奇也好，邻居的问题的确过于无厘头。倘若你直接去反问他，反倒弄得邻里间不开心。而像这个故事里的主人公一样，巧妙地指出对方问题里的问题，则既避免了自己的有口难言，又把问题说得清清楚楚。

在与人交往的时候，我们也要先做好防守，不至于被别人逼入不利的局面。如此自己才能站在有利的位置，把问题说得清楚明白。

错开矛盾再交流

在与他人交往的过程中，难免会遇到一些尴尬的事情，让气氛骤然紧张、难堪。学会替别人找个下台阶的借口，不仅会缓和对方的紧张心理，让事情顺利发展，而且还会增进彼此的友谊。要达到这样的目的，有些说话方式需要我们掌握。

如果是突然间发现别人的失误或错误行为，但不会导致重大的损失出现时，我们应尽量克制自己的情绪，以平静如常的表情和态度装作不解对方举动的真实意图，给对方找到一个善意的动机，让事态按照自己所希望的方向推进，以免把对方逼到窘迫的境地。

一天中午，王老师路过学校后操场时，发现前两天帮助搬运实验器材的几位同学正拿着一个实验室特有的凸透镜在阳光下做聚焦实验。他想：他们哪来的透镜？难道是在搬运时趁人不备拿了一个？实验室正好丢了一个。是上去问个究竟，还是视而不见绕道而去？为难之时，一位同学发觉了他，其余的慌忙站了起来，手拿透镜的这位同学显得很不自在。王老师从同学们慌张的神情中确定了这透镜的来历。当时的空气就像凝固了似的，一分一秒也不容拖延。王老师快速地思考，终于想出一条妙计，他笑着说："哟，这个透镜原来被你们找到了！"凝固的空气开始流通起来。接着他用略带感激的语调补充道："昨天我到实验室准备实验器材，发现少了一个透镜，我想大概是搬运过程中丢失了，我沿途找了好几遍都未能找到，谢谢你们帮我找到了这个透镜。这样吧，你们继续实验，下午还给我也不迟。"同学们听后轻松地点了点头。

化解他人尴尬也可以换一个角度思考问题。在许多情况下，面对尴尬下不来台是因为思维定式，这对事态的发展毫无作用。如果我们换一种角度对其尴尬的举动做出巧妙、新颖的解释，便可使原本消极的举动具有新的内涵和价值，成为符合常理的行动。

有一次全校语文老师来听安老师讲课，校长也光临"指导"。这下可使小安犯难了，他既怕课讲得不好，又担心有的学生回答不佳，有失面子。

课上，他重点讲解了词的感情色彩问题。在提问了两位同学取得良好效果后，接着提问校长的儿子："请你说出一个形容 ××× 美丽的词或句子。"

或许是课堂气氛紧张，或许是严父在场，也可能兼而有之，这位同学一时呆住了，只是站着。

空气凝固了。安老师和校长都现出了尴尬的脸色。很快，安老师便恢复正常，随机应变地讲道："好，请你坐下，同学们，这位同学的答案是最完美的，他的意思是这个人的美丽是无法用文字和语言来形容的。"

听课者都发出了会心的微笑。

语文老师的巧言妙语不但为自己化解了尴尬，也让校长放下了悬着的心，替校长化解了尴尬，校长自然对他信赖有加了。生活中，如果可以用你巧妙的语言，及时让他人摆脱掉尴尬的局面，你就一定会成为受欢迎的人。

谨慎用语，避免冲撞

人际交往中语言冲撞是多种多样的，反问、责问、嘲讽、谩骂等都是。冲撞不仅表现在口语中，也表现在体态语中，皱眉头、翻白眼、嗤之以鼻、不屑一顾，都是冲撞他人的表现。值得注意的是，冲撞是相互作用的，反复冲撞，其语言的力度会越来越强。

冲撞语言对人际关系的损害是很大的。它很容易造成某种尴尬局面，轻则造成双方不愉快，产生隔阂，重则可能发展成更为激烈的冲突，从而造成预料不到的后果，这对人际交往是很不利的。所以在说话的时候要避免用生硬刻薄的语言，否则对方也会用更加刻薄的话来反击。但是如果对方的冲撞已经形成，你怎么办呢？你不妨依情势采取下列办法：

1. 暂时避开

当你在日常生活中遇到他人的挑衅，或与人接触受了一些气时，最好的办法是回到房间里静静地坐一会儿，甚至躺一会儿，或是到乡下去散散步，到各种娱乐场所去玩玩。总之，你必须用一切方法来解除你的烦恼，直到恢复好心情为止。

2. 一笑了之

古希腊哲学家苏格拉底的妻子是个有名的悍妇，动辄对丈夫大骂不已。有一次妻子大发雷霆，当头泼了苏格拉底一盆脏水。苏格拉底无可奈何，诙谐地说："雷鸣之后免不了一场大雨。"别人嘲笑他说："你不是最有智慧的哲学家吗？怎么连老婆都选不好？"他回答："善于驯马的人宁肯挑选悍马、烈马作为自己的训练对象，若能控制悍马、烈马，其他的马也就不在话下了。你们想，如果我能忍受她，还有什么人不能忍受的呢？"

对待那些生活中无伤大雅、争论起来也无意义的冲撞，不妨像苏格拉底这样诙谐对待，一笑了之。

3.据理力争

面对对方野蛮、粗俗、无理的冲撞，必须坚持原则、据理力争，绝不能迁就示弱，公理战胜了歪理，争端自然解决。

一次，一个姑娘到城里亲戚家做客，在观赏这个城市的著名风景时，初到大城市的姑娘被那美丽的风光迷住了，于是在一家摄影社设在那儿的照相摊上拍了一张彩色快照留念。取照片时，姑娘觉得拍摄质量很差，便与营业员交涉，谁知营业员一口回绝，再跟他说，便爱理不理，最后干脆说："不满意，有本事找摄影社去！"面对这种毫无理由的冲撞，姑娘当即做出强硬的反击："不，先找你们经理！""我们没有经理！""那就找你们上级！"姑娘当即就找到了该摄影社所在的区公司反映了情况。最后解决了，上级公司让该摄影社为姑娘重拍，并指示他们要端正经营作风，全心全意为顾客服务。

有理走遍天下，这位姑娘据理力争，最终维护了自己的合法权益。谨慎用语，力避冲撞，这是人际交往中必须注意的重点，特别是那些涉世未深、年轻气盛的人更要注意。

第八章 社交中的沟通术

拜访时的礼貌用语

拜访是指为了礼仪或某种目的而进行的访问。不同形式、不同目的的拜访，会话语言各不相同，但它们在结构上存在共性，就日常拜访而言，有进门语、寒暄语、晤谈语和辞别语四个部分。

1.进门语

首先，拜访的时候要轻轻敲门或短促地按门铃。

其次，同主人见面后，应立即打招呼。

如"一直想来拜访您，今天终于如愿了！""给您添麻烦了！""对不起，让您久等了！""好久没有来看您了，一直想着。"

见面后，立即同主人打招呼，一句话暖人心啊！

此外，要注意礼貌。

再次，不可调侃，如"我又来了，您不讨厌我吧？"这很不礼貌，也会使主人感到尴尬。

2.寒暄语

（1）话题要自然引出，内容要符合情景。如天气冷暖、小孩的学习情况、老人的健康以及最近发生的新闻趣事、墙上的挂历、耳际的音乐等都是寒暄的内容。如："今天变天了，外面风真大！""这挂历不错，画面好像是……"话题符合情景，自然引出。

（2）切记：寒暄内容一定要符合习惯，避免犯禁忌。如：年龄、婚姻状况、收入等。

另外，令别人不悦的话题也要避免提及。如：一群人在一起谈话，你问："你们都是什么学校毕业的？""南开大学。""同济大学。""对不起，我不是大学毕业。"是不是很令人尴尬？

（3）要找到主客共同关心的话题以便沟通感情，为双方进一步交谈创设一种融洽、和谐的氛围，拉近距离。例如：

客：这副对联是你自己写的吗？写得真不错。

主：你过奖了。我不过是跟陈老师学过一段时间。

客：呀，你也是陈老师的学生呀，我也曾跟他学习过。

主：太好了！看来我们应该称师兄弟了。

这段寒暄，话不多，但贵在求同，一下子缩短了双方的心理距离。

3. 晤谈语

在拜访中，晤谈应注意几个方面：

（1）节制内容，拜访目的明确。一般来说，交谈的时间以半个小时为宜（朋友间的随意性拜访除外），以免耽误主人的时间。所以，主客寒暄后，客人应选择适当的时间，言简意赅地说明来意。

（2）节制音量。客人谈话应降低音量，保持适度，忌无所顾忌的高谈阔论，搅乱主人及其家属的安静生活，引起主人的反感。我们经常有这样的感受：隔壁邻居家来了客人，高声谈话，朗声大笑。此时，你的感觉一定不是很好。

（3）注意体态语。人们常说，听其言还需观其行。作为客人应举止文明，避免手舞足蹈、频繁走路或指手画脚等不雅动作。不经主人允许翻东西，四处走动或随意参观居室等。

4.辞别语

（1）表示感谢，请主人留步。"十分感谢您的盛情，再见！""就送到这吧，请回。""这件事就拜托您了，谢谢！"表示感谢的辞别语礼貌得体。

（2）邀请对方来自己家做客。告辞时，除了向主人表示感谢外，还可邀请主人及其家属来自己家做客。如"老同学，告辞了。您什么时候来我家坐坐！"

智慧地向对方说"不"

在生活中，我们一定会遇到周围的人要求我们做某些事，而我们又因为许多原因不愿意答应他们。这个时候该怎么办？勉强答应，必然给自己带来许多麻烦；不答应，面子上又过不去。

这个时候你就要运用自己的智慧，幽默地向对方说"不"。日常生活中，需要我们拒绝的时候，我们又应该怎样表达才合适呢？我们来说说常见的几种情况：

1.拒绝别人的表白

当我们得到所期望的爱情时，内心会感到莫大的满足和幸福。但当求爱的人令自己不满意或不能当作恋人时，这种幸福就会变成苦恼。苦恼的根源在于我们既想拒绝这一爱情表白，又怕伤了对方的心，尤其在对方与自己有深厚友谊时，这种苦恼就越发使人困扰了。

然而，不管多么困难，不能接受的爱情总是要拒绝的，只是要选择一个好的方式。

（1）借物喻人

委婉回绝恋爱时，抓住生活中一些特有的事物，让它富有寓意，也能收到四两拨千斤的功效。而且你在回绝时，应尽量做到婉转些、谦逊些，让对方自知其意。

一个姑娘与小伙子第一次约会后，就婉言提出了不再见面的想法。没料到第二天小伙子竟找到了姑娘的公司，并再次邀约。"我现在正忙于公司的事务，实在抽不出身，真对不起，你请回吧！"

下班后，姑娘发现小伙子还待在公司的门口。于是，她买了一个泡泡糖递给他，寒暄几句后便匆忙告辞。姑娘的这一举动，使小伙子倏地明白其意，知道姑娘是借物喻人，借泡泡糖的易破裂，来否定自己一厢情愿的爱。最终小伙子只好挥手作罢。

（2）以幽默的方式表达拒绝

一位相貌美丽的女明星对大文豪萧伯纳说："如果我们结婚，生下的孩子有你的头脑、我的相貌，那该有多好啊！"

"不，"萧伯纳愁眉苦脸地说，"如果生下的孩子有我的相貌、你的头脑，那有多糟！"

萧伯纳是举世公认的幽默大师，他的机智能使遭拒绝的人没有或是少有难堪。在诙谐中让对方知难而退，这正是我们应该学习的。

许多难以启齿的话，在不得不说出来的时候，必须找到最佳的表达方法。否则不但达不到目的，还会使友谊决裂，造成憎恨。最好的方法就是以幽默的方式表达，不但效果好，也不伤感情，而且万一有什么不快，还可以推说是开玩笑，不必负责任。

2.巧妙对待无法完成的任务

（1）触类相喻，委婉说"不"

当领导提出一件你根本就做不到的事情时，如果你直言答复自己做不了，可能会让领导损失颜面。这时，你不妨说出一件与此类似的事情，让领导自己意识到事情的难度，而后自动放弃这个要求。

甘罗的爷爷是秦国的宰相，有一天，甘罗看见爷爷在后花园走来走去，不停地唉声叹气。

"爷爷，您碰到什么难事了？"甘罗问。

"唉，孩子呀，大王不知听了谁的挑唆，硬要吃公鸡下的蛋。他命令满朝文武官员想法去找，如果三天内找不到，大家就都要受罚。"

"秦王太不讲理了。"甘罗气呼呼地说，他眼睛一眨，想了个主意，说道，"不过，爷爷您别急，我有办法，明天我替您上朝。"

第二天早上，甘罗真的替爷爷上朝了。他不慌不忙地走进宫殿，向秦王施礼。

秦王很不高兴，说："小娃娃到这里捣什么乱！你爷爷呢？"

甘罗说："大王，我爷爷今天来不了，他正在家生孩子呢，托我替他上朝。"

秦王听了哈哈大笑："你这孩子，怎么胡言乱语！男人家哪能生孩子？"

甘罗说："既然大王知道男人不能生孩子，那公鸡怎么能下蛋呢？"

甘罗得体地指出了秦王所提要求的无理性，并让秦王放弃了自己的无理要求。于是，秦王发出了"孺子之智，大于其身"的叹服，后来封甘罗为上卿。

（2）佯装尽力，不了了之

当上司提出某种要求而你又无法满足时，设法造成你已尽全力的错觉，让上司自动放弃其要求，不失为一种好方法。

比如，当上司提出你无法满足的要求后，就可采取下列步骤先答复：

"您的意见我懂了，请放心，我保证全力以赴去做。"

过几天，再汇报："这几天×××因急事出差，等下星期回来，我再立即报告他。"

又过几天，再告诉上司："您的要求我已转告×××了，他答应在公司会议上认真地讨论。"

尽管事情最后不了了之，但因为你已造成了"尽力而为"的假象，所以会给上司留下好感，他也就不会再怪罪你了。

通常情况下，人们对自己提出的要求总是念念不忘。但如果长时间得不到回音，就会认为对方不重视自己的问题，反感、不满由此而生。相反，即使不能满足上司的要求，只要能做出些样子，对方就不会抱怨，甚至会对你心存感激，主动撤回让你为难的要求。

（3）用名人名言、俗语或谚语来说"不"

在拒绝别人的时候，引用名人名言、俗语或谚语等来作答，以表明自己的意思，或佐证自己的观点，既增加了说话的权威性与可信度，又省去了许多解释和说明，还能增强口语的生动性与感染力。

汉光武帝刘秀的姐姐湖阳公主自丈夫死去后，看中了朝中品貌兼优的宋弘。一次，刘秀召来宋弘，以言相探："俗话说，人地位高了，就改换与自己结交的朋友；人富贵了，就换掉自己的妻子，这是人之常情吗？"

宋弘答道："我听说'贫贱之交不可忘，糟糠之妻不下堂'（意思是：人在生活贫困、地位低下时候的朋友不能忘记，结发妻子不能让她丢掉女主人的身份）。"

宋弘自然深知刘秀问话之意，应允的话，有悖自己的人品，也对不起与自己共患难的妻子；含糊其词的话，可能会招来麻烦；直言相告的话，既不得体，又有犯龙颜。在这进退两难之际，他引用古语来"表态"，委婉而又直截了当地表明了自己的态度。

3. 面对家人和朋友，无须遮掩

如果是朋友或是家人，我们就不需要太多的遮遮掩掩了，倒不如来个欲擒故纵。比如你需要拒绝的是你的好朋友，你可以先答应下来，然后侧面告诉他你自己的困难和麻烦。如果是你的真心朋友的话，对方一定会体谅你的苦衷，自然会收回自己的请求。

一见如故并不难

人的一生中，经常会遇到这种情况：必须和一群不认识的人打交道。打破与他们之间的界限，消除无形的隔膜，顺利地把自己的意见和思想传达、灌输给他们，使他们欣然接受，并赞成拥护，甚至把他们变成自己的朋友。这绝对需要不凡的智慧。

一见如故，相见恨晚，历来被视为人生一大快事。当今世界人际交往极其频繁，参观访问、调查考察、观光旅游、应酬赴宴……善于跟素昧平生者打交道，掌握"一见如故"的诀窍，不仅是一件快乐的事，而且对工作和学习大有裨益。那么，如何才能做到一见如故呢？

看看下面两个事例。

美国是一个多族裔的移民国家，人们相互之间的交流极为重要。同时，美国的议会代议和全民选举体制，更要求人们能和不认识的人"一见如故"，让别人接受自己的观点和想法。

威尔逊当选新泽西州州长后不久，有一次赴宴，主人介绍说他是"美国未来的大总统"，这本来是对他的一种恭维，而威尔逊又是怎样回应的呢？首先威尔逊讲了几句客套话，之后接着说："我转述一则别人讲给我听的故事，我就像这故事中的人物。在加拿大有一群钓鱼的人，其中有个人叫约翰逊，他大胆地试饮某种烈酒，并且喝了很多。结果他们乘火车时，这位醉汉没乘往北的火车，而错搭往南的火车了。其他人发现后，急忙打电报给南开的列车长：'请把那个叫约翰逊的矮人送到往北开的火车上，他喝醉了。'此时，约翰逊既不知道自己的姓名也不知道目的地是哪儿。我现在只确切知道自己的姓名，可是不能如你们所说的一样，确切知道自己的目的地是哪儿。"听众哈哈大笑。威尔逊接着又讲了一个滑稽的故事，使听众心情更加愉快。从此，威尔逊名声大振。

似乎能当总统的人，都会有像演说家一样的好口才，在历史上类似的能说会道的总统或者国家元首还有很多，比如下面这位总统——罗斯福。

富兰克林·罗斯福刚从非洲回到美国，准备参加 1912 年的参议员竞选。因为他是西奥多·罗斯福的堂弟，又是一位有名的律师，知名度很高。在一次宴会上，大家都认识他，但罗斯福却不认识其他的来宾。同时，他看得出虽然这些人都认识他，然而表情却显得很冷漠，似乎看不出对他有好感的样子。

罗斯福想出了一个接近这些自己不认识的人并能同他们搭话的主意。他对坐在自己旁边的陆思瓦特博士悄声说道："陆思瓦特博士，请你把坐在我对面的那些客人的大致情况告诉我，好吗？"陆思瓦特博士便把每个人的大致情况告诉了罗斯福。

了解大致情况后，罗斯福向那些不认识的客人提出了一些简单的问题，经过交谈，罗斯福从中了解了他们的性格特点、爱好，知道他们曾从事过的职业，最得意的是什么。掌握这些后，罗斯福就有了同他们交谈的话题，并引起他们的兴趣。在不知不觉中，罗斯福便成了他们的新朋友。

1933 年，罗斯福当上了美国总统，他依然采取和不认识者"一见如故"的说服术。著名的新闻记者麦克逊曾经对罗斯福总统的这种说服术评价道："在每一个人进来谒见罗斯福之前，关于这个人的一切情况，他早已了如指掌了。大多数人都喜欢顺耳之言，对他们做适当的颂扬，就无异于让他们觉得你对他们的一切事情都是知道的，并且都记在心里。"

我们每一个人都应当学会与不认识的人"一见如故"，因为第一次和别人打交道时，双方都不免有些拘谨，有层隔膜。如果有人能主动、大方地打破这层隔膜，对方就能很快融入进来，这种"一见如故"在双方看来，就真的变成了一见如故。很多时候我们和一些人擦肩而过，但世界如此之小，在社会中生存的我们说不定什么时候需要他们的帮助。到那时，你过去跟他的"一见如故"的交往，会为你带来丰厚的回报。

谈对方感兴趣的话

人际交往中，我们怎样做才最能打动人心呢？最佳的方法莫过于投其所好了。谈论对方感兴趣的事物，他会认为我们是一个善解人意的人，从而对我们产生好感。

人际关系大师卡耐基在书中就写道："我们要对他人真诚地感兴趣，聆听对方的谈话，就对方的兴趣来谈论以及鼓励他人谈论他自己。"当我们对他人真诚地感兴趣的时候，就会去关注他的一举一动。那么他的每一个细节都有可能是我们与他交谈的切入点。

投其所好是说话的一个技巧。通过谈论对方感兴趣的话题，找到与对方的共同话题，为自己后来要说的话做铺垫。只要双方有话可谈，再不失时机地进行适当的赞美，对方就会对你产生好感。

刘先生是一家天然食品的推销员。

一天，他一如往常把芦荟精的功能、效果告诉一位陌生的顾客，对方同样没有兴趣。刘先生自己嘀咕："今天又无功而返了。"当刘先生正准备向对方告辞时，突然看到阳台上摆着一盆美丽的盆栽，上面种着紫色的植物。刘先生于是请教对方说："好漂亮的盆栽啊！平常似乎很少见到。"

"确实很罕见。这种植物叫嘉德里亚，属于兰花的一种。它的美，在于那种优雅的风情。"陌生人从容地解释道。

"的确如此。会不会很贵呢？"刘先生接着问道。

"很昂贵。这盆盆栽就要八百元呢！"陌生人从容地接着说。

"什么？八百元？"刘先生故作惊讶地问道。

刘先生想："芦荟精也是八百元，大概有希望成交。"他慢慢把话题转入重点："每天都要浇水吗？"

"是的，每天都要很细心地养育。"

"那么，这盆花也算是家中的一分子喽？"这位家庭主妇觉得这位刘先生真是有心人，于是开始传授所有关于兰花的学问，而刘先生也聚精会神地听。

过了一会儿，刘先生很自然地把刚才心里想的事情提出来"太太，您这么喜欢兰花，一定对植物很有研究，你是一个高雅的人。同时您肯定也知道植物带给人类的种种好处，带给您温馨、健康和喜悦。我们的天然食品正是从植物里提取的精华，是纯粹的绿色食品。太太，今天就当作买一盆兰花把天然食品买下来吧！"

结果对方竟爽快地答应下来。她一边打开钱包，一边说道："即使是我丈夫，也不愿听我唠唠叨叨这么多，但是你却愿意听我说，甚至能够理解我这番话。希望改天再来听我谈兰花，好吗？"

这一结果出人意料，但在情理之中。实际上，只要你真诚地对他感兴趣，你要办的事情往往就会顺利办成，甚至在你毫无思想准备的情况下骤然成功。

　　曾有一位叫杜维诺的先生经营着一家高级蚬公司，他一直想把蚬推销给纽约的一家大饭店。一连四年，他天天给那家饭店的经理打电话，甚至在饭店里订了个房间，住在那儿以便随时同经理谈生意，但是他一无所获。

　　"我已经没有信心了。"杜维诺先生说，"可是有人提醒了我，使我下定决心改变策略，于是，我打听那个人最感兴趣的是什么，他热衷的又是什么。"

　　杜约诺发现他是一个叫"美国旅馆招待者"组织的成员，不仅是成员，由于他的热心，最近还被选为主席。不论在什么地方举行会议，不管需要不需要他参加，他一定出席，哪怕是跋涉千山万水。于是杜维诺再去见他时，一开始就谈论他的组织。哈！得到的结果真是令人吃惊，他跟杜维诺谈了半个小时，关于他的组织、关于他的计划，语调充满热情。告别时，他还"卖"了那个组织的一张会员证给他的"客人"，几天之后，他饭店的大厨师突然打电话给杜维诺，要他立即把样品和价格表送去。那位大师见到他的时候，迷惑不解地说："我真不知道你对那位老先生做了什么手脚？他居然被你打动了！"想想吧，杜维诺先生缠了饭店经理四年而没有解决的事情，却在一个早上解决了，他究竟做了什么手脚呢？他只不过真诚地对那位经理的兴趣感兴趣而已。

　　事实表明，在与人交谈的时候，聪明的人会找对方感兴趣的事或物交谈，使谈话的气氛友好而和谐，而愚蠢的人则对自己感兴趣的事情或自己的爱好大肆吹嘘，使对方感觉到谈话乏味无聊，当然不同的谈话形式带来的结果也不会相同。

　　古人说："话不投机半句多"，只要抓住了对方的兴趣，投其所好，不仅不会"半句多"，而且会千句万句也嫌少，越谈越投机，越谈越相好。美国纽约银行家杜威先生说道："我仔细研究过有关人际关系的丛书，发现必须改变策略，我决定去找出这个人的兴趣，想办法激起他的热忱。"所以，如果你希望别人喜欢你，就要抓住其中的诀窍：了解对方的兴趣，针对他喜欢的话题与他聊天。

说到就必须做到

在人际沟通中，可能你会遇到这样一种情况：由于对方对你的诚意、信誉存在疑问，你很难攻克对方的心理防线。这道防线犹如一堵墙，你说的话说不到他的心窝里去，他也不会把自己的想法真实地表达给你。这个时候你必须消除这种沟通障碍，让双方的交流畅通无阻。

春秋时期，秦孝公下决心发愤图强，拜商鞅为左庶长进行变法。

于是，商鞅起草了改革的法令，但是怕老百姓不信任他，不按照新法令去做。就先叫人在都城的南门竖了一根三丈高的木头，下命令说："谁能把这根木头扛到北门去，就赏十两金子。"

不一会，南门口围了一大堆人，大家议论纷纷。有的说："这根木头谁都拿得动，哪儿用得着十两赏金？"有的说："这大概是左庶长成心开玩笑吧。"

大伙儿你瞧我，我瞧你，就是没有一个敢上去扛木头的。

商鞅知道老百姓还不相信他下的命令，就把赏金提到五十两。没有想到赏金越高，看热闹的人越觉得不近情理，仍旧没人敢去扛。

正在大伙儿议论纷纷的时候，人群中有一个人跑出来，说："我来试试。"他说着，真的把木头扛起来就走，一直搬到北门。

商鞅立刻派人传出话来，赏给扛木头的人五十两黄澄澄的金子，一分也没少。

这件事立即传了开去，一下子轰动了秦国。老百姓说："左庶长的命令不含糊。"

商鞅知道他的命令已经起了作用，就把他起草的新法令公布了出去。于是新法令在全国通行。自从商鞅变法以后，秦国就越来越强大，终于统一了中国。

这就是著名的"南门立木"的故事。"言必信，行必果"，自古以来，就是为人处世的根本。不论在生活上或是工作上，对于你已经许诺了的事，你应该认真地对待，努力地去实现。要知道，你若丢弃守信这一根本，总是信口开河地随便向别人开"空头支票"，临到头来又不兑现，失信于人，这是一种顾眼前不顾将来的愚蠢的短视行为，还会昭示你的人格卑贱，品行不端，三国时期，吴国大夫鲁肃在诸葛孔明的如簧之舌煽动下，一时错乱，轻率地许诺作保把荆州借给了刘备。岂知这一许诺，使得东吴伤透了脑筋。围绕荆州，吴蜀你争我夺，东吴是"赔了夫人又折兵"，气死了周瑜，为难了鲁肃。

轻诺别人，不仅会给自己带来不守信的声誉，更会招致许多麻烦，而且有时还会严重伤害别人。

甘茂在秦国为相，秦王却偏爱公孙衍。秦王有一次曾经许诺公孙衍，将来必定有所提拔。他亲自对公孙衍说："我准备让你做相国。"甘茂手下的官吏在路上听到这个消息，就去告诉甘茂。甘茂因此进宫拜见秦王说："大王得了贤相，斗胆给大王贺喜。"秦王说："我把国家托付给你，哪里又得到贤相呢？"甘茂说："大王将要立公孙衍为相。"秦王说："你从哪里听来的？"甘茂回答说："公孙衍告诉我的。"秦王非常窘迫，于是就驱逐了公孙衍。秦王轻许公孙衍，事后又不兑现自己的诺言，结果成了失信于人之君主，同时也伤害了一直忠心耿耿的良臣甘茂。

所以，一旦许诺，就要做到。这样才能成为守信、诚实、靠得住的人。

　　人是一种具有社会性的动物，总要与他人交往。人与人之间的交流主要是通过言行来进行的。诚于中必显于外。心有诚意，口则必有信语；口有信语，身则必有慎行。一个人能够长期地坚持以诚信待人，就会形成诚信的人格。在沟通中，具有诚信人格的人，就会赢得人们的普遍信赖。

　　《左传》记载，晋文公时，晋军围攻原这个地方，在围攻之前，晋文公让军队准备三天的粮食，并宣布："如果三天攻城不下，就要退兵。"三天过去了，原的守军仍不投降，晋文公便命令撤退。这时，从城中逃出来的人说："城里的人再过一天就要投降了。"晋文公旁边的人也劝说道："我们再坚持一天吧！"晋文公说："信义，是国家的财富，是保护百姓的法宝。得到了原而失去了信，我们以后还能向百姓承诺什么呢？我可不愿做这种得不偿失的蠢事。"晋军退兵后，原的守军和百姓便纷纷议论道："文公是这样讲究信义的人，我们为什么不投降呢？"于是大开城门，向晋军投降。晋文公凭着信义，获得了不战而胜的战果。

　　总之，我们要敢作敢当，说到就要做到，要做就做最好。"言必信，行必果"，是我们说话时一定要谨守的。为了避免出现"言不信，行不果"的失败，我们在说话诚信方面就要注意一些原则。

不轻易许诺

　　曾参，是春秋末期鲁国有名的思想家。他博学多才，且十分诚信。

　　有一次，他的妻子要到集市上办事，年幼的儿子吵着要去。曾参的妻子不愿带儿子去，便对他说："你乖乖地在家好好玩，等妈妈回来后，将家里的猪杀了煮肉给你吃。"儿子听了，非常高兴，不再吵着去集市了。

这话本是哄儿子说着玩的，过后，曾参的妻子便忘了。不料，曾参却真把家里的一头猪杀了。妻子从集市上回来后，气愤地对丈夫说："我是哄儿子说着玩的，你怎么真把猪杀了呢？"曾参说："孩子是不能欺骗的！他不懂事，还没有辨别能力，父母教什么，孩子就学什么。你现在哄骗他，等于是在教他学会欺骗。你现在欺骗了孩子，孩子以后自然也就不相信你了，你以后还怎么教育孩子？"

曾参因妻子一句哄儿子的话，杀猪而以示诚信，这是值得我们敬仰的。俗话说："人无信而不立。"毫无疑问，我们绝不要轻率地对人做出许诺，凡诺都应该要三思而后行。

如果你说过要做某件事情，就必须办到；如果你办不到，觉得得不偿失，或不愿意去办，就不要答应别人，你可以找任何借口来推辞，但绝不要说："没问题！"如果你说试试看而又没有做到，那么你给对方留下的印象就是：你曾经试过，结果失败了。

汉灵帝末年，华歆、王朗一同乘船逃难。有一个人要搭船，华歆很为难，王朗说："希望你大度一些，搭搭船有什么不可以？"后来强盗追来，王朗想把搭船的人扔掉，华歆说："我刚才之所以犹豫，正是因为这个，既然已经接纳了他，他把自己托付给我们了，怎么能因为危难而抛弃他呢？"

王朗前后矛盾，出尔反尔，给人印象很差，所以在任何场合都尽量不要说"这事没问题，包在我身上了"之类的话，给自己留一点余地。顺口的承诺，只是一条会勒紧自己脖子的绳索。在对待别人时，不可轻易许诺，而许了诺，便一定遵守，别人会为你的态度所打动，他们认为你是一个守信誉的人，从而会信赖你，在生活中便会战无不胜、攻无不克。

有时候，我们会在无意中表面应付。由于用词或说话的口气不同，就会使人们对你要表达的意思产生曲解。例如，一个朋友托你办一件事，而这件事在你看来可以办或不可以办，或介于两者之间，你可能说"让我想一想"，表面应付一下。但在人家看来，你就承诺了。

我们常常会听到某位朋友说，某某明明答应为我办一件事，可是他却食言了。仔细地想一想那位朋友的话，虽然某某曾经答应过他，但那很可能只是表面上的应付，或者是这事根本就不可能办到；其实，恐怕连那位朋友也心知肚明，他所请托之事有些强人所难。但是他会责备自己而不责备别人吗？如不细想，即使我听了，也会觉得某某不对，因为到了这地步，谁还会顾及当初某某表面应付朋友时的为难境地呢！

所以，我们说话的时候，该清楚说的话，就应该非常清楚地说出来，最好不要含糊其词，表面应付。

如果你做不到你曾许诺过的事，就应该及时通知对方，这样可以避免不必要的损失。当然，对于已经受到的损失你应当负起自己的责任，用自己的行动说服别人的异议，让他们亲眼看到你所做的都是为了他们的利益，这样才会把失信于人的负面作用降至最低点，还自己一个可信的形象。

巧妙地下"逐客令"

与知己秉烛夜谈，无疑是人生中的一大乐事和幸事。当年，宋朝词人张孝祥与朋友夜谈之后，忍不住发出这样的感慨："谁知对床语，胜读十年书。"

然而，现实生活中，我们遇到的不总是知己，许多不请自来的

"好聊"分子，重复着你不感兴趣的话题，出于礼貌，你在嘴上只好一直敷衍，可心里却很焦急，希望他能识趣一点儿，早些离开，还你一点自由的空间。明眼人感觉到了氛围不对，可能就会起身离开，而那些心思不够细腻、大大咧咧的人，唯有听到"逐客令"，才可能意识到自己打扰了别人。

对于好面子的人来说，下逐客令俨然就成了一道难题：舍命陪君子吧，实在是浪费时间，毕竟自己还有其他的安排；直截了当地下逐客令，又怕伤了彼此的感情，让人觉得自己有点不近人情……遇到这样的事，到底该怎么处理呢？

想要对付这样的客人，最好的办法就是用巧妙的语言，把"逐客令"说得悦耳动听，既不挫伤对方的自尊心，又能让他意识到你可能还有其他重要的事情要做，不能陪他继续闲聊。换言之，就是让你的话别显得那么生冷不近人情，给它加一点温度，让人听起来觉得温和舒服，不刺耳。

最简单的"逐客"之道就是，用委婉地言辞提醒他，你还有其他的事情要做，时间上可能不充裕，不便闲聊。鲁迅先生说："无端的空耗别人的时间，无异于谋财害命。"任何一个珍惜时间的人，都不甘心被别人"谋财害命"，可若偏偏遇到了这样的朋友，你对他紧绷着脸，显然也不合适。这时候，你不妨试试"以热代冷"的逐客法。

每次闲聊者登门，你不要摆出一副冷若冰霜的样子，要笑脸相迎，沏好一杯香茗，拿出零食、水果，对他客气有加，用接待贵宾的高规格来招待他。时间长了，他自然也就不好意思了，觉得每次登门拜访都要劳你辛苦地招待，而他也不愿意老是以"贵客"自居，日后贸然再来的次数就会少了。

通常情况下，喜欢串门闲聊的人，多半是希望用聊天来消磨时间，这样的人没什么大志，也没有什么高雅的兴趣爱好。如果能够用疏导的办法，给他一些有建设性的提议，介绍一些有意思的活动给他，他有事可做了，也就无暇光顾你这里了。

在对此类客人进行疏导时，也要考虑到对方的年龄和地位，选择合适的语言。如果是年轻人，你不妨用激励的口吻说："人生短短几十年，多学点东西总没亏吃，有真才实学才有立足之地，有空的时候可以多充实充实自己。"如果是中老年人，可以依据他的具体情况，诱导他培养某种兴趣爱好，比如："现在广场上有不少人在教中老年人学跳舞，既能强身健体，还能丰富退休后的业余生活，有时间的话，您也可以去看看。"一旦对方找到了自己的兴趣爱好，恐怕你请他来他都不会来了。

此外，你还可以试试以攻代守的逐客方式，堵住闲聊者的来访之路。比如，对方习惯晚饭后到你家做客，那你不妨提前十分钟主动去他家。这样一来，你就由主人变成了客人，交谈时间的主动权也掌握在你的手里，随时都可以找借口起身离开。你拜访的次数多了，他就会被你"黏"在自己家了，去你家闲聊的习惯很快会被改变。

尽管拒绝别人不是一件容易的事，可为了保证自己正常的生活习惯，该下逐客令的时候一定不要难于启齿。但是说话做事之前多思考一下，尽量不让人心生不悦，保持自己的优雅和风度。这样，既不会让自己的时间被荒废，又能让对方知趣而退。

第九章 职场中的沟通术

求职要学会自我介绍

求职面试时，招聘者手中往往有许多求职履历表，很多应聘者能力很强，所以招聘者想知道你和别人相比有什么独到之处。在能力相当的情况下，一些求职者之所以能够成功，关键在于面试时自我介绍得恰如其分。

做自我介绍前，要先与主试官打个招呼，道声谢，如："经理，您好，谢谢您给我这么好的机会，现在，我向您做个简单的自我介绍。"介绍完毕后，要注意向主试官道谢，并向在场的面试人员表示谢意。

在做自我介绍时，最忌漫无中心，东扯一句西扯一句，或者陈芝麻烂谷子，事无巨细一一详谈，让人听了不知重点。求职面试中的自我介绍一般包括这些基本要素：姓名、年龄、籍贯、学历、性格、特长、爱好、工作能力和工作经验等。对于这些不同的要素该详述还是略说，应按照招聘方的要求来组织介绍材料，围绕中心说话。假如招聘单位对应聘者的工作能力和工作经验很重视，那么，求职者就得从自己的工作能力及经验出发做详细的叙述，而且介绍都是以此为中心。

在自我介绍中，要尽量避免夸张，一般不宜用"很""第一""最"等表示极端的词来赞美自己。如果对自己做过多的夸耀，反而会引起面试官的反感。

当你有了不起的业绩时，或者你有足够的资历、经验能胜任这项工作时，不要在自我介绍中和盘托出，要给自己留一手，一开始就说出"伟大业绩"会给人自吹自擂的感觉，容易引起人反感，留在后面说，会给人以谦虚诚实的印象，使面试官对你刮目相看。

小秦曾经得过全国发明奖。他先不跟面试官提这件事，当谈话进一步深入时，面试官提到这项发明。小秦笑笑说："这是我前年搞的。去年和今年又搞了两项。"面试官问："得奖了吗？"小秦说："那没什么值得提的。"小秦也许在今年和去年都没有得奖，他对得奖的淡漠，赢得了面试官的好感。面试官十分高兴，录用了小秦。

把自我介绍说好，工作的机会就离你不远了。

自我介绍是求职者向面试官展示自己的一个重要手段，自我介绍好不好，直接关系到你求职是否成功，因此一定要好好把握。

为领导查缺补漏

一般来说，领导者随着职位的升高，每天所要应酬与处理的事情也会增加。因此，难免会在一些工作上有疏忽和遗漏之处。作为下级，此时一定要恰当地采取措施，为上司打圆场，以弥补他的疏忽和遗漏，使工作顺利开展下去。

有时候领导的讲话中会出现晦涩难懂的地方，诠释领导讲话中不好懂的地方，使领导的意图更完整、更明确，这就是下属需要做的。讲话是领导工作中的重要部分。为了协调好各方面的关系，领导常常要在不同时间、不同地点、面对不同的听众发表讲话，这就使领导有时会忽略了对听众接受能力的判断，从而使讲话听起来晦涩难懂、不易接受。这时候，作为部下，应当在适当的时刻站出来，帮助领导解释其讲话中不太好懂的地方，使领导的意图能够得到更完整、更明确的传达。

电视连续剧《北京人在纽约》中有这样一个情节：格陵兰时装公司开业时，老板王起明讲话，他讲了一通典型的中国式的客套话："各位师傅，辛苦了！今天是我们公司开业的第一天，你们是行家，我是新手，请各位多多帮助。说实话，这活是紧了点，工作条件是差了点，这样一个小房子要安这么多机器……"聪明机智的阿春见他这开场白说得太脱离美国实际，既不能鼓舞士气，又不能安定军心，同时还授人以柄，说了不如不说，立即接过他的话头，说了一段恩威并重、字字攻心的话："刚才王老板说话太客气了，其实他哪是什么新手呀！他的设计在纽约甚至巴黎都拿过大奖。"这几句话令工人们看到了前途，鼓舞了士气。

有时候领导交代别人办事情时也往往会出现一些口误，只是别人不一定知道这是口误，于是按吩咐去做，结果又会被领导批评说你做错了，所以明明知道这是领导的错误，可有时候你也不能直说这是他的错。这时候虽然你心里明白，可是仍然要维护领导的脸面。

小贾今年刚大学毕业，进了政府机关，当了一名职员。这天，领导拿着一份文件，让他传真到市委宣传部，小贾照办了。可谁知第二天，领导怒气冲冲地走进了小贾的办公室，当着众多同事的面，大声斥责小贾："你怎么做事的？让你发份传真到组织部，你却给我发到了宣传部！"

小贾一下子蒙了，他回忆了一下，确定领导昨天向他交代的是宣传部而非组织部，他想领导一定是在情急之中记错了。可是看到领导愤怒的样子，小贾二话没说，主动承担了责任："对不起，实在对不起！都怪我办事毛躁，本想抓紧时间办好，没想到犯了个大错。我一定会吸取教训的，保证不会有第二次了！"

说完，小贾赶紧又给组织部发了份传真。又过了一天，小贾被叫到了领导的办公室，领导真诚地向他道了歉，说自己那天因为着急，错怪了小贾，并夸奖小贾会办事。自此，小贾在领导心目中的地位大大提升了。

人无完人，上司也有说错话或者表达不清楚的时候，遇到这样的情况，有些下属会幸灾乐祸，然后飞快把上司的这些"糗事"传出去，而聪明的下属却可以为上司着想，帮上司把他没有表达出来的意思委婉地补充完整。

试问如果你是领导，哪样的下属会讨你的喜欢呢？毫无疑问，可以帮你补缺漏的下属会让你心存感念。

如何给上司提意见

《三国演义》中的杨修自以为学富五车、才智出众，因而恃才傲物。他生活在曹操的帐营里，却根本不把曹操放在眼里，常常口出狂言，表现出种种不满，做事也是自作主张。曹操十分不悦，最后找了个借口把杨修杀掉了。在我们的周围，将不如卒、君不如臣的情况屡见不鲜，而明卒被昏将压抑、扼杀的情况同样层出不穷。如果你是一位聪明的小卒，却遇到了一位昏将，你该怎样做才能不使自己落入被压抑的境地，同时也使上司愉快地接受你的建议呢？

一般上司都不希望下属在自己面前过分显露才华。如果不明白这一点，为了让上司赏识，便在他面前表露自己的聪明，上司必定会认为你狂妄自大、恃才傲物，从而对你产生排斥感。因此，在上司面前提建议时，千万不能让他认为你是在卖弄自己，而要磨掉你身上的棱棱角角，使他从心里接受你。给上司提建议时，要注意以下策略：

多献"可"，少加"否"。多献"可"，少加"否"的意思是说，在下属向上司"进谏"时多献可行的，少说不该做的。它包括两层含义：一是要多从正面去阐明自己的观点；二是要少从反面去否定和批驳上司的意见，甚至要通过迂回变通的办法有意避免与上司的意见发生正面冲突。

例如：你是一家公司的部门主管，根据业务发展情况需要配一名专管业务的副手，这时你想提拔一位懂业务、有经验的下属担任此职，而上司却准备从其他部门派一名不懂这方面业务的外行人任职。在这种情况下，你可把话题多用在部门副主管应具备的条件和你所提人选已具备的条件上，而不应用在反驳上司所提的候选人上。这样既可以避免与上司发生直接冲突，又能把话题保留在自己所提人选上。

对于那些敢于直谏的下属，上司头疼的往往不是他们所提的意见有多么让人难以接受，而是他们提意见的方式让上司受不了。比如："主管，您刚才说的观点完全错误。我觉得事情应该这样处理……"或是"主管，您的做法我不敢苟同。我认为应该……"。你把上司的想法或做法一棒子打死，这让他很难接受。你让上司脸上挂不住，上司自然对你心存芥蒂，你的意见被采纳也几乎是不可能的了。

多"引水"，少"开渠"。多"引水"，少"开渠"的意思是说，向上司"进谏"时不要直接点破上司的错误，或越俎代庖地替上司做出所谓的正确决策，而是要用引导、试探、征询意见的方式，向上司讲明其决策、意见本身与实际情况不相符合，使上司在参考你所提出的建议后，水到渠成地做出你想要的正确决策。

俗话说"人无完人，金无足赤"，上司在某些方面有缺陷是很自然的，关键是作为员工要有一个正确的心态，认识到上司也是人不是神。立场站对后，处理同上司的关系就会顺利得多。

兼顾上司的立场，的确不失为向上司提意见的上策。首先，它没有排斥上司的观点，而且站在上司的立场，最终是为了维护上司的权威，出发点是善意的；其次，这种策略是一种温和的方式，能够充分照顾上司的自尊，易于被接受，效率较高；最后，它需要很强的综合能力，需要很高的社会修养，并能够针对不同情况，不断提出有效率的兼顾上司立场的意见，久而久之，自己个人的领导能力也会迎风而上，飞速提升。

适当的激励，可让白痴变天才

激励是以语言信息的反作用力作为刺激，激发对方按照说话人的意向说话或回答问题。这是他人在不愿表态、讲话时，引发他人讲话的一种有效方法，借以打开对方的话匣子。其实，在影视剧排练时，导演经常用这一方法，来激励演员在真恨、真悲、真哭的情境中说出话来。在外交、商务谈判中，也常常使用这种方法，以刺激对方做出有利于我方的反应。所以，激励得当可使你在做事时收到"请君入瓮"的效果。

激励用在职场上，是领导活动的一个重要部分。通过对下属的激励，可以最大限度地提高下属的工作效率。因为下属好比一块原石，领导必须"雕琢"它，让其成为有价值或价值更高的艺术品。

有人说："过大的压力可以让天才变白痴，适当的激励却可让白痴变天才。"这句话确实是一语中的，充分说明了激励力量的神奇。

1926 年，松下电器公司要在金泽市设立营业所。但是松下幸之助对于应该派谁去主持那个营业所非常犹豫。当然，胜任那个工作的高级主管并不少，但是，那些老资格的管理人员必须留在总公司工作。因为他们当中的谁要是离开总公司，都会对总公司的业务造成不利影响。这时，松下幸之助想起了一位年轻的业务员。

这位业务员当时只有 20 岁，松下幸之助把他找来，对他说："公司决定在金泽设立一个营业所，希望你能去主持这项工作。现在你立刻去金泽，找个适当的地方租下房子，设立一个营业所。我已经准备好资金了。"

听了这番话，年轻的业务员大吃一惊。他不解地问："这么重要的职务，让我这个刚进入公司才两年又如此年轻的人去担任，不太合适吧？而且，我也没什么经验……"

但是，松下幸之助觉得应该对年轻人进行适当鼓励，就对他说："你没有做不到的事情。你想，像加藤清正、福岛正泽这些武将，都在十几岁时就非常活跃了。还有，明治维新时的志士们不都也是年轻人吗？他们在国家艰难的时期都能够站出来，建立了新时代的日本。你已经 20 岁了，不可能这样的事情都做不来的。我相信你，你一定能够做到的。"

这一番话使得那位年轻的业务员下定决心说："我明白了，您就放心让我去做吧。非常感激您能够给我这个机会，我一定会好好努力的。"

年轻人一到金泽就立即展开准备工作。他每天都会给松下幸之助写一封信，把自己的进展情形一一向他汇报。很快，年轻人在金泽的筹备工作完全就绪。于是，松下幸之助又从大阪派了两三名员工过去，开设了营业所。

正如松下幸之助所认为的，激励员工的要诀很多，但最重要的还是能够信赖他，把工作完全交给他。受到信赖、得到认可，任何人都会无比兴奋，也会产生责任心并全力以赴地工作。

怎样说出难开口的话

作为老板，有时颐指气使，会让部下感觉不愉快，这是造成领导与员工彼此对立的重要原因。所以作为老板，对员工说话时，注意方式掌握分寸很重要。

老板不应当仅仅看到部下的工作情况和成绩，还应当了解他们内心的烦恼。因此，老板讲话时要慎重，注意不要伤害部下的感情。

老板的讲话与提问方式也极为重要，如果掌握不好，就可能使部下与你产生对立。这种情况多发生在谈话之前对对方怀有不满和厌恶时，也可能是你过于急躁逼人认错的结果。所以首先应避免以上两种容易产生敌意的态度。另外，对方情绪过分激动，其是非的判断力、意志的驱动力都会变得"模糊"，处于抑制状态。在这种情况下，任何"强攻"都难奏效，不如暂停说服工作，告诉对方好好休息，下次我们再慢慢谈。停一停再谈，这对改变其认识、稳定情绪具有很大作用。心理学研究发现，某一件事在头脑中形成强烈的刺激反应，一时无法抑制，但睡了一觉，这种情绪会淡化，这就是"睡眠者效应"。昨天看来已处于"山重水复疑无路"的说服工作，到了第二天再谈，就可能出现"柳暗花明又一村"的新局面。

老板说服部下，目的是使对方跟自己走。光是自认为理由充足可不行，还要掌握住对方的心理特点，使对方心甘情愿听你的，这样才能一切都由你做主。

有家公司为主管们安排了有关"沟通"的教育训练课程。

上了一星期课之后，有位主管在处理老是迟到的一个部属时，挖空心思，想在批评他的时候又能保住他的面子。

后来，他把这个部属找来，面带笑容地对他说："我知道迟到绝对不是你的错，全怪闹钟不好。所以，我打算订制一个人性化的闹钟给你。"

这个主管对部属挤了挤眼睛，故作神秘地说："你想不想听听它是怎么人性化的？"下属点点头。

"它先闹铃，你醒不过来，它就鸣笛，再不醒，它就敲锣，再不醒，就发出爆炸声，然后对你喷水。如果这些都叫不醒你，它就会自动打电话给我帮你请假。"

做好管理工作真的不容易，有人说做事容易做人难，管得多了不但没有效果，反而会影响彼此的人际关系；管得少了虽然能保住彼此的感情，但是效果又不好。在这里，老板表现出了体贴部下的心意，又注意到不强按人低头，所以部下还是十分感激的。

岗位提升后的说话技巧

在现代社会，提拔有德有才之士到领导岗位上是很常见的。这些人一旦到了领导岗位，就必须掌握说话的艺术和技巧。在被提拔之前，你或许只是个小小的领导，或许是个小职员，话说得好不好，对你的影响不太大；可现在不同了，你到了职场的上层了。

小张和小王几乎是同一时间被公司招聘的，年龄差不多，因而他们成了无话不说的好哥们儿，一起下班一起吃饭喝酒，有时候也一起调侃公司里的领导。可是两人性格有很大差别，小王没有太强的事业心，对工作只是完成就好。而小张有强烈地想证明自己的野心，又善于和领导打交道，对待工作也非常认真，于是没多久，小张就获得了提升，成了小王的上级。小王对此本来也没什么异议，因为他也不是贪得功名的人，谁来当他的上级也无所谓，可是让小王非常不满的是：小张开始摆起了架子，言谈举止总是提醒小王，我已经是领导了，你不要像以往那样没大没小，拿我开玩笑或者给我找麻烦了……而且小张也不再跟旧同事吃饭喝酒，而是开始和领导谈笑风生，甚至开始回避以前的同事。

结果到年底综合评分的时候，小张因为群众基础不好而被扣了奖金，还挨了上级的批评。

故事里的小张虽然被提拔当上了领导，可由于没有摆正自己的位置，也没有和原来的同事进行有效沟通，结果让自己因为人缘不好吃了亏，这实在令人遗憾。

大多数人认为，职场之妙，妙在心机和口舌。在你被提拔之后，原来的领导或许成了你的同人，而原来的同事成了你的下级，这样在你与他们之间就突然有了一种很微妙的距离感。你如何说话才能尽快打破这种局面？下面的方法可以一试。

1. 对新同事的说话技巧

"各位领导，原来你们是我的上级，曾经不断鼓励我上进，并给了我许多机会展示能力和才华，才使我在众多候选人中脱颖而出，得到提升。我很感谢各位对我的扶持和帮助，也希望在今后的工作中继续给我指出努力和前进的方向。对于做领导的艺术和学问，我没有你们在行，你们从事领导工作的时间比我长，所以在许多方面都是我的老师，我要好好向你们请教学习……"

2. 对旧同事、新下级的说话技巧

"以前我们大家是同事，在一起打打闹闹，处得非常愉快，现在虽然没有更多机会和大家热闹，但我们还和过去一样是平等的，在工作中希望大家支持我；工作之外，和过去没有任何区别，你们有什么意见和要求可随时提出来，有什么建议和不满也可以随时反映，我一定会尽自己的能力尽快解决。希望大家理解和支持我的工作！希望大家配合我把工作做得更好！"

　　总之，被提拔以后也不要有小人得志那样的骄傲，毕竟你的工作需要得到上级的肯定和下级的支持，如果一味"巴结"上级，和以前的同事划清界限，那么你的工作就可能得不到下级的支持，而导致无法进行下去。如果一味和下级保持以前那种没大没小乱开玩笑的状况，也会让你丧失威信，在领导面前无法交差。所以，别小看一次简单的提升，它可以考验你说话水平的高低。

第十章 婚恋中的沟通术

刀子嘴并不是优点

俗话说，"刀子嘴，豆腐心"。这是说一个人虽然嘴巴不饶人，可是心地很善良。只是现在社会，人的面子越来越值钱，脸皮也越来越薄，即便你是豆腐心肠，可一张刀子嘴也足够让人对你敬而远之。

周末晚上，妻子做好饭菜左等右等不见丈夫归来，邻家传来热闹的嬉笑声，妻子更觉孤独，于是她给晚归或不归的丈夫写下这么一段话："晓军，等至夜深，依旧不见你归来，想是到同事家打麻将去了。一周繁忙的工作之后，确实应该轻松一下，但愿你确实能轻松。晚上，我独自一人站在阳台上数天上的星星，并猜测哪一颗星星属于你所在的位置。有一颗最初很亮很亮，可我看得久了，却发现它又黯淡下去，最后我都找不着了。起风了，吹得门窗砰砰作响，每一次门响，我都以为是你回来了，兴奋地打开门，外面却是黑漆漆的夜。我在等待一个不回家的人，我想你一定不愿意这样，虽然你人留在了一个我不可知的地方，但家里到处都闪现着你的身影，厨房的餐桌上还留着你早晨喝剩的半杯奶，我只好把它倒掉了，等你回来，我再为你冲上一杯，但愿你不会再把它剩下。"

看完这段话，相信每个人都会有温暖的感觉，像春风拂面一样温馨。可是请再看另一段话，比较一下二者的效果。

"我就知道你今晚心又痒得难受，'死猪不怕开水烫'，你是无可救药了，再这样下去，日子没法过了。你在外面轻松快活，留下我孤独一人，早知道我还不如回娘家去，待在这破家干什么。我郑重警告你：你再这样，我就告诉你爸妈，我不相信，你的毛病我治不了，别人还治不了。"

两段话的效果应该是截然不同的，后者充满了怨恨、责怪，这样尖锐的话说出来非但达不到效果，反而会令对方更为反感。

谈恋爱时，要多一分理解，才能把握住爱情。

一次，李丽的一些朋友邀请她周末出去玩，还特别嘱咐她带上她的男朋友阿强。李丽兴致勃勃地打电话告诉阿强，但是阿强说："丽，我不能去，周末我要陪领导出差，下次吧！"李丽听后顿生不悦，对着电话筒大声说："你好牛啊，请都请不动，也太不给我面子了！"阿强听了这话，默默地放下电话，好长一段时间都没有主动找过李丽。

在恋爱中，由于主观或客观原因，不可能自己的每个要求每次都能得到满足。当对方不能满足自己的要求时，一定要保持冷静，多一些理解，少一些抱怨和指责。上面的故事中，对李丽的邀请，阿强不是不想去，而是公务在身不能去。如果李丽能考虑到这一点，把指责变成一种理解，说出"我很遗憾你不能去，我原本想我们一定会玩得很开心，不过你工作重要，下次有时间再玩"等之类的话，双方的关系非但不会受到影响，反而会使爱情更上一层楼。

拒绝的话缓着说

如果爱你的人正是你所爱的人，那被爱当然是莫大的幸福。但是，假如追求你的人并不是你的意中人，那被爱就是种尴尬了，你可能会产生反感甚至感到痛苦，这份你并不需要的爱就成了你的精神负担。

别人向你求爱，你不欢迎，你可以拒绝他（她）的爱，你不会有错。关键在于你拒绝对方的方式，如果拒绝得恰到好处，对双方也是一种解脱，可以免去许多麻烦。如果你不讲方式，不能恰到好处地拒绝别人的求爱，你就可能犯错，不但伤害他人，说不定也给自己带来更多麻烦。

初次交朋友，你也许有过这样的为难，因为她或他的条件实在让人爱不起来。但是，由于是你的上司介绍的，或者是上司的子女，使你在拒绝时产生了犹豫，虽然每次见面都会使你感到不舒服、不愉快，你一想到对方的身份、上司的威严，屡次想谢绝却又不好说出口。有时候，也许你为了顾全对方的面子而难以开口说"不"字，或者慑于对方的威严你不知所措。你被这份多余的爱折磨得痛苦不堪，不知该如何去做。生活中处在这种矛盾中的人太多了。有些人遇到这些情况时不知该如何拒绝，并且因处理不当，造成了很不好的后果。

拒绝求爱的方法有多种，从形式上说，可以用书信，可以口头交谈，也可以委托别人。但不管用什么样的方法，一定要恰当。

如果你已有意中人，又遇到求爱者，那么就直接、明确地告诉对方你已有爱人，请他另选别人，而且一定要表明你很爱自己的恋人。同时，切忌向求爱者炫耀自己恋人的优点、长处，以免伤害对方的自尊心。

而如果你认为自己年龄尚小，只想以学业或者事业为重，不想考虑个人恋爱问题，那就讲明情况，好言劝解对方。这样的拒绝也在情理之中，毕竟谁也不愿意耽误别人的好前程。

倘若你不喜欢求爱者，可以在尊重对方的基础上，婉言谢绝。对自尊心较强的男性和羞涩心理较重的女性，适合委婉、间接地拒绝。

因为这类人往往是克服了极大的心理障碍，鼓足勇气才说出自己的感情，一旦遭到断然的拒绝，很容易受伤害，甚至痛不欲生，或者采取极端的手段，以平衡自己受创伤的感情。因此拒绝他（她）的爱，态度一定要真诚，言语也要十分注意。

你不妨说："我觉得我们的性格差异太大，恐怕不合适。"

"你是个可爱的女孩，许多人喜欢你，你一定会找到合适的人。"

"你是个很好的男人，我很尊重你，我们能永远当朋友吗？"

"我父母不希望我这么早谈恋爱，我不想伤他们的心。"

如果这些自尊心强和羞涩感重的人没有直接示爱，只是用言行含蓄地暗示他们的感情，那么你也可以采取同样的办法，用暗含拒绝的语言，用适当的冷淡或疏远让他（她）明白你的心思。

最后，拒绝也要彻底、决断。如果求爱者是那种道德败坏或违法乱纪的人，你的态度一定要果断。拒绝时一定要冷淡，对这类人也没必要斥责，只要寥寥数语，表明态度即可，但措辞、语气要严谨，不要使对方产生"尚有余地"的想法。

总之，拒绝求爱也是一门艺术，如果你的表达得体，对方不但会接受你的拒绝，还会把你当成朋友。

常交流才有真心话

"相爱简单，相处太难"。在恋爱之初，相互觉得性格相投、相处融洽，为什么一旦步入婚姻之后，却发现彼此间有那么多的差异？作为截然不同的两个个体，这时，语言的沟通有着极其重要的作用。

在性格不同的夫妻身上，我们往往更容易发现一些不尽相同的特点，或者会遇到一些不熟悉、不习惯的东西。如果我们对那些与自己有不同的特点、习惯、兴趣和爱好的人过分挑剔，其结果是可想而知的。

林肯一生最大的悲剧不是被刺杀，而是他的婚姻。林肯和妻子在各方面都是相反的：教育、背景、脾气、爱好，以及想法。他们经常使对方不快。

"林肯夫人高而尖锐的声音，"原参议员亚尔伯特·贝维瑞治写道，"在对街都可以听到，她盛怒时不停的责骂声，远传到附近的邻居家。她发泄怒气的方式不仅是言语。她暴躁的行为简直太多了，真是说也说不完。"

比如林肯夫妇结婚不久，跟杰可比·欧莉夫人住在一起——欧莉夫人是一位医生的遗孀，丧夫的窘境使她不得不分租房子和提供膳食。

一天早晨，林肯夫妇正在吃早饭，林肯做了某件事情，引得林肯夫人大发脾气。究竟是什么事，现在已经没有人记得了。但是林肯夫人在盛怒之下，把一杯热咖啡泼在她丈夫的脸上，当时还有许多其他客人在场。

当欧莉夫人进来，用湿毛巾替他擦脸和衣服的时候，林肯羞愧地坐在那里，不发一言，而林肯夫人早已扬长而去。

林肯夫人的行为是如此令人不能相信，她在众人面前所制造的可悲而又有失风度的场面，让人惊讶不已。她最后终于发疯了。对她最客气的说法，有专家分析指出，她脾气暴躁，或许是受夫妻之间缺少情感交流的影响。

恩爱夫妻有一个共同的特点，就是在通向恩爱和睦的大道上，相互付出真情和关爱，爱情需要时间的考验、精神上的投资。他们有什么样的共同秘密呢？

首先，他们遇事多商量。在家中，多点民主，凡事多商量，许多棘手的问题往往可迎刃而解。比如，过年过节，爱人要给岳母买点礼品，问你："买点什么，买多少？"你可以说："这些事用不着我管，一切由内务部长全权处理。"当爱人提出一个数目征求你的意见时，你不要说："多了！"或惊讶地说："那么多！"而要说："少了点吧！再添几个。""妈妈把咱带大不易呀！"再如，小舅子、小姨子结婚要送礼，爱人问："送多少钱？"你还是那句话："这些事用不着我管。"夫妻双方有事商议，自然家中太平无事。

其次，他们知道互相安慰。一个人在受到委屈时，特别需要谅解、关怀和安慰，女性更是如此。当她因家庭中某些事忙得心烦意乱而生闷气时，此刻，几句安慰话胜似灵丹妙药。比如丈夫一进屋就拣好话说，妻子再累，心里也很高兴。再比如，见到爱人正在洗衣服，就说："我来洗。"或说："我来帮你晾，你怎么洗这么多，我还打算回来洗衣服呢！""来！丽丽，看爸爸给你买什么了！"孩子高高兴兴地拿走了小玩具，家里活儿又有人帮忙了，这时，妻子的心中会像流进了一股暖流，劳累消失，脸上也会"多云转晴"。

然后，他们还会相互鼓励。夫妻间任何一方在生活中都难免遭受意外或不幸，在工作中难免有挫折，这时对方的安慰和鼓励就十分重要了，它能给人勇气和力量。如果妻子把自行车丢了，十分焦急懊恼，这时丈夫安慰说："不要急，上派出所去挂失，也许会找到，实在找不到就用我那辆，反正我离单位近。"妻子听了，觉得丈夫很大度，自然宽心。如果丈夫这样说："真是怪事，怎么没把自己也丢了呢？"妻子本来懊恼不已，丈夫又火上浇油，就会引起妻子唠唠叨叨，揭丈夫老底，到头来肯定是战事不休，鸡犬不宁。

诚然，夫妻间要注意的方面还有很多，但只要以诚相待，注意各自的修养，讲究交谈艺术，就能使夫妻生活更加幸福美满，夫妻恩爱。

也许女人天性多疑，也许女人情绪易变，这个时候男人就要多说一些安慰、体贴的话，安抚她的情绪。也就是说女人需要别人来哄。

当女人感觉到有人在背后支持她时，她的心情容易慢慢转好。当女人心情不好时，男人一定要用适当的语言给予安慰，千万不能慌不择言，让对方有火上浇油的感觉。做个会哄人的男人，会让女人更加爱你，何乐而不为呢？

好听的话不需要你浪费很多时间，也不需要你浪费很多脑细胞，只是要你在恰当的时间里说恰当的话。比如当妻子心烦意乱时，她会开始抱怨她的生活。男人这时只需听她抱怨，别拒绝她，也不要显得不耐烦。等她抱怨完后，男人要帮她寻求解决方法，她真正需要的是安慰。如果她说："我没时间出去玩，我有好多事要做，做不完了。"这时，丈夫不能说："那就别做这么多事，你应该好好休息，放松一下。"这样的说法通常会让女人有更多的埋怨，叨唠起来："能不做吗？家里大小事情哪一样不是我操心？"男人应该说："你真的有好多事要做。"然后，体谅地听她细说每一件事。听她说完后，问问是否可以帮助她，这会令她感到宽慰。

女人总是没有安全感，经常会怀疑男人的专情。当担心男人不够爱自己时，她可能会问很多问题，有的是关于恋爱双方之间的关系，有的则是关于男人的感觉。例如他有多爱她，或他觉得她的身材如何等问题。这时候，不需要为这些问题寻求理智的答案，因为她只是想确定男友是否还爱她。例如，如果她说："你觉得我胖吗？"男人不能回答："是啊，你是没有模特儿的身材，可是模特儿都是练出来的。"或："你不需要这么苛求自己，我不在乎你的身材。"而是应该说："我觉得你很美，而且我喜欢这样的你。"然后给她一个拥抱。如果她说："你觉得我们相配吗？你还爱我吗？"很多男人会不自觉地说："我觉得我们还有些方面必须再沟通。"或："你还要问几次？这个话题我们已经讨论过了。"这就犯了忌讳，女人一定会觉得你不耐烦了，不爱她了。而男人如果这样说："是啊，我好爱你。你是我生命中最特别的女人。"或："我越了解你，就越爱你。"那女人就会心情愉快，也会更爱你。

女人的情绪总是善变，女人都希望自己的付出能有所回报，这样她会更加努力。当她发现她付出的远比她所获得的要多，而且她心情正好又处于低潮时，她就会产生怨恨，而怨恨对象有可能是她的伴侣、父母、工作、生活甚至交通状况或其他事情。男人在这时候千万别指责她，骂她想法太负面或不讲理，也不要尝试立即把她从这些情绪中拉出来。

如果女人说："我讨厌我的主管，他对我要求太多了。"男人千万别说："他可能不知道你已经做了很多事，他只是希望你能有最好的发挥。"或："你应该告诉他你的负担够大了，直接拒绝他。"你可以说："他不知道你做了这么多事，他到底想怎样？"然后，听她抱怨。

如果一个女人因为某件事而产生怨恨，她最不希望的就是对方对那件事不屑一顾，反而认为她小题大做。她需要的是把事情说出来，发泄一下她的情绪，希望对方能跟她站在同一阵线上。这也就是亲密关系的意义所在。

安慰的话能起到缓解精神压力的作用，首先要重视对方情绪的不快，再以温和的语言劝解，男女双方的感情才会因此更加深厚。

在生活中，如果会哄你的女人，能讨得她的喜欢，那你的生活就平定安详了。这也是"家和万事兴"的道理。

用甜言蜜语滋润婚后生活

甜言蜜语是爱情的黏合剂，可使双方的感情更加深厚，更加亲密无间。相恋中的男女相处的时候，甜言蜜语是必不可少的，但在婚后，甜言蜜语似乎一下子消失了，生活毫无乐趣可言。这是为什么呢？

其实，这只是表面的现象，其内在的根源在于夫妻双方的心态都发生了变化，因为双方之间过于熟悉而使得生活失去了新鲜的味道。另外，双方一旦走进婚姻以后，由于不同的成长环境和生活背景，由于社会日渐风行的自我思维方式，由于锅碗瓢盆、柴米油盐等家庭琐事，往往会造成婚后生活日渐平实乏味，和恋爱时的浪漫激情形成鲜明的反差。调查研究发现，许多人认为："一旦成为夫妻，就是自家人了，她爱我，我爱她，这谁心里都明白，何必唠唠叨叨地说出来呢？作为夫妻，我做的是我应该做的，她尽的也是她的责任，两人又何必客套，显得假惺惺的？再说，恋爱时都是年轻人，'我爱你'，'我少不了你'之类的话，如今再说起来，也怪不自在的。"在这种观念的支配下，许多已婚男女一反热恋时的亲密与热烈，在婚后表达感情时反而觉得忸忸怩怩，甚至到了近乎冷漠寡情的地步。

张敏结婚刚进入第三个年头，就和丈夫分居了。她对律师说："他一定是有问题。每天回家很少和我讲话，吃完饭就一下躺到沙发上看电视，再也不想起来，一直到深夜。看完最后一个电视节目，就爬上床睡觉，一句话也没有，仿佛情话都在结婚以前说完了，实在让人难以忍受。"其实，张敏需要的并非什么奢侈品，只是丈夫那柔情蜜意的私语。

中国人通常以含蓄为美，夫妻间感情也是如此，不像西方人那样外露，而注重含蓄。但含蓄决不等于关闭感情的窗口。每个人都懂得不进食会产生饥饿，但许多人不知道缺乏感情交流也会产生"感情饥饿"。拥抱接吻使人得到感情满足，动情恩爱的言语同样使人得到感情满足。医学心理证明：一个人长期得不到感情满足不仅会心情沮丧，而且有可能导致一系列心理障碍和心理疾病。如果夫妻双方能改变心态，将"我爱你"之类的话常挂在嘴边，就会勾起对方的美好回忆，在彼此心目中激起爱的波澜。这对加深夫妻感情很有必要。

有这样一对中年夫妻，每天工作非常忙，平时交流的机会也少之又少。可是每逢晚上下班或周末休息时，他们总会谈论一些情爱话题。共同欣赏电视节目时，每当他们看到电视剧中男女的恋爱情节，总会共同诉说他们以前的愉快经历，以此来加深夫妻间的感情。

爱，就需要打开心扉，让它自由地流淌，让对方能够看得见、听得到、感受得到。尝试着说出心中的那份爱，尝试让对方感受到自己的爱，这比一味地行动更有效果。

事实表明，甜言蜜语对于夫妻双方比恋爱时节的谈情说爱更为重要。夫妻间的甜言蜜语，实际上就是充满感情的言语交流，会让爱情更加牢固，也会让爱情永远不老。夫妻之间直抒爱意并不多余，它可以让我们平淡的婚姻生活激起朵朵浪花。很多人在结婚之后，忘记了经营自己的婚姻，试着回想一下，在恋爱时自己是如何悉心照顾他的感情的，你对他说了多少关爱的话语，而你们又度过了多少甜美的日子。可为何结婚后反而觉得日子平淡无奇了呢？

究其原因，就是我们往往忽略了时常说关爱话语的作用。其实，一切抒发爱意的"我爱你"和一句小别重逢后的"我想你"都会让对人倍感温馨，而这对于你来说只不过是举"口"之劳。

甜言蜜语并不是热恋中的年轻人的专利，结了婚并不等于失去了享受爱的权利，当然也并不等于不需要再尽表达爱的义务。婚姻不是爱的终结，有爱就不能缺少甜言蜜语的滋润，老夫老妻间充满关爱的甜言蜜语，更能让忙碌着为你付出的另一半感到欣喜和欣慰，爱的路才会更长久、更完满。所以，要想让你们的爱情永葆青春，让你爱的他始终对你爱意浓浓，千万不要吝惜你的关爱之语。

妙言应对女友的小脾气

男女之间因各自的心理特点发生矛盾冲突时，若仅仅站在异性的观点上看问题，很可能会将对方的心理特点看成缺点，因而对方在你眼里也会变得一无是处。然而若站在超然的观点上看，特点就是特点，并无优劣之分，问题就好解决了。

（1）用倾听和沉默对付无理取闹

时常有男性因女性的无理取闹，自己百般劝解仍无法制止而大伤脑筋。其实，应付这种场面的最好办法就是只听不说。

当你停止解释而开始倾听时，女性可能因为发觉你在专心听而停止毫无因由的发泄。因此你最正确的应对之策是倾听，沉默。

这是在进行一场"耐性比赛"？是的，一点不错。而这场"耐性比赛"的最后失败者，往往是女性。女性做任何事情的动机，感情的成分远比理性的成分要多，所以半途而废的可能性也很大。在你倾听和沉默的这段时间里，她的头脑会逐渐冷静下来，会进行自我反省，会觉察到自己是无理取闹，于是偃旗息鼓。

（2）用迂回战术回应难以回答的问题

"工作和我，哪一个对你重要？"男人最怕女人提出这类问题。反过来说也一样，女人若想叫男人瞠目结舌，结结巴巴讲不成话，只要多提这类问题即可。

一个人的生活有许多个层次。工作和妻子对男性来说，属于不同的生活层面，属于不同层面的东西是无法加以比较的。

其中的道理，女性其实也知道，但她还是要问。与其说她是在询问男性的选择，不如说是在向男性做出"你对我不够好"的抗议。

女性提出这类略有点"胡闹"色彩的问题，通常出现在情绪纷乱或情绪波动较大时，所以想纯粹用道理去说服她，似乎也不大可能，这时最佳的办法就是引导她尽量说想说的话，将内心感情宣泄出来。

等她发泄过后，头脑冷静了，再对她说："你当然对我很重要，正因为你很重要，所以我更要努力工作，为我们创造一个幸福美好的未来。"以这种模棱两可的说法暗示她，是一种机敏的做法。

（3）巧妙转移话题，纠正似是而非

在男性眼里，女性有些理论根本不能被称为理论。例如："因为不要，所以不要。""不行，我提不起精神。""不是告诉过你不行了嘛，还要我怎么说？"诸如此类无法应付的理论，男性往往觉得束手无策。

女性这类举止，是心理学上所说的"退化现象"，也即回到了心智发育尚未成熟的阶段。小孩就凡事不以理智而以感情方式达到自己的欲求，所以常用哭的方式来表达自己的要求和拒绝厌恶的事情。

陷入这种情景中的女性，会重现幼儿自我中心的心理特性，这时空洞地讲理或采取进攻性的强硬姿态都不会奏效，甚至会使事情向更坏的方向发展。

消极些的办法是退一步耐心地静静等待，留给女性发泄感情的时间。积极的办法则是设法改变话题，或者改换谈话场所，让谈话气氛改变一下，这有助于女性对心理障碍的克服。日本作家太宰治的一篇小说中就描写过这类场面：小说中的男主人公待女主人公哭过后，出其不意地拿出她最爱吃的甜羊羹给她吃，原先的紧张气氛一下子消失殆尽，两人重归于好。

日常生活中有许多东西具有上述甜羊羹的功效，只要运用得当，就能使女性爆发的情绪告一段落，解除原本不知该如何结束的尴尬场面。